A "PRATELEIRA HIPOTÉTICA"

Universidade Estadual de Campinas

Reitor
Antonio José de Almeida Meirelles

Coordenadora Geral da Universidade
Maria Luiza Moretti

Conselho Editorial

Presidente
Edwiges Maria Morato

Carlos Raul Etulain – Cicero Romão Resende de Araujo
Dirce Djanira Pacheco e Zan – Frederico Augusto Garcia Fernandes
Iara Beleli – Marco Aurélio Cremasco – Pedro Cunha de Holanda
Sávio Machado Cavalcante – Verónica Andrea González-López

JORGE VICENTE VALENTIM

A "PRATELEIRA HIPOTÉTICA":

*Seis propostas da novíssima
ficção portuguesa para o atual
milênio (2000-2022)*

FICHA CATALOGRÁFICA ELABORADA PELO
SISTEMA DE BIBLIOTECAS DA UNICAMP
DIVISÃO DE TRATAMENTO DA INFORMAÇÃO
BIBLIOTECÁRIA: MARIA LÚCIA NERY DUTRA DE CASTRO – CRB-8ª / 1724

V234p   Valentim, Jorge Vicente
          A "prateleira hipotética" : seis propostas da novíssima ficção portuguesa para o atual milênio (2000-2022) / Jorge Vicente Valentim. – Campinas, SP : Editora da Unicamp, 2024.

          1. Ficção portuguesa. 2. Literatura portuguesa – Sec. XXI. 3. Estética na literatura. I. Título.

                                                     CDD – 869
                                                        – 869.5
                                                        – 801.93

ISBN 978-85-268-1632-9

Copyright © by Jorge Vicente Valentim
Copyright © 2024 by Editora da Unicamp

Opiniões, hipóteses e conclusões ou recomendações expressas neste livro são de responsabilidade do autor e não necessariamente refletem a visão da Editora da Unicamp.

Direitos reservados e protegidos pela lei 9.610 de 19.2.1998.
É proibida a reprodução total ou parcial sem autorização, por escrito, dos detentores dos direitos.

Foi feito o depósito legal.

Direitos reservados a

Editora da Unicamp
Rua Sérgio Buarque de Holanda, 421 – 3º andar
Campus Unicamp
CEP 13083-859 – Campinas – SP – Brasil
Tel./Fax: (19) 3521-7718 / 7728
www.editoraunicamp.com.br – vendas@editora.unicamp.br

Dedicatória

A Luci Ruas,

Mestra de hoje e de sempre, por aquela aula iniciática e arrebatadora do Canto V d'*Os Lusíadas*, em maio de 1989, na UFRJ, porque foi graças a ela que um jovem estudante saiu dos fundos da sala com um livro na mão, foi recebido com um sorriso pela professora e viu se abrir diante dele um universo do qual ele jamais poderia se afastar. A partir daí, a admiração, a cumplicidade, a amizade, o carinho e a gratidão sempre pautaram as nossas conversas e trocas de ideias. Porque foi também graças à generosidade da amiga (e, em muitos momentos, da mãe), que consegui as condições financeiras para prestar o concurso na UFSCar. Mas, sobretudo, porque foi sempre o seu exemplo de mestra o meu modelo de profissional a atingir, mesmo sabendo que isso seria uma tarefa difícil e praticamente impossível. O que dizer? Reconhecendo que "muito obrigado" soa tão diminuto à minha gratidão, recorro às palavras do poeta Luís de Camões, que transmitem de forma exata o meu sentimento: "Porque é tamanha bem-aventurança / O dar-vos quanto tenho, e quanto posso, / Que quanto mais vos pago, mais vos devo".[1] Bem haja, querida mestra, amiga e mãe.

A Heber Tavares,

Amigo, namorado, marido, confidente, amor. Tudo isso e muito mais. Por aquele encontro inesperado em 26 de dezembro de 2003, que nos juntou para toda uma vida. Por tantas histórias vividas e tantos caminhos trilhados. Por acreditar nas minhas loucuras e por deixar meus pés firmes no chão, sempre ao meu lado. O que dizer? Com medo de não conseguir articular as palavras necessárias, convoco os versos do poeta Albano Martins, que, com uma técnica de concisão singular, conseguiu resumir e exprimir, em *Livro quarto*, aquilo que de certa forma tem sido também a nossa trajetória: "Eu penso / porque tu existes".[2] Obrigado por viver e experimentar comigo, da juventude à maturidade, a aventura do amor.

Notas

[1] Camões, 1988, p. 88.
[2] A. Martins, 2021, p. 371.

Homenagem

Aos amigos:

Poeta Albano Martins (*in memoriam*), Kay e Isabel, minha família portuguesa, pelos inúmeros gestos de apoio e carinho, seja no acolhimento em sua residência, seja no envio de textos e obras fundamentais para as minhas investigações. Em todos os momentos, a residência em Vila Nova Gaia sempre foi um porto seguro aonde chegar. Como no poema "Andorinhas", de *O espaço partilhado*, sempre que lá chego, ouço, já na calçada e ainda nas paredes, nas escadas, nos quadros e nas suas linhas arquitetônicas, a voz do poeta estampada num convite contínuo: "Entrai, entrai: a casa é vossa e tenho inscrita à entrada a palavra amizade".[1] Exatamente isso. Amizade feita de cumplicidade, admiração e respeito mútuos.

Nota

[1] A. Martins, 2021, p. 275.

Agradecimentos

A Acleir Moraes Valentim (*in memoriam*), minha mãe, pelos primeiros livros e pelo despertar da paixão pela leitura.

A Dione Moraes Valentim, minha irmã, pela coragem de afirmar o amor que ousa dizer o seu nome, sem medo, sem remorsos, sempre com orgulho, confiança e esperança, e de ter enfrentado uma doença mortal e vencido com fé na ciência e com disciplina no dia a dia.

A Tânia Pellegrini, por ter sido a pioneira nos estudos literários na UFSCar e ter acreditado na reunião de professores e pesquisadores interessados em levar adiante o trabalho de divulgação e fomento à leitura de jovens investigadores. Pelos exemplos de generosidade como ser humano e de ética como profissional.

A Isabel Pires de Lima, pela generosidade na partilha do conhecimento, pelo abrigo dado à minha pesquisa de pós-doutorado, quando outros fecharam as portas, e pela amizade feita primeiro a partir da leitura dos seus textos e depois pelo companheirismo e pelas orientações na minha jornada de investigação.

A meus professores de literatura portuguesa na UFRJ, pelas lições de dedicação e amor ao magistério e ao ofício da pesquisa.

A Helena, Heliane e Larissa, pela amizade feita em forma de acolhimento, afeto e respeito. Pela construção de uma família, sem preconceitos, sem melindres e sem questionamentos.

A André e Manaíra, irmãos que os tempos de pesquisa em Portugal me deram. Pela primeira leitura dos rascunhos, pelos diálogos tecidos ao longo das minhas inquietações e pela amizade incondicional, dando-me a esperança de que ainda é possível acreditar na vida.

A Gabriela Silva, amiga que a ficção portuguesa me deu, pesquisadora competente e brilhante. Pela parceria nos cursos de extensão e no compartilhamento de afinidades e, sobretudo, pela sintonia numa paixão comum: o ensino da literatura portuguesa no Brasil.

A Israel Baffa, Amanda Cândido e Karen Pierri, profissionais das áreas de educação física, psicoterapia e fisioterapia, pelos inúmeros encontros diários e pelas horas a fio, gastas, durante o período da pandemia, na esperança e na compreensão de que uma mente sã precisa de um corpo são.

Aos(às) escritores(as) Afonso Reis Cabral, Alexandra Lucas Coelho, Hugo Gonçalves, Isabel Rio Novo, João Tordo e Patrícia Reis, além dos(as) demais aqui chamados(as) em análises, pelas energias renovadas e pelas esperanças inspiradoras, advindas das obras escritas e publicadas ao longo destas duas décadas do século XXI. Graças aos textos, a nossa aproximação tornou-se concreta em gestos de uma fraternidade sincera e de uma sintonia incansável num possível amanhã.

Aos(às) queridos(as) Brunno Vinicius, Carlos Roberto, Célia Vasconcelos, Clara Capitão, Clarice Assad, Claudimar Silva, Daniel Laks, Erivelto Reis, Fábio Mário, Helena Pereira, Helena Vasconcelos, Jane Felipe, Larissa Lisboa, Leonor Sousa, Maximiliano Torres, Mercival Francisco, Silvia Del Lama, Teresa Nascimento, Vasco Silva e Vivian Furlan, pelos momentos atenciosos de indicação de leituras, partilha de textos, ajuda na localização de referências, confidencialidade, sintonia, intimidade e diversão, que, muitas vezes regados a queijos e vinhos ou apenas concretizados na tela do notebook, acabaram desencadeando conversas sérias em torno de temas acadêmicos e cotidianos.

A Gabriel Gama, pelo olhar atento na primeira revisão do texto, pela paciência em atender às minhas demandas e pelo profissionalismo no cumprimento das datas.

Aos meus alunos e orientandos dos cursos de extensão, graduação e pós-graduação da UFSCar, pelo companheirismo nas jornadas cotidianas e pela partilha de cumplicidades literárias.

Ao CNPq, pela concessão de Bolsa Produtividade, cujo auxílio foi fundamental para construir uma parte significativa das reflexões aqui contidas.

À Fapesp e à Capes, pelos auxílios concedidos, ao longo de 16 anos na UFSCar, para realização de pesquisas e participação em eventos no Brasil e no exterior.

Aos professores Wilton José Marques, Jorge Fernandes da Silveira, Renata Soares Junqueira, Simone Pereira Schimidt e Teresa Cristina Cerdeira, pelas importantíssimas contribuições e lições, tanto na minha trajetória profissional, como pesquisador e professor da UFSCar, quanto na minha jornada pessoal, com trocas, sugestões e diálogos.

A toda a equipe da Editora da Unicamp, pela paciência constante diante das minhas inseguranças e pelo trabalho impecável na editoração deste livro.

Ao rio Douro, em cujas margens, mais uma vez e sempre, pude meditar sobre as páginas deste livro.

A todos(as) que, de alguma maneira, contribuíram direta ou indiretamente para este momento, minha sincera gratidão pelo apoio incondicional ao homem e ao profissional que sou hoje. Bem hajam!

As coisas que a literatura pode buscar e ensinar são poucas, mas insubstituíveis: a maneira de olhar o próximo e a si próprios, de relacionar fatos pessoais e fatos gerais, de atribuir valor a pequenas coisas ou a grandes, de considerar os próprios limites e vícios e os dos outros, de encontrar as proporções da vida e o lugar do amor nela, e sua força e seu ritmo, e o lugar da morte, o modo de pensar ou de não pensar nela; a literatura pode ensinar a dureza, a piedade, a tristeza, a ironia, o humor e muitas outras coisas assim necessárias e difíceis.
Ítalo Calvino, *Assunto encerrado – Discursos sobre literatura e sociedade*, 2009, pp. 13-14.

Porque não se negará que, também no terreno da ensaística, escolher é ato de amor, incluindo aí as épocas, os autores, as personagens, os temas ou as estratégias de composição. É como ato amoroso que a leitura constrói a biblioteca, que fica quase à espera da fala ou da escrita que a relançará no jogo contínuo das fricções textuais.
Teresa Cristina Cerdeira, *A mão que escreve. Ensaios de literatura portuguesa*, 2014, p. 51.

Sumário

Nota do autor 17

Introdução (ou Das primeiras inquietações) 19

Capítulo 1 – LEVEZA – Da distopia pandêmica ao horizonte
  da amizade: *Da meia-noite às seis*, de Patrícia Reis.................... 55

Capítulo 2 – RAPIDEZ – Do tempo que se dilui, do ano que se fixa
  e da memória que tudo absorve: *Deus Pátria Família*,
  de Hugo Gonçalves.. 109

Capítulo 3 – EXATIDÃO – Do erótico como revolução ao ecofeminismo:
  A nossa alegria chegou, de Alexandra Lucas Coelho 185

Capítulo 4 – VISIBILIDADE – De imagens visivas e de personagens
  "ex-cêntricas": *Pão de Açúcar*, de Afonso Reis Cabral................. 241

Capítulo 5 – MULTIPLICIDADE – Do romance como enciclopédia
  e museu imaginário: *Rua de Paris em dia de chuva*, de Isabel
  Rio Novo 315

Capítulo 6 – CONSISTÊNCIA – De como iniciar e concluir uma
  "história de fantasmas": *Felicidade*, de João Tordo.................... 407

Conclusão – (ou De quando é preciso finalizar, mesmo sabendo
  que o fim é improvável) 515

Referências bibliográficas.. 531

Nota do autor

Este trabalho investigativo e ensaístico foi pensado, gestado e escrito nos meses mais acirrados da pandemia de covid-19 no Brasil e do aparecimento de novas variantes e no subsequente início do processo de vacinação, durante os anos de 2020 e 2022, juntamente com manifestações de atos antidemocráticos, ameaçando a autonomia do pensamento acadêmico-científico e o Estado de Direito. Concluí-lo em tempo hábil e permanecer vivo constituem gestos de resiliência num Brasil marcado pelo medo, pela incerteza, pela perseguição à ciência e à educação e pelo negacionismo. Afirmar a potência das obras aqui elencadas revigora a minha esperança num futuro melhor, no qual a palavra possa circular livremente.

São Carlos, 31 de janeiro de 2023.

Introdução
(ou Das primeiras inquietações)

> Os livros podem não alterar nosso sofrimento, os livros podem não nos proteger do mal, os livros podem não nos dizer o que é bom e o que é belo, e certamente não terão como nos livrar do destino comum – a tumba. Mas os livros nos abrem miríades de possibilidades: de mudança, de iluminação. Pode bem ser que nenhum livro, por mais bem escrito que seja, consiga remover um grama de dor da tragédia do Iraque ou de Ruanda, mas pode bem ser que não haja livro, por mais mal escrito que seja, que não contenha alguma epifania para algum leitor.
> Alberto Manguel, *A biblioteca à noite*, pp. 192-193.

> A operação de um escritor é tanto mais importante quanto mais a prateleira ideal em que ele gostaria de se situar é uma prateleira ainda improvável, com livros que não estamos acostumados a pôr um ao lado do outro e cuja proximidade pode produzir choques elétricos, curtos-circuitos.
> Ítalo Calvino, *Assunto encerrado*, p. 191.

Há 57 anos, em 1967, numa resposta a um inquérito sobre os destinatários das obras literárias (romance e poesia, mais precisamente), Ítalo Calvino[1] teceu uma série de considerações sobre o papel do autor, da obra e do leitor e os diferentes caminhos estéticos e políticos que as três partes envolvidas acabavam por despertar e desenvolver para sua existência e consolidação. Esse conjunto acabou por resultar num dos mais significativos textos do autor sobre a matéria literária do século XX: "Para quem se escreve? (A prateleira hipotética)".

Atento às principais tendências das literaturas europeias (em especial à do seu país, que sempre conheceu muitíssimo bem), o ensaísta italiano constrói um percurso breve e sintético dos caminhos percorridos pela ficção do seu tempo e sublinha, dentre estes, a abordagem histórico-política dos anos 1940, o olhar corrosivo de um certo moralismo civil diante das experiências historicistas dos anos 1950 e as demandas de uma perspectiva desconstrucionista diante das novas linhas pós-estruturalistas dos anos 1960.

Ou seja, investigando as ocorrências anteriores e contemporâneas ao seu tempo de reflexão, Ítalo Calvino propõe uma compreensão das diversas manifestações literárias a partir da metáfora da "prateleira hipotética",[2] espécie de espaço imaginário, onde o autor e o leitor poderiam incluir aqueles livros considerados mais importantes e, na consolidação desse conjunto, instituir um modelo de receptor ideal, capaz de acompanhar os seus gostos e as suas preferências.

Na verdade, num primeiro momento, poder-se-ia conjecturar que Calvino apela excessivamente para a presença de um conjunto em que essas preferências ultrapassam o puro desejo individual de cada autor, porque esbarram numa exigência coletiva, posto que a "prateleira ideal" encarnaria e corporificaria a própria noção de *cânone*. No entanto, numa observação mais atenta, no lugar de aceitar a prateleira como um *locus* petrificado e estático, sem possibilidade de trânsito e de alterações, a sua tese supera esse tipo de pensamento conformista e advoga uma dinâmica de oscilações e de permutas dentro dessa "prateleira hipotética":

> Para quem se escreve um romance? Para quem se escreve uma poesia? Para pessoas que leram determinados outros romances, determinadas outras poesias. Um livro é escrito para que possa ser posto ao lado de outros livros, para que entre numa prateleira hipotética e, ao entrar nela, de alguma forma a modifique, expulse dali outros volumes ou os faça retroceder para a segunda fileira, reclame que se coloquem na primeira fileira certos outros livros.[3]

Não à toa, ao enfatizar o papel da literatura em poder perpetuar a confirmação de nomes de autores, pertencentes aos grupos formadores de cânones, com "limitadas atualizações e aprofundamentos"[4] diante da constatação de que, em diferentes épocas, sistemas literários e sociedades, há "estabelecido um determinado cânone estético, um determinado modo de interpretar o mundo, uma determinada escala de valores morais e sociais",[5] Calvino não deixa de reiterar o papel fundamental do escritor diante desse tipo de juízo condicionante e, em contrapartida, a sua própria condição reivindicadora, posto que, em muitos casos, ele também é o produtor de obras capazes de "questionar a escala dos valores e o código dos significados estabelecidos".[6]

Ora, se ao escritor é dado o papel de perceber aquela mobilidade dos livros ocupados dentro de uma prateleira e, consequentemente, de suas estantes, e os contrastes que obras tão díspares entre si podem estabelecer dentro desse espaço de partilha e convivência, ao leitor também é conferida a responsabilidade de acompanhar essa percepção e, para além dela, operar suas articulações e suas análises, consciente dos riscos que tais escolhas trazem, além de estabelecer e criar as suas próprias prateleiras e estantes particulares.

Longe, portanto, de se estabelecer como um local de certezas absolutas, a "prateleira hipotética" acaba por se consolidar como um *locus* do improvável, na medida em que títulos muito diferentes e não costumeiramente dispostos num mesmo horizonte podem produzir "choques elétricos, curtos-circuitos",[7] porque modificam a ordem dos volumes nela contidos, expulsam alguns destes para outras prateleiras e promovem uma visibilidade primeira. É aí, no meu entender, que se estabelecem a riqueza e o caráter revolucionário do texto literário, porque a sua dinâmica se confirma pelos atritos e pelas distensões suscitadas diante da heterogeneidade dos títulos escolhidos para a composição de prateleiras hipotéticas e, consequentemente, de estantes e de bibliotecas que as abrigam e sustentam.

E mesmo nessa movimentação de títulos que acabam cedendo espaço para outros, não existe uma hierarquia fixa, já que, como bem explicita Ítalo Calvino, exatamente por ter um caráter hipotético, a prateleira está em constante transição e deslocamento, permitindo assim uma miríade de obras que, em determinado momento, possuem um protagonismo nesse espaço e, em outro, cedem o ambiente para outros ocupantes, sem deixar de estabelecer com esses novos livros algum tipo de diálogo e de contato. Ou seja, no lugar de uma organização fixa (ou uma suposta "desorganização" pelas suas alterações), a "prateleira hipotética" caracteriza-se por uma riqueza de disposição, em que o inusitado, o inesperado e a surpresa constituem a sua principal força.

Toda essa reflexão inicial a respeito da utilização da metáfora da "prateleira hipotética" surge-me como um instrumento adequado e eficaz para investigar e analisar o *corpus* aqui escolhido: a ficção portuguesa nascida e produzida a partir dos anos 2000. Isso porque essa "prateleira hipotética" não apenas agrega e permite o movimento de agrupamento de autores(as) e obras tão díspares entre si, mas também porque, na esteira do movimento crítico calviniano (que, nos seus ensaios, lia tanto as obras consagradas de diferentes sistemas literários quanto as contemporâneas suas), a reunião sugerida pela imagem da prateleira e, consequentemente, das estantes e das bibliotecas favorece a possibilidade de incorporar títulos atuais e produzidos no calor dos últimos 20 anos, já na esfera do século XXI.

Isso equivale a dizer que, fora dos padrões estabelecidos pelos parâmetros canônicos, muitas obras do nosso presente não se encontram nesse panteão, sendo muitas vezes olhadas com desconfiança e reticências. Assim sendo, se a "prateleira hipotética" permite a convivência de autores(as) pouco comuns e até discordantes nas suas concepções de abordagens temáticas e de projetos de consecução da arquitetura romanesca, ela também propicia a compreensão da dinâmica e da potência literárias de textos contemporâneos, muitas vezes (e quase sempre) não incluídos no compósito dos cânones nacionais.

Nesse sentido, de igual modo, valiosa é a imagem que reúne essas "prateleiras hipotéticas", também proposta e defendida por Ítalo Calvino, em 1981, num outro emblemático ensaio seu: *Por que ler os clássicos*. Na conclusão da conhecida defesa de diferentes textos que compõem esse repertório clássico (que bem poderia ser entendido, em outros termos, como um elenco canônico), Calvino afirma que, diante da riqueza e da multiplicidade de reações, análises e leituras que os clássicos possibilitam,

> [...] só nos resta inventar para cada um de nós uma biblioteca ideal de nossos clássicos; e diria que ela deveria incluir uma metade de livros que já lemos e que contaram para nós, e outra de livros que pretendemos ler e pressupomos possam vir a contar. Separando uma seção a ser preenchida pelas surpresas, as descobertas ocasionais.[8]

Ao que tudo indica, do mesmo modo como a "prateleira hipotética" é regida por um mecanismo móvel e contínuo, a "biblioteca ideal", na qual caberiam os "nossos clássicos" (e atente-se para o uso proposital do possessivo indicador de uma reunião de possibilidades individuais), parece igualmente obedecer a essa mesma dinâmica, já que nela caberiam os títulos já lidos e conhecidos e outros ainda que podem contribuir para a composição de um conjunto amplo e multímodo, onde não faltam as "surpresas" e as "descobertas ocasionais".

Tal hipótese de ligação entre a "prateleira hipotética" e a "biblioteca ideal", desenhada por Calvino, soa-me de forma muito plausível, sobretudo quando entendemos, na mesma clave da explicação de Luciano Canfora, que o significado desta está diretamente ligado ao daquela. Segundo o historiador italiano:

> "Biblioteca" (*bibliothéke*), porém, significa antes de mais nada "estante": estante em cujas prateleiras se colocam os rolos, e portanto, evidentemente, o conjunto dos rolos, e apenas por extensão a sala (quando começaram a ser construídas) em que eram colocadas bibliotecas. Assim, a "biblioteca sagrada" do mausoléu não é uma sala, mas uma estante, ou mais de uma estante, escavada ao longo de um dos lados do perípato.[9]

Ou seja, antes de designar um determinado espaço arquitetônico onde se abrigam acervos com títulos arquivados por autores, títulos e assuntos, o macroespaço não se desprende dos microespaços que o compõem. Daí que a expressão grega *bibliothéke*, na sua origem, designe e incorpore igualmente as estantes e, por conseguinte, as prateleiras onde os rolos e os volumes eram dispostos.

Esse também é o entendimento de Alberto Manguel,[10] quando, ao relembrar as reflexões de Luciano Canfora para pensar as dimensões de sua própria biblioteca, reitera tal expansão do conceito. De acordo com o ensaísta argentino, o termo no plural *bibliothékai*

> [...] originalmente *designava* não o aposento, mas *as prateleiras ou nichos para os rolos*. Acima das prateleiras havia uma inscrição: "Lugar de cura da alma". Do outro lado das paredes das *bibliothékai* havia um *certo número de salas*, provavelmente usadas pelos estudiosos como *residência ou lugar de encontro*. Havia também um *cômodo para as refeições em comum*.[11]

Depreende-se pela descrição e pela definição acima, defendida por Manguel, que, nas suas origens, a biblioteca designava não o aposento exclusivamente em si, mas as placas paralelas, as prateleiras, que abrigavam as obras e os volumes. E, mesmo com um indicativo da natureza terapêutica que aqueles textos poderiam oferecer aos leitores, a sua disposição espacial, com cômodos adequados para residência e para a interação dos seus frequentadores, reitera o caráter inequívoco de socialização, ou seja, de uma apetência muito mais inclusiva e móvel do que excludente e estática.[12]

Introdução

Numa outra leitura, mais ampla para o próprio sentido da *bibliothéke*, Manguel vai além do pressuposto socializante e inclusivo do conceito, ao utilizá-lo como metáfora para abarcar todo o universo vivente do ser humano, desde o momento de seu nascimento. Para o ensaísta argentino, em *À mesa com o Chapeleiro Louco*, "[...] o mundo é uma *biblioteca de signos*, um *arquivo de textos misteriosos*, uma *galeria de imagens incitantes*, algumas arbitrárias, outras casuais, outras deliberadamente criadas, que *sentimos dever decifrar e ler*".[13]

Ora, se a *bibliothéke* compreende um conjunto de estantes e prateleiras, no qual os mais diferentes e inusitados títulos convivem lado a lado, sem qualquer tipo de hierarquia ou separação excludente (seguindo, é claro, as ideias e a disposição do seu guardião), tal como pressupõe Luciano Canfora,[14] e se as *bibliothékai* coabitam e promovem, com os seus nichos, a partilha com outros cômodos numa salutar dinâmica inclusiva e socializante, como bem nos ensina Alberto Manguel,[15] então, não podemos entender, na esteira do pensamento do escritor argentino, aquelas "prateleiras hipotéticas" calvinianas também como espaços onde "textos misteriosos" e "imagens incitantes" circulam livremente à espera do olhar e da escolha do leitor, numa espécie de arquivo e galeria convidativos, nos quais as hipóteses de leitura crescem e amadurecem?[16]

Creio que sim, e não me parece que tal percepção seja completamente desconhecida de Ítalo Calvino, na medida em que, no seu clássico ensaio sobre as razões de ler e reler os clássicos da literatura, ele próprio desfila uma série de justificativas sobre a necessidade de leitura de textos fundamentais para a formação de um público leitor. Desde a riqueza de ensinamentos fornecidos pelos seus conteúdos à memória inquebrantável que estabelece no leitor em virtude das descobertas que proporciona, ou dos lastros intertextuais e culturais suscitados às novas percepções reveladas diante das releituras, e, ainda, da rede genealógica criada pelos clássicos em ligação com outros à convivência destes com textos mais atuais, o ensaísta italiano faz questão de sublinhar a presença de um "rumor mesmo onde predomina a atualidade mais incompatível".[17]

Gosto de pensar que, como um sensível leitor de "A biblioteca de Babel", de Jorge Luis Borges,[18] Ítalo Calvino também entende a prateleira como um *locus* produtivo e maleável, onde é factível registrar "todas as possíveis combinações dos vinte e tantos símbolos ortográficos (número, ainda que vastíssimo, não infinito), ou seja, tudo o que é dado expressar: em todos os idiomas".[19]

É interessante destacar que tal observação surge no conjunto das 14 justificativas tecidas em *Por que ler os clássicos*. Num primeiro momento, estas até poderiam parecer uma defesa categórica da permanência e da obrigatoriedade dos textos canônicos nos exercícios e práticas de leituras e análises. No entanto, ao compor os seus argumentos, o crítico italiano ensaia gestos e reações que dizem respeito não apenas àquelas obras, consideradas as mais representativas de determinados sistemas literários, escolas estéticas ou nacionalidades hegemônicas. *Vide*, por exemplo, a explicação 7, quando conclui que uma obra pode ser considerada um clássico a partir das nuances sempre originais que desperta nos seus leitores a cada vez que sobre ela estes se debruçam. Segundo ele, entre o leitor e a obra não deve haver qualquer tipo de intermediação, porque "a leitura de um clássico deve oferecer-nos alguma surpresa em relação à imagem que dele tínhamos. Por isso, nunca será demasiado recomendar a leitura direta dos textos originais, evitando o mais possível bibliografia crítica, comentários, interpretações".[20]

Ao que tudo indica, esse procedimento não precisa estar diretamente reservado apenas aos textos clássicos e canônicos, se lembrarmos que nenhuma crítica ou análise substitui o prazer e o impacto de entrar no universo da obra *per se*. Se isso vale para os textos mais antigos, por que não valeria para os mais atuais? É importante destacar também que, nas suas premissas, Calvino ainda defende a convivência e a postura comparativa, quando elenca a alternância desses clássicos com "a leitura de atualidades numa sábia dosagem",[21] sobretudo quando esse rendimento faz emergir não apenas uma "calma interior", mas, principalmente, "o fruto de um nervosismo impaciente, de uma insatisfação trepidante".[22]

Ora, mesmo diante de uma aproximação entre polos tão diferentes (os textos clássicos e os da atualidade), fico a me interrogar se esse gesto de leitura também não será pertinente para pensar toda uma produção contemporânea emergente, que surge para dilatar cânones fechados e ortodoxamente herméticos e se impõe como um novo conjunto em ascensão. Se pensarmos no caso específico da ficção portuguesa produzida a partir dos anos 2000 – eixo aqui escolhido, enquanto *corpus* a ser analisado no presente trabalho –, Miguel Real, no seu incontornável estudo *O romance português contemporâneo (1950- -2010)*,[23] faz questão de designar esse grupo como o responsável por uma sensível alteração no cenário da literatura portuguesa, onde já se pode vislumbrar uma dilatação: ou "um recentramento do antigo cânone", ou o "estabelecimento de um novo".[24] Na verdade, gosto de pensar que a sua defesa da "demanda de um novo cânone"[25] se funda na expectativa de novas faces artísticas em franca escalada, que vão construindo e consolidando os seus nomes com produções fortes e potentes, capazes de levar o leitor àquele mesmo estado de "insatisfação trepidante".[26]

Quero já adiantar que, quando me refiro, aqui, ao cânone – tido muitas vezes como sinônimo daquilo que Calvino irá chamar de "clássicos" –, não estou querendo subtrair as complexidades, as indagações e os questionamentos do conceito, tal como depreendidos a partir das concepções (muito passíveis de discussão e problematização) de Harold Bloom.[27] Para o conhecido defensor da seleta recolha de representatividade estética dos sistemas literários, o cânone constitui um termo com origem no campo das religiões, indicativo de uma "escolha de textos que lutam uns com os outros pela sobrevivência, quer se interprete a escolha como sendo feita por grupos sociais dominantes, instituições de educação, tradições de crítica",[28] ou, como opera o crítico estadunidense, por "autores que vieram depois e se sentem escolhidos por determinadas figuras ancestrais".[29] Ou seja, tudo aquilo que representa e expressa um determinado sistema literário nacional e abriga os seus aspectos caracterizadores mais visíveis e esteticamente bem elaborados, sancionados por aquela tríade (uma camada social dominante, na qual se podem incluir os grandes donos do mercado editorial; algumas organizações acadêmicas e educacionais, responsáveis pela inclusão/exclusão de títulos previamente eleitos e escolhidos; e uma elite intelectual e cultural, cujos gostos acabam por ditar as normas vigentes) que se faz presente nesses contextos. Em outras palavras, estou muito cruelmente sugerindo que o cânone se estabelece a partir de balizas excludentes, cujos pontos de vista se alicerçam nos vieses branco, burguês, heterossexista e patriarcal, por exemplo.

Vale lembrar que as correntes críticas mais atuais, cujas propostas ousam desafiar esses padrões – o neomarxismo, o neo-historicismo, o pós--estruturalismo, a crítica feminista, a vertente pós-colonial, os estudos *queer* e de gênero, entre outros –, são consideradas por Bloom com uma reticência muito pejorativa, a ponto de serem incluídas e englobadas num grande conjunto por ele denominado de "Escola do Ressentimento".[30] Na sua concepção, o principal objetivo dos críticos ligados a essas correntes seria o de "derrubar o Cânone para promover seus supostos (e inexistentes) programas de transformação social".[31]

Ainda que compreenda os argumentos tecidos pelo eminente professor estadunidense e aceite as suas definições estabelecidas para o cânone, não me parece que, hoje, as ocorrências e a convivência de diferentes posturas analíticas estejam realmente agrupadas numa sinistra teoria da conspiração e preocupadas com uma derrocada definitiva dos diferentes panteões canônicos. No meu entender, se, por um lado, existe uma preocupação em manter as tradições artístico-literárias vivas e integradas no seu conjunto, por outro, há de perceber uma necessidade constante, por parte de diferentes correntes críticas, de revisão desses mesmos códigos padronizadores, incorrendo exatamente naquele gesto de "questionar a escala dos valores e o código dos significados estabelecidos",[32] tal como assinalado por Ítalo Calvino, não para propor uma aniquilação cabal do cânone, mas para uma emergente abertura e flexibilização, com outros nomes podendo coabitar de forma harmônica e trazer um frescor nos diferentes conjuntos culturalmente representativos.

No caso específico das literaturas de língua portuguesa, basta observar algumas publicações nos meios acadêmicos e críticos para detectar uma série de obras que confirmam, de certo modo, aquela proposta lançada e defendida por Bloom: no Brasil, *O cânone colonial* (1997), *O cânone imperial* (2000), *O cânone republicano I* (2003) e *O cânone republicano II* (2004), de Flávio Kothe; em Portugal, *Cânone e diversidade: um ensaio sobre a literatura e a cultura dos Estados Unidos* (2003), de Teresa Ferreira de Almeida Alves; *Uma proposta de cânone* (2005), de Rui de Azevedo Teixeira; *A lição do cânone: uma autorreflexão dos estudos literários* (2006), de João Ferreira Duarte; *Um cânone literário para a Europa* (2013), de Cristina Almeida Ribeiro, Maria Graciete Silva e Helena Carvalhão Buescu; *O Cânone* (2020), de António M. Feijó, João R. Figueiredo e Miguel Tamen; e, mais recentemente, *Vamos ler! Um cânone para o leitor relutante* (2021b), de Eugénio Lisboa.[33]

Todos esses títulos, indo na direção da lição deixada por Bloom,[34] não deixam de atestar aquele conceito de eleição, de destaque, de influência e de sobrelevação de determinados autores e obras em detrimento de outros. Ainda que se trate de um assunto delicado, passível de discussões (às vezes, muito calorosas), sobre o qual dificilmente se chegará a um consenso, sinto-me à vontade para expressar o meu ponto de vista nesse debate, bem como para discorrer e interrogar sobre esse aspecto, levando em consideração o fato de que, nos últimos sete anos, venho trabalhando com a ficção portuguesa surgida no século XXI, cujos(as) autores(as) dificilmente figuram no elenco privilegiado, no qual apenas os mortos e consagrados podem habitar.

Ao discorrer sobre a história moderna do cânone, Jan Gorak[35] faz um levantamento cuidadoso das diferentes posições a respeito da ideia literária de cânone, desde a gênese até o seu momento de crise.[36] Na sua abordagem, há pelo menos dois tópicos interessantes para a discussão e a compreensão do cânone: o espaço já confirmado de teses afiliadas a uma corrente ortodoxa de definição do conceito, surgido para estabelecer as bases fundamentais de consolidação do cânone; e a presença de percepções mais flexíveis e maleáveis para entender o cânone e as suas ramificações.

Se é certo que, no primeiro grupo, as teses de Harold Bloom inserem-se de forma coerente, no segundo grupo, de acordo com Gorak,[37] o nome de Edward Said sobressai como um dos pioneiros em defesa de um "cânone aberto".[38] Tese, aliás, que se confirma, ao observarmos as concepções de cultura e os esforços de correntes críticas atuais em rever e repensar tal noção, entre as quais as do próprio Said se destacam. Não à toa, ao considerar "o exílio, a imigração e o cruzamento de fronteiras" como "experiências que podem, portanto, nos proporcionar novas formas narrativas", Edward Said sublinha esses novos modos de olhar a cultura e, consequentemente, o cânone que a representa, como "*outras* maneiras de contar".[39]

Indo, portanto, na contramão daquela estigmatização das correntes críticas pertencentes à "Escola do Ressentimento",[40] Said ressalta os ganhos salutares de uma abertura promovida por aquelas, pois, segundo ele,

> [...] a fermentação da consciência minoritária, subalterna, feminista e pós-colonial resultou em tantos avanços salutares na abordagem curricular e teórica do estudo das humanidades que produziu quase literalmente uma revolução copernicana em todos os campos tradicionais de investigação.[41]

Não se trata, portanto, de uma proposta de aniquilação ou de subtração, ou mesmo de substituição de artistas e escritores participantes dentro de um conjunto de significância cultural, mas de abertura e de reconhecimento de presenças e pertenças, antes silenciadas e relegadas a uma marginalização, por razões impositivas das mais diversas ordens. Nesse sentido, a perspectiva crítica de Said não incide numa posição puramente estruturalizante e linguística, antes reivindica uma análise culturalista em que a obra literária seja compreendida para além do seu espectro textual:

> Assim, embora não seja necessário considerar cada leitura ou interpretação de um texto o equivalente moral de uma guerra ou crise política, parece importante enfatizar o fato de que as obras literárias não são meramente textos. Elas são constituídas de maneira diferente e possuem diferentes valores; têm por objetivo fazer diferentes coisas, existem em gêneros diferentes, e assim por diante. Um dos grandes prazeres daqueles que leem ou estudam literatura é a descoberta de normas duradouras em que todas as culturas que conheço coincidem: coisas tais como estilo e desempenho, a existência de escritores mais e menos bons e o exercício da preferência. O mais inaceitável nas muitas arengas de ambos os lados do assim chamado debate sobre o cânone ocidental é que muitos dos combatentes não têm sensibilidade e são incapazes de distinguir entre boa escrita e atitudes politicamente corretas, como se um panfleto de quinta categoria e um grande romance tivessem mais ou menos a mesma significação.[42]

Esclarecidos esses dois aspectos – o de aceitação e o de questionamento das regras impositivas de compreensão do cânone –, cabe-me, aqui, alertar que, apesar de não serem essa premissa de percepção de participantes rasurados da oficialidade historicizante e canônica e as diferentes razões que os deixaram numa esfera marginalizante os motes centrais das minhas reflexões, elas não deixam de estabelecer um vínculo de coerência com a minha inquietação e a minha interrogação sobre o caráter hermético e impenetrável que uma parte significativa da crítica sempre buscou outorgar para a sua defesa do cânone.

Já adianto, portanto, que, ao eleger um conjunto significativo de escritores(as) portugueses(as) para investigar a ficção surgida e produzida no século XXI em Portugal, meu entendimento de "prateleira hipotética" para abrigar tais títulos não coincide com aquela concepção hermética e ortodoxa de cânone, antes se aproxima mais de duas outras propostas críticas. A primeira pode ser encontrada naquele modelo descrito por Miguel Real,[43] para quem os novos nomes surgidos no calor da nossa contemporaneidade trazem uma vitalidade e uma dilatação saudáveis a um conjunto solidificado.

De acordo com o investigador português, depois da Revolução dos Cravos (25 de abril de 1974), a crítica teve um papel fundamental no redimensionamento do cânone literário português, ao alargar o seu horizonte com a inclusão de autores(as) que, de diversos modos, colocaram em xeque e pontuaram juízos discordantes em relação ao Estado Novo salazarista, à censura e ao controle das expressões, das ideias e dos espíritos. Nesse sentido, a partir da década de 1980, nomes como António Lobo Antunes, Hélder Macedo, Hélia Correia, Lídia Jorge, Luísa Costa Gomes, Manuel Alegre, Mário Cláudio, Mário de Carvalho, Rui Nunes e Teolinda Gersão, entre outros, passam a figurar no elenco da ficção portuguesa das duas últimas décadas do século XX, sancionados por uma parte significativa da intelectualidade acadêmica portuguesa e estrangeira.

Ao comparar esse conjunto temporal com uma primeira geração emergida nos anos de 2000 a 2010, Miguel Real faz um levantamento que, na minha perspectiva, longe está de corresponder efetivamente ao que os(as) novos(as) escritores(as) portugueses(as) têm a oferecer no presente. Segundo ele:

> Com efeito, hoje, mais do que nunca, existe uma total ausência de mensagem social e uma total ausência de "moralidade" no romance, compensadas pelo abandono a uma deriva centrada no jogo lúdico-estético do texto [...] e na criação de uma narrativa como modo de satisfação de uma pulsão íntima do autor. Seguindo o niilismo e o relativismo éticos europeus e americanos dominantes, o romance português hoje, em geral:
> (a) não visa ensinar nada a ninguém (não é culturalmente moralista; não é socialmente proselitista);
> (b) não apresenta situações dramáticas exemplares como modelo de ação para o leitor (os autores não possuem uma doutrina filosófica enformadora dos seus textos);
> (c) não sacraliza nenhum Deus;
> (d) não denuncia nenhum Demônio;
> (e) não ostenta nenhuma bandeira nem combate outra adversa.[44]

Talvez, em termos de percepção global da ficção portuguesa do século XXI nos seus primeiros anos de surgimento (mais especificamente na primeira década dos anos 2000), essa ideia de uma ausência de preocupação ética sobre as principais questões da sociedade portuguesa e de inexistência de um proselitismo recorrente se sustente. No entanto, ainda assim, não concordo completamente com tal classificação generalizante, sobretudo se pusermos em causa alguns casos bem específicos de autores(as) surgidos(as) nesse mesmo período e com uma postura completamente divergente do quadro apresentado, tal como terei a oportunidade de demonstrar nos capítulos em sequência.

Por outro lado, a projeção de uma tendência cosmopolita – e *cosmopolitismo* não apenas no sentido de que o romance português passa a ser lido por leitores de muitas nacionalidades e dos mais diferentes espaços transnacionais, mas também, e principalmente, no de que ele dilata as suas fronteiras e passa a se debruçar sobre aspectos sociais para além das fronteiras nacionais e a absorver assuntos e temas universais – pode ser constatada como uma das tendências mais ricas e potentes dessa nova ficção portuguesa.

Nesse sentido, a riqueza e a potencialidade desse grupo expressivo de autores(as) podem ser dimensionadas a partir da constatação de que

> [...] o romance português é hoje dominado pela multiplicidade de estilos, de temas, de conteúdos e de estruturas narrativas, como se cada escritor se constituísse em luz de si próprio, fortalecido por uma errância de processos formais de escrita, desde o romance clássico ao mais experimental. Assim, o horizonte do romance português carece hoje de uma unidade estilística e narrativa, bem como de uma unidade doutrinária ao nível estético.[45]

E quero ressaltar que essa ausência de uma "unidade estilística e narrativa" e de "uma unidade doutrinária ao nível estético" não deve ser entendida como uma falha ou uma fragilidade, muito pelo contrário, já que a "multiplicidade de estilos, de temas e de conteúdos e de estruturas narrativas" imprime uma busca por dicções individuais e projetos literários diversificados. No meu entender, é exatamente essa pulverização de "novas formas narrativas" e *"outras maneiras de contar"*[46] que garante a consolidação dessa produção, assentada no século XXI.[47]

Não à toa, é o próprio Miguel Real que, a partir da conscencialização da revolução narrativa operada por autores como Agustina Bessa-Luís e Vergílio Ferreira, na década de 1950 (e eu ainda acrescentaria Augusto Abelaira, Almeida Faria, José Cardoso Pires, Maria Velho da Costa e Natália Correia, entre outros(as) na década de 1960), aposta num "recentramento do antigo cânone ou [no] estabelecimento de um novo", graças às "novas opções estéticas emergidas sobretudo na primeira década do século XXI".[48]

Mesmo diante desse novo agrupamento, a dinâmica das novas experiências e dos nomes emergentes não deixa de provocar uma profunda alteração naquilo que poderia ser enquadrado como um "novo cânone",[49] pois, segundo o ensaísta português,

> [...] as características do cânone atual, com destaque para os jogos de intertextualidade, o fragmentarismo narrativo pelo fragmentarismo narrativo, a contestação apenas negativa dos antigos dispositivos narrativos, o perspectivismo (características atribuídas a um período designado por pós-modernismo), não dão conta já da totalidade das obras dos autores da nova narrativa portuguesa, sobretudo dos títulos mais importantes.[50]

Na verdade, o caráter de novidade e renovação que os nomes nascentes e emergentes da cena literária portuguesa do século XXI representam motiva essa nova hipótese de compreensão do cânone, agora não mais como um grupo hermético e impenetrável, mas como um conjunto que pode também abrigar recentes aparecimentos e eclosões. Ou seja, no lugar de se adequarem a normas e regras, esses mesmos autores parecem muito mais alargar os leques de opções que um elenco canônico pode oferecer. Daí que a premissa de Miguel Real parece ir ao encontro dessa elasticidade do cânone, até porque, ao designá-lo como um diferencial temporal e qualitativo ("*novo* cânone"), não diminui a qualidade e a potência dos que passam a integrar esse agrupamento representativo.

Tal como destaquei anteriormente, o caráter múltiplo e a dinâmica de atualização podem ser entendidos como os principais traços caracterizadores da força e da riqueza dessa geração de escritores(as) emergidos(as) no século XXI, porque são eles(as) que, afinal, garantem a fluidez e a movimentação constantes de novas formas de pensar a ficção, bem como os seus arcabouços arquiteturais, as suas motivações criadoras e os conteúdos nela articulados.

A segunda proposta de compreensão das dimensões do cânone com a qual muito me sintonizo está nas reflexões tecidas por Emerson da Cruz Inácio,[51] num emblemático ensaio ("Escrituras em Negro: cânone, tradição e sistema"), inserido no dossiê "Descolonizar o cânone, refundar a tradição" e publicado nos *Cadernos de Literatura Comparada*. Nesse estudo, o investigador brasileiro aponta para os laços de união traçados entre cânone e projeto de construção identitária nacional, ao abordar a formação dos conjuntos literários do Brasil e de Portugal.

A sua arguta percepção sublinha o fato de que o cânone, independentemente de estar ou não ligado a projetos políticos específicos e a dinâmicas de construção de uma identidade nacional, não consegue flexibilizar as suas fronteiras a ponto de abarcar um elenco de vozes destoantes dos modelos estabelecidos por padrões estandardizados. Segundo ele, trata-se de um espaço de permanente exclusão e sob constante vigilância, seja de uma elite burguesa literária, seja dos diferentes mecanismos da própria academia, para expurgar aquilo que, nessas perspectivas, não corresponda a um mínimo padrão de tradição. Daí, a sua pontual inferência em concluir que, nos campos definidores do cânone,

> [...] não se percebe espaço para a dissonância, ou seja, para a chegada de outros revérberos que podem, à sua maneira, dar sobrevida ao que nas ambiências contemporâneas pode já não "produzir" sentido cultural nem portar, à altura, um capital simbólico que lhe garanta residir entre os grandes textos que veiculam a tradição.[52]

Ao trazer à cena as contribuições de "ambiências contemporâneas", entre as quais ele destaca a "produção literária afro-portuguesa",[53] Emerson da Cruz Inácio chama atenção para todo um conjunto de escritores(as) afrodescendentes nascidos(as) em Portugal, cujas preocupações estão direcionadas a essa experiência nacional específica. Na sua perspectiva,

> [...] são obras pertencentes a um universo genológico e, muitas vezes, *transmedia* diverso, bem como têm por viés temático a tematização das vivências negras na diáspora, bem como se estabelecem como um gesto estético-ético-político que visa, na sua emergência, o encontro de uma dicção possível e de uma expressividade ao mesmo tempo fundada nas experiências negro-africanas, portuguesas e europeias.[54]

Ou seja, a proposta de pensar uma produção literária de autoria negra dentro da literatura portuguesa põe em xeque aquela ideia sustentada pela própria tradição de que o cânone não está aberto à "chegada desses outros revérberos",[55] posto que este se encontra mais preocupado com sua "percepção excessivamente preservacionista do sistema cultural, bem como monumentalizadora do patrimônio literário".[56]

Ainda que essa não seja a premissa central do ensaio aqui proposto, não posso deixar de concordar com as reflexões do investigador brasileiro, na medida em que, diante de um conjunto de inquietações, surgidas em face das proposições de Ítalo Calvino[57] – seja na iniciativa de pensar a ficção portuguesa do século XXI dentro de uma reunião, sob a imagem da "prateleira hipotética", seja na perspectiva de interrogar quais as razões de não poder ler determinadas obras contemporâneas com o mesmo grau de interesse e fôlego, muitas vezes, apenas destinados aos "clássicos"[58] –, a grande questão que se coloca, a princípio, não seria pensar esse mesmo conjunto sob a égide de uma assertiva afirmativa, tal como faz o ensaísta italiano (*Por que ler os clássicos*), mas, na contrapartida de sua proposta, não deixar de pôr em causa a potencialidade dessa atualíssima produção literária a partir de uma pergunta com uma partícula negativa: por que não ler os contemporâneos? Por que não entender um conjunto de grande força e representatividade, se não dentro, então num movimento paralelo, ao lado desse bloco monolítico, tal como propõe Emerson da Cruz Inácio?[59] Por que recusar categoricamente o novo sem uma explicação plausível ou um argumento sustentável? Voltarei mais adiante a este ponto; antes, porém, cabe-me esclarecer um aspecto importante.

Defendendo a relevância da literatura surgida a partir dos anos 2000 em Portugal, num denso e cuidadoso estudo, Gabriela Silva[60] observa as diferentes manifestações culturais no país e, na esteira do "cosmopolitismo" defendido por Miguel Real[61] – e numa deliciosa consonância *avant la lettre* com aquela existência em paralelo de um conjunto que desafia a tradição canônica, tal como designado por Emerson da Cruz Inácio[62] – demonstra os traços definidores dessa "novíssima literatura portuguesa":

> [...] assim, esse sujeito português passou a ocupar além dos seus limites fronteiriços e históricos, ele torna-se mais do que sua história e insere-se num contexto universal, de uma literatura sem demarcação ou delimitação, mas repleta da experiência humana de diferentes sujeitos em diferentes épocas. Então, essa *novíssima literatura portuguesa se constrói sob a perspectiva desse sujeito português que agora rompe com a tradição de temas e formas de construir personagens, tempo, espaço, enredo e narrador.*[63]

Ou seja, se as obras contemporâneas, produzidas no calor do nosso presente e estabelecidas em uma rede de ligações com as principais questões da atualidade, raramente compareçam em conjuntos designados como "cânone", essa ausência não constitui um argumento suficiente para a sua completa exclusão, na medida em que elas integram um conjunto capaz de dar sobrevida ao sistema literário que as abriga e portar um capital simbólico coerente com o seu tempo e o seu espaço de origem e pertença.

Daí que, na esteira dessa mesma "ruptura com a tradição",[64] defendo aqui a presença de uma "novíssima ficção portuguesa", enquanto um conjunto que surge e se estabelece na atualidade do século XXI e no nosso milênio, em paralelo com aquela concepção estandardizada de cânone. Se os(as) seus(suas) escritores(as) não intentam entrar e fixar-se na sua quadratura, em contrapartida, eles(as) impõem necessariamente uma profunda discussão sobre sua permanência e sobre sua relevância, mesmo que as suas presenças se estabeleçam num movimento em paralelo com os índices monumentalizadores de uma tradição fechada e hermética. Ainda assim, não deixam de ser produtivos(as), posto que alargam os horizontes fronteiriços do cânone, propiciam uma nova percepção do seu conjunto, sem perda de qualquer grau de vitalidade, e promovem um confronto direto com a "emergência dos autores da nova narrativa portuguesa, tanto como configuração analítica explicadora do romance português recente quanto como refletora do conteúdo e do estilo de novos romances".[65]

Todas essas inquietações surgem também em virtude de uma condição preestabelecida de que muitos(as) desses(as) autores(as) ainda careceriam de uma consolidação dos seus projetos de criação para ser entendidos(as) como escritores(as) pertencentes a um grupo, cuja trajetória literária dispensaria qualquer tipo de questionamento. Ou seja, nessa linha de entendimento, os cânones só poderiam ser formados por escritores mortos e consagrados pelos órgãos sistematizadores da tradição. Talvez por isso, a proposta de não excluir toda uma produção potente a partir de uma presença em paralelo,[66] independentemente das linhas de força e de motivação que regem a sua consecução, não seja de todo incoerente para defender a permanência dos(as) autores(as) aqui eleitos(as).

Na verdade, essa recusa de incluir obras contemporâneas não é nova. No tocante a uma certa crítica acadêmica portuguesa (e, por extensão, aos próprios estudos literários portugueses no Brasil), por exemplo, não se pode fechar os olhos diante de um problema que mais se acentua, na medida em que, como bem observara António Sousa Ribeiro,[67] ao investigar a presença dos estudos culturais em Portugal na década de 1990, há uma dificuldade dos meios universitários, dos programas curriculares e das elites literárias em incorporar objetos de investigação fora dos padrões estabelecidos pelas matrizes mais conservadoras.[68]

Aliás, é preciso lembrar que, no mesmo ano de escrita do ensaio de António Sousa Ribeiro,[69] ou seja, em 1999, também Mário César Lugarinho, numa belíssima comunicação apresentada no XVII Encontro da Associação Brasileira de Professores de Literatura Brasileira (Abraplip) sobre a poesia de Al Berto, para quem já reivindicava o "luso princípio *queer*",[70] chamava atenção para a relutância de uma camada da intelectualidade portuguesa (e, eu ainda acrescentaria, da brasileira, com algumas exceções, é claro), sobretudo quando os temas visíveis dos textos escancaravam uma rasura no conservadorismo bacoco:

> A partir dos anos sessenta, em Portugal, observa-se o aparecimento na poesia de obras singulares quanto à atenção à diferença sexual. Notadamente, Luís Miguel Nava, Gastão Cruz, Joaquim Manoel Magalhães e Al Berto, todos listados em constantes antologias como exemplos mais bem-acabados da poesia contemporânea portuguesa. *Mais uma vez, a crítica portuguesa, sempre acadêmica, não ousa identificar a questão problematizante da diferença sexual, preferindo anotar em todos os efeitos estilísticos e formais que a mestria da língua lhes possibilita.*[71]

Ao trazer esses dois posicionamentos críticos (o de um português e o de um brasileiro) a respeito dos olhares da academia e das elites literárias sobre a produção mais atual e suas abordagens pontuais e relevantes para uma compreensão mais ampla do nosso tempo, não quero generalizar o conservadorismo de algumas perspectivas, nem menosprezar ou minimizar certos esforços de alguma parte das investigações realizadas por nomes relevantes da/na cultura portuguesa, ainda mais se destacarmos casos bem específicos, como os de Ana Luísa Amaral, Ana Paula Arnaut, Anna M. Klobucka, Eduardo Pitta, Isabel Cristina Rodrigues, Isabel Pires de Lima, Miguel Real e Patrícia Martinho Ferreira, por exemplo.[72]

Ainda assim, não me parece ser de todo incoerente pensar que há uma reticência e uma resistência da crítica (seja a portuguesa, seja a brasileira) a olhar para essa ficção do e no século XXI, em abordá-la como objeto de investigação científica e em incorporá-la como *corpus* em diferentes projetos e atividades de pesquisa, extensão e ensino.[73] Basta verificar, por exemplo, que, bem recentemente, um ensaísta experiente como Eugénio Lisboa,[74] em entrevista ao jornal *Expresso*, assume não ter paciência para ler e conhecer certos(as) autores(as) contemporâneos(as). Fato, aliás, visivelmente comprovado em sua última publicação, *Vamos ler! Um cânone para o leitor relutante*,[75] em que elege, entre 35 exemplos, apenas um título de um escritor ainda vivo, mas cuja trajetória literária se inicia em 1994 (Miguel Sousa Tavares, com seu romance *Equador*, de 2003).[76]

Podemos igualmente mencionar o polêmico volume recém-publicado *O Cânone*, organizado por António M. Feijó, João R. Figueiredo e Miguel Tamen,[77] no qual os idealizadores não fogem da discussão sobre a complexidade das listas e das escolhas, bem como dos motivos externos e internos que as movem, e deixam claro alguns dos critérios utilizados para determinar a inclusão (e, por conseguinte, a exclusão) de certos nomes no elenco:

> Escolhemos apenas autores mortos (com uma exceção), e achamos que pelo menos dois desses autores (Luís de Camões e Fernando Pessoa) têm uma proeminência especial na literatura portuguesa: das nossas ideias, são as menos excêntricas. Nesses dois casos achamos melhor oferecer representações diferentes e até certo ponto divergentes, e por isso incluímos mais de um ensaio sobre cada um. Fizemos o mesmo em relação a outro tópico que naturalmente é central para este livro: a noção de cânone.[78]

Dos 51 verbetes destinados a nomes de autores(as) – não estou considerando aqueles sobre movimentos literários e revistas, como *Orpheu* e *presença*, por exemplo –, nove deles referem-se a mulheres escritoras, e uma delas é exatamente a exceção ao critério de escolha exclusiva de autores mortos: Maria Teresa Horta, uma das "Três Marias". Apesar, nesse mesmo conjunto, de 16 citados terem presença na segunda metade do século XX (e mesmo levando em consideração o fato excludente do óbito como condição para a presença no volume), não deixa de ser estranho o fato de, numa recolha canônica da literatura portuguesa, António Lobo Antunes, Lídia Jorge, Manuel Alegre e Mário Cláudio, por exemplo, não figurarem como contemplados, já que, como é de conhecimento, são escritores(as) que iniciaram seus percursos ainda em tempos pré- e pós-Revolução dos Cravos e com largas e consolidadas trajetórias literárias.[79]

Esses dois exemplos demonstram bem que o debate sobre as listagens formadoras dos cânones, bem como sobre os critérios utilizados para a entrada e a permanência de uns e o veto e o silêncio sobre outros, longe está de ter um desfecho consensual ou mesmo de apontar um horizonte possível de repouso e concordância. No entanto, a anuência mais imediata e perceptível é o vácuo estabelecido sobre nomes de escritores(as) vivos(as) (com raríssimas exceções).

Assim sendo, importa-me indagar se o cânone (na sua dimensão hermética e concentracionária) será o único local por excelência a consagrar apenas aqueles que lhe dizem respeito, ou se os escritores contemporâneos, na abrangência de suas abordagens, não estarão formando um bem-sucedido sistema paralelo, propiciando aquilo que Miguel Real irá designar de "demanda de um novo cânone".[80]

Nesse sentido, a imagem que dá título ao trabalho (a "prateleira hipotética") surge como um caminho outro, capaz de propiciar essas existências num mesmo espaço artístico-literário, seja porque estas dinamizam o sistema cultural de onde emergem e operacionalizam um convívio feito também em forma de discordâncias, seja porque, enquanto conjunto, constroem, em decorrência dessa mobilidade, a possibilidade de uma *bibliothéke*,[81] de uma "prateleira hipotética", capaz de estimular e promover uma reflexão sobre o tempo presente em sua multiplicidade e complexidade.

Num breve olhar sobre o quadro dos fatores históricos, políticos e sociais mais recentes em Portugal, as últimas décadas englobam o momento da Revolução dos Cravos; a deflagração da liberdade de pensamento e expressão artística; o processo de redemocratização e a complexidade do convívio de diferentes linhas político-ideológicas; os cenários advindos das décadas posteriores ao evento demarcador da redemocratização; as oscilações e as imposições econômicas da Troika, consequentes da crise da década de 2000; e, agora, os novos desafios impostos pela recente conjuntura de pandemia e seus efeitos colaterais. Diante desse quadro, gosto de pensar que a novíssima ficção portuguesa vem demandando, em muitos casos, necessidades éticas visíveis e latentes de interrogação do nosso tempo, sem abrir mão de projetos estéticos efetivos, ainda que multíplices na sua consecução, em que temas como os vários tipos de violência, o medo diante de ameaças terroristas, os direitos humanos e as suas reivindicações político-sociais, o consumismo exacerbado no contexto neoliberal, os êxodos migratórios para os territórios europeus, entre outros, acabam constituindo uma gama exponencial para discutir sobre a própria contemporaneidade.

Se, como propõe Giogio Agamben, o contemporâneo pode ser entendido como "uma singular relação com o próprio tempo, que adere a este e, ao mesmo tempo, dele toma distâncias",[82] importa-me, então, esclarecer que a compreensão da produção literária portuguesa contemporânea incide sobre essa relação de aproximação e, ao mesmo tempo, de anacronismo, propiciando uma espécie de afastamento proposital para conseguir estabelecer com o seu tempo uma relação analítica e crítica.

Vale lembrar que, aplicado à literatura portuguesa, muitas vezes o conceito em questão é utilizado para remeter ao momento crucial e demarcador da saída de Portugal de uma ditadura de mais de 40 anos e da consequente entrada no caminho de um Estado democrático de direito: a Revolução dos Cravos, de 25 de abril de 1974. Tal como esclarece João Barrento,[83] essa contemporaneidade pós--1974 engloba um elenco de escritores(as) surgidos(as) nesse cenário e demarca uma multiplicidade de tendências, demonstrando *per se* a possibilidade de um livre trânsito por diferentes caminhos de consecução na arquitetura romanesca, além de uma sistematização dos seus principais enfoques estéticos.

Não à toa, o reconhecido investigador português aponta como principais aspectos desse eixo temporal a superação tanto do neorrealismo (a ficção de tendência social das décadas de 1940 a 1960) quanto do existencialismo e do psicologismo (caminhos percorridos por um grupo de ficcionistas das décadas de 1960 e 1970); os diálogos entre a ficção e a história (desde a mais remota até a mais recente, onde figuram nomes como os de Agustina Bessa-Luís, António Lobo Antunes, José Saramago, Lídia Jorge, Manuel Alegre e Mário Cláudio, por exemplo); o surgimento de uma intensa e densa produção de autoria feminina, que, muitas vezes, declara um tom feminista nas suas obras; a difusão mais alargada de gêneros até então relegados a um domínio específico, como o conto e a crônica; a explosão de uma plêiade de poetas, cujo olhar desponta uma diversidade de perspectivas sobre o novo século às portas de entrada.

Apesar do denso levantamento proposto pelo crítico português, o seu estudo centra-se exclusivamente em "um quarto de século de literatura portuguesa (1974-2000)",[84] não investindo, portanto, na ficção advinda a partir da entrada do século XXI. Se é certo que, para o conjunto eleito no seu estudo, é possível a aplicação do adjetivo caracterizador ("literatura portuguesa *contemporânea*"), em termos mais amplos de concepção, ele também pode ser devidamente articulado com toda uma produção que se expande para as primeiras décadas do século XXI.

Aliás, essa também é a concepção desenvolvida e defendida por Isabel Pires de Lima,[85] quando, na análise sobre os trânsitos interculturais entre Brasil e Portugal, com base em sua sensível leitura de obras de Luiz Ruffato, Hugo Gonçalves, Alexandra Lucas Coelho e Matilde Campilho, sublinha:

> *A literatura portuguesa contemporânea tem sido permeável a estas novas realidades e da pena de escritores de diferentes gerações têm vindo a lume criações em que pensar a realidade portuguesa* e a configuração das subjetividades implica a presença angular dos fenômenos da imigração e da emigração. *Estes potenciam alterações profundas, perturbadoras e enriquecedoras quer nas relações humanas em contato com o outro transportador da diferença capaz de conduzir à abertura a novos mundos interpessoais, quer na autopercepção e na autocompreensão do próprio país enquanto coletividade em processo de refundação identitária.*[86]

Ainda que a preocupação da investigadora portuguesa seja a de fixar a sua análise no viés específico das narrativas sobre os movimentos migratórios entre Brasil e Portugal, o seu arguto olhar sobre a produção literária de língua portuguesa mais recente (observe-se a escolha do seu *corpus* na ficção portuguesa, sobretudo) sublinha um aspecto muito caro ao que aqui venho defendendo, qual seja, há uma nítida preocupação dos(as) escritores(as) com o seu tempo, sem se desviar das reflexões necessárias sobre as mais diversas complexidades políticas, sociais e culturais do século XXI. Daí a sua pontual percepção sobre a potencialidade desses(as) novos(as) autores(as) e as novidades que estes(as) trazem para a cena artística e literária do país.

Mesmo compreendendo a elasticidade e a flexibilidade de abrangência e aplicação do qualificador "contemporânea", a minha aposta vai numa especificidade dessa ficção portuguesa produzida a partir dos anos 2000, por escritores(as) nascidos(as) e surgidos(as) no campo pontual da narrativa ficcional. Não se trata, portanto, de uma expressão autenticadora da idade civil dos(as) seus(suas) integrantes, mas de sua inserção, como produtores(as) de ficção, em uma geração emergente nas duas últimas décadas. Nesse sentido, vale lembrar que, dependendo do ano de escrita e publicação das obras, muitas delas ainda não atingiram a maioridade, já que estamos abordando títulos dos últimos 22 anos.

Nesse sentido, a designação de "novíssima ficção portuguesa" é mais que cabível e coerente, na medida em que tal condição não se deve exclusivamente à idade de seus(suas) representantes, mas deve ser pensada como uma espécie de designação de um conjunto de ficcionistas e de uma produção literária surgidos no momento de um tempo e de um espaço atualíssimos, incitando e promovendo uma discussão dos principais problemas do nosso presente, que não são exclusivos das esferas geográficas portuguesa e europeia. Ou, como perspicazmente observou Isabel Pires de Lima, são eles(as) os(as) responsáveis por fomentar uma rica e salutar desestabilização tanto nos trâmites individuais e interpessoais, com a "abertura a novos mundos", quanto nas relações coletivas e identitárias, através de uma "autopercepção e autocompreensão do próprio país".[87]

Talvez por isso, não deixa de ser interessante constatar que, até o momento, o único estudo e ensaio de fôlego dedicado exclusivamente a essa nova produção em termos de conjunto seja o já aqui referido trabalho de Miguel Real,[88] em que discute alguns títulos surgidos a partir dos anos 2000, de escritores(as) até então pouco conhecidos(as) do grande público. Cabe-me, porém, ressaltar que, apesar dessa iniciativa pioneira, já se passaram dez anos dessa primeira edição, sem qualquer tipo de horizonte sobre uma reedição mais atualizada ou uma investigação a respeito daqueles que, surgidos *a posteriori*, ainda não foram contemplados naquele primeiro momento.[89]

Logo, se é possível pensar na "demanda de um novo cânone",[90] como previsto por Miguel Real, na representatividade de nomes vivos da novíssima ficção portuguesa, cujas obras podem contribuir para pensar a cultura que os abriga e, igualmente, para lançar modos outros de interrogar o nosso presente, ao lançar inicialmente a pergunta anterior – "Por que não ler os contemporâneos?" –, acabei por deparar com outras questões inevitáveis: em que medida é possível fechar os olhos para essa produção portuguesa mais recente? Como recusar uma gama literária produtiva e potente que se insere, inclusive, em outros mercados editoriais, como o brasileiro? Como esses(as) ficcionistas e suas produções fornecem material para uma reflexão detida e profunda sobre as principais questões que permeiam as nossas inquietações atuais?

Nesse sentido, a título breve de exemplo, e movido, de certo modo, pelas argutas percepções de Gabriela Silva, Isabel Cristina Rodrigues e Isabel Pires de Lima,[91] entendo ser necessário destacar algumas incidências e recorrências desse conjunto, tais como:

- as representações (e reivindicações) de grupos sociais minoritários e discriminados, muitas vezes relegados a um apagamento, em obras de Afonso Reis Cabral, Alexandra Lucas Coelho e Carla Pais;
- as lutas antifascistas e antirracistas, muitas delas suscitadas pela eclosão de movimentos reivindicadores (como o "Black lives metter"), como as encontradas em Ana Cristina Silva, Djaimilia Pereira de Almeida e Margarida Paredes;
- as exigências de uma consciência ecológica urgente, diante de acordos assinados em favor do clima, e a permanência em espaços naturais, fora dos eixos citadinos, como em textos de Alexandra Lucas Coelho, Joana Bértholo e Joel Neto;
- os expurgos de e os reiterados repúdios a fantasmas de tempos colonialistas e autoritários, como nos títulos de Djaimilia Pereira de Almeida, Dulce Maria Cardoso, Hugo Gonçalves, Isabela de Figueiredo, João Pinto Coelho, José Carlos Barros, Margarida Paredes e Paulo Faria;
- as exposições das diferentes manifestações de violência e seus efeitos colaterais nocivos e traumáticos, em que o feio e o abjeto assumem um protagonismo exemplar, como em Gonçalo M. Tavares, H. G. Cancela, João Reis e João Tordo;
- os novos experimentalismos tanto nas diversas formas de pensar a arquitetura textual quanto na babelização da língua portuguesa, como em Afonso Cruz, Bruno Vieira Amaral, Filipa Melo, Luís Miguel Rosa, Patrícia Portela, Paulo Rodrigues Ferreira, Pedro Eiras, Ricardo Adolfo e Sandro William Fonseca;
- a revigoração de um regionalismo disseminado em narrativas que não só recuperam paisagens específicas do território português, mas procuram espelhar na arquitetura textual e/ou na trama romanesca algumas singularidades espaciais, num interessante efeito especular, tal como pode ser constatado em Carlos Campaniço, Isabel Rio Novo, João Felgar, Paula Cristina Rodrigues, Pedro Almeida Maia, Rui Couceiro e Tiago Patrício;

- o investimento em outras formas narrativas, como uma das possibilidades de realização artística, tais como a crônica, o conto e a narrativa (bem como o romance) de viagens, como em Afonso Reis Cabral, Alexandra Lucas Coelho, Ana Margarida de Carvalho, Paulo Kellerman, Paulo Moura, Raquel Ochoa, Ricardo Araújo Pereira e Valério Romão;
- os direitos humanos, as afetividades fora das esferas heteronormativas e as liberdades das diversidades, como em Alexandra Lucas Coelho, Ana Bárbara Pedrosa, Daniel J. Skramesto, Frederico Lourenço, Joaquim Almeida Lima, Judite Canha Fernandes, Raquel Freire e Valter Hugo Mãe;
- a consolidação de uma literatura afro-portuguesa, em que as dimensões intersecionais entre raça e gênero ganham um protagonismo incontornável, como em Djaimilia Pereira de Almeida, Tvon e Yara Monteiro;
- as distopias prenunciadoras de um mundo em colapso, como em António Ladeira, Hugo Gonçalves, João Nuno Azambuja, José Luís Peixoto, Nuno Gomes Garcia, Patrícia Reis, Ricardo Fonseca Mota e Valter Hugo Mãe;
- os novos caminhos da ficção em dialogar com a história, com o passado (o mais recente e o mais longínquo), com a tradição, com a bagagem (auto e) biográfica, com a memória e os seus espectros culturais, tal como ocorre em obras de Ana Cristina Silva, Ana Margarida de Carvalho, António Tavares, Carlos Ademar, Cláudia Andrade, Filipa Martins, Frederico Pedreira, Gabriela Ruivo Trindade, Isabel Rio Novo, Hugo Gonçalves, João Lopes Marques, José Luís Peixoto, Marlene Ferraz, Nuno Camarneiro, Rui Lage, Tiago Patrício e Tiago Salazar;
- os caminhos de busca pela felicidade, pela amizade e pelo afeto, ainda que o mergulho na contrariedade pareça irreversível, como em André Gago, David Machado, Hugo Mezena, João Tordo, Paulo Bugalho, Ricardo Fonseca Mota e Rui Costa;
- as perspectivas utópicas diante do enfrentamento e do confronto inevitável com um mundo esfacelado pela pandemia, como em Djaimilia Pereira de Almeida, Gonçalo M. Tavares, José Gardeazabal, Patrícia Reis e Paulo Faria.

Ou seja, muitos dos desafios éticos emergidos no século XXI, observados pelas principais linhas de interesse dos(as) autores(as) elencados(as) e, de certo modo, exacerbados pelo contexto da pandemia da covid-19, não parecem estar distanciados de uma práxis estética, cujas consecuções primam pela multiplicidade em suas realizações concretas. Nesse sentido, fico a me interrogar se não será isso uma forma bem urdida de criar um conjunto alicerçado na capacidade e na potencialidade da criação ficcional e, ao mesmo tempo, de se consolidar por sua autenticidade e diversidade.

Na sucinta amostra acima, se, por um lado, pode-se verificar um afastamento da ideia de centralização espacial e temporal localizada nas fronteiras geográficas do país para tentar chegar a uma ideia consensual do romance português – esta, aliás, é uma das questões levantadas por Miguel Real[92] para defender o caráter internacionalizante e universal da novíssima ficção portuguesa, porque despreocupada em olhar apenas o próprio umbigo –, por outro, a desterritorialização, os deslocamentos, o cosmopolitismo e a pulverização de temas solidificam o novíssimo romance português, produzido nas décadas iniciais do século XXI, como um gênero preocupado com os principais questionamentos e os desassossegos mais emergentes e flagrantes do seu tempo.

Daí a minha discordância com a premissa de Miguel Real, de que a novíssima ficção portuguesa possa ser caracterizada por uma ausência de preocupações, programáticas ou não, sobre os problemas que afligem o século XXI. Ainda que não se possa falar de um proselitismo *per se*, nos moldes de um emprego sistemático das vertentes marxistas como ocorreu com o Neorrealismo, por exemplo, simplesmente isentar a produção ficcional e os(as) autores(as) dessa nova geração das interrogações mais imediatas, suscitadas nos últimos anos, não parece corresponder de forma coerente ao aflorante desabrochar dos nomes despontados nesses 22 anos e às interrogações lançadas em muitas de suas obras.

Não que isso também confira uma unidade homogeneizadora ao conjunto de obras vindas a lume. Muito pelo contrário, e aqui retomo uma expressão de Miguel Real que pode, de certo modo, confirmar essa multiplicidade de iniciativas em diferentes projetos de criação. Visto a partir da perspectiva de um "centro multiplamente disseminado, o romance português existe hoje em cada texto que o autor expressamente designa como romance ou narrativa romanceada".[93]

Nesse sentido, as minhas escolhas para compor o *corpus* analisado, enquanto ponto de partida para pensar num conjunto dessa novíssima ficção portuguesa, não deixam também de ser arbitrárias, porque constituem opções individuais e particulares. Trata-se de uma lista, que não se pretende definitiva ou normativa, para pensar o romance português do e no século XXI, mas que, numa proposta panorâmica, pode compor um quadro representativo dessas novas tendências ou, como diria Edward Said, dessas "novas formas narrativas" ou mesmo de *outras* maneiras de contar".[94]

Na verdade, não pretendo aqui estabelecer e fixar um novo cânone ou categorizar um(a) ou outro(a) escritor(a) como mais importante, a ponto de determinar um quadro hierárquico e, consequentemente, excludente. Muito pelo contrário. A tese aqui defendida é a de que, mais importante do que falar de um novo cânone em processo de demanda (ainda que tal proposta não seja completamente incompatível), uma visão mais ampla, mais inclusiva e mais flexível desse novíssimo conjunto de ficcionistas pode contribuir para uma compreensão daquele, enquanto conjunto em devir. Por isso, na minha perspectiva, a imagem da "prateleira hipotética" calviniana fornece a fluidez, a dinâmica e a mobilidade necessárias para compreender as inquietações lançadas pelos(as) escritores(as), para incitar as nossas interrogações diante de uma atualidade complexa e marcada por mudanças muito rápidas e para desestabilizar as tentativas de qualquer subordinação ordenadora.

Para conseguir levar a cabo a minha ideia de que é possível perfilar uma "prateleira hipotética" para chegar a uma visão mais ampla e global do conjunto formado por escritores(as) portugueses(as) surgidos(as) no contexto do século XXI, e com eles(as) estabelecer um panorama reflexivo e interrogador das principais propostas do nosso tempo e dos nossos espaços, tomo como alicerce norteador as *Seis propostas para o próximo milênio*, de Ítalo Calvino.[95]

Como toda escolha, essa também não é gratuita. Em primeiro lugar, porque as seis propostas descritas por Calvino na década de 1980 eram, naquele momento, uma espécie de conjunto de memorandos – não será à toa que o título em inglês, planejado por ele para a exposição nas Charles Eliot Norton Poetry Lectures, nos anos letivos de 1985-1986, incide sobre esse caráter de anotações e de recolhas ("Six memos for the next millennium") –, enquanto instrumentos analíticos para refletir sobre a literatura que despontaria no novo milênio. E se, naquele momento, eram propostas, interessa-me verificar de que modo elas deixaram de sê-lo para se tornarem premissas estéticas visíveis e palpáveis, capazes de confirmar a novíssima ficção portuguesa como uma autêntica manifestação artístico-literária do século XXI.

Introdução

Por fim, em segundo lugar, as *Seis propostas para o próximo milênio* confirmam o método investigativo de Ítalo Calvino, baseado num convívio salutar entre obras clássicas das diferentes tradições literárias e outras advindas das mais diferentes épocas e tendências estéticas, incluindo as do seu próprio tempo, contemporâneas suas. Assim, nas seis lições americanas, é possível constatar numa mesma prateleira o resgate e o convívio de textos tão díspares entre si, como os da mitologia greco-romana e das lendas antigas às obras milenares de Lucrécio e Ovídio; das bases fundadoras da literatura ocidental, como Boccaccio, Dante, Galileu e Shakespeare, a autores dos séculos XVIII e XIX, como Jonathan Swift, Lawrence Sterne, Giacomo Leopardi, Gustave Flaubert, Henry James e Thomas De Quincey; de escritores do início do século XX, como Fernando Pessoa, Paul Valéry e Walt Whitman, a nomes contemporâneos seus, como Adolfo Bioy Casares, Eugenio Montale, Jorge Luis Borges, Paolo Zellini, Robert Musil e Roland Barthes.

Recolhendo e dispondo os mais diferentes sistemas literários europeus e dos mais distintos espaços (da Europa à América Latina), Ítalo Calvino consegue reunir uma gama de obras e autores, tecendo uma linha de análise sem hierarquizar, em termos de grau de importância, um método crítico específico. Em cada uma das propostas, o ensaísta italiano constrói, a seu modo, também as suas prateleiras hipotéticas (as suas *bibliothékai*), onde cabem os mais diversos títulos. Ao reunir os textos clássicos e mais antigos à "leitura de [suas] atualidades numa sábia dosagem",[96] Calvino confirma seu próprio método de leitura, já anunciado em seu ensaio de 1981, que não abandona a práxis comparatista nem o confronto direto com o texto matriz, expandindo suas considerações para outras obras, ao considerá-las pertinentes para os argumentos defendidos.

Trata-se, no meu entender, de uma coerência metodológica muito pertinente, na medida em que, a partir de um gesto declarado de uma "insatisfação trepidante",[97] não pode e não consegue considerar os diferentes objetos artísticos como entidades congeladas e cimentadas num limbo temporal. Antes, para Calvino,[98] a literatura por vir no século XXI não deixa de ter seus lastros de herança e vínculo com aquilo que antes dela veio e, ao mesmo tempo, desponta com novos horizontes, sem deixar perder a vitalidade dos laços intertextuais e o vigor das "*outras* maneiras de contar".[99] Não pretendo aqui me colocar como a voz profética de um cânone por vir ou como o defensor de um grupo fixo e fechado a outras vozes em surgimento e emergência. Ao contrário. O meu movimento de escolha de certos títulos em detrimento de outros centra-se na percepção de alguns/algumas autores(as), cuja potência e solidez literárias

> [...] os[as] afasta[m] de uma concepção meramente dêitica da escrita, aproximando-
> -os proativamente de um futuro onde a voz de cada um se encarregue de confirmar o potencial de ascendência cultural que, em modo de embrionária latência, o presente das suas obras permite já antever.[100]

Em certa medida, a minha proposição de uma reunião tão eclética vai ao encontro daquela leitura estabelecida por Isabel Cristina Rodrigues,[101] que não recusa uma construção canônica entre os(as) escritores(as) portugueses(as) atuais, mas prefere não os(as) incluir obrigatoriamente num feixe compacto, hermético e imutável. Muito pelo contrário, pois, ao se valer da imagem do "entre-dois", de Daniel Sibony, a ensaísta portuguesa advoga em favor de um espaço intermediário entre a tradição (de quem é, inevitavelmente, herdeira) e a inovação (que é própria de sua condição indagadora do presente):

> Entre a apologia da invariabilidade universal do valor (que legitimaria, como defende García Berrio, a edificação patrimonial do cânone) e a consciência do relativismo histórico-contextual desse mesmo valor (entendendo-se assim o cânone como a deriva imaginária de um modelo naturalmente avesso à incorporação da fixidez invariante do literário), a narrativa portuguesa dos últimos anos parece querer caminhar no sentido da legitimação de um entre-dois canônico, fazendo confluir, no espaço concreto da sua textualidade, o sentido de inovação que lhe é próprio e o peso de uma tradição acolhida em registro de simbólica convocação autoral.[102]

Assim, a par das muitas opções que a novíssima ficção portuguesa tem a oferecer ao leitor, faço aqui as minhas escolhas particulares, a partir de cada uma das seis propostas de Ítalo Calvino, para, com base nelas, analisar as diferentes tendências narrativas suscitadas a partir dos anos 2000:

- ✓ LEVEZA. Da distopia pandêmica ao horizonte da amizade: *Da meia--noite às seis*, de Patrícia Reis;

- ✓ RAPIDEZ. Do tempo que se dilui, do ano que se fixa e da memória que tudo absorve: *Deus Pátria Família*, de Hugo Gonçalves;
- ✓ EXATIDÃO. Do erótico como revolução ao ecofeminismo: *A nossa alegria chegou*, de Alexandra Lucas Coelho;
- ✓ VISIBILIDADE. Das personagens "ex-cêntricas" como imagens visivas: *Pão de açúcar*, de Afonso Reis Cabral;
- ✓ MULTIPLICIDADE. Do romance como enciclopédia e como museu imaginário: *Rua de Paris em dia de chuva*, de Isabel Rio Novo;
- ✓ CONSISTÊNCIA. De como iniciar e concluir uma "história de fantasmas": *Felicidade*, de João Tordo.

Diante do exposto até aqui, e em virtude do fluxo de ideias e inquietações que a novíssima ficção portuguesa vem me despertando, pelo menos, nos últimos sete anos, recupero a imagem da "prateleira hipotética", talhada por Ítalo Calvino, e uno-a a uma outra indicada por ele, em *Por que ler os clássicos*: "[...] inventar para cada um de nós uma *biblioteca ideal* de nossos clássicos".[103] Se nela, como propõe o crítico italiano, cabem os livros que já lemos e aqueles que pretendemos incluir nessa lista, então, sem querer colocar sobre alguns títulos e autores(as) da ficção portuguesa dos últimos anos o peso da categoria "clássicos", acredito que as seis obras acima podem construir uma prateleira hipotética para ler o século XXI, deixando espaços a serem ocupados por outros que ainda venham a surgir. No meu entender, os seis romances eleitos possibilitam leituras que se abrem a outros horizontes e permitem inferências e ligações (ainda que indiretas, apenas) a outros textos contemporâneos seus, formando assim uma "prateleira hipotética" do século XXI literário português, em que o convívio entre diferenças, disparidades e discordâncias torna-se uma mais-valia enriquecedora.

Com essa ponderação, acredito que aquela minha primeira indagação – "Por que não ler os contemporâneos?" –, à luz da prateleira hipotética (e, consequentemente, da biblioteca ideal) e das seis lições de Ítalo Calvino, necessita, na verdade, ser rearticulada em uma outra, mais assertiva diante da ideia que aqui pretendo defender: "Por que ler os(as) contemporâneos(as)?". Acredito que as seis obras aqui selecionadas permitem ensaiar algumas respostas a essa pergunta: porque eles(as) fazem parte da minha/da nossa biblioteca ideal; porque eles(as) nos chamam atenção para a tragicidade da vida, sobretudo diante de perdas irreparáveis no contexto da pandemia que varreu o mundo em 2020 e 2021, e, ao mesmo tempo, vislumbram uma esperança, uma epifania talvez, de que a vida pode se renovar e apontar um horizonte possível; porque, com eles(as), podemos pensar o nosso tempo, os nossos espaços de língua portuguesa, os nossos problemas e as nossas diferenças, sem querer cair na armadilha cômoda de uma digestão rápida ou fácil, mantendo uma tenacidade crítica sobre certos erros do passado, a fim de que estes não se tornem uma repetição concreta no presente.

Notas

[1] Calvino, 2009.
[2] *Idem*, p. 190. Daqui por diante, a fim de evitar as repetições de citação, a expressão será mencionada com aspas, mas sem as referências. No entanto, reitero que a concepção vem dos argumentos tecidos por Ítalo Calvino ao longo do seu ensaio.
[3] Calvino, 2009, p. 190.
[4] *Idem*, p. 191.
[5] *Idem, ibidem*.
[6] *Idem, ibidem*.
[7] *Idem, ibidem*.
[8] Calvino, 2004, p. 16. Grifos meus.
[9] Canfora, 1989, p. 74.
[10] Manguel, 2006.
[11] *Idem*, pp. 30-31. Grifos meus.
[12] Também Umberto Eco, apesar de seguir por um outro caminho de análise do conceito de "biblioteca", faz questão de frisar o caráter singular dos espaços de arquivos em propiciar um trânsito e uma liberdade aos seus usuários. Na sua perspectiva, a grande sedução da biblioteca reside nas surpreendentes descobertas que ela pode suscitar aos leitores, pois "[...] não há nada mais revelador e apaixonante do que explorar as estantes que reúnem possivelmente todos os livros sobre um determinado tema – coisa que, entretanto, não se poderia descobrir no catálogo por autores – e encontrar, ao lado do livro que se tinha ido procurar, um outro livro, que não se tinha ido procurar, mas que se revela fundamental" (Eco, 1994, pp. 16-17).
[13] Manguel, 2009, p. 26. Grifos meus.
[14] Canfora, 1989.
[15] Manguel, 2006.
[16] Chamo atenção para o fato de que não é minha intenção entrar pelas definições e pelos conceitos distintos de "biblioteca", tampouco defender as minhas relações pessoais com os espaços onde esta se situa (seja ela pública, seja ela particular), como faz, por exemplo, Alberto Manguel, em seu mais recente ensaio/testemunho, *Encaixotando minha biblioteca: uma elegia e dez digressões* (2018/2021). O meu interesse particular no termo originário do grego e suas variantes (*bibliothéke* e *bibliothékai*), tal como procuro demonstrar, incide

precisamente nas ligações semânticas e nas amplitudes conceituais suscitadas por Luciano Canfora (1989) e pelo próprio Alberto Manguel (2006, 2009).

[17] Calvino, 2004, p. 15.
[18] Borges, 1972.
[19] *Idem*, p. 88.
[20] Calvino, 2004, p. 12.
[21] *Idem*, p. 15.
[22] *Idem, ibidem*.
[23] Real, 2012b.
[24] *Idem*, p. 57.
[25] *Idem*, p. 49.
[26] Calvino, 2004, p. 15.
[27] Bloom, 1995.
[28] *Idem*, p. 28.
[29] *Idem, ibidem*.
[30] *Idem*, p. 13.
[31] *Idem, ibidem*.
[32] Calvino, 2009, p. 191.
[33] Registro aqui o falecimento do mestre Eugénio Lisboa. Citá-lo é uma forma de reverenciar a figura de grande destaque e relevância para os estudos literários portugueses e para as culturas dos países de língua portuguesa.
[34] Bloom, 1995.
[35] Gorak, 1991.
[36] Publicado anos antes da primeira edição de *The Ocidental Canon* (1994), o ensaio *The Making of the Modern Canon* (1991), de Jan Gorak, abrange diferentes linhas de pensamento sobre o conceito de "cânone" e seus principais mentores: Ernst Gombrich, Northrop Frye, Frank Kermode e Edward Said. Apesar de não dedicar um capítulo exclusivo ao professor e pesquisador estadunidense, Gorak sublinha em momentos do seu estudo o papel fundamental de Harold Bloom no estabelecimento do cânone romântico (Gorak, 1991, pp. 158-160).
[37] Gorak, 1991.
[38] Tradução minha para a língua portuguesa: "Edward Said and the Open Canon" (Gorak, 1991, p. 186).
[39] Said, 2003, p. 136.
[40] Bloom, 1995, p. 16.
[41] Said, 2003, p. 183.
[42] *Idem*, p. 188.
[43] Real, 2012b.
[44] *Idem*, pp. 52-53.
[45] *Idem*, p. 55.
[46] Said, 2003, p. 136
[47] Apesar de a repetição de citação de um mesmo autor ou um mesmo trecho não ser uma prática considerada saudável e adequada na redação acadêmica, tomo a liberdade de rasurar tal regra para reiterar a minha argumentação sempre que precisar chamar atenção para a força dessa ficção produzida no século XXI, para as potencialidades que cria e para a "prateleira hipotética" consolidada a partir dela.
[48] Real, 2012b, p. 57.
[49] *Idem*, p. 49.

50 *Idem*, p. 57.
51 Inácio, 2020.
52 *Idem*, p. 44
53 *Idem*, p. 48.
54 *Idem, ibidem*.
55 *Idem, ibidem*.
56 *Idem*, p. 43.
57 Calvino, 2004, 2009.
58 *Idem*, 2004.
59 Inácio, 2020.
60 G. Silva, 2016.
61 Real, 2012b.
62 Inácio, 2020.
63 G. Silva, 2016, p. 8. Grifos meus.
64 *Idem, ibidem*.
65 Real, 2012b, p. 56.
66 Inácio, 2020.
67 A. S. Ribeiro, 1999.
68 Quero frisar que não se trata, aqui, de demonizar a crítica portuguesa ou celebrar outro tipo de procedimento analítico. Fato é, no entanto, que ainda existe uma resistência visível e latente na absorção de obras contemporâneas de escritores(as) surgidos(as) nas primeiras décadas do século XXI, enquanto objetos de investigação e análise por parte dos programas de estudos em níveis de graduação e pós-graduação. As bases de dados fornecidas por diferentes instituições de ensino superior, por exemplo, confirmam essa constatação. Ainda que, no Brasil, seja possível perceber uma certa abertura na sua recepção (isso, em grande parte, graças aos ensaios, estudos, dissertações e teses sobre Afonso Cruz, Ana Margarida de Carvalho, Djaimilia Pereira de Almeida, Gonçalo M. Tavares, Isabela Figueiredo e Valter Hugo Mãe – uma consulta à Plataforma Lattes reitera esse quadro quantitativo/www.cnpq.br), nomes como os de Afonso Reis Cabral, Alexandra Lucas Coelho, David Machado, Gabriela Ruivo Trindade, H. G. Cancela, Hugo Gonçalves, Isabel Rio Novo, Joana Bértholo e João Tordo, entre outros, aparentam não despertar o interesse que suas obras merecem. Diria mesmo que parece pairar sobre eles uma certa desconfiança, como se não fossem capazes de produzir obras relevantes ou não estivessem devidamente amadurecidos para promover algum tipo de reflexão voltada para os tempos atuais. Aliás, nos dois lados do Atlântico, não faltam exemplos de comportamentos desse tipo. Recomendo, nesse sentido, a leitura tanto do artigo de Miguel Sanches Neto (2005), que não consegue compreender a presença de escritores(as) portugueses(as) no mercado editorial nacional e ainda defende uma literatura brasileira nos moldes dos(as) modernistas, quanto o de Helena Magalhães (2020), que descreve as mais diversas situações e malabarismos a que os(as) escritores(as) precisam se submeter em Portugal e a descrença na atual produção literária do país, tecida por órgãos de imprensa.
69 A. S. Ribeiro, 1999.
70 Lugarinho, 2001, p. 857.
71 *Idem, ibidem*. Grifos meus.
72 Amaral, 2017; Arnaut, 2014, 2018; Klobucka, 2020; Pitta, 2003; Rodrigues, 2014; Lima, 2014; Real, 2001, 2012b; Ferreira, 2021.
73 Uma das poucas exceções é o escritor Mário Cláudio, que, a partir da organização de concursos de contos com publicações de coletâneas com os galardoados, através do Centro

de Estudos Mário Cláudio, em Paredes de Coura, vem promovendo visibilidade a novos nomes na ficção portuguesa. Ao responder a uma das perguntas sobre essa atividade, o escritor português declara: "O centro que tem o meu nome, em Paredes de Coura, organizou já dois concursos de conto (este ano, a temática é 'A Festa') que tiveram uma enorme afluência. E apareceram lá figuras extraordinárias de autores que estão a revelar--se agora. Estou a lembrar-me da Isabel Rio Novo, da Cristina Drios e outros que estão a aparecer, como o André Domingos, que é excepcional, tem contos magníficos, o Diogo Leite de Castro e muitos outros (e peço desculpa aos que não referi aqui, mas que foram incluídos na antologia). Mas há outras figuras, algumas delas ainda mal conhecidas e que, se continuarem a trabalhar…" (*apud* T. Carvalho, 2018).

[74] Lisboa, 2021a.
[75] Lisboa, 2021b.
[76] É certo que *Vamos ler! Um cânone para o leitor relutante* não tem a pretensão de fixar uma lista, enquanto enumeração representativa e fechada da literatura portuguesa. Aliás, é o próprio autor que deixa claro na abertura: "Congeminar um cânone de leitura que, a esta, pudesse atrair pessoas normalmente arredias ao ato de ler" (Lisboa, 2021b, p. 21). No entanto, não deixa de ser significativo o fato de que o único escritor vivo é um jornalista e iniciou-se na ficção ainda na década de 1990, e não no século XXI. Para além dessa obra, é preciso destacar ainda a maneira muito pouco simpática ou convidativa com que trata alguns autores contemporâneos. *Vide*, por exemplo, a sua crítica ao recente romance de António Carlos Cortez, *Um dia lusíada* (2022), e o destempero com que aborda a apresentação da escritora Lídia Jorge (Lisboa, 2022).
[77] Feijó; Figueiredo & Tamen, 2020.
[78] *Idem*, pp. 8-9.
[79] Lançado com o objetivo não de fixar uma lista, porque, como esclarecido pelos organizadores, "todas as escolhas são, até certo ponto, excêntricas, e um cânone é sempre uma escolha" (Feijó; Figueiredo & Tamen, 2020, p. 9), mas de ser "um livro de crítica literária" (*idem*, p. 10), *O Cânone* despertou uma certa polêmica, dentro e fora de Portugal, com algumas opiniões calorosas, tanto na sua defesa (sem perder a perspectiva objetiva e analítica), como é o caso da recensão de João N. S. Almeida (2021), quanto na sua reprovação e na sua desconfiança, como o texto de Diogo Vaz Pinto (2020) deixa transparecer.
[80] Real, 2012b, p. 49.
[81] Canfora, 1989; Manguel, 2006.
[82] Agamben, 2010, p. 59.
[83] Barrento, 2016.
[84] *Idem*, p. 9.
[85] Lima, 2014.
[86] *Idem*, p. 156. Grifos meus.
[87] *Idem*, *ibidem*.
[88] Real, 2012b.
[89] Ainda que, no Brasil, alguns projetos de pesquisa contemplem a literatura portuguesa mais recente, produzida a partir dos anos 2000, como as minhas próprias, as de Aparecida de Fátima Bueno (USP), Gabriela Silva (Furg) e Márcia Manir Miguel Feitosa (UFMA), não será arriscado afirmar que o presente trabalho constitui (salvo erro) o *primeiro trabalho de fôlego dedicado exclusiva e totalmente à novíssima ficção portuguesa numa perspectiva geracional*. No entanto, preciso reconhecer também o trabalho de outros docentes e pós--graduandos que não têm medido esforços para dar visibilidade a esse *corpus* artístico--literário, seja a partir de suas pesquisas e apresentações de resultados, seja a partir de

publicações arrojadas, como a organizada por Penélope Eiko Aragaki Salles *et al.*, a saber: *Literatura portuguesa contemporânea entre ficções e poéticas* (2020). Infelizmente, esta me chegou às mãos há muito pouco tempo, graças à indicação generosa de Carlos Roberto dos Santos Menezes. No seu "Sumário", além de estudos sobre nomes já consolidados, como os de Agustina Bessa-Luís, António Lobo Antunes, Augusto Abelaira, Herberto Hélder, José Saramago, João Miguel Fernandes Jorge, Manuel Alegre, Manuel Gusmão e Mário Cláudio, entre outros, há alguns dedicados a escritores(as) portugueses(as) surgidos(as) no século XXI, tais como Dulce Maria Cardoso, Gonçalo M. Tavares, Isabela Figueiredo e Valter Hugo Mãe. Em recente conversa com Miguel Real, recebi dele a notícia de que já se encontra em produção uma segunda edição do referido ensaio, englobando outros(as) autores(as) que acabaram emergindo no cenário literário nestes últimos anos.

[90] Real, 2012b, p. 49.
[91] G. Silva, 2016; Rodrigues, 2014; Lima, 2014.
[92] Real, 2012b.
[93] *Idem*, p. 54.
[94] Said, 2003, p. 136.
[95] Calvino, 2000, 2006.
[96] Calvino, 2004, p. 15.
[97] *Idem, ibidem*.
[98] Calvino, 2000.
[99] Said, 2003, p. 136.
[100] A minha compreensão não deixa de ser tributária também das linhas teórico-críticas desenvolvidas por Osvaldo Manuel Silvestre (2006), para quem as figuras autorais foram gradativamente substituídas por profanações estelares dentro de um *star system*, subservientes a uma perversa lógica midiático-mercantilista; e por Isabel Cristina Rodrigues, que defende a presença de um expressivo grupo de escritores(as), capazes de driblar essa ordem meramente dêitica da escrita e seduzir seus leitores para o brilho "da chama oculta da palavra" (Rodrigues, 2014, p. 108).
[101] Rodrigues, 2014.
[102] *Idem*, p. 107.
[103] Calvino, 2004, p. 16. Grifos meus.

CAPÍTULO 1
LEVEZA
Da distopia pandêmica ao horizonte da amizade: *Da meia-noite às seis*, de Patrícia Reis

> A vida
> – essa invenção magnífica
> da morte.
> Albano Martins, *Coração de bússola*, 1967/2010, p. 48.

> A interrogação da literatura é então, num só e mesmo movimento, ínfima (relativamente às necessidades do mundo) e essencial (uma vez que é esta interrogação que a constitui). Esta interrogação não é: *qual é o sentido do mundo?* nem mesmo talvez: *o mundo tem um sentido?* mas apenas: eis o mundo: *haverá nele sentido?* A literatura é então verdade, mas a verdade da literatura é ao mesmo tempo essa mesma impotência para responder às questões que o mundo se põe sobre as suas desgraças, e o poder de pôr questões reais, questões totais, cuja resposta não esteja pressuposta, de uma maneira ou de outra, na própria forma da questão: tentativa que nenhuma filosofia, talvez, conseguiu, e que pertenceria então, verdadeiramente, à literatura.
> Roland Barthes, *Ensaios críticos*, 2009, p. 182.

> [...] a leveza é algo que se cria no processo de escrever.
> Ítalo Calvino, *Seis propostas para o próximo milênio*, 2000, p. 22.

> *Da Meia-Noite às Seis* foi escrito durante o primeiro confinamento e reflete os meus receios, as minhas interrogações. Não é um livro sobre a pandemia, tem o vírus como moldura. É um livro sobre a amizade, sobre o luto, sobre a possibilidade de resgatar alguma alegria.
> Patrícia Reis, "Entrevista a Cris Rodrigues", 2021b.

Na sua primeira lição, Ítalo Calvino propõe a leveza como um dos aspectos mais evidentes da/na literatura do século XXI. Sua ideia baseia-

-se na concepção de que, mediante "o pesadume, a inércia, a opacidade do mundo"[1] e as situações cotidianas da contemporaneidade, a arte literária tem a capacidade de responder com uma força contrária, revogando a necessidade de uma perspectiva eficaz em apontar caminhos possíveis para a compreensão daquilo que nos cerca.

Quando advoga a favor da leveza, Calvino não exclui de forma alguma a presença do peso e da compacidade do mundo contemporâneo, muito pelo contrário, já que sua primeira proposta não se funda numa total exclusão do sujeito de seu contexto sociopolítico. No meu entender, quer o ensaísta italiano defender que a leveza não é sinônimo de alienação ou de subtração da realidade mais imediata.

Não é por acaso, portanto, que sua proposta de leveza parte da leitura do mito de Perseu e da morte da Medusa. Ao olhar indiretamente para a Górgona, através do reflexo de seu escudo, o herói grego decepa a cabeça da rival e coloca-a num saco, fazendo dela uma arma potente contra aqueles que enfrenta. Segundo Calvino, as sandálias com asas e o próprio Pégaso – o cavalo alado, originário do sangue da cabeça da Medusa, com o qual foge e salva Andrômeda – constituem imagens sugestivas de que a leveza do voo e do confronto com a criatura que transformava seus inimigos em pedra pode até confirmar uma "recusa da visão direta" como fonte da força de Perseu, mas ela não consiste numa recusa categórica por parte do herói da "realidade do mundo de monstros entre os quais estava destinado a viver".[2]

É interessante essa postulação, porque, ao contrário do que se poderia imaginar, a leveza não significa superficialidade, minimização de problemas, apagamento das complexidades ou mesmo alienação e fuga da realidade vigente. Daí que, somente com o conhecimento do mundo, o sujeito pode diluir a compacidade de pedra deste, enfrentar seus medos e confrontar sua concretude. Segundo Ítalo Calvino,

> Cada vez que o reino do humano me parece condenado ao peso, digo para mim mesmo que à maneira de Perseu eu devia voar para outro espaço. *Não se trata absolutamente de fuga para o sonho ou o irracional.* Quero dizer que preciso mudar de ponto de observação, que *preciso considerar o mundo sob uma outra ótica, outra lógica, outros meios de conhecimento* e controle. As imagens de leveza que busco não devem, em contato com a realidade presente e futura, dissolver-se como sonhos...[3]

Evitar a percepção direta em favor de outros mecanismos de compreensão do mundo e de domínio de conhecimento não significa, portanto, um deslocamento para um mundo de pura fantasia e sonho. Na verdade, buscar instrumentos para a criação de uma realidade que não exclui o peso da matéria indica muito mais uma saída para evitar que esse mesmo peso esmague as expectativas humanas. Talvez por isso, a crença de Calvino na potência criadora a partir da leveza incida naquela tese de que "no universo infinito da literatura sempre se abrem outros caminhos a explorar, novíssimos ou bem antigos, estilos e formas que podem mudar nossa imagem de mundo".[4]

E se a leveza propicia esse tipo de criação, no âmbito da arte literária, especificamente, ela surge "associada à precisão e à determinação, nunca ao que é vago ou aleatório".[5] Por isso, a defesa de Calvino nessa proposta de leitura de determinadas obras do século XXI alicerça-se sobre três aspectos. O primeiro refere-se à capacidade de despojamento da linguagem, encontrada em muitos exemplos poéticos, por meio da qual "os significados são canalizados por um tecido verbal quase imponderável até assumirem essa mesma rarefeita consistência".[6] O segundo funda-se na presença da narração de um pensamento ou de processos psicológicos ou funções mentais com a interferência de "elementos sutis e imperceptíveis, ou qualquer descrição que comporte um alto grau de abstração".[7] Por fim, o terceiro baseia-se na percepção de "uma imagem figurativa da leveza que assuma um valor emblemático",[8] tal como o próprio ensaísta destacara na sua leitura do mito de Perseu, sublinhando as imagens do voo do herói com suas sandálias aladas e de Pégaso, originário do sangue da Medusa, ser que a todos transformava em criaturas de pedra.

Circulando, portanto, a partir dessa referência mitológica, Calvino chega a algumas cenas do *Decameron*, de Boccaccio, de onde resgata a personagem do poeta Guido Cavalcanti, que, saindo do encalço daqueles que a assediavam, consegue saltar sobre túmulos e reiterar sua potência de leveza sobre a concretude das lápides. Na verdade, a partir do exemplo de Boccaccio, Calvino ainda articula sua estratégia de observar a sensível diafaneidade das "figuras suspensas no ar",[9] perpetradas pelas criações plásticas do século XVIII, demarcando, no meu entender, o ponto principal para a compreensão dessa proposta como um dos mecanismos possíveis para pensar a literatura e, por conseguinte, a ficção produzida no limiar de um milênio e no iniciar de outro:

E há o fio da escrita como metáfora da substância pulverulenta do mundo: já para Lucrécio as letras eram átomos em contínuo movimento, que com suas permutações criavam as palavras e os sons mais diversos; ideia retomada por uma longa tradição de pensadores para quem os segredos do mundo estavam contidos na combinatória dos sinais da escrita. [...]. A escrita como modelo de todo o processo do real... e mesmo como a única realidade cognoscível... ou, ainda, a única realidade *tout court*... [...]. Resta ainda aquele fio que comecei a desenrolar logo ao princípio: a *literatura como função existencial, a busca da leveza como reação ao peso do viver.*[10]

Ora, gosto de pensar que aqui reside uma maneira de interrogar a ficção do nosso milênio, ou seja, aquela surgida e produzida no calor das primeiras décadas do século XXI, posto que, sem recusar todo o peso, a complexidade e a compacidade do viver num tempo de afastamento e isolamento sociais decorrentes de eventos pandêmicos (como é o caso mais recente de propagação mundial da covid-19), é possível investir numa demanda por um horizonte de leveza, em que os afetos e os diálogos não se diluem ou se desvanecem.

Ao considerarmos, porém, a produção ficcional posta em cena já na década de 1990, antes da entrada no atual milênio, poderemos constatar algumas ocorrências significativas dessa disposição do texto literário com uma "função existencial", em que a efabulação narrativa encena e consolida a "busca da leveza como reação ao peso do viver",[11] tal como preconizado por Ítalo Calvino.

***

Publicado em 1998, o romance *Sob o olhar de Medeia* marca a estreia na ficção de Fiama Hasse Pais Brandão (1938-2007), poetisa, dramaturga, tradutora e ensaísta, com um largo e reconhecido percurso no cenário da literatura portuguesa do século XX. Obra pouco comemorada pela crítica, tendo em vista a quantidade visivelmente menor de recensões críticas e estudos sobre ela, se comparada com as destinadas ao seu repertório poético,[12] não deixa de remodelar no campo da ficção narrativa alguns temas caros à escritora, além de propiciar uma leitura pelos caminhos da proposta de leveza.

Centrada na trajetória de Marta, uma jovem "ativa e pragmática",[13] vivendo com a família num local afastado dos grandes centros urbanos, numa Quinta, em que é possível desenvolver um senso de comunicação e entrega com a natureza, a história vai gradativamente observando o crescimento da protagonista, da infância à fase adulta, e revelando seus anseios e seus planos futuros.

Entendido como uma "ficção poética"[14] por Catherine Dumas, o romance de Fiama Hasse Pais Brandão absorve alguns aspectos de outras categorias genológicas – como o romance de formação e a própria autoficção –, diluindo-os para a composição de um romance que, a partir de uma perspectiva heterodiegética, permite algumas oscilações entre o tempo da personagem principal e o tempo mítico, reiterado nas leituras feitas dos clássicos greco-romanos, conduzidas pelo professor de literatura, espécie de iniciador nas artes e na "virtude do muito imaginar".[15]

Desde cedo marcada pelo sentimento de exílio dentro da própria casa, afastada do quarto da mãe para um cômodo próprio, Marta encontra no Caseiro, "um estoico rude, [que] conhecia o mundo quase sem diferenças",[16] a companhia harmoniosa no desenvolvimento e na consolidação de sentimentos nutridos em relação à natureza e ao contato do homem com as plantas, as árvores, os rios, o mar e as diferentes espécies de animais. À composição vertical da Quinta, com seus cômodos demarcados pela compressão e pelo peso do viver, espaço contaminado pelo isolamento e sob a égide de um pai com todas as tonalidades da tirania, contrapõe-se a expansividade do horizonte, sua abertura para uma experiência de ordem oposta à do ambiente doméstico e para a reciprocidade de mentes abertas a uma vivência harmônica entre seres humanos e natureza: "Também a pequena alma de Marta se exilava a pouco e pouco na Natureza viva".[17]

Não deixa de ser instigante como, desde o início da efabulação, as polaridades vão se estabelecendo e se agudizando ao longo da trama: a dureza da Voz do pai, o "punitivo demiurgo doméstico",[18] em contraposição direta com a leveza e a simplicidade do *modus vivendi* do Caseiro, com seu "timbre muito grave e firme",[19] sempre a convidar Marta para percorrerem "juntos a Quinta e os campos";[20] a maldade dos gestos de Lázaro, filho do empregado da Quinta, personagem descrito "com uma soberania natural, um poder maligno, sobre os animais e as plantas",[21] e denominado pelo narrador como o "pequeno *daimon* do Mal, daquela Quinta e casa, uma espécie de acólito do Mal maior",[22] uma "criança triste, que vociferava e praticava ações maldosas",[23] em divergência frontal com a bondade de Marta, sua diligência com os pequenos e indefesos animais e seus atos de cuidado "pelo amor que tinha a esses pequenos filhos da vida"[24] – e mesmo em relação a outros amigos comuns, como Lucas, o rapaz arrependido de ter auxiliado o grupo de Lázaro a atear fogo numa parte da floresta, que, depois, se demonstra "ansioso por ir dar ajuda proposta por Marta";[25] o peso massacrante da ausência da mãe, "eterna aranha, na penumbra, a fazer rendas",[26] e a delicadeza do companheirismo da Avó, contadora de fábulas para Marta, "em que a vida animal se misturava com a ficção antropomórfica";[27] a compacidade de um tempo devastador de companheirismos e afinidades, como o da geração da protagonista e sua consciência de que "não há razão para a guerra",[28] e a celeridade dos tempos dos mitos, recuperados pela voz do mestre da escola e pelas suas leituras de textos como a *Ilíada* e a *Odisseia*:

> [...] e as leituras quase diárias dos clássicos, de Homero a Apolônio ou Hesíodo, que a puseram a meditar no Cosmos, em termos de vácuo e de caos, ela, que antes tanto se empenhava na matéria viva, no mundo e na sua repartição, abundante ou suficiente entre todos os homens.[29]

Dentre outros pares que aqui poderiam ser somados, um se destaca de forma muito sensível: o peso do olhar de Medeia, que, na narrativa grega, consegue desafiar Talos, o gigante de bronze e guardião de Creta, encarando-o com firmeza e "enviando-lhe visões enganadoras, e fê-lo de tal modo que Talos rasgou a veia do tornozelo contra um rochedo. Morreu imediatamente";[30] e a leveza do olhar de Marta que, na releitura dessa narrativa mítica, redimensiona a potência do olhar numa perspectiva de desafio ao poder regulador e censorial do pai, o "senhor da casa", que em tudo mandava, até na "própria fala, e as mulheres, como figurantes, compunham os atos próprios da atividade doméstica, habituadas a escutar e a silenciar".[31]

É nesse cenário que a protagonista pode ser lida como uma personagem construída sob o olhar de Medeia, tal como o título do romance bem sustenta. De acordo com uma tradição tardia, como esclarece Pierre Grimal, "Medeia era, de fato, uma princesa cheia de humanidade, que se opunha frontalmente à política do pai, que consistia em matar todos os estrangeiros que chegassem ao país".[32] Ora, é certo que, no romance de Fiama Hasse Pais Brandão, sua protagonista não fica literalmente ao lado de Argonautas, mas suas atitudes consistem em modos de resistência ao poder da Voz demiúrgica do pai, enfrentando suas proibições de ficar longe dos animais, das plantas e dos campos: "Para vencer Talos, o gigante de bronze, Medeia fita os olhos dele com seu olhar, em enfurecido êxtase, e transmite-lhe imagens da morte, que o perderam. Surpreendida e atemorizada, Marta nunca mais esqueceu a revelação desse poder".[33]

Por isso, quando, em outras passagens da trama, encontramos uma Marta preocupada com o bem-estar coletivo, com o desenvolvimento de uma empatia e uma aproximação mútuas entre as pessoas e a natureza ("De novo se reatava a cadeia da ajuda mútua no cuidado da terra, que era uma solidariedade atávica que nem no mundo tecnológico seria dispensável, como que em pequenos viveiros de retempero espiritual"[34]), não consigo deixar de pensar que o *modus vivendi* da filha desafia o controle absoluto da "figura opressora"[35] do pai e o distanciamento frio da "figura omissa"[36] da mãe.

Ainda que a narrativa não apresente qualquer delimitação explícita de referências cronológicas de sua ação, não deixa de ser significativa sua contextualização no Estado Novo, se observarmos, por exemplo, a configuração da personagem paterna como uma voz autoritária, numa nítida referência aos desmandos salazaristas, e os efeitos colaterais desse domínio sobre as mulheres e os serviçais da casa, ou, ainda, de forma mais incisiva, a ida de Lucas para a África no tempo de guerra, numa sintonia mais que direta com os conflitos armados nos territórios africanos, ocupados pela colonização portuguesa: "E Lucas: eu, quando voltar, arranjo o que for preciso. Quando voltares? Maria: Vai para África, já sabemos. Só a instrução militar, agora, e vai. Marta: vamos pensar no futuro. Na vida aqui".[37]

É sobre esse tempo que desliza todo um elenco de personagens – "[...] os seus companheiros, os amigos, os amigos dos amigos, tão sós e indecisos, uma geração quase perdida. A dos que se moveram pelo desejo e pela paixão"[38] – e no qual Marta defende a preservação da natureza e a sintonia entre as pessoas, sem abrir mão de "criar primeiro mais justiça social na nossa terra e que as pessoas possam movimentar-se e falar livremente".[39] Mas, para isso, é necessário reconhecer a pequenez humana diante da força dos elementos naturais e nestes vislumbrar as relações possíveis com o homem. Nesse sentido, do rio ao mar, a protagonista tece a seguinte linha de raciocínio:

O mar atraía-a para a morte, e a água daqueles ribeiros e do suave Minho, tão perto, chamava-a para a vida. E logo intuiu que aquelas eram águas paradisíacas, como afirma a tradição mítica, pela sua tão forte chamada para a vida: os banhos, o corpo molhado estendido nas ervas, na sombra, o milho milenar, os ritmos dançados pelo grupo de jovens, meio populares, meio citadinos.[40]

É certo que essa diferença pode ser lida pelo viés do binômio peso x leveza, posto que a primeira imagem (o mar) evoca "o pesadume, a inércia, a opacidade do mundo",[41] tendo a morte como último efeito colateral, e a segunda (o rio), com seus ritmos e movimentos, "sobreleva o peso do mundo, demonstrando que sua gravidade detém o segredo da leveza".[42] No entanto, na verdade, ela não constitui uma novidade no projeto de criação de Fiama Hasse Pais Brandão. De acordo com Jorge Fernandes da Silveira,[43] na sua incontornável análise da autora de *Morfismos*,[44]

> Estamos comparando, no conflito entre duas águas, o nascimento de um rio, "demorado" e "livre", com a cena "ininterrupta" do flagelo dos "homens" e da "primavera", no mar. Noutras palavras: a antítese entre a fertilidade e a esterilidade, duas formas opostas de expansão.[45]

No meu entender, essa ideia de tensão, que perpassa as diferentes concepções das águas do rio e do mar, não deixa também de estar presente em *Sob o olhar de Medeia*, na medida em que tal tensionamento pode ser lido pelo viés do dispositivo compacidade x leveza, e como elas ressoam em duas obras muito diferentes e de épocas distintas (*Morfismos*, de 1961, e *Sob o olhar de Medeia*, de 1998). Não deixa de ser interessante verificar como Fiama Hasse Pais Brandão, a partir de uma sensível articulação de imagens aquáticas, imprime não uma superficialidade diluente e fluida, mas uma compacidade capaz de dar sentidos reverberativos às imagens e, por conseguinte, aos caminhos dos homens: de um lado, o opaco e o duro confronto com a morte; de outro, o horizonte e a leveza da vida.

Se um pode ser postulado como um índice de leitura de imagens coladas à história expansionista de Portugal, tal como propõe Jorge Fernandes da Silveira, o outro sugere o poder do olhar de Marta, que, num desafio constante à desordem do seu tempo e à agregação do tempo dos mitos, se projeta e se reintegra num mundo desordenado, buscando, a partir de uma interação entre elementos díspares e opostos, uma convivência pacífica e simétrica.

É assim, de certo modo, que o narrador revela seu exercício de criação, numa reflexão metaficcional, abrindo o jogo sobre seu *modus operandi* de escrita: "Os textos antigos, na sequência de todos os textos, agem de novo, repetem-se, tornam o sagrado atual e agente, reencarnam".[46] Mas, não deve o(a) leitor(a) cair na armadilha de que o romance objetiva e defende um projeto de apagamento das identidades, dos desejos, dos planos futuros e das diferenças entre os seres, muito pelo contrário. Gosto de pensar que, a partir de gestos de empatia e aproximação, o mundo pode se tornar um *locus* menos intransigente, menos violento e, por conseguinte, mais pacífico e mais leve, tal como intui o narrador: "Todas as criaturas poderiam assemelhar-se umas às outras, na Natureza visível".[47]

Por isso, no meu entender, *Sob o olhar de Medeia*, de Fiama Hasse Pais Brandão, constitui um caso exemplar em que, na esteira da proposta calviniana de leveza, se propõe ao(à) leitor(a) a possibilidade de pensar um outro horizonte, em que haja "uma teia de relações humanas futuras, capazes de fazer o mundo solidário".[48]

No tocante à reflexão sobre a leveza na novíssima ficção portuguesa, esta não é a primeira vez que procuro anuir alguns títulos nesse caminho de análise. Em outro texto meu,[49] já tive a oportunidade de demonstrar como essa proposta surge desencadeada no contexto de uma "desordem narrativa",[50] entendida por João Barrento como a instauração e a consolidação de uma "vontade de 'desordem' que põe em causa quase todas as ordens estabelecidas, da política à social, da sexual à narrativa".[51]

Segundo ele, as décadas posteriores ao 25 de Abril de 1974 presenciaram a singularidade de vozes femininas na ficção portuguesa (Lídia Jorge e Maria Gabriela Llansol, em especial), com propostas concretas de uma série de inquietações desestabilizadoras da ordem masculinista e patriarcal instituída nos mais diferentes campos da sociedade portuguesa. Assim, a partir dessa perspectiva, associada a uma indelével leveza, propus tecer algumas reflexões em torno do romance *As falsas memórias de Manoel Luz*,[52] de Marlene Ferraz.[53]

Nesse caso específico, a ideia era demonstrar como a leveza se instaura no romance de Marlene Ferraz e como este, em consonância com a continuidade daquele momento de desestabilização narrativa, reverbera a necessidade de interrogar o peso das heranças deixadas pelos tempos de fascismo e de autoritarismos. Consciente de que "a matéria da memória seria muito inconstante. Problemática. Ou movediça",[54] o narrador vai tecendo um jogo metatextual, em que a personagem Hélio (o filho de coração da personagem central) começa a escrever uma obra homônima ("As falsas memórias de Manoel Luz"), capaz de fazer o protagonista (Manoel Luz) reviver seus momentos de infância (em que ele próprio também foi filho adotivo de José Luz, o florista que enviou os cravos vermelhos aos capitães de Abril, e Rodolfo Prudente, dono de uma editora e defensor do Estado Novo salazarista) e criar uma nova rede de afetos (com Hélio, o autor do livro homônimo, e com Papoila, sua filha biológica, menina com nome de flor) para lidar com o peso do seu presente.

Ao contrário da compacidade de Rodolfo Prudente, o pai biológico, representante legítimo das forças fascistas no Portugal de Salazar, homem que "sabia de circunstâncias políticas encobertas e dos livros que viriam a ser publicados e proibidos",[55] José Luz, "também conhecido por Flores, ou senhor Flores",[56] dono de uma floricultura, vai oferecendo ao filho lições práticas de muitos versos de Alberto Caeiro/Fernando Pessoa, lidos por Manoel, mais próximas da leveza e da singeleza das coisas simples:

> Por ter entendido a explicação do homem pai sobre a dor na mãe Aurora e também pelo abandonamento repetido do editor, Manoel ficou uns dias sem visitar o senhor Prudente na livraria. Com mais tempo para a casa das flores, completou um vaso com bolbos de jacintos e celebrou o primeiro andamento na bicicleta alta do pai. Depois, mais entediado, alongou-se na cama para consultar novamente o caderno de aprendizagens das aulas privadas com o senhor entomologista. Sem contar, acabou por ler mais uns versos do homem multiplicado. Voltou a inclinar-se pelas escadas até ao tabuado da loja.
> *Alberto Caeiro fala muito das flores, pai.*
> O homem floreiro parecia enternecido com um balde de tulipas diante de si.
> *As flores ensinam muito, Manoel. Se as contemplares com tempo.*
> O rapaz achegou-se a um vaso com narcisos, o homem continuou.
> *Nas flores, podes ver tantos ensinamentos. Repara como rebentam num estado de beleza e depois definham, sem descontentamento ou rábia, mas certas de terem cumprido o dever da multiplicação.*
> O rapaz voltou a lembrar-se do homem poeta.
> *E estas sem raiz que o pai vende?*

O homem curvou as pálpebras.
Estas vivem apenas metade. Ao rebentarem de beleza, os homens e o desejo fazem com que o dever não se cumpra.
O pai é um vendedor de flores mortas, então.
O homem respirou, também devagar.
É um ofício de contradição, como a vida.
E apanhar borboletas.
O homem contemplou o ar pensativo do rapaz. Ficou deslumbrado. Apreciar uma criança a ampliar-se por dentro seria, para ele, como ver as flores rebentarem por fora.[57]

Tal como pontuei no ensaio sobre o romance de Marlene Ferraz,[58] a leveza contida na efabulação de *As falsas memórias de Manoel Luz* não significa uma superficialidade na distensão do pensamento das personagens nem na criação de cenários puramente idílicos e responsáveis por dissipar tensões e discordâncias. A grande questão nessa obra encontra-se na disposição do controle de movimentos e da censura sobre o livre-pensamento, em contraposição à euforia libertária do movimento dos capitães de Abril e à abertura da palavra criadora, circulando em tempos democráticos.

Dois cenários, duas situações e um encontro nada gratuito, capaz de fazer Manoel perceber a leveza dos pequenos gestos, tal como ensinado pelo pai florista. Nesse sentido, a convergência dos caminhos que o levam até o jovem Hélio, "*como o elemento químico.* [...] *Número dois. Muito mais leve do que o ar*",[59] faz com que o protagonista depare com o escritor responsável por produzir sua biografia.

Longe de ser um esbarrão gratuito, o percurso do protagonista liga-se efetivamente ao do jovem biógrafo Hélio de Deus, posto que, além de proporcionar a produção de um texto sobre sua vida, também irá ensinar a sensibilidade e a afetividade da paternidade. O rapaz com nome do elemento químico mais leve do que o ar torna-se o responsável pelas drásticas mudanças em Manoel. A partir do convívio entre eles, o dono da editora Bem Comum abre mão do empreendimento e volta-se para suas próprias raízes, ao reabrir a antiga floricultura do pai.

Interessante observar como a leveza sutilmente introduzida pelo jovem faz o homem adulto repensar seus valores e sua mundividência. Se a escrita da biografia pode ser entendida como uma retribuição do autor ao salvamento de Manoel, retirando Hélio de um hospital onde era mantido contra sua vontade, gosto de pensar que os sentimentos desenvolvidos pelo rapaz esboçam em Manoel uma espécie de reavivamento da esperança, gesto de confiança inquebrantável na capacidade do homem para reconhecer os erros e recriar novos trajetos a serem percorridos.

Na verdade, Hélio propicia a Manoel a retirada do peso de se sentir o filho adotivo de um florista humilde, quando, na verdade, era o bastardo de um defensor do Estado Novo com uma mulher alemã. Por isso, ao lado de Papoila, sua filha biológica, e de Hélio, seu filho adotivo, Manoel vivencia uma outra experiência, que ele, aliás, conhece muito bem: a de ser um pai sem conceber diretamente. Mais do que um duplo agenciamento de afetividades, acredito que os sentimentos desencadeados por essa nova formulação da célula familiar propiciam uma bem-sucedida saída para o peso que sobre o protagonista se impõe. Com os dois filhos, Manoel aprende que, mais relevante do que a compacidade e o peso dos números e da carga de produção na sua antiga editora, a suavidade e a leveza das cores das flores acabam se sobrepondo na construção de uma vida partilhada em afeto e com poesia.

Outro texto em que também é possível constatar um trabalho detido sobre a proposta de leveza é *Filho da mãe*,[60] de Hugo Gonçalves,[61] obra sobre a qual já tive oportunidade de expor algumas reflexões numa breve recensão crítica.[62] Apesar de o próprio autor já a ter enquadrado como uma autobiografia, porque, de acordo com ele, o eu textual coincide com o eu empírico,[63] a minha aposta de leitura incide sobre sua categorização como uma autoficção, na medida em que, em muitos momentos, o halo da memória emerge configurado pelas malhas de uma efabulação ficcional muito bem engendrada na arquitetura da obra.

Aliás, muitas das pistas apontadas pelo narrador acabam sugerindo essa forma de reconstruir sua trajetória a partir do apelo a outros mecanismos, para além daqueles que ele dispõe: "Para combater o mistério da doença, *eu tinha o sobrenatural e a ficção*".[64] Ou, ainda, a expectativa de fiar-se numa restauração exata e a descoberta dessa impossibilidade:

> [...] por mais que tente unir as memórias com a linha de um enredo e uma finalidade, a vida mais real é sempre a vivida – não a recordada ou a intuída. *E essa, que deveras aconteceu, mas da qual pouco ou nada me lembro, não a posso recuperar.*[65]

Daí que, no meu entender, mesmo tendo em mãos as fotografias como comprovação de suas hipóteses, o narrador não se priva de revelar que a imaginação efabulatória é válida para sustentar sua aventura de escrita de uma vida:

> Hoje, só as fotografias garantem que a minha mãe tenha sorrido. Há algures um filme em super-8, feito pelo meu pai, no qual faço macacadas enquanto espero pela carrinha do colégio. Ela não aparece no filme e, no entanto, imagino que estaria na janela da cozinha, sorrindo antes de desaparecer atrás das cortinas para a zona do cancro.[66]

Diante do peso da morte e da forma como esta se dá – a mãe falece de um câncer, e sua imagem permanece congelada, quando o narrador ainda nem chegou à plenitude da puberdade –, *Filho da mãe* contrapõe a essa compacidade a leveza das recordações de cenas em família, as reuniões com outros parentes, quase sempre marcadas por um humor diante de situações inesperadas, além da recriação das facetas maternas a partir de fotografias antigas, relatos de pessoas mais velhas que com ela conviveram e reconstituições de cenas pretéritas, há muito esquecidas com o passar do tempo.

Ainda que o luto seja uma presença irrevogável no tecer das experiências do narrador (a parte 2 vem nomeada como "O luto em três atos"), não se pode negar que, muito mais do que um relato sobre a morte *per se*, *Filho da mãe* é uma obra que celebra a alegria da vida e a importância de viver as experiências mais simples do cotidiano com uma energia inadiável. Quase como numa releitura do *carpe diem* horaciano, a obra de Hugo Gonçalves vai tentando demonstrar como é necessário viver o dia com sua leveza na sua plenitude, porque depois que a noite chega com seu peso implacável, somente pela memória é possível refazer e recompor os caminhos do passado.

Nesse sentido, diante dessa breve exposição inicial, acredito que o romance *Da meia-noite às seis*, de Patrícia Reis,[67] propicia uma aproximação possível entre a proposta de leveza e os significados de sua efabulação na trama romanesca, tal como pretendo demonstrar e defender.

***

Valendo-se de uma situação muito distinta das duas anteriormente descritas, o mais recente romance de Patrícia Reis, *Da meia-noite às seis*, escrito em meio ao caos da pandemia de covid-19 e publicado no início de 2021, tal como a própria escritora declara em entrevista a Cris Rodrigues,[68] propõe uma leitura do tempo presente sem deixar de confrontar-se com as situações mais delicadas que o alastrar da doença causou na sociedade portuguesa.

Efabular um cenário atingido por um vírus em escalas devastadoras não chega a ser exatamente uma novidade. Observando com atenção a ficção portuguesa contemporânea, já a partir da década de 1990, podem-se constatar alguns exemplos emblemáticos a respeito da criação de universos distópicos,[69] em que doenças e catástrofes assolam o mundo, fazendo com que o leitor se coloque num gesto inevitável de constante inquietação e de reflexão sobre a própria condição humana. Vale relembrar, nesse sentido, aquele cenário tomado pela epidemia de uma cegueira branca, "de um branco contínuo, como uma pintura branca sem tonalidades",[70] criado por José Saramago, em seu incontornável *Ensaio sobre a cegueira*.

Considerada por Teresa Cristina Cerdeira como "um romance que se quer ensaio, uma espécie de alegoria finissecular, uma teoria implícita que se ilustra pela narração, uma parábola cruel da cegueira que a humanidade ensaia há longo tempo, sem se dar por isso",[71] essa obra de José Saramago encena um mundo em colapso, uma sociedade cheia de conflitos e sem uma solução plausível para seus principais problemas, que mal sabe lidar com uma doença em escalas de grandes dimensões. Diante da enfermidade que a todos atinge, com exceção da mulher do médico, a violência, a intolerância, a crueldade, a falta de solidariedade e a desumanidade são expostas cruamente sem qualquer tipo de filtro ou véu minimizador.

Depois dessa fábula distópica de José Saramago, outros títulos sucedâneos como *O coração dos homens*, de Hugo Gonçalves;[72] *O mundo branco do rapaz coelho*, de Possidónio Cachapa;[73] *Por este mundo acima*, da própria Patrícia Reis;[74] *Autópsia*, de João Nuno Azambuja;[75] e, mais recentemente, *Zalatune*, de Nuno Gomes Garcia,[76] constituem exemplos precisos de sociedades consumidas e destruídas por eventos catastróficos em cenários distópicos, onde o medo, a incerteza e o assombro, diante de uma "dimensão de destruição, terrífica, monumental, inesperada",[77] assumem uma função pontual de chamar atenção e "acentuar tendências contemporâneas que ameaçam a liberdade".[78]

Na verdade, são títulos que não deixam de ser tributários e herdeiros daquela fábula distópica tecida por Saramago, da mesma forma como as atuais narrativas ficcionais sobre a pandemia de covid-19 e seus impactos e reverberações nos comportamentos humanos e nas relações sociais e afetivas. Muitos desses textos surgem nesse cenário de início de século XXI, no meio de uma catástrofe sanitária cujos efeitos são cirurgicamente analisados por Jacques Attali,[79] para quem a pandemia deflagrou o modelo fracassado de governos ditatoriais (como o da China) e, ao mesmo tempo, os enfrentamentos bem-sucedidos de democracias prevenidas contra esse tipo de disseminação (como a Coreia do Sul). Para o economista e escritor francês, entrar numa torcida para que tudo acabe e as coisas voltem ao seu estado de normalidade, como era anteriormente, constitui uma cegueira obtusa, típica de sistemas que mais privilegiam a economia do que a vida, sobretudo porque deixam de lado a prevenção antecipada como uma das formas de luta contra a doença.

Talvez por isso, uma boa parte dos romances portugueses citados anteriormente pode ser lida pelo viés da "ficção pós-utópica",[80] cuja premissa central reside numa forma literária que "apresenta o homem e a sociedade em estado catastrófico e possivelmente terminal", incidindo em tramas que, comumente, "representa[m] ou imagina[m] a sociedade de modo calamitoso, e não apenas crítico, como a maioria dos romances realistas atuais".[81] Baseando-se no conhecido conceito de Haroldo de Campos (a poesia contemporânea como uma práxis "pós-utópica"), Leyla Perrone-Moisés procura perfilar os casos em que a ficção atual revela a "realidade contemporânea de maneira totalmente disfórica", propondo, assim, ao leitor "uma visão desencantada e fria do presente".[82]

Ainda que não concorde plenamente com as disposições articuladas pela investigadora brasileira para ler os diferentes caminhos das literaturas do século XXI, não deixa de ser interessante sublinhar a definição proposta para compreender que, neste contexto das décadas iniciais do atual milênio, tal como aquela cegueira premonitoriamente efabulada por Saramago, o coronavírus concede uma farta matéria de criação, sobretudo se verificarmos a rapidez com que se espalha, contamina e ceifa vidas, sem escolher suas vítimas e deixando um lastro de desalento, desencanto, tristeza e morte. E algumas dessas cenas de desolação e desesperança ganham corpo nas páginas de alguns exemplos da atual literatura portuguesa.

Sem se excluir, portanto, de uma discussão detida, atenta e meticulosa dos efeitos colaterais da pandemia e seus reflexos nas relações humanas e afetivas, a literatura portuguesa do século XXI tem a oferecer um amplo espectro de reflexão, com obras distintas e com ênfases diferentes (para além da ficcional, também a diarística, a testemunhal e a analítica), tais como *Cidade infecta*, de Teresa Veiga,[83] romance escrito durante a pandemia; *Da meia-noite às seis*, de Patrícia Reis,[84] texto que efabula diferentes redes de relações humanas num Portugal que avança até o ano 2022; *Devastação*, de Eduardo Pitta,[85] livro de contos que, para além de uma temática vária, absorve também o contexto pandêmico; *Diário da peste. O ano de 2020*, de Gonçalo M. Tavares,[86] que, com um título revelador, vai desnudando o dia a dia no calor dos acontecimentos; *Em todas as ruas te encontro*, de Paulo Faria,[87] romance sobre o qual já tive a oportunidade de escrever,[88] que aposta numa superação humana entre personagens de diferentes espaços europeus e de gerações distintas para a reconstrução de novos modos de diálogo; *Histórias da pandemia. Da linha de frente ao confinamento, como 17 portugueses viveram a covid-19*,[89] de Fábio Martins, reunião de relatos de profissionais da linha de frente de combate e seus meios de conviver com as incertezas impostas pela pandemia; *O que é amar um país. O poder da esperança*,[90] de José Tolentino Mendonça, recolha de textos dispersos do poeta e sacerdote português, em que há uma inclinação à superação das angústias do tempo presente a partir da defesa da esperança e da empatia entre as pessoas; *Pandemia: diário de um abandono*,[91] de Carlos Almeida, recriação dos momentos iniciais do estopim da pandemia; *Quando as escolas fecharam. Cadernos da pandemia*,[92] de Paulo Guinote, obra muito peculiar que, em forma diarística, recupera a rotina de dois professores portugueses e seu confinamento, diante do encerramento das atividades escolares durante o período mais crítico da pandemia; *Quarentena – Uma história de amor*,[93] de José Gardeazabal, romance que encena a intimidade imposta a um casal, diante da explosão dos casos de covid-19, e a determinação governamental do estado de quarentena; *Regras de isolamento*,[94] de Djaimilia Pereira de Almeida e Humberto Brito, registro pessoal da conhecida escritora e de seu companheiro, contendo reflexões profundas sobre as consequências do isolamento social e dos laços afetivos no cenário pandêmico, além de um rico apanhado de fotografias, enquanto rubricas e instantâneos desses momentos cotidianos; e *Cuidado com o cão*,[95] de Rodrigo Guedes de Carvalho, narrativa toda ela ambientada na pandemia, com personagens diretamente ligados à situação emergencial de saúde e, claro, à própria trama, como são os casos do enfermeiro Luís Gustavo e do médico Pedro Gouveia.

Antes, porém, de entrar especificamente no romance de Patrícia Reis, cabe-me mencionar e descrever algumas das principais linhas de reflexão sobre os recentes tempos pandêmicos e como elas podem ser articuladas na análise da obra em foco, tendo em vista que já se podem contar algumas contribuições significativas das principais linhas de investigação da intelectualidade contemporânea sobre os efeitos colaterais da covid-19 nos diferentes campos de saber. Desde indagações mais polêmicas, como as de Giorgio Agamben,[96] até as respostas às suas provocações, como as de Yara Frateschi,[97] há de destacar os questionamentos de ordem filosófica sobre como a humanidade deverá reagir às consequências da propagação do vírus, na esteira das proposições de Bernard-Henri Levy,[98] e sobre os outros vírus que atacam as sociedades e se tornam exacerbados nos contextos de pandemia, suscitando a defesa do ressurgimento de um novo comunismo com suas diferentes implicações, tal como defendido por Slavoj Zizek.[99]

Também nos campos da história e das ciências sociais, é preciso ainda mencionar duas linhas importantes de investigação. No primeiro campo, Yuval Noah Harari[100] vem chamando atenção para os cenários da desestabilização social causada pelas teorias conspiratórias, pelas *fake news* e pela desconfiança nas descobertas científicas mais recentes, além da flagrante falta de líderes mundiais e de troca de informações entre as nações, encabeçada, em boa parte, pelos discursos antiglobalização. No segundo campo, os textos de Boaventura de Sousa Santos[101] investem numa análise cirúrgica dos principais atingidos pela pandemia (a população e os trabalhadores de rua, os moradores da periferia, os idosos, os exilados políticos e os refugiados em campos de recolhimento, os deficientes e portadores de necessidades especiais, os quilombolas, os povos indígenas, as mulheres em situação de vulnerabilidade familiar e uma parte da comunidade LGBTQIA+), além de projetar uma possibilidade de caminho, tanto no enfrentamento à doença quanto no estabelecimento do novo "normal", a surgir no período pós-covid.

Ainda que, em muitos momentos, tais linhas contrastem entre si em virtude dos métodos e dos modelos utilizados para suas reflexões, são elas que acabam por vigorar a tese de que os tempos atuais não são os de escrever "uma história da pandemia da covid-19 [...], mas de fazê-la".[102] Daí que, diante dos pontos levantados na análise do romance em foco, algumas dessas ideias venham dialogar com os argumentos apontados, incluindo os da proposta de leveza, de Ítalo Calvino.

Sem se esquivar das implicações que a recriação de um mundo pandêmico demanda, em *Da meia-noite às seis*, Patrícia Reis investe sua energia de composição num Portugal fictício, entre os anos de 2019 e 2022, ou seja, num imaginário e distópico futuro bem próximo (levando em consideração o ano de sua publicação, 2021), e as reações entre duas de suas personagens com seus respectivos núcleos familiares: de um lado, o da radialista Susana Ribeiro de Andrade e, de outro, o do jornalista Rui Vieira, ambos afetados de formas diferentes pela pandemia e reunidos, a partir dela, num vínculo de solidariedade e amizade.

Como o próprio título sugere, os episódios parecem concentrar-se apenas no período de seis horas, trecho equivalente ao plantão noturno feito pela personagem na rádio. No entanto, ainda que os blocos de divisão temporal se refiram a cada uma das personagens (em "Da meia-noite às duas", o foco recai sobre a trajetória de Susana; em "Das duas às quatro", a atenção volta-se para Rui; em "Das quatro às seis", o narrador enfatiza as trocas de mensagens entre os dois protagonistas, ainda separados pelo distanciamento social; por fim, em "Perto das seis", dá-se finalmente o encontro presencial entre Susana e Rui), o tempo dilata-se em cada uma dessas partes na medida em que várias situações dos passados individuais são resgatadas e reveladas pelo narrador.

Ao fixar-se nesse período mais recente de 2019 a 2022, delimitado no romance pela descoberta do vírus na China e pela morte do marido de Susana, o ator António Ribeiro de Andrade, o narrador tece uma trama colada ao nosso presente, em tempos de pandemia da covid-19, num Portugal em um futuro imaginário, sem se afastar das principais complexidades atuais.

Nesse sentido, a efabulação inicia-se com um evento trágico para a protagonista Susana Ribeiro de Andrade, diante da perda de seu marido, no auge da maturidade e da carreira de ator:

Não vamos ficar bonzinhos, não aconteceu o milagre que poderia salvar-nos uns dos outros. Somos humanos.
Fizemos merda. Estas foram as suas últimas palavras escritas e partilhadas nas redes sociais, António Ribeiro de Andrade não saberia dizer que seriam as derradeiras, mas deu-se o caso de ser assaltado por uma febre, não dava acordo

de si, teve uma vaga ideia de que estaria no hospital e, depois, tudo se precipitou e, aos quarenta e quatro anos, morreu.[103]

Já de início, o narrador expõe sua onisciência ao vasculhar a publicidade da personagem ao mesmo tempo que exibe sua capacidade de concisão ao resumir a fatalidade da contaminação e do falecimento da personagem António pela doença que se alastrou pelo mundo. As digressões alargam-se, expondo desde o encontro inicial entre ele e Susana, em um "jantar com doze pessoas", em que "ficaram frente a frente; não fizeram o esforço de qualquer conversa, não fizeram, sequer, uma débil tentativa de tropeçar em palavras compostas para o efeito de uma frase",[104] até os seus gostos de leitura, de filmes e de peças de teatro, com histórias inesperadas sobre um dos quadros do pintor William Turner, "que muda mal se descobre uma lebre a correr à frente da locomotiva",[105] ou o assunto central do que "Picasso dissera a uma militar nazi",[106] a cor azul dos olhos de Hitler, além de "Excertos de poemas. Anedotas de salão. Era o melhor João da Ega de sempre e, num rebate cômico e simultaneamente dramático, desafiava os presentes, a condessa de Gouvarinho é *sexy*, acham-na *sexy*?".[107]

Homem originalmente dos palcos teatrais, António não deixa de circular pelos dramas televisivos, não sem expor, "em tom escandaloso", seu ponto de vista de que "as telenovelas eram a prostituição dos atores, quando dá dinheiro talvez se chame maturidade, rematara com ironia".[108] Na verdade, todas essas impressões reveladas pelo narrador a partir da perspectiva de Susana, que investiga as informações do marido pelas redes sociais e pelos *sites* da internet, acabam por confirmar a atração da protagonista pelo artista, diante da quantidade de dados biográficos que consegue reunir. Daí que, quando António lhe confessa sua tese de que "ser um ator é ser um caleidoscópio",[109] Susana concorda com a possibilidade de se unir a um sujeito maleável e tão predisposto à mutabilidade.

E se a protagonista consegue perceber toda a carga de sensibilidade que António traz para o convívio de ambos, isso se dá, de certo modo, porque ela própria também não deixa de corresponder a essa espécie de química. Na verdade, Susana e António são duas criaturas que chegam ao amor mútuo e correspondido na fase madura de suas vidas, cada um trazendo suas bagagens pretéritas e ambos dispostos a encarar a aventura a dois, em sintonia e cumplicidade:

A intimidade de um casal é feita disso, palavras-código para designar emoções, para reatar o fogo de uma recordação. Pouco importa se testemunharam a vida um do outro em pleno, sabiam que não era possível abarcar essa totalidade, tentaram construir um território só deles, o país natural daquele casamento. E eram felizes. Ninguém gostava que fossem felizes, as pessoas invejam o que não têm, especulam sobre a pretensão de felicidade dos outros e julgam-na, ferozes e implacáveis, numa interrogação irônica, será que merecem ser felizes?, aquilo deve ser só fachada, o amor não dura tanto, o que é isso, o amor, sabes?[110]

A princípio, pode até parecer que as duas personagens de *Da meia-noite às seis* encenam uma perfeição de vida a dois. No entanto, tal ligação entre Susana e António só é possível exatamente porque, na maturidade, ambos não recusam "o que estava para trás, paixões, sexo, loucuras, vontades, outros homens, outras mulheres, o deles era um passado composto de muitas histórias, algumas comuns, outras realmente originais".[111] Por isso, António tem sua vida vasculhada com a descrição dos seus antigos amores, incluindo a "rendição a uma mentora",[112] uma mulher casada de quem António precisou se afastar a fim de recuperar sua autoestima e os rumos de sua vida. Também por isso, igualmente Susana tem seu passado devassado pelo narrador, desde sua infância e sua adolescência, até a relação com um homem mais velho, seu superior no trabalho, e que fazia questão de administrar "sobre ela o poder que têm os homens que são superiores hierárquicos".[113] Diante das implicações do envolvimento com seu chefe, Susana desliga-se não apenas da relação com o amante do trabalho, mas também do próprio emprego, procurando retomar assim seu rumo, sua independência e sua autonomia.

Ou seja, somente após a ruptura de relacionamentos tóxicos, Susana e António encontram-se, para, a partir daí, escreverem uma belíssima história de amor, com a singularidade de desenvolver "a capacidade de estarem um com o outro sem queixas",[114] ainda que prematuramente interrompida por causa da contaminação pelo coronavírus e do rápido processo de morte do marido. Com tais gestos, não deixa a autora de investir na trajetória de suas personagens e, ao mesmo tempo, expor o peso e a dureza que marcam definitivamente os anos iniciais da segunda década do século XXI, posto que se constata que o desaparecimento precoce do ator se deu "durante os dias de combate ao vírus que nunca mais se foi embora, o vírus que chegara havia demasiado tempo".[115]

Depreende-se, portanto, que o tempo demarcado pelo narrador na trama, a princípio, constitui um tempo de perdas, de mortes, de isolamentos, de dúvidas e de medo. Não se trata de um tempo amenizador ou alimentador de paisagens ilusórias. Porém, a partir de experiências dolorosas e perdas irreparáveis, a voz narrativa vai gradativamente apontando para um horizonte possível, de onde emergem sentimentos de esperança e confiança. Nesse sentido, gosto de pensar que esse aspecto abre uma possibilidade de ler o romance *Da meia-noite às seis*, de Patrícia Reis, pela proposta de leveza de Ítalo Calvino, até porque esta não exclui uma articulação direta com seu binômio, o peso, e este ainda se desdobra na trama em sentimentos similares, como a compacidade e a dureza.

Vale frisar que, na sua defesa em favor da leveza, Ítalo Calvino ressalta a contraposição entre o "insuportável peso do viver" e a "felicidade inatingível com imagens de extrema leveza".[116] Ora, ainda que o romance de Patrícia Reis não seja o único a abordar a pandemia em Portugal, tal como já apontado no início deste capítulo, acredito que sua singularidade reside exatamente aí, na sua capacidade de não esquecer as situações concretas de medo e de desespero, diante da inevitabilidade do confronto com a pandemia, e, ao mesmo tempo, de não se afundar completamente no âmbito da distopia, do negacionismo e do pessimismo, posto que a própria imagem que fica da relação amorosa entre Susana e António e, em seguida, da sua amizade com Rui Nunes, um jornalista homossexual e seu colega de rádio, corresponde a uma felicidade no limite do alcançável e esta, por sua vez, sugere a plausibilidade da leveza.

Na verdade, o peso e a leveza (sobretudo esta) em *Da meia-noite às seis* podem ser constatados a partir do constante tensionamento em que, mesmo diante da permanência dos problemas e das complexas relações que se estabelecem entre as personagens durante o período da pandemia, a leveza da esperança, da solidariedade e da amizade pode surgir em meio à dureza do quadro de mortes e desesperança por causa da covid-19 para despontar um outro horizonte possível.

Não à toa, a primeira parte da obra ("Da meia-noite às duas") incide não apenas na trajetória afetiva de Susana Ribeiro de Andrade, mas também no seu percurso profissional, na sua busca inequívoca pela independência. Daí que, se a morte de António a inclui numa situação de viuvez e solidão, ironicamente, é essa própria separação forçada que desencadeia um processo de autorreconhecimento e tomada de decisões, sem perder de vista a lucidez para a situação do seu presente. Afinal, como bem sublinha o narrador, quando Susana precisa viver o luto e experimentar a partilha da perda com os amigos e familiares pelas comunicações telefônicas, já que os procedimentos rituais de velório e enterro encontram-se proibidos por causa dos riscos de contaminação da doença, ele faz questão de frisar: "Vivia cada dia, e cada dia que vivia ganhava a importância de ser o último dia".[117]

Interessante observar que, nesse breve eixo temporal de duas horas ("Da meia-noite às duas"), tal como o título dessa seção sugere, mais do que a preparação da protagonista para a entrada no ar de seu programa de rádio no horário indicado e sua continuidade, há toda uma dilatação da temporalidade, com as idas e vindas de Susana (e António, por conseguinte), de seu encontro com a morte do marido, seguido de sua saída da antiga para a nova estação de rádio. Nesta, tal como o narrador faz questão de frisar, a radialista, "pela primeira vez, tinha uma chefe mulher, Camila Vaz".[118] Mudança radical e nada gratuita operada pela protagonista, a substituição do ambiente de trabalho coloca-a num *locus* mais propício ao seu ofício, além de se mostrar, tal como veremos mais adiante, num espaço possível de resistência ao medo e à desesperança.

Creio, portanto, que o narrador toma para si a máxima de que "o tempo é uma madrasta, é impossível recuperá-lo"[119] na sua completude e na sua exatidão; talvez por isso, as duas horas indicadas na seção ampliam-se num leque de capilaridades e de digressões com uma atenção pontual aos momentos cruciais para entender o drama vivido por Susana Ribeiro de Andrade. Nessa distensão, o leitor confronta-se com aquela mesma dualidade destacada por Ítalo Calvino, na medida em que, se a morte de António pela covid-19 pode ser entendida como a "privação sofrida"[120] diante do peso do viver num mundo pandêmico, a mudança de emprego e os próprios laços de amizade construídos com Rui Vieira apontam para aquela "levitação desejada",[121] numa demonstração de que a leveza é possível, sobretudo quando a solidariedade e a esperança não esmorecem.

Não à toa, na recuperação de lances da vida de António e Susana, o leitor vai deparando com essa dualidade, seja pela constatação do peso das perdas, seja pela verificação da leveza trazida pelos sentimentos de esperança. Desse modo, no meu entender, Patrícia Reis constrói uma rica estratégia em contrapor à dureza das ausências, a leveza possível da arte. Na trama, não são poucas as referências culturais que vão despontando um horizonte de possível saída do pessimismo. As referências a Shakespeare, Tchékhov, Garrett, Eça, Machado de Assis, Camus, que António "lia e relia [...] para não perder a ideia de como um texto pode ser bom",[122] e Agustina, cujos livros, segundo o ator, possuíam "um dicionário alternativo às palavras simples, eram uma ode ao português, à língua";[123] os quadros de Turner e Picasso; as óperas *La Traviata*, de Verdi, e *Tosca*, de Puccini, esta compreendida por ele como "uma trama com todas as possibilidades, solidariedade, amor, ciúme, inveja, traição e por aí fora",[124] cuja história era contada "com graça e quase como se fosse um folhetim policial";[125] as canções ouvidas e escolhidas por Susana, muitas delas incluídas nas suas *playlists* da rádio, com títulos como "La chanson des vieux amants", do músico e compositor belga Jacques Brel (1929-1978);[126] "Somewhere over the rainbow", interpretada por Melody Gardot;[127] "Cajuína", de Caetano Veloso;[128] "One day I'll fly away", de Randy Crawford;[129] e outras de "Van Morrison ou de uma banda nova";[130] os repertórios pianísticos de Bernardo Sassetti[131] e instrumental de Keith Jarrett e Bill Evans; os fados de Camané; ou ainda as que interpretava e dançava junto com António, como as de Bee Gees, Barry White, ABBA, Michael Jackson, Justin Timberlake, Bruno Mars e Nina Simone; a *Suíte nº 1 para violoncelo*, de J. S. Bach; as leituras vorazes de ficção científica; o cinema em preto e branco, com *Casablanca*; a poesia de Fernando Pessoa, Vinicius de Moraes, Sophia de Mello Breyner Andressen e a de Filipa Leal, cujo verso encontrara "escrito numa faixa e pendurado entre duas árvores, o verso a reclamar, a prometer, havemos de ir ao futuro".[132] Aliás, o fato de a personagem António Ribeiro de Andrade ter como uma de suas facetas a de ser um exímio declamador, com o talento invulgar de "fazer com que os versos lhe pertencessem",[133] não me parece gratuito, posto que, a partir dele, é possível vislumbrar um espaço de confiança e transfiguração da arte poética:

> A poesia era um dos seus chãos, era uma casa que o marido habitara com propriedade, conseguia ler um poema e ficar dentro de tudo aquilo, todas as palavras o atiravam para dentro de uma qualquer dor, e ele lia uma vez, duas vezes, como alguém que rezasse o poema e depois, naquela transformação própria de quem é ator e só de quem é ator, a voz elevava-se ou não, minguava, e o poema surgia vivo e era comovente, era extraordinário. Alguém tinha dito que ele dava novas vidas aos poemas, certos poetas exigiam-no em tempos de lançamentos, quase como se lhes fosse doloroso ouvir as palavras escritas numa outra voz.[134]

Toda essa capacidade artística da personagem, de dar vida aos versos alheios e transformar-se na leitura de poemas, bem como todo o repertório de referências culturais presentes no romance, demonstra uma compreensão exata da autora a respeito dos tempos de pandemia, na medida em que estes não são apagados ou minimizados, muito pelo contrário. Ao lado das situações fictícias, a efabulação cola-se a determinados fatos, noticiados nos principais meios de comunicação, e o narrador faz questão de enumerar algumas perdas irreparáveis como forma de não esquecer o peso dos tempos pandêmicos: a morte do escritor chileno Luís Sepúlveda por covid-19, além da do ator português Filipe Duarte, o Pipo, como era chamado, falecido "aos quarenta e seis anos, vítima do miocárdio".[135]

Ora, se Theodor Adorno já reclamara, em 1949, no seu conhecido testamento filosófico "Crítica cultural e sociedade",[136] a impossibilidade de fazer poesia depois de um evento traumático e de proporções impensáveis, como o dos campos de Auschwitz, em contrapartida, Jacques Rancière advoga em favor de uma releitura do protocolo adorniano, com uma outra forma de pensar a arte em tempos de carência, violência e desumanização. Segundo ele,

> [...] temos de inverter a célebre frase de Adorno que decretou que a arte é impossível depois de Auschwitz. É o contrário que é verdade: para mostrar Auschwitz depois de Auschwitz, só a arte é possível, porque ela é sempre o presente de uma ausência, porque é a sua missão mostrar um invisível, por meio da força organizada das palavras e das imagens, juntas ou separadas, porque ela é a única capaz de tornar sensível o inumano.[137]

Ao compararmos as duas situações vivenciadas – a da violência perpetrada pelos campos de concentração nazistas e a do medo e do horror instaurados por uma pandemia a dizimar populações inteiras ao redor do globo –, fico a me interrogar se o romance de Patrícia Reis, com todas as referências culturais ao longo de sua trama, não estará, de certo modo, também apostando nesse caminho; afinal, diante do temor, das perdas e da presença constante da morte, que paira na forma invisível de um vírus, impondo um ritmo cruel com "todas as certezas da civilização a morrer em agonia, a esmorecer, a economia como uma madrasta má de contos de fadas, a castigar, a esmagar, a comer-nos vivos",[138] somente pela arte torna-se possível passar esse tempo e enfrentar as ausências forçadas e o inumano que toda a pandemia faz deflagrar: o ódio, o racismo, a violência doméstica e a homofobia.

E se o monotema da morte surge como um dos eixos mais incisivos no romance, anunciando o peso, a dureza e a compacidade "de espanto e de tristeza"[139] trazidos pela doença, em contrapartida, a música, a poesia, a ficção, o cinema, a pintura, o teatro, enfim, as artes surgem como o caminho de leveza. No meu entender, o rico repertório artístico recuperado por Patrícia Reis pode ser compreendido como uma daquelas "invenções literárias que impõem à memória"[140] muito mais pelas sugestões que evocam do que propriamente pelas palavras que as procuram descrever.

É ela, a arte, com sua leveza imponderável, um caminho apropriado para lidar com a dureza dos fatos e o temor diante de uma doença desconhecida pelo homem, cujos efeitos colaterais a todos atingem. Logo, a leveza não apaga o lastro de desconfiança, medo e violência, deflagrado pela própria pandemia, mas ela surge como uma via plausível de confronto e superação. Daí que, logo após o primeiro bloco centrado em Susana Ribeiro de Andrade, o seguinte ("Das duas às quatro") alicerça-se sobre a trajetória de Rui Vieira, um jovem jornalista, homossexual, oriundo de uma tradicional família burguesa, conservadora e cheia de preconceitos, que ele e a irmã, Rita Vieira, abominam.

***

Tal como ocorrera na apresentação da personagem Susana, com seu início já em tempos de pandemia, a viver o luto pela perda prematura e trágica do marido, também Rui surge na trama a partir de um evento trágico – o acidente de carro que o deixaria em coma e, em seguida, num estado de mutismo como sequela:

> Deu-se aquele momento bizarro em que percebeu que o coração estava a martelar no peito, ameaçava sair pela garganta, o coração em modo terrorista e, depois, a percepção de que nada iria correr bem, um suor súbito. Fechou os olhos com força, demasiada força, pareceu-lhe que não sentia as pernas, que o tejadilho do carro o iria esmagar. Havia o barulho de tudo aquilo e a rádio que continuava a tocar, como se nada fosse, ainda hoje entende aquela canção como um prenúncio de morte, Randy Crawford, "One Day I'll Fly Away", algo que faria pouco sentido, porque se sabia dentro do carro. Nunca tivera desejos de voar, não sabia se gostava

realmente daquela canção, mas estava a ouvi-la, embora fosse óbvio que uma parte significativa da estrutura do carro estava desfeita, porque não conseguia mexer-se, nem o máximo do esforço o ajudaria, estava de cabeça para baixo e sentia-se latejar, um latejo permanente e alargado, invadindo o corpo todo, sabia que estava a ver, que conseguia ver, a mão tinha sangue, o cinto vincava-lhe o peito, doía-lhe o peito, pensou, se morrer agora é mesmo muito estúpido, não posso morrer agora. Um apito nos ouvidos, tinha um apito contínuo, tortuoso, dentro da cabeça. O corpo estava preso, ele estava preso dentro do corpo. Mantinha-se ali não sabia há quanto tempo, as mãos pareciam-lhe gigantes e desfocadas, conseguia perceber que o corpo suava e sangrava, teve consciência do seu odor, da urina quente nas calças. Depois disso não existe memória completa.[141]

Também com um evento marcante e com efeitos colaterais irreversíveis, sobretudo no plano familiar, o percurso de Rui Vieira inicia-se a partir de um acidente desencadeador de uma série de problemas para a personagem. No entanto, se, com a protagonista, a morte do marido demarca seu presente em 2022 (um futuro imaginário, se levarmos em consideração que a obra é publicada no ano anterior, em 2021), com Rui Vieira, o acidente de carro decorre meses antes da pandemia, já que o retorno de Rui ao trabalho na rádio, momento em que tem contato pela primeira vez com Susana, ocorre nesse período, após sua constatação de que não conseguia falar em razão de o seu mutismo ser uma sequela.

Ou seja, a apresentação desse segundo protagonista decorre numa seção, cujo título indica uma sucessão ao período que engloba o anterior, "Da meia-noite às duas". Mas, na verdade, "Das duas às quatro" não chega a ser uma sequência exata, posto que possui uma outra dilatação do tempo, em que a infância e a adolescência do jovem são resgatadas graças a uma recuperação temporal do narrador a partir do acidente de carro de Rui Vieira, bem antes da morte de António Ribeiro de Andrade.

Estratégia nada gratuita do narrador, afinal, ao invadir os pensamentos do jornalista, momentos antes de ser resgatado pelos bombeiros, ele próprio confessa que "estar inconsciente é estar sem memória".[142] Na minha perspectiva, exatamente para não deixar o rastro de seu protagonista num estado de esquecimento e inconsciência é que a recuperação da e pela memória se faz necessária à compreensão dos caminhos que levarão Rui a cruzar com Susana e construir uma belíssima história de amizade.

A partir da cena do acidente, deflagra-se uma série de digressões que nos levarão ao passado tanto de Rui Vieira quanto de seu namorado, Miguel Noronha; às revoltas ensaiadas em silêncio com a irmã contra o racismo, a homofobia e os preconceitos dos pais ("Os pais católicos, a missa ao domingo, o grupo de leitura da Bíblia, os pais que eram, assumidamente, homofóbicos, tal como eram racistas");[143] às lições ensinadas e aprendidas com Rosa Braz, jovem estagiária e mais uma das vítimas da covid-19 logo no seu início, que começa a desempenhar a profissão jornalística na mesma rádio de Rui, e com quem ela própria absorve a ideia de que "jornalismo não é dizer que se ouviu dizer, e não pode ser feito pelo cidadão comum, tem regras, tem técnica, existe um código de ética, pode ser que o mundo não o cumpra, mas nós aqui cumprimos";[144] e, por fim, ao seu encontro e às reviravoltas na relação com Miguel Noronha, homem ligado ao mundo da política portuguesa, bissexual assumido e com um relativo pragmatismo em lidar com sua orientação sexual.

Todas essas informações vão sendo desencadeadas e interligadas a partir de um fluxo de consciência em que o narrador assume a perspectiva da personagem, quase colado às experiências desta, como se suas próprias fossem. Aliás, em todas essas etapas, o narrador vai tecendo uma rede de problemas vivenciados por Rui Vieira, bem como os efeitos colaterais na sua fase adulta. Um desses, sem dúvida, é a manutenção de sua homossexualidade sob um véu de silêncio e ocultamento: "Não tinha um néon na testa a afirmar-se *gay*, *disfarçava de forma consciente*, aliás, fizera [isso] *desde sempre com a família e os amigos*".[145]

Rui Vieira, na verdade, pode ser entendido como uma personagem trancada e resguardada no armário. Na conhecida epistemologia desenvolvida por Eve K. Sedgwick,[146] o *locus* do armário funciona numa dimensão dual, pois, se, pelo lado da heterossexualidade, este é imposto como uma cômoda forma de recusa e de bloqueio de orientações sexuais que não obedecem a uma heteronormatividade,[147] pelo lado da homossexualidade, ele acaba se tornando um espaço de refúgio, de relativa segurança e de manutenção dos desejos e dos prazeres dentro de uma esfera de partilha com outros na mesma condição.

Não à toa, a ensaísta estadunidense sublinha a presença do armário nesses dois polos e suas diferentes consequências:

> O armário *gay* não é um fator apenas presente na vida dos *gays*. No entanto, para muitos, ele continua a afirmar-se como um elemento fundamental do

seu relacionamento social; por mais corajosos e francos que sejam, por mais afortunados quanto ao apoio das suas comunidades, serão poucos os *gays* em cujas vidas o armário deixa de constituir uma presença central. [...] Numa escala mais vasta e em registro menos inflamado, a epistemologia do armário tem contudo também desempenhado um papel de relevo na cultura e na história do Ocidente. Se esta pode ser razão suficiente para converter a epistemologia do armário em objeto de interrogação, não deveria ser motivo suficiente para centrar a pesquisa naqueles que (de modo mais ou menos equívoco) habitam o armário, em prejuízo dos que na cultura heterossexual envolvente o impõem de fato. Para estes últimos, o armário responde às necessidades representacionais mais íntimas, sem a opressão que exerce sobre os primeiros.[148]

Depreende-se, por conseguinte, que o armário acaba por se tornar uma presença contínua, enquanto mecanismo de controle sobre os corpos, os desejos e as dissidências sexuais. Ainda que a própria homossexualidade não escape dessa armadilha, ela consegue transformá-la, em alguns casos, numa situação favorável, na medida em que propicia um local de relativa segurança para a manifestação de sua orientação sexual. Olhado, portanto, por esse prisma, o disfarce consciente de Rui acaba por sugerir uma comodidade que cede aos caprichos de sua família conservadora e o coloca numa esfera de marginalização, porque não pode manifestar abertamente ou ousar dizer o nome do seu amor. No meu entender, isso não minimiza a condição de esse armário ser forjado exclusivamente para tentar cumprir uma socialização, escondendo a orientação sexual da personagem.

Se, como afirmou Eve K. Sedgwick, em 1991, "o armário é a estrutura que melhor sintetiza a opressão *gay* neste século",[149] então, o protagonista de *Da meia-noite às seis* aponta-nos que esse método opressivo ainda reverbera nas primeiras décadas do século XXI, deixando um lastro de insegurança e de ocultamento que apenas favorece a quem dentro dele não habita. Mesmo na trajetória de Miguel Noronha, namorado de Rui Vieira, homem mais velho e oriundo de uma estrutura familiar bem distinta da do jovem lisboeta, o armário manifesta-se como uma forma de autocontrole seu:

Não, não era só a crise da idade, de ver como a experiência se acumula e rouba a capacidade de deslumbramento, de ilusão. Era mais do que isso, Miguel Noronha vive em dois mundos paralelos, no carril da vida é conservador, gentil, católico, profissional, no outro carril, menos ligeiro, menos reto, é bissexual, desconfiado, um não sentimental, rude. Em ambas as dimensões há ainda o medo, não que padeça de um medo constante, porém existe e revela-se em pequenas coisas, pensamentos circulares, uma tendência para projetar o futuro numa toada sempre sem remédio, pessimista, entristada.[150]

Apesar de o medo da personagem diante de incertezas que rondam as expectativas de um futuro afetivo ser bem distinto do ocultamento total de sua homossexualidade, como ocorre com Rui, não deixam de ser significativas a experiência de dois comportamentos muito diferentes entre si e a forma com que Miguel tenta driblar qualquer possibilidade de desenvolver uma intimidade maior com um(a) parceiro(a). Espécie de salvaguarda para evitar a dor da ruptura, tal como a experimentada quando do envolvimento, nos tempos de faculdade, com Rodrigo Casaco ("aluno do segundo ano do curso de Arquitetura, moreno, atlético, misterioso, cruel e mentiroso"),[151] Miguel estabelece uma forma outra de lidar com a compacidade das relações afetivas: "Era sexo satisfatório, *sem o peso do resto*".[152]

Não deixa de ser interessante verificar, nas reações temerárias de Rui e no comportamento pragmático de Miguel, uma agudização de certas tendências já presentes na ficção portuguesa na primeira década do século XXI, tal como delineado por Miguel Real, entre elas "o hedonismo e o individualismo presentes na nova narrativa portuguesa",[153] cujas incidências contribuem para uma gradual queda do tabu sobre o tema da homossexualidade no romance de costumes. Se, na perspectiva de Real, as obras de Eduardo Pitta, Frederico Lourenço, Henrique Levy e Joaquim Almeida Lima, por exemplo, dão visibilidade e põem em evidência as relações homoafetivas e os diferentes universos de circulação de personagens *gays* nas primeiras décadas do novo milênio em Portugal, acredito que *Da meia-noite às seis*, de Patrícia Reis, se insere nesse elenco, mas com uma peculiaridade outra, exatamente porque desnuda universos ainda influenciados e dominados pelo estigma do armário e, em contrapartida, relacionamentos sem qualquer tipo de preocupação com o desenvolvimento de laços mais acentuados ou mesmo de uma aproximação mais humanizante com o outro.

Aliás, o pragmatismo em procurar numa versão gay do *Tinder* seus parceiros sexuais leva Miguel Noronha a encontrar Rui Vieira. Ambos, na verdade, performatizam a tônica das relações contemporâneas, em que o imediatismo dos aplicativos de redes sociais e a tecnologia surgem a favor dos encontros fortuitos e passageiros. Não à toa, o narrador chega mesmo a apontar um lado contraditório de Miguel em relação a esses envolvimentos sem qualquer laço de intimidade e seu posicionamento diante de situações em que o ocultamento acaba se tornando uma válvula de escape:

> Um dia, disposto ao sexo, entediado, foi para a aplicação pesquisar. Viu o perfil de Rui Vieira, não estava muito perto, evitava a eventualidade de encontros com homens que estivessem perto, a aplicação mostrava-lhe as possibilidades e as distâncias. Por vezes, assinalava alguém a metros de distância, e Miguel Noronha tentava adivinhar quem seria, era uma pena não ter tanto conhecimento sobre a vizinhança, poderia ser um daqueles que é casado [sic], que não saiu [sic] do armário. Odiava a expressão, quem a inventara?, por que um armário, que sentido fazia? Sair da sua pele, como fazem as cobras, seria mais adequado, seria até apropriado, embora no seu caso a sexualidade não fosse um tormento.[154]

Interessante observar como a personagem demonstra um sentimento reticente e de recusa à expressão "armário", como uma das maneiras de o parceiro esconder os desejos e a homossexualidade, quando ele próprio, na verdade, tal como mencionado anteriormente, não deixa de desenvolver para si formas de também camuflar e revelar, dependendo da situação em que se encontra, sua disponibilidade para o engate com homens. Observando com atenção a expressão utilizada pela personagem, tal como o narrador revela, os dois carris e as duas dimensões de socialização de Miguel parecem mais próximos daquela troca de pele, de forma similar ao que ocorre com as cobras. Ainda assim, é bom destacar que, mesmo a sexualidade não sendo um tormento para si, o medo não deixa de se fazer presente na trajetória de Miguel.

Nesse sentido, acredito que, nas duas personagens, é detectável aquele aspecto do peso e da leveza descrito por Ítalo Calvino, exatamente porque tanto o temor diante das reações dos pais e dos amigos de trabalho, sentido por Rui Vieira, quanto o receio do desenvolvimento de afetos mais profundos por algum parceiro, experimentado por Miguel, podem ser compreendidos como a compacidade, a sobrecarga de viver a plenitude das relações homoeróticas[155] ou, ainda, "a espessura, a concreção das coisas, dos corpos, das sensações".[156] Em contrapartida, a comodidade do armário construído por Rui e a conveniência de sexo rápido, imediato e satisfatório defendida por Miguel acabam conferindo uma espécie de leveza, ainda que momentânea, porque seus comportamentos almejam "transmitir a ideia de um mundo organizado num sistema, numa ordem, numa hierarquia em que tudo encontra o seu lugar".[157]

Na verdade, gosto de pensar que as duas situações criadas por Rui e Miguel como mecanismos de defesa configuram, na trama de *Da meia-noite às seis*, cada uma a seu modo, uma proposta de leveza, em que a narração depende daquele "raciocínio ou de um processo psicológico no qual interferem elementos sutis e imperceptíveis"[158] para ambas as personagens. Num, é a comodidade do segredo; noutro, é a conveniência do sexo sem compromisso.

Essa leveza por eles construída, porém, mostra-se tênue e cedo revela sua incapacidade de manutenção permanente. Primeiramente, em Rui, o acidente de carro faz com que seus pais tenham de dividir o espaço do hospital com Miguel, e o segredo mantido a sete chaves acaba por ser revelado, motivando uma reação negativa, preconceituosa e desumana daqueles e expondo a total falta de conhecimento e de compreensão da diversidade sexual que o filho representa:

> Há quanto tempo é que isto dura, perguntou a mãe com hostilidade, como se tivesse sido esbofeteada, e ela abanou a cabeça, há uns meses, creio que há uns meses, mas ele é..., ó mãe, é gay, sim, sempre foi, o que estás para aí a dizer, filha, é o quê?, desde pequenino?[159]

> Rui Vieira tinha acordado, diz-se assim porque é o que as pessoas costumam dizer e não vale a pena complicar, e o pai estava no quarto, a olhar para ele, como quem comanda as operações, como se fosse Deus, a irmã diria isto depois, a olhar para ele e a exigir que abrisse os olhos, e ele abriu. Mal o fez, o pai disse, com aquela voz baixa e mortal que conheciam de sempre, nunca mais apareças em nossa casa, não queremos saber de ti, és um paneleirote de merda, mais valia teres morrido, estava com esperança de que morresses, eu não sou teu pai. Virou as costas e abandonou a sala, a irmã paralisou para depois, abrupta e veloz, seguir no seu encalço aos berros, como é que é possível?, o senhor é uma besta, uma besta. Por ter ido atrás do pai, perdeu a cena seguinte que, não sendo original, não deixou de surpreender a enfermeira que tinha começado a trabalhar ali havia uma semana. A mãe aproximou-se do filho, pôs a sua mão em cima do peito dele, olhou-o fixamente, abanou a cabeça, virou as costas e não disse adeus, não tinha qualquer palavra para lhe deixar. A enfermeira viu-a pegar na mala, viu o rosto

confuso do doente que, sempre em silêncio, ainda agitou a mão, ele a pedir para ela parar e ela, sem querer perceber, a seguir para junto do marido, para ficar perto do que conhece e do que tem por bom. Será que sim, que é bom?, interroga-se a irmã nervosa de regresso ao quarto, a esfregar as mãos uma na outra, com um olhar descompassado, incapaz de permanecer tranquila, sem se dar conta de que o irmão, ali de olhos abertos, continuava sem proferir uma palavra.[160]

Vale a pena ressaltar que, a partir dos trechos acima, tanto a dificuldade da mãe em proferir a categoria que enquadraria o filho numa identidade, que ela própria não faz questão de entender e se recusa a aceitar, quanto a reação truculenta do pai em não respeitar a orientação sexual de Rui e em proferir de forma violenta nomes com forte natureza pejorativa e preconceituosa podem ser entendidas por meio daquilo que Judith Butler irá chamar de "discurso injurioso",[161] na medida em que, ao "ser chamado de algo", Rui Vieira se torna o alvo da interpelação do pai e de sua "injúria linguística",[162] não só proferida, mas performatizada por ele.

O diálogo entre Rita e sua mãe indica, antecipadamente, um discurso de rejeição à condição de Rui como homem fora dos padrões heterossexistas desenhados pela mãe. De forma muito mais aguda, a fala do pai e as expressões linguísticas por ele utilizadas não só atingem o filho, mas também desvelam a violência da articulação dos termos utilizados, enquanto um "modo de endereçamento",[163] carregado de ódio, no contexto do espaço público do hospital.

Mas a cena de rejeição e injúria não deixa de expor uma outra condição a que Rui é catapultado: "Ser ferido pelo discurso é sofrer uma perda de contexto, ou seja, é não saber onde se está".[164] Ou seja, no caso de Rui, tal "perda de contexto" incide na compreensão de que ele não faz mais parte do cerne familiar dos Vieiras e foi definitivamente privado do convívio com os pais, situação, aliás, confirmada pelo próprio narrador, quando, na perscrutação da perspectiva de Rita Vieira, antecipa a cena de reunião da ceia de Natal, em que ela "se sentaria à mesa dos pais, com o marido e os filhos, ignorando olimpicamente as achegas racistas do pai, a alarvidade constante que ouvira uma vida inteira e que parecia ser apenas uma música má, ao fundo, uma música sem importância".[165]

No meu entender, muito mais do que termos designativos empregados por falantes de língua portuguesa, em Portugal, para se dirigir aos homossexuais de forma injuriosa ("paneleirote de merda") e para desencadear a ruptura da pertença familiar ("eu não sou teu pai"), as expressões aplicadas pelo pai eclodem um duplo efeito sobre o destinatário das ofensas, posto que elas abrem um futuro incerto e desconhecido para Rui e, ao mesmo tempo, causam uma desorientação em relação à sua própria situação como sujeito. Na verdade, o discurso de ódio proferido pelo pai configura-se como uma ameaça performativa da violência não apenas contra o filho, mas também, por conseguinte, contra os homossexuais, destruindo todo e qualquer horizonte de expectativa para Rui Vieira.

Daí que, se "*falar é em si mesmo um ato corporal*",[166] tal como advoga Judith Butler, então, o fato de Rui perder a voz e sofrer de mutismo não poderá ser entendido como uma espécie de indicativo de que o ato corporal de falar do seu corpo homossexual perde a força diante dos discursos de ódio? Talvez por isso, tal como o narrador esclarece, ele precisava "reciclar tudo dentro de si, a infância, a adolescência, a porra do armário da sexualidade, a profissão"[167] e reaprender a conviver com seu corpo para, depois, reinstaurar uma convivência social com seus colegas de trabalho. Não é à toa, portanto, que, no lugar dos encontros por aplicativos, Rui passa a utilizar os atos masturbatórios como válvula de escape dessa nova dicção e desse novo aprendizado que seu corpo demanda.

Gosto de pensar, portanto, que as duas cenas anteriormente narradas no ambiente hospitalar não deixam de sugerir que a incompreensão e a negação dos pais constituem também uma das causas do mutismo de Rui, impedindo-o de conseguir externar aquilo que, durante tanto tempo, foi mantido sob o manto do silêncio. As expressões pejorativas, a rejeição à condição do filho, o "discurso de ódio"[168] performatizado pelo pai e o abandono da mãe não apenas manifestam um comportamento desumano e incapaz de aceitar, respeitar e amar a diferença, como também acentuam a face mais cruel de um mundo pré-pandemia.

Vale retomar, nesse sentido, a perspectiva de Slavoj Zizek, que indica a presença de outros vírus circulantes nas sociedades, onde eu próprio incluo a brasileira e a portuguesa, exacerbados com o desencadear da pandemia de covid-19. Considerando que *Da meia-noite às seis* efabula suas personagens e seus núcleos familiares num cenário bem recente, em tempos antecedentes e sucedâneos à doença, não me parece incoerente pensar as cenas da trama ficcional também sob esse viés. Afinal, segundo o filósofo esloveno:

A atual propagação da epidemia de coronavírus acabou também por desencadear uma vasta epidemia de vírus ideológicos que estavam latentes nas nossas sociedades: notícias falsas, teorias da conspiração paranoicas, explosões de racismos. A bem fundamentada necessidade médica de quarentenas encontrou um eco na pressão ideológica para estabelecer fronteiras claras e para pôr em quarentena inimigos que representassem uma ameaça à nossa identidade.[169]

Dos vírus ideológicos detectados por Zizek, também os das notícias falsas e desviantes da atenção pública para o que realmente interessa comparecem nas preocupações da personagem Rui Vieira, posto que o narrador revela seu descontentamento com a desinformação disseminada: "[...] perturbava-se com a dimensão absurda das *fake news*, com as manipulações e com os fatos não confirmados, aborrecia-se com a politiquice, nunca com a política".[170]

Mesmo não mencionadas diretamente, é possível ainda incluir, naquelas proposições de Zizek, para além das "explosões de racismo", as de homofobia, como as ações das personagens acusam. Se isso se constata de forma exacerbada em tempos pandêmicos, é porque, antes mesmo destes, esses vírus ideológicos já circulavam em plena liberdade. No caso específico de Rui Vieira, a cena ocorrida no hospital nada mais é do que a confirmação daquilo que sempre vivenciara em casa e do que tentara se afastar e encontrar mecanismos de proteção:

> Aprendeu a viver em bicos dos pés, ele e a irmã, cúmplices nas coisas esquisitas, a votarem à esquerda sem o dizerem aos pais, tão conservadores, tão, a palavra seria demasiado próxima do fascismo, se fossem a pensar seriamente no assunto, por isso era melhor não o fazer. Conservadores teria de bastar. E era o grande pretexto para qualquer coisa, o racismo, tem de trazer esse seu colega de cor cá para casa?, atirava a mãe com desgosto, e ele, adolescente ainda aprendiz de terrenos prontos a explodir, a pensar nas cores, nas pessoas de cor, no bege da sua pele e de como gostava daquele colega que lhe sorria da carteira ao lado, que queria exibir por ser tão divertido, não pensara na cor, não pensara que as pessoas têm cores. A revolta fazia-a com a irmã, para lá da meia-noite, a fumar cigarros à janela, a cochichar desgraças e a expor ideias. Não, eles não eram racistas, não eram homofóbicos, não eram maus. Os pais sim, os pais eram maus.[171]

Na verdade, as ações dos pais de Rui e Rita Vieira não deixam de demarcar aquele cenário de uma "nova barbárie cujos indícios já são nitidamente visíveis",[172] e cuja exacerbação vai gradativamente construindo um caminho de intolerância, incompreensão e incomunicabilidade. O racismo, a homofobia e o comportamento fascista, antes vivenciados no ambiente particular da casa e da família, agora passam a ser experiências compartilhadas nos espaços públicos, sem qualquer tipo de pudor ou vergonha na sua exposição direta.

O acidente de carro, a hospitalização e a presença de Miguel, em sequência, acabam por desencadear e deflagrar explicitamente aquilo que, na intimidade, era já uma realidade latente: o racismo, o fascismo e a homofobia presentes no cotidiano de alguns núcleos familiares. Por isso, acredito que a personagem Rui Vieira constitui-se numa dupla vítima: do acidente, na esfera física, e da família, na emocional.

Não é de estranhar, portanto, que aquela leveza construída por ele no "interior do seu *armário almofadado*",[173] expressão emblemática utilizada pelo narrador, desmorona, e as reações dos pais expostas no ambiente público do hospital revelam sua intimidade e sua orientação sexual em gestos de incompreensão e desumanidade. Diante de sua leveza ruída e desmantelada, Rui é confrontado com a dureza do abandono da mãe, com o peso da recusa do pai e com a compacidade da crueldade de ambos ao deixá-lo à própria sorte no leito do hospital. Onde e como conseguir se recuperar ou construir uma outra leveza, capaz de superar a insensibilidade de seres humanos que mais parecem aquelas criaturas de pedra, metamorfoseadas pelo olhar da Medusa?[174] Voltaremos a este ponto mais adiante.

Antes, porém, é preciso destacar o caso de Miguel Noronha, cuja leveza alicerçada no "sexo por sexo" nos aplicativos de engate, caindo "automaticamente para o mundo *gay*",[175] desaba igualmente por terra, quando a personagem é confrontada com a situação inusitada do armário de Rui exposto e devassado, logo após o acidente de carro.

A diferença entre os dois homens fica nítida ao longo da exposição de suas respectivas trajetórias: Rui guarda sua orientação sexual como um segredo impenetrável, construindo para si um armário que julgava ser seu espaço de refúgio, enquanto Miguel revela à mãe e à avó, de quem recebe apoio incondicional ("tentas ser feliz, és a melhor pessoa que consegues ser, e eu estou aqui, estarei sempre aqui, sou solidária contigo até na asneira"[176]). São duas situações familiares bem distintas e contrapostas, daí a tese de Miguel de que manter a sexualidade no armário sem nunca discutir com os pais parecia-lhe "um enorme engano, um desperdício de energia aplicada a guardar um segredo que não o era".[177]

É bom lembrar que a construção do armário para Miguel constitui uma situação contraditória, tal como apontamos anteriormente. Aliás, é a própria irmã de Rui, a partir da recuperação onisciente do narrador, que irá chamar a atenção para esse detalhe, afinal, "as pessoas são uma contradição".[178] No caso específico de Miguel Noronha, a leveza construída a partir das relações mantidas unicamente na esfera física e carnal, sem alimentar qualquer expectativa do peso do compromisso, mostra-se incapaz e insuficiente diante da possibilidade de perder o namorado Rui:

> Ali no hospital, Miguel Noronha sabia que não se tinha deixado apanhar totalmente pelas teias amorosas, não era uma paixão, porque nada seria como aquele amor que o desfizera e o exilara do Porto, nada, estava impossibilitado de lhe acontecer o mesmo desastre, a fragilidade de ser possuído na íntegra, engolido por outro. Sentia o estômago a diminuir, as mãos a suar, não conseguia sossegar e pensava que deveria ter sido espontâneo e amoroso, deveria ter sido outra coisa. Rui Vieira não podia morrer, se morresse ele afundar-se-ia, ele perderia a cabeça. Talvez, talvez fosse amor.[179]

Ora, atente-se ao fato de que aquele almejado controle de Miguel vai perdendo espaço para a percepção do afeto por Rui, que extrapola o plano puramente físico e acaba por revelar uma ligação muito mais profunda do que ele próprio imaginara. Diante da possibilidade de perder o namorado, a personagem parece dar-se conta de que a leveza do descompromisso fora confrontada com a compacidade do sentimento e a concretude do amor.

Daí que o único caminho possível a Miguel para sair daquele "peso do resto",[180] com o qual fora confrontado, seja apelar novamente para a leveza do descompromisso e o afastamento definitivo do namorado, depois que este se recupera do acidente e revela seu mutismo. Num de seus encontros com Rita Vieira, Miguel recebe dela o pedido para que convide Rui a passar o Natal consigo, ao que reage com uma série de subterfúgios a fim de evitar a companhia do ex-namorado e não correr o risco de ter sua nova leveza ameaçada diante da compacidade do afeto. No entanto, acostumado a ter o controle total dos encontros e do encerramento destes com seus(suas) parceiros(as), novamente, a personagem é surpreendida com o desafio de não ter o comando de gerir a palavra final diante da recusa de Rui:

> Apesar de tudo, não foi com enorme alívio que leu a mensagem de Rui Vieira, olá, vou estar a trabalhar no Natal e no fim do ano, não temos estado juntos, creio que talvez faça sentido darmos um tempo, sem drama, só um tempo. Misturou o alívio com a obrigação de ficar ofendido, de manifestar uma qualquer revolta, ele tinha de ter qualquer importância, muita importância e, no amor, era sempre quem mandava o outro passear. Mesmo que não fosse amor, era ele quem ditava as regras, depois do que lhe acontecera em jovem, com Rodrigo Casaco, era o mínimo que podia fazer pela sua autoestima, ser ele a acabar, ser ele a começar, ser ele a dizer como o mundo roda.[181]

Na verdade, a ruptura sugerida por Rui constitui já um indicativo do início da construção do seu caminho de leveza. Este, por sua vez, parece contrastar definitivamente com a concepção gerida por Miguel, daí que os dois, depois desse desenlace, ocorrido pelo mesmo meio com que começaram a se encontrar – através da troca de mensagens telefônicas e do uso de redes sociais –, jamais tenham se encontrado. Assim, gosto de pensar que, ao contrário de Miguel, Rui Vieira começa a criar seus mecanismos de retomada de suas atividades laborais na rádio, valendo-se não do desligamento de laços afetivos ou do estabelecimento de relações superficiais e supérfluas, mas do contato direto com seus colegas de rádio e da amizade com Susana Ribeiro de Andrade.

Desse modo, as partes seguintes, "Das quatro às seis" e "Já perto das seis", podem ser lidas em conjunto, posto que, nessas seções, os caminhos dos dois protagonistas se cruzam, e, a partir daí, o que era improvável se revela num horizonte possível em que a esperança, a solidariedade, a empatia, a diligência, o cuidado com o outro e a amizade tornam-se palavras-chave para personagens que vivem não apenas num Portugal, mas num mundo em enfrentamento direto com a pandemia de covid-19.

O próprio fato de Rui Vieira sofrer de mutismo pode parecer uma contradição, já que este trabalha numa rádio. No entanto, sua capacidade de transmitir seus pensamentos e seus sentimentos pela escrita e de comunicar suas ideias sobre o conteúdo do programa conduzido por Susana Ribeiro de Andrade (via *e-mails* ou mensagens do telemóvel) põe em evidência tanto o peso quanto a leveza da linguagem. Segundo Ítalo Calvino, esse par encontra-

-se no próprio cerne da literatura e manifesta uma dualidade característica também na arte da efabulação:

> Podemos dizer que duas vocações opostas se confrontam no campo da literatura através dos séculos: uma tende a fazer da linguagem um elemento sem peso, flutuando sobre as coisas como uma nuvem, ou melhor, como uma tênue pulverulência, ou, melhor ainda, como um campo de impulsos magnéticos; a outra tende a comunicar peso à linguagem, dar-lhe a espessura, a concreção das coisas, dos corpos, das sensações.[182]

Na defesa da leveza como uma das propostas possíveis para ler a novíssima ficção portuguesa, acredito que essa duplicidade pode também ser válida para pensar o romance *Da meia-noite às seis*, de Patrícia Reis, na medida em que os protagonistas Rui Vieira e Susana Ribeiro de Andrade, mesmo sem se conhecerem presencialmente – e tampouco por Zoom e Google Meet, plataformas utilizadas para encontros remotos, em virtude do mutismo daquele –, passam a alimentar uma comunicação e uma expressão de seus pensamentos a partir da palavra escrita.

Na minha perspectiva, a autora portuguesa imprime a importância da comunicabilidade em tempos de afastamento e reclusão sociais. Ao mesmo tempo que a linguagem escrita, que manifesta as ideias, os pensamentos e os sentimentos das personagens, possui uma compacidade concretizada nas telas dos computadores, dos *notebooks* e dos celulares, ela também permite redirecionar sua consolidação para um plano de diafaneidade, exatamente porque retira o peso e a concretude da voz, conferindo uma leveza plausível, porque baseada exclusivamente na ausência do som.

De forma emblemática, o próprio narrador tece uma série de reflexões nesse caminho, sobretudo quando invade os pensamentos de Rui Vieira e expõe suas digressões a respeito do peso do som:

> Alguém lhe dissera que o som é o maior condutor emocional, que confere verossimilhança seja ao que for, vês uma fotografia de um urso, é um urso, com a bocarra aberta, OK, ouves o urso rugir e aí tens o teu sentimento do autêntico, do verossímil, é um urso, é perigoso e tens medo, o teu cérebro sabe que é uma ameaça. É o poder do som.[183]

Mas, se essa é a ideia corrente, a percepção da ausência do som não diminui o poder que a personagem tem de comunicar e transmitir suas posições. Aqui, parece-me, encontra-se aquela dualidade da literatura defendida por Calvino, pois, se o som é a concretude da vocação do peso da linguagem, da "concreção das coisas, dos corpos, das sensações",[184] manifesta nas canções transmitidas pela rádio, na voz de Susana conversando com o público ouvinte e dele recebendo inúmeras histórias da e na pandemia, com suas vozes anônimas e com percursos exemplares de humanidade e cidadania, na trama de *Da meia-noite às seis*, ele também não deixa de evocar uma leveza do corpo, das sensações e dos pensamentos de Rui Vieira, sobretudo porque sua ausência imprime-lhe essa leveza, sem deixar cair no indefinido ou na opacidade.

"A leveza para mim está associada à precisão e à determinação, nunca ao que é vago ou aleatório",[185] ensina-nos Ítalo Calvino. E não será essa mesma capacidade a que encontramos na personagem Rui Vieira? Não são seus textos enviados a Susana, suas sugestões de canções e leituras exatamente a consolidação de uma leveza que se faz e "se cria no processo de escrever"?[186]

Ao ser interrogado por Susana, por quais razões se sentia abençoado por ser mudo e não surdo, Rui Vieira responde-lhe, confirmando tanto o peso da presença da voz de sua companheira de rádio quanto a leveza da linguagem escrita:

> Não ter voz era como o tal silêncio sofisticado da escrita. Quando escrevo o que penso faço-o com outra maturidade, com uma percepção exata das palavras que aplico ao que quero comunicar, não me prendo ao impulso de dizer coisas por dizer, não vivo mal com isto, já passei essa fase. Às vezes, o cérebro sabe o que é melhor para nós, estive em coma, enfim, uma história triste, mas agora, aos quarenta anos, acabei de fazer quarenta anos, creio que não ter voz é uma bênção. Tenho a ponderação, mas também tenho a rádio, a tua voz, a música, os meus sobrinhos a gargalhar, sei o que é uma gargalhada, quanto mais penso nisto, mais me convenço de que as coisas não acontecem por acaso. Não precisamos de falar, salvo seja, sobre isto, Susana, está tudo bem.[187]

O discurso de Rui Vieira, além de reiterar uma proposição de leveza, a partir do "tal silêncio sofisticado da escrita", demonstra que o não ter voz não significa pairar num vácuo de imprecisão e aleatoriedade. Ao contrário, sua "percepção exata das palavras" aplicadas ao que quer comunicar revela-se um instrumento de que é possível traduzir a felicidade a partir de "imagens de extrema leveza";[188] entre elas, aquelas que comumente seriam ligadas a um "insustentável peso do viver":[189] a rádio, a voz de Susana, as músicas, as gargalhadas dos sobrinhos e a não imprescindibilidade da fala.

Também, aqui, o romance de Patrícia Reis oferece uma possibilidade de compreender a leveza como uma das propostas da novíssima ficção portuguesa, posto que as gargalhadas dos sobrinhos evocadas por Rui Vieira vão ao encontro daquela "gravidade sem peso" em que se constata uma "relação particular entre melancolia e humor".[190] Segundo o ensaísta italiano, "assim como a melancolia é a tristeza que se tornou leve, o humor é o cômico que perdeu peso corpóreo [...] e põe em dúvida o eu e o mundo, com toda a rede de relações que os constituem".[191]

No meu entender, esse mesmo par pode ser articulado na leitura de *Da meia-noite às seis*. Vejamos. Se o período de coma, a recuperação no hospital e a tristeza decorrente dos episódios sofridos pela personagem com seus pais ponderam uma melancolia, a tristeza consequente desses gestos torna-se leve porque são eles que propiciam a liberdade definitiva de Rui Vieira e a saída daquele armário construído em torno do conservadorismo e da intolerância de seus pais. Igualmente, as cenas evocadas de intimidade de sugestões de presenças físicas, a partir das gargalhadas dos sobrinhos, de sintonia de ideias, sobretudo na partilha das alterações do cronograma do programa de Susana, e de telefonemas para a velha tia do Porto, de quem recebe o total apoio após fazer seu *coming out* com ela, revigoram a presença de um certo humor sem, por um lado, o peso rigoroso da comicidade, porque se trata de imagens recuperadas pela memória de Rui, e, por outro, sem negar definitivamente qualquer espaço para a possibilidade do riso. Afinal, como relembra a personagem, "o riso, o que nos distingue dos animais, o riso dos homens é uma arma".[192]

Assim, se a "deriva melancólica"[193] e a beleza estética narrativa "pela tristeza e melancolia explicitada"[194] constituem marcas patentes da ficção de Patrícia Reis, sobretudo em *No silêncio de Deus*, de 2008, *Por este mundo acima*, de 2011, e *O que nos separa dos outros por causa de um copo de whisky*, de 2014, como bem assinala Miguel Real, gosto de pensar que, em *Da meia-noite às seis*, de 2021, a escritora portuguesa oferece-nos novos caminhos para pensar o nosso presente, entre eles um que não se restrinja às tonalidades melancólicas, mas que coabite com o humor e reabilite a esperança a partir da criação de imagens de leveza.

Nesse caminho, o falecimento da mãe de Susana, faltando "cento e vinte dias para o Natal",[195] com o diagnóstico de uma morte repentina "sem causa aparente, o coração desistiu de bater",[196] traz à cena uma dupla fatalidade do destino: a perda prematura do marido e, agora, a morte inesperada da mãe. Novamente destacando um evento que pesa e impõe a dureza da despedida sem volta e a presença do luto, no momento final da trama (mais especificamente na seção "Já perto das seis"), Patrícia Reis aposta não na tristeza ou na melancolia que a todos poderia deixar na inércia. Ao contrário, diante do peso da morte e da perda da referência materna, eis que a autora sublinha a manifestação da leveza em imagens indeléveis da confiança na humanidade: a solidariedade, a empatia e a amizade.

Vale relembrar que, já na morte de António Ribeiro de Andrade, Susana recebera a solidariedade da sua chefe, Camila Vaz. Agora, diante do sofrimento pela morte da mãe, num diagnóstico indicador de uma reação de desistência da vida, os laços de sintonia e encorajamento diante do seu sofrimento surgem, primeiro, pelas palavras solidárias de Pedro Lopes, colega de rádio que "quis abraçar e reter todo o sofrimento de Susana Ribeiro de Andrade, mas não se permitiu, ou o vírus já não o permitia, as liberdades eram restritas, o comportamento, condicionado".[197] Em seguida, pelo gesto simples, mas revelador de que, mesmo diante do mais distópico cenário externo e da mais melancólica situação pessoal, o ser humano é capaz de responder positivamente e superar as diversidades mais agudas:

> Nessa madrugada, pelas cinco e quarenta, Rui Vieira entrou na estação de rádio. O segurança estranhou, a hora e o rosto, não sabia quem ele era, teve de mostrar o cartão da empresa, a carteira profissional de jornalista e, por fim, o Cartão de Cidadão, o segurança era minucioso e lento. Havia ainda o gel para as mãos e antebraços, os protetores de sapatos, a máscara que era retirada de um suporte que as cuspia imaculadas, dentro de uma proteção. Onze minutos mais tarde, bateu à porta da cabine de Pedro Lopes e sorriu, sentiu-se a sorrir, por conhecer aquele rosto e, em simultâneo, por lhe parecer que era a primeira vez que o via. Entrou e o técnico fez-lhe um gesto com a mão, estava a falar com Susana Ribeiro de Andrade, olha quem temos aqui. Ela olhou, viu tudo ligeiramente desfocado, era a sua mania de dispensar os óculos, não preciso ver ao longe, o longe está precisamente longe, por isso os óculos ficavam por ali, mas mesmo com eles no rosto perguntou-se, quem é aquele homem?, nunca tinha visto Rui Vieira, só aquela fotografia que teria

dez anos. Mas olharam-se, num reconhecimento fácil, sorriram, ela percebeu que Rui Vieira viera fazer o possível, mostrar o rosto, dizer estou aqui, não te conheço, mas somos amigos, não conheci a tua mãe, mas estou aqui para ti, estamos juntos, é possível dizer-to, sem to dizer realmente, que não estás sozinha, não estamos sozinhos. Se aquele momento fosse encenado haveria uma pausa deliberada, todos a verem-se uns aos outros, a estarem uns para os outros. Ela abriu o microfone e despediu-se, amanhã cá estarei, Susana Ribeiro de Andrade, da meia-noite às seis.[198]

A cena acima, a última do romance, constitui um dos tratados mais sensíveis sobre a resposta possível da humanidade ao cenário de distopia imposto pela pandemia de covid-19. Boaventura de Sousa Santos defende que "à narrativa do medo, haverá que contrapor a narrativa da esperança".[199] Ora, fico a me interrogar se não é exatamente isso que ocorre na trama de *Da meia-noite às seis*. Sem apagar os lastros da incompreensão, da violência psicológica, da homofobia, do racismo e do fascismo nos comportamentos de algumas personagens, ou seja, sem desconsiderar o peso da "privação sofrida",[200] Patrícia Reis reitera no seu romance uma narrativa em que a esperança é possível, e a amizade é capaz de sustentar e superar as distâncias impostas pelo coronavírus. Ambas (a amizade e a esperança) podem bem ser entendidas como marcas de uma leveza possível num mundo carregado de pessoas que parecem petrificadas por uma Medusa invisível, em forma de vírus, que a todos insensibiliza e imobiliza.

Malgrado esse cenário de desesperança e de distopia pandêmica, o local de trabalho das duas personagens do romance de Patrícia Reis articula um gesto em que se podem vislumbrar consonâncias e reverberações dos "anticampos", tal como proposto e definido por Andityas Soares de Moura Costa Matos:

> Trata-se de converter o impossível em possível por meio da vivência utópica de todos os lugares do futuro em um lugar real e desafiador. Quando isso se realiza, está-se diante de um anticampo, uma porção de futuro incrustada no presente, uma localização que se rege pela deslocalização potencial exigida pelos vários locais da utopia. [...] Em uma definição sucinta: anticampos surgem onde e quando o futuro divergente da utopia se presentifica não como projeto ou plano imaginário, mas como realidade da potência.[201]

Levando em consideração a presença silenciosa de Rui Vieira e a fala constante de Susana Ribeiro de Andrade, todos os dias sempre na mesma faixa de horário (da meia-noite às seis), não se poderá negar que ambos, reunidos na estação de rádio, agenciam e confirmam a existência de um espaço resistente a um outro tipo de distopia, qual seja, aquela que, em meio às incertezas introduzidas pela pandemia, destila, por um lado, o pragmatismo econômico de pensamentos capitalistas e neoliberais e, por outro, as forças deteriorantes de discursos negacionistas e de recusa dos direitos humanos mais básicos. Tal como disposto por Matos, portanto, a estação de rádio constitui um desses "anticampos utópicos",[202] no qual um homossexual mudo, ao editar e escrever os roteiros dos programas, e uma viúva e órfã, ao transmitir, comunicar e fomentar as partilhas de experiências dos ouvintes, constroem um horizonte em que a amizade, a solidariedade e o afeto despontam como potência possível para um amanhã.

Boaventura de Sousa Santos pondera que "o coronavírus exacerba a pulsão apocalíptica",[203] aumentando a distância social para um afastamento das mais básicas atitudes de civilidade e cidadania. É certo que isso pode ser constatado na leitura de *Da meia-noite às seis*, inclusive na própria articulação de uma linguagem direta, despojada e sem rodeios que Patrícia Reis aplica na construção ficcional. No entanto, o que poderia ser considerado uma dura forma de escrever, puramente dedicada ao peso, revela-se muito mais como uma maneira de sustentar a leveza, na medida em que os significados de certos gestos, como a empatia, a solidariedade e a amizade, "são canalizados por um tecido verbal quase imponderável", seja nas confissões de Rui Vieira, seja nas digressões de Susana Ribeiro de Andrade, "até assumirem essa mesma rarefeita consistência".[204] Não me parece gratuito, portanto, que a resposta de Rui ao sofrimento de Susana se concretize na sua atitude de afirmar e defender que, apesar do peso da morte e da pandemia, ninguém está sozinho.

No meu entender, é essa capacidade de responder positivamente com a amizade aquela mais genuína "imagem figurativa da leveza que assume um valor emblemático".[205] Tem razão, portanto, Paulo Serra quando afirma que *Da meia-noite às seis* "não é uma história que se detém na pandemia, mas sim no demais que a vida comporta".[206] Mais do que uma obra sobre a morte, sobre a homofobia, sobre o racismo, sobre o afastamento social e sobre a pandemia de covid-19, o romance de Patrícia Reis é, sim, um romance sobre a vida, sobre a esperança e sobre a amizade.

Daí que, se algumas narrativas portuguesas do final do século XX e do início do XXI podem ser lidas pelo viés daquela "ficção distópica",[207] na esteira do pensamento pós-utópico haroldiano, não me parece que o romance de Patrícia Reis caiba *stricto sensu* nessa categoria, exatamente porque, ao lado do horizonte distópico, existe a possibilidade de um outro caminho, que não exclui a presença daquele nem se coloca num isolamento alienante. O cenário é distópico, e a pandemia efabulada contribui para sua construção? Sem sombra de dúvidas. No entanto, tenho as minhas desconfianças se *Da meia-noite às seis* é, na sua base, uma pura "ficção distópica".[208] Isso porque, ao contrário de um desfecho adocicado e de resoluções superficiais e cômodas, confrontar-se com "um desencanto e uma descrença radicais"[209] torna-se uma tônica necessária para o narrador de *Da meia-noite às seis*, e, para isso, ele tece as redes que separam e unem os caminhos das personagens Susana Ribeiro de Andrade e Rui Vieira. Por outro lado, afogar-se num mar de desencanto, permanecer num estatismo estagnante e mesmo conceber respostas fáceis também não estão entre as premissas da escritora portuguesa.

Diante da esperança e da expectativa transmitidas pelos olhares e pelos gestos de empatia e solidariedade de Rui Vieira e Pedro Lopes – "[...] estamos juntos, é possível dizer-to, sem to dizer realmente, que não estás sozinha, não estamos sozinhos"[210] –, Susana Ribeiro de Andrade reage não com um encerramento mórbido, mas com uma sugestiva e esperançosa despedida porque alicerçada na continuidade da vida, na permanência dos gestos de resiliência e na construção cotidiana paciente de atos que marcam e fazem a diferença num cenário de incertezas: "Ela abriu o microfone e despediu-se, amanhã cá estarei, Susana Ribeiro de Andrade, da meia-noite às seis".[211]

Ora, fico a me indagar se não serão os percursos de Susana e Rui, personagens da trama de *Da meia-noite às seis*, explícitas demonstrações de que, diante de um século XXI tomado pela pandemia de covid-19 e por seus efeitos colaterais mais nefastos, é possível, urgente e necessário confrontar-se com o mundo e interrogar os seus sentidos. Assim sendo, mais do que uma possível obra distópica, o romance de Patrícia Reis confirma-se na sua condição mais autêntica de texto literário, na medida em que propõe interrogações orgânicas e estruturais, como nos ensina Roland Barthes, citado em epígrafe:

"A interrogação da literatura é então, num só e mesmo movimento, ínfima [...] e essencial [...]. Esta interrogação não é: *qual é o sentido do mundo?* nem mesmo talvez: *o mundo tem um sentido?*, mas apenas: eis o mundo: *haverá nele sentido?*".[212]

Por isso, na minha concepção, *Da meia-noite às seis* supera aquela classificação elaborada por Leyla Perrone-Moisés, porque o romance de Patrícia Reis não pretende destilar um niilismo sem qualquer possibilidade de horizonte, do mesmo modo como não intenta fornecer soluções superficiais e imediatistas. Como as personagens Susana e Rui encenam na trama, o futuro urge ser construído paulatina e gradativamente, com expectativa, mas também com gestos diários e contínuos de resiliência. Longe, portanto, de aportar no terreno de cultores da "literatura mais sombria de nossa época",[213] Patrícia Reis aposta numa "narrativa da esperança".[214]

Aliás, esperança, afeto e solidariedade tornam-se palavras-chave para compreender a força do movimento afinado de Rui Vieira e Susana Ribeiro de Andrade na direção de um confronto direto com os comportamentos negativos de homofobia, racismo, xenofobia, misoginia e toda sorte de discursos de ódio, sobretudo os performatizados pelas personagens mais próximas aos dois protagonistas. Na esteira do pensamento de Eric S. Rabkin, os sentimentos ligados a uma rede de amor e empatia podem constituir uma potência na construção de atos rebeldes "contra um *status quo* distópico",[215] posto que servem de força centrípeta para o restabelecimento das conexões humanas. Não será exatamente isso que contemplamos na matéria ficcional do romance de Patrícia Reis?

Assim, acredito que, na esteira da proposta de leveza de Ítalo Calvino, *Da meia-noite às seis* confirma aquele estatuto da "literatura como função existencial, a busca da leveza como reação ao peso do viver".[216] E vale lembrar que se a trama inicia com uma cena de morte e com a declaração tácita de uma total descrença na capacidade do homem para melhorar, seu término vai numa direção oposta, porque compreende a amizade, a empatia e a solidariedade como formas de um novo normal, um novo horizonte possível.

Slavoj Zizek, numa postura talvez um tanto quanto utópica, revigora essa tendência, quando defende a "esperança de que o distanciamento físico venha inclusivamente a reforçar a intensidade do elo que nos liga aos outros".[217] Gesto compartilhado, de certo modo, por Yuval Noah Harari, quando advoga a favor de outros valores que não os da desinformação e da propagação do ódio e do negacionismo: "Podemos reagir gerando compaixão, generosidade e sabedoria. Podemos optar por acreditar na ciência, e não em teorias conspiratórias. Podemos optar por cooperar com os outros em vez de culpá-los pela pandemia".[218] Conduzindo tais afirmações para a análise do romance, gosto de pensar que tanto a fala de Pedro Lopes quanto o gesto singular de Rui Vieira parecem indicar que Patrícia Reis não perde sua crença nessa possibilidade de o ser humano atravessar o cenário distópico da pandemia de forma digna e aportar num espaço de resiliência, onde a vida e a esperança indiquem um horizonte possível.

Nesse sentido, os versos da canção de Caetano Veloso, insistentemente pedida por um dos ouvintes do programa de Susana Ribeiro de Andrade, ecoam ao longo da trama e, no desfecho da trajetória de Rui e de Susana, aparentam encontrar uma resposta alcançável: "Existirmos: a que será que se destina?".[219] Ao que tudo indica, destina-se à esperança, à alegria de viver, à solidariedade, à amizade, enfim, à vida. E não será gratuito o fato de que o romance de Patrícia Reis é dedicado a Maria Teresa Horta, um dos grandes nomes da literatura portuguesa do século XX, escritora assumidamente feminista e defensora dos direitos humanos, da liberdade de expressão e da manutenção dos movimentos culturais, porque estar vivo é um gesto de resistência, e, por conseguinte, acreditar na esperança e na amizade, como dirá uma das personagens ouvintes do programa da protagonista, "é uma escolha, é uma escolha diária e é saber que o amor é possível".[220]

Talvez por isso, o único momento em que não concordo com as prerrogativas de Ítalo Calvino sobre a criação literária sob o signo da leveza diz respeito à sua tese de que "muito dificilmente um romancista poderá representar sua ideia de leveza ilustrando-a com exemplos tirados da vida contemporânea, sem condená-la a ser o objeto inalcançável de uma busca sem fim".[221]

Depois de expostos e analisados os principais mecanismos e métodos para compreender a proposta de leveza como um protocolo de leitura possível para a ficção portuguesa do atual milênio, o romance de Patrícia Reis, ao incorporar versos e referências de nomes como os de Bernardo Sassetti, Caetano Veloso, Jacques Brel, Maria Teresa Horta, Melody Gardot, Randy Crawford, ao lado de Fernando Pessoa, Filipa Leal, Sophia de Mello Breyner Andressen e Vinicius de Moraes, entre outros(as), expõe de maneira assertiva que a contemporaneidade pode oferecer exemplos palpáveis dessa primeira proposta calviniana, sem deslizar para o terreno de uma matéria impossível de ser alcançada.

Será *Da meia-noite às seis* uma fábula plausível, verossímil, coerente e/ou adequada para os tempos atuais e mesmo para os vindouros? Talvez. Só o tempo poderá confirmar. Apesar do tom utópico que o desfecho do romance parece imprimir, não creio se tratar de uma situação completa e absolutamente inalcançável. Por isso, na "prateleira hipotética" que aqui defendo para entender a novíssima ficção portuguesa, o romance de Patrícia Reis não poderia deixar de figurar como aquele que dá ricas e incontestáveis provas de que a leveza constitui uma das propostas concretas para ler o século XXI português (mas não só), bem como para vislumbrar também os nossos espaços de coabitação e vivência, os nossos gestos de atuação, as nossas crenças e os nossos sonhos.

Notas

[1] Calvino, 2000, p. 16.
[2] *Idem*, p. 17.
[3] *Idem*, p. 19. Grifos meus.
[4] *Idem*, pp. 19-20.
[5] *Idem*, p. 28.
[6] *Idem, ibidem*.
[7] *Idem*, p. 29.
[8] *Idem, ibidem*.
[9] *Idem*, p. 36.
[10] *Idem*, p. 39. Grifos meus.
[11] *Idem, ibidem*.
[12] Não deixa de ser espantoso o fato de uma escritora com uma obra potente, como é o caso de Fiama Hasse Pais Brandão, não receber da crítica uma atenção mais equilibrada em relação ao que já se escreveu sobre sua poesia. Não apenas seu romance, mas seu teatro igualmente ainda não teve o interesse dos estudiosos que os textos merecem. No tocante a *Sob o olhar de Medeia*, além das notas esclarecedoras de Gastão Cruz (2008), na edição conjunta de *Em cada pedra um voo imóvel*; *O aquário*; *O retratado*; *Falar sobre o falado*; *Sob o olhar de Medeia*, publicada sob a chancela da Assírio & Alvim, ainda se contam os ensaios de Maria do Céu Fialho (2017) e João Amadeu Oliveira Carvalho da Silva (2010). Nesses dois trabalhos, ambos defendem a ideia de que o processo de revisitação de mitos e revitalização no contexto contemporâneo constitui uma das chaves de leitura da obra da escritora portuguesa. Até o momento de conclusão deste trabalho, essas foram as referências encontradas disponíveis *on-line* e no modo físico em livros.
[13] F. H. P. Brandão, 1998, p. 9.
[14] Dumas, 1998, p. 425.
[15] Camões, 1988, p. 90.

[16] F. H. P. Brandão, 1998, p. 14.
[17] *Idem*, p. 9.
[18] *Idem*, p. 27.
[19] *Idem*, p. 14.
[20] *Idem, ibidem*.
[21] *Idem, ibidem*.
[22] *Idem*, p. 25.
[23] *Idem*, p. 57.
[24] *Idem*, p. 24.
[25] *Idem*, p. 72.
[26] *Idem*, p. 18
[27] *Idem*, p. 29.
[28] *Idem*, p. 121.
[29] *Idem*, p. 71.
[30] Grimal, 1992, p. 45.
[31] F. H. P. Brandão, 1998, p. 61.
[32] Grimal, 1992, p. 293.
[33] F. H. P. Brandão, 1998, p. 67.
[34] *Idem*, p. 89.
[35] *Idem*, p. 92.
[36] *Idem, ibidem*.
[37] *Idem*, p. 121.
[38] *Idem*, p. 174.
[39] *Idem*, p. 160.
[40] *Idem*, p. 125.
[41] Calvino, 2000, p. 16.
[42] *Idem*, p. 24.
[43] J. F. da Silveira, 1986.
[44] F. H. P. Brandão, 1961.
[45] J. F. da Silveira, 1986, p. 79.
[46] F. H. P. Brandão, 1998, p. 33.
[47] *Idem*, p. 111.
[48] *Idem*, p. 131.
[49] Valentim, 2019a.
[50] Barrento, 2016, p. 59.
[51] *Idem*, p. 60.
[52] Ferraz, 2017.
[53] Nascida em 1979 e com formação em Psicologia, Marlene Ferraz é uma das destacadas escritoras portuguesas de sua geração, dedicando-se particularmente ao conto e ao romance. Seu primeiro romance, publicado em 2013, *A vida inútil de José Homem*, com profundas reflexões sobre a guerra colonial em Angola (traduzido para o búlgaro em 2017), recebeu o prêmio "Agustina Bessa-Luís" (2012). Em 2017, publica seu segundo romance, *As falsas memórias de Manoel Luz*, finalista do "Grande Prêmio de Romance e Novela" da Associação Portuguesa de Escritores (APE). Nele, explora a vulnerabilidade da condição humana e o deslumbramento do homem pelo poder. Seu livro de contos *Na Terra dos Homens* foi galardoado com o prêmio literário "Miguel Torga" de 2008. Além disso, tem contos incluídos nas coletâneas *Jovens criadores* (2007), *Como desenhar o corpo humano* (2018) e *Mães que tudo* (2019). Além dos reconhecimentos já citados, a autora ainda

recebeu, entre outros, o prêmio "Matilde Rosa Araújo", em 2007, pelo seu conto infantil *O princípio de todas as coisas*; o prêmio "Branquinho da Fonseca" (de conto fantástico) por *A dança das borboletas*; e o prêmio "Afonso Duarte", em 2012, por *O tempo do Senhor Blum e outros contos*.

54   Ferraz, 2017, p. 345.
55   *Idem*, p. 15.
56   *Idem, ibidem*.
57   *Idem*, pp. 30-31.
58   Valentim, 2019a.
59   Ferraz, 2017, p. 228.
60   Gonçalves, 2019.
61   Como um dos romances do autor será o *corpus* principal do capítulo sobre a "rapidez", seu percurso será apresentado nessa seção.
62   Valentim, 2019b.
63   Sobre este aspecto, conferir a entrevista dada pelo autor a mim e a Gabriela Silva, no lançamento da edição brasileira (*Mãe*. São Paulo, Companhia das Letras, 2021), como parte integrante do programa "Literatices e outras conversas com o escritor Hugo Gonçalves" (PPGLit/UFSCar). Disponível em <https://www.youtube.com/watch?v=0UoIWloYVts&t=10s>.
64   Gonçalves, 2019, p. 33. Grifos meus.
65   *Idem*, pp. 37-38. Grifos meus.
66   *Idem*, p. 42. Grifos meus.
67   P. Reis, 2021a. Nascida em 1970, Patrícia Reis é uma das mais produtivas escritoras de sua geração. Depois de ter se dedicado ao estudo de História e História de Arte e Comunicação Empresarial, inicia sua carreira jornalística em 1988, no jornal semanário *O Independente*, além de ter trabalhado na revista *Sábado* e atuado na revista norte-americana *Time*, em Nova York. Convidada para o semanário *Expresso*, foi responsável pela produção do programa televisivo *Sexualidades*, além de possuir passagens por revistas de grande porte, como *Marie Claire* e *Elle*, aliadas aos projetos especiais do *Público*. Dona de uma obra extensa e multifacetada, Patrícia Reis escreveu uma biografia de Vasco Santana e o romance fotográfico *Beija-me* (2006), em coautoria com João Vilhena, além das novelas *Cruz das almas* (2004) e *O que nos separa dos outros por causa de um copo de whisky* (2014) (obra vencedora do prêmio nacional de literatura "Lions de Portugal", 2013-2014) e dos romances *Amor em segunda mão* (2006), *Morder-te o coração* (2007) (obra que integrou a lista de 50 livros finalistas do prêmio "Portugal Telecom de Literatura"), *No silêncio de Deus* (2008), *Antes de ser feliz* (2009), *Por este mundo acima* (2011), *Contracorpo* (2013), *A construção do vazio* (2017), *As crianças invisíveis* (2019) e, mais recentemente, o mencionado *Da meia-noite às seis* (2021). É ainda autora da coleção infantojuvenil *Diário do Micas* e de dois livros infantis, *Xavier, o livro esquecido e o dragão enfeitiçado* (2007) e *A fada Dorinda e a bruxa do mar* (2008), ambos ilustrados por Gabriela Sotto Mayor e com o selo do Plano Nacional do Livro e Leitura.
68   P. Reis, 2021b.
69   O conceito de "distopia" veio à tona, definitivamente, a partir de 2020, no momento de deflagração e disseminação da covid-19. Nesse sentido, cabe-me esclarecer que, apesar de a expressão já estar cristalizada no imaginário em tempos e espaços tomados pela doença, entendo-a na esteira daquilo que Eric Fromm designa como "utopias negativas", ou seja, aquele "sentimento de impotência e desesperança do homem moderno assim como as

utopias antigas expressavam o sentimento de autoconfiança e esperança do homem pós-medieval" (Fromm, 2009, p. 269).
70 Saramago, 2008, p. 30.
71 Cerdeira, 2000, p. 254.
72 Gonçalves, 2006.
73 Cachapa, 2009.
74 P. Reis, 2012.
75 Azambuja, 2019.
76 Garcia, 2021.
77 P. Reis, 2012, p. 14.
78 Hilário, 2013, p. 205.
79 Attali, 2021.
80 Perrone-Moisés, 2016, p. 221.
81 *Idem, ibidem.*
82 *Idem*, p. 222.
83 Veiga, 2020.
84 P. Reis, 2021.
85 Pitta, 2021.
86 Tavares, 2021.
87 Faria, 2021.
88 Valentim, 2021a.
89 F. Martins, 2020.
90 J. T. Mendonça, 2020.
91 C. Almeida, 2020.
92 Guinote, 2121.
93 Gardeazabal, 2121.
94 Almeida & Brito, 2020.
95 R. G. de Carvalho, 2022.
96 Agamben, 2020a, 2020b.
97 Frateschi, 2020.
98 Lévy, 2020
99 Zizek, 2020, 2021.
100 Harari, 2020.
101 B. S. Santos, 2020.
102 Harari, 2020, p. 7.
103 P. Reis, 2021a, p. 11.
104 *Idem*, p. 16.
105 *Idem, ibidem.*
106 *Idem, ibidem.*
107 *Idem, ibidem.*
108 *Idem*, p. 18.
109 *Idem*, p. 23.
110 *Idem*, pp. 14-15.
111 *Idem*, p. 15.
112 *Idem*, p. 18.
113 *Idem*, p. 27.
114 *Idem*, p. 15.
115 *Idem*, p. 11.

[116] Calvino, 2000, p. 37.
[117] P. Reis, 2021a, p. 40.
[118] *Idem*, p. 35.
[119] *Idem*, p. 29.
[120] Calvino, 2000, p. 40.
[121] *Idem, ibidem*.
[122] P. Reis, 2021a, p. 45.
[123] *Idem*, p. 77.
[124] *Idem*, p. 45.
[125] *Idem, ibidem*.
[126] Apesar das versões de Slimane, Betty Patural, Leela, Angela Gheorghiu e Jeroen Willems, minha sugestão é a do próprio Jacques Brel, disponível em <https://www.youtube.com/watch?v=dU-OD5_Dxrs>. A seguir, as demais referências, algumas inclusive pouco conhecidas, receberão igualmente uma sugestão minha.
[127] Trata-se de uma das faixas do álbum *My one and only thrill* (2009), disponível em <https://www.youtube.com/watch?v=wBMIcRuwagU>.
[128] Conhecida canção de Caetano Veloso, do álbum *Cinema transcendental* (1982), disponível em <https://www.youtube.com/watch?v=nmd7Nw9KqaE>.
[129] Canção lançada em 1980. O clipe com a referida música, interpretada pela própria Randy Crawford, encontra-se disponível em <https://www.youtube.com/watch?v=L8vAz3uqKig>.
[130] P. Reis, 2021a, p. 166.
[131] Um dos mais ilustres músicos de sua geração, Bernardo Sassetti (1970-2012) morreu prematuramente, vítima de um provável acidente quando tentava tirar fotografias, na praia do Guincho. Pianista e compositor, Sassetti deixou uma significativa obra no repertório jazzístico. Sugiro o concerto para dois pianos, realizado em 4 de julho de 2008, ao lado do também pianista português Mário Laginha, numa *performance* memorável: <https://www.youtube.com/watch?v=wNCzoNYIVBc>.
[132] P. Reis, 2021a, pp. 48-49. Esse verso se encontra numa das ruas do Porto, numa faixa colocada durante o período da pandemia. A respeito desse fato, a própria Patrícia Reis (2020) escreveu uma crônica breve sobre os impactos de pensar no futuro a partir da constatação do gesto de esperança de um(a) desconhecido(a) em publicizar um trecho de um poema numa via pública. A respeito da citação, trata-se do poema "O quadro do futuro", incluído na obra *Vem à quinta-feira* (2016), de Filipa Melo.
[133] *Idem*, p. 55.
[134] *Idem, ibidem*.
[135] *Idem*, p. 47. Sobre esse episódio, consultar no canal de busca do Google o nome "Filipe Duarte, ator". Há uma série de canais confiáveis que reportam o falecimento do artista português.
[136] Adorno, 1998.
[137] Rancière, 2018, p. 46.
[138] P. Reis, 2021a, p. 54.
[139] *Idem*, p. 46.
[140] Calvino, 2000, p. 30.
[141] P. Reis, 2021a, pp. 95-96.
[142] *Idem*, p. 96.
[143] *Idem*, p. 98.
[144] *Idem*, p. 147.
[145] *Idem*, p. 117. Grifos meus.

[146] Sedgwick, 2003.
[147] Emprego, aqui, a expressão a partir das explicações de Lauren Berlant e Michael Warner: "Por heteronormatividade entendemos aquelas instituições, estruturas de compreensão e orientações práticas que não apenas fazem com que a heterossexualidade pareça coerente – ou seja, organizada como sexualidade –, mas também que seja privilegiada. Sua coerência é sempre provisional, e seu privilégio pode adotar várias formas (que às vezes são contraditórias): passa despercebida como linguagem básica sobre aspectos sociais e pessoais; é percebida como um estado natural; também se projeta como um objetivo ideal ou moral" (Berlant & Warner, 2002, p. 230).
[148] Sedgwick, 2003, pp. 8-9.
[149] *Idem*, p. 11.
[150] P. Reis, 2021a, p. 100.
[151] *Idem*, p. 109.
[152] *Idem*, p. 112. Grifos meus.
[153] Real, 2012, p. 27.
[154] P. Reis, 2021a, pp. 112-113. Grifos meus.
[155] Conceito já amplamente conhecido e estudado, ele é empregado aqui no sentido dado por Jurandir Freire Costa (1992/2002): "Assim sendo, quando emprego a palavra homoerotismo refiro-me meramente à possibilidade que têm certos sujeitos de sentir diversos tipos de atração erótica ou de se relacionar fisicamente de diversas maneiras com outros do mesmo sexo biológico. Em outras palavras, o homem homoeroticamente inclinado não é, como facilmente acreditamos, alguém que possui um traço ou conjunto de traços psíquicos que determinariam a inevitável e necessária expressão da sexualidade homoerótica em quem quer que os possuísse. A particularidade do homoerotismo em nossa cultura não se deve à pretensa uniformidade psíquica da estrutura do desejo comum a todos os homossexuais; deve-se, sugiro, ao fato de ser uma experiência subjetiva moralmente desaprovada pelo ideal sexual da maioria" (J. F. Costa, 2002, p. 22). Sugiro, ainda, a leitura do ensaio de Emerson da Cruz Inácio (2002) e outro estudo de minha autoria (Valentim, 2016), onde o mesmo termo é mais amplamente discutido e com exemplos específicos da ficção portuguesa moderna e contemporânea.
[156] Calvino, 2000, p. 27.
[157] *Idem*, p. 28.
[158] *Idem*, p. 29.
[159] P. Reis, 2021a, pp. 98-99.
[160] *Idem*, pp. 126-127. Grifos meus.
[161] Butler, 2021, p. 12.
[162] *Idem, ibidem*.
[163] *Idem*, p. 13.
[164] *Idem*, p. 15.
[165] P. Reis, 2021a, p. 137.
[166] Butler, 2021, p. 25.
[167] P. Reis, 2021a, p. 139.
[168] Butler, 2021, p. 24.
[169] Zizek, 2020, p. 39.
[170] P. Reis, 2021a, p. 116.
[171] *Idem*, pp. 119-120.
[172] Zizek, 2020, p. 13.
[173] P. Reis, 2021a, p. 100. Grifos meus.

[174] Calvino, 2000.
[175] P. Reis, 2021a, p. 113.
[176] *Idem*, p. 112.
[177] *Idem*, p. 121.
[178] *Idem*, p. 118.
[179] *Idem*, p. 122.
[180] *Idem*, p. 112.
[181] *Idem*, p. 141.
[182] Calvino, 2000, p. 27.
[183] P. Reis, 2021a, p. 163.
[184] Calvino, 2000, p. 27.
[185] *Idem*, p. 28.
[186] *Idem*, p. 22.
[187] P. Reis, 2021a, p. 163.
[188] Calvino, 2000, p. 37.
[189] *Idem, ibidem*.
[190] *Idem*, p. 32.
[191] *Idem, ibidem*.
[192] P. Reis, 2021a, p. 168.
[193] Real, 2012, p. 24.
[194] *Idem*, p. 185.
[195] P. Reis, 2021a, p. 181.
[196] *Idem, ibidem*.
[197] *Idem, ibidem*.
[198] *Idem*, pp. 182-183.
[199] Santos, 2021, p. 45.
[200] Calvino, 2000, p. 40.
[201] Matos, 2017, p. 57.
[202] *Idem, ibidem*.
[203] B. S. Santos, 2021, p. 44.
[204] Calvino, 2000, p. 28.
[205] *Idem*, pp. 29-30.
[206] Serra, 2021.
[207] Perrone-Moisés, 2016, p. 220.
[208] *Idem, ibidem*.
[209] *Idem*, p. 221.
[210] P. Reis, 2021a, p. 183.
[211] *Idem, ibidem*.
[212] Barthes, 2009, p. 182.
[213] Perrone-Moisés, 2016, p. 221.
[214] B. S. Santos, 2021, p. 45.
[215] Rabkin, 1983, p. 4.
[216] Calvino, 2000, p. 39.
[217] Zizek, 2020, p. 12.
[218] Harari, 2020, p. 9.
[219] Veloso, 2003, p. 239.
[220] P. Reis, 2021a, p. 165.
[221] Calvino, 2000, p. 19.

CAPÍTULO 2
RAPIDEZ
Do tempo que se dilui, do ano que se fixa e da memória que tudo absorve: *Deus Pátria Família*, de Hugo Gonçalves

> *Festina lente* / Apressa-te lentamente.
> Oximoro latino atribuído a Augustus, primeiro Imperador de Roma.

> Um grande romance é aquele em que o autor sempre sabe em que momento deve acelerar, frear e de que maneira dosar esses movimentos de pedal no quadro de um ritmo de fundo que permanece constante.
> Umberto Eco, *Pós-escrito a 'O nome da rosa'*, 1985, pp. 37-38.

> Não quero de forma alguma dizer com isso que a rapidez seja um valor em si: o tempo narrativo pode ser também retardador ou cíclico, ou imóvel.
> Em todo caso, o conto opera sobre a duração, é um sortilégio que age sobre o passar do tempo, contraindo-o ou dilatando-o.
> Ítalo Calvino, *Seis propostas para o próximo milênio*, 2000, pp. 48-49.

> A história não se repete, mas rima.
> Hugo Gonçalves, *Deus Pátria Família*, 2021, p. 334.

Na sua segunda lição, Ítalo Calvino defende a rapidez como uma das propostas mais preponderantes da produção literária do milênio iniciado nos anos 2000. Tal como fizera com a leveza, em que principia com a narrativa do mito de Perseu e da forma como o herói foi capaz de vencer a petrificação imposta pelo olhar da Medusa a partir de índices figurativos da leveza, enquanto superação de forças operadoras de uma compacidade, também na explicação da rapidez, o ensaísta italiano opta por um ponto de partida peculiar. Esse início é demarcado pela história de Carlos Magno e sua paixão pelo anel mágico, elencando as diferentes formas com que o episódio é narrado, desde a lenda antiga até os textos de Barbey d'Aurevilli, Petrarca, Sebastiano Erizzo, Giuseppe Betussi e Gaston Paris.

Em todas elas, Calvino sublinha a importância do objeto central da narrativa – o anel de Carlos Magno – e como este assume a função de protagonista, porque em volta dele tudo se passa e para ele converge. Ao defender a tese de que "numa narrativa um objeto é sempre um objeto mágico"[1] e com grande força de sedução, Calvino postula a ideia de que os acontecimentos formadores de uma narrativa não deixam de instituir uma interligação entre si, seja pela economia estabelecida na sua costura, seja pela duração com que bordam a trama. Assim, os eventos, "independentemente de sua duração, se tornam punctiformes, interligados por segmentos retilíneos, num desenho em ziguezagues que corresponde a um movimento ininterrupto".[2]

Tal como defendido na sua proposta de leveza, quando a contrapõe à compacidade, à dureza e à concretude, enquanto procedimentos diretamente paralelos, também na rapidez, Calvino chama atenção para o cuidado especial em não a entender como um valor *per se*, porque essa mesma agilidade pode ser detectada em outros níveis no domínio do tempo na narrativa, já que este pode ser retardado, circular ou estático.

Segundo ele, o comando do tempo pode ser considerado, na narrativa, a partir tanto da costura dos acontecimentos quanto da forma como estes se comunicam e ajudam na rapidez e na dinâmica da efabulação. Logo, a rapidez demarca-se "pela economia, o ritmo, a lógica"[3] nas histórias narradas. Nesse sentido, ainda que Calvino não mencione diretamente, no meu entender, é preciso levar em conta o papel do narrador no agenciamento e na articulação do tempo despendido para o desenrolar da trama. Quero com isso dizer que a própria noção do tempo, como aquela "relação entre o começo e o fim, chamado *intervalo*, de determinado movimento", ou, ainda, como o "cômputo de sua *duração*, bem como a passagem de um intervalo a outro numa ordem que liga o anterior ao posterior, chamada *sucessão*",[4] não deixa de estar atada à própria atuação do narrador, entidade responsável pela costura dos eventos, pelo encadeamento da durabilidade de cada um destes, pelo desenrolar e pela progressão numa ordem específica a partir da perspectiva adotada pela voz narrante.

A importância do tempo, enquanto ideia e componente da vida humana, é ponto ajuizado e já consolidado pelas diferentes áreas do saber. De acordo com o matemático e historiador britânico G. J. Whitrow,[5] por exemplo, o tempo constitui um aspecto prevalecente na nossa concepção de mundo. Nossas atividades, mesmo as menores e consideradas menos importantes, são regidas e reguladas cronometricamente. Daí sua inferência de que, da física à filosofia, da sociologia às ciências tecnológicas, da medicina aos campos da química, a noção de tempo não escapa de campos próximos e, em alguns casos, muito íntimos da subjetividade humana, chegando à conclusão de que "a essência do tempo é sua natureza transitória".[6] No tocante aos estudos literários, no seu *Dicionário de estudos narrativos*, referência incontornável na área, Carlos Reis defende a tese de que a representação do tempo na narrativa, longe de excluir uma série de complexidades, "envolve fatores linguísticos, narrativos e transnarrativos, *normalmente interligados*".[7] Ao explicar e diferenciar o tempo no discurso e o tempo na narrativa, o ensaísta português ainda sustenta a posição de que

> [...] na história, várias personagens vivem individualmente o tempo, em locais por vezes muito distantes entre si; para que, no discurso, se processe a representação desse tempo plural, *é necessário que o narrador estabeleça prioridades, relatando sucessivamente as ocorrências individuais desses vários tempos*.[8]

Ora, não me parece gratuito o fato de Ítalo Calvino eleger o conto popular para estabelecer suas lições de economia na disposição da trama e da arquitetura textual. Aliás, não poderia ser outra a condição da rapidez a não ser a de levar em causa apenas o essencial, despendendo, portanto, "uma luta contra o tempo, contra os obstáculos que impedem ou retardam a realização de um desejo ou a restauração de um bem perdido".[9]

Por isso, tal como ocorrera na apresentação da leveza, em que Calvino aponta o contraponto da proposta com o peso, na sua lição sobre a rapidez, ele desenvolve a mesma linha de raciocínio e sublinha as ocorrências do retardamento. Na minha perspectiva, o tempo torna-se eixo fundamental para compreender essa proposição, na medida em que o texto literário propicia mecanismos de controle desse tempo, seja para adiantá-lo, seja para retardá-lo, tal como ocorre, por exemplo, na digressão, espécie de adiamento, "estratégia para protelar a conclusão, uma multiplicação do tempo no interior da obra, uma fuga permanente",[10] tal como postulado pelo investigador italiano.

Não gratuitamente, para argumentar sobre a presença da rapidez como uma das propostas palpáveis na produção literária do século XXI, Calvino toma como pressuposto o oximoro latino atribuído ao imperador romano Augustus *Festina lente* = "apressa-te lentamente" para perfilar o trabalho intelectual e a execução do ofício do escritor. Segundo ele,

> [...] o êxito do escritor, tanto em prosa quanto em verso, está na felicidade da expressão verbal, que em alguns casos pode realizar-se por meio de uma fulguração repentina, mas que em regra geral implica uma paciente procura do *mot juste*, da frase em que todos os elementos são insubstituíveis, do encontro de sons e conceitos que sejam os mais eficazes e densos de significado. Estou convencido de que escrever prosa em nada difere do escrever poesia; em ambos os casos, trata-se da busca de uma expressão necessária, única, densa, concisa, memorável.[11]

Em outras palavras, Calvino não descarta "a intensidade e a constância do trabalho intelectual"[12] na criação estética de um universo narrativo em que a rapidez, não dissociada do seu binômio (a lentidão e seus correlatos, como o adiamento e a digressão, por exemplo), se destaca como uma das marcas caracterizadoras da ficção do nosso milênio.

Na sua concepção, ainda que o conto popular e as formas breves sejam uma tônica para sustentar a "densidade especial"[13] que esses gêneros textuais alcançam na articulação da extensão e/ou da brevidade de um determinado evento narrativo, ele não exclui a possibilidade de que essa mesma potência seja "alcançada também nas composições de maior fôlego",[14] como o romance. E, sobre esse aspecto, cabe-me tecer, de início, algumas reflexões a respeito de suas incidências na ficção portuguesa já a partir da década de 1990.

***

Ponto crucial da leitura aqui proposta, a disposição entre rapidez e retardamento, entre fluidez e digressão, pode ser observada em alguns casos pontuais da ficção portuguesa da última década do século XX e das primeiras do século XXI. Nesse cenário, entendo a trama desenvolvida por Hélder Macedo, em *Pedro e Paula* (1998), como um dos exemplos mais significativos. Contextualizada em 1997, a narrativa centraliza-se na trajetória da protagonista Paula (e, por conseguinte, também na de seu irmão, Pedro, como o título do romance bem indica), sem deixar de investir nos meandros temporais que a levaram, no referido ano, a encontrar o narrador, tecendo com ele um diálogo e costurando, por fim, algumas pontas que, ao longo da narrativa, ficaram por esclarecer.

Assim, o narrador estabelece uma série de digressões, que vão desde os anos 1940 (numa Europa do pós-Segunda Guerra Mundial), aos diferentes cenários das décadas de 1960, 1970 e 1980 (da Comuna de Paris aos tempos da censura da Política Internacional de Defesa do Estado – Pide –, em Portugal, até os anos da ocupação portuguesa nos territórios africanos, os conflitos armados, a eclosão da Revolução dos Cravos e o período sucedâneo de democratização do país). Não à toa, talvez, um dos momentos mais distintivos dessa técnica de controle do tempo e de criatividade estética na duração e no alargamento dos sentidos encontra-se no capítulo intitulado "Festa é festa (1974)", em que o autor desenha os efeitos colaterais da opressão imposta pela ditadura e pelos órgãos de controle do Estado Novo, em nítido contraste com a explosão da liberdade de expressão e de dicção de vozes antes silenciadas, ambas advindas a partir da Revolução dos Cravos:

....
....
....
....
....
....
....
....
....
....
....
....
....
....
....
....
....
....
....
....

Mas festa é festa, e essa já ninguém nos tira.[15]

Num estilo "sinuoso, deslizante",[16] como estatui Teresa Cristina Cerdeira, Hélder Macedo estabelece um nítido contraste entre a imposição da censura, do corte da palavra e do silêncio repressor, por meio dos pontilhados em formato de parágrafos, e a eclosão da festa revolucionária em que a liberdade se concretiza como um direito inextinguível. De forma sintomática, a arquitetura romancesca atesta uma apropriação de vozes poéticas e ficcionais de outros(as) autores(as), em que os parâmetros dos diálogos intertextuais estabelecidos emergem em *Pedro e Paula*, ora a partir da construção, em contato direto com o olhar poético de Cesário Verde – de um texto enquanto um "novo corpo orgânico, recomposto de muitos bocados da cultura ocidental, deliciosamente digeridos para o gozo da necessária transgressão"[17] –, ora a partir da articulação de um arguto narrador que "faz evocar a ardilosa combinação do narrador garrettiano".[18] Tal articulação se manifesta, seja na maneira como dispõe as combinações cronológicas e as interligações tecidas entre as mais distintas épocas do grupo de personagens, perpassando várias cenas da história portuguesa e da história cultural europeia do século XX, entretecidas com as trajetórias de suas personagens, seja na aposta de um encontro entre o criador e sua criatura, quando o tempo é suspenso para a tessitura de uma série de reflexões metatextuais e de revelações importantes para a compreensão da trama.

Outro caso muito significativo é o romance *O mar por cima* (2002), de Possidónio Cachapa,[19] ambientado no arquipélago dos Açores, onde os efeitos de distensão/digressão x contração/fixação surgem num intrincado jogo entre a fase adulta de Ruivo, ou Rucão (como era chamado), quando mantém uma relação com Manuella, e os anos de infância, quando conhece David, jovem recém-chegado às ilhas junto com os pais e com quem o protagonista desenvolve laços afetivos, formando uma amizade muito forte.

Na verdade, o sentimento entre os dois garotos parece ser muito mais alimentado por David do que propriamente por Rucão, sobretudo porque acaba por esbarrar numa linha muito tênue entre a amizade e a homoafetividade. Se, para Ruivo, a aproximação causa uma profusão e uma confusão de sentimentos que ele próprio não consegue administrar e entender, para David, sua iniciativa de declarar-se por meio de um beijo sensível no amigo encaminha para o peso trágico da impossibilidade de qualquer ligação entre pessoas do mesmo sexo, ainda mais levando em consideração o ambiente fechado e austero do arquipélago.

Assim, mesmo vivendo uma relação intensa com Manuella, já adulto, o protagonista não consegue se desvencilhar dos fantasmas do passado e das dúvidas de sentimentos experimentados, mas não completamente concretizados e interrompidos pelo suicídio de David, tragado pelo mar infestado de tubarões. Na verdade, todo esse turbilhão temporal – instaurado entre digressões que invadem o presente da narrativa, interrompem seu fluxo contínuo para tentar explicar o caráter de Rucão e imprimem um cenário de afetividade sensível e sem preconceitos – surge já demarcado pelas primeiras cenas da trama e pela imagem central que evoca essa fusão de eixos temporais distintos, sem uma indicação cronológica exata para auxiliar a entrada do leitor nos distintos momentos da trama: "*E havia o mar. Como sempre. Como para sempre. E as águas iam e vinham balançando naquela corrente de algas vermelhas e castanhas, enquanto o azul ficava sempre mais para lá. O profundo. Aquilo que é*".[20]

No ritmo das ondas e das marés, a narrativa vai cedendo espaço para cenas do passado, que emerge vívido na trajetória de Rucão. Espécie de romance sobre a amizade e sobre afetos daqueles que "*amam em silêncio*",[21] como dirá sensivelmente o autor na sua dedicatória, *O mar por cima* (2002) desenvolve-se numa feliz conjunção entre rapidez e lentidão, entre digressões e contrações necessárias para o protagonista expurgar a sensação de culpa, promovendo, assim, uma reflexão sobre a natureza dos sentimentos humanos e o quanto estes não podem ser represados ou sufocados por preconceitos ou pelo silenciamento de afetividades flagrantes:

> Quando o Rapaz chegou ao porto, levado pelo vento e pelas vozes da rua, viu o ajuntamento em volta do corpo. Mais um ajuntamento mas não mais um corpo. Viu um velho de barbas brancas com uma mão sobre um peito que tão bem conhecia. Viu-lhe os dedos a tocar a cruz de ouro que ele trazia ao pescoço e que agora repousava sobre a carne mais branca que o costume. Viu-lhe os olhos apertados e a boca contraída em aperto do coração. E foi como se o mar ainda o cobrisse. Como se o velho fosse uma onda ou uma nuvem escura e sufocante. Quis empurrá-lo dali, de cima daquela cara molhada e daqueles cabelos cobertos de filamentos vermelhos de algas. Sentiu o horizonte a cair sobre si, as pernas a

dobrarem-se e o seu rosto a bater violentamente no chão, onde uma poça de água salgada o recebeu, compassiva.

Fechou, Ruivo, o corpo interior para sempre, como se fosse um submarino e o mar batesse desordenado por cima. O mar por cima, o amor por dentro e pétalas e mais pétalas brancas que se afastavam, frias, na corrente. Uma a uma, até se perderem, por sua culpa, de vista.[22]

Se, no romance de Hélder Macedo, as datas entre parênteses fornecem uma pista do jogo entre idas e vindas cronológicas, no de Possidónio Cachapa, tal como se pode constatar, essa demarcação não seria viável, posto que a imagem recorrente e insinuante da mistura de tempos, entre a recordação de uma afetividade não compreendida na sua totalidade e a composição do caráter de um homem adulto que pressente, na sua trajetória, as sombras pretéritas do amigo morto, é o mar, com suas ondas, marés e correntezas, levando Rucão para direções diferentes e das quais ele próprio não consegue escapar.

Já no quadro da novíssima ficção portuguesa, há de destacar o cuidadoso trabalho de Ana Cristina Silva,[23] em *Cartas vermelhas* (2011), em que a autora investe na recuperação ficcional de Carolina Loff da Fonseca (1911-1999), uma das mais destacadas militantes e líderes do Partido Comunista Português. Na trama criada em *Cartas vermelhas*, Ana Cristina Silva não só aposta numa mulher politicamente atuante, mas também a transforma numa escritora de um romance autobiográfico, em que tenta expor todos os meandros de sua vida, a luta contra o fascismo salazarista, a fuga para a Rússia, a adesão aos movimentos de resistência ao Estado Novo e sua paixão por um agente da Pide, para tentar se aproximar de sua filha, Helena, abandonada por ela durante o período em que se deslocara a Moscou. A iniciativa de investir na produção de uma obra ficcional ocorre, na trama, 20 anos depois daquela separação forçada, no reencontro entre mãe e filha, que acaba por desencadear a veia da escrita ficcional na protagonista.

Com esse recurso, os 20 anos de afastamento são suprimidos e relatados a partir dos eventos considerados primordiais não apenas para a compreensão do leitor, mas para a própria destinatária da obra literária produzida pela protagonista, numa articulação muito bem urdida entre digressão e expansão, entre memória e efabulação. Não à toa, ainda no registro autodiegético, a protagonista do romance expõe seu projeto de criação ficcional, compreendendo a necessidade de se valer ora da rapidez, ora da lentidão, a partir dos efeitos demandados pela urgência da escrita, tal como se pode constatar no excerto abaixo:

> Depois de uma certa idade, a realidade mais antiga começa a misturar-se com recordações inventadas. Talvez por isso, alguns filósofos considerem que a quarta dimensão do ser humano é a memória. É razoável conceber que, por esta altura, os meus pensamentos elaboravam um plano para compor uma história que não fosse demasiado incompatível com os incidentes da vida. Decidira-me. Iria escrever uma espécie de memórias na terceira pessoa, em que encarnasse as personagens que assumira no meu percurso de comunista. Eu passaria a ser ela, e isso incluía a pluralidade de figuras que personificara na clandestinidade. A distância assim criada, com essa mudança de perspectiva, talvez tornasse os fatos mais aceitáveis. Queria que soubesses a verdade, mas enunciá-la era muito mais do que registrar um conjunto de acontecimentos poeirentos, mesmo sendo muito tênue a fronteira entre a autoilusão e a reconstrução das memórias. Bastava por isso ser verossímil. Por outro lado, dificilmente seria capaz de me lembrar o que era viver sob a pele da mulher que um dia fora, e ainda menos de a desvendar. Em certo sentido, apenas conseguiria transformá-la numa protagonista e perseguir as suas peripécias como se não fosse a autora da minha existência. Teria sem dúvida dificuldades em enfrentar o passado se não fosse pelo lado da ficção.[24]

Numa esfera muito diferente da adotada por Ana Cristina Silva em *Cartas vermelhas*, mas igualmente interessante, a apropriação da rapidez como proposta de criação ficcional pode ser observada em *Rio do esquecimento* (2016), de Isabel Rio Novo,[25] romance que efabula a trajetória de dois protagonistas, originários de duas famílias tradicionais num imaginário Porto oitocentista (os Sommersen e os Clarange), centrando-se nas décadas de 1860 e 1890, mas dilatando e contraindo os eventos da trama a partir das digressões aos anos de 1830 e 1840, bem como saltando às décadas iniciais do século XX e com uma aparição fantasmagórica da personagem Teresa, em 2004.

Com uma efabulação bem construída, o narrador vai desenvolvendo um jogo de cumplicidade com o leitor, convidando-o a estabelecer um pacto de "suspensão da incredulidade",[26] a partir de sua habilidade em controlar e costurar o tempo, em filtrar e separar o supérfluo do que é realmente importante para o bordado da trama:

Não pensem que um escritor consciencioso escreve uma linha só que seja com o intuito de encher papel; que invente um episódio para seu recreio: tudo aqui vem a propósito, desde o fato mais somenos ao pormenor de maior vulto, e os leitores que esquadrinham os fins e suspeitam uma ideia em cada palavra impressa acharão neste romance demonstrações de que os grandes acontecimentos da vida, que fazem pasmar o mundo, são como os nevões: um floco de neve que rola do cimo das montanhas ao chegar às fraldas destrói casas e plantios, embrulha vidas humanas e rompe o equilíbrio das coisas.[27]

É, pois, certo que o tempo e o modo como se vive o tempo mudam conforme avançamos em idade, e talvez seja esse o único poder que temos sobre ele, o de o sentirmos por dentro de nós. Correm os anos, as estações sucedem-se na sua monótona regularidade, e no seu deslizar tão rapidamente formam, seguindo-se uns aos outros, um todo compacto, que os seus vários contornos se confundem num só, tal como as linhas diversas de um edifício se estampam ao longe no horizonte, resumidas numa linha única. Parece-nos, então, que ocorreu ainda ontem o que se produziu muitos anos antes, e os acontecimentos, separados por longos intervalos, vêm a condensar-se num só período, que constitui aquilo que chamamos, à falta de melhores termos, o passado. Foi o que sucedeu a Nicolau e Adelaide depois do golpe fatal que os separou, o qual talvez não correspondesse a nenhum acontecimento em concreto, mas a essa sucessão de pequenas ocorrências nos meses ou anos entre 1866 e 1871.[28]

Se as duas citações acima permitem ao leitor estabelecer uma linha hereditária da escritora portuense com outros nomes da cena literária portuguesa, colocando-a como uma voz dialogante com uma tradição narrativa que inclui Camilo Castelo Branco, Agustina Bessa-Luís e Mário Cláudio, por exemplo, por outro lado, não se poderá negar que a particularidade distintiva de Isabel Rio Novo reside exatamente na articulação bem costurada da dilatação de eventos primordiais para a compreensão dos caminhos que levam aos encontros e desencontros entre Nicolau Sommersen e Adelaide Clarange, protagonistas do romance, com a contração de uma faixa de tempo pontual e sua reverberação no efeito fantasmagórico causado pela aparição do espírito de Teresa, ainda circulando no cemitério em 2004, onde seu corpo fora enterrado.

Tal como sublinhado por Wilian Augusto Inês e Bruno Vinicius Kutelak Dias, esse romance de Isabel Rio Novo recria situações e nuances muito próximas dos típicos romances oitocentistas, propiciando uma releitura de seus métodos e mecanismos de construção, sem abrir mão de uma inequívoca inovação, sobretudo na forma com que conjuga e articula "enredos entrelaçados, descrições minuciosas de personagens e espaços, presença de um vocabulário clássico e saltos cronológicos que possibilitam ao leitor ter conhecimento sobre o passado e o futuro dos personagens".[29]

Mas, para além desse poder recriador de cenários e situações muito caros à tradição novelesca oitocentista, que comprova a capacidade de releitura de uma tradição ficcional, o romance de Isabel Rio Novo agrega um forte dispositivo de conjugação entre a contração e a digressão, a partir do momento em que seu narrador disponibiliza informações metatextuais que sugerem a presença dessa articulação tão próxima da proposta de rapidez, tal como elucidada por Ítalo Calvino.

Nesse sentido, gosto de pensar que o romance *Rio do esquecimento* também fornece um caso exemplar de como a novíssima ficção portuguesa pode ser lida pelo viés calviniano de rapidez. No entanto, consciente de que outros exemplos ainda poderiam ser elencados para comprovar a presença da rapidez calviniana como um dos protocolos de leitura[30] possíveis da novíssima ficção portuguesa, elejo como obra paradigmática dessa proposta o mais recente romance publicado de Hugo Gonçalves,[31] *Deus Pátria Família* (2021).

***

Tal como *Da meia-noite às seis*, de Patrícia Reis, *Deus Pátria Família* também foi gestado, escrito e publicado no momento de disseminação da pandemia de covid-19, entre 2020 e 2021. Ao contrário do ocorrido em *Da meia--noite às seis*, o romance de Hugo Gonçalves não centraliza seu enredo no século XXI, tampouco faz qualquer referência ao coronavírus ou a outra doença, porque toda sua efabulação decorre no ano de 1940, com eixos actanciais bem definidos e costurados: a ação de um *serial killer* (Benjamin Benavente) de mulheres com um determinado perfil, o assassinato de Salazar por um grupo de judeus revoltados com o fracasso do Projeto Bravo,[32] a subsequente perseguição aos judeus (e, na mesma medida, aos homossexuais e a todos os outros agentes disseminadores de uma dissidência ao pensamento moral vigente no Estado Novo salazarista) e a tentativa incansável do protagonista (Luís Paixão Leal) de buscar a verdade por detrás dos assassinatos das quatro jovens e de salvar sua família (sua esposa Rebeca e os filhos Chris e Mathilda, todos eles judeus migrados da Alemanha).

Situado, portanto, no ano de 1940, o romance de Hugo Gonçalves inscreve-se numa lista seleta de romances portugueses que, ao longo dos cenários do pós-guerra, propõem refletir sobre as heranças e as ruínas deixadas pela destruição, os destroços e os traumas herdados pelas mortes causadas nos diferentes campos de concentração nazistas, o espetáculo do horror causado pelos testemunhos dos que vivenciaram e pelas imagens fotográficas divulgadas nos anos subsequentes ao término do conflito.[33]

Além do já mencionado *Pedro e Paula* (1998), de Hélder Macedo, que, mesmo sem ser exatamente um romance sobre a Segunda Guerra Mundial, não deixa de perpassar alguns momentos importantes de sua trama ao evento que marcou o século XX, é preciso ainda mencionar *Jerusalém* (2004), de Gonçalo M. Tavares – romance vencedor do prêmio "José Saramago" (2006) –, que investiga o mal e seus efeitos colaterais num universo marcado por fortes heranças dos campos de concentração nazistas; *Enquanto Salazar dormia* (2006), de Domingos Amaral, obra que revisita o ano de 1941 e o convívio em Portugal de estrangeiros de várias partes da Europa, em fuga do avanço das forças alemãs, em que um dos espiões relembra o passado da guerra; *Perguntem a Sarah Gross* (2014), de João Pinto Coelho – obra de estreia do romancista e finalista do prêmio "LeYa" no mesmo ano –, cuja ênfase recai sobre o ano de 1968, mas com um recuo aos anos de implementação dos pavilhões de Auschwitz e Birkenau, além dos dois títulos subsequentes que retomam o confronto bélico: *Os loucos da rua Mansur* (2018) e *Um tempo a fingir* (2021). O olhar cuidadoso e cirúrgico sobre as memórias da Segunda Guerra Mundial e a perseguição aos judeus constitui viés importante para a compreensão da trama dessa obra.[34]

Contemplados em conjunto, na minha perspectiva, são romances portugueses que colocam em xeque a necessidade de pensar o mundo e o sujeito pós-Holocausto, num exaustivo e necessário exercício de pós-memória,[35] seja para não deixar cair no esquecimento aqueles que viveram essa história e a sentiram marcada com números na própria pele, seja para expurgar uma revivescência do horror e do mal, numa espécie de lição para aprender/apreender como estes se disseminam e deixam heranças de trauma. Daí a relevância na sua verbalização e no aprendizado com os eventos pretéritos.

No caso particular de *Deus Pátria Família*, apesar de a referência direta ao ano de 1940 constituir uma evidência particular na sua composição, capaz de propiciar uma leitura pelo viés do romance histórico, tal como explicado por Maria de Fátima Marinho,[36] a peculiaridade dessa obra de Hugo Gonçalves reside na abertura de caminhos de análise, tendo em vista que, para além desse viés de estudo, ela em muito dialoga com os cenários contemporâneos, marcados pelo renascimento e pela presença de forças antidemocráticas, por discursos de ódio a estrangeiros emigrados (independentemente de suas origens), por manifestações preconceituosas contra as dissidências sexuais (homossexuais, lésbicas, pessoas trans e bissexuais), por intolerância direcionada à defesa de políticas inclusivas etnorraciais e dos direitos humanos, enfim, por expressões escancaradas de uma linguagem fascista, destruindo de uma forma generalizada qualquer tentativa de diálogo ou de convívio democrático e pacífico.[37]

Muito longe de estarem circunscritas apenas à década de 1940, em que o recrudescimento de cenas como as acima descritas florescia numa Europa dominada e invadida pelas forças nazistas de Hitler, as manifestações de intolerância e sectarismo efabuladas na trama de *Deus Pátria Família* surgem na referida época e ainda parecem ecoar nos tempos presentes. Numa espécie de efeito reverberativo, o romance de Hugo Gonçalves coloca o leitor em confronto direto não só com a história passada, mas com seu próprio presente, agora dominado pelas incertezas, dúvidas e separações impostas pela covid-19. Como bem elucida Boaventura de Sousa Santos, a pandemia do coronavírus deixou explícita a vulnerabilidade de grupos expostos às mais diferentes situações de marginalidade social, vítimas de discursos de segregação e ódio:

> São os grupos que têm em comum padecerem de uma especial vulnerabilidade que precede a quarentena e se agrava com ela. Tais grupos compõem aquilo a que chamo de Sul. Na minha concepção, o Sul não designa um espaço geográfico. Designa um espaço-tempo político, social e cultural. É a metáfora do sofrimento humano injusto causado pela exploração capitalista, pela discriminação racial e pela discriminação sexual.[38]

No meu entender, a leitura de *Deus Pátria Família* demanda um exercício intenso de interrogação e reflexão, provocado por situações criadas na trama ficcional, em que essa mesma "metáfora do sofrimento humano injusto"[39] e as mais diversas distensões de discriminações racial e sexual exigem do leitor um choque frontal com um trecho específico da história do século XX – a Segunda Guerra Mundial e suas repercussões nos anos anteriores e posteriores –, bem como com os cenários despontados no próprio tempo presente. Não me parece gratuito, portanto, o fato de a personagem Joaquim, num esclarecedor diálogo com o irmão, declarar abertamente: "A história não se repete, mas rima".[40] E esse *rimar* pode ser entendido num duplo sentido, porque sua ressonância quase repetitiva não só, tal como veremos mais adiante, indica que a substituição de um líder por outro, no contexto do Estado Novo recriado no romance, em nada interfere no caminho de construção de uma "coreografia de restrição",[41] mas também sugere que aquelas cenas efabuladas em 1940 parecem ganhar materialidade e consubstanciação diante do segregacionismo, da arbitrariedade, dos abusos, das políticas populistas e das tiranias que o século XXI vem progressivamente encenando.[42] "O tempo está para coisas bizarras",[43] alerta-nos a personagem Cardoso. Nesse caminho de "coisas bizarras", fico a me interrogar se as possíveis ligações comparativas daquele ano de 1940, efabulado na trama de *Deus Pátria Família*, não estariam em pleno contato com aquilo a que assistimos nestas primeiras décadas do século XXI.

Analisado por essa perspectiva e sem validar uma pretensa (e abjeta) hipótese do extermínio de judeus nas câmaras de gás como um gesto humanitário para minorar a dor coletiva, o romance de Hugo Gonçalves coloca em prática o gesto de *rememoração* do ano de 1940, tal como assinalado por Jeanne Marie Gagnebin,[44] combinando uma criação efabuladora de alta qualidade com uma "certa ascese da atividade historiadora",[45] sem perder de vista a capacidade e a potência da ficção em dialogar com a história. Nesse sentido, *Deus Pátria Família* pode ser lido como um instigante exercício de *rememoração* necessária do passado na atualidade, por aquilo que propicia a seus leitores, qual seja, uma interrogação sobre as reverberações de eventos pretéritos na nossa contemporaneidade:

> A rememoração também significa uma atenção precisa ao *presente*, em particular a estas estranhas ressurgências do passado no presente, pois não se trata somente de não se esquecer do passado, mas também de agir sobre o presente. A fidelidade ao passado, não sendo um fim em si, visa à transformação do presente.[46]

É claro que não se trata de ler o romance como se ele fosse uma cartilha pedagógica, panfletária e/ou militante sobre os temas mais incômodos do ano de 1940 e como estes encontram eco nas décadas iniciais do século XXI. Na minha perspectiva, a ideia central do romance de Hugo Gonçalves pode ser entendida como uma espécie de "transmissão simbólica",[47] capaz de estabelecer um espaço de reflexão crítica e de pensamento interrogador, com o objetivo de reencontrar e restabelecer um sentido humano do mundo, das pessoas e dos sentimentos. Pensar, portanto, o Portugal do Estado Novo, governado primeiramente por Salazar e em seguida por Rolão Preto, com todo o quadro de medo, vigilância, censura, perseguição e incerteza, não deixa de ser uma forma de pensar também o nosso presente, a partir de uma singular licença poética da ficção.

Se tomarmos como premissa a tese de Slavoj Zizek sobre a presença de "vírus ideológicos que estavam latentes nas nossas sociedades",[48] contaminando o censo de liberdade e de espírito democrático nos diferentes espaços nacionais, então, não podemos deixar de mencionar, entre os principais listados pelo filósofo esloveno: "notícias falsas, teorias da conspiração paranoicas, explosões de racismos".[49] Como já tive a oportunidade de apontar no capítulo anterior, sobre o romance de Patrícia Reis *Da meia-noite às seis*, todos esses casos já se faziam velados em muitas situações cotidianas, chegando a um ponto de desmascaramento e exacerbação a partir da eclosão da pandemia de covid-19.

Apesar de o romance de Hugo Gonçalves evocar o ano de 1940 na sua investida efabuladora, as aproximações comparativas são inevitáveis, porque são instigadas pelas ocorrências na trama de cenas explícitas de perseguição às dissidências sexuais, de propagação de planos conspiratórios elaborados por forças controladoras de sistemas autoritários, de propalação de notícias falsas a serviço da vigilância do Estado e de disseminação da xenofobia, do preconceito racial, dos sentimentos ultranacionalistas e da salvação vinda por uma figura sebastianista, capaz de resgatar os autênticos e originais valores da Terra.

A esse ponto voltaremos mais adiante, mas, para já, basta verificar, a título de exemplo, um momento pontual da trama criada por Hugo Gonçalves, com a personagem Jorge Fialho, correspondente do jornal *Diário da Manhã*, na Espanha de Franco, "abençoado pela Censura",[50] uma das celebridades do jornalismo nacional mantidas sob os auspícios do Estado Novo. Ao lado de

Paixão Leal, protagonista do romance, a diferença torna-se gritante pela forma inescrupulosa e vergonhosa com que a personagem manipula as notícias. No lugar da probidade esperada na verificação meticulosa dos fatos, Fialho surge como uma figura dissimulada e altamente comprometida com a cúpula do poder fascista. Para ele, alimentar as teses de conspiração criadas primeiro por Salazar e depois por Rolão Preto significa não só estar de acordo com a política xenófoba, racista e preconceituosa, mas também obter um lucro desejável para sua manutenção particular:

> Nas suas crônicas e reportagens, o viés pró-Franco e antiesquerdalhos só tinha na quantidade de adjetivos e superlativos com que engrandecia as suas *ficções disfarçadas de jornalismo*. A prosa publicada no matutino atraía muitos leitores que não duvidavam que as crianças espanholas eram trinchadas para o pequeno--almoço dos comunistas. Fialho escolhia uma aldeia ao calhas no mapa e, num quarto de pensão em Sevilha, descrevia o fumo das espingardas dos republicanos após o fuzilamento de uma brigada de voluntários portugueses da Falange. *Tudo inventado*. Sempre devorou livros de espadachins e piratas, sabe que o público gosta que os bons sejam muito bons e os maus muito maus. *Os seus relatos ofereciam entretenimento e ultraje, instigavam o medo e apelavam às represálias. Incendiavam as convicções dos leitores*. Se fosse chamado a opinar, Paixão Leal comentaria apenas que Fialho escrevia mal e mentia muito. [...] Nas suas reportagens, engrandeceu a Polícia política, ocultou erros, poliu mentiras. Premiaram-no com uma estada em Espanha. Trabalho fácil e boas ajudas de custo. E agora, de volta a Lisboa, fundou *A Verdade*, desta vez como diretor. [...] *Para melhor justificar a repressão das liberdades, o Estado Novo precisava expor a desordem que a Primeira República criara. Quanto maior a pústula, maior a necessidade de um punho forte que espremesse o pus*.[51]

A passagem acima evidencia de modo flagrante o estado de censura imposto pela política de Salazar, seguido pelo populismo de Rolão Preto. Na verdade, esse quadro efabulado por Hugo Gonçalves, em *Deus Pátria Família*, recria o cenário de medo e vigilância, quando os "dirigentes da Ditadura Militar, e do Estado Novo dela saído, cedo se aperceberam da importância de disciplinar a circulação dos discursos".[52] Daí que a perspectiva do narrador seja a de devassar as intimidades do jornalista e expor a frivolidade da personagem, ora no tratamento da matéria noticiada, ora na sua total falta de comprometimento e de postura ética.

Das "ficções disfarçadas de jornalismo" ao conteúdo inventado, com um discurso que instiga o ódio de seus leitores, Fialho vai sendo apresentado como um autêntico produtor de *fake news*, com a conivência do poder instituído, que amplamente o apoia com privilégios e retornos confortáveis para sua vida. Sua contrapartida baseia-se na manutenção do discurso assertivo sobre os defeitos do sistema republicano, a decadência e a indecência moral da Primeira República, fabricados pela verve ficcional de Fialho.

Ora, fico a me interrogar se não será isso uma representação daquela necessidade de controle das manifestações da imprensa regida pelas malhas do poder fascista. Não será o quadro acima desenhado uma efabulação muito apropriada do "cerco governamental à liberdade de expressão"?[53] Se Fialho ocupa um papel central na disseminação de notícias falsas e manipuladas, também aquele Estado Novo, de Salazar a Rolão Preto, se favorece dessa difusão, operando uma espécie de controle dos discursos. Nesse sentido, acredito que o romance de Hugo Gonçalves deixa, nas entrelinhas, uma questão inevitável: serão as *fake news* e as teorias conspiratórias invenções exclusivas e pontuais das redes sociais do/no século XXI?

Na minha perspectiva, ainda que sua leitura seja difícil pelos muitos ecos que faz o leitor evocar (a repressão do Estado Novo salazarista, o clima de incerteza econômica, a censura, a perseguição aos judeus, as cenas de tortura e morte de presos pela polícia e o crescimento dos discursos fascistas), o romance de Hugo Gonçalves constitui uma daquelas paradas necessárias, seja para investigar a reimaginação de um passado não tão distante (e como este surge, graças às propostas de rapidez e digressão), seja para pensar e interrogar o presente.

Não deixa de ser coerente ponderar que essa investida pode ser lida pelo viés da pós-memória, pelo fato de o autor não ter vivido o ano abordado na trama (1940) nem ter apelado para testemunhos pontuais, mas, a partir de uma experiência direta com os quadros criados, instigar e convidar a uma profunda reflexão, como se toda a história narrada fosse sua própria (e nossa, também). Mais do que um "testemunho por adoção",[54] portanto, acredito que Hugo Gonçalves se empenha numa *reflexão por adoção*, seja para escrever sobre o passado, seja para interrogar o nosso presente. Em virtude disso, parto de alguns aspectos da trama criada pelo autor para, a partir deles, desenvolver outros ângulos da proposta de rapidez, enquanto viés de análise de *Deus Pátria Família*.

***

Iniciado *in media res*, quando o protagonista, já adulto e retornado a Portugal depois de um período emigrado nos Estados Unidos, é convocado, juntamente com Cardoso, seu parceiro na Polícia de Investigação Criminal (PIC),[55] para solucionar o misterioso assassinato de uma jovem encontrada na Ermida da Memória, uma pequena e milenar capela situada em Nazaré (cidade no roteiro de viagem a Fátima), o romance já deixa explícito o ar de mistério que envolve a exposição do corpo da jovem:

> Paixão Leal tira os óculos escuros, que servem para esconder a relíquia-memória da sua vida na América: um olho de vidro. Aproxima-se do corpo estendido como uma estátua num mausoléu. Apesar de morta, a mulher exala um perfume a sabonete. Sob o manto branco, que só deixa ver o rosto, não há uma peça de roupa, apenas um fio com uma medalha e a coleira de hematomas deixada pelas mãos do assassino no pescoço da vítima. O lençol, que também lhe cobre o cabelo, tem o aroma da roupa acabada de estender.[56]

A partir da abertura temporal em 1940, viabilizando uma leitura pelo viés do romance histórico, a princípio, essa primeira cena induz o leitor imediatamente a um outro caminho analítico, qual seja, o dos cenários típicos dos romances policiais,[57] confirmado, aliás, pela continuidade de aparecimento de outros corpos de vítimas com um idêntico *modus operandi* do criminoso. Além desta (a Santa do Cabo, como passa a ser chamada pelos moradores locais), outras três mulheres com o mesmo perfil são encontradas mortas (Elvira, Lurdes e a judia da Sé de Lisboa), com indicativos de um meticuloso ritual executado, envolvendo elementos religiosos como o vinho e a hóstia nos estômagos das vítimas, além de todo um aparato cênico, detectado pelo arguto olhar do protagonista detetive:

> [...] todas tinham os dedos entrelaçados, como as santas, duas apareceram embrulhadas num lençol branco e uma medalhinha da Virgem. Todas foram deixadas perto de lugares religiosos. O Santuário do Cabo Espichel, o Jardim da Tapada, junto da Igreja das Necessidades, e agora a Sé.[58]

Com isso, o primeiro núcleo actancial é exposto e desenvolvido, com o empenho de Paixão Leal e Cardoso em descobrir o rastro do autor das mortes. No entanto, a empreitada é interrompida por causa da burocracia dos órgãos policiais responsáveis durante o período do Estado Novo, que os impede de prosseguir oficialmente com as investigações, porque elegem antecipadamente os judeus como os principais responsáveis pelo assassinato de Salazar: "Sejam os judeus ou não, a PVDE quer que se diga que foram os judeus".[59]

A paralisação da apuração dos dois policiais acontece exatamente por causa do segundo núcleo actancial: o atentado e a morte de Salazar por um grupo de judeus dissidentes e revoltosos com o não cumprimento da promessa esboçada no Projeto Bravo. Logo, a necessidade de colocar a culpa sobre um inimigo já perseguido na Alemanha de Hitler vem bem a calhar em virtude de essa ideia resolver um problema também para o sucessor, o integralista Rolão Preto,[60] que, além de comprar essa tese, ainda implica os adeptos do comunismo num complô com um único objetivo, qual seja, o de levar Portugal à bancarrota e à decadência dos costumes:

> A admiração de Rolão Preto pela ideia de cristandade vem dos tempos em que os camisas-azuis usavam na manga a mesma cruz de Cristo que tingira as velas das naus e que se exibe agora no uniforme das Brigadas. Os povos ibéricos têm uma longa experiência de acato a Deus, de vassalagem eclesiástica, e Rolão Preto não desperdiça o apoio da Igreja nem a rede de espiões-sacerdotes, gente que imponha ditames e denuncie pecados. É mais fácil e pacífico dar seguimento a séculos de obediência cristã do que fazer uma revolução.[61]

Com uma fina e cortante ironia, o narrador expõe a postura de Rolão Preto como um político acomodado e conivente, que sabe tirar proveito próprio das conveniências do mundo político, do mesmo modo como escarnece do Estado Novo, enquanto regime que alimenta o caráter profético do seu líder político, depois que este escapa de uma bomba em 1937 – "Se Dom Sebastião não regressava no nevoeiro, Salazar emergia de uma bolha de poeira, entre vidros partidos e tampas de esgoto atiradas pelo ar, abençoado pela Providência"[62] –, dos mecanismos instituídos, desde tempos anteriores, responsáveis pela manipulação das mentalidades, e dos gestos elevados ao paroxismo com o primeiro atentado a Salazar:

O papão vermelho fora escolhido havia anos pelo Estado Novo. A PVDE capturou cinco pedreiros que assinavam de cruz e sem qualquer atividade política. Chamou-lhes "Terroristas do Alto do Pina". Entraram na sede da Polícia sem conhecer Karl Marx ou dinamite, mas, ao fim de vários dias de porrada, diziam-se filhos de Estaline e especialistas em nitroglicerina. O diretor da PVDE encerrou as diligências com a garantia de que os pedreiros eram espiões do Komintern soviético. Só mais tarde a PSP haveria de apanhar os verdadeiros culpados.[63]

Depois de consumada a agressão armada contra o líder português com sucesso, entre a comoção popular do cortejo fúnebre para o sepultamento deste, alcunhado na trama como "Místico Apóstolo" e "Pátrio Alguém",[64] as solenidades de sucessão de Rolão Preto e a perseguição aberta aos judeus e aos emigrados de outros países em Portugal, Paixão Leal não economiza esforços para driblar a transferência da investigação para a PVDE[65] – representada na trama pelos agentes Gouveia, Toureiro e Dentista –, e procura ele próprio examinar todas as pistas que o levem a descobrir o verdadeiro criminoso.

Nesse ínterim, surge uma personagem enigmática (Inácio Capote) que, apresentada como um "*fixer*. O facilitador. O que resolve e providencia. O mercenário das insuficiências dos outros",[66] logo demonstra ser uma intermediária dos desejos de membros da alta burguesia lisboeta, dos anseios mais inusitados e dos pedidos mais excêntricos de políticos importantes, artistas famosos e representantes de uma elite aristocrática. Mais adiante, o leitor descobre que Inácio Capote – codinome de referência intratextual, porque se refere ao amigo da juventude estadunidense, e, ao mesmo tempo, propositalmente intertextual, posto que sugere uma espécie de homenagem a Truman Capote, autor do clássico romance jornalístico-policial de não ficção *A sangue frio* (1966) – é, na verdade, Joaquim Paixão Leal, irmão mais novo de Luís.

Graças à entrada dessa personagem, descobre-se o envolvimento de Nuno Athaíde, um "*playboy* endinheirado da Costa do Sol",[67] homossexual da alta burguesia, com Isaías Henriques, seu amante, o líder dos dissidentes judeus, bem como os planos de execução dos atentados, do assassinato de Salazar e os de explosão de bombas pela capital portuguesa, envolvendo inclusive a da Grande Exposição do Mundo Português.[68]

Os dois núcleos familiares (Paixão Leal e Athaíde) imbricam-se, na medida em que as digressões tecidas pelo narrador esclarecem que Chico e Bernardina, pais de Joaquim e Luís, foram empregados na mansão da família Athaíde, e que Joaquim, desde jovem, sente-se atraído por Mariana, irmã de Nuno, com quem mantém uma relação com encontros esporádicos. Graças ao reencontro dos dois irmãos, há uma grande digressão em que o passado de ambos é devassado, explicando os motivos do afastamento deles: como membro da Polícia de Nova York, na década de 1930, Luís persegue contrabandistas de bebida alcoólica desde a instituição da Lei Seca; Joaquim, por sua vez, seguindo os passos dos negócios do tio Domingos, entra no campo do comércio ilegal, sendo perseguido e preso pelo próprio irmão. Para salvar o tio, porém, Luís rouba a carga apreendida, devolve-a a seus antigos donos e, com isso, paga um preço muito alto, porque se envolve com o mundo do crime e não pode mais permanecer nos Estados Unidos. Durante essa operação, é ferido no olho e passa a usar uma prótese ocular de vidro. Foge, então, numa embarcação, para os Açores, graças à interferência de Domingos, e de lá para Lisboa. Já na capital portuguesa, consegue emprego na polícia, por influência de Nuno Athaíde, num gesto de retribuição deste por Luís ter-lhe socorrido, quando, depois de ser pego na praia com outro rapaz, recebeu como lição uma surra dos policiais na prisão, a mando do próprio pai.

Esclarecido o passado das principais personagens da trama, as atenções voltam-se para o terceiro e o quarto polos actanciais: as incansáveis tentativas do detetive de retirar a esposa (Rebeca) e os afilhados (Mathilda e Christian) do país, diante da perseguição aos judeus, perpetrada pelos agentes da PVDE, agora sob a liderança de Gustavo Maria Soares Pereira, ex-agente da Legião Portuguesa, filho de um juiz e da antiga chefe da revista da Mocidade Portuguesa Feminina e catapultado a líder das Brigadas da Decência. Tal como desenvolveremos mais adiante, a entrada dessa personagem constitui mais um detalhe importante para compreender o contexto político-ideológico da década de 1940, exposto na trama de *Deus Pátria Família*. Dividido entre salvar os três judeus, fugidos da Alemanha de Hitler, e ao mesmo tempo descobrir o assassino das jovens, Paixão Leal concentra sua perspectiva investigativa numa peça fundamental para desvendar o mistério instaurado desde as primeiras cenas: "um menino Jesus por pintar, esguio e cabeçudo, sorrindo tristemente enquanto dorme",[69] retirado de um "presépio em construção" com "dezenas de estatuetas de barro e uma panóplia de moinhos, pontes, capelas, uma Torre de Belém".[70]

A princípio descritos sem grande importância, os pequenos bonecos humanos constituem a prova de que a solução se encontra nos detalhes, posto que, somente com esses objetos, o detetive é capaz de juntar as peças do quebra-cabeça e costurar as pistas para descobrir o verdadeiro assassino das santas (como é alcunhado pelos detetives): Benjamin Benavente, um jovem abusado quando criança por um padre, filho de mãe solteira, recusado pelo amante desta, fruto, portanto, de uma família problemática, escolhe suas vítimas a partir das viagens peregrinas a Fátima, local, como veremos adiante, que acabou por marcar sua infância.

Zeloso em examinar o "altar de Nossa Senhora" com "as mesmas figuras elípticas e esguias que viu no presépio do padre Rafael. Os mesmos olhos fechados em rostos andróginos",[71] Luís Paixão Leal, a partir do exercício de sua memória fotográfica, logo estabelece um vínculo estilístico entre as imagens do presépio e as encontradas na casa de dona Josefa, em Fátima. É exatamente a "curiosidade do detetive"[72] em detectar as semelhanças e os traços de produção das pequenas estátuas que o leva, juntamente com Cardoso, a descobrir a identidade do bruxo artesão (como é chamado por Fátima, a filha de dona Josefa). Indicados a procurar o mestre oleiro da região, os dois detetives chegam à casa de Caveirinha e lá recebem o veredito necessário para apurar a misteriosa identidade do assassino: "Isso é obra do meu menino-prodígio".[73]

Aqui, acredito que aquela ideia de Ítalo Calvino sobre o anel de Carlos Magno como o objeto mágico que aciona uma espécie de ritmo particular à narrativa e a forma apaixonada como o imperador romano lidava com os portadores daquele não deixam de ecoar nas linhas de *Deus Pátria Família*, posto que, também na trama criada por Hugo Gonçalves, aqueles pequenos objetos, responsáveis pelo encantamento de Paixão Leal e capazes de o fazer furtar um menino Jesus do presépio, interferem no ritmo impulsivo da investigação criminal do protagonista. Incapaz de desistir ou abandonar uma causa, tal como seu nome emblematicamente insinua, Paixão Leal investiga com cuidado, descobre o envolvimento do criminoso com as viagens a Fátima, onde o assassino escolhia suas vítimas, persegue até encontrar Benjamin Benavente e o entrega exatamente a Gustavo Pereira, como uma forma de desviar a atenção de sua família para o *serial killer* das jovens.

A estratégia de direcionar para as pequenas estatuetas o foco da ligação necessária entre a natureza ritualística dos crimes e o caráter místico assumido de seu executor, que talhava as imagens, revela-se um mecanismo em consonância com a proposta calviniana de rapidez, na medida em que, tal como o anel de Carlos Magno, as estatuetas de Benjamin orientam os movimentos determinantes que levam Paixão Leal a concluir o envolvimento do jovem escultor no assassinato das mulheres com os objetos eclesiásticos. No conjunto, as pequenas estatuetas estão ligadas também aos corpos femininos expostos ritualisticamente, cobertos por um pano branco e com um crucifixo nas mãos, e constituem "signos reconhecíveis que tornam explícita a correlação entre os personagens ou entre os acontecimentos".[74]

Ora, diante de uma riqueza substancial de núcleos de ação e de uma expansão destes ao longo do ano de 1940, a primeira questão a ser desenvolvida reside em como empreender uma leitura do romance de Hugo Gonçalves pelo viés da proposta de rapidez. De que maneira compreender a trama arquitetada de forma inteligente e equilibrada, ao longo de suas 450 páginas, como uma matéria ficcional em que a rapidez calviniana pode ser apreendida como um possível protocolo de leitura?

No meu entender, tudo parte da construção do protagonista, Luís Paixão Leal, ou o Americano, como é referido, em virtude de ele próprio ser um português emigrado dos Estados Unidos, onde viveu parte de sua juventude, durante os anos de 1920 a 1933. Apresentado, já nos capítulos iniciais, como um detetive da Polícia de Investigação Criminal, ao lado do parceiro Cardoso, um ex-combatente da Primeira Guerra Mundial, Paixão Leal é logo distinguido pelo traço que o caracteriza como homem e como agente da lei, qual seja, sua capacidade de supermemória, sendo portador de hipertimesia:[75]

> Tal como a câmara fotográfica que mandou vir dos Estados Unidos, a capacidade de Paixão Leal para armazenar imagens e fatos é, entre os colegas da Polícia, parte da pátina americana do detetive. Um médico em Nova York disse-lhe tratar-se de um distúrbio raríssimo e ainda por estudar. Desde os quinze anos que a memória lhe permite recordar com precisão pormenores de cada dia vivido. O que muitos considerariam uma dádiva não deixa de ser uma aflição clínica. Os limites da memória humana existem por um motivo, não são uma falha evolutiva, antes um sistema de proteção existencial. É preciso esquecer para seguir adiante. Ao invés, quem se lembra de tudo, como Paixão Leal, corre o risco de nunca sair do mesmo lugar. Os outros agentes da PIC – à exceção de Cardoso – poucos sabem sobre o passado do Americano. Apenas que entrou para a Polícia portuguesa com uma cunha e que, em seis anos, chegou a detetive de primeira classe.[76]

Não deixa de ser instigante a personagem principal sofrer dessa condição neurológica, sobretudo pelo fato de a doença só ter sido diagnosticada bem recentemente. Apesar da existência de casos isolados relatados nos Estados Unidos já no século XIX,[77] somente nos anos 2000 a neurologia conseguiu perfilar em detalhes os sintomas específicos da hipertimesia, descrevendo-a como um "caso incomum de memória autobiográfica",[78] ou seja, enquanto indivíduo do contexto da Segunda Guerra Mundial, mais especificamente no ano de 1940, o protagonista de *Deus Pátria Família* é estratégica e anacronicamente criado com uma supermemória, porque esta favorece a própria construção da narrativa, permitindo-nos lê-la a partir da rapidez.

Vejamos. A condição de Paixão Leal, tal como o narrador faz questão de frisar, consiste em sua capacidade de "*recordar* com precisão pormenores de cada dia vivido",[79] com uma exatidão fotográfica. Aqui, o verbo empregado para tratar da força mnemônica da personagem indica pontualmente a característica dessa condição, afinal, não se trata apenas de relembrar ou rememorar, ainda que tais ações sejam associadas aos gestos do protagonista, mas *recordar*, verbo que, não à toa, em sua raiz etimológica (*res* = coisa + *cordis* = coração), sublinha o ato de resgatar as coisas do coração, porque somente nele elas poderiam estar guardadas. Daí, portanto, que, no romance de Hugo Gonçalves, o protagonista passa a recuperar as datas, os eventos e os objetos culturais e históricos pelos vieses racional e afetivo. Aliás, tal faculdade, nos momentos de autodescoberta na infância da personagem, é compreendida como algo que ultrapassa a simples racionalização histórico-cronológica: "Mais do que a acuidade factual ou a nitidez fotográfica das lembranças, *o processo decorria física e emocionalmente*".[80]

Somente com a ajuda do médico nova-iorquino Herman Herzog, já nos Estados Unidos, Paixão Leal consegue compreender e dominar o mecanismo da supermemória:

> Catalogava as memórias num jogo de infinitas possibilidades que, além do controle, lhe oferecia a satisfação de quem desvenda problemas matemáticos ou organiza a roupa num *degradé* de cores. Luís era um acrobata mental. Um arrumador do calendário.[81]

Não se trata, portanto, de uma coisificação ou maquinização do cérebro da personagem, colocando-o numa condição desumanizante; ao contrário, se todas as suas reações memorialísticas são movidas por decorrências físicas e emocionais, então, compreende-se a absorção desse mesmo efeito na própria arquitetura da obra. Basta verificar que o ano de 1940 não é recuperado dia após dia, na sua totalidade, como se estivéssemos diante de uma narrativa diarística, ortodoxamente disposta. De "Sexta-feira, 14 de junho"[82] a "Sexta-feira, 13 de setembro",[83] as datas são seletivamente escolhidas, havendo, em cada uma delas, um evento, um acontecimento, uma passagem importante para o protagonista. Logo, a principal indicação temporal condutora da trama ("– 1940 –"[84]) surge de forma gradativa e condensada, graças às datas selecionadas pela memória ficcional do narrador sobre as criaturas e a trama. Em contraposição a esse movimento de rapidez que comprime o ano de referência em datas resumidas, cada um dos dias escolhidos emerge com uma nitidez de descrições e detalhes, que somente o raciocínio ao lado de algum tipo de emotividade poderia suscitar.

Mas o foco narrativo do romance de Hugo Gonçalves não se alicerça numa auto ou numa heterodiegese, ou seja, não é o próprio Paixão Leal, dono de uma supermemória e portador de uma hipertimesia, o responsável pela narração e pela disposição das datas eleitas e das ações relativas aos dias indicados para condensar o ano de 1940. Na verdade, trata-se de uma homodiegese que explora as mesmas potencialidades de seu protagonista, colando-se à perspectiva mnemônica deste, e, tal como a criatura central da trama, adota os mesmos procedimentos de recuperação no seu gesto de contar: "Fecha os olhos e, conforme aprendeu ao longo dos anos, *faz desfilar o calendário da memória*".[85]

Ora, tal procedimento pendular de apelar para a concisão de uma faixa temporal macro (o ano de 1940), sem abrir mão, ao mesmo tempo, de uma dilatação de cada um dos elementos temporais micro (cada um dos dias selecionados), para, assim também, fazer desfilar um calendário em que o tempo se dilui para fixar um ano específico e com uma supermemória que tudo absorve, não deixa de evocar aquele mesmo efeito descrito por Ítalo Calvino, quando propõe analisar uma passagem de *The English mail-coach*, de Thomas De Quincey. Ao avaliar a possibilidade de choque entre a carruagem da mala postal e uma caleche de vime, que vinham de direções opostas numa visível linha de colisão, num curto lapso de tempo provocado por um piscar de olhos, movimento que "não apenas inclui o cálculo da inevitabilidade técnica do encontro, mas igualmente o imponderável, [...] graças à qual os dois veículos não se chocam",[86] o ensaísta italiano conclui: "O tema que aqui nos interessa não é a velocidade física, mas a relação entre a velocidade física e a velocidade mental".[87]

Logo, o exemplo tomado por Calvino para argumentar a favor da rapidez e de seus efeitos colaterais, como uma proposta viável para pensar a literatura do século XXI, não vem extraído de textos de autores contemporâneos seus, mas do século XIX, num trecho de *Fragmentos de Zibaldone*, de Giacomo Leopardi:

> A rapidez e a concisão do estilo agradam porque apresentam à alma uma turba de ideias simultâneas, ou cuja sucessão é tão rápida que parecem simultâneas, e fazem a alma ondular numa tal abundância de pensamento, imagens ou sensações espirituais, que ela ou não consegue abraçá-las todas de uma vez nem inteiramente a cada uma, ou não tem tempo de permanecer ociosa e desprovida de sensações. A força do estilo poético, que em grande parte se identifica com a rapidez, não nos deleita senão por esses efeitos, e não consiste senão disso. A excitação das ideias simultâneas pode ser provocada tanto por uma palavra isolada, no sentido próprio ou metafórico, quanto por sua colocação na frase, ou pela sua elaboração, bem como pela simples supressão de outras palavras ou frases.[88]

Interessante observar que essa mesma suscitação da rapidez com a conjunção de ideias, fatos e motivações afetivas simultâneas pode ser observada na arquitetura de *Deus Pátria Família*, posto que, a partir da colagem das datas sucedâneas, mas não obrigatoriamente dispostas numa sequência numérica imediata e rigorosa, a abundância de sensações e imagens, tal como captada pela hipertimesia de Paixão Leal, vai contaminando a forma de contar do narrador de Hugo Gonçalves.

Esse efeito salutar de concisão de um ano e simultaneidade expansiva de eventos em datas muito particulares, no meu entender, constitui a "força do estilo poético"[89] do autor de *Deus Pátria Família*. Compactuando com aquela "proteção existencial"[90] do protagonista, a voz narrante investe na potência do tentar lembrar-se de tudo, tal como faz Paixão Leal, para assim, ao contrário do que pensa o protagonista, não deixar a criatura e a trama caírem na armadilha de "nunca saírem do mesmo lugar".[91] Graças a esse duplo e ambíguo movimento de rapidez e concentração, a personagem move-se, sendo levada pela velocidade mental do narrador.

Não será isso, enfim, aquela mesma luta contra o tempo, "contra os obstáculos que impedem ou retardam a realização de um desejo ou a restauração de um bem perdido",[92] que, no caso de Paixão Leal, surge na sua sagacidade para resolver uma série de crimes e descobrir seu responsável? Não será sua tentativa de salvar a família (todos eles judeus emigrados em Portugal) de um final catastrófico, diante dos eventos que se sucedem no contexto da Segunda Guerra Mundial, uma forma de restaurar um bem prestes a ser perdido e de expurgar e resolver ele próprio o desaparecimento de seu pai, levado pelas ondas do mar revolto na costa portuguesa? Por fim, não será essa supermemória do narrador de *Deus Pátria Família* uma bem-sucedida estratégia de Hugo Gonçalves em compor sua obra com uma motivação pós-memorialista?

Afinal, o narrador cola-se à hipertimesia da personagem central e procura ele também criar e construir sua singular "forma de capturar o tempo".[93] Tal estratégia, no meu entender, pode ser verificada na forma com que a narrativa vem estruturada, com nove capítulos agrupados em cinco grandes blocos temporais: o primeiro – o único que engloba cinco capítulos ("Glória ao Pátrio Alguém", "O mistério do ladrão de messias", "Contra os bretões, marchar, marchar", "Só quando estiveres no meu lugar saberás aquilo de que és feito" e "O milagreiro das causas perdidas") – centra-se no ano de 1940; o segundo – que, como os demais, desenvolve-se num único capítulo apenas ("Nunca vamos morrer") – debruça-se sobre a infância de Luís e de seu irmão Joaquim, possibilitando ao leitor entender a ligação dos *Passion Brothers*, e localiza-se na faixa cronológica de 1920 a 1934; o terceiro retorna ao ano de 1940 (no capítulo "Santos da casa"); o quarto (com o capítulo "O Anjo de Portugal") volta a um momento mais pretérito, ao ano de 1917, quando resgata a trajetória de infância de Benjamin Benavente, o *seria killer* das jovens, e o liga ao milagre do aparecimento de Nossa Senhora, em Fátima; e, por fim, o quinto (com o capítulo "Assim seja") regressa ao ano de 1940 para concluir a trama.

Percebe-se nessa disposição arquitetural uma trama bem urdida e costurada, em que o ano de 1940 é narrado sob o signo de uma "economia de expressão",[94] cujas épocas específicas do percurso do protagonista são recuperadas com uma ênfase especial nos detalhes e nas particularidades essenciais, desenvolvendo, assim, uma espécie de reflexo especular da mesma hipertimesia de Paixão Leal e de sua capacidade de reabilitar com precisão fotográfica as informações a partir de datas elencadas. Se os blocos relativos a 1940 apontam para essa propriedade da rapidez, tal como explicada por Ítalo Calvino, aqueles que se intercalam entre estes e acabam interrompendo o fluxo narrativo dessa faixa temporal (o segundo e o quarto blocos) constituem matérias de vívidas digressões, na medida em que as infâncias de Luís e Joaquim (narradas no capítulo contextualizado na faixa temporal de 1920 a 1934), bem como a de Benjamin Benavente (relatada no capítulo referente ao ano de 1917), imprimem na narrativa aquela mesma "estratégia para protelar a conclusão, uma multiplicação do tempo no interior da obra, uma fuga permanente"[95] para seu derradeiro desfecho: a descoberta do assassino, a fuga de Rebeca para os Estados Unidos e a volta de Luís e Joaquim à casa materna.

Tal como defende Ítalo Calvino, esse recurso constitui uma marca fundamental da proposta da rapidez, posto que, na arte literária,

> [...] o tempo é uma riqueza de que se pode dispor com prodigalidade e indiferença: não se trata de chegar primeiro a um limite preestabelecido; ao contrário, a economia de tempo é uma coisa boa, porque quanto mais tempo economizamos, mais tempo poderemos perder. A rapidez de estilo e de pensamento quer dizer antes de mais nada agilidade, mobilidade, desenvoltura; qualidades essas que se combinam com uma escrita propensa às divagações, a saltar de um assunto para outro, a perder o fio do relato para reencontrá-lo ao fim de inumeráveis circunlóquios.[96]

No meu entender, todo o conteúdo descrito pelo ensaísta italiano encontra em *Deus Pátria Família* exemplos sintomáticos de sua consecução, com uma prodigalidade singular. Basta observar, por exemplo, que, logo em seguida ao reencontro de Luís com Joaquim, momento em que o leitor descobre que Inácio Capote, o facilitador das elites lisboetas, é, na verdade, o irmão do protagonista, o fluxo relativo ao ano de 1940 é interrompido e insere-se uma longa digressão sobre o período de 1920 a 1934, em que o próprio narrador, tomado pelo mesmo trâmite de construção da hipertimesia de Luís, passa a contar todos os anos desse bloco num jorro contínuo em que o mote "a primeira vez que..."[97] se institui como o motivo deflagrador de "uma memória" que "despertava outra, e essa, outra, iniciando um redemoinho"[98] de informações, situações e eventos na vida dos dois irmãos.

Assim, ao longo dessa seção, o narrador assume a supermemória de Luís e passa a narrar o passado das personagens num *continuum* sem interrupções, sem aquela separação de datas (localizadas em negrito na parte superior da página) e com o mesmo critério seletivo de momentos temporais específicos, características já percebidas nos blocos relativos ao ano de 1940. Por isso, a velocidade física da trama aparece diretamente articulada com a velocidade mental da voz narrante; no entanto, como bem indica Calvino, ela não permite que o conjunto de informações relatadas seja medido exclusivamente numa "perspectiva histórica".[99] Dessa forma, o narrador atenta para dados importantes sobre o período anterior ao de emigração de Luís Paixão Leal para os Estados Unidos, depois do desaparecimento do pai, tragado pelo mar na costa portuguesa, num gesto de fuga para amenizar a culpa sentida (ao ver Chico Leal ser levado por uma forte onda, o protagonista não consegue socorrê--lo por causa de sua fobia do mar):

> Mil novecentos e vinte. Sexta-feira de chuva. Dois de janeiro. Um puxão na roupa da cama, o pai de pé, de samarra e boina, uma brasa de cigarro a palpitar no breu do quarto e a apagar-se na escuridão do mar. O Chico Caseiro em queda, puxado pela corrente marítima. O oceano a cuspir na cara dos filhos todas as maldições dos náufragos esquecidos.
> Não sejam maricas, pá.
> Joaquim, que sabia nadar, quis contradizer a sentença. Ia lançar-se entre uma onda e outra. Luís agarrou-o pelo cachaço. Joaquim tinha dez anos franzinos. Tentou bater-se com o irmão e perdeu. Não se matou a salvar um morto. Um filamento de sol vibrou no horizonte e logo foi reprimido pela borrasca. O tempo não estava para esperanças. Uma onda levou os baldes e as espátulas. Luís olhou em volta: naquelas rochas, diante de si, o irmão era a única testemunha da sua covardia.[100]

Ao mesmo tempo, o narrador vai devassando gradativamente os momentos de crescimento da personagem num país estrangeiro: seu encontro com tio Domingos em Nova York, seu processo de aprendizagem de outra língua, sua formação como homem, as divergências entre o pensamento progressista marxista do tio e o conservador, ainda mantido pelo jovem Luís, e o choque das atitudes daquele em comparação com as de seu pai, sobretudo nas manifestações de carinho entre pessoas do mesmo sexo, membros de um mesmo núcleo familiar: "O beijo desarmara todas as mentiras que Luís tinha preparado ao longo da viagem, caso alguém lhe perguntasse pelo Chico caseiro. *O afeto masculino revelava-se incompreensivelmente persuasivo e comovedor*".[101]

Nesse ponto, um dos aspectos mais flagrantes no romance de Hugo Gonçalves encontra-se na forma como sublinha as diferentes concepções de masculinidades. Na verdade, esse tópico não chega a ser uma novidade para o autor, posto que, em outro romance seu (*O coração dos homens*, 2006), tal como já tive a oportunidade de analisar e defender,[102] ele apresenta, muito *avant la lettre*, as interrogações sobre a "masculinidade tóxica",[103] num momento em que sequer se cogitava essa expressão.[104] A grande diferença em *Deus Pátria Família* encontra-se na articulação das "masculinidades" num contexto histórico completamente diferente, pois, nos anos da Segunda Guerra Mundial, estas eram já destacadas pela política do "homem novo". No caso específico do protagonista, as lições deixadas pelo pai iam numa única direção e com um mesmo mote: "Não sejas maricas, pá".[105]

Apesar desse eco constante nas recordações do protagonista, Luís Paixão Leal não é desenhado como um herói homossexual ou mesmo bissexual. A questão das dissidências sexuais e da perseguição sofrida por estas no período do Estado Novo são suscitadas a partir das personagens Nuno Athaíde e Isaías Henriques, e também pelo artista de teatro Manuel Prado, perseguido e preso por Gustavo Pereira. No entanto, essa discussão motivada pelo protagonista encontra-se no âmbito das masculinidades, já que, por mais de uma vez, suas atitudes estão em consonância com uma necessidade de afirmação de sua condição masculina, como algo acima de qualquer suspeição. Tanto assim é que, numa das cenas em que se prepara para uma briga direta com o agente espanhol da Seguridad, as descrições utilizadas pelo narrador deflagram a inevitabilidade da disputa e da imposição masculinas:

> Mas, para os dois homens frente a frente, cada segundo é apenas um segundo. O cérebro prepara-se para os reflexos simples e fundamentais. Não há sensatez, inteligência, abstração. *São apenas homens a provar quem é mais homem. Tudo é imediato para os gorilas no matagal.*[106]

Se, no caso de Paixão Leal, a relevância de se impor como homem constitui uma espécie de eco dos ensinamentos deixados pelo pai, como uma forma de quase redenção por não ter tido a coragem de se jogar ao mar para o salvar, o mesmo não se pode afirmar de outras três personagens significativas em *Deus Pátria Família*: o Dentista, Gustavo Maria Soares Pereira e Benjamin Benavente.

A primeira delas, o agente Dentista, firma-se como um homem reconhecido pela violência com que atua nas prisões da PVDE e na forma como lida com os presos suspeitos de algum crime nos seus interrogatórios: "Chamam-lhe

Dentista porque, sem precisar de utensílios, é um virtuoso na arte de arruinar dentições".[107] Sua descrição vem toda marcada por uma insinuação física exacerbada, sem qualquer indício de uso de suas capacidades intelectivas. Aliás, estas ficam num plano muito inferior, se comparadas a seu potencial para se impor pela agressividade e como esta revela uma conotação sexual: "*A violência tem para ele um apelo familiar, por vezes, até sexual*. Cresceu em orfanatos, onde algo se passou para que, em adulto, *faça do castigo físico sua maior aptidão*".[108]

No entanto, há um detalhe que não passa despercebido pela velocidade mental com que o narrador vai captando e devassando o passado de suas personagens. É nessa digressão, aliás, responsável pela dilatação da rapidez na construção da trama, que a voz narrante, também no seu exercício de um sugestivo "recapitular inventários de provas",[109] vai colocando em dúvida a real natureza da escolha dos alvos preferidos do Dentista:

> Na capital do diz-que-disse, *em que tanto fica escondido nas entrelinhas*, Cardoso não precisa ser mais claro para referir *a obsessão do Dentista com os invertidos e os sodomitas*. Na campanha moral levada a cabo pelo Estado Novo, *o Dentista tem o maior número de detenções de homossexuais*. Antes de levar os infratores para a Mitra, onde ficam encarcerados com os mendigos, os chulos, os loucos e as prostitutas, *empenha-se em tirar-lhes o diabo do corpo com sovas de criar bicho*. Não confia na eficácia da terapia de choques elétricos que a instituição oferece aos seus hóspedes.[110]

Tal como descrita pelo narrador, a inserção da personagem Dentista constitui um caso singular de rapidez na concentração de informações não só do próprio agente da PVDE, mas também das práticas mais usuais utilizadas pelos órgãos de censura sobre aqueles que ousavam divergir da heteronormatividade moralizante, oficializada pelo discurso do Estado Novo. Num primeiro momento, basta verificar que a própria sugestão do narrador sobre a obsessão da personagem por "invertidos" e "sodomitas" acompanha a terminologia usada pelos agentes da PIC e da PVDE, nas décadas de 1930 e 1940, para designar os homossexuais que praticavam atos (na concepção destes) contranatura.

Em seu detido estudo sobre as práticas de vigilância das polícias portuguesas no período do Estado Novo, Ana Clotilde Graça Correia[111] levanta uma série de ponderações, que vão desde a presença de policiais à paisana em espaços abertos públicos, reconhecidos pela prática do engate, a locais privados, como urinóis fechados e residências, muitas vezes por denúncias de vizinhos e conhecidos, até o suborno, com a exigência de dinheiro para a liberação das vítimas do processo policial. O que mais chama atenção na atuação dos agentes da lei é uma *performance*[112] tão convencional (mas não tanto?), a ponto de o leitor mais atento ficar em dúvida se os relatos daqueles descrevem unicamente uma postura de aplicação da lei sem qualquer envolvimento com os perseguidos e vigiados, ou se, em algum momento, eles chegam a sentir algum tipo de prazer, represado pelo fato de serem agentes da polícia, ao entrarem no jogo de sedução para perpetrar a prisão dos "criminosos". Aliás, sobre isto, Ana Correia sublinha a expressão utilizada nos autos dos processos policiais para se referir ao órgão sexual masculino, alvo preferido das mãos dos acusados: "membro viril".[113]

Vale destacar, nesse sentido, o relato de Irene Flunser Pimentel, colhido por São José Almeida,[114] em que a conhecida historiadora portuguesa reitera o fato de que a Pide tinha pleno conhecimento da existência de agentes homossexuais, alguns deles, inclusive, envolvidos em casos de violência explícita e homicídio, mas que a polícia desviava convenientemente seu olhar repressor, direcionando-o a outras vítimas. Quase sempre, estas pertenciam à classe trabalhadora.[115]

Gosto de pensar, nesse sentido, que o narrador de *Deus Pátria Família* se vale de uma hipertimesia sobre o ano de 1940 para trazer à tona as expressões utilizadas pelos narradores dos processos policiais, na medida em que, tal como esclarece Ana Correia,[116] os homossexuais detidos pelos órgãos de vigilância eram designados constantemente por termos como "pederastas", "invertidos" e "sodomitas". Não à toa, estes últimos são empregados propositalmente pelo narrador do romance para se referir às vítimas perseguidas pelo Dentista.

Outro aspecto importante é a reação exacerbada de uma violência contra os homossexuais perpetrada pela personagem Dentista. Tendo em vista que a homossexualidade era considerada uma doença, com práticas de lobotomia[117] e de choques no seu tratamento (a "terapia de choques elétricos que a instituição oferecia aos seus hóspedes", tal como destacada pelo narrador), e um crime, com penas que colocavam os condenados em campos de recuperação pelo trabalho braçal, não deixa de ser curioso o fato de o Dentista reagir com uma brutalidade desmedida, juntando, no seu gesto, duas visões igualmente preconceituosas na época do Estado Novo: se, por um lado, a homossexualidade consistia numa prática criminosa, passível de condenação, ela também era vista como um pecado que deveria ser eliminado pela dor física do exorcismo, explicando-se, assim, o empenho da personagem em *"tirar-lhes o diabo do corpo* com sovas de criar bicho".[118]

O Dentista encarna, assim, de forma paradigmática, a práxis da *"violência punitiva"*, enquanto um dos instrumentos utilizados pela política fascista do salazarismo, de acordo com os argumentos de Fernando Rosas.[119] Segundo o historiador português, essa categoria de violência consiste na "repressão direta contra o número sempre relativamente escasso (salvo nos períodos, também circunscritos, de grandes mobilizações de massas) dos que ousavam desafiar a 'ordem estabelecida'".[120] O tratamento dispensado aos homossexuais passava por esses procedimentos agressivos, cujo empenho desmedido requeria a necessidade de regeneração da nação, "como uma espécie de cruzada, como um golpe de bisturi extirpa o tumor, como um missionário que contraria, castiga ou corrige o bárbaro da barbárie".[121]

E vale ressaltar que se, no romance, essa *violência punitiva* surge a partir da performatização da hostilidade e da cólera do Dentista contra seus indivíduos--alvo, também a presença de uma normatização do tratamento de eletrochoques emerge desse cenário de 1940, como uma das práticas mais recorrentes para corrigir os problemas de desvio dos homossexuais e colocá-los de volta ao caminho da reprodutibilidade.[122] Nesse caso, a "terapia de choques elétricos que a instituição oferece aos seus hóspedes",[123] como descrita pelo narrador, enquadra-se naquela noção de *"violência preventiva"*, na medida em que esses procedimentos também despontavam uma "padronização unilateral e vinculativa dos comportamentos a todos os níveis de sociabilidade".[124] Como o albergue da Mitra consistia num depositário de vítimas perseguidas, presas e acusadas pela PVDE (e, posteriormente, pela Pide), não deixa de ser coerente pensar nesse espaço como uma espécie de organismo mantenedor de uma *"violência preventiva"*, onde se colocavam em prática "a dissuasão, a intimidação, a socialização do medo, ou seja, a contenção e a vigilância permanente através de órgãos específicos de inculcação ideológica e de prevenção policial".[125]

No trecho citado do romance, a práxis do recolhimento institucional e a maneira como os homossexuais eram tratados pelos órgãos governamentais representam alguns dos mecanismos de patrulhamento, perseguição e amedrontamento articulados pelas polícias do Estado Novo. Uma vez condenados, eram detidos e presos junto com "os mendigos, os chulos, os loucos e as prostitutas",[126] na Mitra, local que, apesar de ser "um espaço de correção para vadios e mendigos profissionais em cumprimento de medidas de segurança, [...] dificilmente poderia ser concebido como um centro de triagem e encaminhamento",[127] sobretudo em virtude de sua alta taxa de mortalidade e de detentos não liberados.

Aqui, cabe-me destacar a capacidade do narrador de Hugo Gonçalves, num breve parágrafo, para condensar uma página importante da história portuguesa, por meio da criatura ficcional do Dentista, represando nos seus gestos toda uma cultura de repressão, violência e intolerância contra aqueles que ousavam desafiar uma heteronormatividade compulsória e defendida pelos discursos conservadores do Estado Novo. No meu entender, o Dentista expõe uma prática masculinista visível de homofobia[128] diante daqueles que perseguia e prendia, pelo simples fato de serem homossexuais, portanto dissidentes da ordem e do modelo heteronormativos impostos.

Aliás, a reação da personagem com mecanismos de violência e intolerância pode ser lida na clave da "masculinidade hegemônica",[129] como alcunhada por Raewin Connell, em virtude de aquele empenho em "tirar o diabo do corpo com sovas de criar bicho" do Dentista sobre "os invertidos e os sodomitas"[130] ser categorizado igualmente como uma "configuração da prática de gênero que encarna a resposta atualmente aceita ao problema da legitimidade do patriarcado, na qual garante a posição dominante dos homens e a subordinada das mulheres".[131] Ainda que o conceito de Connell esteja direcionado a atitudes heterossexistas de certos homens sobre mulheres (e, por conseguinte, na minha perspectiva, sobre as dissidências sexuais questionadoras dessas posturas) e a violência do Dentista seja tecida pelo narrador com uma ambiguidade que coloca a personagem num patamar de uma possível homofobia mascaradora dos reais motivos de perseguição aos homossexuais, não deixa de ser interessante constatar que a brutalidade das sovas, o internamento na Mitra e os tratamentos com eletrochoques constituem atos de perversas "práticas da masculinidade"[132] sobre aqueles a quem pretendem exercer sua dominação.

Não será gratuita, portanto, a cena em que Paixão Leal recebe o relatório da autópsia da segunda vítima das mãos da médica Catarina Van Zeller, "única mulher a trabalhar na morgue" e "inscrita na Ordem do Lesbianismo",[133] ou seja, ela própria uma dissidente da heteronormatividade imposta. Por isso, o narrador conclui de forma enfática alguns dos efeitos colaterais da masculinidade hegemônica sobre aqueles(as) a quem se impõe: "Num país em que as principais causas de homicídio são o adultério, os ciúmes e a honra, as mãos dos homens estão entre as armas mais populares para matar mulheres. Mãos despidas ou armadas de objetos".[134]

Por outro lado, os homossexuais atingidos – como ocorre com o próprio Nuno Athaíde, quando recebe a surra dos policiais na prisão, a mando do seu pai – podem ser dimensionados sob o signo de uma "masculinidade subordinada",[135] ou mesmo subalterna, em virtude de sua forte concatenação com os papéis de seres subservientes e dominados sobre os quais a masculinidade hegemônica se dita. Por isso, Connell[136] aponta tal imposição como uma práxis dirigida especialmente aos homossexuais, identificados por ela como o foco e os destinatários preferidos de um conjunto de práticas materializadas, tais como as exclusões político-sociais, os abusos físicos e psicológicos, as violências nas mais distintas ordens e as discriminações.

Nesse sentido, torna-se imprescindível abordar a segunda personagem a fim de perceber tal tratamento no romance: Gustavo Maria Soares Pereira. Filho de Jaime Soares Pereira, um juiz aposentado e "membro pouco militante da União Nacional",[137] e de Margarida Soares Pereira, uma das mais rígidas e aguerridas diretoras da Mocidade Portuguesa Feminina, Gustavo é apresentado como um jovem idealista, de acordo com os parâmetros ideológicos do fascismo do Estado Novo, mas cuja sombra do "comprazimento e facilitismo"[138] do pai o coloca em confronto direto com a "indiferença e a exigência"[139] da mãe. Talvez por causa dessa dualidade contrastante entre suas principais referências familiares, o fato de Gustavo "estar disposto a morrer pela pátria, a ser o Martim Moniz do Estado Novo",[140] sua crença na tese disseminada pelos meios de comunicação de que os "comunistas judeus mataram Salazar",[141] seu desprezo por leituras mais esclarecedoras em detrimento de artigos afeitos à disseminação do antissemitismo, além do apego às fardas azuis e aos desfiles militares, fazem dele uma personagem em plena consonância com o modelo do "homem novo", enquanto agente educacional, patriótico e ideologicamente preparado para continuar a ordem instituída.

Mário César Lugarinho esclarece as ligações entre o nacionalismo, as masculinidades e o colonialismo, reiterando que a concepção de "homem novo", amplamente divulgada pelas políticas autoritárias em territórios europeus a partir da década de 1930, vem preencher uma necessidade do Estado Novo português de controlar ideologicamente os indivíduos, a fim de manter sua hegemonia e reivindicar, inclusive, seu projeto de permanência colonizatória nos territórios africanos. Daí que, em 1936, ao discursar nas efemérides do décimo aniversário da instauração da ditadura militar em Portugal (28 de maio de 1936, em Braga), no conhecido "discurso de Braga", Salazar tenha chamado atenção para o "homem novo" português, "a quem caberia ao Estado moldar, capacitando-o a cumprir e interpretar a alma e o destino ontológico da nação que o antecedia e se lhe sobrepunha, vinculando-lhe atitudes, pensamentos e modos de vida".[142]

Se observarmos a construção da personagem de Gustavo Pereira, essa mesma ordem ideológica surge estampada no temperamento e nos comportamentos do jovem. Sua irritação diante da impossibilidade de a missa funeral do líder português ser realizada no Mosteiro dos Jerônimos, exatamente porque a bomba dos judeus explodira a escultura *Padrão dos Descobrimentos*, bem como a Exposição do Mundo Português, leva-o a jurar vingança, quando observa os estragos deixados pela horda dos inimigos comunistas.

Não deixa de ser significativo, portanto, que, na trama, todo o aparato cênico das exéquias de Salazar, as paradas respeitosas de Joseph Goebbels e Francisco Franco no cortejo fúnebre, os discursos insidiosamente fleumáticos do cardeal Cerejeira e de Duarte Pacheco, as falas inflamadas de Óscar Carmona e os gestos impositivos de Rolão Preto fornecem os elementos necessários para a mistificação do líder e para a preparação sucessória do novo dirigente português. Trata-se, na verdade, de uma grande encenação, com sinais visíveis de um nacionalismo radical e excludente, a que Gustavo não fica insensível, posto que confirma, com um aceno individual, sua concordância em participar de um plano coletivo de construção nacional:

O presidente Carmona faz uma pausa e olha para Franco, executando uma pequena vênia de reconhecimento. O *feedback* metálico dos microfones estala nos alto-falantes. Franco levanta-se e espera um instante para que tudo se cale. O chicotear das bandeiras, na imensa praça-coração do império, carrega o silêncio de expectativa e de magnificência. O ditador espanhol dá um passo adiante e, em vez de retribuir com uma vênia, estica o braço ao céu, saudando César e os milhares de soldados diante de si. Rolão Preto levanta-se e imita-o. Os legionários são os primeiros a responder. Em segundos, todo o Terreiro do Paço é uma só entidade de braço estendido, unida pela coreografia que saúda os imperadores da civilização ocidental.

Gustavo sabe que há homens que se comovem diante de quadros e que choram ao ouvir sinfonias. Ele é mais sensível à estética e à ordem de uma grande causa. Tamanha manifestação, naquela praça, serve para afirmar a superioridade de Deus, da pátria e da família sobre o indivíduo. Mas, ainda que Gustavo sinta que o seu ego se dissolve no mar das aspirações coletivas, quando levanta o braço ao alto também sente o poder de quem atravessa sozinho a linha da meta em primeiro lugar. Um dia, Deus, pátria e todas as famílias irão saber quem é o filho único dos Soares Pereira.[143]

Cena por demais emblemática na trama romanesca, o narrador antecipa nela aquilo que se confirmará ao longo dos capítulos subsequentes. O gesto de Rolão Preto de imitar o ditador espanhol – que, por sua vez, reencena a saudação nazista – indica exatamente que sua antiga contrariedade em relação aos ideais políticos de Salazar não resiste à ânsia de poder chegar ao posto de líder do Conselho de Ministros de Portugal, abrindo mão de suas antigas posições antissalazaristas e cedendo à continuidade da ideologia fascista, recrudescendo a censura e a perseguição aos judeus.

Confirma-se, portanto, o que apontamos anteriormente, ou seja, o esticar o braço ao céu revigora a máxima de que "a história não se repete, mas rima",[144] porque, apesar da mudança de nome na liderança política do país, o ritmo de intolerância, violência, medo, perseguição e censura continua a reverberar no percurso das personagens. Mudam-se os nomes dos atores, mas o enredo de repressão e tirania, se não continua o mesmo, piora em muitos sentidos.

Daí que a empatia de Gustavo a toda essa manifestação de apoio e sua total concordância com os indicativos de defesa da manutenção dos ideais fascistas acabam por revelar seu papel como um "homem novo" em ebulição, nesse cenário de imposição de uma ordem controladora dos espíritos e dos corpos. Na verdade, seu desejo incontido de possuir um papel relevante na propagação da política autoritária de Rolão Preto estabelece uma linha de ligação com o próprio título do romance, afinal, é na sustentação da tríade Deus-Pátria-

-Família que Gustavo sonha em sair do anonimato e ganhar o estrelato de agente afirmativo do Estado Novo. Sua ânsia de reconhecimento, portanto, passa por aquele processo descrito por Mário César Lugarinho, ao explicar a política formadora dos homens nesse período: "A pátria, a família e a religião seriam tratadas como uma tríade indispensável para a efetiva execução do ambicioso projeto nacional do Estado Novo".[145]

No meu entender, essa predisposição de Gustavo reitera o caráter irônico do próprio título do romance, tendo em vista que, na consecução do projeto da personagem de subida estelar aos principais cargos de vigilância, ele encarna todos os valores abjetos dos sujeitos ligados aos órgãos de repressão. No lugar de insistir em valores positivos, a tríade absorvida no título do romance de Hugo Gonçalves parece denunciar a falência dos regimes autoritários e de todos aqueles que neles depositam sua confiança e seguem seus ditames. Nesse sentido, se a perseguição de Gustavo aos judeus e, principalmente, a Rebeca esboça uma forma de expressar seu desprezo por "homens mentirosos e traidores como Paixão Leal",[146] do mesmo modo, seu menosprezo e seu escárnio pelo *modus vivendi* de Inácio Capote, quando este é levado a depor na polícia, podem ser entendidos como uma autêntica manifestação de adesão aos princípios controladores do fascismo. Em contrapartida, no entanto, sua incapacidade de se autenticar como um homem, de experimentar fisicamente sua masculinidade com outro corpo e sua compulsão masturbatória na solidão do quarto diante de uma revista com "ninfas portuguesas a fazer a saudação romana"[147] demonstram sua completa falta de controle e, ao mesmo tempo, sugerem ambiguamente que seu desejo pode estar direcionado tanto às figuras femininas quanto aos gestos que elas performatizam:

> Volta para a cama com a revista, desaperta o cinto, baixa as calças da farda, deixa cair um fio de cuspo na ereção. Escolhe uma das miúdas em primeiro plano, foca-se na fímbria do sovaco, na pele branquíssima que espreita pela manga do braço erguido a César. Não precisa de muito tempo. Gustavo Maria Pereira é um masturbador apressado, de movimentos frenéticos. Retorce o rosto vermelhusco e abre os dedos dos pés, uma veia engorda no pescoço, a franja cai-lhe para os olhos. Ao ejacular sobre a fotografia das imaculadas filhas da nação, sente-se tão indestrutível como os soldados alemães que aparecem na revista. A glória orgásmica é sempre breve. Ao grunhido animalesco de prazer segue-se, primeiro, o vexame de ter as calças em baixo e o pênis a murchar-lhe nos dedos pegajosos;

logo depois é tomado pela preocupação: tem de ver-se livre da revista antes que a mãe descubra as páginas coladas pela depravação seminal do filho único.[148]

Não deixa de ser mordaz a forma como o narrador trata as hipocrisias de Gustavo, posto que este possui uma moral frágil e não consegue manter seu alicerce diante do desejo masturbatório. Aliás, sua fortaleza moral só se sustenta quando é preciso identificar e acusar os males de outros, mas, diante da brevidade de sua "glória orgásmica", a única reação possível é a vergonha diante de pretensos gestos de afirmação de masculinidade que sucumbem na celeridade e no laconismo da própria ereção. O pênis murcho, a ejaculação rápida e as páginas da revista coladas com o sêmen são a prova de que Gustavo não possui nenhum caráter especial. Ao contrário, ele é igual a qualquer outro homem comum, com a diferença de que seus desejos e seus prazeres não são satisfeitos na intimidade e na partilha com um corpo alheio (como ocorre, por exemplo, com outras personagens da trama: seja na reciprocidade heterossexual, como ocorre com Luís, Joaquim e Cardoso; seja com as personagens homossexuais, como Nuno e Isaías; ou, ainda, como aqueles cuja orientação sexual surge por um viés desviante ao extremo, como é o caso do padre Martinho, ou emerge de forma traumática e violenta, como é o caso do próprio Benjamin). Sozinho, tem como companhias as figuras femininas frias e estampadas na revista e as suas próprias mãos. No fundo, aquelas implicâncias com os irmãos Luís e Joaquim, bem como a prisão de Madalena e a perseguição a Rebeca e seus filhos, parecem funcionar como válvulas de escape e mecanismos de compensação desse "homem novo", ideologicamente formado pelo Estado Novo, mas fisicamente inapto e incompetente nas suas funções masculinas.

Há de destacar, ainda, sua própria família, cujos alicerces e bases se fundam numa relação na qual não existe amor ou reciprocidade, numa "hipocrisia do simulacro de um matrimônio";[149] por isso, logo após a reação imediata e violenta de Gustavo, ao segurar a mão de Margarida quando esta se preparava para desferir-lhe um tapa no rosto, o narrador estabelece uma ligação entre a cena familiar dos Pereiras e uma outra, ilustrada numa propaganda de jornal:

Pai, mãe e filho. Um juiz, a diretora da revista da Mocidade Portuguesa Feminina, um legionário com posto garantido nas Brigadas da Decência. A família orgulho do regime. E, ainda assim, tão diferente daquela que aparece, em cores, numa página da revista nas mãos de Pereira. Trata-se de um cenário doméstico popularizado pela propaganda. Na ilustração, o pai regressa a casa do trabalho na lavoura, tem uma enxada ao ombro e o chapéu na mão. A mesa está posta, há um crucifixo em cima do móvel. A filha pequena abre os braços ao pai, o filho levanta-se, respeitosamente, para o receber. A mãe, de avental, segura um tacho junto do fogo da lareira. No canto superior esquerdo: *A lição de Salazar*.[150]

Diretamente referido pelo narrador, o conhecido cartaz de Martins Barata, o último dos sete, publicados em 1938, da série "Deus, Pátria, Família: a Trilogia da Educação Nacional", concebe uma lição de humildade, simplicidade e ruralismo, valores ligados à formação da identidade cultural portuguesa, disseminados de forma ampla e irrestrita ao longo dos anos do Estado Novo.[151] Tal como se pode observar abaixo, a imagem explica por si só os papéis de gênero esperados por cada membro da família a partir de sua participação na célula social:

Figura 1: "Deus, Pátria, Família: a Trilogia da Educação Nacional", cartaz de Martins Barata. Fonte: Policarpo, 2011, p. v.

Ao homem, o chefe da casa, destinam-se os encargos do trabalho e da sustentação do lar, cujo esforço braçal e campesino é sugerido por sua entrada com a enxada ao ombro. À mãe, cabem as tarefas de cuidar da arrumação e da limpeza do ambiente familiar, da alimentação e do bem-vestir dos filhos. Estes, por sua vez, cumprem os papéis esperados pela ideologia estado-novista: a menina, ocupada com as panelinhas e os brinquedos que sugestionam a repetição e a continuidade dos gestos da mãe, deixa tudo de lado para receber o pai de braços abertos, enquanto o rapaz, uniformizado com os trajes da Mocidade Portuguesa, indicativo de sua inserção nos processos educacionais formadores dos indivíduos naquele contexto, sai em direção ao pai para receber o chefe da casa.

Conforme já tive oportunidade de discutir sobre o referido cartaz,[152] a cena em destaque coloca em evidência um ideário branco, heteronormativo, patriarcal, machista e cristão, que não podia e não devia ser colocado em xeque, caso contrário os resultados decorrentes do esfacelamento poderiam gerar a desestabilização do quadro familiar, com sérios prejuízos aos papéis desempenhados, além de incitar uma possível desestruturação das malhas identitárias nacionais. Por isso, o pai (espécie de "homem novo" rural) entra na cena doméstica como trabalhador e provedor, e sua companheira cumpre sua função de mulher cuidadosa e mãe zelosa, ou seja, ambos constituem figuras legitimadoras de uma norma em que a práxis sexual precisa estar circunscrita às leis da "conjugalidade e da reprodução",[153] a fim de garantir a continuidade de outros atores, com os mesmos papéis de gênero. Vale lembrar, portanto, a assertiva afirmação do narrador: "A maternidade era o determinismo de parir, amamentar e impedir que o filho morresse".[154]

Quero lembrar, aqui, a esclarecedora explicação de Verônica Policarpo, sobre as sexualidades na época salazarista, sobretudo nas décadas de 1950 e 1960. Ainda que a investigadora portuguesa se refira a períodos posteriores ao abordado no romance de Hugo Gonçalves, não deixa de ser significativo o fato de que o núcleo da família Pereira endossa e revigora também aquela "moral sexual rígida e conservadora, enquadrada pela ideologia política, religiosa e moral do Estado Novo, e que prescreve uma sexualidade monogâmica, heterossexual, restrita ao casamento e à reprodução".[155]

Em contrapartida, todo o tratamento dado à célula familiar dos Pereiras incide numa ironia destilada no perfilhamento de seus membros. Nesse sentido, Jaime Pereira, o patriarca, desempenha um papel muito mais fraco que Margarida; esta sim é marcada por uma força político-ideológica e por uma rigidez na manutenção dos valores estado-novistas. Logo, a iniciativa de Gustavo de sair da Legião Portuguesa e se tornar o chefe das Brigadas da Decência, espécie de polícia de costumes criada na gestão de Rolão Preto, indica a necessidade de superar o próprio pai, posto que tenta de todas as formas fazer aquilo que, em sua visão, este é incapaz de realizar. Por outro lado, não se pode descartar que as responsabilidades de Jaime e Margarida, enquanto marido e mulher, só se sustentam graças a uma vivência mantida sob a aparência de uma família bem constituída. O filho, inapto para conseguir uma namorada, desvirtua-se do modelo moral a partir do momento em que só consegue atingir o prazer no ato privado da masturbação, gesto por si só também condenado pelos principais manuais de conduta.[156]

Comparadas as duas células familiares (a do cartaz e a dos Pereiras), há a sensação de que a lição de Salazar, pelo menos a deixada pelas personagens ficcionais de Hugo Gonçalves, está fadada ao fracasso, seja porque seu próprio inventor, apesar de sua "aura messiânica", desde o início da trama, é descrito como um homem velho, frágil, que "cabeceia de cansaço no carro, tem flatulência depois do cozido e se baba durante o sono"[157] – logo, seu legado só poderia ser o de um conservadorismo bacoco, e suas heranças, a desgraça e o fiasco –, seja porque o modelo estimulado pelos membros da família Pereira longe está de encarnar os passos da tríade anunciada no cartaz, contribuindo, assim, para o exsudar de uma ironia flagrante na composição dessas personagens na trama e na junção com o próprio título do romance.

Diante das considerações até aqui tecidas, não deixa de ser interessante observar que *Deus Pátria Família* investe na efabulação dos mais diferentes quadros culturais, políticos e artísticos de 1940, entre os quais eu destaco o estabelecimento de laços entre o discurso fascista do Estado Novo e as masculinidades. Assim sendo, Gustavo pode ser lido exatamente nesse viés, do mesmo modo como as outras personagens masculinas aqui referidas. Entre estas, também Benjamin Benavente confirma essa particularidade temática, se levarmos em conta a forma como o narrador apresenta sua jornada até o momento em que se torna o *serial killer* das santas.

***

Ao contrário do processo mnemônico no capítulo de digressão ao período de 1920-1934, em que a adoção de uma narração sob os efeitos especulares de uma hipertimesia sugere a aproximação do narrador aos seus objetos de interesse, ora movido por um entusiasmo racional (porque é preciso contar a trajetória dos irmãos Paixão Leal naquela faixa cronológica), ora por uma curiosidade emocional (porque são eles os principais focos de atração do narrador para manter sua narrativa), no oitavo capítulo ("O Anjo de Portugal"), no qual encontramos todo o percurso do assassino, a disposição arquitetural dessa seção denuncia uma espécie de desapego do narrador em relação a Benjamin, enquanto possível objeto de interesse, na medida em que não incorpora a elasticidade na apresentação das sequências do ano demarcado (1917) – tal como fizera na seção destinada ao passado dos irmãos Paixão Leal –, do mesmo modo como não separa os eventos cruciais na formação e na educação de Benjamin.

Se observarmos com atenção, toda a parte destinada ao ano de 1917 é narrada num único fluxo, sem qualquer subdivisão temporal, como ocorre no capítulo destinado a resgatar os passos de Luís e Joaquim Paixão Leal. Ainda assim, entendo que o narrador se vale da capacidade de construção digressiva porque parece depreender que o criminoso não pode escapar impunemente, por isso não poupa o leitor dos detalhes mais delicados, sensíveis, complexos e revoltantes do crescimento e do amadurecimento de Benjamin:

> Dirigiram-se para o quarto, onde todas as noites o filho dormia com a mãe num colchão de palha. O baque de algo a cair. Talvez uma luta. Benjamin empurrou a porta e espreitou pela frincha. Levantou os olhos para as costas peludas de um homem de pescoço largo, a nuca morena do sol. Os braços eram lívidos, uma gordura leitosa que ondulava sobre os músculos. E um chapéu na cabeça, as calças pelos joelhos. O corpo desse homem investia contra a mãe de Benjamin. Alice estava de gatas, nua da cintura para baixo. O filho não conseguia decifrar o intuito daquela violência. Ocorreu-lhe a imagem dos cães que uma mulher da aldeia tentara desprender com um balde de água. O rosto do miúdo era a carne viva das emoções – horror, confusão e repulsa. [...]
> "Mãe", disse o filho, que não sabia nada do sistema reprodutor das mulheres ou da devassidão dos adultos. Desconhecia que o sexo tinha cheiro, que era sujo e primitivo.
> "Já daqui para fora", gritou Lobato, avançando para Benjamin com os pés algemados pelas calças. Os rapazes fugiram e ouviu-se o estampido da porta do quarto. Dois miúdos a atravessar o mato. Apolinário tinha uma casa aonde regressar. Benjamin ficou perdido na noite. E quando, de madrugada, voltou a entrar no

quarto, viu que a mãe dormia enrolada num cobertor com manchas de sangue. Sustendo o fôlego para que ela não acordasse, deitou-se debaixo da cama e rezou o terço sem abrir a boca.[158]

Na cena acima, Benjamin sofre o primeiro choque ao perceber a violência com que Lobato investe sobre a mãe, a forma como muito provavelmente ele próprio fora concebido e como as relações sexuais estavam diretamente ligadas a uma brutalidade que fere e sangra o corpo. Ainda marcado por pureza e ingenuidade, Benjamin não consegue rezar o terço em voz alta para não acordar a mãe, envolta num "cobertor com manchas de sangue". Na verdade, a exposição de Alice e seu recolhimento nesse pano constituem uma imagem crucial para entender o ritual que ele realizaria com as mulheres mortas por suas mãos, posto que, na concepção da personagem, do mesmo modo como o cobertor, que cobre o corpo materno, teria o poder de esconder a agressividade e a sujidade do ato sexual cometido contra ela, o gesto adotado por Benjamin, depois de cada assassinato, poderia redimir sua própria violência feminicida.[159]

Para além da desorientação, apesar dos excessos melindrosos da mãe, Benjamin não tem com quem dividir seus medos e seus anseios, nem tem de quem receber qualquer informação ou conhecimento. Por isso, fica circunscrito à companhia dos amigos e às atenções do pároco, na catequese. Filho de Alice, uma mãe solteira, rejeitado por Lobato, amante desta e casado com Josefa, Benjamin encontra conforto nos ensinamentos e nos momentos de privacidade com padre Martinho. Este, por sua vez, acaba por interferir na rotina da família, ao tentar conversar com a mãe de Benjamin e escrever uma carta à esposa de Lobato, delatando o ocorrido. Este, ao saber da intromissão do padre, vai em direção à igreja, armado e decidido a matá-lo. O que não esperava era a reação imediata do pároco que o fere e o faz recuar. Machucado pela briga, o padre cancela todos os trabalhos do dia, incluindo a comunhão do pequeno Benjamin. Exatamente nesse momento, o narrador consegue construir uma sequência marcada pela densidade dos eventos e pela condensação de sua sucessão, porque, depois da briga com Martinho e seriamente ferido, Lobato encontra Benjamin a caminho da igreja e quase estrangula o jovem, que consegue escapar e correr para a capela, com os respingos de sangue do amante da mãe ainda em seu rosto e em sua roupa.

Devassando a intimidade da capela, onde Benjamin se encontra sob os cuidados do padre, o narrador enfim revela o segundo choque que marcaria o jovem, com as possíveis explicações para este se tornar o *serial killer* das santas, com todo o aparato ritualístico das eucaristias:

> Enquanto a criança rezava, Martinho verificou a temperatura da água, vestiu uma túnica branca e colocou os paramentos.
> "Lavemos a carne." Começou a desabotoar a camisa branca de Benjamin, manchada com o sangue de Lobato. Despiu-lhe as calças e as ceroulas. O corpo nu do rapaz era magro e tenro. O cordeiro de Deus que carrega o pecado do mundo. Martinho deu a mão a Benjamin e ajudou-o a entrar na tina. Usou um púcaro para lhe molhar o cabelo como se o batizasse no Jordão. Pegou no cálice de vinho. "Tomai, todos, e bebei: este é o cálice do meu sangue, o sangue da nova e eterna aliança, que será derramado por vós e por todos, para remissão dos pecados."
> A palavra sangue era como uma veia lancetada. Benjamin empalideceu, segurou-se no padre que lhe aproximou o cálice dos lábios.
> "Não quero beber sangue", disse o rapaz.
> "É só vinho, experimenta, é bom." Martinho deslizou o dedo da garganta até o umbigo do miúdo. "Vais sentir Deus dentro de ti."
> Benjamin estranhou a acidez do líquido – era mais aguado e frio do que o sangue –, mas o padre manteve o cálice inclinado.
> "Tens de beber tudo para que Deus entre no teu corpo." Benjamin começou a sentir uma mansidão, um consolo, uma segurança, tudo mais leve, sem ângulos, arestas ou emboscadas. Deus estava dentro de si.
> "E as hóstias?", perguntou.
> O padre começou a tirar a roupa.
> "Para que possa dar-te a comer o corpo de Cristo, também eu tenho de estar limpo." Já despido, entrou na tina e começou a lavar-se com o mesmo pano com que esfregara Benjamin. Esticou o braço para as hóstias, pegou numa.
> "Corpo de Cristo."
> E a criança disse:
> "Amém."
> Benjamin caminhou pelo campo com uma sensação física inconciliável – pureza e enjoo. Talvez as náuseas fossem mais uma etapa para expurgar o pecado. Estava bêbedo e a última hora era apenas um borrão de imagens esborratadas e secretismo, confusão e incógnita. Contudo, Deus tinha sempre razão. Ao passar por uma azinheira, a sua boca disparou um jorro avermelhado. O vômito enfraqueceu-lhe o corpo, mas clareou-lhe a mente. O transe era mais límpido,

o céu filtrado pelas lágrimas nos olhos, o sol expandindo-se do seu círculo epingando luz na linha do horizonte, nos contornos das colinas, nos ramos da azinheira. Por entre o zunido dos insetos e o silêncio das pedras, surgiu o refúgio de uma voz feminina, como a canção de embalar de uma mãe. Benjamin sentiu-se num casulo de líquido amniótico, e outro coração batia com o seu. No topo da azinheira, uma mulher abriu o manto branco para o acolher e disse: "Tens um lugar no Céu".
Benjamin não ouviu os balidos das cabras nem o tagarelar de Lúcia e dos seus primos, Francisco e Jacinta, que levavam o rebanho de regresso a casa. Lúcia, vesga e mal-encarada, tocou-lhe no ombro.
"O que é que estás a fazer?"
"A ouvir Nossa Senhora", disse Benjamin.
Nessa noite de treze de maio de 1917, duas crianças disseram às respectivas mães que tinham visto a Virgem. Só a mãe de Lúcia acreditou.[160]

Vítima de abuso sexual e de prática de pedofilia do padre, Benjamin passa a nutrir um sentimento de repulsa e ódio pelas figuras femininas, levando-o aos feminicídios. Ao que tudo indica, cada uma das mulheres assassinadas revive a imagem da mãe, ferida e alquebrada depois da posse violenta de Lobato sobre seu corpo; além disso, a apropriação de elementos da eucaristia sugere uma outra necessidade nos rituais executados. Para além da emergência em matar a mãe em cada uma das mulheres escolhidas, assassinadas, ritualisticamente preparadas e expostas, também a eliminação de um corpo raptado e, de certo modo, possuído por ele (ainda que a violência sexual não seja consumada) com elementos da ceia demonstra que, na perspectiva de Benjamin, é preciso igualmente exorcizar o abuso do padre, tal como o narrador irá revelar nos momentos conclusivos da trama, antes da captura pelo chefe das Brigadas da Decência:

> O sangue. Sempre o sangue. Carmesim, gomoso, líquido, em crostas, impossível de limpar. O sangue que feriu as águas nos poços, nos tanques e nos rios do Egito. O sangue nas guelras dos peixes e raiado nos olhos dos homens enfermos. O sangue nas chagas de Cristo. O sangue pisado dos hematomas do padre Martinho. O sangue nas coxas da mãe. O sangue que pingava da cabeça de Lobato para a sua cara. O sangue da menstruação das mulheres. Tantos anos passados e ainda tem pesadelos nos quais morre estrangulado pelas mãos ensanguentadas de um gigante. [...]

"Corpo de Cristo, já tens Deus dentro de ti." Benjamin: o emissário da Virgem, o primeiro e único vidente de Fátima, o arcanjo branco no exército do Senhor. Não tinha terço ou medalhas, não podia sequer lavar o cadáver para que se apresentasse impoluto no Dia do Juízo Final. Contentou-se em entrelaçar os dedos de Lurdes e benzeu-se: "Cordeiro de Deus que tiras o pecado do mundo, tem piedade de nós". Tocou os arranhões na cara e viu sangue nas mãos. Sempre o sangue. [...]
Esta é a hora. Benjamin tem de desencardir o mundo antes do regresso de Jesus. Tem de liderar os escolhidos e seguir os ensinamentos do Messias: "Quanto àqueles meus inimigos que não queriam que eu fosse rei, tragam-mos cá e matem-nos diante de mim". Benjamin é o continuador do espírito guerreiro de Cristo, que deixou bem claro: "Não pensem que vim trazer a paz à Terra. Não vim trazer a paz, mas a guerra. Vim, de fato, trazer a divisão entre filho e pai, filha e mãe, nora e sogra. Os inimigos de uma pessoa serão a sua própria família. Aquele que amar o pai ou a mãe mais do que a mim não é digno de mim; e o que amar o filho ou a filha mais do que a mim não é digno de mim".
Há anos que Benjamin Benavente esperava o desvelar da profecia final. Responde ao mesmo chamamento que levou os cruzados a conquistar Jerusalém. Com cada morte de uma mulher impura, descontamina-se da mácula que lhe foi imposta pelo padre Martinho e renasce mais forte na sua virtude, iluminado pela fulgurância divina, clarividente e certo da missão que lhe cabe. *Fanaticus*, o homem inspirado pelos deuses.[161]

Numa postura também absorvida de Luís Paixão Leal, o narrador aqui assume o papel de um detetive e vasculha a subjetividade do *serial killer*, tecendo suas conclusões a partir da elaboração de um raciocínio lógico, muito próximo das práticas observadas pelas criaturas dos romances policiais. No entanto, mais do que revelar os motivos mais obscuros da mente assassina, a voz narrante criada por Hugo Gonçalves supera essa prática, na medida em que constrói um cenário de puro fanatismo e excisão, porque é preciso expurgar as impurezas e promover uma descontaminação coletiva. Na verdade, fico a me interrogar se essa postura de Benjamin não está muito próxima daquela febre generalizada de expulsar os judeus e extirpar os comunistas, porque seriam eles os verdadeiros causadores da decadência moral no país. Até que ponto esse fervor místico de Benjamin não o coloca em consonância direta com as teorias conspiratórias construídas por Rolão Preto e seus seguidores? Será, realmente, Benjamin um monstro deslocado e descontextualizado desse tempo de medo, intolerância e discursos de ódio? Ou será ele mais uma criatura a compor o quadro desse período de trevas, medo, perseguição e morte?

Acreditando piamente se tratar de uma cruzada cristã, Benjamin subverte o sentido da eucaristia e promove seu particular ritual, em que o corpo de Cristo é substituído pelos corpos de cada uma das mulheres, e o sangue dimanado da posse violenta da mãe, do abuso cometido por padre Martinho, das feridas de Lobato sobre seu rosto quando criança e o sangue de suas feridas, causadas pelas tentativas de defesa de sua vítima, tomam o lugar do sangue do *Agnus Dei*.

Nesse sentido, justifica-se a cena de sua prisão surgir, a partir de uma acusação de prática homossexual, inteligentemente engendrada por Paixão Leal para atrair as atenções de Gustavo Pereira, nos momentos finais do romance, como uma verdadeira via dolorosa, reencenando os passos da paixão de Cristo e expondo o caráter de uma devoção supersticiosa e exacerbada da personagem, num climático auto de fé:

> O sangue de Jesus Cristo aspergido na pele dos soldados romanos que o chicotearam e o levaram para a cruz, como fazem agora os brigadistas com Benjamin. Os pingos de sangue na testa são a sua coroa de espinhos. Esta é a Via-crúcis do primeiro vidente de Fátima. *A Paixão de Benjamin*. Cai a primeira vez, como o Messias. Mas não encontra a sua mãe nem uma mulher na multidão lhe limpa a cara. Cai uma segunda e [uma] terceira vez, como Jesus, antes que o metam num carro e o levem para a Mitra, onde lhe tiram as vestes, como fizeram ao filho de Deus. O seu martírio não termina na cruz, mas na cela onde o irão buscar, nos próximos dias, para as sessões de tratamento com choques elétricos. O clangor do metal da porta, ao fechar-se, parece-lhe um martelo a bater nos pregos.
> Benjamin ajoelha-se no cimento rugoso e, como Jesus, pergunta: "Meu Deus, meu Deus, por que me abandonaste?".[162]

Numa espécie de autoexpiação, a personagem assume seu papel de mártir, com a crença de que sua função tinha a dimensão nacional de resgatar o país e o mundo de sua sujidade moral, numa encenação do abandono a que estava fadada e em que se expõem, novamente, as formas com que o poder instituído e os órgãos de vigilância do Estado Novo atingiam em cheio e tratavam todos(as) aqueles(as) que ousavam desafiar suas normas, entre elas as dissidências sexuais. Mesmo não sendo apresentado como homossexual, Benjamin sofre as consequências da acusação, sem direito a defesa ou contestação.

Para além dessa condição, é preciso ainda destacar a ironia com que Hugo Gonçalves tece o percurso de sua criatura, na medida em que, também não sendo judeu ou tendo heranças judias, Benjamin carrega no seu nome o peso de uma identidade perseguida pelos poderes políticos da época. Nesse sentido, acredito que a personagem desnuda uma construção irônica na sua composição, posto que rasura aquele significado de "filho da felicidade", "filho da mão direita" e "filho predileto".[163] Na verdade, não sendo o alvo da predileção nem do pai (que não conhece), nem do padrasto (que não o reconhece), acaba por se tornar o foco da voracidade pedófila de padre Martinho, motivo de seu infortúnio e de sua infelicidade.

Gosto de pensar que Benjamin desenha um outro tipo de masculinidade, porque, da subalternidade quando criança, passa a desempenhar o papel de uma masculinidade hegemônica sobre outras mulheres, porque sobre estas impinge uma manifestação reprimida e violenta, ainda que somente conseguida pelo anonimato, pelo disfarce e pelo ocultamento. Diferente, portanto, daquele modelo do "homem novo", perfilado por Gustavo Pereira, por exemplo, Benjamin é aquele que mascara a presumível aparência de uma masculinidade violenta, ou seja, "o estereótipo da masculinidade mais crua – o algoz, o assassino, o mercenário" –,[164] e se oculta na sua pretensa fragilidade e no exercício de práticas místicas.

Diante do paradigma esperado, a personagem foge completamente desse estereótipo e não escapa do seu desfecho em ser preso e condenado. Ou seja, da condição de uma masculinidade subalterna, quando criança, Benjamin consegue transitar para uma masculinidade hegemônica, quando rapta e assassina quatro jovens, para, por fim, sucumbir ao estado de uma outra masculinidade subalterna, quando é preso e condenado sob a acusação de prática de homossexualidade. Por isso, não me parece gratuito o fato de ser Gustavo o instrumentador dessa prisão, com a cobertura do jornalista Fialho, acostumado a divulgar eventos policiais com um exagero midiático, ainda que saibamos se tratar de uma estratégia montada por Luís Paixão Leal para desviar a atenção do chefe das Brigadas da Decência, com o objetivo de viabilizar a fuga de Rebeca com os filhos para os Estados Unidos: "A ideia de acusar Benjamin de homossexualidade, entregando-o às Brigadas da Decência, partira de Paixão Leal. Fialho, prosador sensacionalista, acrescentara-lhe o satanismo orgiástico".[165]

Como se pode perceber, a mistura de misticismo, sensibilidade religiosa, hiperdulia, fragilidade e padecimento faz de Benjamin Benavente um modelo destoante e rasurante das masculinidades ideologicamente estabelecidas naquele contexto, a partir das *performances* de personagens como Gustavo, o Dentista e até mesmo os irmãos Paixão Leal. Na verdade, a conjunção das histórias individuais das criaturas com o próprio fluxo da história portuguesa revisitada nas malhas da efabulação constitui uma estratégia bem-sucedida de Hugo Gonçalves para a composição de suas personagens. Coladas aos principais momentos das cenas políticas, econômicas, culturais e sociais na Europa e em Portugal (entre eles, a Segunda Guerra Mundial, a ascensão do nazifascismo, a vitória de Franco na Guerra Civil Espanhola, o Estado Novo salazarista e a presença da censura e do medo por órgãos como a PVDE, por exemplo), são elas as personagens responsáveis por desvelar e expor as injustiças e os desmandos articulados por atores políticos no palco do século XX. Na minha perspectiva, as sequências temporais de 1940 e as digressões recriadas nas malhas de *Deus Pátria Família* despontam como um autêntico cenário dessa "era dos extremos",[166] na feliz expressão de Eric Hobsbawm.

Se levarmos em conta aquela premissa de que a hipertimesia de Luís Paixão Leal é motivada pelo desencadear do raciocínio enredado com alguma recordação afetiva, e que essa supermemória, por sua vez, é absorvida pelo narrador para recuperar e assentar o passado do protagonista e de seu irmão (criaturas que efetivamente interessam ao seu olhar escrutinador), então, no caso do capítulo sobre o assassino em série ("O Anjo de Portugal"), a disposição estrutural da rapidez com que a voz narrante vai expondo seguidamente os episódios da vida de Benjamin (sua infância, o abuso de padre Martinho, o roubo do milagre de Fátima para os três pastorezinhos impostores, o esmorecimento da fé, a irmã recém-nascida levada à força pela esposa de Lobato, o reencontro com padre Martinho no seminário e as revisitações da Virgem a Benjamin, anunciando que "A guerra não acabou. Não acabará nunca"[167]) leva-me a inferir que o percurso dessa personagem só interessa ao narrador por aquilo que pode trazer de esclarecimento para a trama, posto que a ausência de datas selecionadas (como faz na narração dos passos dos irmãos Paixão Leal, de Portugal aos Estados Unidos e vice-versa) e, ainda, a "economia, o ritmo, a lógica essencial"[168] com que vai concatenando os episódios primordiais do percurso de Benjamin sugerem que nem o detalhe racional, nem o aspecto emocional constituem mecanismos para o envolvimento do narrador com o passado dessa personagem. Por isso, compreende-se que, sem abrir mão de sua potencial supermemória, o narrador parece fazer questão de deixar uma pista sobre seus sentimentos em relação à matéria narrada.

Na verdade, gosto de pensar que a digressão ao ano de 1917 é movida por uma necessidade igualmente importante para os rumos da trama, qual seja, a de compreender as razões pelas quais Benjamin executa suas vítimas por meio de um ritual eclesiástico invulgar. No meu entender, é essa a motivação principal que faz com que o narrador seja levado a "reviver o medo, o rancor, o abandono, a culpa e a traição de noites e dias passados",[169] tal como o protagonista agira em relação a seu próprio passado. Mesmo sem os idênticos indicativos textuais dos estímulos racionais e afetivos que levaram o narrador a dilatar a trama e a digressionar aos anos de 1920-1934, ao que tudo indica, esse deslocamento ao passado de Benjamin parece soar mais como um dos "inventários de provas" no "labirinto da memória"[170] ficcional do narrador.

Aqui, vale relembrar a proposta de Ítalo Calvino, ao tentar explicar os diferentes movimentos de absorção da rapidez, como uma das características da literatura do século XXI. Para elucidar tal mobilidade, inerente à referida proposta (de concentração e de expansão), Ítalo Calvino recorre a duas imagens mitológicas indissociáveis: Mercúrio e Vulcano. Segundo o ensaísta italiano, enquanto o primeiro, com sua versatilidade no movimento "de pés alados, leve e aéreo, hábil e ágil, flexível e desenvolto",[171] incorpora a capacidade de deslocamento e de rapidez nos movimentos e indica a interligação necessária entre os seres e os objetos, o segundo, "fechado em sua forja, onde fabrica interminavelmente objetos de perfeito lavor em todos os detalhes",[172] revigora os momentos de interioridade temporal e reivindica uma preocupação de focalização em questões menos imediatistas e mais explicativas.

Ora, nesse caminho de entendimento da rapidez como uma proposta da produção literária do nosso milênio, acredito que as duas referências (os tempos de Mercúrio e de Vulcano) podem ser pressentidas na disposição estrutural de *Deus Pátria Família*, de Hugo Gonçalves, em duas direções. Se olharmos para a estruturação horizontal – ou seja, na sequência da narrativa como um todo ficcionado, do início ao fim –, de um lado, a rapidez com que a velocidade mental do narrador vai tecendo e criando os episódios do ano de 1940 pode ser associada ao "passo claudicante e [a]o cadenciado bater do martelo"[173] de Vulcano, em cada um dos blocos detalhados nessa data central; e, de outro, as digressões articuladas nos períodos de 1920-1934 e 1917 movem-se em direção ao "voo aéreo de Mercúrio",[174] fazendo com que os blocos intercalados com as respectivas digressões (o segundo e o quarto) instaurem uma parada momentânea à sequência principal da trama (o primeiro, o terceiro e o quinto blocos).[175]

No entanto, se atentarmos para a estruturação vertical da obra – ou seja, para o interior de cada uma das partes individualmente –, então, enquanto os capítulos circunscritos a 1940 elasticizam os eventos recuperados graças à hipertimesia do protagonista emprestada ao narrador, evocando a aerodinâmica de Mercúrio, os centrais, direcionados às duas faixas pretéritas em relação à referência temporal central da trama (1940) – o de 1920-1934, com a infância e a juventude dos irmãos Paixão Leal, e o de 1917, referente à infância de Benjamin Benavente –, compactam e filtram as digressões a partir dos passados específicos das principais personagens da trama, insuflando uma espécie de aproximação com a cadência do martelo de Vulcano.

Ambígua, com certeza, essa distribuição das duas imagens relativas ao binômio celeridade/suspensão, no entanto, ao articular os tempos de Vulcano e Mercúrio em direções diferentes dentro da estruturação macro do romance e micro de cada parte constituinte deste, fico a me interrogar se Hugo Gonçalves não concretiza aqueles mesmos "critérios de funcionalidade"[176] presentes na proposta da rapidez calviniana. Afinal, seja na maleabilidade horizontal, seja na compacidade vertical, não é possível detectar um fazer autoral que "negligencia os detalhes inúteis" para insistir "nas repetições, por exemplo quando a história apresenta uma série de obstáculos a superar"?[177]

Logo, os dois exercícios articulados (de rapidez/concentração e digressão/alargamento) na poética desse romance de Hugo Gonçalves sinalizam sua plena consonância com aquele "trabalho do escritor"[178] na dimensão da proposta de rapidez, tal como descrito por Calvino, posto que, também na estruturação de *Deus Pátria Família*, é possível vislumbrar e

> [...] levar em conta tempos diferentes: o tempo de Mercúrio e o tempo de Vulcano, uma mensagem de imediatismo obtida à força de pacientes e minuciosos ajustamentos, uma intuição instantânea que apenas formulada adquire o caráter definitivo daquilo que não poderia ser de outra forma; mas igualmente

o tempo que flui sem outro intento que o de deixar as ideias e os sentimentos se sedimentarem, amadurecerem, libertarem-se de toda impaciência e de toda contingência efêmera.[179]

Quero com isso dizer que, enquanto o despontar e o desenvolver do eixo central da trama de 1940 podem ser entendidos como ações encadeadas com a força dos movimentos de Vulcano, "a *focalização*, ou seja, a *concentração construtiva*"[180] para apresentar um Portugal do Estado Novo e as construções digressivas dos dois blocos cronológicos relacionados ao passado das personagens, intercalados na disposição da concentração construtiva de 1940, evocam os movimentos aéreos, ágeis e flexíveis do tempo de Mercúrio, "a *sintonia*, ou seja, a *participação no mundo* que nos rodeia".[181]

Logo, os dois momentos de expansão temporal na narrativa (o dos anos 1920--1934, com os irmãos Paixão Leal, e o do ano de 1917, com Benjamin Benavente) acabam por se configurar como aquelas categorias de "acontecimentos que rimam entre si",[182] contribuem para essa sintonia dos eventos narrados no ano de 1940 e explicam a participação naquele mundo, naquele cenário de uma Europa na Segunda Guerra Mundial, de cada uma das personagens e seus papéis num Portugal estado-novista.

***

Ainda nessa disposição da rapidez, oscilando entre a *focalização* concentracionária e a *sintonia* digressiva, um outro recurso interessante na construção romanesca reside na forma como algumas inserções de *flashes* das histórias portuguesa e europeia do final da primeira metade do século XX abundam no romance de Hugo Gonçalves, levando-me a acreditar que, no fundo, cada uma das alusões ou menções a nomes de artistas, de títulos de obras e canções, de eventos marcantes da cena artística, independentemente de onde estas ocorram, funciona também como uma espécie de "anel mágico"[183] de Carlos Magno, porque, individualmente, cada um desses objetos culturais e históricos consiste em peça fundamental para aglutinar e, ao mesmo tempo, distender a compreensão do contexto epocal envolvido.

Nesse sentido, é possível estabelecer um elenco considerável em que cada citação desponta com sua particularidade, e todas elas, reunidas em conjunto, fornecem um quadro panorâmico do ano que se fixa, graças à atuação de uma supermemória do narrador. Por meio dela, ele busca condensar um quadro produtivo em que a arte floresce em meio a um cenário desértico de destruição, medo, incerteza e morte, num duplo efeito de rapidez, porque, se cada uma das citações funciona como uma partícula resumida do que poderia ter sido aquele ano de 1940, ao mesmo tempo, elas abrem um espaço de digressão que permite considerar a arte como, provavelmente, o único instrumento ao qual o homem pode se apegar e nele se sustentar.

Assim, nesse seleto elenco, encontramos os seguintes pequenos objetos mágicos com um forte poder remissivo, tais como:

(1) os teatros de revista, as películas do cinema mudo, as salas de projeção, com as referências às peças no Parque Mayer, além das atrizes Olive Thomas (e ao seu filme *The flapper*, de 1920) e Greta Garbo, o Cotton Club no Harlem, a apresentação de Duke Ellington, a revista *Bailarico* e a película *Gerónimo*, em Lisboa,[184] demonstrando o fervilhar da vida cultural na capital portuguesa e o fascínio de Luís Paixão Leal pelos músicos em Nova York;

(2) os *shows* de *blues* e *jazz* e a disseminação de intérpretes negros, bem como os espaços alternativos onde estes atuavam, em Portugal (e também nos Estados Unidos), com as indicações ao Arcádia, ao Olimpia Club, ao *blues*, descrito por Cardoso como "o fado dos pretos";[185]

(3) o nascimento da grande diva do fado português, Amália Rodrigues, e sua estreia no Parque Mayer, acompanhada por Cardoso;[186]

(4) as canções, as transmissões por rádio de composições musicais e as obras literárias clássicas e contemporâneas, próximas ao ano de 1940, tais como Artie Shaw ("Begin the beguine") e os discos de Gershwin e Cole Porter, ou um pouco mais distantes, como a transmissão dos *Nocturnos* de Debussy, os livros de António Sardinha (*O valor da raça*) e Mário Saa (*A invasão dos judeus*), os versos de Federico García Lorca, recitados por Nuno, pouco antes de seu suicídio ("Eran las cinco en punto de la tarde. Un niño trajo la sábana blanca a las cinco de la tarde" ["Eram cinco horas da tarde. Um menino trouxe o lençol branco às cinco da tarde"]); e as *performances* de Bing Crosby;[187]

(5) as tentativas de leitura de Luís e Joaquim, com as alusões às obras *Moby Dick* (Herman Melville), *O apelo selvagem* (Jack London), *O último dos moicanos* (James Fenimore Cooper) e *A ilha do tesouro* (Robert Louis Stevenson);

(6) os versos de Walt Whitman traduzidos para o português por Joaquim e os contos escritos por ele a partir da leitura de *O Grande Gatsby*, de Scott Fitzgerald;

(7) a história dos judeus – das perseguições medievais com a matança de Páscoa, de 1506, ao obscurantismo anterior ao início da Segunda Guerra Mundial, com a queima de livros, culminando com a *Noite dos cristais* e os campos de concentração;

(8) a hiperdulia, a aparição da Virgem, o culto e o início das peregrinações a Fátima;

(9) os diferentes atores da história de Portugal e da Europa nos complicados anos da Segunda Guerra Mundial transformados em criaturas ficcionais (Franco, Goebbels, Salazar, Rolão Preto, general Carmona, cardeal Laranjeira, o cônsul de Bordéus, Aristides de Sousa Mendes, e a Operação Panicle);[188]

(10) e a breve passagem de artistas estrangeiros por Portugal, como Max Ernst e Peggy Guggenheim.[189]

Ainda que muitos desses elementos sinalizem uma apropriação da história cultural da década de 1940, como já expus no início deste capítulo, isso não quer dizer que *Deus Pátria Família* seja pura e obrigatoriamente um romance histórico, mesmo na perspectiva pós-moderna.[190] Na minha concepção, o romance de Hugo Gonçalves ensaia um cotejo de várias categorias genológicas, posto que, se tais inferências até sugerem esse caminho de leitura, a trama narrativa oferece outros indícios interlocutivos, como, por exemplo, com o romance *noir*, o romance policial[191] e o próprio *Bildungsroman*, se entendermos que a obra em foco se baseia na formação do caráter de seu protagonista, Luís Paixão Leal, da infância à fase adulta. No entanto, gosto de pensar que o texto em estudo não se fixa numa categoria única, posto que vislumbra muito mais uma conjugação dessas tipologias textuais sem definir um grau de hierarquia entre elas ou uma linha limítrofe entre suas possíveis fronteiras de diálogo. Não à toa, minha perspectiva de leitura não contempla qualquer uma dessas categorias em específico, ainda que as compreenda como caminhos de análise plausíveis para o romance, porque o viés aqui adotado procura verificar *Deus Pátria Família* enquanto uma obra literária na qual se vislumbra a proposta calviniana de rapidez, confirmando-se, assim, como um texto significativo para habitar a prateleira hipotética da novíssima ficção portuguesa.

Desse modo, o final com a captura de Benjamin por Gustavo, a partir das artimanhas planejadas e calculadas por Luis Paixão Leal, não poderia ser mais coerente e convincente. Na verdade, ele é, sim, o autêntico articulador da captura do assassino, ainda que não leve os louros da vitória. No quadro temporal recriado por Hugo Gonçalves, nem sempre os principais atores de realização e confirmação da justiça são os que granjeiam o reconhecimento. Obcecado em fazer o certo, mesmo que para isso tenha de deliberadamente lançar mão do errado, o protagonista não desiste de perseguir e prender o responsável pelas mortes das jovens, do mesmo modo como não se resigna em ver o espetáculo de perseguição aos judeus e ficar impassível com o futuro de Rebeca e seus filhos. Daí que a sua atitude de se casar com a alemã e tentar, pela união matrimonial, protegê-la, juntamente com Christian e Mathilda, torna-se um gesto humanitário racional e, ao mesmo tempo, afetivo da personagem. Do mesmo modo, a arquitetura do plano de fuga destes converte-se em sua principal preocupação, ainda que, depois, acabemos verificando que Rebeca não era viúva, mas fugira rapidamente da Alemanha, deixando o pai alemão das crianças para trás. Este, por sua vez, reivindica as crianças em nome da liberdade da ex-esposa nos Estados Unidos.

Preso o *serial killer* e salva Rebeca, resta a Luís Paixão Leal tentar se reconciliar com seu passado. Talvez por isso, a derradeira cena do romance alude a um possível ponto de esperança no meio das incertezas e do futuro impreciso:

> Atravessam as montanhas da serra, passam por árvores e sombras, engolem curvas atrás de curvas até que o carro entra num carreiro que desemboca numa pequena casa branca manchada pela maresia. Joaquim tira os baldes de tinta branca e as brochas da bagageira. Depois de almoço, irão caiar as paredes.
> O rugido parece-lhes um maremoto. Olham para a costa e veem os aviões da Luftwaffe a rasar as escarpas. A suástica na parte inferior das asas e na cauda. Muito em breve, esses caças terão de interceptar os bombardeiros britânicos que venham incendiar Lisboa.
> Luís abre a porta e diz:
> "Pode-se?".
> "Estão atrasados", responde Bernardina. A mãe já pôs a mesa e tira a panela do lume. "Vá, sentem-se, que isto frio não presta."
> Os filhos obedecem e Joaquim vai servir-se. Bernardina dá-lhe uma palmada na mão.

"Nesta casa ainda há regras." A mãe baixa a cabeça e fecha os olhos: "Nós Vos agradecemos, Senhor, pelo alimento que tiveste a bondade de nos dar. Louvado seja Nosso Senhor Jesus Cristo."
Joaquim sorri para Luís.
Bernardina benze-se:
"Em nome do Pai, do Filho e do Espírito Santo".
E, a uma só voz, os irmãos Paixão Leal dizem:
"Amém".[192]

Muito diferente do cartaz *A lição de Salazar* ou mesmo do quadro familiar na casa dos Pereiras, a cena íntima de partilha entre Luís, Joaquim e Bernardina promove uma outra comunhão doméstica em que nem a alienação, nem o rigor excessivo parecem vigorar. Ainda que a presença de Deus surja na prece conduzida pela mãe, antecedida pela afirmação de existência de regras na casa onde se encontram, o olhar e o sorriso trocados pelos irmãos desintegram a severidade da entidade divina e favorecem uma informalidade saudável, abençoada pela camaradagem de ambos.

Também a Pátria surge ironicamente rasurada na cena acima, com o voo cortante dos aviões da Luftwaffe a anunciar a ameaça iminente do ataque dos britânicos, diante da aderência de Rolão Preto à política de ocupação nazista. Tanto num caso quanto no outro, longe de uma visão celebratória do passado, Hugo Gonçalves fornece uma percepção acidamente irônica, porque o Portugal de *Deus Pátria Família* surge pintado como um espaço europeu atrasado, marcado pelo fanatismo e pelo misticismo, economicamente cercado e dependente das forças bélicas estrangeiras, sem qualquer indício daquele "Jardim da Europa à beira-mar plantado".[193]

Por fim, é na sintonia e na ousadia de um sorriso correspondido e de uma informalidade consentida, que essa outra família reivindica seu espaço de resiliência. Recusando aquele ruralismo didático e conservador do cartaz de Martins Barata, anunciado no homônimo título do romance, e desmontando o pacto de severidade e a falta de sintonia afetiva, como ocorre na cena doméstica na casa dos Pereiras, Luís, Joaquim e Bernardina demonstram que, com desenhos e perfis muitos fora dos padrões esperados, a família Paixão Leal pode ser um caso exemplar de que, com pequenos gestos e com uma formação muito incomum da célula familiar, é possível dar alguns passos para atingir a liberdade.

Em suma, não deixa de ser instigante a forma com que Hugo Gonçalves vai paulatinamente construindo as principais criaturas da trama de *Deus Pátria Família*, imprimindo em cada uma delas um pormenor e uma minudência capazes de lhes conferir contornos lapidares: Luís Paixão Leal é o detetive obcecado em resolver o mistério dos assassinatos em série, mesmo que, para isso, tenha de lançar mão de um recurso de mudança de acusação para obter o resultado almejado; Joaquim Paixão Leal é o irmão mais novo que contrasta com as ideias do mais velho, estabelecendo com ele um contraponto necessário para alcançar o equilíbrio; Domingos é o tio que, temporariamente, substitui a ausência da figura paterna e que incita no jovem Luís a capacidade de argumentar e desenvolver o pensamento crítico; Benjamin Benavente é o *serial killer* com um passado marcado por profundas tragédias pessoais e complexidades familiares que, num acúmulo, o levam para o caminho de um misticismo deturpado e obliterador da natureza dos seus gestos criminosos.

A partir dessa constatação, é possível inferir que cada uma delas (e mesmo as personagens secundárias) é rigorosamente trabalhada pelo cinzel da mão do escritor, guardando na sua composição aquela mesma "expressão necessária, única, densa, concisa, memorável"[194] de que nos fala Ítalo Calvino. Gosto de pensar, portanto, que, tal como as referências artísticas, culturais, políticas e históricas, as próprias criaturas configuram-se também como objetos mágicos, no sentido de que cada uma delas carrega uma "força especial, torna--se como o polo de um campo magnético, o nó de uma rede de correlações invisíveis".[195] Afinal, no conjunto, não são elas que compõem o macroquadro de um Portugal num imaginário ano de 1940?

Por isso, acredito que a proposta de rapidez se ajusta perfeitamente à leitura da obra na medida em que tanto o ano de 1940 surge com uma economia desenhada pelas datas definidas, pelos objetos artísticos que vão condensando o ano que se quer fixar, quanto as digressões temporais relativas aos irmãos Paixão Leal e a Benjamin Benavente vão adiando a procura do protagonista pelo *serial killer* e, concomitantemente, fornecendo informações precisas e pródigas para compreendermos não só os passados individuais de cada personagem, como também o contexto epocal coletivo de um Portugal estado-novista. Aliás, essas digressões contribuem para uma efetiva dilatação do tempo, porque se impregnam das e expressam as correntes ideológicas da época salazarista e, ao mesmo tempo, expõem seus valores, seus gostos e seus aspectos mais íntimos.

A "Prateleira Hipotética"

Logo, todos os eixos temporais oferecem uma sensação ambígua de concentração e rapidez e, ao mesmo tempo, de digressão, suspensão e adiamento. Assim, o início da trama *in media res*, com Luís adulto já regressado a Portugal, não constitui um meio gratuito, posto que, com tal disposição, as atenções voltam-se exatamente para o ano de 1940, espécie também de objeto mágico que desencadeia a tecelagem da trama narrativa, dele se afastando, mas a ele sempre retornando.

Festina lente ("Apressa-te lentamente") ensina-nos a máxima latina atribuída a Augusto e utilizada por Ítalo Calvino a fim de sublinhar o caráter ambíguo da rapidez. Como a leveza, que não dispensa seu binômio oposto (o peso, a dureza), mas o atrai, a proposta da rapidez evoca a suspensão e seus correlatos (a digressão, a divagação, a expansão a uma faixa temporal pretérita). Na minha visão, essa ambiguidade contribui para a leitura da obra não apenas em comparação com o ano que tenta fixar e com uma supermemória que tudo procura absorver, mas também em ligação direta com o nosso tempo presente, isso porque a opção do autor aposta numa trama que subverte as malhas da oficialidade histórica e estabelece um diálogo com outras narrativas, cuja ênfase recai em ou desencadeia-se a partir de um passado distópico para, através desse efeito, interrogar o presente.[196]

Basta lembrar que feminicídio, xenofobia, antissemitismo, fanatismo religioso, machismo, radicalismo político e homofobia, termos facilmente apreendidos ao longo das páginas do romance de Hugo Gonçalves, não são expressões restritas aos tempos da Segunda Guerra Mundial. Talvez por isso, os pensamentos de duas personagens ganhem ares assustadores diante da tonalidade profética e da forma como podem se adequar à nossa contemporaneidade. O primeiro deles é de Rebeca: "Apesar das luzes acesas da capital, vive-se na Idade das Trevas".[197] E o segundo está numa das falas da personagem Isaías, relembrada por um de seus companheiros de luta. Ao citar o jovem Isaías, judeu "idealista e ponderado",[198] que planejava um espaço de liberdade para seu povo num dos antigos territórios ocupados por Portugal no continente africano, Zebulom faz ecoar uma das falas mais cirúrgicas sobre o nosso tempo presente, em que as "democracias ainda morrem, mas por meios diferentes":[199]

> Ao contrário das falsas promessas dos totalitarismos, a democracia nunca será um trabalho acabado, mas uma luta diária pela liberdade e pelo funcionamento

equânime das instituições. A democracia exige compromissos em detrimento de imposições monolíticas. Não é um fito, mas uma viagem sem conclusão. Nunca poderemos ser totalmente livres, mas podemos perder a liberdade que temos. Nunca teremos a democracia pela qual esperávamos e nem por isso devemos desistir de a procurar.[200]

É certo que as duas citações acima têm uma consonância coerente com a trama criada por Hugo Gonçalves, posto que são discursos de duas personagens judias, uma em constante estado de êxodo, outra em luta contínua por um espaço de coabitação e convivência pacífica do seu povo, e ambas sem qualquer possibilidade de desistência, em virtude do avanço do antissemitismo. No entanto, se deslocados de 1940 para 2022, a constatação do medo assumido de Rebeca e os temores dos desejos estampados na fala de Isaías parecem perfilar não os presságios e os anseios dos judeus espalhados pela Europa à procura de um ponto de acolhimento e salvação, diante da extensão dos tentáculos nazistas e das perseguições desenfreadas nos espaços ocupados pela Gestapo, mas as preocupações mais atuais em virtude dos desafios impostos aos sistemas democráticos.

Daí a desconfiança do narrador, desde o início da trama, diante de um cenário de horizontes nebulosos e temerários: "Este é o século em que as ideologias logram aquilo que só a religião alcançou: convencer as massas da existência de um Paraíso. Os mecanismos são idênticos, substituindo-se Deus por um líder providencial".[201] Nesse ambiente de dúvidas, não são gratuitas, portanto, a criação de líderes sebastianistas, como Salazar e Rolão Preto, e a proliferação de teorias conspiratórias em que o outro se torna o inimigo a ser combatido e exterminado: "Contra os *bretões*, marchar, marchar, entendem? Contra os *bretões*! Não contra os alemães, não contra os espanhóis, não contra os italianos. Mas contra os bretões".[202]

A criação ficcional de um Portugal tomado pelo fanatismo e pelo obscurantismo ganha sustentação, inclusive, com a materialização da personagem responsável pelos assassinatos; afinal, Benjamin é aquele que mata movido pela sensação de que a justiça está sendo feita por suas mãos e, ao mesmo tempo, explora as oportunidades do crescimento do comércio religioso, em nome de uma crença exacerbada e que beira o paroxismo coletivo. Não à toa, o narrador alerta para o fato de que "em tempos ambíguos e descontrolados, o rebanho procura a segurança do que é mágico, a certeza do que é sacrossanto".[203]

Logo, a trama analisada instiga, a partir do ano de 1940, a uma reflexão comparada com o nosso tempo, na medida em que, como bem esclarece Helena Vasconcelos, investe numa

> [...] exposição clara dos efeitos nefastos do populismo que toma proporções desmesuradas e perigosas em tempos de crise, quando o medo toma conta das pessoas e a insegurança provocada pelas ameaças reais ou imaginárias se transforma num monstro que assombra a vida quotidiana. [...] Deus é uma ilusão para incautos, a Pátria é um pesadelo e a Família é uma utopia, incapacitada de sobreviver num modelo ajustado à propaganda do regime. Tudo serve a uma visão distorcida e malévola de uma sociedade, de uma política, de um tempo das trevas.[204]

Concordo, portanto, com a jornalista portuguesa, quando ressalta a potência do romance de Hugo Gonçalves, enquanto uma obra que circula por vários gêneros e ainda, a partir de um passado alternativo, leva o leitor a um confronto direto com temas e situações que estão muito próximos do nosso presente, não sem suscitar o assombro e a inquietação, como mecanismos capazes de retirar-nos do conforto e colocar-nos no campo mais imediato da mudança.

Concluo com a certeza de que *Deus Pátria Família* convida o leitor a um cotejo com o passado e, ao mesmo tempo, a um enfrentamento com as inquietações do presente, indo ao encontro de um efetivo exercício de *rememoração*, tal como delineado por Jeanne Marie Gagnebin, porque somente "essa retomada reflexiva do passado pode nos ajudar a não repeti-lo infinitamente, mas ousar esboçar uma outra história, a inventar o presente".[205] Talvez, nesse sentido estreito, se possa categorizar a obra em estudo como um romance histórico, mas na exata definição deixada por Ítalo Calvino, para quem "o romance histórico pode ser um ótimo sistema para *falar dos próprios tempos e de si*".[206]

Se "A história não se repete, mas rima",[207] como nos faz crer a personagem Joaquim Paixão Leal, então, tudo me leva a considerar a trama criada por Hugo Gonçalves como um bordado ficcional, cujos fios estabelecem uma série de consonâncias e rimas com as primeiras décadas do século XXI, tornando-se uma fábula não apenas sobre o passado, mas também (e, talvez, principalmente) sobre o nosso presente e o porvir.

Acredito, por fim, que *Deus Pátria Família* pode ser considerado um dos grandes romances do século XXI português, não apenas por causa de sua dimensão expansiva e pela forma com que permite dialogar com a proposta de rapidez de Ítalo Calvino,[208] mas também porque se equaciona de forma coerente com aquele sentido convencionado por Umberto Eco, posto que, no meu entender, Hugo Gonçalves é um daqueles autores que "sempre sabem em que momento devem acelerar, frear e de que maneira dosar esses movimentos de pedal no quadro de um ritmo de fundo que permanece constante".[209]

Razão mais que justa para figurar na "prateleira hipotética" da novíssima ficção portuguesa.

Notas

[1] Calvino, 2000, p. 47.
[2] *Idem*, p. 48.
[3] *Idem*, p. 49.
[4] Nunes, 2000, p. 17. Grifos do autor.
[5] Whitrow, 2005.
[6] *Idem*, p. 178.
[7] C. Reis, 2018, p. 506. Grifos meus.
[8] *Idem*, p. 509. Grifos meus.
[9] Calvino, 2000, p. 50.
[10] *Idem*, p. 59
[11] *Idem*, p. 61. Grifos do autor.
[12] *Idem, ibidem*.
[13] *Idem*, p. 62.
[14] *Idem, ibidem*.
[15] Macedo, 1995, pp. 103-104.
[16] Cerdeira, 2000, p. 190.
[17] *Idem*, p. 178.
[18] *Idem*, p. 187.
[19] Considerado por Miguel Real como um autor originalíssimo que "não desdenha as [suas] raízes mas não se sente capturado por elas e ambiciona voar para outro tipo de narrativas" (Real, 2016, p. 18), cuja obra vem demarcada por um "lirismo que presta o *quid* estético aos seus romances" (*Idem, ibidem*), Possidónio Cachapa é um dos autores portugueses mais inventivos e multifacetados de sua geração. Romancista, contista, cronista e cineasta, assina mais de dez títulos de ficção, entre eles *Materna doçura* (1998 – com o qual se destacou como finalista da 1ª edição do prêmio "José Saramago"), *Viagem ao coração dos pássaros* (1999), *O mar por cima* (2002), *Rio da Glória* (2007), *O mundo branco do rapaz coelho* (2008), *Eu*

sou a árvore (2017) e, mais recentemente, *A vida sonhada das boas esposas* (2019), além da realização de filmes, como *O nylon da minha aldeia* (2012 – curta-metragem baseado na novela homônima de sua autoria), *Amélia* (2013) e *Teorias da conspiração* (2020).

[20] Cachapa, 2002, p. 13. Grifos do autor.
[21] *Idem*, p. 7. Grifos do autor.
[22] *Idem*, pp. 184-185.
[23] Escritora e professora universitária, Ana Cristina Silva é doutora em Psicologia pela Universidade do Minho e leciona disciplinas na área de Psicologia da Linguagem no Instituto Universitário de Ciências Psicológicas, Sociais e da Vida (Ispa). Estreia na literatura com *Mariana, Todas as Cartas* (2002), seguida de mais de dez títulos, entre eles *Bela* (2005), *As fogueiras da Inquisição* (2008), *A Dama Negra da Ilha dos Escravos* (2009), *Cartas vermelhas* (2010 – romance inspirado na vida de Carolina Loff da Fonseca, uma das dirigentes do Partido Comunista Português, com o qual foi galardoada com o "Livro do ano" do *Expresso* e finalista do prêmio "Fernando Namora"), *Rei do Monte Brasil* (2012 – finalista do prêmio "SPA/RTP", e vencedor do prêmio "Urbano Tavares Rodrigues"), *A segunda morte de Ana Carenina* (2013), *As longas noites de Caxias* (2019) e, mais recentemente, *Rimbaud, o viajante e o seu inferno* (2021 – semifinalista do prêmio "Oceanos").
[24] A. C. Silva, 2011, pp. 19-20.
[25] Como a autora será tratada no capítulo 5, sobre a "multiplicidade", daremos mais informações sobre seu percurso na referida seção.
[26] Coleridge *apud* Calvino, 2006, p. 372.
[27] Rio Novo, 2016, p. 93.
[28] *Idem*, p. 113.
[29] Inês & Dias, 2021, p. 205.
[30] Ciente de que o objetivo deste ensaio não é pôr em causa ou teorizar sobre o conceito de "protocolos de leitura", esclareço que a utilização da expressão segue o entendimento de Carlos Ceia, quando explicita: "Pensar em protocolos, em nosso entender, é convocar os entabulamentos conceptuais, aquilo que, por detrás de um texto (ou melhor, antecedendo-o, como um conjunto de instruções de uso, tal como a etimologia o sugere, ou nas estruturas culturais, mentais e linguísticas mais profundas), torna possíveis a comunicabilidade e a permuta de informações. Todos os intercâmbios semióticos pressupõem protocolos, o que não leva, de modo algum, à univocidade. Os protocolos de leitura não se estabelecem como acordos exaustivos, mas antes como pactos tácitos: na abordagem de textos, por leituras, e na discursos, por recepções. Na galáxia dos protocolos de leitura cabem as formulações gerais como os *topoi*, os raciocínios de pressuposições como os entimemas, os prototextos migrantes como as fábulas, as máximas, as normas morais e as mais simplificadas proposições de saber sobre o mundo" (Ceia, 2009). Trata-se, portanto, de um mecanismo e um instrumental para a leitura crítica e a análise de textos escolhidos a partir de um viés eleito pelo leitor. Ainda sobre o conceito, os ensaios de Robert Scholes (1991) e Roger Chartier (1996) podem oferecer uma compreensão mais ampla e precisa de sua utilização.
[31] Natural de Sintra, Portugal, Hugo Gonçalves é um dos mais talentosos e destacados escritores de sua geração. Nascido em 1976, estudou Comunicação Social no Instituto Superior de Ciências Sociais e Políticas da Universidade de Lisboa e estreou como jornalista na equipe fundadora da revista *Focus*. Em 2000, foi distinguido com o prêmio "Revelação do Clube Português de Imprensa", com a reportagem "Esto es el fin del mundo", sobre as cheias na Venezuela, ocorridas em dezembro de 1999. Morou – e foi correspondente de várias publicações portuguesas nessas cidades – em Nova York, Madrid e Rio de Janeiro, além de

assinar crônicas e colunas em veículos de imprensa, tais como *Jornal de Notícias*, *Diário Económico*, *Expresso*, revista *Visão* e *Diário de Notícias*. Dentre suas obras, destacam-se os romances *O maior espetáculo do mundo* (2004), *O coração dos homens* (2006), *Enquanto Lisboa arde o Rio de Janeiro pega fogo* (2013), *O caçador do verão* (2015) e *Deus Pátria Família* (2021); o livro de crônicas e microficções *Fado, samba e beijo com língua* (2011), além do texto autobiográfico *Filho da mãe* (2019), com o qual se destacou como finalista dos prêmios "Pen Clube" e "Fernando Namora" em 2020. Em 2021, este foi seu primeiro texto publicado no Brasil, sob a chancela da editora Companhia das Letras, com o título *Mãe*.

[32] Como se verá adiante, o romance recupera essa faixa da história portuguesa, mas num viés completamente diferente do relato histórico empírico, já que a obra efabula o assassinato de Salazar, a sucessão de Rolão Preto e a traição deste aos judeus. Vale esclarecer que tal projeto realmente existiu, cuja premissa principal era a de oferecer um espaço de migração dos judeus perseguidos pelo nazismo em Angola, então território ultramarino português. Avraham Milgram explica que, "com a subida de Hitler ao poder e o início da política de antissemitismo na Alemanha nazi, alguns judeus alemães examinaram as possibilidades de emigração para Angola" (Milgram, 2010, p. 117). No entanto, como bem sabemos, tal objetivo não se concretiza porque, entre outros motivos, "do ponto de vista de Salazar, a imigração em massa de estrangeiros para Portugal em geral e em particular para as suas colônias de África era uma ameaça real à identidade do Estado e um perigo para o regime" (*Idem*, p. 133).

[33] Apesar de não ser o meu objetivo tecer uma longa história da Segunda Guerra Mundial no cenário da ficção portuguesa contemporânea, esclareço que minhas observações concentram-se em obras publicadas mais recentemente. No entanto, não há como não referendar alguns títulos surgidos a partir da década de 1940 que, ora de forma direta, ora de forma indireta, tocaram no conflito armado que devastou a Europa. Entre eles, destaco *Fogo na noite escura* (1943), de Fernando Namora, cuja ação decorre na cidade de Coimbra, durante o período da Segunda Guerra Mundial, trazendo à cena histórias de jovens integrantes de uma geração que viveu as angústias do período intermediário entre dois grandes conflitos bélicos mundiais; *A lã e a neve* (1947), de Ferreira de Castro, cujo enredo é desenvolvido no cenário do Norte de Portugal, na Covilhã, durante o período de eclosão e início da Segunda Guerra; *A cidade das flores* (1959), de Augusto Abelaira, cuja trama decorre na Itália, nos duros anos de vigência do regime fascista de Mussolini; *O cavalo espantado* (1960), de Alves Redol, uma forte revisitação dos movimentos de perseguição aos judeus pelos nazistas; *O relógio parado* (1961), de Lília da Fonseca, obra esquecida e praticamente ostracizada, em que a guerra surge como uma espécie de fantasma, assustando a vida pacata de uma pequena vila no Norte de Portugal; "Amanhã, se Deus quiser" (*Jogos de azar*, 1963), conto de José Cardoso Pires, ambientado nos anos da Segunda Guerra Mundial, cuja ênfase incide nas desigualdades sociais, na pobreza, na exploração trabalhista e nas necessidades básicas de uma família, denunciando as malhas do poder salazarista.

[34] Por razões pessoais, não incluo nessa lista os romances *O mágico de Auschwitz* (2020) e *O manuscrito de Birkenau* (2020), de José Rodrigues dos Santos. Valendo-se de sua posição como âncora num dos mais assistidos jornais do país para promover os dois volumes, a entrevista do autor chocou por sua completa falta de propriedade e conhecimento histórico dos episódios dos campos de concentração nazista, além de ter levantado a hipótese de que, como os judeus estavam morrendo de fome, os alemães tiveram o gesto humanitário de diminuir o sofrimento e propor uma morte mais rápida, nas câmaras de gás. Tal afirmação gerou uma série de respostas numa polêmica (muito conveniente, diga-se de passagem, para

a publicização dos seus romances) que envolveu tanto escritores premiados e consagrados, com uma posição detalhada e historicamente coerente, como é o caso de João Pinto Coelho (https://www.nit.pt/cultura/livros/jose-rodrigues-dos-santos-dizer-que-os-judeus-se-adaptaram-a-auschwitz-e-obsceno), como os menos conhecidos, por exemplo, o jovem cronista Pedro J. E. Santos (https://correiodoribatejo.pt/quadro-do-tempo-auschwitz-nao-tem-magia/). Toda a entrevista pode ser visualizada em <https://www.rtp.pt/play/p6646/e507120/grande-entrevista>.

[35] Conceito desenvolvido por Marianne Hirsch (2008), a partir de suas experiências autobiográficas, a "pós-memória" vem sendo articulada como um dos mecanismos mais presentes na ficção contemporânea como forma de resgatar as memórias do passado, seja pelo viés testemunhal, seja pela história oral de terceiros, por gerações sucedâneas aos dos eventos recuperados por esse movimento. Tal como esclarece a investigadora eslovena: "Pós-memória é o termo a que cheguei com base em minhas leituras autobiográficas de obras de escritores e artistas visuais de segunda geração. O 'pós' em 'pós-memória' sinaliza mais do que um atraso temporal e mais do que uma localização posterior. [...]. A pós-memória partilha as camadas destes outros 'pós' [pós-modernismo, pós-colonial, pós-feminismo] e o seu atraso, alinhando-se com a prática de citação e mediação que os caracteriza, marcando um fim de século/uma virada de século particular, momento de olhar para trás em vez de para frente e de definir o presente em relação a um passado conturbado em vez de iniciar novos paradigmas. Tal como eles, [esse pós] rejeita uma oscilação desconfortável entre continuidade e ruptura. E, no entanto, a pós-memória não é um movimento, um método ou uma ideia; vejo-a, antes, como uma estrutura de transmissão inter e transgeracional de conhecimentos e experiências traumáticas. É uma consequência de uma recordação traumática, mas (ao contrário do transtorno de estresse pós-traumático) de uma geração distante". No original: "Postmemory is the term I came to on the basis of my autobiographical readings of works by second generation writers and visual artists. The 'post' in 'postmemory' signals more than a temporal delay and more than a location in an aftermath. [...]. Postmemory shares the layering of these other 'posts' [post-modernism, post-colonial, post-feminism] and their belatedness, aligning itself with the practice of citation and mediation that characterize them, marking a particular end-of-century/turn-of-century moment of looking backward rather than ahead and of defining the present in relation to a troubled past rather than initiating new paradigms. Like them, it rejects an uneasy oscillation between continuity and rupture. And yet postmemory is not a movement, method, or idea; I see it, rather, as a structure of inter- and trans-generational transmission of traumatic knowledge and experience. It is a consequence of traumatic recall but (unlike posttraumatic stress disorder) at a generational remove" (Hirsch, 2008, p. 106; tradução minha). A respeito da incorporação desse conceito na leitura de determinadas obras contemporâneas, recomendo, ainda, a leitura do ensaio de Cláudio do Carmo (2015).

[36] Observadas as categorias exaustivamente estudadas por Maria de Fátima Marinho (1999), não deixa de ser plausível o encaminhamento do romance de Hugo Gonçalves na condição de uma história alternativa e subversiva, posto que os atentados e a morte de Salazar, a sua sucessão por Rolão Preto como chefe dos ministros, a existência e a suspeição sobre os Projetos Bravo e Paniche, a pretensa neutralidade de Portugal na Segunda Guerra Mundial numa linha limítrofe de sua adesão ao grupo do Eixo e o questionamento sobre a eficácia dos mecanismos do Estado Novo, como a censura e a "política dos espíritos", não deixam de constituir uma matéria de efabulação que vai ao encontro da explicação da ensaísta portuguesa. Segundo ela, a(s) "história(s) alternativa(s) e subversiva(s)" implica(m) um movimento singular na apropriação do substrato histórico: "A alteração da história

canônica leva a uma reescrita do passado, reescrita que pode atingir os limites do (in)verossímil. É visível em vários romances a multiplicidade de leituras de que pode ser alvo determinado fato passado, dando azo a interpretações diversas ou até subversivas, podendo mesmo personagens inventadas influenciar o decorrer dos acontecimentos tidos como referenciáveis, ou fatos verdadeiros serem transferidos de uma época para a outra (ficção ucrônica), contrariamente ao que se passa no discurso histórico propriamente dito, onde não pode haver uma alteração radical dos acontecimentos" (Marinho, 1999, p. 251).

[37] Levitsky & Ziblatt, 2018; Piovezan & Gentiles, 2020.
[38] B. S. Santos, 2020, p. 15.
[39] *Idem, ibidem.*
[40] Gonçalves, 2021, p. 334. Trata-se, na verdade, de uma frase atribuída a Mark Twain (1835--1910), mas sem uma confirmação bibliográfica de sua fonte exata, tal como ela surge anunciada: "A História nunca se repete, mas muitas vezes rima" ("History never repeats itself, but it does often rhyme"). De acordo com o *site* Quote Investigator, criado por Garson O'Toole (pseudônimo do cientista computacional da Johns Kopkins University, Gregory Sullivan), essa mesma sentença surge apenas parcialmente, em 1873, na novela escrita por Mark Twain com Charles Dudley Warner, "The Gilded Age: a tale of today" ("A era dourada: um conto de hoje"), na qual os autores se valem de um trecho da emblemática frase, "History never repeats itself" (Twain & Warner, 2011, p. 436). Em 1896, ela reaparece num comentário do caricaturista inglês Max Beerbohm (pseudônimo de *Sir* Henry Maximilian Beerbohm, 1872-1956), além de posteriores entradas em jornais e periódicos da época. No século XX, num reaproveitamento direto, o artista canadense John Robert Colombo (1936-) retoma-a e incorpora-a num dos seus "Neo Poems" (1970). Ou seja, a máxima atribuída a Twain, na sua integralidade, não encontrou ainda uma referência direta e exata de sua citação, embora, parcialmente, se encontre numa das obras do escritor estadunidense. Para mais detalhes dos momentos históricos em que o mote é recuperado e citado por diferentes autores e jornais, consultar <https://quoteinvestigator.com/2014/01/12/history-rhymes/>.
[41] Gonçalves, 2021, p. 20.
[42] Já na década de 1990, o sociólogo francês Michel Wieviorka (1993/1995) – ele próprio um filho de sobreviventes do Holocausto – chamava atenção para a presença de políticas populistas, aliadas a uma disseminação de discursos nacionalistas sobrecarregados com a "recusa diferencialista dos emigrados e dos estrangeiros" (Wieviorka, 1995, p. 75), em vários países da Europa, entre eles a Alemanha, a Espanha, a França e a Grã-Bretanha. Se esse cenário surge questionado no seu estudo *La democracie à l'épreuve* (1993) (*A democracia à prova* (1995)), décadas mais tarde, Timothy Snyder (2017) sublinha as lições deixadas pelo século XX, diante das muitas manifestações de novos (velhos) autoritarismos e acenos tirânicos: "No começo do século XX, tal como no começo do XXI, essas esperanças [de progresso] foram ameaçadas por novas visões de políticas de massa em que um líder ou um partido afirmavam representar diretamente a vontade do povo. As democracias europeias descambaram para o autoritarismo de direita ou para o fascismo nas décadas de 1920 e 1930" (Snyder, 2017, p. 7).
[43] Gonçalves, 2021, p. 15.
[44] Gagnebin, 2009.
[45] *Idem*, p. 55.
[46] *Idem, ibidem.*
[47] *Idem*, p. 56.
[48] Zizek, 2020, p. 39.
[49] *Idem, ibidem.*

50 Gonçalves, 2021, p. 72.
51 *Idem*, pp. 72-75. Grifos meus.
52 Rosas, 1992, p. 439.
53 *Idem*, p. 441.
54 Castro, 2015, p. 182.
55 Instituída pelo decreto n. 8.435, de 21 de outubro de 1922, a PIC seria designada, a partir de 1945, como Polícia Judiciária (PJ).
56 Gonçalves, 2021, p. 14.
57 Gênero por demais conhecido e popularizado pelas narrativas de Agatha Christie (1890--1976), o romance policial tem como premissa estrutural a deflagração de um crime, a investigação realizada subsequentemente, a descoberta e a revelação do malfeitor. Em termos de conteúdo, de acordo com G. K. Chesterton, "a essência da narrativa policial é sermos subitamente confrontados com uma verdade de que nunca suspeitamos, e que no entanto percebemos ser verdadeira; em termos lógicos, não há razão nenhuma para essa verdade não ser profunda e convincente, como também não há razão nenhuma para não ser superficial e convencional. Não há razão nenhuma para que o herói que afinal é um vilão, ou o vilão que afinal é um herói, não seja um estudo nas sutilezas e complexidades do ser humano, do mesmo nível daquele que encontramos nas grandes personagens da ficção. [...] Há na natureza humana inconsistências de ordem muito superior e muito mais misteriosa, e não há razão nenhuma para não serem apresentadas da forma chocante típica do romance policial" (Chesterton, 2014, pp. 32-33). Tal como veremos mais adiante, o romance de Hugo Gonçalves não deixa de atender a algumas dessas expectativas, sem, no entanto, obedecer às ou fixar-se nas suas regras. Vale, ainda, ressaltar que a "novela de detetive" também não deixa de ser evocada em *Deus Pátria Família*. Apesar de seu protagonista ser um policial da PIC e utilizar, muitas vezes, um refinado processo intelectivo para chegar a uma solução dos crimes, tal interlocução não ocorre de forma integral, sobretudo se levarmos em conta a compreensão dessa categoria como aquela em que "o crime acontece com frequência em uma mansão, um navio, uma pequena ilha ou até um avião, em suma, dentro de um espaço fechado, onde ninguém pode entrar ou sair de modo imediato" (Kothe, 1994, p. 105), ou, ainda, em que há "decifração intelectual de um crime de autor desconhecido, o detetive não precisa ser um policial e em geral não é alguém que use da violência física para chegar aos resultados, preferindo usar as células cinzentas" (*Idem*, p. 107). Como já se observa, na trama criada por Hugo Gonçalves, o protagonista é um policial, um detetive, que utiliza métodos muito peculiares e individuais, contrários aos dos órgãos investigativos, sem abrir mão de uma sensível capacidade intelectiva de juntar as pistas para chegar ao assassino. Este, por sua vez, não é um desconhecido, porque é apresentado no quarto bloco do romance, numa grande digressão ao ano de 1917, quando o narrador conta sua história e demarca os eventos responsáveis por sua formação como um *serial killer*.
58 Gonçalves, 2021, p. 180.
59 *Idem*, p. 78.
60 Francisco Rolão Preto (1896-1977) foi um dos mais jovens fundadores do Integralismo Lusitano, movimento antirrepublicano como também antissalazarista. Na década de 1920, diante do surgimento e do crescimento do fascismo italiano, Rolão Preto torna-se um fiel adepto de sua ideologia, a ponto de defender "a constituição de uma organização política com pretensões miliciais, que pudesse servir de máquina de apoio a um golpe palaciano, destinado a colocar no governo da Ditadura elementos próximos do Integralismo Lusitano" (Rosas & Brito, 1996, p. 796). Figura controversa da política portuguesa, esteve envolvido

no golpe de Estado contra Salazar, em 1935. Antes, porém, em 1934, já fora ilegalizado, juntamente com os companheiros do nacional-sindicalismo, tendo sido preso e expulso do país. Em 1945, começa a participar ativamente dos movimentos de oposição à ditadura salazarista, tendo apoiado a candidatura de oposicionistas, como o general Norton de Matos, em 1949, e o general Humberto Delgado, em 1958. Sem se distanciar da verve ideológica integralista, de "vertente monárquica, descentralizada, orgânica e popular, que seria a base de formação de um movimento monárquico independente, por vezes nas margens, por vezes na oposição ao salazarismo" (Rosas & Brito, 1996, p. 796), Rolão Preto torna-se o dirigente do Partido Popular Monárquico, depois da democratização do país, em consequência da Revolução dos Cravos, em 25 de abril de 1974. Mais detalhes podem ser consultados também no ensaio de António Costa Pinto (2016).

[61] Gonçalves, 2021, p. 185.
[62] *Idem*, p. 59.
[63] *Idem*, pp. 59-60.
[64] *Idem*, p. 37.
[65] Anterior à Polícia Internacional de Defesa do Estado (Pide), a Polícia de Vigilância e Defesa do Estado (PVDE) era o órgão responsável pela vigilância das fronteiras portuguesas, bem como pelo controle de entrada e saída de estrangeiros do território nacional, pela fiscalização dos movimentos de migração e pela segurança do Estado e de seus representantes. A respeito da criação da PVDE, de sua ligação com o Estado Novo, da subordinação das Forças Armadas à política salazarista e suas funções, consultar o volume coordenado por Fernando Rosas (1992).
[66] Gonçalves, 2011, p. 211.
[67] *Idem*, p. 206.
[68] Realizada em 1940 e situada em Belém, "com os Jerônimos como pano de fundo, e os seus pavilhões onde o modernismo estilizava dados culturais do passado, dentro do rumo ideológico traçado" (França, 1985, p. 225), a Exposição do Mundo Português foi um evento de grandes proporções, financiado pelo Estado Novo, como uma manifestação de sua dinâmica e do seu poder de agregar e promover a arte e a cultura portuguesas. De acordo com José-Augusto França (1985), "o sentido da Exposição de 40, com ênfase confessada nos valores decorativos, satisfaz-se ali com o brilho desejado e merecido – tão fatalmente quanto programadamente. E ali, ao projeto ainda cosmopolita de António Ferro se opõe um projeto imperialista em nova via tradicionalizante, que Duarte Pacheco necessariamente ia encarnando. A vitória deste, no domínio da arquitetura, é uma vitória total que a conjuntura político-ideológica impunha" (*Idem, ibidem*). Na verdade, apesar de muitas vezes exaltado como um marco no cenário artístico português, por causa da modernização provocada na arquitetura da paisagem lisboeta, no romance, o evento é retomado com um criticismo cirúrgico, na medida em que a Grande Exposição surge como um instrumento usado pelo Estado Novo para sustentar seu viés ideológico e publicizar as "benesses" que este oferecia à população portuguesa.
[69] Gonçalves, 2021, p. 104.
[70] *Idem*, p. 100.
[71] *Idem*, p. 375.
[72] *Idem, ibidem*.
[73] *Idem*, p. 377.
[74] Calvino, 2000, p. 46.
[75] Trata-se de uma condição de saúde neurológica, em que o indivíduo é incapaz de esquecer determinados eventos de sua trajetória, conseguindo descrever em detalhes todos os

momentos ocorridos em uma data indicada. De acordo com David Rieff: "A hipertimésia é uma enfermidade rara definida como 'memória autobiográfica incomum'. A revista *Neurocase* identifica suas duas características principais: se o indivíduo passa 'um período anormalmente longo pensando sobre seu passado pessoal' e se o indivíduo 'tem uma capacidade extraordinária de lembrar eventos específicos de seu passado pessoal'". No original: "La hipertimesia es una rara enfermedad definida como 'memoria autobiográfica inusual'. La revista *Neurocase* identifica sus dos características principales: si el individuo pasa 'un período anormalmente largo pensando en su pasado personal', y si el individuo 'tiene una capacidad extraordinaria para recordar hechos específicos de su pasado personal'" (Rieff, 2012; tradução minha).

[76] Gonçalves, 2021, p. 17.
[77] Rieff, 2012.
[78] Parker; Cahill & McGaugh, 2006, p. 35.
[79] Gonçalves, 2021, p. 17. Grifo meu.
[80] *Idem*, p. 257. Grifos meus.
[81] *Idem, ibidem*.
[82] *Idem*, p. 13.
[83] *Idem*, p. 445.
[84] *Idem*, p. 9.
[85] *Idem*, p. 51. Grifos meus.
[86] Calvino, 2000, p. 54.
[87] *Idem, ibidem*.
[88] Leopardi *apud* Calvino, 2000, p. 55.
[89] *Idem, ibidem*.
[90] Gonçalves, 2021, p. 17.
[91] *Idem, ibidem*.
[92] *Idem*, p. 50.
[93] Calvino, 2000, p. 51.
[94] *Idem*, p. 50.
[95] *Idem*, p. 59.
[96] *Idem, ibidem*.
[97] Gonçalves, 2021, p. 268.
[98] *Idem*, p. 258.
[99] Calvino, 2000, p. 58.
[100] Gonçalves, 2021, pp. 259-260.
[101] *Idem*, p. 265. Grifos meus.
[102] Valentim, 2021.
[103] Villodres, 2019.
[104] Conceito definido por María López Villodres (2019) como uma espécie de masculinidade hegemônica, que se impõe pela agressividade na resolução dos problemas e pela invulnerabilidade em relação às mulheres e às dissidências sexuais. Tal postura reitera uma hierarquia do patriarcado, cujos sentimentos dos homens são reprimidos como uma forma de legitimação do poder.
[105] Gonçalves, 2021, p. 258.
[106] *Idem*, p. 124. Grifos meus.
[107] *Idem*, p. 179.
[108] *Idem, ibidem*. Grifos meus.
[109] *Idem*, p. 162.

[110] *Idem*, p. 178. Grifos meus.
[111] Correia, 2016.
[112] Utilizo a expressão, já muito conhecida e debatida, a partir da ideia de Judith Butler (2010), para quem a concepção do gênero, enquanto *performance*, passa por uma ocorrência que pode se dar em qualquer corpo, desfazendo, portanto, aquela ideia tradicional e binária de que o corpo só poderia corresponder a um único gênero. Ao refutar os binarismos já assentados por um viés conservador, Butler contesta a preservação desse tipo de pensamento, ao demonstrar que as *performances* de gênero não são coerentes com atitudes previamente descritas e defendidas pela heterossexualidade compulsória. Desse modo, explica: "Em outras palavras, atos, gestos e desejo produzem o efeito de um núcleo ou substância interna, mas o produzem na superfície do corpo, por meio do jogo de ausências significantes, que sugerem, mas nunca revelam, o princípio organizador da identidade como causa. Esses atos, gestos e atuações, entendidos em termos gerais, são *performativos*, no sentido de que a essência ou identidade que por outro lado pretendem expressar são fabricações manufaturadas e sustentadas por signos corpóreos e outros meios discursivos" (Butler, 2010, p. 194).
[113] Correia, 2016, p. 85.
[114] S. J. Almeida, 2010.
[115] R. Alonso, 2019; Correia, 2016.
[116] Correia, 2016.
[117] Prática muito difundida na primeira metade do século XX, que deu ao neurocirurgião português Egas Moniz o Nobel de Medicina, em 1949, pelo desenvolvimento da leucotomia pré-frontal (nome anterior do procedimento), a lobotomia consiste numa intervenção cirúrgica em que são feitos dois orifícios no crânio para inserir, em seguida, no tecido cerebral, um instrumento afiado. Colocados os dois instrumentos na caixa craniana do paciente, o médico movia-os para frente e para trás, com o objetivo de cortar as conexões entre os lobos frontais e o cérebro. Contestada pela crueldade de sua realização e pela forma simplista com que manipulava a massa cerebral, a lobotomia deixou de ser utilizada como um tratamento eficaz para enfermidades como esquizofrenia, depressão, transtorno obsessivo-compulsivo (TOC) e doenças mentais graves (Prentice, 2021). Há relatos, na literatura médica e histórica, do uso dessa prática no tratamento de homossexuais. Em Portugal, por exemplo, o Hospital Miguel Bombarda foi um dos locais habilitados a abrigar a população LGBTQIA+ para esse tipo de terapia (Cascais, 2016; Fernandes, 2021). E o próprio Egas Moniz, no seu conhecido tratado *A vida sexual* (1906), sublinha maneiras de diagnosticar e tratar a homossexualidade, considerada por ele uma anomalia. Ainda que não mencione a lobotomia, aponta a hipnose como uma das práticas eficazes na reconversão de orientação sexual.
[118] Gonçalves, 2021, p. 178. Grifos meus.
[119] Rosas, 2019.
[120] *Idem*, pp. 212-213.
[121] *Idem*, p. 218.
[122] No seu estudo sobre a homofobia, Daniel Borillo (2010) esclarece que os métodos utilizados pelos nazistas para reinclusão social dos homossexuais envolviam desde tratamentos hormonais a relações sexuais forçadas com prostitutas, tudo para restabelecer o contato heterossexual e garantir a continuidade da espécie ariana pela reprodução. Além disso, também dispunham de castração, medicação de antidepressivos e eletroconvulsoterapia.
[123] Gonçalves, 2021, p. 178.
[124] Rosas, 2019, p. 212.

[125] *Idem, ibidem*.
[126] Gonçalves, 2021, p. 178.
[127] Bastos, 1997, p. 129.
[128] Mais comumente conhecida como sentimento de aversão aos homossexuais, a homofobia estende sua gama de sentidos, sobretudo porque se manifesta não apenas em nível individual, mas também em níveis coletivo, social, institucional e jurídico. As considerações de Daniel Borillo (2010) são necessárias para uma compreensão histórica e sociopolítica do conceito, pois, segundo ele, "do mesmo modo que a xenofobia, o racismo ou o antissemitismo, a homofobia é uma manifestação arbitrária que consiste em designar o outro como contrário, inferior ou anormal; por sua diferença irredutível, ele é posicionado a distância, fora do universo comum dos humanos. [...] Confinado no papel do marginal ou excêntrico, o homossexual é apontado pela norma social como bizarro, estranho ou extravagante. E no pressuposto de que o mal vem sempre de fora, na França, a homossexualidade foi qualificada como 'vício italiano' ou 'vício grego', ou ainda 'costume árabe' ou 'colonial'. À semelhança do negro, do judeu ou de qualquer estrangeiro, o homossexual é sempre o outro, o diferente, aquele com quem é impensável qualquer identificação" (Borrillo, 2010, p. 13-14).
[129] Connell, 2005, p. 77.
[130] Gonçalves, 2021, p. 178.
[131] Versão para a língua portuguesa de minha autoria: "Hegemonic masculinity can be defined as the configuration of gender practice which embodies the currently accepted answer to the problem of the legitimacy of patriarchy, which guarantees (or is taken to guarantee) the dominant position of men and the subordination of women" (Connell, 2005, p. 77).
[132] M. V. Almeida, 2000, p. 19.
[133] Gonçalves, 2021, p. 62.
[134] *Idem, ibidem*.
[135] Na sua explicação sobre a "masculinidade subordinada", Raewin Connell explicita todas essas práticas impositivas de uma subalternização dos homossexuais: "O caso mais importante na sociedade europeia/americana contemporânea é a dominação dos homens heterossexuais e a subordinação dos homens homossexuais. Isso é muito mais do que uma estigmatização cultural da homossexualidade ou da identidade *gay*. Os homens *gays* estão subordinados aos homens heterossexuais por uma série de práticas bastante materiais. [...]. Elas incluem exclusão política e cultural, abuso cultural (nos Estados Unidos, os *gays* tornaram-se agora o principal alvo simbólico da direita religiosa), violência legal (como a prisão sob estatutos de sodomia), violência nas ruas (variando de intimidação ao assassinato), discriminação econômica e boicotes pessoais". No original: "The most important case in contemporary European/American society is the dominance of heterosexual men and the subordination of homosexual men. This is much more than a cultural stigmatization of homosexuality or gay identity. Gay men are subordinated to straight men by an array of quite material practices. [...] They include political and cultural exclusion, cultural abuse (in the United States gay men have now become the main symbolic target of the religious right), legal violence (such as imprisonment under sodomy statutes), street violence (ranging from intimidation to murder), economic discrimination and personal boycotts" (Connell, 2005, p. 78; tradução minha).
[136] Connell, 2005.
[137] Gonçalves, 2021, p. 65.
[138] *Idem*, p. 67.
[139] *Idem, ibidem*.

[140] *Idem*, p. 68.
[141] *Idem, ibidem*.
[142] Lugarinho, 2013, p. 24.
[143] Gonçalves, 2021, pp. 69-70.
[144] *Idem*, p. 334.
[145] Lugarinho, 2021, p. 24.
[146] Gonçalves, 2021, p. 128.
[147] *Idem*, p. 133.
[148] *Idem, ibidem*. Grifos meus.
[149] *Idem*, p. 67.
[150] *Idem*, pp. 131-132.
[151] Policarpo, 2011; Rosas, 1992.
[152] Valentim, 2020b.
[153] Policarpo, 2011, p. 51.
[154] Gonçalves, 2021, p. 387.
[155] Policarpo, 2011, p. 49.
[156] Definida por Egas Moniz, no seu conhecido estudo médico *A vida sexual*, como "um dos maiores e mais espalhados [...] crimes de lesa-natureza", "inegavelmente a mais espalhada e a mais conhecida [...] das perversões sexuais", ou, ainda, como um trabalho manual "à porfia para prejudicar a sua saúde, a sua vida intelectual e moral, o seu país e a raça humana" (Moniz, 1906, p. 215), a masturbação (ou o onanismo, conforme designado pela obra em questão) aparece considerada como um ato degenerativo e que comprometia o caráter individual e o progresso coletivo. Não é de estranhar, portanto, que tal prática, ainda em décadas posteriores ao trabalho de Egas Moniz, fosse proibida e condenada ao longo dos anos do Estado Novo (Curto, 2021).
[157] Gonçalves, 2021, p. 36.
[158] *Idem*, pp. 385-386.
[159] Mais conhecido nos tempos atuais, sobretudo, pela formulação de leis que visem à proteção de mulheres, não só em situação de vulnerabilidade, mas em todas as circunstâncias a que são submetidas (basta lembrar que, no Brasil, o feminicídio passa a vigorar no Código Penal, em virtude da lei 13.104/2015), já em 1992, Jill Redford e Diana E. H. Russel (1992) utilizavam essa terminologia para explicar o assassinato em larga escala de mulheres por homens, pelo simples fato de serem mulheres. Num outro texto, onde Russel coassina com Jane Caputi, ambas declaram o feminicídio como um "terrorismo sexual contra mulheres" ("sexual terrorism against women") (Caputi & Russel, 1992, p. 13). Levando em consideração o gesto da personagem assassina, não me parece incoerente enquadrar os crimes nessa categoria.
[160] Gonçalves, 2021, pp. 400-402.
[161] *Idem*, pp. 436-439.
[162] *Idem*, pp. 442-443.
[163] Obata, 1986, pp. 42-43.
[164] Gonçalves, 2021, p. 222.
[165] *Idem*, p. 442.
[166] Hobsbawm, 2003, p. 4.
[167] Gonçalves, 2021, p. 410.
[168] Calvino, 2000, p. 49.
[169] Gonçalves, 2021, p. 162.
[170] *Idem, ibidem*.

[171] Calvino, 2000, p. 64.
[172] *Idem*, p. 65.
[173] *Idem, ibidem.*
[174] *Idem, ibidem.*
[175] É preciso esclarecer que essa predisposição a dois caminhos estruturais na leitura de *Deus Pátria Família* parte do mecanismo de análise de Solange Ribeiro de Oliveira (2002), quando se propõe a ler alguns textos literários através da apropriação de conhecimentos musicais específicos. Segundo a pesquisadora brasileira, há dois caminhos possíveis: um primeiro, de plano *horizontal*, quando há referências e alusões a termos, compositores e obras musicais no título e no conteúdo textuais; e um segundo, de plano *vertical*, quando há a apropriação e o uso (intuitivo ou deliberado) de técnicas comuns de estruturação e composição musicais na concepção e na criação textuais. Eu próprio me vali desse recurso para analisar algumas obras literárias portuguesas das últimas décadas do século XX, em minha tese de doutorado, intitulada *Concerto literário: intertextos musicais e sons metafóricos em Hélder Macedo, Albano Martins e Vergílio Ferreira* (Valentim, 2004). Recorro novamente a essa proposta, procurando observar como essas duas trilhas podem ser distribuídas também no arcabouço do romance de Hugo Gonçalves, sem, no entanto, levar em consideração o aspecto do diálogo intertextual com a música.
[176] Calvino, 2000, p. 49.
[177] *Idem, ibidem.*
[178] *Idem*, p. 66.
[179] *Idem, ibidem.*
[180] *Idem, ibidem.* Grifos meus.
[181] *Idem, ibidem.* Grifos meus.
[182] *Idem*, p. 49.
[183] *Idem*, p. 46.
[184] Este é um dos pontos mais interessantes de *Deus Pátria Família*, porque, ao longo do romance, as várias citações dos filmes exibidos nas salas de cinema em Lisboa indicam uma outra vertente da obra: a de como o Estado Novo se valeu das artes para promover uma distração popular e, em outra medida, divulgar sua propaganda ideológica. Carla Patrícia da Silva Ribeiro (2010), num interessante estudo sobre o cinema em Portugal nos anos do regime salazarista, adverte para o fato de que muitos documentários que sustentavam as bases ideológicas do nazismo e que eram interessantes à política estado-novista foram amplamente divulgados em Portugal, inclusive nas zonas rurais com um aparato de mais de mil caminhões com projetores. No romance, Hugo Gonçalves reinventa uma dessas sessões: "Na estreia de *Triunfo da vontade*, a sala, engalanada com bandeiras da cruz gamada, era uma extensão do ecrã no qual as massas veneravam os berros do líder no Congresso de Nuremberg" (Gonçalves, 2021, p. 97). Também os espetáculos de teatro de revista constituíam uma parcela importante na cena cultural portuguesa. No entanto, como bem alerta Luiz Francisco Rebello (1985), uma boa parte de sua produção "acertava as suas posições pela neutralidade imposta e, quanto aos acontecimentos domésticos, observava uma prudente discrição, limitando-se a comentários anódinos sobre fatos que nem direta nem indiretamente contendessem com o regime constituído" (Rebello, 1985, p. 125). Sobre a circulação de películas cinematográficas em Portugal no período do Estado Novo, recomendo a leitura dos ensaios de Leonor Areal (2011) e Roberto Nobre (1964).
[185] Gonçalves, 2021, p. 25. Várias vezes referenciados no romance, o *jazz* e os *blues* circulam com uma certa liberdade pelas cenas culturais do Portugal salazarista, seja nas apresentações de Cardoso, seja no interesse de Luís Paixão Leal, tendo em vista que este chegou a presenciar

um *show* ao vivo com Duke Ellington. Os momentos efabulados por Hugo Gonçalves correspondem de forma coerente ao cenário histórico delineado por Hélder Bruno de Jesus Redes Martins (2006), quando chama atenção para o fato de que, apesar de o Estado Novo não proibir frontalmente as apresentações desse gênero musical, havia uma certa relutância ao *jazz* e ao principal espaço de difusão desses artistas, o Hot Club de Portugal.

[186] Localizado no Parque Mayer, o Teatro Maria Vitória foi o palco de estreia de Amália Rodrigues, na peça *Ora vai tu* (1940), de Nelson de Barros, como "atração" do espetáculo. Revelação do fado nos anos 1940, Amália surge no teatro de revista como "uma intérprete de excepcional qualidade" (Rebello, 1985, p. 111). No entanto, tal como esclarece Luiz Francisco Rebello, o despontar da grande artista portuguesa deu-se, primeiramente, no "estrado dos retiros" (*Idem, ibidem*), local ao qual provavelmente o romance faz uma referência direta.

[187] Gonçalves, 2021, p. 239. Sem fazer qualquer distinção entre "música erudita" e "música popular", Hugo Gonçalves aposta nas principais referências musicais da época, sem impor hierarquias estéticas, mais preocupado em efabular a circulação da arte nos seus diferentes meios de divulgação. Daí esse conjunto eclético, envolvendo nomes tão diferentes e até díspares nos gostos e nos estilos artísticos. No entanto, ao mencionar, numa das passagens, a canção de Artie Shaw, ouvida por Luís Paixão Leal, a partir de "um disco na grafonola", com a ação subsequente "a agulha arranha o vinil" (Gonçalves, 2021, p. 81), a cena coloca em xeque a pressuposição de que, somente a partir de 1948, o disco de vinil passou a ser utilizado, substituindo o de goma-laca. Na verdade, apesar de a Columbia Records, nos Estados Unidos, e a Deutsche Grammophon, na Europa, terem sido as pioneiras no uso dessa tecnologia sonora, no final da década de 1940, desde 1929, já existe um pedido de patente para o uso do disco de vinil (https://patentscope.wipo.int/search/pt/detail.jsf?docId=GB134231890), não sendo inclusive contestada ou requerida pelas duas gravadoras. Trata-se, portanto, no meu entender, de uma instigante licença poética na ficção de Hugo Gonçalves. Mais detalhes poderão ser consultados nos estudos de Roland Gelatt (1977) e Ricardo Gil Góis Correia Portela (2016).

[188] Do mesmo modo como a Operação Bravo surge nas páginas do romance, também a Panicle é evocada para demonstrar as estratégias engendradas por Salazar para sabotar Lisboa, no caso de uma invasão espanhola comandada por Franco, além da representação do líder português como uma personagem comum, que nada possuía de excepcional.

[189] Como bem elucidam Fernando Rosas (1992) e Maria João Martins (1994), em virtude da neutralidade de Portugal, Lisboa acabou se tornando um espaço de abrigo e de livre circulação, com uma certa segurança, não apenas para os refugiados europeus que fugiam da guerra a se espalhar pelo continente e pretendiam migrar para a América do Norte, como também para artistas e nomes conhecidos do meio cultural, além de autoridades europeias. Do rei Carol da Romênia ao escritor Antoine Saint-Exupéry, como também os atores de Hollywood Leslie Howard, Vivien Leigh e Laurence Olivier, não foram poucas as celebridades que circularam pela Lisboa da década de 1940. Entre estes, como o romance sensivelmente recupera, o pintor Max Ernst e sua mulher Peggy Guggenheim passaram uma temporada em Portugal, na região do Estoril, tal como a autobiografia desta revela em detalhes, sobretudo no capítulo intitulado "My life with Max Ernst" (Guggenheim, 1979, pp. 230-277).

[190] Eco, 1985; Marinho, 1999.

[191] H. Vasconcelos, 2021.

[192] Gonçalves, 2021, pp. 449-450.

[193] T. D. J. Ribeiro, 1863, p. 4.

[194] Calvino, 2000, p. 61.

[195] *Idem*, p. 47.
[196] Helena Vasconcelos (2021) chama atenção para esse grau de proximidade proposto nas entrelinhas do romance. Para a jornalista portuguesa, *Deus Pátria Família* pertence a uma pródiga família literária, na qual constam *The man in the high castle* (*O homem do castelo alto* (1962), de Philip K. Dick, e *The plot against America* (*Complô contra a América*) (2004), de Philip Roth. Além destes, eu ainda acrescento: *The difference engine* (*A máquina diferencial*) (1990), de William Gibson e Bruce Sterling, e *Man in the dark* (*Homem na escuridão*) (2008), de Paul Auster.
[197] Gonçalves, 2021, p. 142.
[198] *Idem*, p. 232.
[199] Levitsky & Ziblatt, 2018, p. 16.
[200] Gonçalves, 2021, p. 232.
[201] *Idem*, p. 91.
[202] *Idem*, p. 159. Grifos do autor.
[203] *Idem*, p. 438.
[204] H. Vasconcelos, 2021.
[205] Gagnebin, 2009, p. 57.
[206] Calvino, 2015, p. 35. Grifos meus.
[207] Gonçalves, 2021, p. 334.
[208] Calvino, 2000.
[209] Eco, 1985, pp. 37-38.

CAPÍTULO 3
EXATIDÃO
Do erótico como revolução ao ecofeminismo: *A nossa alegria chegou*, de Alexandra Lucas Coelho

> É também num sentido coextensivo dessa analogia que *A nossa alegria chegou* pode ser considerado um "romance brasileiro": o que se passa em Alendabar é obviamente uma alegoria da situação do Sul Global no Antropoceno, mas, ao mesmo tempo, as realidades evocadas estão obviamente disponíveis para se articularem numa significação concretamente brasileira. Não faltará certamente quem jure a pés juntos, e com inteira razão para isso, que Alendabar é inconfundivelmente o Brasil – só que com outro nome. As vidas exemplares das suas personagens, intervindo com sutileza e elegância numa história comum, apelam diretamente à ação e encarnam a esperança na revolução que redesenhe os mapas jurídicos dos impérios, e, num equinócio simbólico, permita que as duas partes do mundo sejam iluminadas por igual.
> André Corrêa de Sá, *Livros que respiram*, 2021, p. 228.

> A obra literária é uma dessas mínimas porções nas quais o existente se cristaliza numa forma, adquire um sentido, que não é nem fixo, nem definido, nem enrijecido numa imobilidade mineral, mas tão vivo quanto um organismo.
> Ítalo Calvino, *Seis propostas para o próximo milênio*, 2000, pp. 48-49.

> Vejo o romance como o território inteiramente livre onde tudo pode ser experimentado, inventado, imaginado, para tocar nisso a que chamamos real: a vida. O que tento fazer neste novo romance [*A nossa alegria chegou*] é isso, inventando pela primeira vez um lugar. O lugar é imaginário, as personagens são inventadas, a ação é inventada. Mas – espero – aquilo é vida.
> Alexandra Lucas Coelho, "Entrevista a Tatiana Trilho", 24/7/2018.

Na sua terceira lição americana, Ítalo Calvino expõe suas concepções acerca da exatidão como uma das marcas preponderantes dos projetos literários do século XXI. Ao contrário das propostas anteriores, principiadas por uma lenda e uma narrativa, seu início é desencadeado pela descrição de uma imagem: a pena de Maat utilizada pelos antigos egípcios para procurar aferir o peso das almas, além de servir de medida para as construções arquitetônicas (os 33 cm dos tijolos) e para as execuções musicais (o tom diapasional da flauta).

A partir dela, o ensaísta italiano pormenoriza três caminhos de compreensão da *exatidão*:

> Antes de mais nada, procurarei definir o tema. Para mim, exatidão quer dizer principalmente três coisas:
> (i) um projeto de obra bem definido e calculado;
> (ii) a evocação de imagens visuais nítidas, incisivas, memoráveis; temos em italiano um adjetivo que não existe em inglês, "icastico", do grego εἰκαστικός;
> (iii) uma linguagem que seja a mais precisa possível como léxico e em sua capacidade de traduzir as nuanças do pensamento e da imaginação.[1]

Na verdade, ao chamar atenção para detalhes muito presumíveis na atividade de criação literária, Calvino explicita uma apreciação da matéria artística muito próxima de um convencionalismo conservador. Sua defesa dos três pontos acima é consequência de sua assumida incompreensão das novidades imagéticas – e de sua impaciência para com elas – que as duas últimas décadas do século XX (das quais ele próprio foi testemunha nos anos 1980) começaram a imprimir nos diferentes cenários mundiais.

Da "chuva ininterrupta de imagens"[2] que os *media* oferecem a seus leitores/espectadores/consumidores, o ensaísta italiano tem uma visão negativa, em virtude das interferências que estas acabam causando nas diferentes esferas discursivas. Daí a sua repulsa: "A linguagem me parece sempre usada de modo aproximativo, casual, descuidado, e isso me causa intolerável repúdio".[3]

Não deixa de causar espanto, portanto, a indignação de um estudioso, em muitos casos, com uma mentalidade aberta para compreender e instituir caminhos críticos de textos literários (dos mais clássicos aos contemporâneos seus) diante das disposições dialógicas, de certo modo positivas, que os textos literários estabelecem com as artes visuais, sobretudo com aquelas que, no calor da década de 1980, começavam a invadir as esferas artísticas, demandando um novo procedimento de criação e uma outra compreensão do mundo e da velocidade com que este se alterava.

Sua posição de recusa a essas novas linguagens chega mesmo ao estertor de designar tal invasão com expressões como "epidemia pestilenta" e "peste da linguagem",[4] exatamente porque, segundo ele, esse recurso excessivo das imagens impostas pelo poder dos *media* causa uma espécie de ociosidade e displicência no ser humano em usar sua faculdade mais imediata, qual seja, o uso consciente da palavra.

Ainda que tal posicionamento imprima uma atitude conservadora em relação às novas linguagens surgidas no fim do século XX, de todo modo, o ensaísta não deixa de ter sua razão fundamentada, na medida em que questiona certas exacerbações que acabam diminuindo o valor e a importância de obras escritas, diante da facilidade com que a manipulação puramente imagética atrai as atenções e seduz os futuros leitores para um caminho mais imediatista de consumo.

Nesse sentido, acredito que seu veemente repúdio, para além do aspecto reacionário suscitado, pode ser compreendido também como uma posição de defesa da matéria literária isenta de facilitismos ou imediatismos redutores para sua recepção crítica. Daí que seu olhar analítico incide numa sentença ácida sobre as consequências da invasão midiática (a tal "peste da linguagem") sobre o fazer artístico:

> [...] perda de força cognoscitiva e de imediaticidade, como um automatismo que tendesse a nivelar a expressão em fórmulas mais genéricas, anônimas, abstratas, a diluir os significados, a embotar os pontos expressivos, a extinguir toda centelha que crepite no encontro das palavras com novas circunstâncias.[5]

No meu entender, a reclamação de Calvino não deixa de ter suas justificativas, até porque ele próprio não coíbe ou condena os laços de troca e de diálogo entre as artes visuais e as literárias. Basta verificar, nesse caso, o fato de que sua conclusão não critica exatamente o uso das imagens, mas como esse uso é aplicado e manipulado por uma rede midiática que lança mão dessas imagens com objetivos questionáveis e acaba por causar não uma sensação de satisfação, mas de insuficiência e de indisposição:

> Gostaria de acrescentar não ser apenas a linguagem que me parece atingida por essa pestilência. As imagens, por exemplo, também o foram. Vivemos sob uma chuva ininterrupta de imagens; os *media* todo-poderosos não fazem outra coisa

senão transformar o mundo em imagens, multiplicando-o numa fantasmagoria de jogos de espelhos – imagens que em grande parte são destituídas da necessidade interna que deveria caracterizar toda imagem, como forma e como significado, como força de impor-se à atenção, como riqueza de significados possíveis. Grande parte dessa nuvem de imagens se dissolve imediatamente como os sonhos que não deixam traços na memória; o que não se dissolve é uma sensação de estranheza e mal-estar.[6]

Ou seja, Calvino não deixa de reconhecer a substancial significância das imagens e suas possibilidades de sentido. O que ele desaprova é a exploração destas pelas grandes incorporações midiáticas a seu próprio favor e visando a seu próprio lucro. Aliás, não são poucos, no cenário cultural português, que, de certo modo, compartilham dessa mesma desconfiança. Basta verificar as crônicas de José Manuel Nobre-Correia no jornal *Expresso*, na década de 1990, para perceber seu olhar incrédulo e cético sobre o isolamento dos cidadãos na era da comunicação em massa:

É certo que os *media* de massa permitiram ao cidadão pôr-se ao corrente das coisas do mundo. Cortando-o porém ao mesmo tempo um pouco das coisas do seu mundo. Quantos encontros públicos ou privados perderam a sua importância na sequência do desenvolvimento dos meios técnicos, sobretudo auditivos e audiovisuais? Quantas iniciativas que impunham antes sair de casa, e entrar assim em contato com os outros, se podem resolver agora sem dar uma passada?[7]

Publicado em 5 de fevereiro de 1994, o texto impressiona pelo diagnóstico previsto pelo investigador português e por sua consecução décadas depois, num cenário tomado por afastamentos sociais impostos pela pandemia. Se é certo que os *media* contribuíram para diminuir as distâncias obrigatórias e facilitar o convívio e o trabalho nos ambientes domésticos particulares, não deixa de ser sintomática a constatação de que tal cenário foi explicitamente condicionado e confirmado, em virtude da impossibilidade de encontros presenciais. Ou seja, também nesse caso, a pandemia exacerbou o que antes era feito de forma muito pontual e ocasional.

Por outro lado, a referida crônica de Nobre-Correia ("A equação das receitas") também reverbera, anos depois, aquela visão pouco otimista e acidamente crítica de Calvino sobre a utilização em exagero das imagens desprovidas de significado e a hierarquia imposta por estas sobre outros discursos artísticos, incluindo aí a própria literatura. Talvez por isso seu olhar aponte para uma única solução – a literatura –, seja por um viés incorporador de uma ótica muito cautelosa e zelosa de seus aspectos tradicionais – "A literatura (e talvez somente a literatura) pode criar os anticorpos que coíbam a expansão desse flagelo linguístico"[8] –, seja por uma percepção menos cáustica e mais defensora da exploração dos recursos discursivos da matéria literária – "A literatura – quero dizer, aquela que responde a essas exigências – é a Terra Prometida em que a linguagem se torna aquilo que na verdade deveria ser".[9]

Ao não excluir o poder imagético incorporado nas obras literárias, Ítalo Calvino propõe a exatidão como um dos aspectos preponderantes no contexto cultural do século por vir, sem deixar de articular com ela o seu contraponto, ou seja, o vago, o impreciso, o indeterminado. Ou seja, ao lado da precisão na concepção arquitetural da obra, da concepção de imagens visuais impactantes e marcantes (as quais qualifica como "icásticas") e da articulação de uma linguagem capaz de criar com exatidão as mudanças de pensamentos e de efeitos da imaginação efabuladora, Calvino sustenta a tese de que, somente com o domínio desses atributos, é possível haver uma disposição, junto com essa precisão criativa, de elementos capazes de redimensionar o rigor, a partir de uma contraposição pela dúvida, pelo inexato. Expõe-se, assim, a sensibilidade no ato de inventar espaços, paisagens, cenários, personagens, tempos e tramas, posto que, "para alcançar a imprecisão desejada, é necessária a atenção extremamente precisa e meticulosa", aplicada na "composição de cada imagem, na definição minuciosa dos detalhes, na escolha dos objetos, da iluminação, da atmosfera".[10]

Se a exatidão permanece ligada à precisão dos principais eventos e elementos pertencentes ao universo criado, vale relembrar que ela não deixa também de expor um outro lado do pensamento criador, na medida em que, nessa mesma sede de determinação de detalhes, "a esperança e a imaginação podem servir de consolo às dores e desilusões da experiência".[11] Talvez por isso sua principal referência para pensar no poder genuíno da matéria criadora (e eu aqui peço licença para especificar como a matéria ficcional) seja Roland Barthes, quando, em *A câmara clara* – não gratuitamente o ensaio em que o semiólogo francês discute a força da fotografia, enquanto imagem transmissora de múltiplos significados –, defende a concepção de uma "*Mathesis singularis* (e já não *universalis*)", como uma "ciência nova pelo seu objeto".[12]

A exatidão, então, não significa uma propensão à aridez, ao descritivismo puro e à ausência de sensibilidade no ato criador. Muito pelo contrário, posto que a imaginação detida nessa concepção vale-se também de componentes oscilantes, ambíguos e dúbios para, nesse conjunto, poder compor um par ("exatidão e indeterminação"[13]) capaz de motivar a existência de uma inquietação com duas faces: "o demônio da exatidão e o da sensibilidade".[14]

Em sua defesa, Calvino estabelece dois caminhos de predileção na composição textual. De um lado, a preferência "pelas formas geométricas, pelas simetrias, pelas séries, pela análise combinatória, pelas proporções numéricas", em virtude de uma "fidelidade a uma ideia de limite, de medida".[15] Ora, esse favoritismo por matrizes definidas constitui um dos aspectos mais intrigantes da ficção do século XX, cujas raízes podem ser contempladas, por exemplo, no paradigmático texto do escritor inglês Edwin A. Abbott (1838-1926) intitulado *Planolândia: um romance de muitas dimensões*.[16]

Já nesse texto, é possível observar, ainda que de forma muito germinal, a tendência à criação a partir da observação geométrica, posto que os habitantes desse espaço imaginário são todos concebidos por uma forma de exatidão incomum em termos de composição das personagens. Por causa desses arranjos inusitados, *Planolândia* seria uma das obras a figurar ao lado das citadas por Calvino de Robert Musil, Paul Valéry e Paolo Zellini, por exemplo. Isso porque, tal como esclarece o narrador:

> Nossas mulheres são linhas retas.
> Nossos soldados e as classes mais baixas de trabalhadores são triângulos com dois lados iguais, de uns 28 centímetros de extensão, e uma base ou terceiro lado tão curto (frequentemente não excede um centímetro e meio) que eles formam nos vértices um ângulo muito agudo e perigoso. Na verdade, quando suas bases são do tipo mais degradado (não passando de alguns milímetros de tamanho), eles mal podem ser distinguidos das linhas retas, ou mulheres, de tão pontudos que são seus vértices. Entre nós, como entre vocês, esses triângulos são diferenciados dos outros por serem chamados de isósceles, e por esse nome eu irei me referir a eles daqui para a frente.
> Nossa classe média consiste de triângulos equiláteros, ou de lados iguais.
> Nossos profissionais e cavalheiros são quadrados (a cuja classe eu pertenço) e figuras de cinco lados, ou pentágonos.[17]

A partir da disposição visivelmente geométrica, as classes sociais, bem como os espaços ocupados por estas, obedecem a um rigor, cuja trama se baseia num encadeamento de eventos que colocam em xeque a capacidade e a sensibilidade dos habitantes de *Planolândia* em resistir a uma Lei da Cor Universal. A partir desse conflito, o narrador-protagonista passa a circular por outros espaços (a *Linholândia* e a *Espaçolândia*) e a disseminar uma série de reflexões a respeito de situações que não estão tão longe das que presenciamos hoje: a imposição de uma única visão de mundo, a intolerância e a incompreensão diante do novo, a falta de comunicação entre as pessoas e a esperança numa geração que ouse enfrentar os ditames impostos e conclame uma revolução pela liberdade.

Interessante verificar que a fábula de Abbott, gestada ainda em conexão com a compreensão cientificista oitocentista,[18] não deixa de servir como um caso germinal e exemplar daquilo que Ítalo Calvino irá detectar como uma acentuada característica da produção literária do século XXI, com um singular gosto pela "composição geometrizante",[19] a fim de problematizar e interrogar a "oposição ordem-desordem".[20]

Claro que essa predisposição não seria a única maneira de Calvino defender sua proposta de *exatidão* na ficção por vir no século XXI. Além de sublinhar as formas geométricas, ele ainda destaca a imagem do cristal, seu emblemático "modelo de perfeição", com a "capacidade de refratar a luz",[21] enquanto mecanismo comparativo "entre o mundo mineral e a matéria viva".[22] E, como escritor de ficção, ele ainda defende a cidade como o símbolo mais acabado e complexo para "exprimir a tensão entre racionalidade geométrica e emaranhado das existências humanas".[23] Não à toa, sua obra *Le città invisibili / As cidades invisíveis* (1972) revela a composição de espaços imaginários, não localizados num mapa específico, mas cuja incerteza geográfica lhe permite construir uma série de inferências pontuais, cirúrgicas e precisas, em que a "tendência racionalizante, geometrizante ou algebrizante do intelecto",[24] representada pela personagem Kublai Khan, se articula às deslizantes descrições – "com grande abundância de detalhes"[25] – dos locais, realizadas por Marco Polo, a partir das disposições das diferentes peças de um tabuleiro de xadrez.

Com diferentes planos imagéticos (as formas geométricas, o cristal e a cidade), Ítalo Calvino defende a proposta de exatidão como um dos aspectos fundamentais da ficção do século XXI, sem recusar ou negar a relevância que as imagens possuem na produção literária do milênio por vir, apontando, inclusive, os diálogos estabelecidos entre a linguagem da efabulação narrativa e a capacidade de dominar a precisão para, a partir dela, conseguir articular seus opostos: o vago e a imprecisão.

Se olharmos com atenção a ficção portuguesa produzida na década de 1990, é possível perceber algumas ocorrências dessa sensibilidade criadora, sobretudo quando comparamos o espectro das personagens e sua transitoriedade nos espaços da cidade. Nesse sentido, *Azul-turquesa*, de Jacinto Lucas Pires,[26] pode ser tomado como um caso exemplar. Baseado nos desencontros e encontros entre as personagens Maria e José (nomes, aliás, extremamente vagos diante da grande quantidade de seus usos na nominástica portuguesa), o narrador vai transitando pela cidade de Lisboa, facilmente identificável pelas estações de metrô de uma mesma linha (Linha Verde de Lisboa), mencionadas no percurso das personagens, tais como Socorro (nome anterior da atual estação Martim Moniz, alterado em 1998) e Anjos, e observando tanto os detalhes geométricos de cada local percorrido quanto os aspectos imprecisos e indefinidos das próprias pessoas a chamar igualmente sua atenção:

> Vista de perto, a cara do homem impressiona pela sua nitidez. As linhas que são as sobrancelhas, nem demasiado finas nem demasiado grossas, tornam-se o contorno do nariz sem uma pausa, sem um percalço, um momento para pensar, e os olhos são simétricos, ou muito próximo disso, azuis. Só a boca não revela o mesmo rigor. Pelo contrário, mostra-se indefinida, indecisa. Quem sabe isso se deva aos dedos, que, desatentos, se entretêm, ainda, a brincar com os lábios, no ponto onde o superior se torna inferior e o inferior superior. Ouve-se uma buzina.
> [...]
> Na escuridão da parede que se vai repetindo a uma velocidade constante e aguda, duas caras, suspensas, agitam-se no mesmo ritmo acelerado. Um careca de nariz batatudo mastiga uma pastilha elástica, e uma mulher de sobrancelhas pintadas lê uma revista. Sincronizados, fazem que sim com a cabeça, que sim, que sim, que sim, que sim. É o homem que está sentado numa carruagem do metrô e olha pela janela.
> De pé, junto à porta, um rapaz e uma rapariga beijam-se apaixonadamente. Muito apaixonadamente. Tão apaixonadamente que todas as pessoas param para reparar neles. O rapaz parece feio na proporção exata em que a rapariga parece bonita. Tem uma mão nas costas dela e a outra a segurar uma pasta castanha com um fecho dourado. A coisa dura uns bons dezessete segundos. Quando finalmente

acaba, todos os olhos que olhavam procuram disfarçar, fingir que não viram nada, que não se metem onde não são chamados. "As mulheres... as mulheres são como as batatas."[27]

Não deixa de ser interessante observar como os detalhes geométricos surgem com uma riqueza de composição, contrastando com o vago captado de forma sensível pelo narrador, que vai tentando montar os espaços e seus ocupantes, a partir de uma sensorialidade aguçada, valendo-se da visão (na observação dos traços dos rostos e das cores dos olhos), da audição (na captação do som da buzina) e do tato (nos dedos do homem que tocam os lábios e nas bocas do rapaz e da rapariga que se beijam). Ao mesmo tempo, o rigor na descrição dos detalhes do rosto do homem cede espaço para a indefinição e a indecisão despertadas pela boca deste, do mesmo modo como a precisão na contagem dos segundos, durante o beijo do casal na porta da carruagem do metrô, convive com a possibilidade de uma semelhança, mas sem qualquer certeza de afirmação precisa, ao dispor da possível feiura do rapaz, na mesma proporção da beleza da rapariga.

Com um cenário "preponderantemente urbano e contemporâneo, cruzado por figuras que carregam sem grande alarde pequenas histórias da loucura normal, ou que se esgotam em discursos mais ou menos absurdos e sintomáticos de esfarelamento acentuado das relações humanas",[28] *Azul-turquesa*, de Jacinto Lucas Pires, investe numa arquitetura narrativa na qual a exatidão e o vago caminham juntos. Isso se potencializa na visível experimentação feita pelo autor, com a geometrização da cidade, a observação cuidadosa dos gestos das personagens e a combinação destas com uma imprecisão proposital que, por vezes, remete ao embaçamento de lentes de uma câmera. Nada gratuita, tal técnica pode ser entendida como uma forma de escrita aglutinadora de "estilos e ritmos diferenciados, em que se nota uma relativa preponderância do encaixe e da figuração cinematográfica".[29] Através destes, por sua vez, percebe-se uma efabulação rica na articulação da proposta calviniana de exatidão.

E se a cidade surge geometricamente mapeada, com essa precisão, em virtude das localizações das linhas do metrô e do título de certos estabelecimentos comerciais – que, muitas vezes, contrasta com o caráter vago e pouco preciso das personagens que nela transitam –, vale lembrar que o próprio título do romance de Jacinto Lucas Pires – *Azul-turquesa* – evoca, por um lado, a refração detalhista dos prismas dos cristais e, por outro, a intermediação, como cor terciária, entre o cianeto e o verde.

Também no cenário da novíssima ficção portuguesa, alguns textos oferecem uma possibilidade de leitura pela proposta calviniana. Se tomarmos como eixo norteador a capacidade de configuração imagética das cidades, *Luanda, Lisboa, Paraíso*, de Djaimilia Pereira de Almeida,[30] pode ser entendido como um desses casos. Nesse romance, a autora estabelece um jogo entre a exatidão e a divagação a partir do estabelecimento de trânsito das personagens e suas relações afetivas e identitárias com os locais que habitam e por onde circulam.

Assim, de uma Luanda que quer ser deixada para trás, de uma Lisboa que não abre os braços para receber os imigrantes angolanos e de um bairro imaginário, sintomaticamente chamado de Paraíso e que tem suas casas consumidas por um incêndio, as trajetórias de Cartola, Glória e Aquiles – o filho levado para a capital portuguesa para tratamento médico do tornozelo – vão sendo construídas e articuladas ao longo de seus períodos de migração, mudança, trânsito e percepção dos espaços:

> Sussurravam ao ouvido um do outro. Numa *flânerie* acabrunhada, deslumbravam--se com a falta de cheiro das ruas. Cartola parecia mais baixo ao filho desde que haviam chegado a Lisboa. A sua camisa fora engomada pela última vez ainda em Luanda. O filho olhava-o como quem teme que o Rei sucumba a uma conspiração. A nobreza que o porte dele lhe inspirava em Luanda dera lugar à confusão de Cartola, que lhe fazia abrir muito os olhos como se tivesse medo de ir contra as coisas. *Tinha chegado a Lisboa tarde demais, depois de lhe ser possível domesticar a cidade. De cabeça, decalcava Lisboa por cima de Luanda: Sagrada Família-Mosteiro dos Jerónimos, Ilha-Cacilhas, Prenda-Prior Velho.*
> Mas no interior de Cartola *o mapa era ainda o mesmo. Caminhava sem referências. A nova cidade descarnada, sem arruamentos definidos, entontecia-o.* Sentia as pernas tremer, perdia o equilíbrio, mesmo que soubesse não estar perdido. Sabia ir do Campo Grande aos Restauradores, traçado que imaginara anos a fio como uma marcha triunfal. *Aterrado em Lisboa, porém, a cidade não era como tinha projetado. Nada ficava perto de nada nem era tão imponente como nos postais ilustrados do passado.*[31]
> Quando os primeiros passeios pela Baixa perderam o encanto, *Cartola e Aquiles já não se lembravam de como a cidade lhes tinha começado por parecer silenciosa.* De início, foi como se todas as pessoas tivessem sido impedidas de falar e se passeassem numa aldeia. À medida que o tempo passou, as ruas e as praças

adquiriram nome, mesmo que ambos tivessem uma noção defasada das distâncias marcada pelos lugares por onde costumavam passar, afinal poucos. Assim que pai e filho perderam a ilusão de que Lisboa os aguardava e de que ali podiam contar com alguém ou esperar alguma coisa do futuro, a cidade tornou-se uma barulheira. Essas esperanças demoraram pouco a desaparecer, mal terminou o pé-de-meia que lhes servia para as despesas correntes. A partir daí iniciados os tratamentos ao calcanhar de aquiles, a sua incumbência era arrastarem-se até o fim do mês na esperança de que não acontecesse um imprevisto a que não teriam meio de fazer frente.

Lisboa era pequena para o desejo de Cartola de se misturar com tudo e as suas pernas não tinham rapidez para fazer dele um vetor invisível. *Mas aprendera a virar-se para dentro caminhando entre os outros como se, rodeado de gente, ninguém conseguisse fixar as suas feições.* A disciplina do desaparecimento exigia-lhe apenas o silêncio e não se dar a conhecer usando um "ora viva, chefe" da maneira mais vivaz que conseguia, evitando prolongar conversas, dispensando-se com evasivas em diálogos que não permitia que chegassem a acontecer. *Conseguia a magia de passar pelos outros como um fantasma.*[32]

Os dois trechos acima ilustram bem a forma como o binômio exatidão/vaguidão surge ao longo das cenas criadas pela autora, na medida em que os espaços de origem e migração, a partir da circulação e da vivência cotidiana de Cartola e Aquiles, são colocados numa disposição comparativa, talvez porque, para o pai, a cidade de Lisboa por onde caminha em nada o faz recordar as paisagens imaginadas no passado, em tempos de guerra colonial em Angola e de sonho de evasão para a capital portuguesa. Daí que alguns monumentos e alguns pontos geográficos da cidade são assemelhados por referências compatíveis com Luanda.

Somente com o reconhecimento e o mapeamento da capital portuguesa, as personagens assimilam sua disposição espacial e percebem o encerramento da ilusão alimentada. Cartola e Aquiles, como revela o narrador, vão se acostumando com as ruas e as paragens lisboetas a partir do momento em que conseguem atingir uma exatidão dos seus pontos. Em contrapartida, diante do barulho e da multidão, Cartola é aquele que alimenta a "disciplina do desaparecimento",[33] exercitando uma práxis de vaguidão, a partir do momento em que consegue desaparecer como um fantasma, não deixando rastro e não possibilitando qualquer tentativa de fixação exata de seu percurso.

No meu entender, não gratuitamente, será na construção das duas criaturas ficcionais (pai e filho), que aquela ideia de que uma das provas máximas de exatidão pode ser pressentida na maneira como o(a) autor(a) coloca "seu personagem diante da dor e fazendo-o combater o sofrimento físico por meio de exercícios de abstração geométrica"[34] ganha fôlego e forma. Afinal, os exercícios comparativos dos dois espaços citadinos (Lisboa e Luanda), os anseios de Cartola e Aquiles por um novo recomeço num espaço que não é deles e que não os aceita e as formas encontradas por Aquiles de tentar desvencilhar a mente do sofrimento do corpo (e do tornozelo) não deixam de ser compatíveis com aqueles "exercícios de abstração geométrica", seja porque o próprio mapeamento da cidade indica essa disposição, seja porque encarar o próprio sofrimento se insere na abstração de uma autognose.

Tomando, ainda, a expressão utilizada por Sheila Jacob para tentar analisar o processo de locomoção das personagens ("retrato subjetivo da condição imigratória"[35]), essa sensação oscilante entre o exato e o vago se sustenta, posto que a tentativa de expurgar a roupagem de Luanda, que lhe confere o estatuto de imigrante, para aderir à de Lisboa, que lhe abria um horizonte revigorante de novidade e recomeço, não surte o efeito desejado de concretização. Se o mapear a capital portuguesa fornece a Aquiles o poder da exatidão, a consciência da impossibilidade de alterar sua condição migrante instaura a imprecisão, o vago, exatamente porque o romance procura abordar as "identidades em estilhaços" das duas personagens. Enquanto imigrantes, "já em Portugal, precisam negociar o tempo inteiro suas próprias identidades, divididas entre a terra em que nasceram e o novo mundo em que passaram a habitar".[36]

Numa outra dimensão da exatidão, saindo da amplidão da cidade, *Se eu fosse chão*, de Nuno Camarneiro,[37] permite igualmente a leitura pelo viés da proposta calviniana, posto que o Palace Hotel, local onde se hospedam as personagens, emerge como um dos grandes protagonistas da trama. Com três blocos temporais sucedâneos e em ordem crescente (1928, 1956 e 2015), a narrativa é construída com a apresentação dos quartos do hotel em andares sucessivos (do 1º ao 3º), e, em cada um deles, surgem figuras evocadoras e sugestivas da história de Portugal, bem como criaturas imaginadas e sem qualquer conexão com o contexto histórico empírico.

Espécie de macroespaço, onde cada subdivisão de um quarto (os microespaços) detém a exatidão cronológica das datas anunciadas e, ao mesmo tempo, a sugestiva imprecisão das vidas narradas, o Palace Hotel constitui um compósito de pequenas narrativas autônomas que se transformam num grande mosaico, quando lidas no cômputo da totalidade pela perspectiva do hotel. Interessante observar que, nesse sentido, a obra de Nuno Camarneiro induz a uma dupla leitura. A primeira incide na percepção desses textos como contos autônomos, separados entre si como entidades narrativas próprias. Já a segunda, quando considerados em seu conjunto e sem retirar qualquer uma de suas peças, a partir do viés do *locus* imaginário do edifício, é feita como se se tratasse de capítulos de uma obra, na esteira de um romance, com a história portuguesa sendo perpassada com três datas pontuais e com personagens vagas, que ora remetem a figuras precisas do século XX português, ora se desfazem diante de sugestões e insinuações não efetivamente concretizadas:[38]

QUARTO 102
PROFESSOR ANTÓNIO DE OLIVEIRA
Uma carta aberta em cima da secretária, o sobrescrito com as armas de Portugal, um pedido, uma súplica.
António ronda o quarto, coça a nuca, vira os olhos ao teto, reflete e empilha palavras: Agradeço a V. Exa. o convite que me fez para sobraçar a pasta das Finanças... "Sobraçar é bom", pensa, como coisa que se transporta a pedido de alguém, um amigo sobrecarregado, um homem a quem faltam mãos ou gente de confiança.
Um fim de semana para respirar longe da universidade e preparar uma vida diferente. Vê-se ao espelho, endireita as costas, depois curva-as um pouco, um olhar altivo e outro mais modesto, os dedos entrelaçados ou as mãos ao lado do corpo? Talvez uma pousada sobre a outra. Que há de um governante fazer às mãos? *Não tem que agradecer-me ter aceitado o encargo, porque representa para mim tão grande sacrifício que por favor ou amabilidade o não faria a ninguém.* António sorri. A voz lenta ou mais decidida? Uma pausa, talvez duas? Deverá separar o favor da amabilidade? *O não faria... a ninguém.* Isso, teatral, mas com algum impacto.[39]

QUARTO 313
AMADEU
Durante a tarde infiltrou-se no 314 pela varanda contígua. Tirou algumas fotos, examinou os conteúdos da mala de viagem e espreitou o cesto dos papéis. Instalou uma câmara no candeeiro e um microfone atrás do espelho. Limpou com um lenço de pano todas as impressões digitais e regressou aos seus aposentos.

Pediu que lhe servissem o jantar no quarto e, enquanto esperava, foi lendo um policial de um autor francês – mulheres perdidas, homens perdidos, a ganância e a inveja como pretextos para os crimes. Demasiado moralista, mas bem escrito. Se lhe perguntassem quais os verdadeiros motivos, não saberia dizer, mesmo com dez anos de ofício, não saberia dizer. A estupidez, talvez? Qualquer coisa pouco definível, uma fragilidade à espera da circunstância, a propensão para o abismo, o tédio, a vida inteira como ela é. Demasiado existencialista, mas correto.[40]

Os dois trechos citados fornecem um exemplo da exatidão na análise da obra de Nuno Camarneiro, ora porque os feixes históricos surgem como uma forma de localizar temporalmente os passos das personagens e suas atitudes dentro dos espaços dos quartos, ora porque cada um dos capítulos (ou contos, dependendo do caminho de leitura adotado) acaba por imprimir ao Palace Hotel aquele mesmo caráter geometrizante de que nos fala Ítalo Calvino.[41]

De quarto em quarto, de andar em andar e de época em época, Nuno Camarneiro tece um enredo marcado pela vertigem "do detalhe do detalhe do detalhe"[42] e, ao mesmo tempo – sem nomear pontualmente suas criaturas com convenções que as colocariam numa precisão epocal e contextual –, sugere aproximações e desenvolve ambiguidades, como as que ocorrem com a personagem que evoca a presença de Salazar, nomeando-a apenas com os prenomes, e com a de um possível espião, leitor de romances policiais e crítico nas horas vagas de seus aspectos textuais.

Para abordar a exatidão, portanto, a partir da efabulação de um espaço imaginário que insinua, numa amplitude vaga, o desligamento com um ponto geográfico específico, e, igualmente, em virtude da precisão na exposição e no desenvolvimento dos problemas apontados, uma referência direta a um determinado local do mapa, detectado pela forma cirúrgica com que descreve as situações parelhas, o romance *A nossa alegria chegou* (2018), de Alexandra Lucas Coelho,[43] é a obra eleita para o meu argumento dessa proposta presente no cenário da literatura portuguesa do século XXI.

***

Parto inicialmente daqueles três critérios de definição do conceito de exatidão, estipulados por Ítalo Calvino, sendo o primeiro delineado como "um projeto de obra bem definido e calculado".[44] Por mais ampla e genérica que tal categorização possa parecer, a ideia de exatidão como um mecanismo organizacional de uma obra meticulosamente medida e calculada não deixa de ter fundamento, na medida em que a justeza e a regularidade podem se tornar instrumentos eficazes na construção de personagens de uma trama ou mesmo de um espaço específico.

Tal premissa não é desconhecida do escritor italiano, sobretudo se lembrarmos que, numa obra como *As cidades invisíveis*, por exemplo, os ambientes e locais mais inusitados vão surgindo diante da imaginação de Kublai Khan, a partir das descrições detalhadas e detalhistas de Marco Polo, como uma espécie de "coleção de areia",[45] cujo fascínio reside exatamente "nesse tanto que revela [a exatidão] e nesse tanto que esconde do impulso secreto que levou a criá-la [a vaguidão]".[46]

É bem verdade que a disposição do diálogo entre um criador de cidades e um imperador ouvinte ávido de absorver esses ambientes não é a metodologia utilizada por Alexandra Lucas Coelho na efabulação do seu romance *A nossa alegria chegou*. No entanto, a noção de exatidão como um engenho de precisão estrutural pode ser constatada na arquitetura da obra em foco, posto que seus 12 capítulos surgem em ordem decrescente, remetendo-se às últimas 12 horas do equinócio de outono.

Cidade imaginária sem um ponto definido no mapa, tal como o conhecemos, Alendabar torna-se o palco para que Ira, Ossi e Aurora, protagonistas da trama, se unam num pacto com o objetivo de libertar seu povo do poder autoritário do Rei. Trata-se, na verdade, de uma revolução em execução, com a contagem regressiva para sua eclosão obedecendo à cronologia das horas do equinócio de outono: "Norte e Sul iluminados por igual, o dia com a mesma duração da noite, doze horas de luz...".[47] Tal como elucida Margarida Rendeiro, é um fenômeno muito singular em que os dois polos

> [...] recebem a mesma quantidade de luz quando o Sol incide diretamente sobre a linha do Equador. Retifica-se, assim, a sobre-exposição solar de um dos hemisférios proporcionada pelo solstício de verão. É a justiça cósmica em ação a oferecer as mesmas condições de visibilidade a qualquer um dos hemisférios, invisibilizando a divisão marcada pela linha do Equador.[48]

Muito longe, portanto, de ser uma mera informação estrutural, a demarcação temporal das 12 horas correspondentes aos 12 capítulos do romance dita de certo modo o ritmo com que as ações se precipitam e as personagens se movimentam em Alendabar, a fim de colocar em vigor o projeto revolucionário. Do mesmo modo, a ideia de pensar uma revolução a partir de um pacto corporal, cindido no exercício erótico de uma relação a três, num salutar *ménage à trois*, indica uma liberdade irrevogável de corpos insubmissos ao poder instituído em Alendabar, cuja figuração se concretiza no Rei, um líder autoritário que desintegra a natureza local, explora agressivamente seus recursos, regula o destino dos corpos de seus habitantes e oprime a população local, impondo-lhes uma condição de vida precária e desumana.

Aliás, essa poética de corpos que vivem sua autonomia erótico-sexual não é estranha à autora portuguesa, na medida em que, em outro romance seu (*O meu amante de domingo*, 2014), tal como já pude explanar,[49] a protagonista feminina encena uma reação contra um de seus amantes, quando descobre a armadilha por ele criada para raptar as cenas de intimidade e transformá-las num monólogo teatral, publicizando aquilo que deveria ficar circunscrito à privacidade de ambos. Dona do seu próprio corpo e rechaçando qualquer iniciativa de controle externo masculino, a personagem não abre mão de seu estatuto de emancipação e autossuficiência para escolher com quem partilhar as experiências eróticas e como as transfigurar em matéria efabulatória, já que ela própria é a autora de uma obra homônima, intitulada também *O meu amante de domingo*.

Tal como defendo,[50] a protagonista de *O meu amante de domingo* performatiza um autêntico sorriso de Medusa, num diálogo com as propostas de Helene Cixous,[51] permitindo ao leitor vislumbrar uma personagem de pendor feminista, cujos gestos mais radicais desembocam na representação de uma mulher livre, que confronta diretamente os ditames masculinistas em prol de seu livre-arbítrio e da realização plena dos seus desejos.[52] No fundo, com seus gestos inequívocos de uma liberdade incondicional, reencena a seu modo a famosa frase "Meu corpo, minhas regras".[53]

No caso específico de *A nossa alegria chegou*, penso que, ao iniciar a trama romanesca com uma cena de corpos em livre trânsito numa relação física e sexual a três, num pacto indissociável de liberdade, a autora indica que a revolução começa pelo erótico, e este constitui um gesto irremediavelmente político:

> Ossi segura o flanco de Ira, que segura o flanco de Aurora. Ela fecha os olhos, flete o joelho esquerdo. Ira ganha ângulo e entra nela, com Ossi às costas. Primeira vez que acordam juntos, primeiro sexo a três, primeira hora de luz.
> Este dia esperou por eles para mudar tudo. Pacto. [...]
> Ao mesmo tempo, Ira sente o vaivém de Ossi até a raiz do cabelo, emissão de nervo em nervo, ânus, próstata, estômago, faringe, cocuruto. De olhos fechados, é atirado às feras. De olhos abertos, é o amante do meio, homem atrás, mulher à frente. Quer cada luz deste dia, cada cor desta hora, o azul na flor do cacto: índigo. Floriu no dia em que ele nasceu, dizia a avó. Mas o cacto tinha milhares de anos já, vira o primeiro homem chegar, ou seria mulher? Passou tanto tempo que os equinócios deram a volta, as estrelas estão de novo onde estavam.
> As mãos de Ossi estão nas ancas de Ira, bem mais estreitas do que as suas. Ossi é o mais pesado dos três, Ira o mais leve. Ossi nunca sentiu ancas assim, e entre elas tudo tão justo, músculo dando de si. Não vai abrir os olhos.[54]

Na verdade, pode-se inferir que toda a organização da obra parte dessa cena emblemática com corpos que se misturam numa simbiose em que "nervo, ânus, próstata, estômago, faringe, cocuruto",[55] enfim, tudo se mistura num ritual iniciático das três personagens, projetando uma união linear muito sugestiva daquela "predileção pelas formas geométricas, pelas simetrias, pelas séries, pela análise combinatória, pelas proporções numéricas".[56] Afinal, é nessa simetria, nessa combinação e nessa proporção numérica de três, que entre Ossi, Ira e Aurora se estabelece um pacto dimensionado na sintonia de pensamentos e de corpos.

Ora, aqui, o romance de Alexandra Lucas Coelho revela uma dupla funcionalidade no tratamento da matéria erótica, porque, se, por um lado, tal como nos faz crer Miguel Real, a cena do *ménage à trois* pode ser entendida como uma forma de desocultar "de um modo absoluto o tema da descrição dos atos heterossexuais",[57] tão presentes no cenário da novíssima ficção portuguesa, também no amálgama formado por Ossi, Ira e Aurora, não se pode deixar de sublinhar uma práxis de sexualidades dissidentes e não normativas, exatamente porque eles não envolvem nem priorizam uma orientação heterossexual, antes exploram todas as possibilidades de manifestações físico-afetivas que não se querem emolduradas por modelos repressores.

Daí que, para além da liberdade no *modus operandi* de representar as diversidades sexuais no contexto da ficção portuguesa do século XXI, as três criaturas de *A nossa alegria chegou* confirmam o estatuto do erotismo como uma das marcas da narrativa contemporânea, tal como explicado por Linda Hutcheon; afinal, quando um(a) autor(a) contemporâneo(a) tem como objetivo chocar seu público leitor, "sempre recorre ao sexo anal ou oral. Isso reflete, é claro, nossa atitude atual ligeiramente mais liberal em relação ao sexo genital, mas também nos faz lembrar a carnavalizada obsessão com os orifícios do corpo".[58]

Logo, não deixa de ser significativo o conjunto de detalhes físicos na descrição da relação sexual a três: os movimentos frenéticos dos três corpos, a presença dos orifícios ("ânus, próstata, estômago, faringe, cocuruto"[59]), as mãos nas ancas uns dos outros, o ápice no gozo orgásmico e a nova forma de entender o resultado das trocas mútuas de prazer: "Mas se a gente engravidasse, ia ser dos três",[60] afirma Ira, anuído por Ossi. Ao que recebe como contrarresposta a palavra final de Aurora: "De nenhum. Combinado?".[61]

Na verdade, mais do que chocar o público, gosto de pensar que o erotismo destilado na cena nada tem de ultrajante, porque esta parece muito mais marcada por uma preocupação poética, pela forma como descreve um autêntico encontro de corpos em plena sintonia. Ao mesmo tempo, a convergência impulsiona também uma tonalidade ética porque, mais do que atores numa mera cena de sexo, Ossi, Ira e Aurora se instituem como legítimas "representações de vitalidade e liberdade irreprimíveis".[62] Deitados e unidos numa mesma rede, como que enlaçados com um objetivo comum, também eles projetam "um protesto contra a cultura oficial do decoro e um triunfo da vida sobre a morte".[63]

Desse modo, ao proporem uma ruptura com os códigos moralizantes vigentes em Alendabar, os três protagonistas produzem uma espécie de conhecimento que só pode ser concretizado na partilha e na junção de todas as perspectivas envolvidas. Daí que, diferentemente da linha de leitura de Margarida Rendeiro, que defende o início da revolução em Alendabar a partir e "através dos explosivos que destroem a propriedade do Rei e da libertação dos servos e assenta na crença da redenção humana como fonte criadora de algo diferente e profundamente positivo",[64] acredito que o movimento revolucionário dos três jovens começa exatamente ali, na rede, com os três corpos numa junção inseparável, em que um penetra e se deixa penetrar pelo outro, configurando-se, portanto, na materialização e na "exteriorização do afeto como resistência".[65]

Por isso, no meu entender, a cena inicial/iniciática de Ossi, Ira e Aurora, muito mais do que "uma forma de revolução" que efetivamente "contrasta com a impotência sexual do Rei e a assexualidade de Zu",[66] constitui o deflagrar, o estopim da própria radicalidade revolucionária conduzida pelas três personagens. Aliás, é o próprio narrador que, por mais de uma vez, me fornece argumentos para sustentar essa tese, seja no momento em que reverbera uma expressão do cientista amante de Ira: "O prazer já é a revolução",[67] seja quando assume a perspectiva de Aurora: "A revolta veio de estarem juntos".[68]

Nesse sentido, fico a me interrogar se não será isso uma espécie também de pensamento pós-abissal, ou seja, de um "pensamento não derivativo", porque "envolve uma ruptura radical com as formas ocidentais modernas de pensamento e ação",[69] tal como defendido por Boaventura de Sousa Santos. Vale lembrar que, para o sociólogo português, "o pensamento moderno ocidental é um pensamento abissal",[70] porque suas bases estão fundamentadas numa "impossibilidade da copresença dos dois lados da linha", quais sejam, "o universo 'deste lado da linha' e o universo 'do outro lado da linha'".[71] Ou seja, tudo aquilo que faz parte do outro lado da linha carrega em si o peso de ser "produzido como inexistente"; em outras palavras, "excluído de forma radical porque permanece exterior ao universo que a própria concepção aceita de inclusão considera como sendo o Outro".[72]

No meu entender, Alexandra Lucas Coelho investe na gestação de um universo singular, com a circulação de saberes locais que encarnam essa mesma metodologia pós-abissal, porque muitos deles se encontram na condição de pensamentos do "outro lado da linha", portanto excluídos das malhas do poder hegemônico instituído pelo Rei. Dentre esses indicadores de um "pensamento pós-abissal",[73] assente na trama de *A nossa alegria chegou*, podemos destacar, por exemplo, a ancestralidade demarcada pela presença dos mais velhos, sobretudo das mulheres, se lembrarmos as atuações das mães e das avós das personagens; os saberes antigos passados de geração a geração, como a história de *Upa-la*, a primeira canoa de Alendabar, contada pela avó de Ira, em que "certa noite, há milhares de anos, a tempestade derrubou uma morambeira. De manhã viram-na flutuar no rio, presa pela copa. Se a soltassem, iria veloz na corrente. Portanto, com ela viajariam velozes";[74] e, ainda, as narrativas das origens locais, como, por exemplo, a contada por Atlas, sobre os cactos gigantes:

Segundo a história da criação de Alendabar, eram os primeiros cactos do mundo, mas ainda iam florir, contava o pai de Felix. Então isso aconteceu em algum momento desde que Ursula o conheceu nessa praia. E como floriram, pensa ela. Que azul magnético.[75]

Aliado a essa rede de saberes, o conhecimento instituído pelo pacto dos corpos das personagens, numa conjunção plena – ou, numa *simetria* e numa *série combinatória*, para utilizar algumas expressões de Ítalo Calvino –, consolida também uma experiência representativa daquele espaço e, ao mesmo tempo, um exercício erótico na contramão dos poderes controladores. Trata-se de uma estratégia muito inteligente porque, com a cena do *ménage à trois* numa rede, não apenas se deflagra o estopim de um movimento revolucionário que irá marcar Alendabar, mas, de forma metatextual, pode-se pensar que esse erotismo iniciático, rasurante e político desencadeia também toda a efabulação romanesca.

A cena emblemática de Ossi, Ira e Autora possui, portanto, uma dupla função: a de fecundar, gestar as sementes de e dar à luz a um movimento revolucionário de mudança radical, recusando o autoritarismo e o poder ditatorial sobre os corpos, sobre seus movimentos e sobre seus direitos, e a de desenredar o fio da meada romanesca. Gosto de pensar, nesse sentido, que a escritora portuguesa parece beber das lições de Júlio Cortázar, para quem, "o erotismo na literatura significa o fato de que a vida erótica do homem é tão importante e tão fundamental como sua vida mental, intelectual e sentimental".[76]

Recusando, portanto, subscrever a matéria erótica com termos delimitadores, é a própria liberdade poética de romper limites e medidas na criação do encontro iniciático entre os três protagonistas que desencadeia todas as linhas da trama de *A nossa alegria chegou*. Nesse sentido, não somente suas criaturas ensaiam uma revolução de dentro para fora de Alendabar, mas também ela própria, a autora, propõe uma implosão revolucionária sobre um moralismo hipócrita e castrador, revelando com detalhes as nuances de uma relação erótico-afetiva sem preconceitos e sem regras normativas.

Pode-se pensar, portanto, que o objeto ficcional criado por Alexandra Lucas Coelho não se afasta daquela linha do "pensamento pós-abissal",[77] porque propõe refletir sobre questões voltadas para o ecossistema e a forma desenfreada com que o homem desgasta os recursos naturais a partir de uma perspectiva do Sul Global. Logo, se *A nossa alegria chegou* investe numa percepção ecocrítica do mundo, como bem postula André Corrêa de Sá,[78] a obra também não se recusa a colocar em xeque outras reivindicações de ordem político-social, como os combates à desigualdade de gênero e ao predomínio do patriarcado.

Quero com isso antecipar que os saberes articulados por Alexandra Lucas Coelho no romance em foco não só podem ser entendidos por meio de uma análise ecocrítica, porque a trama romanesca incide numa "modalidade de análise confessadamente política", em que se busca uma "síntese das preocupações ambientais e sociais" e um "estudo da relação entre o humano e o não humano",[79] como também reiteram uma concepção de mundo ecofeminista, porque reconhecem as "ligações entre a exploração da natureza e a opressão das mulheres ao longo das sociedades patriarcais" e como "essas formas de dominação estão ligadas à exploração de classe, ao racismo, ao colonialismo e ao neocolonialismo".[80]

Por esse viés, basta recordar os ensinamentos de Ursula a Felix, mãe e filho que aportam em Alendabar no início da trama, quando alerta para os perigos de manutenção, repetição e reverberação contínua de uma educação e de uma mundividência machistas:

– Quero contar-te uma coisa – diz Ursula.
Estão deitados nas pedras da foz, a secar naquele sol quase poente.
– É uma coisa boa? – Felix olha a mãe de relance, a ver se adivinha.
– Não é boa, mas é bom pensares nela. O pai acabou o último capítulo pouco antes de morrer, um capítulo que lhe levou anos, daqueles com material de muitas viagens. É sobre uma coisa que existe em povos muito diferentes.
– Além da relação com o céu?
– Sim, uma coisa parecida em povos que são o oposto, no gelo ou no deserto, nas montanhas ou nas ilhas.
– O quê?
– A visão negativa das mulheres. Umas, porque são o demônio, outras, porque são fracas. Em todos os hemisférios, em regiões sem relação umas com as outras, em muitas histórias da criação, as mulheres fazem coisas horríveis, são assassinas, traiçoeiras, ou então incapazes, menores. Em muitos povos, os homens têm rituais que elas não podem conhecer, substâncias que não podem experimentar, música

que não podem ouvir, instrumentos e objetos que não podem ver, ainda menos tocar. Também há muitas exceções, mas o pai foi ficando impressionado com a quantidade de histórias que formam uma história paralela, ao longo dos milênios até hoje. O próprio céu confirma isso, as figuras, os enredos.

– Por que é que acha que isso aconteceu?

– Ui. Por muitas razões, é um longo assunto. Mas podemos começar por aqui: são as mulheres que engravidam. E os homens desde sempre tentaram criar formas de dominar esse poder. Engravidar era fonte de toda a suspeita. Um homem não pode ter a certeza de que um filho é seu. Para a mulher, isso é automático, ela o põe no mundo. Uma mulher não pode ter dúvidas sobre se um filho é seu.

– Quer dizer que o pai podia ter dúvidas sobre se eu era filho dele?

– Podia. Claro que a maioria dos homens não se atormenta com isso, nem tem razões para tal. Mas os homens criaram todo tipo de mecanismos para controlar as mulheres. Controlar o que pela natureza não é controlável.[81]

As falas de Ursula ilustram de maneira exemplar as diferenças impostas e o círculo de dominação do patriarcado sobre as mulheres, independentemente de seu local de ocorrência e de suas histórias culturais particulares. Daí que, se tomarmos as preocupações ambientais elencadas na trama romanesca, aliadas ao pensamento crítico da personagem, não será difícil observar uma consonância de linhas de resistência e enfrentamento a poderes autoritários que tomam para si o destino da natureza e do outro. Logo, as incursões articuladas em *A nossa alegria chegou* permitem-me analisar essas questões pelo viés do ecofeminismo, tendo em vista que este se trata de um instrumento crítico de denúncia de "todas as formas de opressão ao relacionar as dominações por raça, gênero, classe social, dominação da natureza, do outro (a mulher, a criança, o idoso, o índio, o *gay*)", com uma proposta de "resgate do Ser a partir de um convívio sem dominante e dominado, visando sempre à complementação e nunca à exploração",[82] tal como defende Maximiliano Gomes Torres. Assim sendo, como não pensar o romance de Alexandra Lucas Coelho na esteira de uma "prática contemporânea que busca o rompimento com a visão dualista do mundo"?[83]

Seja pela práxis ecocrítica, perfeitamente cabível nas cenas efabuladas, seja pelo exercício crítico ecofeminista, nos dois casos, *A nossa alegria chegou* articula a seu modo saberes e pensamentos pós-abissais, porque vai na contramão de hierarquias neoliberais e de discursos mantenedores de uma dominação rácica, classista, de gênero e ambiental, por exemplo.

Retomando a cena inicial e deflagradora da trama romanesca, não me parece gratuito o fato de que todas as personagens responsáveis pelo desencadeamento das ações emergem exatamente depois dessa gestação a três, em pequenos fragmentos aparentemente desconexos, desocultando as particularidades de cada uma das criaturas. Num primeiro plano, Felix e Ursula chegam à costa de Alendabar para realizar o ritual funerário do pai. Esta e Atlas conheceram-se em terras de Alendabar, por isso a mulher retorna na companhia do filho para cumprir uma promessa feita ao homem: comer parte de suas cinzas e jogar o restante nas águas da terra natal do marido.

Além dessas personagens, outras vão surgindo com uma importante participação na trama, como é o caso de Zu, espécie de empresário independente que compra uma parte da terra do Rei, "a única que não lhe dá lucro".[84] Ao expor uma outra fratura geopolítica entre as práticas culturais do Oriente em choque com as do Ocidente, a personagem estabelece uma forte linha de contraste com o Rei, ao explicitar, por diversas vezes, sua visão ácida e crítica a respeito do chefe de Estado de Alendabar: "um labrego",[85] "Que homem secante, que ruminante!".[86]

O Rei, por sua vez, aparece descrito pelo narrador como mandatário e proprietário de Alendabar: "Toda a região em volta da praia tem um dono chamado Rei".[87] Em termos físicos, estampa-se como uma figura enigmática, até porque ficamos sabendo posteriormente que ele não é capaz de gerar o próprio filho da maneira convencional, o que desperta no leitor uma certa desconfiança a respeito de sua sexualidade: "Corre em Alendabar que o Rei é adverso, não se lhe conhecem relações".[88] Em termos políticos, revela-se portador de uma perversa lógica (que se confirmará adiante) neoliberal, em que o dinheiro substitui tudo, inclusive o conhecimento e a forma de se relacionar com as pessoas. A revolta de Aurora em relação à atuação do Rei reside na forma como este trata Clara, como se fosse um objeto descartável e de fácil compra, e sua decisão de salvar a criança – fruto de uma inseminação artificial – é confirmada depois de descobrir que os espermas do Rei eram fracos e tiveram de ser substituídos para que a jovem pudesse engravidar. Ou seja, o herdeiro, na verdade, não é filho do Rei, daí a esperança de Aurora de resgatar a criança das mãos do tirano e não a deixar com qualquer vínculo com sua figura autoritária.

Cada um dos três jovens apresentados no êxtase erótico surge num chamamento exclamativo do narrador, antecipando seus vínculos identitários:

Ira! O olho puxado dos antepassados, testemunha de quanto crime, objeto de quantos mais, macho à força primeiro, fêmea à força depois, nem uma nem outro, agora. [...]
Ossi! Quem vive do mar conhece o fundo, corpo de faina e arpão, a Terra aguarda quem a circunde, além da foz, além do vulcão, humano algum o dobrará, é jura. [...]
Aurora! Crista, crina ruça, tez de leite, sardas, caçula de casarão, mãe matriarca, irmãos tão mais velhos, trânsfuga, saltimbanca, canta para adormecer.[89]

Ainda que as três personagens sejam identificadas por suas origens em diferentes tribos de Alendabar – a da Ribeirinha, a do Vulcão e a das Terras Altas, respectivamente –, tal como adverte Catarina Martins, elas não instituem índices demarcadores e diferenciadores específicos, constituindo-se muito mais como criaturas sob o signo "trans", enquanto "superação das linhas abissais, não somente as coloniais e raciais, mas também de gênero".[90] Concordo com a leitura da investigadora portuguesa, na medida em que Ira, Ossi e Aurora instituem formas outras de pensar o humano e de estimular a mudança sociopolítica em Alendabar por meio da junção de seus próprios corpos numa linha convergente, ou, como adverte Martins:

> Numa releitura das três matrizes da identidade nacional brasileira, os três corpos aparecem já com marcas indestrinçáveis de transidentidades raciais, de gênero e de sexualidade, encaixados uns nos outros com o rigor do corpo único, em que todas as estruturas se fundem como linhas contínuas.[91]

Observadas as disposições de introdução de cada uma das personagens, com essa distribuição, o primeiro capítulo já abarca as principais linhas de força do romance, não poupando o leitor do feixe central na explicação dos motivos do detonar da revolução, planejada por Ossi, Ira e Autora, que serão desenvolvidos e reiterados ao longo da trama, tais como:

(1) a exploração desenfreada e a contaminação dos rios e lençóis freáticos:

> Cá embaixo, entretanto, o rio incandescente luta pela vida. Cardumes de guelra aberta descem para o oceano, onde dragões-marinhos abraçam cotonetes, latas de refrigerante dão à luz crustáceos, amores loucos, mutantes, que não se veem de

helicóptero, nem num fim de semana. Ninguém mede o veneno no rio desde que o Rei chegou, com os seus planos de gado e minério;[92]

(2) os efeitos colaterais do desmatamento desregrado no meio ambiente:

A terra vai precisar de bem mais, mas Ossi teme o que possa vir com a chuva grande, porque há um ano o mar ficou cheio de lixo à superfície. Os remos batiam em garrafas de plástico, copos de plástico, sacos de plástico, contentores de plástico;[93]

(3) a poluição e o excesso de despejos no mar, contaminando sua flora e sua fauna:

Contentores de gasolina, depois de terem alimentado geradores, frigoríficos, o arsenal de milhares de cabeças de gado. E quanto o mar e o sol desmanchassem todo esse lixo, ziliões de micropartículas continuariam a alojar-se no tecido de cada animal, cada planta, no sal deitado na comida dos homens. Lixo local, global, cósmico, advento de um futuro tão anunciado que nenhuma esfinge, nenhuma sibila hoje arranjaria emprego. O mal de toda parte estava aqui. O mal daqui estava em toda a parte;[94]

(4) as consequências negativas e mortais para os animais e os seres humanos:

Todos os anos, no auge do calor, milhares de tartarugas-rosa deságuam em Alendabar para a desova. Mas, nos últimos anos, muitas têm morrido, e as carapaças vão ficando semicobertas pelo vento;[95]

(5) o rompimento do dique que causa um acidente ambiental de grandes proporções, matando a avó de Ira:

O minério, de um dique para os resíduos, que pouco depois rebentou. E os ribeirinhos viram o rio vir como nunca, numa enxurrada castanha. Sementeiras, animais, casas, levou tudo. [...] No descer das águas acharam a avó, trespassada por um ferro;[96]

(6) a lógica neoliberal de uma exploração desmedida dos recursos naturais em favor da manutenção de campos de pastagem e gado:

> Nas terras do Rei, prossegue o abate. Abate das reses até fim da manhã, abate do mato, dia fora. Sendo que o abate do mato é para o gado pastar até ser abatido. Ou seja, o abate de hoje serve o abate de amanhã;[97]

(7) a extorsão da mão de obra deixando os trabalhadores em condições precárias e em baixíssimo índice de qualidade de vida:

> Última hora de trabalho nas terras do Rei. Logo a seguir, os servos vão formar uma fila para receber os tostões que tenham direito, descontado o que devem em dormida, comida, luz, água, farda, utensílios. Acumulam mesmo muita dívida a trabalhar para o Rei.[98]

Considerando, portanto, aquele critério de organização de um "projeto de obra bem definido e calculado"[99] como uma das premissas para argumentar a respeito da proposta de exatidão, tal como exposto acima, *A nossa alegria chegou* nada tem de ingênuo ou gratuito. Muito pelo contrário. A aparente fragmentação dos excertos vai revelando uma linha que os interliga, seja na forma com que os percursos das personagens vão se entrecruzando com o epicentro espacial em Alendabar, seja na incorporação das questões sociopolíticas, expostas com um cotejo muito próximo das principais discussões do nosso tempo.

Não à toa, Margarida Rendeiro, na leitura proposta da obra em foco, acertadamente a define como um "romance político que se posiciona face às consequências socioambientais da prevalência de uma ordem mundial dominada pelo capitalismo voraz que desencadeou o processo de globalização de produção e de trocas econômicas, agravando as desigualdades sociais".[100] Aliás, aqui, é possível perceber as nuances da exatidão, tal como proposta por Ítalo Calvino, exatamente porque a trama criada por Alexandra Lucas Coelho situa-se no contexto do Antropoceno, ou seja, no cenário de "muitos outros impactos ainda em desenvolvimento, das atividades humanas no solo, na atmosfera em todas as escalas, incluindo globais",[101] como descrito e explicado pelos cientistas Paul Crutzen e Eugene Stoermer.[102]

Se a imprecisão de Alendabar na localização exata no mapa sugere uma articulação daquela poética "do vago e do indeterminado",[103] com uma sutileza capaz de abrir um leque de possibilidades de leitura das redes de interferências socioambientais colocadas em prática pela política predatória do Rei sobre os habitantes locais, não se poderá negar que, por detrás dessa aparente vaguidão, habita uma exatidão cirúrgica no direcionamento das críticas tecidas ao longo do desenvolvimento da trama romanesca.

O fato de a autora não situar seu *locus* imaginário num ponto definido no mapa não significa que seu olhar esteja desfocado ou mal direcionado. Muito pelo contrário. *A nossa alegria chegou* permite exatamente uma dupla leitura a partir da proposta de Ítalo Calvino, porque "para se alcançar a imprecisão desejada, é necessária a atenção extremamente precisa e meticulosa que ele aplica na composição de cada imagem, na definição minuciosa dos detalhes, na escolha dos objetos, da iluminação da atmosfera".[104]

Daí que o romance de Alexandra Lucas Coelho desperta uma via múltipla de interpretações do *locus* de Alendabar e de suas possíveis referenciações externas, que vão desde as Filipinas até Brumadinho, passando pelo desmatamento desenfreado na floresta amazônica, "algures na América do Sul, na África subsariana ou nas ilhas do Pacífico",[105] tal como deslinda Margarida Rendeiro, sem uma especificação precisa no mapa. Em contrapartida, em virtude das implicações e das consequências do capitalismo neoliberal predatório, da exploração da mão de obra trabalhista, da política excludente e exclusivista, da meritocracia segregacionista, da ausência de um plano de desenvolvimento sustentável, de um olhar mais cuidadoso para diminuir as diferenças e as desigualdades sociais, a trama de Alexandra Lucas Coelho facilmente pode ser identificada com a situação brasileira atual, tal como propõem André Corrêa de Sá[106] e, mais abertamente, Emerson Inácio,[107] ao sugerir, nas possibilidades de leitura espacial de Alendabar, "uma fusão entre um Portugal sob intervenção da troika e um Brasil pós-2018, dado o foco lançado sobre a revolta de três adolescentes contra um rei tirano e genocida, convertido à supremacia de seu próprio egoísmo".[108]

Por isso, minha proposta de leitura de *A nossa alegria chegou*, de Alexandra Lucas Coelho, assenta na premissa de que somente a ficcionista do vago pode ser a ficcionista da precisão, porque sabe colher "a sensação mais sutil com olhos, ouvidos e mãos prontos e seguros".[109] Somente com a indefinição da localização num ponto geográfico específico é possível superar o vago e criar um espaço prenhe de referências diretas, precisas e exatas que remetem, entre outros, ao espaço brasileiro, tal como desenvolverei mais adiante. Nesse caso, concordo com André Corrêa de Sá, quando acertadamente afirma que "o que se passa em Alendabar é obviamente uma alegoria da situação do Sul Global no Antropoceno, mas, ao mesmo tempo, as realidades evocadas estão obviamente disponíveis para se articularem numa significação concretamente brasileira".[110]

Trata-se, na verdade, de uma indicação direta e exata da realidade brasileira, sobretudo quando verificamos a consonância desse quadro com as ideias expostas por Ítalo Calvino para defender a exatidão como uma das marcas da literatura por vir.

***

Um dos pontos mais interessantes na disposição da exatidão em *A nossa alegria chegou* pode ser verificado no recurso anteriormente analisado de aproximação referencial do espaço de Alendabar com fenômenos ocorridos nos ecossistemas brasileiros. Ora, no meu entender, tal disposição emerge na composição efabular em virtude da consolidação da segunda e da terceira premissas delineadas por Ítalo Calvino nas malhas ficcionais do romance de Alexandra Lucas Coelho, mais especificamente na criação das três personagens centrais da trama: Ossi, Ira e Aurora. Isso porque elas revigoram aquela "evocação de imagens visuais nítidas, incisivas, memoráveis"[111] e, juntamente com Alendabar, constituem-se como elementos icásticos e reveladores de identidades em trânsito (racial, gênero, social).

Vejamos. Ira é apresentado como "mais claro que a mãe, mas pai não conheceu".[112] Sua avó é levada pela correnteza de um dique que arrebentou e arrasou todo o povoado, reaparecendo trespassada por um pedaço de ferro. Ossi é um jovem negro, filho de um pescador, acusado injustamente de assalto, que aparece morto no rio, afogado junto com outro filho. Esse pescador vai tentar a vida no alojamento construído pelo Rei para abrigar seus serviçais. Ao perceberem que se tratava de uma armadilha da autoridade de Alendabar, os filhos tentam retirá-lo de lá. O desfecho é inesperado e inexplicável, mas o narrador ainda sugere que o jovem Ossi pode ser filho de Atlas e, portanto, meio-irmão de Felix. Por fim, Aurora, filha de "pai escuro, mãe escura",[113] mas com indicativos de ter nascido mais clara do que os pais: "De onde lhe vem tanta claridade?",[114] "menina da escola, tão branca, cabelo coruscante".[115] Ela é a única amiga de Clara, a "geradora do varão do Rei",[116] nutrindo pelo filho desta um sentimento de afinidade. Mais adiante, revela-se que essa criança nasce de uma inseminação artificial, sem qualquer relação física do Rei com a mãe, demonstrando um alto avanço tecnológico e científico do local, além da prática do tráfico de pessoas, tendo em vista que o Rei toma Clara para si sem sua autorização, apenas negociando com os pais.

A ideia de que cada um dos três jovens representa uma identidade formadora da brasilidade é perfeitamente cabível na construção das personagens. No entanto, no lugar de defini-las precisamente, de perfilá-las como imagens sobrecarregadas de estereótipos reiteradores de lugares-comuns instituídos, Alexandra Lucas Coelho prefere muito mais a diluição e a sugestão, ainda que suas criaturas ficcionais guardem a "evocação de imagens visuais nítidas, incisivas, memoráveis".[117] No meu entender, isso ocorre porque Ira, Ossi e Aurora tanto podem ser entendidas como personagens ligadas a cada uma das faixas etnorraciais (índio – negro – branco), como podem ser lidas como desconstrutoras daquela "percepção cromática que obriga à classificação e ao nomear das cores, quando estas são, realmente, sempre misturas".[118]

Assim, tal processo de invenção pode ser compreendido também pelo viés explicado por Ítalo Calvino a partir da disposição entre dois grupos partidários de criação, que correspondem, na verdade, a modelos científicos para o "processo de formação dos seres vivos".[119] De um lado, há os que se colocam entre os partidários do "*cristal* (imagem de invariância e de regularidade das estruturas específicas)"[120] e, de outro, aqueles que defendem a predominância da "*chama* (imagem da constância de uma forma global exterior, apesar da incessante agitação interna)".[121]

Enquanto os primeiros prezam por um "*self-organizing-system*",[122] procurando enfatizar a precisão do cristal no seu poder de captar e refratar a luz, os segundos sublinham a "ordem do rumor",[123] enquanto capacidade de oscilar e de "despender a matéria circunstante".[124] Na verdade, é na justaposição desses dois modos de criar vida que Calvino insere a proposta de exatidão, tentando equacionar a tese de que a precisão da "racionalidade geométrica"[125] só é possível se a seu lado estiver a vaguidão incitada pelo "emaranhado das existências humanas".[126]

Se aplicarmos essa proposta à leitura do romance de Alexandra Lucas Coelho, algumas percepções reiteram tal possibilidade de análise. O próprio espaço imaginário de Alendabar, com suas três tribos dispostas e espacialmente separadas no mapa local, sugere, de certo modo, uma preocupação e um "gosto da composição geometrizante",[127] do mesmo modo como Ira, Ossi e Aurora encarnam seus pontos de origem e, numa formação quase em linha reta, unem seus corpos no ritual erótico, em convergência e sinergia: "[...] o reencaixe de Ira, Ossi e Aurora em várias posições, frente com boca com costas, boca com frente com costas, costas com frente com boca".[128]

No entanto, não se pode descartar o fato de que, paralelamente a essa exatidão, a escritora portuguesa investe numa sugestão diluidora de certezas determinantes, quando inventa um espaço que pode ser identificado com qualquer ponto do mapa, e, ao mesmo tempo, na configuração dos problemas que assolam Alendabar, colocando-o na rota de um *locus* específico. Além disso, é preciso também levar em consideração o grupo de personagens que, tal como esclarece Catarina Martins, mais insinuam do que explicitam, porque são "jovens vagamente associáveis a identidades negras, indígenas e brancas, mas, na verdade, todos indefinidos ou miscigenados, intencionalmente inclassificáveis".[129]

Na verdade, é instigante perceber que, na construção de Ira, por exemplo, aquela justaposição entre a exatidão regular do cristal e a sugestão incessante da chama materializa-se na própria corporificação sob o signo do "trans", como instrumento de resistência e de revolução:

Ira solta a toalha da cabeça, separa as longas mechas escuras, unta-as com uma pasta de frutos vermelhos e óleo de jari. O jari tem algo de ardente, flamejante. Quando seca, o cabelo cintila. Tal como a pele, porque a seguir Ira passa o óleo puro por braços e pernas, nádegas e tronco, deixando o sexo intacto. É a parte mais forte do seu corpo, um corpo leve com esta raiz ao meio. Sempre sentiu a força contida ali. Ao chegar à puberdade, durante os rituais na floresta, viu-a levantar como um totem. Assim coberto de jari, brilha em torno dele.
Desdobra o pano amarelo-gema, enrola-o nas ancas. Do lado esquerdo do espelho, tem os colares de conchas, de corais, de pedacinhos de osso: cobre o colo com várias voltas, várias cores. Do lado direito, tem as penas, as plumas, os corpetes, as faixas: escolhe uma carmim, ata-a por cima dos mamilos. Na cidade, houve quem

se oferecesse para lhe pagar um peito de mulher mas ele não quis. E o amante gostava deste torso liso, de mamilos quase negros, macios.

Guarda o véu e as sandálias de cetim na bolsa, junto do que hoje vai precisar: gravador de som, macacão, pistola, difusor. Veste uma túnica velha, calça umas sapatilhas, pinta as unhas das mãos de amarelo-gema, também. No barquinho há de pintar a boca, que antes disso chamaria a atenção. E, antes de entrar, colherá uma flor.[130]

Toda a preparação de Ira para o encontro com o Rei, momento em que o jovem da tribo ribeirinha consegue dopá-lo com um sonífero, destaca a eroticidade de um corpo que questiona e recusa o binarismo de gênero. Na verdade, a proposta de ler Ira como uma personagem sob o signo da rasura não só atinge esse binarismo, mas também desestabiliza e fratura outros polos em oposição, como os referentes a homem x mulher e heterossexual/bissexual x homossexual. Vale lembrar que é nos rituais da floresta, quando adolescente, que Ira começa o aprendizado sobre sua sexualidade e descobre as reações do seu corpo. Mas o choque maior vem de uma dupla constatação. A primeira é a de que vive numa sociedade homofóbica que rejeita a diversidade, por isso necessita esconder seu desejo por outros rapazes diante dos perigos e do medo de tornar público aquilo que o move: "Os rapazes suspeitos de gostarem de rapazes eram agredidos na escola, Ira ouvira falar de um que tinha sido violado em grupo".[131] E a segunda é a de que os ensinamentos deixados pelo mais velho, líder dos ritos de passagem, tal como destacado por Ursula ao ensinar Felix, possuem um teor altamente misógino e machista, relegando a mulher a um papel de culpabilidade e fraqueza, do qual os jovens precisam obrigatoriamente se afastar. A imagem do sangue reiterada nos mitos originários impele as figuras femininas a um estatuto de abjeção, que se opõe à força e à autonomia masculinas, daí a necessidade de um rompimento total com qualquer tipo de ligação física e afetiva a elas. Por isso, o ritual com "os chás, as raízes, os furos, as escarificações" tinha como principal objetivo libertar "cada rapaz do invólucro feminino".[132]

É aí que Ira ensaia sua primeira revolta, porque rechaça a premissa de que "os homens nascem presos num invólucro de mulher, e a puberdade é o momento em que tem de se libertar".[133] E sua recusa reside exatamente na afirmação de uma experiência múltipla e inclusiva, e não excludente e binária:

"Ira ficou horrorizado ao ouvir isto. Queria o seu sangue! Queria os ossos e queria o sangue! Queria tudo! O que lhe iam fazer para tirar o invólucro de mulher?".[134]

Na verdade, ao criar uma personagem que alia à virilidade e à força, diante da ereção pública depois de tomar as ervas do ritual, um desejo voraz e incontido de demonstrar uma identidade que extrapola os binarismos opositores e propõe ousadamente uma conjunção não excludente, Alexandra Lucas Coelho retoma o viés da cena inicial, indicando que o erotismo não possui obrigatoriamente um único caminho de manifestação, mas se concretiza numa rica multiplicidade em sua consecução e realização, daí que qualquer tentativa de enquadrar ou enclausurar os desejos de Ira acaba por se tornar uma demanda inútil:

> Ira ouviu-o calado, aliviado por ter conseguido sobreviver à prova, por ter revelado aquela força. Mas não se achava livre de nenhum invólucro feminino, o seu corpo estava igual. Pelo contrário, ali na floresta, com todos aqueles rapazes, teve a certeza de que isso existia nele como um órgão. Como os ossos, como o sangue e o sexo penetrante: vontade de ser mulher, ser penetrado também.[135]

Longe, portanto, de ser uma personagem facilmente associada a uma identidade fixa e exata, Ira propõe uma conjunção de forças e desejos sem impor necessariamente uma hierarquia entre eles. Talvez por isso, ao entrar no jogo estabelecido pelo Rei, cujo "prazer é ver o sexo alheio. Especificamente, um sexo de homem vestido de mulher",[136] Ira desestabiliza o binarismo de gênero e utiliza essa força como uma arma de resistência aos desmandos da autoridade local. Não deixando sua condição de um ser inclassificável, construído muito mais sob o signo do vago, que conjuga duas visualidades definidas ("um sexo de homem vestido de mulher"), no meu entender, é nessa feliz justaposição que Ira se confirma como uma personagem "icástica",[137] porque nítida, incisiva e memorável. Com seu corpo, o jovem dobra o Rei e o faz curvar-se diante de si, para, a partir dessa vitória, integrar o movimento revolucionário em Alendabar.

Na verdade, o Rei alimenta uma fantasia em que essa figura masculina vestida de mulher surge nomeada como "feiticeira": "Que cabelo, que porte, que boca. Que sexo".[138] Por isso, ao entrar na encenação dessa fantasia erótica do Rei, na minha perspectiva, no lugar de reiterar o domínio e a posse deste sobre si, Ira tem plena consciência de seu papel e de sua *performance*, por isso os utiliza como instrumentos de recusa e revolta, parecendo indicar, portanto, não só que o erótico é político, mas que a revolução começa no próprio corpo, na descoberta dos desejos e na defesa de sua autonomia. Daí sua reação violenta, por exemplo, aos 13 anos, de agredir o padrasto no escroto com toda a força, depois de ter sido estuprado por ele. Ao não abrir mão de seu corpo e de suas regras, Ira é aquele que paga um preço muito alto, porque passa a viver como um pária, como um exilado: "Chegou de boleia à cidade, dormiu na rua, dormiu por dinheiro, tomou drogas, foi mulher a gosto, homem a gosto, enfim amante de um cientista simpatizante da guerrilha".[139]

Somente aí, no convívio com outro homem, Ira encontra um ponto de equilíbrio, mas que é preciso abandonar para retornar a Alendabar e executar a mudança radical iniciada com o encontro e o pacto com Ossi e Aurora: "Espalhar a liberdade".[140] Aliás, seus amigos de revolução também reiteram essa mesma condição de seres "icásticos", ao reunirem em seus corpos as possibilidades outras de desejos, sem lhes impor uma linha limítrofe distintiva.

Na relação a três, estabelecida entre Ossi, Ira e Aurora, o jovem da tribo do vulcão é aquele que desempenha a convenção do papel ativo, tanto em relação a Aurora quanto em relação a Ira. No entanto, enquadrá-lo num papel exclusivamente heterocentrado não me parece o caminho mais preciso para entender sua expressão desejante, tendo em vista que o próprio narrador devassa o passado da personagem para esclarecer que se antes já possuía a experiência de se deitar com outras mulheres, agora o partilhar o sexo a três e com um outro que desestabiliza as certezas binárias acrescenta-lhe um prazer desconhecido, para o qual está completamente aberto a explorar e conhecer mais:

> Mas ancas redondas, macias, de rapariga, já tinha sentido antes de hoje. Uma vez, uma, outra vez, outra. Duas raparigas da aldeia. Dedos, beijos, mais não. Talvez se elas tivessem avançado. Ossi queria que isso acontecesse. *Só de pensar nisso o sexo pulsa, quer de novo: as raparigas ou o que aconteceu esta manhã?*
> *Tanta coisa para acontecer ainda.*[141]

Interessante observar que a exatidão linear do órgão ereto, em reação imediata ao pensar no ocorrido na rede, entre ele, Ira e Aurora, ocorre graças a uma imprecisão; afinal, o endurecimento dá-se pelas recordações de aventuras antigas ou pela experiência recente de partilhar o prazer erótico com duas outras figuras, uma delas com uma carga ampla de abrangência de gênero? Nas duas recordações de Ossi, o sexo sucede numa relação a três; no entanto, a vivida na aldeia passara-se com "duas raparigas", e a experimentada na rede, com Aurora e com Ira. Tal como apontamos anteriormente, o jovem da tribo ribeirinha é aquele que desestabiliza os padrões binários normativos com uma *performance* de gênero que não o enquadra num modelo fixo e regulador.

Por isso, gosto de pensar que a sinergia desenvolvida pelas três personagens na rede desestrutura e desorganiza a lógica heterocentrada de que, numa relação triádica, a hierarquia maior estaria direcionada ao homem com papel ativo, cabendo aos outros dois um papel secundário e terciário. No entanto, com Ira e Aurora, Ossi parece pôr em xeque essa distribuição de funções, na medida em que, entre eles, seria impossível designar a quem caberiam o segundo e/ou o terceiro elementos na relação. Ao enfatizar que há "tanta coisa para acontecer ainda", o narrador não deixa de sublinhar que a personagem não descarta as possibilidades de descoberta dos prazeres do seu corpo, porque entende e espera que estes sejam capazes de lhe fornecer um caminho de aprendizado e de saberes múltiplos e heterogêneos.

Também Aurora encontra-se numa fase de experimentação e exploração de novas aprendizagens com seu corpo. Nestas, incluem-se diferentes vivências, seja numa relação a três, como a partilhada com Ossi e Ira, seja na amizade com tons lesboafetivos, como ocorrera com Clara:

> Foi uma longa noite na rede. Ela não a imaginou. Nunca tinha dormido com dois rapazes. Nunca tinha dormido com nenhum rapaz. Mas ao mesmo tempo não está espantada. Sente-se forte como quem conhece uma parte nova do mundo. É o dia em que se sente mais forte desde que Clara morreu. O bebê não se vai lembrar deste mês, pensa. Ninguém se lembra do seu primeiro mês. Ele não terá qualquer memória do Rei.[142]

> Três horas para o poente. Aurora está na descida final. Caminha contra o sol, por vezes às cegas, sempre que um raio fura o mato de repente.
> Para este mato fugiu mal começou a andar. Aqui passou a sua primeira noite ao relento, quando os pais a julgavam acampada. E aqui deu o primeiro beijo, numa tarde como esta. Um raio furou o mato de repente, Clara fechou os olhos, ofuscada,

e Aurora beijou-a na boca, como um primo fizera com ela dias antes, não medindo a força, só impulso, só confusão.[143]

Nas duas cenas acima, Aurora desarranja a pretensa precisão biológica do sexo, para imprimir uma salutar circulação de *performances* de gênero, sem a preocupação em instituir uma hierarquia impositiva sobre elas. Na verdade, como Ossi e Ira, ela também experimenta os prazeres diferenciados como saberes que precisam ser adquiridos e sentidos na prática. Talvez por isso, na eventualidade de uma gravidez após o sexo com os dois jovens, sua preocupação principal esteja justamente em desvincular a exatidão da paternidade da futura criança. Não gratuitamente, sua revolta contra o Rei, ao saber da morte de Clara após dar a luz ao pretenso herdeiro, instiga-a a recuperar a criança, porque descobre que a amiga fora feita "refém de um negócio",[144] um mero objeto de reprodução para satisfazer a necessidade política de continuidade do poder.

Ora, no lugar de reiterar o papel obrigatório de maternidade da mulher, a atitude de Aurora revigora um gesto de resistência porque assume a revolta contra os desmandos do Rei, que se encarrega de um papel patriarcalista neoliberal, tendo em vista que, para além de negociar o corpo da futura gestante do seu herdeiro, se vale de um mecanismo tecnológico para desumanizar o próprio ato de procriação, ao se recusar a se deitar com uma mulher fora de sua linhagem. Na verdade, o Rei coisifica e desumaniza não só o corpo de Clara, mas o próprio fruto da inseminação, o que se confirma quando Aurora descobre a troca de espermas para concretizar o plano do monarca.

Por isso, na minha perspectiva, a motivação para "tirar o filho de Clara das mãos do monstro"[145] nada tem a ver com uma compulsão de instinto materno; antes, conota sua revolta, ao descobrir que, após "dezenove horas, e quando a cabeça do bebê enfim passou, não foi possível estancar a infecção"[146] de Clara. Na verdade, tal como o narrador faz questão de frisar, sua insubmissão dá-se contra uma hierarquia biológica que imprime na mulher uma posição inferior à do homem: "No chão, no escuro, Aurora quase sufocou de raiva. Contra o Rei, contra a biologia, contra os canalhas. Contra qualquer canalha produzir espermatozoides e ela não".[147]

Nesse sentido, entendo que *A nossa alegria chegou* estabelece uma exatidão na geometrização dos problemas socioambientais sofridos em Alendabar, sem abrir mão de uma crítica contumaz aos processos de exploração que desumanizam e fortalecem as desigualdades de gênero, bem como as sociais e as etnorraciais. Por isso, para além daquele estatuto de um romance político, como sublinha Margarida Rendeiro,[148] minha proposta de leitura acrescenta também a condição de um romance ecofeminista, que questiona profundamente hierarquias patriarcais e colonizadoras.

Se, para isso, a autora portuguesa, primeiramente, lança mão de um espaço imaginário – onde a indefinição do mapa não permite uma localização precisa e, ao mesmo tempo, abre um leque de possibilidades de relações – e, em seguida, cria personagens que circulam entre diferentes *performances* de gênero e rasuram as pretensas exatidões binárias, seu recurso de justaposição entre a exatidão (na introdução e no desenvolvimento de questões ecossocioambientais pontuais) e a imprecisão (na invenção de Alendabar e de personagens sob o signo "trans", como dirá Catarina Martins) não a impede de redesenhar nesse mesmo *locus* efabulado a voracidade colonizadora que consome, explora e dizima tudo aquilo que toca, num efeito anti-Midas, em que a doença e a morte são os únicos desfechos possíveis num horizonte de extorsão:

> Dos navios de três mastros que há séculos vieram adoecer Alendabar com males nunca vistos. As pessoas começaram a subir a falésia, a dormir na selva, fugindo àqueles seres do fim do mundo, cobertos de panos e de pelos, que espalhavam a morte ao chegar. Bastava estar perto deles e o corpo começava a apodrecer. Tão poderosos eram que não precisavam de armas de fogo para matar, embora também as tivessem.[149]

Longe de ser uma cena gratuita, essa revivescência da sanha colonizadora em nada se afasta do poder tirânico do Rei, que igualmente escraviza, explora, desumaniza e corrói os espíritos de liberdade e de cidadania em Alendabar. Parece-me, inclusive, que seus desmandos são uma continuidade perversa daquilo que se inicia com a extorsão colonializante. Por esse motivo, a mudança radical motivada pelo movimento revolucionário dos três jovens indica que este se inicia pela autonomia erótica do corpo e continua no espírito combativo em nome de uma liberdade individual e coletiva: "Nenhum escravizado é escravo. [...] Uma vez o seu antigo amante contou-lhe a história de uma revolução que encheu tudo de flores vermelhas. Então, ao comprar a tinta para a pistola, Ira escolheu a cor dessa revolução. A alegria é a revolução".[150]

Mais uma vez, lançando mão da justaposição imprecisão *x* exatidão, Alexandra Lucas Coelho insere uma referência sugestiva sem citar nomes ou indicar as geografias das mudanças radicais. Ainda assim, não deixa de ser exata e pontual a alusão à Revolução dos Cravos, à festa dos Capitães de Abril com as flores vermelhas e à tão sonhada alegria em poder gozar a liberdade depois de décadas de ditadura, censura, cerceamento, medo e violência. No entanto, a esperança anunciada na revolução não termina exatamente conforme o esperado, diante da morte exatamente da personagem que encarna a diversidade de gênero:

> Carrega na patilha para grafitar a primeira palavra:
> UPA
> Na pedra clara, parece sangue. Os espíritos que fujam se quiserem, Ira não acredita em espíritos que fogem assim. Carrega na patilha para o traço horizontal.
> ———
> Depois escreve a segunda palavra.
> LA
> Sempre quis acabar o dia a grafitar aqui o nome da canoa inicial. Desde o começo do pacto com Ossi e Aurora, quando mal sabiam como tudo se ia passar, esta imagem existia na cabeça dele, na língua antiga, que a avó lhe ensinou. Cortesia dos amotinados, para quem vier do céu:
> UPA-LA
> Mas a avó contava ainda que, quando Upa-la voltou das terras geladas, as crianças correram para a aldeia a gritar: Upa-la te! Upa-la te! Portanto, Ira grafita o que falta:
> UPA-LA TE!
> Por baixo, para que todos possam ler, traduz:
> A NOSSA ALEGRIA CHEGOU!
> Endireita-se, para ver as palavras.
> E é nesse instante que a bala vem, por trás.[151]

A princípio, a morte de Ira parece sugerir um aborto e uma quebra na sequência dos passos da revolução iniciada. Na verdade, gosto de pensar que sua execução indica exatamente a urgência daquele que se encontra no poder em exterminar os que ousam rasurar a ordem instituída, seja pelo viés histórico (se lembrarmos que a personagem encarna o paradigma dos povos indígenas), seja pelo político-ideológico (se observarmos que suas *performances* desarticulam e desmontam o binarismo de gênero). Nos dois casos, Ira torna-se vítima da intolerância, da incompreensão e da impossibilidade de coexistência, imprimidas por um "cartografia abissal",[152] que recusa tudo aquilo que não se insere no seu plano de compreensão e não se enquadra na sua metodologia exploratória.

Ainda assim, diante da possível incerteza dos caminhos da revolução com a morte de um de seus planejadores e articuladores, a trama construída por Alexandra Lucas Coelho não deixa de abarcar a exatidão da esperança, posto que promove um futuro de continuidade do sonho de viver a alegria e a liberdade, ao encenar a nomeação do bebê de Clara:

> Mas o bebê de Clara há de saber de tudo o que a mãe imaginou para ele fechada num quarto, e como esse quarto descende de todos os lugares onde as mulheres foram fechadas. Enquanto puder voltar a cabeça para o sol, e portanto estar vivo, este bebê há de saber. E o seu nome será Upa-la.[153]

Na verdade, depois de implodida a pirâmide com o Rei dopado dentro dela, depois de destruídos os grilhões que aprisionavam os servos no abatedouro e depois de resgatada a criança de um falso pai, a revolução concretiza-se porque instaura um espírito de alegria e liberdade. Assim, não me parece que a utopia revolucionária desemboca num projeto falhado ou fracassado. Muito pelo contrário. Ao receber o nome de Upa-la, ou seja, "A nossa alegria", a criança representa a esperança da continuidade, justamente porque ela não encerra o verbo desenhado na pedra por Ira. E vale lembrar que o nome dado ao bebê de Clara também não parece precisar o gênero de seu(sua) portador(a), a não ser a referência precisa e exata à primeira canoa de Alendabar. Com isso, quero crer que a autora esteja indicando que a alegria revolucionária nunca é estática, mas sempre dinâmica, num exercício contínuo de viagem, dinamismo, planejamento e projeção.

Outro aspecto muito interessante da cena final e sua ligação com a nomeação do filho de Clara pode ser detectado na construção da frase completa pintada na pedra ("Upa-la te"). Se, ali, Ira desenha uma ação num pretérito perfeito ("A nossa alegria chegou"), ao ser nomeada sem o complemento verbal, parece que a criança supera o tempo e desponta, num horizonte improvável, como a continuidade certa para o sentimento de mudança.

Nesse sentido, acredito que o planejamento de personagens em diferentes gerações – a antiga que criou Alendabar, a atual que revoluciona o espaço e a futura que desponta como uma continuidade para além de qualquer prospecção temporal – em muito se assemelha com aquele "gosto da composição geometrizante".[154] Não à toa, minha análise reitera a proposta de exatidão como um dos protocolos de leitura de *A nossa alegria chegou*, de Alexandra Lucas Coelho, porque tanto o espaço de Alendabar como seus habitantes, em especial Ossi, Ira e Aurora, contribuem para pensar o romance como uma "dessas mínimas porções nas quais o existente se cristaliza numa forma, adquire um sentido, que não é fixo, nem definido, nem enrijecido numa imobilidade mineral, mas tão vivo quanto um organismo".[155]

***

Por fim, o último aspecto que confere a possibilidade de leitura de *A nossa alegria chegou* pelo viés da exatidão pode ser sistematizado a partir do terceiro critério de Ítalo Calvino para defender sua proposta: "uma linguagem que seja a mais precisa possível como léxico e em sua capacidade de traduzir as nuanças do pensamento e da imaginação".[156]

Ainda que a proposição calviniana esteja contextualizada num momento de franca defesa de uma linguagem que escapa das amarras impostas por um empobrecimento de seus recursos diante da deflagração e da propagação dos meios midiáticos e da exploração exacerbada de universos imagéticos, que suplantam as potencialidades expressivas das linguagens, no calor da década de 1980, creio que é extremamente atual a sua tese de que a exatidão de uma obra literária reside também em sua capacidade inventiva de explorar as precisões da linguagem, tanto num caminho lexical quanto num de tradução de nuances e detalhes, para, a partir de ambos, dar transparência e materialidade à força criadora do pensamento e da imaginação.

Nesse viés de análise, o romance de Alexandra Lucas Coelho permite entender tal nuance da exatidão, a partir já da construção do espaço imaginário de Alendabar, enquanto *locus* autônomo com suas lendas fundacionais, alimentadas por figuras ancestrais, sua fauna e sua flora particulares e suas expressões tradicionais, com uma língua antiga e repleta de sistemas morfossintáticos complexos. Aliás, no estabelecimento de coesão e coerência internas, a paisagem pitoresca e singular ergue-se como um pujante paraíso natural, rico em diversidade ecossistêmica, que, visto de longe, encanta e seduz os olhos de um estrangeiro, como a personagem Zu:

> Lá em cima, a dez mil pés, o convidado do Oriente exulta. Que cores, que águas, que transparência! Pequenas ilhas debruadas de corais com certeza ainda vivos: esmeraldas, cobaltos, fúcsias, limas. Nenhum sinal de embranquecimento, de colapso, tanto quanto avista. E o helicóptero curva para a baía mais majestosa em que já pôs os olhos. [...]
> O convidado está disposto a concordar, perante o que vê. Uma orla florejante bordeja o areal, extensíssimo. Num extremo da praia, a falésia negra, encostada a um vulcão. No outro, a foz de um rio incandescente, que ao subir alarga muito e tem uma ilha no meio. Para o interior, é a grande razia das pastagens, mas o litoral continua denso, intacto, tudo o que este oriental tem em mente. Valeu a pena contornar o planeta, pensa. Nem muros nem mastins, a selva será a melhor guarnição.[157]

Interessante verificar que, na cena do sobrevoo de Zu sobre Alendabar, aquela minha ideia, já aqui exposta, de que o espaço mencionado por Alexandra Lucas Coelho detalha um "gosto da composição geometrizante",[158] como uma das marcas da exatidão, confirma-se na disposição visual e na definição geográfica precisa das três tribos principais da localidade: a do Vulcão, a das Terras Altas e a Ribeirinha. No entanto, se o narrador faz questão de perscrutar a perspectiva do oriental e sua reação de pasmo diante da paisagem, também é possível constatar que, a partir de seu olhar escrutinador sobre a delonga territorial, do litoral para o interior, há uma verossimilhança interna e uma externa na composição geométrica de Alendabar.

Tal como esclarece Aristides Ledesma Alonso, a verossimilhança constitui um recurso fundamental para a compreensão da matéria literária, não só por aquilo que evoca de semelhante com a realidade empírica e com a aparência de algo que soa como verdadeiro – logo, de algo que não rejeita uma verdade provável –, mas também por "tudo o que está ligado ao campo das possibilidades simbólicas relativas ao homem e à história".[159] Daí que, na composição de uma determinada narrativa ficcional, a verossimilhança pode ser pensada por duas características:

(a) a interna, que emerge da própria estrutura da obra apresentando os componentes fundamentais de sua coesão interna, congruentes com as demais partes da construção narrativa que dessa forma não parece imposta ou enxertada como um corpo estranho dentro da obra narrativa. Essa forma de verossimilhança está diretamente relacionada ao modo mesmo como a obra está sendo concebida enquanto objeto de representação linguística e simbólica, confundindo-se, assim, com a própria mímese em seu sentido tanto de produto como de produção; (b) a externa, que estuda principalmente a estrutura do discurso narrativo e suas possíveis relações com a série dos outros discursos disponíveis na sociedade e na cultura onde a obra se dissemina e tem o seu modo de recepção. Isso assim posto significa que todo critério de verossimilhança que venha a se estabelecer é relativo e em parte dependente da ordem constituinte dos discursos que o cercam e se constituem como princípio de realidade ou de referencialidade.[160]

A explicação acima, por mais básica que possa parecer nos estudos literários, surge como um aparato emergente porque, a partir dela, podemos vislumbrar a articulação com a concepção calviniana de exatidão. Isso porque os elementos pertencentes à cultura local de Alendabar, tais como a culinária, as vestimentas, os hábitos religiosos e tradicionais, a língua, as lendas, os mitos formadores, a fauna e a flora, não soam como corpos estranhos à inerência espacial e geográfica, mas como revigoradores de uma "verossimilhança interna". Além disso, esta também incide sobre uma exatidão em que a riqueza da linguagem criada para materializar todos esses elementos traduz as nuances de criação dos ecossistemas, bem como dos recursos naturais que estão sendo destruídos pela presença de uma política pouco conservacionista e muito poluidora de um líder autoritário.

Em contrapartida, a "verossimilhança externa" pode ser detectada nas ligações precisas, pontuais e exatas com que Alexandra Lucas Coelho interliga todos os problemas advindos da exploração desregrada dos recursos naturais e da exploração humana naquele espaço imaginário com discursos já constituídos e mantidos dentro dos princípios da nossa realidade contemporânea.

Mas a singularidade dessa criação ético-poética da escritora portuguesa muito se deve à exploração do recurso intertextual com que costura e põe a dialogar os elementos mais evidentes de sua obra romanesca com a poética antropofágica de Oswald de Andrade. Aliás, a tese de adoção de uma perspectiva criadora baseada nessa práxis dialógica e deglutível é expansivamente defendida pelos principais investigadores das obras da autora.[161] No entanto, creio que, em *A nossa alegria chegou*, a autora atinge um grau de excelência e potência perceptível em vários aspectos e detalhes da trama romanesca, porque não se trata exclusivamente de uma imitação das premissas modernistas oswaldianas, mas de uma devoração seletiva, precisa e cirúrgica – *exata*, para me valer de uma expressão de Calvino – de alguns dos principais indicadores do "Manifesto Antropofágico" (1928) para a efabulação de um espaço coerentemente contextualizado com as questões ambientais, sociopolíticas e ecossistêmicas mais prementes da contemporaneidade.

Uma das primeiras reações de Oswald de Andrade, no seu manifesto, para além de declarar uma união coletiva baseada na práxis antropofágica em diferentes áreas das relações humanas ("Só a antropofagia nos une. Socialmente. Economicamente. Filosoficamente"[162]), encontra-se na recusa explícita a qualquer tipo de hierarquia, imposição e desmando. "Contra todas as catequeses",[163] bem como "contra todos os importadores de consciência enlatada"[164] e "contra o mundo reversível e as ideias objetivadas. Cadaverizadas",[165] assevera o escritor brasileiro. Se observarmos já as primeiras cenas de *A nossa alegria chegou*, não há como não estabelecer uma linha de revisitação orquestrada pela autora, sobretudo porque as ideias preconcebidas e os conceitos pré-fabricados não interessam aos principais personagens da trama, daí a reação imediata de Ossi, Ira e Aurora contra o Rei.

É certo que este último precisa de uma pirâmide para esconder seus impulsos sexuais, suas fantasias e as relações com uma figura que julgava ser feminina, mas que, na verdade, performatiza um homem vestido de mulher. Também é identificável que ele precisa da inseminação artificial para conseguir procriar e manter sua linhagem, o que efetivamente, como sabemos, não acontece. Em contrapartida, os três jovens vivem suas sexualidades de forma aberta, livre, sem rótulos, obstáculos e impedimentos preconceituosos. Tanto que, ao levantar a dúvida sobre a paternidade diante de uma possível gravidez, a resposta possível é: "[...] se a gente engravidasse, ia ser dos três".[166]

E tal releitura dos pressupostos oswaldianos ainda pode ser detectada na construção da trajetória das personagens de Alendabar, a partir do momento em que a nudez dos três já constitui um indicativo revolucionário contra os tabus daquilo que acoberta e emudece o homem: "A reação contra o homem vestido",[167] tal como projetara Oswald de Andrade. Ora, se o pacto estabelecido entre Ossi, Ira e Aurora pode ser lido como uma demonstração e uma revisitação daquela "consciência participante, uma rítmica religiosa",[168] por outro lado, o mesmo pacto não deixa de evidenciar aquela "escala termométrica do instinto antropofágico", porque "de carnal, ele se torna eletivo e cria a amizade".[169] Não à toa, conforme já tive a oportunidade de destacar, é na reunião e na consolidação da amizade entre as três personagens que a alegria da revolução se instaura, principia e eclode.

Um dos aspectos mais preponderantes, como destacado no início de minha análise, reside na presença do erotismo e das sexualidades em livre trânsito. Aqui, o romance de Alexandra Lucas Coelho assume uma riqueza no tratamento dessa matéria porque permite uma série de conjecturas; afinal, se uma das marcas da literatura contemporânea é sua capacidade de absorver e articular o erotismo e destilá-lo com uma verve carnavalizadora,[170] então, a revolução que parte do erótico já não seria a deflagração de um início carnavalizador? Sendo o carnaval a revolta contra a catequese colonialista,[171] a radicalidade revolucionária já se anuncia no primeiro capítulo, gestada e executada ao longo das 12 horas. Por isso, nos passos da revolução, a deposição do Rei e a implosão da pirâmide, por exemplo, bem podem ser lidas como gestos "contra todas as histórias do homem, que começam no Cabo Finisterra. O mundo não datado. Não rubricado. Sem Napoleão. Sem César".[172]

Vale reiterar que o romance parece querer executar na sua arquitetura uma releitura muito atual e pertinente da poética antropofágica, sem perder de vista as complexidades da geopolítica contemporânea, em que o Sul Global surge como espaço reivindicador de sua existência e permanência no mundo globalizado. Tanto que, a seu favor, a lógica de domínio tecnoeconômico aparece borrada, quando a personagem Zu entra em cena como um insurgente a favor dos biossistemas e da defesa do meio ambiente, com os avanços tecnológicos de uma inteligência artificial. No meu entender, essa estratégia não deixa de se instituir como um gesto antropofágico, na medida em que busca devorar o outro (no caso, o Rei) por aquilo que o outro mais preza: o lucro, ou, como diria Oswald de Andrade, a "absorção do inimigo sacro".[173]

Todos esses procedimentos integrantes de uma poética romanesca que devora antropofagicamente questões ambientais, violências de gênero e contra a mulher, destruição de ecossistemas, exploração de mão de obra, desigualdades sociais e discriminação das diversidades irrompem nas diferentes localidades de Alendabar. Se, no seu manifesto, Oswald já olhava criticamente um Brasil das primeiras décadas do século XX, passados quase cem anos da publicação desse texto emblemático para compreender as particularidades da cultura brasileira, Alexandra Lucas Coelho acena para uma releitura daquele "antropomorfismo. Necessidade de vacina antropofágica. Para o equilíbrio contra as religiões de meridiano. E as inquisições anteriores".[174] Assim, na minha perspectiva, os habitantes, a flora e a fauna da sua imaginária Alendabar não deixam de encarnar o gesto ético da escritora portuguesa e habitante do norte europeu de criar uma visão ecocrítica e ecofeminista dos tempos contemporâneos, e, ao mesmo tempo, também indicam um sensível caminho estético para recompor e efabular um espaço facilmente identificável com o Sul Global no Antropoceno, a partir de uma poética voltada para representar instâncias espaciais "debaixo da linha do Equador".[175]

Num dos pontos de enfoque para ponderar a proposta de exatidão na literatura do século XXI, Ítalo Calvino sublinha a busca de uma linguagem precisa, rigorosa e coerente com as reivindicações de criação do pensamento e da imaginação. Levando tal demanda em consideração, como não pensar em Alendabar, o *locus* fictício sem referência cartográfica em qualquer ponto do mapa e criado exclusivamente para abrigar a trama romanesca de *A nossa alegria chegou*, como um dos espaços imaginários em que a exatidão calviniana pode ser pressentida como um dos protocolos de leitura?

Nesse sentido, acredito que a técnica deglutidora e a poética antropofágica, revisitada e redesenhada pelas mãos talentosas de Alexandra Lucas Coelho, podem reiterar exatamente a proposta de exatidão, enquanto índice de uma ficção preocupada em pensar o seu tempo e o seu espaço social e geopolítico. Não à toa, o romance propicia todo um aparato, em que a verossimilhança interna revigora essa capacidade organizacional e criativa. Vejamos. Alendabar possui uma língua própria, com seus costumes, lendas, fauna e flora locais expressos com termos inerentes ao ambiente criado: o pássaro "poupatuti";[176] as árvores com seus frutos mais típicos, como a "morambeira";[177] as "reses",[178] animais quadrúpedes para abate e alimentação dos humanos; a lenda de Upa-la, a primeira canoa feita de um tronco de morambeira;[179] as flores azuis índigo de cactos;[180] a "farinha de tutum";[181] a "jalurana",[182] espécie de fibra utilizada para a confecção de velas; a expressão "dalu damu-rai",[183] utilizada para traduzir a química existente entre Ursula e Atlas; as "lumias, ângoras, tapus";[184] o "peixe--vampiro" que "suga o sangue dos outros com a sua ventosa";[185] o "peixe--noite" e a "concha do milonauta";[186] o "gabi, o antílope de Alendabar";[187] a "terra vermelha, rica em minério";[188] o pássaro "leque-branco";[189] a "grande salpira",[190] árvore de grande porte em extinção em Alendabar por ordem do Rei; a "flândula, a flor seca que perfuma a roupa";[191] o "sabão de jari, fruto usado há gerações em Alendabar",[192] cujo óleo, retirado do fruto, tem "algo de ardente, flamejante";[193] o rio com um leito largo e com uma ilha no meio, "um pedaço de selva flutuante. Todo um ecossistema",[194] com um interior repleto de "árvores, pássaros, insetos, flores" e "répteis tão carnívoros em terra como os peixes-gancho na água";[195] o "peixe-gancho", uma espécie de "peixe carnívoro com um gancho na ponta" que crava "na vítima para a devorar";[196] a riqueza das espécies arbóreas, como "as lurias, os timbaus, as salpiras, as morambeiras";[197] "uma fruta roxa" com um "sumo espesso, macio: napu";[198] e o "jagui, o mamífero mais caçado na floresta",[199] cujos chifres eram utilizados como instrumentos para a perfuração das orelhas dos jovens nos rituais de puberdade.

 Todo esse repertório vocabular, além de integrar uma coesão e uma coerência na composição do espaço efabulado, delineando uma pontual verossimilhança interna, também indica uma verossimilhança externa, na medida em que boa parte dos animais, das plantas, das expressões locais e culturais enunciados remete a uma contextualização facilmente colada à espacialidade continental brasileira, bem como à sua complexa situação política atual.[200]

 Assim, fico a me interrogar se não será esse exercício criador um processo muito próximo daquele "esforço das palavras para dar conta, com a maior precisão possível, do aspecto sensível das coisas",[201] tal como proposto na exatidão de Ítalo Calvino. Não serão todos esses termos criados e modelados pela poética antropofágica de Alexandra Lucas Coelho um gesto de composição ficcional em que o uso das palavras constitui uma "incessante perseguição das coisas, uma aproximação, não de sua substância, mas de sua infinita variedade, um roçar da sua superfície multiforme e inexaurível"?[202] Não será, por fim, esse gosto geometrizante – a partir da construção de um espaço mapeadamente indefinido –, um traço presente no romance *A nossa alegria chegou*, de modo a pensar sua construção como uma práxis narrativa que põe em prática a exatidão calviniana, porque "permite aproximar-se das coisas",[203] de realidades ecossistêmicas tão pontuais, e que, ao mesmo tempo, respeita o que essas coisas criadas procuram comunicar "sem o recurso de palavras"[204] já conhecidas e que facilmente desvendariam as possíveis ligações insinuadas na trama?

No meu entender, a leitura do romance de Alexandra Lucas Coelho encontra no ecofeminismo um aporte basilar na medida em que abriga as principais indagações de diferentes realidades culturais e geográficas do mundo globalizado do século XXI. Nesse sentido, as explicações de Ynestra King estabelecem uma ressonância positiva com as indagações e as reflexões tecidas pela escritora portuguesa, ao longo do romance em estudo:

> Um ecossistema saudável e equilibrado, que inclua habitantes humanos e não humanos, deve manter a diversidade. Ecologicamente, a simplificação ambiental é um problema tão importante quanto a poluição ambiental. A simplificação biológica, isto é, a eliminação das espécies inteiras, corresponde à redução da diversidade humana a trabalhadores sem rosto, ou à homogeneização do gosto e da cultura pelos mercados de consumo de massa. A vida social e a natural são literalmente simplificadas à condição de inorgânicas para a conveniência da sociedade de mercado. Portanto, precisamos de um movimento global descentralizado que se fundamente em interesses comuns, mas que celebre a diversidade e se oponha a todas as formas de dominação e violência. Potencialmente, o ecofeminismo é um movimento assim.[205]

Aproximando os postulados de King de algumas situações narradas em *A nossa alegria chegou*, não será possível conjecturar que os serviçais do abatedouro do Rei, por exemplo, configuram-se como representações fidedignas e exatas dessa redução de seres humanos a "trabalhadores sem rosto",[206] ou, como dirá o narrador coelheano, pessoas relegadas à condição de "números [que] não são reutilizados"?[207] Ou, ainda, o massacre dos animais no abatedouro de forma cruel e realizado nas traseiras, de forma escondida, em que "a rês chega semiconsciente à sangria, como de crânio semiesmigalhado",[208] não corresponde a essa "eliminação biológica" que reduz as espécies a pura matéria de abate, em resposta a uma "conveniência da sociedade de mercado"[209] e de uma lógica neoliberal?

Ao olhar para um possível e imaginário Sul Global no contexto do Antropoceno, Alexandra Lucas Coelho aponta para uma possibilidade de descentralização epistemológica, em que o "pensamento pós-abissal"[210] constitui um caminho de celebração das diversidades, num nítido gesto de resistência e oposição a formas diferenciadas de dominação, hierarquização e violência. Ou seja, ler *A nossa alegria chegou* a partir da celebração de corpos em liberdade de uma perspectivação ecofeminista está muito distante de ser um gesto crítico ingênuo ou incoerente.

Nesse sentido, gosto de pensar que sua proposta tecida ao longo das malhas de *A nossa alegria chegou* pode ser entendida, para além da configuração política,[211] como um romance ecofeminista, que associa as indagações sobre os problemas de um descontrole socioambiental – que tanto afeta os espaços naturais e os ecossistemas quanto atinge a liberdade das diversidades sexuais e de seus corpos – à busca pelo respeito, pelos sonhos individuais e pelos direitos das mulheres à sua autonomia.[212] Na verdade, publicada em 2018, essa obra não deixa de dialogar com as mesmas preocupações de Yuval Noah Harari,[213] quando sublinha o colapso ecológico diante da despreocupação da humanidade em agir com uma necessária e urgente consciência sustentável global:

> Os humanos estão desestabilizando a biosfera global em múltiplas frentes. Estamos extraindo cada vez mais recursos do meio ambiente e despejando nele quantidades enormes de lixo e veneno, mudando a composição do solo, da água e da atmosfera.[214]

Tal como pudemos constatar, esse mesmo alerta surge também nas cenas narradas por Alexandra Lucas Coelho, a partir de uma construção narrativa na qual a exatidão calviniana pode ser contemplada no seu mais refinado acabamento. Se a composição marcada por aquele gosto geometrizante, com personagens e paisagens que oscilam entre a precisão e a vaguidão, abre um caminho analítico por esse viés, não menos a diametrização de epistemologias e saberes descentralizados de locais hierárquicos, numa perspectiva pós--abissal, contribui para indagar sobre os desafios ambientais e tecnológicos que ultrapassam as esferas nacionalistas e as fronteiras geográficas, numa sintonia com aquela ideia de que, "para fazer escolhas sensatas quanto ao futuro da vida, precisamos ir bem além do ponto de vista nacionalista e olhar para as coisas de uma perspectiva global, ou até mesmo cósmica".[215]

Na minha perspectiva, portanto, a radicalidade revolucionária iniciada com o encontro das três personagens, ainda que sublinhe um ato de uma utopia idealizada, em termos actanciais, e revele uma experiência solipsista de sua autora com alguns espaços por onde chegara a transitar e viver, como propõe André Corrêa de Sá,[216] sustenta uma tentativa bem-sucedida de construir uma sociedade mais justa, mais inclusiva, mais diversificada e mais múltipla.

Por isso, não deixa de ser significativo o fato de a personagem que materializa as múltiplas identidades "trans",[217] Ira, escrever, na língua de Alendabar, o *slogan*, a frase-síntese da revolução, em letras maiúsculas: "UPA-LA TE!", e, em seguida, a sua tradução para todos poderem visualizar e ler: "A NOSSA ALEGRIA CHEGOU!".[218] Além de isso ser, no meu entender, mais uma estratégia na estética romanesca de Alexandra Lucas Coelho para revigorar um gesto antropofágico que, no fundo, recupera também um movimento de autodescoberta – não é Oswald de Andrade aquele que declara que "antes de os portugueses descobrirem o Brasil, o Brasil tinha descoberto a felicidade"?[219] –, a potência de expressividade da última cena revela, mais uma vez, uma forte ligação com a proposta de exatidão de Ítalo Calvino.

Isso porque a construção gradual da expressão pintada na pedra por Ira consolida a revolução em Alendabar e movimenta a radicalidade da mudança, conferindo não só à língua antiga local, mas à sua tradução igualmente, aquele estatuto de um "investimento de força [...] na escrita como instrumento cognitivo".[220] Na minha visão, é na demonstração de domínio das tradições mais seculares de seu local de origem que Ira também manifesta sua capacidade e sua sensibilidade para reconhecer e lutar pela mudança.

Cena emblemática no desfecho da trama, o tiro, afinal, pode até ter atingido seu alvo, mas o espírito da radicalidade revolucionária continua estampado, como uma tatuagem na pedra, a sinalizar a potência do próprio movimento revolucionário. Acredito, portanto, que a trama engendrada por Alexandra Lucas Coelho constitui um caso exemplar da proposta de exatidão de Ítalo Calvino não só pelos aspectos até aqui apontados e defendidos, mas também pelas possibilidades que encontra em moldar, em criar, em manipular, em fingir e em fundar uma nova e antiga língua e suas potencialidades expressivas no espaço efabulado de Alendabar. "Acredito que o termo *natureza* sempre está presente em todo grande narrador",[221] ensina-nos Ítalo Calvino. No meu entender, o romance de Alexandra Lucas Coelho ilustra e constitui uma prova cabal de tal afirmação.

De certo modo, a obra em estudo promove uma bem-sucedida junção entre "uma singularidade e uma geometria",[222] como atestara Ítalo Calvino, porque, enquanto a primeira pode ser observada na criação dos cenários, dos espaços, das tradições ancestrais, da língua antiga e das personagens ímpares e singulares, a segunda verifica-se na exatidão com que articula e costura a precisão e a vaguidão na trama romanesca.

Concluo, portanto, com a certeza de que, na "prateleira hipotética"[223] da novíssima ficção portuguesa, Alexandra Lucas Coelho possui um espaço garantido por sua potencialidade em conseguir articular a exatidão, seja pela forma sensível com que consegue "usar a escrita para explorar o mundo em suas manifestações multiformes, em seus segredos e ainda para dar forma às suas fantasias, às suas emoções, aos seus rancores",[224] seja porque o romance *A nossa alegria chegou* se concretiza como um autêntico "símbolo da força solene da natureza".[225]

Notas

[1] Calvino, 2000, pp. 71-72.
[2] *Idem*, p. 73.
[3] *Idem*, p. 72.
[4] *Idem, ibidem*.
[5] *Idem, ibidem*.
[6] *Idem*, p. 73.
[7] Nobre-Correia, 1996, p. 223.
[8] Calvino, 2000, p. 72.
[9] *Idem, ibidem*.
[10] *Idem*, p. 75.
[11] *Idem*, p. 78.
[12] Barthes, 2013, p. 16. Grifos do autor.
[13] Calvino, 2000, p. 78.
[14] *Idem*, p. 79.
[15] *Idem*, p. 82.
[16] Abbott, 1884/2002.
[17] *Idem*, p. 12.
[18] Não sendo um especialista em literatura inglesa, arrisco-me a compreender a fábula criada em *Planolândia*, como uma obra que muito evoca alguns trabalhos científicos do século XIX. Penso, por exemplo, no caso primordial do conjunto de estudos e ensaios de Charles Darwin, sobretudo *The expressions of the emotions in man and animals* (1872), *Movement and habits of climbing plants* (1875), *The different forms of flowers on plants of the same species* (1877) e *The power of movement in plants* (1880). A análise de uma dinâmica feita em linhas e em formas geométricas não deixa de chamar atenção e motivar uma hipótese de aproximação entre o cientista e o escritor britânicos.
[19] Calvino, 2000, p. 83.

[20] *Idem, ibidem.*
[21] *Idem*, p. 84.
[22] *Idem, ibidem.*
[23] *Idem*, p. 85.
[24] *Idem*, p. 86.
[25] *Idem, ibidem.*
[26] Artista multifacetado, Jacinto Lucas Pires nasceu no Porto, em 1974, no cenário de Portugal pós-Revolução dos Cravos. É licenciado em Direito pela Faculdade de Direito da Universidade Católica Portuguesa, em Lisboa, e atuou como cronista do jornal *A Capital*. Integrante da "Geração de 1990" (Real, 2001), é autor de obras de ficção (romances e contos), de narrativa de viagem e de teatro, entre elas *Azul-turquesa* (ficção, 1998), *Universos e frigoríficos* (teatro, 1998, CCB/Actores Produtores Associados), *Arranha-céus* (teatro, 1999, TNSJ/Teatro Bruto), *Abre para cá* (contos, 2000), *Livro usado* (viagem, 2001), *Escrever, falar* (teatro, 2002), *Coimbra B* (teatro, 2003, Coimbra Capital da Cultura/.lilástico), *Do sol* (romance, 2004), *Octávio no Mundo* (2006, Panos/Culturgest), *Perfeitos milagres* (romance, 2007), *Assobiar em público* (contos, 2008), *O verdadeiro ator* (romance, 2011 – vencedor do prêmio de literatura "DST", 2013), *A gargalhada de Augusto Reis* (romance, 2015), *Oração a que faltam joelhos* (romance, 2020 – vencedor do prêmio "John dos Passos", 2021) e *Doutor doente* (contos, 2021). Mantém o *blog* pessoal *O que eu gosto de bombas de gasolina*, no qual divulga seus espetáculos teatrais. Como roteirista, frequentou a New York Film Academy, tendo realizado, com argumento seu, os curtas-metragens *Cinemaamor* (1999) e *B.D.* (2004). Também no campo musical, escreveu versos e canta em *Meio disco*, primeiro álbum da banda *Os quais*.
[27] Pires, 1998, pp. 10-13.
[28] Mourão, 2002, p. 535.
[29] *Idem, ibidem.*
[30] Nascida em Luanda, Djaimilia Pereira de Almeida chega muito jovem a Portugal, onde cresce e vive atualmente. Licenciada em Estudos Portugueses na Universidade Nova de Lisboa, defendeu sua dissertação de mestrado intitulada *Amadores* (https://repositorio.ul.pt/bitstream/10451/3751/1/ulfl044266_tm.pdf), escrita em 2006, pelo Programa de Pós--Graduação em Teoria da Literatura, na Faculdade de Letras da Universidade de Lisboa, com a qual foi distinguida com o prêmio "Primeiras Teses", 2010, atribuído pelo Centro de Literatura Portuguesa da Universidade de Coimbra. Doutorou-se, em 2012, na mesma área e na mesma instituição de ensino (https://repositorio.ul.pt/handle/10451/5781). Desde 2015, vem desenvolvendo intensa atividade literária, com obras que vêm recebendo atenção e elogios da crítica, entre elas *Esse cabelo* (2015 – texto multifacetado, com elementos biográficos, romanescos e ensaísticos, cujo eixo central se baseia na experiência de uma garota negra de cabelo crespo, oriunda de Angola, na sociedade portuguesa da década de 1980), *Luanda, Lisboa, Paraíso* (2018 – romance vencedor do prêmio literário "Fundação Inês de Castro", 2018, do prêmio literário "Fundação Eça de Queiroz", 2019, e do prêmio "Oceanos", 2019, além de ter se destacado como finalista no "Grande Prêmio de Romance e Novela APE", 2018, e no prêmio "PEN Clube Narrativa", 2018), *A visão das plantas* (2020 – segundo lugar do prêmio "Oceanos", 2020, e também finalista do "Grande Prêmio de Romance e Novela APE/DGLAB", do prêmio "Pen Clube Narrativa", 2019, e do prêmio "Fernando Namora", 2019). Mais recentemente publicou *Regras de isolamento* (2020 – relato sobre o período de confinamento, em coautoria com o fotógrafo Humberto Brito) e o romance *Meteoro* (2021).
[31] Almeida, 2018, p. 37. Grifos meus.

[32] *Idem*, pp. 67-68. Grifos meus.
[33] *Idem*, p. 67.
[34] Calvino, 2000, p. 80.
[35] Jacob, 2020, p. 99.
[36] *Idem*, p. 101.
[37] Graduado em Engenharia Física pela Faculdade de Ciências e Tecnologia da Universidade de Coimbra, Nuno Camarneiro possui uma curiosa trajetória. Depois de ter trabalhado na Organização Europeia para a Investigação Nuclear (Cern) e defendido seu doutorado em Florença, em Ciências Aplicadas ao Patrimônio Cultural, foi investigador na Universidade de Aveiro e docente na Universidade Portucalense. Atualmente, trabalha como docente na Escola das Artes da Universidade Católica Portuguesa. Em 2011, publicou seu primeiro romance, *No meu peito não cabem pássaros*, e, em seguida, em 2013, *Debaixo de algum céu*, com o qual ganhou o prêmio "LeYa". A partir daí, seu interesse de criação tem girado em torno da ficção (*Se eu fosse chão*, 2015; *O fogo será a tua casa*, 2018), do teatro (*Ainda hoje era ontem*, 2015; *Eu, Salazar*, 2018) e da literatura infantojuvenil (*Não acordem os pardais*, 2015, com ilustrações de Rosário Pinheiro).
[38] Além de esse aspecto genológico de *Se eu fosse chão* já ter sido discutido pessoalmente por mim com o autor, também o passeio por um recorte na história de Portugal é defendido por Nuno Camarneiro como uma das chaves possíveis de leitura da obra. Mais detalhes podem ser encontrados na entrevista publicada (Camarneiro, 2019).
[39] Camarneiro, 2016, p. 13.
[40] *Idem*, p. 115.
[41] Calvino, 2000, p. 83.
[42] *Idem, ibidem*.
[43] Nascida em Lisboa, Alexandra Lucas Coelho é jornalista, com formação em Ciências da Comunicação pela Universidade Nova de Lisboa, tendo ainda estudado teatro no Instituto de Formação, Investigação e Criação Teatral (Ifict). Como correspondente do jornal *Público*, viajou para países do Oriente Médio e da Ásia Central, experiência essa cujos resultados diretos se encontram retratados em seus primeiros livros: *Oriente Próximo* (2007) e *Caderno afegão* (2009). Publicou, em 2012, seu primeiro romance, *E a noite roda*, com o qual ganhou o "Grande Prêmio de Romance e Novela da APE/DGLB", além do "Grande Prêmio de Literatura de Viagens Maria Ondina Braga", em 2020, com *Cinco voltas na Bahia e um beijo para Caetano Veloso* (2019). Entre seus títulos, destacam-se ainda os romances *O meu amante de domingo* (2014), *Deus-dará* (2016) e *A nossa alegria chegou* (2018), além das narrativas de viagem *Viva México* (2010), *Tahrir!* (2011), *Vai, Brasil* (2013) e, mais recentemente, *Líbano, labirinto* (2021).
[44] Calvino, 2000, p. 71.
[45] Calvino, 2010, p. 7.
[46] *Idem*, p. 13.
[47] Coelho, 2021, p. 16.
[48] Rendeiro, 2020, p. 90.
[49] Valentim, 2020a.
[50] *Idem*.
[51] Cixous, 2017.
[52] Essa leitura também é compartilhada por Vivian Leme Furlan (2021), que analisa *O meu amante de domingo* como um romance no qual se podem perceber vestígios de um "pós--matrismo", espécie de herança do pensamento feminista *avant la lettre* de Natália Correia.

[53] Não há exatamente um histórico demarcador da origem da expressão. No entanto, indica-se o seu surgimento a partir do famoso episódio do policial canadense Michel Sanguinetti, ao culpabilizar a forma "inadequada" de se vestir das mulheres pelas violências por elas sofridas. Numa reação contrária ao que esperava, inicia-se o movimento "Marcha das vadias" ("*SlutWalk*") pelas ruas do Canadá, que se dissemina pelas principais cidades do mundo. Aliada à marcha, a expressão em foco ganhou forma e tornou-se um mote do movimento feminista. Mais detalhes podem ser consultados em algumas notícias específicas, como as da BBC News (https://www.bbc.com/portuguese/noticias/2011/05/110510_slutwalks_vagabundas_rw) e no curta-metragem homônimo de Matheus Farias e equipe (https://www.rua.ufscar.br/meu-corpo-minhas-regras-matheus-farias-aeso-2013/).
[54] Coelho, 2021, pp. 13-15.
[55] *Idem*, p. 13.
[56] Calvino, 2000, p. 82.
[57] Real, 2012, p. 28.
[58] Hutcheon, 2010, p. 265.
[59] Coelho, 2021, p. 13.
[60] *Idem*, p. 41.
[61] *Idem, ibidem*.
[62] Hutcheon, 2010, p. 265.
[63] *Idem, ibidem*.
[64] Rendeiro, 2020, p. 97.
[65] *Idem*, p. 98.
[66] *Idem, ibidem*.
[67] Coelho, 2021, p. 84.
[68] *Idem*, p. 103.
[69] B. S. Santos, 2010, p. 53.
[70] *Idem*, p. 31.
[71] *Idem*, p. 32.
[72] *Idem, ibidem*.
[73] *Idem*, p. 31.
[74] Coelho, 2021, p. 21.
[75] *Idem*, p. 23.
[76] Cortázar, 2015, p. 273.
[77] B. S. Santos, 2010, p. 52.
[78] Sá, 2021.
[79] Garrard, 2006, pp. 14-16.
[80] Tradução para a língua portuguesa de minha autoria: "For Starhawk and many other ecofeminists, then, ecofeminism is based not only on the recognition of connections between the exploitation of nature and the oppression of women across patriarchal societies. It is also based on the recognition that these two forms of domination are bound up with class exploitation, racism, colonialism, and neocolonialism" (Gaard & Murphy, 1998, p. 3). A compreensão de um ecofeminismo *tout court* parece-me mais apropriada para pensar as questões levantadas no romance de Alexandra Lucas Coelho. É preciso esclarecer, no entanto, que tal corrente crítica ainda se encontra em construção e, de acordo com Greta Gaard (2010), numa dinâmica que engloba outras tendências, seja num caminho de permutas interseccionais, seja numa distinção planejada com elas, como ocorre com a ecocrítica pós-colonial e a justiça ambiental. Mais detalhes podem ser consultados no referido ensaio.

[81] Coelho, 2021, pp. 140-141.
[82] Torres, 2009, p. 107.
[83] *Idem, ibidem.*
[84] Coelho, 2021, p. 15.
[85] *Idem*, p. 29.
[86] *Idem*, p. 47.
[87] *Idem*, p. 14.
[88] *Idem*, p. 21.
[89] *Idem*, pp. 20-21.
[90] Martins, 2021, p. 80.
[91] *Idem*, p. 83.
[92] Coelho, 2021, p. 19.
[93] *Idem*, p. 55.
[94] *Idem*, p. 56.
[95] *Idem*, pp. 34-35.
[96] *Idem*, pp. 19-20.
[97] *Idem*, p. 43.
[98] *Idem*, p. 134.
[99] Calvino, 2000, p. 71.
[100] Rendeiro, 2020, p. 93.
[101] Crutzen & Stoermer, 2020, p. 114.
[102] Margarida Rendeiro (2020) esclarece que foi o biólogo norte-americano Eugene Stoermer o pioneiro no uso do termo "Antropoceno", em 1980. No início dos anos 2000, o cientista atmosférico holandês e prêmio Nobel de Química (1995) Paul Crutzen popularizou o termo, publicando, em conjunto com Stoermer, um estudo explicativo do conceito e de seus usos. Mais detalhes podem ser consultados em "Um glossário para o Antropoceno", da Unesco. Disponível em <https://pt.unesco.org/courier/2018-2/um-glossario-o-antropoceno>.
[103] Calvino, 2000, p. 75.
[104] *Idem, ibidem.*
[105] Rendeiro, 2020, p. 94.
[106] Sá, 2021.
[107] Inácio, 2021.
[108] *Idem.*
[109] Calvino, 2000, p. 75.
[110] Sá, 2021, p. 228.
[111] Calvino, 2000, p. 71.
[112] Coelho, 2021, p. 28.
[113] *Idem, ibidem.*
[114] *Idem, ibidem.*
[115] *Idem*, p. 102.
[116] *Idem*, p. 21.
[117] Calvino, 2000, p. 71.
[118] Martins, 2021, p. 84.
[119] Calvino, 2000, p. 84.
[120] *Idem, ibidem.* Grifos do autor.
[121] *Idem*, p. 85. Grifos do autor.
[122] *Idem, ibidem.* Grifos do autor.
[123] *Idem, ibidem.*

[124] *Idem, ibidem.*
[125] *Idem, ibidem.*
[126] *Idem, ibidem.*
[127] *Idem*, p. 83.
[128] Coelho, 2021, p. 41.
[129] Martins, 2021, p. 83.
[130] Coelho, 2021, pp. 97-98.
[131] *Idem*, p. 138.
[132] *Idem*, p. 139.
[133] *Idem, ibidem.*
[134] *Idem, ibidem.*
[135] *Idem*, pp. 139-140.
[136] *Idem*, p. 98.
[137] Calvino, 2000, p. 71.
[138] Coelho, 2021, p. 63.
[139] *Idem*, p. 64.
[140] *Idem*, p. 135.
[141] *Idem*, p. 87. Grifos meus.
[142] *Idem*, p. 63.
[143] *Idem*, p. 133.
[144] *Idem*, p. 70.
[145] *Idem*, p. 114.
[146] *Idem*, p. 76.
[147] *Idem*, pp. 76-77.
[148] Rendeiro, 2020.
[149] Coelho, 2021, pp. 70-71.
[150] *Idem*, p. 168.
[151] *Idem*, pp. 168-169.
[152] Santos, 2010, p. 37.
[153] Coelho, 2021, p. 168.
[154] Calvino, 2000, p. 83.
[155] *Idem*, p. 84.
[156] *Idem*, pp. 71-72.
[157] Coelho, 2021, pp. 18-19.
[158] Calvino, 2000, p. 83.
[159] Alonso, 2009.
[160] *Idem.*
[161] Cf. nas Referências bibliográficas os seguintes títulos: Martins, 2021; Rendeiro, 2020; Sá, 2021; Valentim, 2020a.
[162] Andrade, 1985, p. 353.
[163] *Idem, ibidem.*
[164] *Idem*, p. 354.
[165] *Idem*, p. 355.
[166] Coelho, 2021, p. 41.
[167] Andrade, 1985, p. 354.
[168] *Idem, ibidem.*
[169] *Idem*, p. 359.
[170] Cortázar, 2015; Hutcheon, 2010.

[171] Andrade, 1985, p. 356.
[172] *Idem*, p. 357.
[173] *Idem*, p. 359.
[174] *Idem*, p. 355.
[175] *Idem, ibidem*.
[176] Coelho, 2021, p. 16.
[177] *Idem*, p. 17.
[178] *Idem, ibidem*.
[179] *Idem*, p. 21.
[180] *Idem*, pp. 17 e 23.
[181] *Idem*, p. 33.
[182] *Idem, ibidem*.
[183] *Idem*, p. 37.
[184] *Idem*, p. 58. Possível referência ao tapu-cavalo, espécie de peixe de água salgada que entrou em extinção em virtude da poluição na região da Baía de Todos os Santos (BA). Mais detalhes em Carvalho *et al.* (2014).
[185] *Idem*, p. 71. Outra possível referência à fauna aquática brasileira. Há uma espécie na Amazônia, presente em águas turvas, conhecida por se alimentar do sangue dos seus hospedeiros, sobretudo dos bagres, além dos perigos causados em contato com humanos. O candiru, ou "peixe-vampiro", de acordo com os relatos dos povos ribeirinhos, é capaz de entrar pela vagina e pela uretra e, depois de alojado, ir comendo de dentro para fora. Mais informações sobre essa espécie podem ser encontradas nos estudos de Valdir Ribeiro Júnior e Gabriel Lellis (2017) e William Costa (2021).
[186] *Idem, ibidem*.
[187] *Idem*, p. 73.
[188] *Idem*, p. 74.
[189] *Idem, ibidem*.
[190] *Idem*, p. 88.
[191] *Idem*, p. 89.
[192] *Idem*, p. 96.
[193] *Idem*, p. 97.
[194] *Idem*, p. 112.
[195] *Idem*, p. 124.
[196] *Idem*, p. 112. Ainda que esse animal seja uma criação com a licença poética da ficção, há casos específicos de espécies písceas menores em ambientes fluviais com hábitos carnívoros, como as encontradas no rio Tramandaí, no Rio Grande do Sul: o peixe-cachorro, o tambicu-de-rabo-amarelo, a traíra e a joaninha (Malabarda *et al.*, 2013), além da piranha-vermelha (Silva, 2021). Mais recentemente, foram noticiados os casos de aparecimento do peixe cabeça-de-cobra, de origem asiática (Manzano, 2019), e do peixe-tigre, oriundo da América Central (Augusto, 2019), além da invasão na costa brasileira do peixe-leão, espécie venenosa e nativa da Indonésia (Gandra, 2021).
[197] *Idem*, p. 128. Com uma mistura de nomes criados especificamente para designar as árvores e de evocações a reminiscências de elos com o mundo vegetal, as espécies arbóreas encontradas em Alendabar sugerem, por exemplo, uma referência à espécie timbaúva (Lorenzi, 1992) e, provavelmente, uma alusão indireta ao grande mestre do judaísmo cabalista, Isaac Luria (1534-1572). Responsável pelo surgimento da Escola Luriânica, o místico seiscentista deixou toda uma doutrina, recolhida e escrita após a sua morte pelo seu principal discípulo, Hayyim ben Joseph Vital (1542-1620), em que dimensiona a cabala,

a partir do conhecido conceito da "árvore da vida", com partes e seções direcionadas a diferentes orientações de compreensão do ser humano e da vida em si (Fine, 2003).

[198] Coelho, 2021, p. 129.
[199] *Idem*, p. 139.
[200] Conferir os já mencionados estudos de Emerson Inácio (2021) e André Corrêa de Sá (2021).
[201] Calvino, 2000, p. 88.
[202] *Idem*, p. 90.
[203] *Idem*, p. 91.
[204] *Idem, ibidem*.
[205] Tradução para a língua portuguesa de minha autoria: "A healthy, balanced ecosystem, including human and nonhuman inhabitants, must maintain diversity. Ecologically, environmental simplifiction is as significanc a problem as environmental pollution. Biological simplification, i.e., the wiping out of whole species, corresponds to reducing human diversity into faceless workers, or to the homogenizacion of taste and culture through mass consumer markets. Social life and natural life are literally simplified to the inorganic for the convenience of market society. Therefore we need a decentralized global movement that is founded on common interests yet celebrates diversity and opposes all forms of domination and violence. Potentially. ecofeminism is such a movement" (King, 1989, p. 20).
[206] *Idem*, p. 20.
[207] Coelho, 2021, p. 43.
[208] *Idem*, p. 23.
[209] King, 1989, p. 20.
[210] Santos, 2010, p. 190.
[211] Rendeiro, 2020.
[212] King, 1989; Torres, 2009.
[213] Harari, 2018.
[214] *Idem*, p. 151.
[215] *Idem*, p. 158.
[216] Sá, 2021.
[217] Martins, 2021.
[218] Coelho, 2021, p. 169.
[219] Andrade, 1985, p. 358.
[220] Calvino, 2000, p. 91.
[221] Calvino, 2009, p. 34.
[222] Calvino, 2015, p. 246.
[223] Calvino, 2009, p. 190.
[224] Calvino, 2000, p. 92.
[225] *Idem*, p. 94.

CAPÍTULO 4

VISIBILIDADE
De imagens visivas e de personagens "ex-cêntricas": *Pão de Açúcar*, de Afonso Reis Cabral

> Aqui também tanto o ponto de partida quanto o de chegada estão previamente determinados; entre os dois abre-se um campo de possibilidades infinitas de aplicações da fantasia individual, na figuração de personagens, lugares, cenas em movimento.
> Ítalo Calvino, *Seis propostas para o próximo milênio*, 2000, p. 102.

> Gisberta, Cabral em viagem contrária, terminara sua vida ali, no raso-fundo de um poço, na distância tão pequena até o fundo, entre terra e água, sem mares por achar ou terras a conquistar.
> Emerson da Cruz Inácio, "Sobre Geni e Gisberta", 2012, p. 32.

> [...] os meus dois romances [*O meu irmão* e *Pão de Açúcar*] partem de outra pulsão, a de contar o abismo, a falha, a distância, a fronteira... O querer contar o outro por mais diferente que seja. E isso para mim tem sido até agora o mote para a literatura.
> Afonso Reis Cabral, "Entrevista a Bernardo Mendonça", 4/7/2020.

Na sua quarta lição americana, Ítalo Calvino[1] inicia a exposição sobre a proposta de visibilidade como um dos atributos mais permeáveis da literatura do século XXI a partir das interpretações de trechos de *A divina comédia*, de Dante Alighieri, a fim de argumentar em torno da capacidade imaginativa do autor em criar mundos, personagens, espaços e situações que fogem à pura referência ao mundo empírico e imediato. Essa apropriação não é gratuita porque, apesar do distanciamento temporal e artístico do exemplo citado, é a partir das considerações sobre o poeta e sua concepção a respeito da origem divina da imaginação, enquanto "alta fantasia",[2] que o ensaísta italiano consegue chegar a um ponto crucial para a compreensão de sua proposta.

Segundo ele, a concepção dantiana de imaginação criadora parte do princípio de que as visões das construções poéticas surgem para um Dante recriado como personagem dentro de sua própria obra enquanto verdadeiras "projeções cinematográficas ou recepções televisivas num visor separado daquele que para ele é a realidade objetiva de sua viagem ultraterrena",[3] ou seja, o poder criador do poeta do século XV nada tem de ultrapassado, obsoleto ou vetusto, muito pelo contrário. Já na sua grande obra, de acordo com Calvino, Dante deixaria as bases para que as gerações posteriores, e com elas a produção literária a partir dos anos 2000, transformassem e exacerbassem o "papel da imaginação [...] e mais precisamente a parte visual de sua fantasia, que precede ou acompanha a imaginação verbal".[4]

A visibilidade defendida por Calvino começa a ser pensada a partir de uma reflexão sobre escritores entre o trecentismo e o quinhentismo, como Dante Alighieri (1265-1321) e Santo Inácio de Loyola (1491-1556), para demonstrar a capacidade de criação baseada em uma "imaginação visiva"[5] em que o poeta – e entenda-se nesse último termo uma extensão para outros campos artísticos, como a própria ficção – teria a sensibilidade de materializar em expressões verbais objetos com um forte apelo de visualidade e de perceptibilidade. Ao mesmo tempo, o ensaísta italiano chama atenção para a forma como a literatura vem transformando essa energia de visibilidade, como esta se torna porosa e mais expansiva num tempo em que as imagens ganham dinamismo e velocidade, graças a outras linguagens artísticas que tomam para si a circulação de signos visuais, como o cinema e a televisão.

Calvino não refuta o poder da literatura para criar mecanismos que reinventam e redimensionam a imaginação criadora, mesmo em tempos em que os leitores e espectadores são bombardeados por conteúdos imagéticos que nem sempre prezam pela condução de uma mensagem lógica e coerente. Daí sua defesa da potência do escritor que, como o poeta,

> [...] deve imaginar visualmente tanto o que seu personagem vê, quanto aquilo que acredita ver, ou que está sonhando, ou que recorda, ou que vê representado, ou que lhe é contado, assim como deve imaginar o conteúdo visual das metáforas de que se serve precisamente para facilitar essa evocação visiva.[6]

É certo que suas reticências podem até dar indicações de uma tomada de atitude mais conservadora em relação às novas linguagens emergentes nas últimas décadas do século XX, e que explodiriam nas iniciais do século XXI; no entanto, na minha perspectiva, o ceticismo de Calvino não está direcionado à exploração das imagens presentes em muitos meios de comunicação, mas à maneira irrefletida e sem critérios com que esses recursos visuais são manipulados e jogados ao público. E vale sublinhar que, num texto anterior, de 1959 ("Respostas a nove perguntas sobre o romance" / "Nuovi Argomenti"), ele já declarara: "[...] não faço parte daqueles que acreditam que a inteligência humana esteja prestes a morrer, assassinada pela televisão; a indústria cultural sempre existiu, com seu perigo de decadência geral da inteligência, mas dela sempre nasceu algo novo e positivo".[7] Por isso, entendo que sua posição se insurge na defesa ostensiva do poder da literatura para absorver essa matéria visual e explorar suas potencialidades. Não à toa, somente a partir da compreensão mais ampla da energia criadora do escritor, que manipula a matéria verbal sem abrir mão da própria materialidade visiva de sua imaginação, Calvino considera possível identificar e distinguir dois "processos imaginativos" diferentes e integrantes do processo de construção literária: "o que parte da palavra para chegar à imagem visiva e o que parte da imagem visiva para chegar à expressão verbal".[8]

Ainda que o ponto deflagrador de suas reflexões seja composto de exemplos vindos de uma época em que a exploração das imagens e de seus significados místicos tenha servido ora a um propósito de fundo religioso, como é o caso da estética barroca, ora a uma demanda ideológica palaciana, como ocorre com o pré-barroco na Itália[9] – e vale sublinhar que o próprio Calvino chama atenção para a alta conceituação que o autor d'*A divina comédia* tinha de si mesmo, acreditando que "suas visões eram diretamente inspiradas por Deus"[10] –, o ensaísta italiano vale-se desses casos para demonstrar que os processos de criação a partir da manipulação da imaginação visiva sempre foram uma pertença do homem, um ato inerente, independentemente de onde ele tenha vindo ou quando ele tenha vivido.

Não gratuitamente, Calvino volta-se para o seu tempo e refere-se a escritores contemporâneos seus – como o físico Douglas Hofstadter (1945) e sua obra monumental *Gödel, Escher, Bach* (1979) – para defender a proposta de visibilidade, enquanto recurso de criação literária para o milênio por vir, emanada, agora, de emissores terrestres, e não mais místicos. Nestes, pelo menos dois caminhos de aplicação da imaginação podem ocorrer: de um lado, as sensações assumem uma espécie de efeito transcendente e epifânico, em que se intenta uma "comunicação com a alma do mundo",[11] e, do outro, a instrumentalização de um saber, expandindo seu diálogo a um conhecimento científico, por exemplo, mas sem obrigatoriamente dele depender, podendo com ele coexistir e coadjuvar, a ponto de se instituir como um "momento necessário na formulação de [...] hipóteses".[12]

Na verdade, essa é uma das propostas mais interessantes no elenco estabelecido por Ítalo Calvino, porque abre um espaço de diálogo não apenas com as forças discursivas próprias e presentes no momento de criação literária, mas também com outras linguagens, incluindo aquelas que enfatizam um diálogo interartes (penso, sobretudo, nas artes plásticas e nas inúmeras possibilidades de trânsito entre os discursos pictórico e narrativo, por exemplo), fazendo-as conviver dentro do substrato ficcional e numa rotação contínua e dinâmica, em que "em torno de cada imagem escondem-se outras, forma-se um campo de analogias, simetrias e composições".[13]

Considerando sua autodefinição como um "filho da 'civilização da imagem', ainda que ela estivesse em seu início, muito distante da inflação atual"[14] – numa referência direta àquilo que ele próprio irá designar como o excesso de uso de imagens vazias e superficiais, como alerta em sua proposta de "rapidez" –, gosto de pensar que a singularidade de sua "visibilidade" revela um leitor do pensamento barthesiano na medida em que não desvincula o poder dialogante da intertextualidade também na disposição desses diferentes percursos de criação – da palavra à imagem e vice-versa.

Vale recordar, nesse sentido, uma herança do jogo intertextual sedimentada longamente por meio das reflexões e indagações tecidas por Roland Barthes nas suas diferentes recolhas de ensaios críticos e a forma como procurava dispor as possibilidades de leituras, seja no campo da *pintura* – como fez com os quadros do quinhentista Giuseppe Arcimboldo (1527-1593) ou do seu contemporâneo André Masson (1896-1987), em *L'obvie et l'obtus – Essais critiques III* (1982) / *O óbvio e o obtuso* (1990) –, seja no da *moda* – como analisa as figurações dos trajes e das vestimentas e os discursos sobre estes em *Le systeme de la mode* (1967) / *O sistema da moda* (1999) –, além das explorações discursivas nos âmbitos da *fotografia* – como ocorre num de seus últimos trabalhos, o magistral ensaio

La chambre claire (1980) / *A câmera clara* (1984) – ou, ainda, algumas de suas investidas sobre o *cinema*, presentes tanto em *Mythologies* (1957) / *Mitologias* (1975) quanto em *Le bruissement de la langue* (1984) / *O rumor da língua* (1987).[15]

Quando Ítalo Calvino propõe, portanto, a dimensão pluridimensional da visibilidade, não deixa de investir num diálogo intertextual presente na articulação das imagens visivas, com suas "analogias, simetrias e composições".[16] De certo modo, o escritor italiano converge para aquela apropriação dialogante de Roland Barthes, quando analisa as nuances dos quadros de Arcimboldo: "Sua *pintura* tem um *fundo linguístico*, sua *imaginação é propriamente poética*: não cria signos, *mas os combina, os permuta, os desvia* – exatamente o que faz o *operário da língua*",[17] ou quando vislumbra as nuances visivas emergidas do texto literário, a partir de sua análise da novela de Balzac:

> Toda descrição literária é uma visão. Dir-se-ia que o enunciador, antes de escrever, põe-se à janela, não tanto para ver bem, mas para construir o que vê através de sua própria moldura: o marco da janela faz o espetáculo. Descrever é, pois, colocar a moldura vazia que o autor realista transporta sempre com ele (mais importante do que seu cavalete) diante de uma coleção ou de uma sequência de objetos inacessíveis à palavra sem essa operação maníaca (que poderia fazer rir, como uma gag); para poder falar do "real", é necessário que o escritor, por um rito inicial, transforme inicialmente esse real em objeto pintado (emoldurado); após o que, pode despendurar esse objeto, tirá-lo de sua pintura: em uma palavra: despintá-lo (despintar é fazer cair o tapete dos códigos, é ir não de uma linguagem a um referente, mas de um código a outro código).[18]

Muito curiosa a ligação estabelecida entre os dois caminhos de análise do literário (de Calvino e de Barthes), porque ambos não negam as possibilidades de trânsito, de simetrias, de convergências, de ressonâncias e de laços mútuos entre o discurso pictórico e o ficcional. Em relação à visibilidade calviniana, no meu entender, esta se singulariza pela forma como o aspecto da visualidade se materializa a partir e dentro do espectro verbal, e como a imaginação do(a) criador(a) atua como uma espécie de fixador do conjunto imagético criado e manipulado.

A respeito disso, num relato biográfico, ao relembrar, por exemplo, as narrativas em *comics*, publicadas no jornal *Corrieri dei Piccoli* (1908-1995), lidas no período de sua infância, Ítalo Calvino reitera a importância das histórias em quadrinhos e os versos colocados abaixo de cada imagem, num momento em que ele não era alfabetizado e toda a composição narrativa era por ele montada a partir das imagens em sequência. Na sua explicação, essa prática de leitura, fomentada pelas HQs, dependente exclusivamente de sua capacidade de montar uma sequência lógica daquelas "figurinhas sem palavras", foi o primeiro exercício para sua formação, a ponto de considerá-la sua "escola de fabulação, de estilização, de composição da imagem".[19]

De maneira proposital, Calvino descreve sua experiência pessoal na criação de suas *As cosmicômicas* (1992) / *Le cosmicomiche* (1965), revelando que, no instante de pôr no papel a matéria pensada e trabalhada a partir de sua imaginação visiva, "é a palavra escrita que conta: à busca de um equivalente da imagem visual se sucede o desenvolvimento coerente da impostação estilística inicial, até que pouco a pouco a escrita se torna dona do campo".[20]

No meu entender, não se trata de desenvolver um recurso descritivo ao excesso na criação literária, carregando o texto de uma pura enumeração de aspectos e apontamentos. Essa possibilidade de exploração da visibilidade, a partir da "imaginação visiva",[21] não desvincula o gesto necessário de procurar "unificar a geração espontânea das imagens e a intencionalidade do pensamento discursivo".[22] Seja no movimento que vai da palavra à imagem, seja no que parte da imagem para chegar à palavra, a visibilidade proposta por Calvino reforça uma "pedagogia da imaginação",[23] em que seja possível "controlar a própria visão interior sem sufocá-la e sem, por outro lado, deixá-la cair num confuso e passageiro fantasiar, mas permitindo que as imagens se cristalizem numa forma bem definida, memorável, autossuficiente, 'icástica'".[24]

Isso não quer dizer que o artista (ou o escritor) que apela para tal recurso esteja desapegado de uma visão crítica de mundo ou que a experiência de articulação da visibilidade o leve a explorar mundos antropomórficos e fantásticos, seja para assumir um distanciamento crítico da realidade efabulada, seja para recompor um mundo às avessas em que nem mesmo o humano se reconheça como tal. Vale destacar que o próprio Calvino não se exime de tecer considerações muito incisivas ao universo de bombardeamento de imagens televisivas, com uma velocidade que menospreza o aprofundamento reflexivo, transformando a memória dos espectadores numa espécie de nicho onde se depositam, "por estratos sucessivos, mil estilhaços de imagens, semelhantes a um depósito de lixo, onde é cada vez menos provável que uma delas adquira relevo".[25]

Compreende-se daí, portanto, sua defesa de uma "pedagogia da imaginação", em que o artista seja capaz de desenvolver e criar "visões de olhos fechados, de fazer brotar cores e formas de um alinhamento de caracteres alfabéticos negros sobre uma página branca, de *pensar* por imagens".[26] Nesse sentido, só consigo entender a proposta de visibilidade de Calvino se aliada a uma profunda capacidade reflexiva do mundo, das pessoas e de si mesmo, ou seja, a de *"pensar por imagens"*,[27] sem perder a consciência crítica da realidade circundante.

Aliás, vale sublinhar que ele assinala os elementos constituintes daquilo que irá chamar de "imaginação literária".[28] Mesmo compreendendo que o ensaísta italiano tem em mente a construção de universos fantásticos (onde também poderiam ser pensadas outras paragens, como as da ficção científica), entendo ser importante destacar os quatro aspectos formadores da força dinâmica construtiva do substrato artístico. Diz ele:

> Digamos que diversos elementos concorrem para formar a parte visual da imaginação literária: a observação direta do mundo real, a transfiguração fantasmática e onírica, o mundo figurativo transmitido pela cultura em seus vários níveis, e um processo de abstração, condensação e interiorização da experiência sensível, de importância decisiva tanto na visualização quanto na verbalização do pensamento.[29]

Interessante verificar que, ao expor os quatro elementos principais para a concretização de sua proposta de visibilidade na literatura do milênio, Ítalo Calvino estabelece uma enumeração, cujo encaminhamento parte da observação para chegar à materialização da visibilidade e de sua expressão verbal na obra literária. Assim, na minha perspectiva, ele desfaz qualquer possibilidade de conjectura sobre o possível afastamento do escritor/artista de sua realidade imediata e o distanciamento do próprio produto criado em relação à percepção crítica e consciente do mundo. Cabe-me ressaltar que o referido "processo de abstração, condensação e interiorização da experiência sensível"[30] não significa necessariamente o abandono de uma referencialidade direta ou a negação de uma exposição ética do criador. Pelo contrário, posto que tanto a visualização quanto a verbalização das formas de pensar o mundo estão decisivamente interligadas àqueles quatro passos de construção do artefato artístico.

Ao pensar a ficção portuguesa no mesmo contexto em que Calvino escreve suas lições americanas, ou seja, na década de 1980, não será difícil constatar que, nesse cenário, alguns(mas) autores(as) se sobressaem pela forma como estabelecem uma consonância direta com as expectativas alimentadas pelo ensaísta italiano. Se levarmos em conta as premissas defendidas na sua proposta de visibilidade, o nome de Mário Cláudio destaca-se, sobretudo, pela forma com que teceu e vem tecendo um intenso diálogo interartes em seu projeto de criação narrativa.

Em obras como *Amadeo* (1984) e *Rosa* (1988), nas quais se debruça sobre o campo das artes plásticas (pintura e cerâmica), é possível constatar uma exploração mais perceptível da proposta de visibilidade, em que as figuras dos artistas (Amadeo de Souza-Cardoso e Rosa Ramalho, respectivamente) vão surgindo como personagens fictícias, como matéria verbalizada pela efabulação narrativa, ao lado de todo o material produzido, cuidadosamente recolhido, selecionado e organizado pelo autor. De forma consonante, Mário Cláudio resgata as figuras históricas dos artistas, transforma-as em criaturas ficcionais e, ao mesmo tempo, absorve seus mecanismos e os redimensiona em recursos na consecução da escrita. Tal como esclarece Ana Paula Arnaut, esse efeito constitui um dos trunfos da energia criadora do autor de *A trilogia da mão*:

> Além disso, e numa perspectiva mais restrita, o que se comenta do estilo mágico e feérico de Amadeo-pintor pode, sem dúvida, visualizar-se (principalmente) na semântica das primeiras vinte páginas desta obra; espaço-momento onde o modo como se "biografa" o mundo da infância vivido na Casa em muito se assemelha a alguns dos mais interessantes quadros do pintor.[31]

E se, em *Amadeo*, essa absorção contribui para a construção da trama romanesca, não menos em *Guilhermina* (1986) ela pode ser pressentida. Nessa obra, na qual o autor revisita não só a trajetória da ilustre violoncelista portuguesa Guilhermina Suggia (1885-1950), mas todo o seu repertório musical e todo o aparato imagético sobre ela produzido, em que a figura de uma mulher surge com o violoncelo entre as pernas, num gesto de instigante subversão feminina a códigos masculinistas altamente cerceadores, o leitor depara com duas Guilherminas reconstruídas pelas mãos do ficcionista – a do mundo da música e a retratada por fotos e quadros:

A "Prateleira Hipotética"

> Uma certa fase lembraremos, em que a natureza se lhe debate na tormentosa exigência de se acertar. À sua semelhança padece o pintor, Augustus John, no vastíssimo *atelier* de Mallord Street, do cavalete se aproximando e se distraindo, na espécie de broto de camélia em que a boca comprime na avaliação do modelo. Não tem descanso Guilhermina, na imobilidade em que procura casar-se com a *Suíte de Bach*, que vai executando sem fim. E um vacilante compromisso celebra com a imagem de si, que a todo instante ameaça estilhaçar-se, no que pouco a auxilia o homem que a retrata. A cada passo, parece ele saído de uma moita de heras, dando-lhe ordens e ordens de se calar, o botão manobrando da telefonia, que ejacula o noticiário ou um *shimmy* sincopado. Ao arbítrio do pincel irá definindo a violoncelista, sem que em absoluto a possua, na tenacidade com que o trabalho reapura que já deu por findo. [...] Passa John, enfim, numa dança de pontas, em busca de outrem que não a ibérica de imponente violoncelo, clamando a fêmea que o salve, essa a que o real não recuse aderir.[32]
> Na barra do lençol, esforçados, seis vezes os dedos se lhe moveram, . Eram os compassos de uma *bourée* de Bach, infinita alegria, da terra levantada para ser relâmpago, à treva recolhida, saciada.[33]

Como já tive a oportunidade de destacar em outro texto,[34] nesse romance, Mário Cláudio vale-se de todo um aparato imagético, como fotos de Guilhermina, de seus familiares, parentes, amigos e amantes, e também musical, por meio de um repertório com as principais peças executadas pela violoncelista e gravado em LPs. Assim, a visibilidade dessa *persona* histórica é materializada por meio do diálogo interartes não apenas com a música, mas também com as artes plásticas e a fotografia.

As duas cenas anteriores, lidas em conjunto, demonstram como a imagem consagrada no famoso quadro de Augustus John[35] parece estar colada à partitura da *Suíte de Bach BWV 1009*, em Dó Maior, peça que a violoncelista deixou gravada e com a qual se consagrou como uma de suas mais refinadas intérpretes. Não me parece gratuito, portanto, o fato de a trama marioclaudiana encerrar com uma cena extremamente poética e sensível da protagonista tentando executar com os dedos, no leito de morte, a referida peça musical.

Gosto de pensar, nesse sentido, que a visibilidade explorada por Mário Cláudio não apenas reverbera aquela proposta de Calvino, como também extrapola as dimensões do direcionamento dado pelo ensaísta italiano (da imagem à palavra e da palavra à imagem), exatamente porque, para além dos registros iconográficos e dos documentos históricos escritos sobre a vida da artista portuguesa, não se pode desvincular um outro elemento discursivo tão importante quanto os outros dois: o sonoro, o musical, em que as mãos da violoncelista dão corpo (e também uma visibilidade ressoante) às linhas melódicas da estrutura musical criada por J. S. Bach.

Interessante observar que, já na década de 1980, essa técnica de construção narrativa constitui um dos pontos da poética do romance, tal como pensada por Mário Cláudio, isso porque, na sua *Trilogia da mão*, é possível vislumbrar a mesma capacidade de articulação da visibilidade, nos moldes propostos por Ítalo Calvino, em que a absorção de outras materialidades artísticas passa a ganhar corpo no texto narrativo, num diálogo intertextual que referenda "o gosto pelos livros e pela fruição estética".[36]

Aliás, essa é uma nuance preponderante no projeto de criação literária do autor, na medida em que, tal como esclarece Maria Theresa Abelha Alves, sua escrita "encontra outras escritas, onde as paisagens e os cenários encontram, plasticamente, outros quadros, onde o som encontra outras músicas".[37] A esse fenômeno nas obras marioclaudianas, Alves chamou de "alquímica correspondência das artes".[38] Já numa outra dimensão, Dalva Calvão retoma essa leitura para propor a ficção de Mário Cláudio como uma instância em que se observa uma profunda "atitude interrogativa"[39] não só sobre a escrita literária *per se*, mas, de uma forma mais abrangente, sobre a criação estética.

Assim, é possível verificar reverberações dessa forma de construção romanesca em outros títulos do autor, vindos a lume a partir dos anos 2000. Se a sua *Trilogia da mão*, na década de 1980, já reverbera uma aproximação da proposta calviniana, o que se percebe nas obras publicadas nas décadas iniciais do século XXI é uma espécie de consolidação da visibilidade, seja no diálogo intertextual com as artes plásticas e as obras de engenharia de Leonardo da Vinci, em *Retrato de rapaz* (2013); seja nas múltiplas apropriações da fotografia, em *O fotógrafo e a rapariga* (2015), em que revisita a figura de Alice Liddell, inspiradora da famosa personagem de Lewis Carroll; ou, ainda, na absorção de criaturas presentes nas histórias em quadrinho, em que transforma três personagens desse universo imagético em *personas* efabuladas na narrativa ficcional: Corto Maltese (criado originalmente por Hugo Pratt, em 1967, para uma série homônima), a cantora lírica Bianca Castafiore (desenhada em 1939, por Hergé, como uma das coadjuvantes na série *As aventuras de Tintin*, posteriormente remodelada, a partir da década de 1950, depois da aparição e do sucesso de Maria Callas) e o Príncipe Valente (composto como o protagonista de uma série de tiras de jornal, em 1937, pelo desenhista Hal Foster). Formando uma espécie de trilogia num único volume, as *Memórias secretas* (2018), de Mário Cláudio, podem ser lidas a partir daquele movimento de consecução da visibilidade, em que o processo imaginativo do autor "parte da imagem visiva para chegar à expressão verbal",[40] sem estabelecer qualquer hierarquia diferenciadora ou valorativa.

Na verdade, gosto de pensar que esse procedimento de consecução da visibilidade como elemento de composição ficcional não deixa de estar relacionado com a ênfase biográfica que, em muitas de suas obras, Mário Cláudio tem colocado em prática. Tanto na sua *Trilogia da mão* quanto nas obras da *Trilogia dos afetos*,[41] esse pendor biográfico pode ser constatado de maneira flagrante, por isso fico a me interrogar se também nas suas *Memórias secretas*, num movimento que vai da imagem à escrita, essa aventura não se faz concreta. Afinal, não será a cristalização de figuras preexistentes, no *corpus* de bandas desenhadas, no discurso narrativo de Mário Cláudio uma manifestação daquela dinâmica espiralar de que nos fala Dalva Calvão?

Segundo a investigadora brasileira,

> [...] como que num movimento em espiral, no qual uma linha evolui a partir da repetição de um mesmo movimento, o viés questionador se amplia na direção de outras expressões estéticas, ou da atividade estética em si mesma, de que é evidência o diálogo estabelecido pelos textos do autor com outras artes, num largo exercício intertextual que, além de buscar frequentemente a confluência, na palavra escrita, das marcas de outras formas artísticas, indaga sobre o que de comum parece atravessar ou sustentar qualquer criação estética. Assim sendo, o texto literário passa a se configurar como lugar de convivência e de valorização de várias linguagens, procedimento considerado como uma das marcas da produção do autor.[42]

Estratégia muito bem arquitetada pelo autor, a visibilidade calviniana pode ser compreendida como um eficaz protocolo de leitura para obras tão diversas e tão distantes temporalmente entre si. No entanto, no seu conjunto, elas corroboram uma crescente preocupação de estabelecer, no campo da efabulação, um espaço profícuo de discussão, de autorreflexão, de diálogo e de valorização de e com outros discursos estéticos.

No tocante à novíssima ficção portuguesa, um dos casos mais instigantes a ser lido sob o viés da proposta calviniana de visibilidade pode ser encontrado no romance *Anatomia dos mártires*, de João Tordo.[43] Com uma trama baseada na reconstrução de uma figura histórica esquecida, a camponesa Catarina Eufémia, assassinada por um agente da Guarda Nacional Republicana (GNR), em 1954, a partir do trabalho do protagonista, um jornalista de percurso medíocre que vê nessa tarefa um horizonte de ambição e fama, a obra propõe uma reflexão detida sobre a fixação de versões a respeito de determinadas criaturas congeladas a partir de discursos oficializados, bem como acerca do trabalho da memória na conservação e no redimensionamento de heranças imagéticas e discursivas.

Trazer à tona o nome e a trajetória da mulher assassinada no auge do Estado Novo salazarista pelas forças policiais, por meio de um artigo polêmico em que compara seu martírio ao de um certo Francis Dumas – espécie de homem muito ligado a ritos religiosos que, "depois de falar com Deus, saltara do trigésimo andar de um edifício, catapultando-se para uma morte violenta a cento e sessenta metros de altura, explodindo no pavimento de uma cidade num mundo que o desconhecia por completo"[44] –, acaba por gerar um grande mal-estar, com reações acirradas e assertivas sobre sua tentativa de minimizar o ocorrido, a ponto mesmo de seu editor, Cinzas, acabar se tornando vítima de um violento atentado, quando procurou defender a publicação do referido texto em seu jornal.

Somente a partir desse evento, o narrador-protagonista entra na aventura de proporções hercúleas de tentar descobrir e dar visibilidade a uma Catarina Eufémia que ele próprio desconhecia. Na verdade, a primeira tentativa ensaiada com o artigo polêmico configura-se como uma espécie de composição de uma "imagem visiva" da camponesa assassinada, em que a visibilidade promovida pelo jornalista fundamenta-se num exercício de imaginação, enquanto "repertório do potencial, do hipotético, de tudo quanto não é, nem foi e talvez não seja, mas que poderia ter sido",[45] ainda que o resultado culmine muito mais numa distorção movida, talvez, por um desejo incontido de atenção e fama.

Entretanto, é no confronto direto com os efeitos colaterais violentos causados pela primeira versão de sua "imagem visiva" de Catarina, que o protagonista se empenha numa outra dinâmica criadora, em que supera um "conjunto de imagens", fornecido não só pela cultura portuguesa – "[...] seja ela cultura de massa ou outra forma qualquer de tradição",[46] como dirá Calvino –, mas também por sua própria pena, e fabricado a partir de uma conveniência, tal como esclarece o narrador. No meu entender, esse gesto de ultrapassagem é necessário para a personagem passar a *"pensar por imagens"*[47] e investir num "poder de evocar imagens *in absentia*".[48] Aliás, não será exatamente isso que ocorre quando vislumbra uma outra Catarina, muito diferente daquela pré-fabricada na sua primeira e malfadada tentativa?

> Foi nessa breve viagem de táxi, enquanto subíamos a Rua da Madalena em direção ao Castelo (o taxista falando sozinho, comentando e criticando as notícias da crise que passavam no rádio) que *pela primeira vez me surgiu a imagem, nítida como uma fotografia, do momento em que Catarina Eufémia se tinha feito aos campos no dia da sua morte.* Como já referi, naquele tempo pouco ou nada sabia dela; ou, o que é mais exato, sabia somente o que precisava saber para conseguir, com o meu artigo, *desmanchar a realidade e transformá-la de acordo com a minha conveniência.* Naquele final de tarde chuvoso, porém, com o condutor a berrar impropérios que abafavam a voz do ministro das Finanças, *foi a sua imagem que me surgiu refletida na janela opaca daquele táxi.* Não a de Cinzas na cama de hospital, não a do meu pai sozinho à mesa de jantar, mas a de Catarina, cujo rosto ainda desconhecia, cuja silhueta estava tão perdida para o mundo como a de Hamlet: e, ainda assim, como se ela fosse a ponta de um fio e a partir dela todos os outros se pudessem desembaraçar, vi a sua beleza inusitada num clarão, o cabelo preto e ondulado delineando um rosto excessivamente belo para aquele lugar e aquela época, um rosto de olhos rasgados e determinados e brilhantes como o sol de maio no Alentejo. *Vi-a* – interrogando-me sempre por que razão *era a sua imagem que via, e não outra* – caminhando pelo meio de uma seara de trigo a caminho dos seus últimos instantes, a saia ondulando ao vento, a camisa branca com pequenas flores púrpuras colada ao suor do seu corpo de mulher jovem e corajosa e talvez, como todos nós, condenada ao fracasso desde sempre e para sempre. [...] *Nos meus sonhos, breves e confusos, vi a mesma imagem que tinha visto na tarde do dia anterior*, no táxi, a caminho de casa: a camponesa vagueando pelas searas de trigo a caminho do destino a que sempre são votados os mártires, o destino que Kapus sentenciara naquela tarde de setembro já tão longínqua: de terem a razão do seu lado e, ainda assim, fracassarem. Despertei inúmeras vezes, estremunhado, confuso; tornava a adormecer e logo mergulhava outra vez *nesse sonho, sentindo, de maneira quase física, o calor do campo e o restolhar das espigas no corpo de Catarina*, avançando, sem recuo ou redenção possível, em direção ao abismo que nos separa deste mundo.[49]

Interessante observar na passagem acima a quantidade de expressões que conotam a urgência do jornalista em dar visibilidade à personagem histórica a partir de uma capacidade de gerir a imaginação enquanto "instrumento de saber",[50] na medida em que ele passa a investigar a fundo e a formular outras hipóteses, menos tendenciosas e pré-fabricadas, para transformar e corporificar a "imagem visiva" de Catarina numa materialidade viva. É interessante analisar esse exercício de recriação, articulado pelo protagonista do romance de João Tordo, na mesma clave do movimento de concretização da visibilidade, que vai da imagem à palavra escrita, porque a única referência visual da *persona* histórica é uma fotografia, reutilizada em vários cartazes e propagandas, num movimento cíclico de recomposição.[51]

Não será à toa, portanto, que, a respeito de *Anatomia dos mártires*, Isabel Cristina Rodrigues irá destacar a impossibilidade de tentar cimentar a imaginação criadora num modelo fixo e monolítico, pois, segundo ela,

> [...] o narrador de *Anatomia dos mártires*, jornalista de profissão, acaba por compreender que os vários biombos que inviabilizam o nosso acesso à verdade do real começam a erguer-se no exato momento em que olhamos esse mesmo real, certeza esta que parece valer para qualquer visão possível do mundo – História, romance ou memória do vivido, todas elas razoavelmente reais e razoavelmente ficcionais. A reprodução da verdade no discurso da História é, pois, uma construção geneticamente manipulada pelo trabalho parcelar do olhar ou, se quisermos, pela inevitabilidade do gesto efabulador subjacente a todo o processo representativo.[52]

Desse modo, consciente da duplicidade da reconstrução histórica, numa linha limítrofe muito sinuosa, deslizante e dialogante com a "inevitabilidade do gesto efabulador subjacente a todo processo representativo",[53] o exercício proposto pelo narrador-protagonista de João Tordo aponta para uma consonância com a proposta de visibilidade de Ítalo Calvino, posto que, "a partir do momento em que a imagem [de Catarina] adquire uma certa nitidez"[54] em sua mente, sua busca e sua inquietação fazem-no esboçar um outro roteiro possível, porque é a própria imagem da camponesa emergente nas suas visões que motiva "suas potencialidades implícitas",[55] com significados outros, "sempre deixando certa margem de alternativas possíveis".[56]

Num outro movimento de visibilidade, enquanto proposta de criação ficcional, o romance de estreia de Ana Margarida de Carvalho,[57] *Que importa a fúria do mar* (2013), fornece um exemplo rico e substancial para algumas reflexões. Com duas personagens centrais, afastadas por décadas de distância no tempo e em diferentes espaços territoriais, a trama gira em torno de Eugénia, uma jornalista responsável por realizar um documentário e conduzir uma entrevista com Joaquim, um homem octogenário e um dos últimos sobreviventes do antigo campo de detenção do Tarrafal, em Cabo Verde, para onde eram conduzidos os presos considerados mais perigosos pelo Estado Novo salazarista.

Os caminhos dessas duas personagens cruzam-se a partir do momento em que chega ao conhecimento de Eugénia a existência de um maço de cartas de amor, redigidas por Joaquim para Luísa, sua grande paixão na época em que fora detido e conduzido ao presídio. A partir dessa premissa, há uma intensa exploração da visibilidade, no sentido de que a narrativa, num caminho muito consonante com a proposta calviniana, também se alicerça num exercício de emersão de imagens que se cristalizam "numa forma bem definida, memorável, autossuficiente, 'icástica'".[58]

Isso pode ser verificado em diversos momentos, como, por exemplo, na cena de abertura, quando há uma entrada na primeira instância espacial, conduzida pela perspectiva narrante e memorialística de Joaquim, autor das cartas de amor para Maria Luísa:

> Tersa gente esta, de almas baldias, vontades torcidas pelo frio que aperta, amolecidas pelo sol que expande. Ando aqui a ganhar a morte. Nestes campos de giesta, engatadas raízes no chão, tão presas de seiva e vontade que não as pode a força de um homem arrancar. Ervas daninhas mais difíceis de vergar do que um pinheiro bravo à machadada. O pinheiro deixa o coto apodrecido, vã ruína orgânica, mas as raízes das giestas mantêm-se sorrateiras, infiltrantes, debaixo da terra, a aguardar melhor ocasião para levantar haste. E, mal um homem vira [as] costas, lá estão elas, sob os pés, soturnas, insinuantes, sôfregas de todas as pingas de água, a saciarem-se, a exaurirem as lavouras, sem sequer a gentileza de uma sombra, só pasto de insetos, refúgio de furões, conspiração do matagal. Assim ando eu. Entre mato rasteiro e bravio. Que a vida sempre me foi um ferro de engomar. Quando há um prego que se destaca, martela-se. E no entanto, mesmo amolgado e enterrado, continua lá.
> De quem é o carvalhal?[59]

Ao conduzir o(a) leitor(a) por um ambiente que ele(a) ainda não conhece, a voz narrante passa a mapear o terreno com um olhar cuidadoso, atento e meticuloso, em que todos os detalhes parecem ser importantes para incorporar o próprio protagonista e o(s) seu(s) interlocutor(es). Aliás, essa sensibilidade de articulação de uma "imaginação visiva", ou seja, de materialização, de cristalização, "de fabulação, de estilização, de composição de imagem",[60] não constitui um mero recurso retórico de exclusividade da perspectiva da personagem.

Ela também é absorvida pelo narrador heterodiegético, que a utiliza para reconstruir o percurso de Joaquim no caminho do campo de concentração, fazendo surgir a figura de sua avó, numa última manifestação de carinho e afeto:

> Na noite em que a Pide os embarcou a todos no comboio do Porto em direção a Lisboa, onde os aguardava o barco para o Tarrafal, Joaquim viu-a aparecer na gare. Tão indiferente à chuva oblíqua quanto aos olhares bovinos dos guardas. Nunca o tinha ido visitar à prisão, não mandara sequer uma carta, um recado, um sinal de inquietação. Como ela, que vivia entre os muros caquéticos da casa e do quintal na Marinha Grande, lhe surgiu de súbito na estação do Porto, nunca viria a perceber. Saída do escuro, desdobramento da sombra, o rosto trilhado de rugas, meio encoberto pelo lenço preto, avançou pelo cais de iluminação trêmula, com o passo miudinho e atarefado de sempre. Aquela insólita aparição caminhou por entre os guardas sem lhes dar cavaco, como um gnomo enfurecido. Enfileirado com os companheiros, de mãos algemadas, Joaquim já escutava o mastigar de insultos que a boca franzida da avó ia soltando. As cataratas dos seus olhos não a atrapalharam na hora de indagar o neto de entre todos aqueles rapazes de vinte e poucos anos, cobertos de equimoses no corpo e no espírito. Veio direta a ele, sem hesitar, puxou-lhe pela orelha, arrepelou-lhe uma madeixa de cabelos, esticou-lhe a cabeça até sua altura minguada pelo desgaste das vértebras e pespegou-lhe um beijo ríspido na cara que a Joaquim mais pareceu uma bicada de corvo. Depois nada, virou [as] costas, continuou vulto errante pela gare [a]fora a remoer palavras e a cuspir no chão como sempre fazia quando lhe saía algum vitupério mais impróprio. Não voltou a olhar para trás. Era uma despedida derradeira, o único e último ato de desajeitada afeição que alguma vez Joaquim lhe conheceu.[61]

Um dos aspectos mais interessantes do romance de Ana Margarida de Carvalho é a forma com que as imagens reconstruídas, ora pela memória de Joaquim, ora pela perspectiva do narrador – e mesmo pela de Eugénia, afinal ela é a responsável por registrar e realizar um documentário sobre um espaço de isolamento e de aprisionamento –, passam a ganhar materialidade na narrativa, por meio de uma junção em que a escrita não se descola da visualidade dos espaços e dos corpos das personagens, numa espécie de busca contínua da palavra na qual a um "equivalente da imagem visual se sucede o desenvolvimento coerente da impostação estilística inicial, até que pouco a pouco a escrita se torna dona do campo".[62]

Nesse sentido, entendo que aquela "imaginação visiva" tão cara à perspectiva de Joaquim constitui uma artimanha e um recurso engendrado pelo próprio narrador, a ponto de ele fazer emergir das sombras a figura de uma velha senhora (aliás, tal como a memória do protagonista procura recompor os detalhes da instância espacial), ela também dona de um poder de concretização visual, posto que, mesmo com cataratas, a senhora não apresenta a menor dificuldade em localizar o neto para uma última despedida. Longe de ser um mero conjunto de descrições, aquela "estilística inicial"[63] de uma entrada espacial, logo na primeira cena de *Que importa a fúria do mar*, resguarda uma dinâmica cinematográfica, cujas inflexões também se desenvolvem e se concretizam na construção das sequências actanciais da trama.

A proposta do romance de Ana Margarida de Carvalho, como uma estreia que nasce de forma madura e pujante,[64] configura-se, no meu entender, graças à força de sua capacidade de moldar uma visibilidade, seja na materialização espaçotemporal, onde nuances do episódio da revolta da Marinha Grande, em 1934, no recém-instalado Estado Novo, são redimensionadas e revisitadas, seja nas cristalizações corpóreas pelo verbo narrativo, que vão fazendo emergir figuras e atores esquecidos pelos discursos oficiais. Assim sendo, tal como sublinha Cândido Oliveira Martins,

> [...] pelo sugerido, *Que importa a fúria do mar* entrelaça duas épocas, passado e presente – *de forma cativante, densamente intertextual e dotada de uma expressividade plástica e poética* –, através de dois olhares intercruzados: de um octogenário e de uma jornalista bem mais jovem, juntos pelas inesperadas circunstâncias da preparação de um documentário, cerca de 75 anos depois dos fatos relembrados. *O livro singulariza-se de diversos modos, com realce para essa capacidade de, através de várias perspectivas, evocar uma histórica insurreição contra o regime da ainda jovem ditadura de Salazar*, com a inauguração do campo de concentração do Tarrafal, em Cabo Verde.[65]

Na minha perspectiva, a "expressividade plástica e poética", a interpolação de diferentes óticas e a singularidade evocativa e histórica do romance de Ana Margarida de Carvalho, tal como foram destacadas por Cândido Martins, propiciam uma via de leitura pela cristalização de "imagens visivas", em que, da sensibilidade cinematográfica à emersão de personagens e momentos da história portuguesa, o processo de composição narrativa se efetua por "unificar a geração espontânea de imagens e a intencionalidade do pensamento discursivo",[66] sublinhando, portanto, a proposta de visibilidade, tal como defendida por Ítalo Calvino.

Depois dos exemplos acima mencionados, quero ainda continuar a pensar na "visibilidade" calviniana como uma das propostas perceptíveis na novíssima ficção portuguesa, agora, a partir de algumas reflexões em torno do romance *Pão de açúcar*,[67] de Afonso Reis Cabral.[68]

***

Baseado no desfecho trágico de Gisberta Salce Júnior, mulher transexual brasileira, no Porto, torturada e assassinada por 14 jovens entre 12 e 16 anos, em 2006, o texto ficcional de Afonso Reis Cabral insere-se num robusto conjunto de outros títulos, dos mais diferentes gêneros, sobre a vida pessoal da personagem, sua trajetória artística, a mudança de São Paulo para a Europa (Paris e Porto), a convivência com amigos e vizinhos, a clientela e as disputas com outras mulheres (cis e transexuais), a prostituição e o uso de drogas, a marginalização urbana, o abandono e, encerrando, seu fim, marcado pelo sofrimento excruciante e pela morte.

Tal como minuciosamente explicado por Manaíra Aires Athayde,[69] a recuperação da icônica figura de Gisberta vem surgindo desde junho de 2006, com a estreia do documentário *Gisberta-liberdade*, de Jó Bernardo e Jo Schedlbauer,[70] seguida, meses depois, pela conhecida "Balada de Gisberta", canção de Pedro Abrunhosa para o álbum *Luz*.[71] A partir daí, somam-se poemas, narrativas, canções, espetáculos teatrais (dramas e musicais), documentários e reportagens, muitos deles acessíveis em plataformas digitais e em canais do YouTube e não desconhecidos do próprio autor implícito[72] de *Pão de Açúcar*, que faz questão de elucidar em sua "Nota depois":

Thiago Carvalhaes dedicou um documentário de vinte minutos a Gisberta, Alberto Pimenta escreveu-lhe um poema em forma de elegia, e há duas abordagens teatrais, uma portuguesa e outra brasileira. "Balada de Gisberta" é uma bela música de Pedro Abrunhosa, também interpretada por Maria Bethânia. A jornalista Ana Cristina Pereira incluiu duas reportagens sobre o caso no livro *Meninos de Ninguém*, uma delas algo literária. Embora não se trate da mesma história, o curta-metragem *Gisberta*, da realizadora alemã Lisa Violetta Gaß, foi pensado como homenagem.[73]

Ao lado desse repertório, conhecido pelo autor e deslindado pela investigadora brasileira,[74] não se pode deixar de mencionar, ainda, algumas reflexões da mídia da época, como a da jornalista São José Almeida, em artigo publicado no jornal *Público*,[75] além de ensaios acadêmicos com a preocupação de resgatar a memória de Gisberta e, ao mesmo tempo, repensar temas específicos suscitados pelo referido episódio, tais como o mal, a violência, a desumanização, a insensibilidade e o descaso, entre outros, como são os casos dos paradigmáticos estudos de Emerson da Cruz Inácio,[76] já citado em epígrafe, e de Djalma Thürler, Marcelo de Trói e Paulo César Garcia,[77] além de outros encontrados, por exemplo, em plataformas de pesquisa *on-line*.

Ora, aqui, há um detalhe crucial para a articulação da proposta de visibilidade calviniana, enquanto protocolo de leitura do romance *Pão de Açúcar*, de Afonso Reis Cabral. Isso se deve ao fato de a figura central de todos os textos mencionados anteriormente, além de outros que porventura se debruçam sobre a transexual brasileira, ser exatamente Gisberta. Como um corpo dissidente e rasurante de comportamentos, hábitos, discursos e normas binárias e heterossexistas, Gisberta é violentamente calada, e sua voz se torna um grande silêncio, porque ela foi privada da autonomia de falar por si mesma.

Logo, somente pelas vozes, lentes e perspectivas de outros é que Gisberta pode se concretizar como personagem de sua trama, sem, no entanto, conseguir cristalizar sua própria ótica, porque fora assassinada e silenciada pela violência. Observado o conjunto de obras preocupadas com a revisitação do episódio ocorrido no Porto, é importante destacar que apenas a canção de Pedro Abrunhosa se vale da primeira pessoa, fazendo coincidir a voz do eu lírico com a da sua referência direta, transformando, assim, a pessoa-imagem, extremamente difundida, sobretudo, pela mídia da época, em personagem-palavra: "Perdi-me do nome,/Hoje podes chamar-me de tua,/Dancei em palácios,/Hoje danço na rua./Vesti-me de sonhos,/Hoje visto as bermas da estrada,/De que serve voltar/Quando se volta p'ró nada".[78]

Na concepção de Manaíra Aires Athayde, tal fenômeno contribui para inferir que, muito mais do que mera referência biográfica de uma entidade ausente, a potência das recriações de Gisberta, enquanto personagem, reside em sua categorização como uma "narrativa-arquivo":

> Ao olhar atentamente para esse conjunto de obras, a conclusão a que chego é a de que Gisberta, mais do que uma personagem, pode ser compreendida como uma narrativa – uma narrativa transmidiática, transcultural, transtextual, que existe sempre na condição potencial de convocar uma série de aspectos significativos destes nossos tempos. Em um mundo de narrativas "destotalizadas, fragmentos de uma visualidade sem história" (Canclini 22), quando já nenhuma grande narrativa cria e organiza a imagem que a sociedade tem de si mesma, a narrativa continuada de Gisberta reside na experimentação dos modos de representar ou aludir ao real, em modos de dizer que não chegam a se pronunciar completamente, superando a ideia de uma imagem-símbolo estanque e perpetuando uma condição sempre transitória da imagem. Trata-se de uma narrativa fundamentalmente polissêmica, que integra múltiplos contextos em diferentes mídias e que, existindo sempre na iminência do real, chama para si um território transgênero, em que tudo pode caber nele, onde as possibilidades são muitas, ou todas.[79]

A proposta de leitura da investigadora brasileira é muito pertinente para a minha análise, porque essa ideia de composição de Gisberta como uma "narrativa-arquivo" ocorre pela acumulação de vozes e de perspectivas que tentam suprir o silêncio imposto sobre a pessoa raptada e violentamente retirada do nosso convívio, ou seja, falam por alguém que já não pode mais falar, constituindo-se, assim, numa presença da ausência, ou, na feliz expressão de Athayde, Gisberta assim se confirma como um "nome da ausência".[80] Daí que a via de ponderação de Athayde para compreender a personagem, recriada pelas canções, pelos documentários, pelos filmes, pelas narrativas ficcionais, pelos poemas, enfim, pelas mais variadas linguagens artísticas, não a visibiliza como uma ruína, como um elemento desfalecido, desde o início, aliás, pelo próprio processo de violência, mas como uma potente depositária de imagens recompostas, reconstruídas e revigoradas por diferentes processos de "imaginação visiva".[81] Não me parece gratuito, portanto, que a conclusão de

Athayde aponte exatamente para essa possibilidade de diálogo com a proposta calviniana, posto que, na sua perspectiva, "Gisberta e a sua história não são as ruínas, mas as novas coisas que foram erguidas. 'O que resta' mostra o que não aparece, o que não foi dito, o que a obra está permanentemente a insinuar".[82]

Assim sendo, a apropriada concepção da transexual brasileira como uma espécie de "narrativa-arquivo" ganha fundamento porque seu poder de (re)existir (resistir?) encontra-se alicerçado no fato de que ela já não habita mais entre nós, e se justifica porque "a força da imagem de Gisberta reside na capacidade de sua história criar uma espécie de contracultura do arquivamento".[83] Nesse arquivo, portanto, depositam-se e acumulam-se várias possibilidades de reconstrução e, em cada uma delas, tal como uma Fênix renascida, Gisberta ressurge com uma energia a chamar para si "um território transgênero, em que tudo pode caber nele, onde as possibilidades são muitas, ou todas".[84]

Ora, fico a me interrogar se todo esse procedimento não poderá ser entendido pelo viés da visibilidade de Ítalo Calvino,[85] na medida em que cada um dos textos literários a abordar Gisberta não se exime de a transformar e cristalizar em personagem ficcional. Afinal, do estatuto de figura que existiu em carne e osso, ela passaria, agora, a ter vidas alternativas, ainda que sua voz não esteja mais no âmbito do audível presentificado e que o desfecho não apareça alterado, porque este já caiu em domínio público e se tornou fonte motriz de movimentos sociais.[86]

Gosto de pensar, nesse sentido, que aqueles dois movimentos percebidos pelo ensaísta italiano para definir sua concepção de visibilidade não deixam de estar presentes na proposta de recriação ficcional de Afonso Reis Cabral. Aliás, as artimanhas de impulsionar sua "imaginação visiva"[87] na direção da personagem demonstram que a sua Gisberta reitera a visibilidade como um caminho de análise plausível. Se a compreensão da personagem como "nome da ausência"[88] também ocorre no projeto de criação do autor, isso se dá, em grande parte, porque a imagem de Gisberta

> [...] circula não como resultado da eficácia documental do arquivo que ela deixou (ela quase nada deixou, e a escassa documentação que se tem dela foi guardada por familiares e amigos), mas a partir da documentação dispersa que foi sendo gerada sobre a sua história.[89]

Daquela Gisberta textualmente presentificada (nos versos de Pedro Abrunhosa e Alberto Pimenta, nas vozes documentais e nos testemunhos memorialísticos sobre ela), Afonso Reis Cabral "parte da palavra para chegar à imagem visiva"[90] de uma outra Gisberta, constituindo, portanto, uma proposta de materialização ficcional, em que a visibilidade se concretiza pela e a partir da efabulação de *Pão de Açúcar*. O eixo centrípeto da trama incide sobre o corpo transexual de Gisberta, e é ele que vai sendo reconstruído pela perspectiva de Rafael Tiago, o jovem das Oficinas de São José que a encontra e participa de seu extermínio, a partir do olhar e da recriação ficcional do autor implícito.

Em contrapartida, valendo-se de todo o aparato textual e transmidiático já existente sobre Gisberta e costurando-o a situações imaginadas do que poderia ter ocorrido entre o encontro com um dos jovens e o desfecho fatal, no meu entender, Afonso Reis Cabral não deixa também de partir "da imagem visiva para chegar à expressão verbal",[91] porque, com seu romance, ele consegue reconstruir uma outra Gisberta que poderia ter sido, mas que, fatalmente, não escapa do desfecho que lhe foi imposto.

A "imagem visiva" de Gisberta, recontada pela ótica de Rafael-narrador, centra-se, portanto, muito mais no período que se estabelece entre o primeiro contato do protagonista com a transexual no prédio abandonado do Pão de Açúcar até o desfecho, conhecido de todos. Aliás, este é o esclarecimento dado pelo próprio autor, quando perguntado sobre as motivações de escrita do romance:

> Havia um fator, para mim, muito estranho. Um grupo de três rapazes encontra a Gisberta umas semanas antes dos acontecimentos e ajuda-a, dá-lhe arroz, conversam, falam da vida. E, a partir daí, como é que se passa deste ponto para a semana final? É um paradoxo muito grande.[92]

Instado pela estranheza do episódio (os pretensos gestos de solidariedade dos adolescentes com Gisberta) e pelas inquietações dos comportamentos dos jovens (o sucedido entre o primeiro encontro e o lançamento do corpo moribundo da transexual no poço do prédio), Afonso Reis Cabral coloca-se numa aventura de recomposição dos passos das personagens envolvidas numa história recente no cenário português, englobando tanto os algozes quanto a vítima principal. Ainda que o narrador-protagonista estabeleça linhas de digressão, em que *flashes* do passado de seus companheiros vão ganhando corpo na narrativa, as investidas sobre o percurso pregresso de Gisberta até sua chegada às condições degradantes no velho edifício ocupam um espaço significativo na trama. Isso me leva a inferir que *Pão de Açúcar* oferece uma aproximação sensível ao drama vivido pela transexual brasileira, mesmo que a condição de abandono e vulnerabilidade social dos internos da instituição religiosa permaneça como uma das tônicas na composição das personagens.

Por isso, no meu entender, Gisberta pode ser compreendida como uma "imagem visiva", pois, ainda que seu ponto de partida e seu ponto de chegada sejam previamente conhecidos e determinados, sua existência entre um ponto e outro permite aquela abertura de um "campo de possibilidades infinitas de aplicações da fantasia individual, na figuração de personagens, lugares, cenas em movimento".[93] É exatamente aí que reside a potência do romance de Afonso Reis Cabral, na medida em que a trama desenvolvida em *Pão de Açúcar* "visa antes à novidade, à originalidade, à invenção".[94]

Basta verificar, nesse sentido, a artimanha empregada pelo escritor português de não adotar o ponto de vista em primeira pessoa a partir da visão de Gisberta; antes o constrói a partir de um de seus algozes: Rafa, um adolescente que descobre a brasileira no prédio abandonado. Já aqui é preciso considerar o duplo risco de investir nesse caminho. Em primeiro lugar, porque, num olhar menos cuidadoso e mais superficial, poder-se-ia conjecturar que o romance visaria justificar ou minimizar a violência perpetrada. Ainda que saibamos se tratar de cenas reconstituídas por uma obra de ficção, os atos injustificáveis de tortura e de assassinato de uma pessoa doente e abandonada não ganham abono ou tratamento higienizador nas páginas de *Pão de Açúcar*. Muito pelo contrário, posto que o próprio Afonso Reis Cabral alerta, em entrevista, sobre esse aspecto na construção do romance. Segundo ele:

> O livro é um romance, é ficção, e a ficção pode alcançar muito por mostrar. Eu tentei, pelo menos tentei, que todos estivessem humanizados, que todos tivessem uma vida própria, *sem que isto queira dizer desculpar ou relativizar... não, é mostrar*. Aliás, no livro não faço qualquer interpretação moral da história em relação a ninguém. Simplesmente, deixo a história correr. E, neste sentido, se o livro mostrar, fico satisfeito que *mostre esta realidade e que alerte para esta realidade ou para realidades parecidas*.[95]

Em outros termos, não se pode pensar a trama romanesca como uma tentativa de suavizar os gestos de violência ou de inocentar aqueles que causaram a morte da transexual. Tal como o autor esclarece, e o romance bem confirma, há uma necessidade de mostrar, de publicizar, de explicitar realidades marcadas por diferentes situações de abandono, de marginalização, de segregação e de violências. Como o autor adverte numa outra entrevista, concedida a Bernardo Mendonça, recompor uma imagem (visiva, acrescento eu) de Gisberta significa trazer à tona aquilo que, por conveniências das mais diversas ordens, parece habitar os recônditos do ocultamento, da recusa e da abjeção.[96] Daí que sua definição de criação literária passa necessariamente por uma pulsão de "*contar o abismo, a falha, a distância, a fronteira... O querer contar o outro por mais diferente que seja*. E isso para mim tem sido até agora o mote para a literatura".[97]

Em suma, tomando as duas intervenções do escritor português e os verbos por ele utilizados para definir seus estímulos para a construção de romances ("mostrar" e "contar"), chego à conclusão de que o romance *Pão de Açúcar* une aquelas duas tendências de composição narrativa já por demais conhecidas e discutidas pela crítica: *showing x telling*.[98] Ainda que saibamos não haver um consenso específico sobre suas diferenças, se levarmos em consideração alguns dos mais paradigmáticos postulados teóricos,[99] não será difícil constatar, tal como verificaremos mais adiante, que Afonso Reis Cabral opera muito mais uma adição do que uma contraposição entre o mostrar e o contar.

Em segundo lugar, ainda sobre a investida de uma obra dessa natureza em primeira pessoa, ao conceder a voz narrante a um adolescente, com toda uma peculiar carga de ambiguidade e complexidade, como é o caso da personagem Rafael, algumas ocorrências ao longo da obra, como o fluxo de consciência do narrador-protagonista, a maturidade com que expõe os mais profundos dramas e a forma como encara e verbaliza a tragédia de sua vida (e, consequentemente, a de seus colegas), poderiam até parecer uma espécie de falha na construção da verossimilhança. No entanto, a minha perspectiva compreende esses detalhes muito mais como aspectos distintivos da composição narrativa de *Pão de Açúcar*; isso porque, Rafael, bem como Samuel, Nelson, Fábio, Grilo e Leandro, enfim, todas essas personagens, no meu entender, não deixam de se constituir também em outras "imagens visivas", porque, tal como Gisberta, da palavra à imagem e vice-versa, elas põem em evidência outras visibilidades: a do abandono, a da fragilidade e a da vulnerabilidade social.

"O livro é um romance, é ficção, e a ficção pode alcançar muito por mostrar",[100] alerta-nos o autor; daí, portanto, o fato de que todas as oscilações de Rafa podem ser compreendidas não como uma incoerência para a expressão da mentalidade de um adolescente, mas como o resultado de uma *persona* narrante, recriada pela mão de um autor implícito, que, ao compreender as complexidades de seu elemento motivador, recompõe com a licença poética do romance as situações mais contraditórias para tentar contar e mostrar ao mesmo tempo as diversidades, as diferenças, os abismos e as distâncias.

Logo, uma das grandes façanhas do romance, no meu ponto de vista, reside na concessão da voz e do protagonismo narrativo a Rafael. Mesmo sendo uma personagem cuja faixa etária é considerada adolescência, seus apontamentos e suas sequências reflexivas não chegam a se caracterizar como índices de ruptura da coerência e da verossimilhança, porque ele é, especificamente, o narrador de uma história cuja perspectiva foi recriada ficcionalmente. É bom ressaltar, nesse sentido, que a autoria surge confessadamente exposta por um autor implícito, que até parece ser o autor empírico, mas, na verdade, não é:

> "Está tudo pronto", disse-lhe. "*A história é tua, como se fosses tu a contá-la, mas eu escrevo-a por ti.*" Ele baixou a cabeça, como a entregar o cachaço, livre de lisonja ou vaidade. *Só queria que eu contasse os acontecimentos tal e qual* – mais nada lhe interessava. Talvez julgasse que *pôr a história no papel a tiraria do peito, de onde na verdade ninguém a arranca*. Mas isso não lho disse.[101]

Ora, já nos últimos parágrafos da "Nota antes", espécie de manifesto ficcional sobre a construção e a poética do romance, é possível reconhecer a existência da figura desse Rafael-narrador, que, ao expor sua versão, concluiria se tratar de um texto catártico em que expurgaria a própria culpa dos acontecimentos. Só que essa entidade narrativa é uma criatura confessadamente ficcionalizada, porque constitui um fruto da mão e da escrita de um autor implícito, e ele também um constructo ficcional *per se*.

Por esse caminho, então, Rafael Tiago, o narrador autodiegético da trama que se seguirá, emerge como uma espécie de ficção da ficção. Explico-me. Por mais que esse "eu" da "Nota antes" assuma algumas semelhanças e coincidências com o autor empírico ("No fim, dei-lhe *O Meu Irmão*, cada vez mais moeda de troca do que romance, e ele disse-me que só lia o desportivo, mas reconhecia a importância dos livros"),[102] na verdade, ele insere-se como uma entidade cuja responsabilidade é a de escrever e recontar uma história por outra pessoa, ou seja, a partir de uma perspectiva que não é a sua. Nesse sentido, mais uma vez, a junção de *showing* e *telling* emerge na composição de *Pão de Açúcar*; afinal, não será isso também uma "habilidade de ordenar várias formas de contar ao serviço de várias formas de mostrar"?[103]

Ao revelar o desejo de Rafael de ver a história concretizada na página escrita como uma forma de expurgar e exorcizar os fantasmas do passado, com uma proximidade realista de todo o conteúdo deixado na pasta, o autor implícito (o "eu" da "Nota antes" e da "Nota depois") acaba por abrir uma possibilidade de leitura de si próprio, não afastado da condição de criatura ficcionalizada, isso porque, se para o jovem mecânico, a probabilidade de "pôr a história no papel"[104] seria suficiente para ela deixar de existir no seu interior, parece que o autor implícito, ao chamar para si a responsabilidade de dar corpo e visibilidade a essa história, também não teria conseguido retirar totalmente de si a mesma narrativa. Daí a necessidade de compor um outro "eu", colado à perspectiva de Rafael-narrador.

Assim sendo, tanto um quanto o outro não passam de figuras criadas exclusivamente dentro e a partir do discurso ficcional. O "eu" que dialoga com Rafael Tiago e deste recebe todo o material para a composição de sua obra assume também, para além dos significados possíveis do conjunto de documentos e textos reunidos pelo jovem, "o conteúdo emocional ou moral de cada parcela de ação e sofrimento de todos os personagens. Inclui, em poucas palavras, a percepção intuitiva de um todo artístico completo".[105]

Estabelecendo um pacto de verossimilhança eficaz, em que Rafael é mobilizado do papel de criatura de uma "Nota antes" e uma "Nota depois" para o de um narrador autodiegético de uma história efabulada por um "autor implícito", Afonso Reis Cabral acaba por conceder a essa entidade autoral aquela mesma capacidade de escolher "consciente ou inconscientemente, aquilo que lemos", ou seja, esse "autor implícito" assume sua função de *"versão criada, literária*, ideal de um homem real – ele é a soma das opções desse homem".[106] Na verdade, Rafael-narrador constitui a criação de uma interposta pessoa – um "autor implícito" também criatura ficcionalizada –, por quem o jovem mecânico dá sua versão dos eventos ocorridos no prédio abandonado do antigo supermercado no Porto.[107]

Trata-se, a meu ver, não de um risco, mas de um rico e bem arquitetado recurso de efabulação que acaba por estabelecer uma consonância direta com a consecução da visibilidade, tal como explicada por Ítalo Calvino, porque, com toda essa maquinaria de construção, também em *Pão de Açúcar*, o escritor português consegue "imaginar visualmente tanto o que seu personagem vê, quanto aquilo que acredita ver, ou que está sonhando, ou que recorda, ou que vê representado, ou que lhe é contado", do mesmo modo como alcança "imaginar o conteúdo visual das metáforas de que se serve precisamente para facilitar essa evocação visiva".[108]

No meu entender, portanto, os dois paratextos de *Pão de Açúcar* possuem uma importância fundamental para compreender o pacto que se estabelece com o(a) leitor(a) diante da matéria que será por ele(a) encontrada ao longo das páginas do romance. Por detrás da suposta simplicidade que a nomenclatura desses paratextos parece imprimir, as duas "notas" abarcam uma relevância fulcral. Na verdade, gosto mesmo de pensar que, muito mais do que meras notas que antecedem e sucedem o *corpus* da ficção, elas encarnam uma espécie de *modus operandi* de entendimento da poética e da retórica do romance de Afonso Reis Cabral.

***

A partir de uma estratégia muito bem articulada, Afonso Reis Cabral constrói uma efabulação em que, na parte inicial, a figura autoral teria recebido de Rafael Tiago, um jovem com idade perto da sua, a proposta de escrever um romance sobre o material recolhido pelo rapaz, ex-aluno de uma instituição educacional na cidade do Porto. Assim, na seção de abertura de *Pão de Açúcar* intitulada "Nota antes", o leitor é conduzido aos momentos explicativos de fabricação do texto, onde o autor assume o papel de um narrador pretensamente neutro, cuja principal preocupação é criar ficção a partir da voz e da perspectiva em primeira pessoa, pertencentes a outra pessoa.

Concebida, portanto, como a entrada da narrativa, a "Nota antes" revela os momentos antecedentes da trama por vir: a mobilidade do autor pelos espaços pesquisados, o recolhimento e a organização do material doado por Rafa, seu deslocamento ao Porto e o subsequente trabalho de campo, com entrevistas a conhecidos e amigos de Gisberta, com visitas aos locais por onde ela circulara e onde passara seus últimos dias e, por fim, a confissão da categoria textual buscada pelo autor, depois de toda essa empreitada:

> Com espanto, percebi aonde o Rafael queria chegar e soube que me oferecia tudo o que eu procurava: a colisão de mundos em perigo, o conflito dos intervenientes com ele no centro, a problematização do corpo, as consequências da miséria, essa palavra que já não se usa mas ainda se aplica, o equilíbrio entre o desespero e a esperança. Quer dizer, nada de especial.
> A partir daí, pesquisei os acontecimentos a fundo. [...]
> Mais importante, meti-me ao trabalho de campo sem o qual um livro como esse não se escreve: forcei a entrada no cenário principal, entrevistei amigos e conhecidos daquela gente, consultei o boletim meteorológico do IPMA relativo ao mês em causa, fui aos bares e abordei pessoas em cafés, pelas sete e meia da manhã. Depois baralhei com ficção, que é como se faz um romance.[109]

Como já referimos, o fato de esse "eu" da "Nota antes" não se mostrar preocupado em produzir um documento jornalístico ou uma narrativa de reconstituição biográfica – ou seja, sua aposta principal é a de se aventurar pelo reino da ficção – não significa que seu gesto final busca amenizar, maquiar, melhorar, minimizar ou higienizar a sequência actancial para justificar a violência, desculpabilizar os responsáveis, alterar a condição de vítima da mulher transexual assassinada e direcioná-la para seus assassinos, como sofredores do descaso das políticas públicas do Estado, ou carregar nas tintas de uma tentativa de isentar os responsáveis de um crime cometido. Aliás, se o trecho acima sinaliza sua preocupação em investigar a fundo para compor uma narrativa marcada por um forte cariz realista (a leitura dos autos judiciais, da matéria saída na imprensa, o trabalho de campo, a ida aos locais específicos dos eventos ocorridos e até mesmo o relatório meteorológico da data precisa do assassinato de Gisberta), seu comportamento na despedida demonstra muito sutilmente que sua postura não é a de um total afastamento da matéria tratada.

Basta verificar, por exemplo, que, ao se despedir do jovem, saber que ele queria deixar o ofício de mecânico e perceber que ele "coçava-se com mais e mais força",[110] o autor implícito[111] deixa escapar sua percepção do papel de

Rafael diante daquilo que iria compor: "Assegurei-lhe que um dia subiria a marceneiro, sem dúvida, mas *claro que nunca vai sair daquilo e só a morte lhe apagará as tatuagens do óleo. E é mais do que merece*".[112]

Ao não revelar verbalmente aquilo que passa em seu interior, o "eu" da "Nota antes" esconde parte do seu pensamento e apenas expõe textualmente; daí, a minha percepção dessa entidade como um autor implícito, que escolhe, seleciona, desvela de forma consciente cada particularidade da composição narrativa. Mesmo que procure demonstrar uma total neutralidade em relação à matéria narrada, cristalizando-a pelos olhos de Rafael-narrador, tenho as minhas sinceras dúvidas de poder confiar plenamente nessa pretensa isenção do "eu" da "Nota antes".

Afinal, como toda autodiegese, ela resulta da ótica de um "eu" que, por causa de seu campo de consciência se "encontrar deliberadamente restringido",[113] acaba por se autorrevelar pouco confiável, já que ele só dá a conhecer os passos iniciais a partir de sua perspectiva. Enquanto voz incumbida da construção narrativa, no trecho anterior citado, reconhece que, ao reconstruir os passos até a morte de Gisberta pelo olhar de um dos algozes, lança mão de recursos por ele dominados, e, portanto, a maturidade presente na ótica narrante de Rafael, na verdade, pode ser entendida também como uma autêntica matéria ficcional por ele devidamente manipulada.

Não me parece à toa, por exemplo, que, em muitos momentos, a assunção de um discernimento e até mesmo de um equilíbrio na disposição de momentos da trama assume-se como elemento integrante de uma obra de ficção, porque procura captar e abarcar suas personagens, suas movências, seus medos e receios, suas angústias:

Eu imaginava-me no fundo de um poço.
Um passo em falso e caía, contorcido na lama e na água estagnada. Ainda via as sombras do Samuel e do Nélson e ouvia "Rafa, como é? Estás bem?", mas já não respondia, demasiado ocupado a morrer. E então desaparecia, mas sei lá como ficava consciente das cercanias e do corpo, coisa mirrada que seguia o processo. Primeiro o rigor da morte, depois a putrefação, as varejeiras, os ovos das varejeiras e então as larvas. De olhos abertos mas cego, sentia os movimentos do meu interior, observava o Nélson e o Samuel que apareciam para velar o cadáver, nunca resgatado porque eles ficariam calados para evitar bronca na Oficina. Numa

derradeira prova de amizade, não me escandalizava a covardia e deixava a carne escapar-se-me sem mais.

Claro que era só fantasia. Não me desviei um passo do lado deles, com medo de cair ou de me perder entre espigões enferrujados, betoneiras rachadas, invólucros de cimento em pó e tijolos aos montes.[114]

Interessante observar, na passagem acima, a exposição da primeira ligação de Rafael-narrador com Gisberta. Ao se imaginar no fundo de um poço, como um ser sem vida, transformando-se numa massa disforme, carcomida pela decomposição, Rafael assume uma vitalidade e uma autonomia em termos de voz narrante, a ponto de conseguir verbalizar não só a sua própria morte, mas também, e para além dela, as sensações e as implicações de seu desaparecimento diante dos colegas mais próximos.

Um outro dado muito perspicaz na composição desse narrador-protagonista é a disposição dos verbos e das expressões de comando para o processo de efabulação: "Eu *imaginava-me*" e "Claro que era só *fantasia*", ou seja, enquanto contador de uma história, ele desenvolve uma sensível maneira de costurar e concatenar as cenas, conferindo-lhes exatamente aquilo que Ítalo Calvino irá designar como "imaginação visiva",[115] qual seja, a capacidade de produzir visibilidade na ficção a partir daquele duplo movimento "que parte da palavra para chegar à imagem visiva e o que parte da imagem visiva para chegar à expressão verbal".[116]

O imaginar-se estar no fundo do poço pode ser entendido, assim, tanto como uma antecipação do que irá ocorrer – não consigo próprio, mas com a vítima que será por ele e por seus amigos jogada do prédio – quanto como uma profunda, racional e cirúrgica autorreflexão de seu estado de abandono e de marginalidade, posto que o silêncio de seus companheiros diante de uma possível punição e sua solidão, enquanto um corpo morto abandonado, exteriorizam um pacto celebrado e mantido por aqueles que são marcados pela rejeição e pela desproteção.

Ora, não será essa forma de se autocontemplar uma espécie também de "fantasia figurativa",[117] responsável por desencadear toda uma visibilidade no escopo narrativo? Não será seu exercício de imaginar-se num total estado de resignação e esquecimento um gesto resultante de criar fantasia, e esta, por sua vez, não assumirá o estatuto, tal como designado por Ítalo Calvino, de "uma espécie de máquina eletrônica que leva em conta todas as combinações possíveis e escolhe as que obedecem a um fim"?[118]

A respeito das ressonâncias dessa proposta calviniana no romance *Pão de Açúcar*, várias passagens sublinham essa apropriação, seja na composição das personagens, seja nas sequências actanciais da trama. Vejamos algumas delas. Um dos tópicos mais imediatos sobre a força da visibilidade, enquanto proposta de consecução de um projeto de criação ficcional, pode ser encontrado na própria materialidade física do romance em livro, ao aglutinar nas suas edições outras linguagens, como a fotografia, o desenho e as colunas de notícias de jornais:[119]

Figura 2: Capa da edição portuguesa, Publicações Dom Quixote – fotografia de Afonso Reis Cabral.

Figura 3: Capa de edição brasileira, Harper Collins – original de Odilon Moraes.

Figuras 4, 5 e 6: Prédio abandonado do supermercado Pão de Açúcar, no Porto – fotos de Afonso Reis Cabral.

Tal como se pode constatar, a aglutinação dentro do *corpus* textual de linguagens plásticas e fotográficas que reiteram a presença e a recorrência da visibilidade, enquanto recurso de composição ficcional, surge ao longo das páginas de *Pão de Açúcar*. Ao sabermos as origens das fotos, sobretudo como resultado da movência do autor pelo espaço efabulado na narrativa, não deixa de ser significativo o fato de que as fronteiras entre ficção e realidade tornam-se cada vez mais borradas e esgarçadas, na medida em que as imagens aumentam a sugestão de uma composição com um provável teor documental e jornalístico. Por outro lado, quando colocadas lado a lado com os desenhos das edições portuguesa e brasileira, elas deixam de ganhar qualquer valor localizador e passam a integrar os olhares múltiplos e possíveis sobre um ponto da cidade do Porto.

As duas capas das edições, produzidas em Portugal e no Brasil, cada uma valendo-se de uma espécie de imagem (a fotográfica e a desenhada), sublinham a importância da bicicleta nas duas descobertas realizadas por Rafael: a do espaço do prédio abandonado do supermercado e a da habitante desconhecida no andar subterrâneo do edifício. Aliás, o desenho contido na abertura do capítulo 1, tal como informado pelo narrador-protagonista, é de autoria da personagem Samuel, numa de suas andanças pelas "zonas sujas da cidade [...] quando davam o modelo dos desenhos".[120] Um dos poucos guardados por Rafael, percebe-se no seu escopo a presença de uma figura isolada no andar inferior, surgindo da escuridão e ocultando praticamente a sua inclusão, numa interessante sugestão de que, se, na entrada – seja no andar superior, seja no inferior –, a bicicleta ocupa um ponto visual de destaque, o mesmo não se pode afirmar da figura humana que se mantém escondida e resguardada pela escuridão do subterrâneo. Tal como veremos mais adiante, essa diferença de tratamento sugerida entre um objeto mecânico e um ser humano cristaliza-se nas reações de Rafael a cada um deles.

Ora, não há como não associar essa aglutinação de fotografias e de desenhos no corpo do texto ficcional àquela capacidade de desenvolver a proposta de visibilidade, tal como defendida por Ítalo Calvino, na medida em que todas essas imagens reunidas não deixam de exercer uma motivação de "contar histórias [...] a partir de figuras que exercem [sobre o autor português] alguma sugestão".[121] Nesse sentido, não me parece gratuito o fato de que algumas das fotos inseridas na materialidade do livro tenham saído das lentes de Afonso Reis Cabral. Em termos de composição, elas conferem ao romance a presença de uma visibilidade capaz de fazer surgir as imagens a partir e dentro da palavra escrita. Unidos – as fotografias, os desenhos e a escrita –, eles tornam-se compósitos de uma "imaginação visiva",[122] capazes de "fazer brotar cores e formas de um alinhamento de caracteres alfabéticos negros sobre uma página branca".[123] Em outras palavras, somente com essa junção, isto é, esse pertencimento das múltiplas formas de captar o mundo externo ao texto ficcional *per se*, pode-se concluir que *Pão de Açúcar*, de Afonso Reis Cabral, permite ao leitor "*pensar* por imagens".[124]

Se a crítica contemporânea oferece o caminho para interrogar a literatura a partir de uma "aposta no inespecífico"[125] saído do seu interior, porque pulveriza e dissolve "vários tipos de especificidade – nacional, pessoal, genérica, literária –, [...] num número cada vez mais importante de textos que exibem uma intensa porosidade de fronteiras",[126] muito próximo, aliás, daquilo que Miguel Real[127] irá designar como o cosmopolitismo no romance português mais atual, tenho dúvidas se a apropriação da visibilidade calviniana no projeto de criação de Afonso Reis Cabral iria por esse viés.

Por outro lado, ao incorporar outras linguagens visuais e plásticas no *corpus* do romance, além dos blocos transportados das notícias de jornais na "Nota depois", é interessante observar como *Pão de Açúcar* permite uma leitura dessa apropriação pelos caminhos analíticos da "literatura num campo expansivo",[128] em que a práxis literária busca "estender conexões possíveis a outras formas em que a literatura tentou sair de si" num "desbordamento

[que] tem como consequência um pôr em xeque algumas definições muito formalistas do literário e da estética".[129]

Ainda que não entenda o romance de Afonso Reis Cabral como um exemplo radical para discutir tal proposta conceitual, em virtude da quantidade pequena de imagens desenhadas e fotográficas, ainda assim, penso que a obra em questão borra as fronteiras entre ficção e realidade, ou mesmo entre o literário e o documental, alimentando sua própria literalidade e ficcionalidade, a partir de uma incorporação consciente e proposital. É claro que *Pão de Açúcar* não é uma biografia de Gisberta ou uma autobiografia de um dos seus assassinos, do mesmo modo como também não é uma reportagem exata dos fatos ocorridos no prédio abandonado em 2006. A grande questão dessa ocupação imagética no *corpus* do romance pode ser compreendida no mesmo caminho apontado por Florencia Guarramuño, na análise que faz do romance de Bernardo Carvalho; isso porque, também na obra de Afonso Reis Cabral,

> [...] o livro inclui uma série de fotografias [um desenho e algumas notícias] que testemunham os fatos reais em que se baseia o romance, mas nenhuma das fotos se situa comodamente numa intenção documental. A inclusão de fotografias [um desenho e algumas notícias] rechaça de modo contundente o uso de legendas para esclarecer a que se refere cada foto, e estão localizadas, além disso, em lugares do texto que não informam sobre elas mesmas, razão por que acabam complicando a distinção entre ficção e documento no romance.[130]

Na verdade, desse elenco incorporado no romance, apenas o desenho incluído no capítulo 1 recebe a indicação de que foi feito por Samuel e mantido por Rafael como lembrança do amigo em suas andanças pelo Porto. É preciso ainda relembrar que, tal como destaquei no início das minhas reflexões, a categoria genológica pretendida surge explicitamente declarada pelo autor implícito na "Nota antes". Depois de ler os documentos do caso, de organizar o material deixado por Rafael, de andar e investigar pelos mais diferentes locais no Porto, a conclusão é categórica: "Depois *baralhei com ficção*, que é como se *faz um romance*".[131]

Em outras palavras, ainda que a presença de imagens sugestivas de um caminho documental se faça de modo concreto no *corpus* textual, a obra que diante de nós se realiza é de ficção no seu mais puro e original acabamento.

Será isso uma forma de tencionar a "literatura num campo expansivo"?[132] É possível. No entanto, a proposta de visibilidade de Ítalo Calvino, seus mecanismos de realização e concretização na construção ficcional, bem como os agenciamentos da "imaginação visiva"[133] como um dos recursos preponderantes para a consolidação da matéria literária no século XXI, soam-me muito mais proveitosos para ler um romance como *Pão de Açúcar* exatamente porque abrem, inclusive, vias de inclusão de outros caminhos analíticos consonantes com os do ensaísta italiano.

***

Outro aspecto flagrante dessa visibilidade no romance de Afonso Reis Cabral pode ser verificado, por exemplo, na constituição da personagem Samuel, desenhista e dono de uma sensibilidade para captar paisagens e seres nestas contidos:

> Com esforço percebia as *motivações do Samuel*: cinco prédios escalavrados cada um a seu jeito, e em volta os despojos das obras; canalizações de PVC empilhadas, um terreno só para nós, *garagens onde tantas vezes encontrávamos gente* que se amanhava com fogueiras e cartões em busca de calor.
> Coisas boas de desenhar.[134]
> O Nélson começou a tremer como se o charro lhe puxasse pelas cordas, e o *Samuel entrou no torpor dos artistas, virado para si mesmo e vendo coisas imensas*. Metia-me raiva. Ninguém, nem ele nem eu, podia escapar àquilo ou ao resto da história. Havia que seguir sem queixumes, fechar-nos o mais possível, mas *não para vermos coisas imensas, à Samuel, apenas para vivermos sem devaneios ou desenhos de belezas que mais ninguém vê*.[135]
> [...] A Gi bebia chá de camomila enquanto o observava.
> "Gosta de histórias?"
> "Não."
> "Então por que fica ouvindo?"
> O rapaz [Samuel] passou o indicador pelo prato, limpou o chocolate líquido e disse-lhe: "*Não gosto de histórias, só gosto das tuas histórias*".
> Para a Gi foi como se a amassem a troco de nada, embora o bolo de chocolate contasse como paga, e ficou sem saber como reagir ao menino de seis anos que olhava para ela não como traveca, mas como traveca-contadora-de-histórias. [...]

A Gi fez-lhe uma festa na cabeça, comentou "Você é um bom menino, *como o Príncipe Feliz*".
Para evitar magoá-la, ele não referiu que os amigos o tinham desafiado a comer com ela sem apanhar doenças. E também omitiu que gostava de todas as histórias, não só dos contos da Gi, porque eram como desenhos com palavras.[136]
Vendo-me irrequieto, [Samuel] virou-se para baixo e continuou, meio a sorrir, meio a sério, "*Eu quando vejo uma paisagem daquelas penso mais em pessoas do que em coisas*".
"Qual paisagem?", disse-lhe.
Ele ignorou-me. "Quer dizer, penso nos amigos, em ti e no Nélson, e penso que só vale a pena desenhar coisas como aquela paisagem para dar a ver. Para mostrar como vejo as coisas".
Aquilo de querer que os outros vissem como ele, no fundo, é o que toda a gente quer: que os outros nos compreendam. Mas uns podem e outros não. Enquanto isto, a bola imaginária embatia com mais força na parede, tanta que não me surpreenderia se um dos prefeitos reclamasse.[137]
As artes do papel eram muito adequadas para o Samuel, extensão lógica do desenho. Até então, dava gosto vê-lo cunhar as lombadas conferindo-lhes um brilho que não vinha da tinta dourada. Vinha dele. Ao dobrar as páginas, as mãos faziam um barulho suave de pele sem calos em papel rugoso. O Nélson gozava, dizia-lhe "Estás a fazer festinhas ao livro?", e o Samuel encolhia os ombros.[138]
As imagens evocadas pelo barrote perseguiram-no. Logo ele [Samuel], *tão suscetível a imagens*. Algures entre o Pão de Açúcar e a Oficina achou impossível parar; impossível livrar-se do abdômen macerado da Gi, eu a agarrá-lo para ele não a magoar mais, ele a recuar dois ou três passos quando ela, a seguir a um gemido fundo, lhe chamou "Cafajeste, cafajeste!".[139]

Nos excertos acima, a composição da personagem dotada de sensibilidade para apreender elementos físicos na e da paisagem, o mundo exterior, bem como as pessoas (e suas interioridades) que por esta circulam, demonstra a necessidade de não considerar a presença de poeticidade na trama narrativa de *Pão de Açúcar* como mecanismo de minimização ou de justificação da violência. Longe de idealizar um dos jovens do internato diante daquilo que comete sobre outro ser humano, acredito que Afonso Reis Cabral aposta na delicadeza de Samuel e na poeticidade com que Rafael-narrador a ele se refere, como um contraponto à rudeza e à crueza da realidade social que forma e molda a personagem.

Por isso, não me parece gratuito o fato de Samuel, ao conhecer Gi quando ainda era criança, apelar para sua contação de histórias como uma forma primeira de criação a partir da recepção oral. Afinal, é com as narrativas tecidas por Gi que o jovem desenhista tem sua iniciação no mundo da criação, pois é com elas que absorve e cria suas primeiras "imagens visivas", ou seja, seus "desenhos com palavras".[140] Interessante verificar que esse movimento muito se assemelha ao descrito por Ítalo Calvino, no seu primeiro contato com as histórias em quadrinho, quando, ainda sem saber ler, imaginava e recriava sua própria narrativa a partir das figuras expostas em sequência. Assim sendo, fico a me interrogar se não serão os gestos de Samuel, acima descritos, mecanismos de compor e "fantasiar *em cima* das figuras, imaginando a continuação".[141] Não seria sua concepção espacial abrangente um dispositivo para compreender a paisagem preenchida com pessoas, ou mesmo para explicitar sua visão de mundo?

Muito longe de se configurarem como uma reação idealizadora do ambiente por onde passa e onde vive ou de serem uma justificativa para sua situação marginal, os desenhos de Samuel funcionam como uma maneira de voltar-se para dentro de si próprio, de dar-se a conhecer e de solicitar do outro uma compreensão não só para sua realidade, mas também para os meios de que dispõe para conferir visibilidade àquilo que vê, que experimenta e que vive. Ser "suscetível às imagens",[142] como bem aponta o narrador-protagonista, não faz de Samuel um sujeito alienado; ao contrário, confere-lhe uma força de expressar, por meio de uma "pedagogia da imaginação", sua "visão interior sem sufocá-la e sem, por outro lado, deixá-la cair num confuso e passageiro fantasiar".[143] Por intermédio dela, as paisagens urbanas do Porto, bem como as pessoas a transitar pelos seus jardins, pelos pontos turísticos e ruas, como as de Pires de Lima, do Campo 24 de Agosto, de São Lázaro e a Ponte do Freixo, por exemplo, vão se cristalizando numa espécie de galeria de imagens definidas, autossuficientes e "icásticas".[144]

Ainda que a experiência de Samuel não seja com as imagens encadeadas das histórias em quadrinho, tal como ocorre com a experiência pessoal de Calvino, não deixam de ser expressivas a sua forma de apreender o conteúdo contado por Gi e a maneira como vai transformando em "imagens visivas" aquilo que recebe oralmente de sua contadora de histórias. Espécie mesmo de Sherazade, nesse caso, Gisberta vai alimentando a percepção sensível do jovem de encarar a dureza de sua realidade e, ao mesmo tempo, vai preparando o terreno onde o futuro desenhista iria encontrar suas motivações para as artes gráficas e plásticas.

Para Samuel, o ouvir as histórias contadas por Gis equipara-se àquela "escola de fabulação, de estilização, de composição da imagem",[145] tornando-se, portanto, a motivação motriz para sua "imaginação visiva"[146] cristalizar aquilo que vê e capta do mundo e dos seres ao seu redor. Trata-se, portanto, de um método de criação alicerçado na visibilidade, sem dispensar a força de vasculhar as subjetividades capturadas, transformando seus desenhos numa espécie de "janela para a intimidade".[147]

De igual modo, Rafael-narrador parece também absorver essa técnica de composição do companheiro de internato, quando, em diversos momentos, procura, ao longo de sua autodiegese, instaurar uma visibilidade capaz de exprimir aquilo que vê, que deseja, que sente e quase sempre não consegue verbalizar. No entanto, diferentemente de Samuel, como se poderá notar, sua percepção passa por outros tipos de filtros, sem a sensibilidade, ou, como ele próprio irá afirmar, "sem a extensão lógica do desenho",[148] porque ausente de brilhos e com tintas menos manipuladas pela suscetibilidade:

> Primeiro revia os pormenores do dia em sessão fotográfica, sob ângulos e luzes diferentes, para lembrar melhor. Depois alinhava os protagonistas da minha vida, a minha mãe, o Norberto, estes menos desde que me entregaram à Oficina.
> No tempo de solteira, *sei porque vi fotografias*, a minha mãe arranjava-se como uma modelo: cabelo louro, calções pela coxa, colãs aos losangos, bugiganga dependurada e menos vinte quilos do que agora. Menos trinta.
> [...]
> Nos primeiros dias de 2006, imaginava duas rodas que embalavam e entusiasmavam ao mesmo tempo. Tentava detê-las, só que elas continuavam a rodar (é sempre assim com as coisas que rodam na imaginação), e tomavam várias cores, as cores de que eu as pintaria. Sobre elas encaixava uma estrutura de metal com selim. Depois adormecia, mas era como se seguisse pelas ruas a pedalar.[149]
> Dali via-se bem o Pão de Açúcar.
> Em 1989, o quarteirão enfaixado entre a Avenida de Fernão de Magalhães, a Rua Abraços e a Rua da Póvoa abrigava *umas quantas pessoas escondidas em prédios do século XIX*. Sobreviviam nas cozinhas, nos quartos, nas salas, onde quer que os prédios dessem calor. *Gosto de as imaginar enroladas nos cobertores e junto ao quente do fogão, havendo lume.*

Nesse inverno, os buldózeres executaram a ordem de despejo. Os que lá tinham ficado foram acordados pelos operadores que berravam "Fujam, a máquina é cega!". Deram com as paredes destruídas, as camas esmagadas, as molduras das fotografias partidas, conformaram-se e seguiram pelas ruas, uns de roupão, outros de casaco vestido à pressa. Em três dias ninguém se lembrava deles.[150]

Saltei as grades que vedavam o acesso ao fosso das escadas. *Os olhos adaptavam-se ao escuro mas o nariz nunca se livrava do bolor e da umidade.* As escadas acabavam num cubículo que teria servido para arrumos mas que era apenas um buraco. O único raio de luz, um traço mais ou menos fraco, batia em cheio no meu sítio, no sítio da minha bicicleta.[151]

Depois de a esconder atrás de umas silvas no fim da rua, quis contar ao Samuel e ao Nélson. A bicicleta ainda não se tornara real, faltava dá-la a conhecer. Assim é com desgraças e felicidades, partilhamo-las para mediar a emoção. Mas então pensei, qual alegria qual tristeza, era só sucata despejada com outras porcarias. Calei-me porque achei ridículo, angustiante também, que o lixo de um fosse o entusiasmo de outro. [...] A certa altura já tinha sacado uma lata de tinta verde da CIN de Santos Pousada e aplicado no quadro de metal, que a bebeu como madeira. Pincelava devagar, a combater a ferrugem, comovido por a bicicleta precisar de tinta como de afeto.

Operava às escuras só pela força de corrigir um erro. Se alguma coisa podia ser restituída à forma original, viver na expressão mais pura, era a minha bicicleta. E eu com ela.[152]

"Quando voltar traz seis metros de mangueira de jardim. E mais arroz, por favor." Depois ficamos quietos a ouvir a água do poço, que lembrava um riacho no campo. Ela cambaleava de sono. Eu pertencia por inteiro à cave, à bicicleta. Ali e a mais sítio nenhum.

Senti-me satisfeito por lhe dar alguns minutos de paz sem pensar em como ela, quebrada pelas circunstâncias, era pouco mulher, não mais do que forma humana que respira. Afinal, qualquer pessoa seria muito pouco mulher, ou muito pouco homem, na cave de um prédio abandonado depois de comer o meu arroz. Contudo, o nojo persistia como as tareias que se apanham na infância e nos deixam o corpo dorido até o fim da vida. *E também persistia a ideia de que àquela mulher faltava ser mais mulher.*[153]

Os barcos passavam e apitavam, os carros paravam no engarrafamento da Ponte do Freixo. Imagino que nas tais cidades estrangeiras como Nova Iorque também houvesse barcos e trânsito e gente que perde o cabaço. Dava no mesmo, e o cheiro à caruma ensopada até era agradável.[154]

Pela janelinha do teto, o sol iluminava a cara do Nélson e as partículas de pó. Foi como vê-lo pela primeira vez: só então reparei na cicatriz da bochecha esquerda,

no buço e nos olhos mais cinzentos do que azuis. Meia hora depois, o sol chegou à cara do Samuel e aconteceu o mesmo. Não tinha cicatrizes. Dos cabelos castanhos à pele morena, nada o distinguia – o que ele guardava não era para se ver.[155]
O Samuel agachou-se ao pé dela. Depois de lhe passar a mão pelas madeixas, virou-se para mim e perguntou "Era isto que querias?".
Eu pensava em como era triste, na vida real, a arte não salvar porque as obras de verdade se fazem de pessoas e circunstâncias.
Respondi-lhe "Põe-te mas é no caralho".[156]

Diante dos excertos acima, muito diferente de Samuel porque é mais propenso à lógica e à semântica do desenho, do gesto de colocar sobre a folha em branco as imagens suscitadas pela motivação criadora, é possível constatar que Rafael-narrador experimenta uma gama múltipla de sensações para concretizar a visibilidade, por meio da articulação das várias formas de perceber e materializar suas "imagens visivas". Assim, seu olhar mais incisivo para as formas arquitetônicas, para as paisagens do Porto, para seus transeuntes e habitantes, de certo modo, procura traduzir "o Particular absoluto, a Contingência soberana, impenetrável, quase animal",[157] tão característicos da fotografia, como delineada por Roland Barthes.

Espécie de herança trazida do hábito de ver fotografias na tenra infância, a referencialidade contingente de Rafael-narrador não o impede, no entanto, de imaginar e recriar os habitantes de prédios abandonados na zona histórica da cidade do Porto, remontando à sua população no século XIX e realocando--os numa outra dimensão temporal, muito mais próxima da sua. Ao que tudo indica, a maneira de Rafael captar a realidade vai gradativamente se adaptando como a do olho inserido num local escuro, que necessita de um período de acomodação para poder se ajustar às necessidades de cada situação.

Desse modo, a proposta da visibilidade calviniana instaura-se na consecução da trama romanesca, quando, por exemplo, a bicicleta passa a ser recomposta, ora pela sua plasticidade orgânica, ora pelo modo como o olhar do narrador vai lhe dando contornos e cores. E se o olhar constitui o sentido mais imediato para a composição da bicicleta como uma imagem visiva na narrativa, seus outros sentidos (como o olfato e o tato, tal como as cenas dos encontros com Gisberta no Pão de Açúcar bem deixam transparecer) passam a ser acionados como elementos integrantes de sua "imaginação visiva".[158]

Nesse ponto, o que mais chama atenção é a discrepância entre o afeto que Rafael consegue nutrir pela bicicleta, por um objeto mecânico, em contraposição à gama complexa de sentimentos que nutre por Gisberta, que vai da empatia e da solidariedade à abjeção, à repulsa, à vergonha e ao desejo de extermínio. O seu olhar é capaz de captar e imaginar uma população de desabrigados, de vislumbrar a paisagem portuense com uma tonalidade cinematográfica; é hábil em interceptar os movimentos de barcos e carros, redimensionando-os em outros espaços cosmopolitas, ou, ainda, é eficaz, a partir de feixes de luzes direcionados, em apreender o exterior e o interior dos seres atingidos pela iluminação. No entanto, essa mesma sensibilidade não consegue alcançar uma concretização plena e absoluta, quando tenta materializar Gisberta como uma figura humana, originária de sua "imaginação visiva".[159]

Talvez por isso, perceba-se uma grande dificuldade de Rafael – e, por conseguinte, de seus companheiros de internato – em considerar Gisberta como uma mulher transexual. Não são poucos os adjetivos masculinos e mesmo as expressões inadequadas para tentar definir um corpo que eles próprios não conseguem traduzir, compreender, aceitar e respeitar:

> A gaja é feia como um homem;[160]
> Porra, então não percebeste que a puta é um homem?;[161]
> [...] anormais que se excitam com homens;[162]
> Fartei-me dela, disse-lhe. Aliás, fartei-me daquilo, dele;[163]
> Queres ver um gajo com mamas?;[164]
> [...] esperava que a machona saísse de trás de uma coluna ou de outro esconderijo;[165]
> Talvez da própria barraca, lar de aspecto tão limpo, tão brilhante da tinta usada pelo Samuel, que nem parecia mau o suficiente para abrigar um paneleiro com mamas;[166]
> Não acho, tu és um bicho à parte;[167]
> Tenho de dizer outra vez, ó caralhona.[168]

Depreende-se desses excertos que Gisberta, enquanto "imagem visiva", só consegue ganhar corpo pelo olhar de Rafael a partir de inferências confusas e de sentimentos ambíguos, todos eles incluídos na esfera do desconhecido e da consolidação de um "discurso de ódio".[169]

Se este "*constitui* seu destinatário no momento do enunciado" e tem por finalidade central posicionar "o sujeito em uma posição subordinada"[170] de forma efetiva e agressiva, então, todo o elenco discursivo acima, utilizado para descrever, nomear e definir a personagem Gisberta, pode ser compreendido na dimensão dos discursos de ódio, porque seus termos compõem, "no próprio proferimento desse discurso, a performatização da própria injúria, em que a injúria é entendida como uma subordinação social".[171]

Tal como mais adiante veremos, tanto Rafael quanto seus colegas de internato performatizam uma masculinidade hegemônica[172] que rechaça qualquer sinal de manifestação de sensibilidade, afeto ou afinidade, porque eles o entendem como máculas femininas que não podem conviver no ambiente homossociável da Oficina. Logo, os termos lançados sobre Gisberta não deixam de alimentar essa performatização da injúria, já que a transexual brasileira se torna o alvo principal de uma subordinação social (e sexual) e, por isso, precisa ser domada, controlada, domesticada, violada e eliminada.

Afinal, como explicar o desejo e a ereção repentina diante do toque de um corpo, cuja subjetividade Rafael não consegue captar, traduzir e compreender? Basta observar, por exemplo, que, ainda que Gi seja, por diversas vezes, referida no feminino (a Gi, a Gis, a Gisberta), com alguns artigos e adjetivos focalizados nesse gênero, sua feminilidade surge como algo inaceitável para uma mentalidade ainda centrada em esferas biológicas e em binarismos. Tanto que a expressão *travesti*, por diversas vezes mencionada como *traveca*, não é articulada no feminino, ou seja, no gênero com o qual a personagem visivelmente se coaduna, mas no masculino, como que ainda hierarquizando a importância maior de designação pessoal a partir das genitálias.[173]

Por mais contingente que seja a forma com que Rafael-narrador vai costurando e concretizando sua "imaginação visiva",[174] sua forma de captar a paisagem, os indivíduos, os movimentos e as dinâmicas nos diferentes cenários por onde circula não deixa de estar colada a uma visão pessimista e nada redentora da arte. Tal como ele próprio afirma, esta é incapaz de salvar ou redimir, porque, segundo ele, "as obras de verdade se fazem de pessoas e circunstâncias".[175]

Na verdade, ao se levantar a impossibilidade de uma personagem adolescente compreender as dimensões da sexualidade fora dos binarismos e das normas biológicas – e daí a sua coerente inaptidão para lidar com uma mulher transexual como Gisberta –, não me parece que essa incompreensão seja apenas de Rafael. Na minha perspectiva, por detrás de uma aparente neutralidade, Afonso Reis Cabral constrói uma voz narrante em *Pão de Açúcar* que permite ser lida pelo viés de uma intolerância, uma rejeição, um discurso de ódio disseminado e alimentado por toda uma geração, cuja passagem do tempo parece não ter surtido efeito na informação e na educação sobre as diversidades sexuais.

Quero com isso dizer que, reafirmando o que anteriormente expus, minha concepção de o romance *Pão de Açúcar* ser narrado numa primeira pessoa, inventada e manipulada por um autor implícito, passa pela defesa dessa estratégia como uma bem-sucedida artimanha narrativa, na medida em que, sendo uma voz ficcionalizada por interposta pessoa (e ela, também, ficcional), Rafael pode não só se manifestar com uma maturidade inusitada para uma personagem em idade adolescente, como também desenvolver uma intrincada maneira de olhar o mundo e de expor suas reflexões com uma declarada contrariedade.

Aliás, conjugadas a partir de uma mesma personagem, essas diferentes maneiras de se dar a conhecer e de mostrar como a visibilidade se concretiza pela "imaginação visiva"[176] aproximam Rafael-narrador daquela metáfora da "máquina eletrônica que leva em conta todas as combinações possíveis e escolhe as que obedecem a um fim".[177] Logo, se Rafa tem um desenvolvimento reflexivo tão amadurecido e muito além do esperado para alguém de sua idade, por outro lado, ele não esconde sua completa imaturidade quando está com Alisa e revela seu desconhecimento do corpo feminino, ao se deixar levar pelas mãos de sua companheira na primeira relação sexual que eles têm:

> "Porra, que és mesmo criança", disse ela antes de me puxar pelo braço. Eu não compreendia que uma rapariga com a fama dela aguardasse a minha iniciativa, e até achava ridículo que precisasse de garantias do meu desejo.
> Levou-me pela mão para trás dos pinheiros, o mesmo local onde o Samuel se escondera com a Rute. Era como se mais perto da margem o Nélson ainda perguntasse "Querem dançar, é isso, vocês querem dançar?" e, do outro lado do rio, a Gi ainda confessasse "Saudade sua, menino, me fez falta".
> Concentrei-me na Alisa, que se reclinara no tronco de um pinheiro, e fiz como ela pedia. [...]
> Nesta altura, a tremer de ardor, deitamo-nos na areia.
> Guiado pela voz dela, o meu corpo descobria novos desfechos, e eu aprendia a dar para receber, mas sentia-me distante, numa cidade grande, estrangeira. Talvez

Helieske, onde, de acordo com o Norberto, havia espaço para refletir, ou a Nova Iorque que vira nos filmes mas desconfiava do tamanho. Nova Iorque numa tarde de trovoada, e nós recém-molhados e certos de que o único caminho para vivermos era vivermos um para o outro. Isso sim seria bonito, como nos filmes.
Com a ajuda dela, retificava os movimentos, descobria os toques certos, ia deixando a criança para trás. Os corpos correspondiam ao que lhes pedíamos. As revistas e a sala dos computadores mostravam violência em vez de prazer, coisa diferente do que a Alisa ensinava. Quis dizer-lhe que não esperava aquilo e que não aguentaria muito mais: ela agarrou-se com força a mim e disse "Dá-me à valente!".
Só uma mulher podia oferecer aquilo a um homem, por muito que a Gi pensasse o contrário.[178]

Cena emblemática da trama, o encontro entre Rafael e Alisa aponta um outro aspecto na composição dessas personagens marginais: a iniciação muito adiantada na vida sexual, levando-os a uma entrega sem medidas e a um conhecimento prematuro do seu próprio corpo e do corpo do outro.[179] Mesmo entendendo o protagonista como um adolescente mais novo do que seus colegas de 16 anos, isso não chega a ser incoerente com a construção do encontro entre ele e a jovem, tendo em vista que os demais companheiros do protagonista parecem demonstrar que já possuem experiência no campo das relações sexuais: "Queria contar ao Samuel que ela era boa como diziam, [...] Mas ele, depois de me ouvir com atenção, talvez espreitasse para a minha cama e dissesse de alto 'Eu sei'".[180]

Na verdade, o mais surpreendente nessa cena não é o fato de dois adolescentes estabelecerem uma conexão física tão íntima e plena de sintonia, e a forma com que o toque, o contato e o movimento dos corpos se desenvolvem. No meu entender, é a capacidade de construção de mais uma visibilidade por parte do narrador-protagonista em concretizar com Alisa aquilo que não poderia conseguir com Gisberta, posto que cristalizar verbalmente seu contato físico com Alisa parece corresponder a uma necessidade de "matar a Gi", livrar-se "do abraço e do beijo no pescoço, onde temia que ficasse para o resto da vida".[181]

Não deixa de ser significativo, portanto, o conjunto de ilações e de comparações desenvolvidas por Rafael-narrador nos momentos de êxtase e de plenitude até o orgasmo:

> A Alisa recebeu-me submissa, a fingir que não comandava, e eu instalei-me compreendendo que não devia usar só o corpo – melhor usá-la toda.
>
> Assim era mais fácil matar a Gi, livrar-me do abraço e do beijo no pescoço, onde temia que ficasse para o resto da vida. Livrar-me da imagem dela a sair da barraca iluminada pela fogueira, do vestido a brilhar, da cara pintada como mulher a sério. Até bonita. E esconder a ereção nas muitas ereções que a Alisa me daria. [...]
>
> Olhei para baixo, para a ligação entre nós. Recordo-me dos mamilos duros e das manchas de nascença na barriga, sujidade que nunca saía e que era terna. Ela não pensaria em nada – qual Nova Iorque, qual sítio mais bonito, mais longe da miséria, qual quê –, fazia tração, trincava, beijava, gemia. [...]
>
> Depois de acabar fiquei com frio e abracei-a para me aquecer. Ela corou, apenas então o sangue lhe deve ter subido das virilhas para as bochechas. Tapamo-nos à pressa com a roupa.
>
> Aquilo, sim, era de adulto, inteiro, ao contrário da convivência com a Gi, que não passava de uma procura infantil por afeto. Só por isso já teria de agradecer à Alisa, mesmo que não lho pudesse explicar.[182]

No ato de recordar o corpo de Alisa, Rafael-narrador perpetra aquela "pedagogia da imaginação",[183] em que o "poder de evocar imagens *in absentia*"[184] restitui a materialidade do corpo de Gisberta. Por isso, volto a me interrogar quais as diferenças específicas entre a excitação sentida por Rafael diante do toque da transexual e a experimentada com Alisa. Ainda que o protagonista faça questão de diferenciar o desejo erótico sentido pela jovem da "procura infantil por afeto"[185] de tonalidades maternas vivenciada com Gisberta,[186] revelando uma carência sentimental, no fundo, o narrador acaba por explicitar as complexidades da descoberta da sexualidade:

> [...] ela deu-me um beijo na testa, outro na bochecha e, descendo, o último no pescoço. A tremer de amizade e de raiva, quase febril, ainda não me tinha afastado, quando senti, erguendo-se aos poucos e pressionando as minhas calças contra as dela, a surpresa de uma ereção.[187]

Acostumados a lidar, no ambiente homossociável da Oficina, com comportamentos agressivos e violentos entre os colegas, em que a punição entre eles performatiza uma sensação de hostilidade associada ao desejo (cf. as referências a Fábio, um dos mais velhos, nos momentos em que necessita impor uma hierarquia no ambiente do internato: "Junta os cúmplices, por norma o Grilo e o Leandro, e leva um de nós ao poste, cheio de impulso contrariado numa investida quase sexual, com pontinha de sémen"),[188] os jovens desenvolvem uma ideia de masculinidade em que não se admitem quaisquer sinais de sensibilidade, afeto ou vulnerabilidade, porque "muitos poderiam entender como feminina – quer dizer, como fraqueza".[189] Logo, expurgar os atos de ligação com modos de agir redutoramente associados a papéis femininos significa, para eles, afirmar uma masculinidade hegemônica consolidada pelo ataque e pela injúria a qualquer menção de desestabilização do *status quo* masculinista instituído. Tanto assim é, que, nos momentos de agressão a Gisberta, o narrador é enfático nessa padronização: "Chorar agora era coisa de paneleiro – aquilo ia ou não ia. Não nos podíamos ficar pelo meio-termo".[190]

Tal desdobramento aumenta a carga de complexidade que se estabelece entre Rafael, Samuel, Nelson e Gisberta, tendo em vista que os três jovens já haviam manifestado uma preocupação em cuidar, alimentar e distrair a mulher desconhecida do Pão de Açúcar, que, apesar de sua aparência precária e suja, despertava neles algum tipo de sensibilidade e solidariedade. A mudança de comportamento dessas personagens ocorre, sobretudo, com a entrada de Fábio, Grilo e Leandro no espaço do supermercado abandonado, com a aquiescência de Rafael, responsáveis pela protagonização da violência sobre a personagem transexual. A grande questão levantada pelo elo estabelecido entre Rafael e Gisberta coloca em cena o turbilhão e a complexidade de sentimentos vivenciados com esta, na medida em que ele cuida e zela por sua saúde e permanência, constrói planos de tirá-la daquele espaço, sente falta das suas conversas e chega mesmo à excitação diante do toque dela no seu corpo. Apesar dessa proximidade e dessa sintonia, Rafa é um dos que permitem os atos agressivos sobre Gisberta, nada fazendo para evitá-los ou interrompê--los, contribuindo, assim, para a morte da brasileira, o que lhe confere uma carga de contrariedade e de composição problemática, enquanto criatura efabulada.

Na verdade, não apenas Rafa, mas também Samuel, Nelson, Fábio, Grilo e Leandro são personagens que encarnam a marginalidade juvenil, constituindo--se também como "imagens visivas", porque saem da condição de figuras condicionadas pelos discursos midiáticos, por onde se dá a transmissão de informação a respeito do caso ocorrido no Porto em 2006, para se transformarem em criaturas ficcionais de um romance de 2018. E, enquanto tais, eles próprios reconfiguram suas jornadas, e pelo discurso ficcional se cristalizam como imagens outras, distintas das já produzidas.

Gosto mesmo de pensar que essas personagens juvenis comportam um poder de exposição, enquanto "imagens visivas", de condições degradantes com que diferentes camadas sociais são tratadas não só pela máquina estatal, mas pelos próprios seres humanos. Por isso, leio-as como "imagens visivas", como delineadas por Ítalo Calvino,[191] não só pelo fato de serem transportadas dos discursos jornalísticos e documentais para a categoria de seres de ficção, mas também porque, nessa transmutação, evocam, de certo modo, aquelas personagens "ex-cêntricas", porque circulantes de uma esfera "*off*-centro";[192] elas são ausentes, abandonadas e esquecidas por um centro, ainda que, dentro dele, tentem circular.

Para Linda Hutcheon, a descentralização das estruturas tradicionais, o desligamento de uma unificação homogeneizadora e a composição narrativa "entre uma trama unificada e biograficamente estruturada e uma narração descentralizada, com seu ponto de vista oscilante e longas digressões",[193] constituem algumas das marcas da poética do pós-modernismo. Por esse viés de leitura, não será de todo incoerente pensar o romance de Afonso Reis Cabral a partir de uma poética pós-modernista, posto que algumas dessas incidências estão presentes na trama de *Pão de Açúcar*.

Basta verificar, por exemplo, que a pretensa unidade biográfica sobre Gisberta cai por terra ao dar a voz a um de seus algozes. Somente pela voz e pelo "ponto de vista oscilante"[194] de Rafael, entre a maturidade inusitada e a contrariedade proposital, o leitor consegue conhecer o passado não só de alguns de seus companheiros de Oficina (e o dele próprio), como também, e principalmente, de Gisberta, cujas sequências na narrativa soam também como "longas digressões".[195]

Vale lembrar que, movido pela curiosidade de perceber "o quanto havia por descobrir",[196] pela atenção de absorver uma série de informações sobre o passado de sua emissora e atento ao fato de que "Gi queria contar muitas coisas",[197] Rafael-narrador passa a revelar em detalhes a trajetória pregressa de Gisberta, num conjunto de digressões reveladoras do universo, da intimidade e da humanidade da transexual brasileira, tais como:

a) a origem de Gis (o bairro de Casa Verde, na cidade de São Paulo) e sua relação com as irmãs, quando teve o primeiro despertar para uma sexualidade que não se enquadrava na condição biológica física:

> Do quarto das irmãs, que dava para o pátio, a Gi ouvia o Black & Decker e as marteladas, espécie de balada que não lhe dizia respeito. Mesmo querendo voltar à garagem, esconder-se no centro da vida do pai, sabia que daí a pouco as irmãs ficariam nuas.
> [...]
> Antes de se despirem, as irmãs agachavam-se à frente da Gi e diziam-lhe "Quem é a nossa bonequinha?". Já não tinham idade para brincar com as outras bonecas, mas a Gi era diferente – podiam mudá-la de alto a baixo, maquiá-la, vesti-la, transformá-la numa menina de porcelana. A Gi deixava, dividida entre querer vê-las nuas e invejá-las por o pai as preferir.
> Elas acabavam por se fartar e pousavam-na na cama, de onde a Gi observava cada gesto. Que bom fazer parte de um mistério, ser-lhe permitido ver sem ser vista.[198]

b) a revelação ao pai, um marceneiro rude, numa cena emblemática em que ela própria não consegue derrubar um tronco com uma motosserra, mas apenas ele. A confissão minudente e a surdez do pai, misto de conveniência pelo barulho do ato de cortar a árvore e pelo fato de não querer ouvir a filha, caso isso tenha sido possível:

> Antes de atacar o corte final, o pai berrou "Isso é vida!". As omoplatas sobressaíam e os braços arqueavam. A Gi tentou dizer-lhe "Calma, não força muito!" mas o pai não ouviu por causa do barulho. A viseira e as luvas protegiam-no das lascas de madeira que a serra projetava em todas as direções.
> Então, um sentimento de urgência dominou a Gi. Antes que o pai deitasse a árvore abaixo, disse-lhe tudo, falou da nova filha, renegou as coisas da garagem e culpou-o por não ter reparado. Por não querer reparar. E isto libertou-a por dentro como a própria árvore, que estava prestes a ceder.
> Mas claro que o pai não a conseguiu ouvir.
> Instantes depois, os estalos do tronco juntaram-se ao barulho da motosserra. O pai saltou para o lado e afastou-a da árvore.
> Ficaram muito próximos, quase abraçados, enquanto os ramos embatiam entre si e o tronco se quebrava sob o próprio peso. E ainda mais abraçados quando a árvore resvalou pela colina.[199]

c) sua viagem a Paris, onde conhece Rute Bianca, uma de suas amigas transexuais, e o convívio com esta na cidade do Porto, quando finalmente dá a conhecer o seu desejo de mudar de sexo pela intervenção cirúrgica:

> A Rute foi das primeiras operadas de alto a baixo, o que dava à Gi uma pontinha de inveja e orgulho, ela que ansiava pelo bisturi de Casablanca. Por enquanto impossível, porque o pênis lhe rendia mais com os clientes da pensão.
> Conheceram-se em Paris no tempo em que passavam as fronteiras a salto e seguiam para Pigalle. Hospedavam-se em quartos que pagavam com o esforço dos *shows* aqui e ali, por norma no Le Chat Noir. Até ganharam prêmios de traje, coreografia, interpretação. Por vezes também atuavam em sítios inspirados no Studio 54 de Nova Iorque, que abrilhantavam os espetáculos com raios *laser* e fumos coloridos.[200]

d) a Gisberta glamourosa e radiante dos shows e apresentações em casas noturnas portuenses, onde exibia sua beleza e sua diferença, e era desejada pelo público:

> Esgotada, rendida à sala, despiu o vestido, que lhe caiu aos pés, qual auréola às avessas. E agora não assobiavam nem batiam palmas, queriam-na junto de si. E agora viam bem o cabelo a dar-lhe pelos ombros nus, o peito como deve ser, muito branco e firme, a cintura fina antes da anca larga. E agora viam bem a virilha depilada e, sem surpresa, o pênis entre as pernas.
> Yes, my heart belongs to daddy.[201]

e) sua atuação como contadora de histórias para crianças da pensão em que se encontrava hospedada, na já mencionada cena do encontro com Samuel, onde revela uma empatia e um carinho de tonalidades maternais com quem só desejava atenção e afeto:

> Daí a nada as crianças rodeavam-na, puxavam-lhe pelo roupão (ela agarrava-o para não mostrar o peito) e pediam-lhe que contasse histórias. Queriam que a Gi as distraísse como quem precisa de carinho.
> Ela falava-lhes da princesa e da abelha, do burro e do cachorro, da lâmpada mágica, do Príncipe Feliz e de muitas outras, algumas até inventava de improviso, num *show* de Xerazade [sic] melhor do que os espetáculos do Adam's Apple.[202]

f) a visita da mãe e o silêncio que entre elas se faz, e a maneira como esta não consegue estabelecer com a filha uma sintonia capaz de colocá-la numa dimensão de aceitação, compreensão e respeito:

> A Gi esfregara a casa de alto a baixo, inclusive as luzinhas de Natal penduradas no teto, e pusera uma vela extra à frente da estatueta da Virgem Maria. Mas ia dar ao mesmo: a casa era pequena para ela mais os bichos e a mãe.
> Não a via desde os dezessete anos, idade em que o corpo ainda se ajusta, ainda cresce até a forma perfeita. Por isso a mãe ainda não a conhecia como mulher a sério.
> Depois de os cães acalmarem, a mãe sentou-se no sofá ao lado do toucador onde as duas velas já ardiam.
> Faltaram os abraços e as frases do reencontro porque, no fundo, se viam pela primeira vez. Isto não quer dizer que uma e outra não tivessem gostado de se abraçar. "Se eu fosse mais ajuizada, tinha engolido tudo e abraçado minha mãe", dizia-me ela.[203]

g) o uso de entorpecentes, a prática de partilha coletiva dos insumos e das drogas e a contaminação por doenças infectocontagiosas:

> Impaciente, o Oliveira reunia quem calhava, metendo lá três ou quatro pessoas de cada vez. Sentava-as nos cadeirões velhos de volta de uma mesa baixa iluminada por uma vela. A companhia dava-lhe uma certa paz, aquilo com gente era melhor do que aquilo sozinho. Como retribuição, emprestava seringas, oferecia pratas e pegava tuberculose [...].
> "Vai começar a puta desta merda", queixava-se de punho fechado e com o braço apertado por uma guita. Ele bem o esticava, igual a ganchos em combate, mas bolas de carne dura escondiam as veias. "Deus queira, caralho, Deus queira. Não olhem para mim, que dá azar." Falhava a veia, tirava a seringa, saía o sangue. "Já está a fazer hematoma, a criar papa. Jesus, a gaja não sai." Falhava a veia, tirava a seringa, saía o sangue.
> Do outro lado da mesa, a Gi coçava as pernas e a cabeça, nervosa por se pôr a jeito para a mesma batalha. Para se acalmar, dizia "Faz com calminha, que já acerta".
> Quando o Oliveira acabava, era a vez dela. Usava o êmbolo da seringa para misturar o caldo numa tampa de Água das Pedras e apertava o braço com os cordões dos sapatos. Nos dias de sorte, vá-se lá entender os caprichos da anatomia, o braço pulsava com um mapa de veias por onde escolher.[204]

h) o desentendimento com o proprietário da pensão e, por conseguinte, com as inquilinas e companheiras de lida diária e a expulsão do local onde vivia:

> Apesar da angústia, bonito a roupa a enrolar-se no vento em feitios novos que lembravam aves em voo de cópula.
> Um par de cuecas roxas aterrou na esquina da Ruial. Os sutiãs pousaram à porta da Associação dos Empregados de Mesa. As peças mais pesadas, como casacos de Inverno e calças de ganga, caíram por baixo da janela. Em poucos minutos, a Travessa do Poço das Patas estava transformada num imenso estendal. A biografia da Gi mostrava-se como a das viúvas que dependuravam a roupa nas torres do Aleixo.
> Do alto da janela aberta, o senhorio berrava "Aqui nunca mais" enquanto atirava as últimas blusas, e a Gi explicava-lhe que era um equívoco – uma grande balbúrdia. Ela tinha dinheiro, ela ia pagando.
> As janelas dos prédios em volta abriram-se à procura de espetáculo, mas os vizinhos viram apenas a mulher do costume em súplicas nem muito convincentes. Depois de recolher a roupa num saco, voltou à porta de casa e pôs-se a olhar para a antiga janela, antes tão pequena e agora maior do que nunca.[205]

i) a ida para albergues e abrigos, quando se defronta com uma realidade precária e precisa encarar sua própria contingência:

> Isto a Gi não percebia. Bastava observar o refeitório para compreender que aquelas pessoas – alguns drogados como ela, outros travestis como ela e ainda uns quantos só pobres como ela eram iguais a qualquer outra gente. Comiam da mesma maneira, arrumavam os tabuleiros como no centro comercial, esperavam pela comida com fome idêntica.
> Ela conhecia-os.[206]

j) e, por fim, a chegada ao prédio abandonado do Pão de Açúcar:

> Mais à frente já se via o Vila Galé, pilar demasiado alto que assinalava o Pão de Açúcar. Talvez por fazê-la sentir-se muito pequena, a torre sempre a intimidara [...].
> Na descida para a cave, onde chegou por tentativa e erro, o barulho da cidade diminuía aos poucos e no fundo, para lá do poço, já nem se ouvia.

Barrotes de madeira, placas de metal e de plástico, tijolos avulsos e muita porcaria das antigas barracas espalhavam-se pelo chão. Muito bom ter prestado atenção aos trabalhos do pai na garagem. Podia construir um abrigo e até ficava bem protegida – por uma noite não estava mal.[207]

Observadas nessa sequência, as etapas recuperadas na autodiegese de Rafael não deixam de se configurar como elementos desestabilizadores de sua forma de ver o mundo, posto que, por mais que evite se aproximar de Gisberta, o próprio ato de tomar nota e recontar eventos tão particulares e pessoais de sua emissora demonstra, no meu entender, que o protagonista desenvolve por ela um tipo de laço do qual não consegue se desvencilhar e por meio do qual não recusa a presença da diferença, ainda que não consiga compreendê-la nem lidar com ela. Por outro lado, todas essas digressões também apontam para a construção de uma Gisberta-personagem, cuja dinâmica pode ser lida como a de uma *trans viator*.[208]

Isso se dá, no meu modo de ver, em virtude de que, também Gisberta, como um ser humano consciente "da incompreensão da existência, ou de elementos que lhe são partícipes, tenta, a partir de um processo de fusão cultural, dar conta da existência".[209] Toda a sua procura por uma vida melhor, por uma vivência fora da esfera da violência e por oportunidades de poder ser quem ela é, uma mulher transexual, completamente fora dos padrões heteronormativos, incide na percepção lúcida de que "nenhuma das perspectivas legadas pela nossa herança cultural lhe permite racionalizar a existência de modo a entendê--la em sua completude".[210]

No entanto, ao contrário do que se poderia imaginar em relação aos preceitos buscados pelo *homo viator*, enquanto entidade definida numa dimensão masculina (e heterossexista, diga-se de passagem), as demandas da personagem Gisberta diferem-se e deslocam-se desse caminho, porque vão na senda da afirmação e da visibilidade de uma identidade trans que desestabiliza certezas binárias e abala comportamentos moralistas calcados numa visão estreita e eliminadora de sua presença.

Se Gis sublinha esse tipo de criatura ficcional movente num espaço "*off--centro*",[211] também as outras personagens de *Pão de Açúcar* não deixam de reclamar uma visibilidade sobre sua condição de seres das margens, sobretudo as socioeconômicas. Nesse sentido, Rafael, Samuel, Nelson, Fábio, Leandro e

Grilo consolidam-se como personagens que transitam pelas ruas dos hotéis de luxo do Porto, sem a elas (ou a estes) efetivamente pertencer, por isso emergem como seres transitórios e marginais, com uma "ex-centricidade" que os relega "aos domínios do alienígena",[212] exatamente porque não se sentem partes integrantes e integradas em quaisquer esferas espaciais. Aliás, é o próprio narrador-protagonista que revela essa circulação fora dos eixos centralizadores: "Procurávamos as zonas sujas da cidade. Chamávamos-lhes assim. O Nélson preferia falar de sítios proibidos".[213]

No entanto, é preciso reiterar que ser, habitar e transitar à margem, nada disso constitui justificativa para impor o sofrimento, a tortura e a morte sobre outro ser humano, até porque, como seres sensíveis a essa condição excêntrica, eles próprios chegam a desenvolver uma linha de solidariedade com Gisberta, quando a distraem com histórias e com brincadeiras de pular o buraco do poço, quando utilizam feixes de papel higiênico para simular enfeites no barraco, quando lhe levam comida para minorar a fome ou quando lhe conduzem a um breve passeio de bicicleta por zonas marginais da cidade.

A excentricidade e a diferença dessas personagens podem ser entendidas dentro de dimensões socioeconômicas e educativas precárias e deterioradas, posto que o único alento que lhes resta é o abrigo no internato, bem como as aulas na Oficina. Mas, o que dizer da personagem Gisberta, uma mulher transexual, estrangeira, que vive à beira do poço, num prédio abandonado e em condições degradantes?

A conjunção do encontro entre os jovens do internato e a transexual brasileira e o seu desfecho já são conhecidos, daí que todos aqueles detalhes e nuances de eventos pregressos ao ocorrido no prédio do Pão de Açúcar constituem uma parte importante da matéria ficcionalizada por Afonso Reis Cabral, com uma ênfase especial na visibilidade de suas criaturas, de suas variadas diferenças, de suas dificuldades, dos ambientes por onde circulam e das complexidades desenvolvidas entre comportamentos indicadores de gestos contraditórios. Ele próprio chega a afirmar que o elemento motivador para a aventura ficcional do seu segundo romance foi exatamente o hiato existente entre o momento do encontro dos rapazes da Oficina com Gisberta e o término no prédio abandonado:

O vazio que percebi que havia. De início, temos três rapazes que encontram a Gisberta num edifício abandonado. Começam a ajudá-la, a dar-lhe arroz, se calhar a partilhar histórias. Mais tarde, o grupo cresce e começa a via-sacra. [...] E esse vazio só podia ser preenchido pela literatura.[214]

Percebe-se, portanto, um exercício de recriação dos momentos anteriores à violência cometida pelos jovens, a partir do recurso da visibilidade, ou seja, a consecução em "imagens visivas" na matéria literária de outras deixadas por notícias de jornal, por relatos televisivos e por diferentes linguagens artísticas, em que o autor cristaliza "uma anatomia dessa violência, quando o bem coabita com o mal, [e] os dois estão infectados um pelo outro".[215]

E se toda a parte central surge sob o signo de uma bem costurada trama, como tivemos a oportunidade de constatar, a cena climática da execução tem um impacto fulminante, porque expõe de forma crua e cirúrgica uma abjeção que ultrapassa a direcionada ao corpo trans de Gisberta, e surge por outras motivações. No meu entender, trata-se, sobretudo, das abjeções da falta de humanidade e empatia, da violência desmedida, do desprezo pela vida alheia, da transfobia e do transfeminicídio:

Voltamos ao Pão de Açúcar depois das aulas.
O Nélson foi o primeiro a ouvir o coro de vozes sobre a voz aguda que berrava "Me deixem!". Gosto de a imaginar rodeada de vozes, coisas sem corpo que não lhe chegavam a roupa ao pelo.
O Samuel disse "Despacha-te, porra! Despacha-te". Quando chegamos, o Grilo e o Leandro já não falavam. Nem o Fábio, que segurava uma vara fina, espantado com o efeito.
No meio deles, a Gi dizia "Não faz isso, cafajestes!".
Mas eles tinham feito: ela ainda se encolhia, ainda tentava defender-se, mas agora só valia a pena gemer; os braços e as pernas estavam cobertos de pisaduras e cortes finos que escorriam devagarinho.
Em todos vi a mesma cara de alívio e surpresa, ao jeito de quem bate uma arrependido. Envolveram-se com ela, os três numa orgia de braços e pernas de cá para lá com muito suor – e agora espantavam-se por ter sido mais sexo do que porrada.
Depois de se sentar no chão, o Fábio olhou para cima em busca de outras paisagens mas o teto do mundo diminuíra, ficara aquém do teto da cave.
O Grilo atirou para longe uma pedra.

O Leandro agarrou-se à barriga para controlar os acessos de vômito. E a Gi tentou arrastar-se para a barraca.
Quando chegamos ao pé deles, o Nélson nem abriu a boca. O Samuel balbuciou qualquer coisa.
Irritado por nos ver, o Fábio disse "Só agora é que chegam?". E coçou a careca antes de continuar. "Perderam a diversão! Vocês, putos, têm de participar a sério, todos temos de lhe afinfar". Os outros concordaram, disseram em simultâneo "Batemos todos". [...]
Quando paramos, restava um monte de detritos onde a Gi não se podia abrigar, mas pelo menos o Fábio deixara de insistir em que todos tínhamos de bater. E a Gi esticava os braços tentando reaver alguma coisa, as guias de tratamento do hospital, a roupa, ou as fotografias presas debaixo do barrote de quase dois metros que antes sustentara o teto da barraca.[216]

Com um realismo cirúrgico e pontual, a violência emerge de forma explícita e contundente, evidenciando a repulsa e o ódio sobre um corpo dissidente e rasurante da ordem heterossexista que os rapazes não conseguem entender e aceitar. Por isso, as reações destes soam-me como autênticos atos de agressão que culminam com o transfeminicídio de Gisberta.

Valho-me, portanto, do conceito estabelecido por Berenice Bento para especificar "a natureza da violência contra travestis, mulheres trans e mulheres transexuais" na "ordem do gênero".[217] Tal como tivemos a oportunidade de constatar nos excertos citados anteriormente, a personagem Gisberta alimenta o sonho de mudança de sexo sob intervenção cirúrgica, ainda que tenha consciência do ganho lucrativo na manutenção da genitália masculina. Esse desejo leva-me a pensar numa Gisberta-personagem sob a dimensão de uma identidade transexual, não só por causa do seu explícito objetivo de alteração de sexo pela medicalização e pela cirurgia,[218] mas também por sua autoidentificação como uma mulher trans.[219]

Logo, se há alguma confusão no uso de expressões como "travesti", "traveco" e "transexual" ao longo do romance, tal baralhamento soa-me como proposital para também dar visibilidade a uma inaptidão no entendimento e no respeito à diferença. Por outro lado, em relação às personagens dos jovens internos, sua dificuldade em compreender esse corpo trans alimenta não a descoberta do desconhecido para uma amplificação da multiplicidade do ser humano, mas a recusa tácita e agressiva de um outro marcado pela fragilidade e pela debilidade.

A forma como Gisberta é violentamente atacada por todos eles configura pontualmente um ato de pura hostilidade ofensiva que preenche os mesmos quesitos do transfeminicídio, tal como explicado por Bento:

> O transfeminicídio, tal qual o feminicídio, se caracteriza como uma política disseminada, intencional e sistemática de eliminação das travestis, mulheres trans e mulheres transexuais, motivada pela negação de humanidade às vítimas. O transfeminicídio seria a expressão mais potente e trágica do caráter político das identidades de gênero. A pessoa é assassinada porque, além de romper com os destinos naturais do seu corpo-sexual-generificado, o faz publicamente e demanda esse reconhecimento das instituições sociais.[220]

Ora, não será difícil verificar que essa mesma política de incompreensão e violência contra as subjetividades sexuais, que escapam e ultrapassam o comum e o esperado de uma lógica heteronormativa, surge ao longo da trama de *Pão de Açúcar*. Toda a terminologia utilizada pelas personagens masculinas para tentar perfilar a identidade de Gisberta é articulada com uma profunda incoerência, para não dizer por um acentuado discurso de ódio; por conseguinte, não menos incoerentes e confusas são também as expressões reveladas pelas citações de notícias de jornais, recortadas, selecionadas e recuperadas pelo autor implícito, na "Nota depois":

> [...] um grupo de 12 crianças da Oficina São José tinha agredido com pedras *um homem de cerca de 40 anos* [...]. (*Público*, 12/2/06)
> A vítima, *do sexo masculino*, tinha quarenta e cinco anos [...]. (*RTP*, 23/2/06)
> O fato de ser travesti, toxicodependente e apresentar uma saúde frágil *tornava-o* um alvo fácil. (*Público*, 24/2/06)
> Gisberta é recordada como *uma mulher belíssima*, cordial e doce. (*Diário de Notícias*, 25/2/06)
> [...] o médico que realizou a autópsia de *"Gisberta"* [...]. (*Jornal de Notícias*, 8/7/06)
> [...] por não terem auxiliado Gisberta quando *aquela* era continuamente agredida. (*Público*, 2/8/06)
> O Caso Gisberta em que 13 jovens terão assassinado *um transexual* é um exemplo de delinquência juvenil. (*Destak*, 22/9/06)
> O prédio onde foi encontrada morta *a transexual Gisberta*, [...]. (*Diário de Notícias*, 16/12/06)

> Há dois anos, Gisberta é *agredida e atirada viva* para um poço de quinze metros numa obra no Porto. (*TVI*, 23/2/08)
> Um dos 13 jovens condenados no Caso Gisberta, marcado pela morte de *um transexual*, [...]. (*Diário de Notícias*, 5/2/09)
> Dez anos depois, o que é feito daqueles jovens? [...] Quem era, afinal, *aquela mulher*? E o que é que a sua morte deixou? (*Observador*, 22/2/16)[221]

Quando mais atrás afirmei que a abjeção de Rafael e dos seus colegas representava uma reação violenta e negativa de toda uma geração não o fiz por acaso. Como as notícias citadas na última parte do texto bem demonstram, há uma grande dificuldade por parte da mídia da época, e mesmo da posterior, em entender e respeitar a dimensão transfeminina de Gisberta.[222] Daí a sequência de termos e artigos no masculino, intercalada de algumas incidências no feminino, sem falar no uso pejorativo de aspas (que me remete a gestos declarados de transfobia), quase que numa confessada atitude de incompreensão da transexual assassinada.

No fundo, todas essas citações da "Nota depois" flagram e confirmam o furor com que os rapazes acometem sobre Gisberta, numa cena, aliás, em que a violência não se desvencilha da excitação física. Seja na reação dos três ao se envolverem com o corpo trans de Gisberta ("Envolveram-se com ela, os três numa orgia de braços e pernas de cá para lá com muito suor – e agora espantavam-se por ter sido mais sexo do que porrada"),[223] seja nos afastamentos de Fábio e Grilo, ou mesmo na ânsia de vômito de Leandro, a recusa como efeito colateral indica a percepção de uma masculinidade hegemônica sobre um corpo que excita, mas que não é entendido como destinatário digno do desejo, por isso as condutas mais imediatas dos rapazes são o afastamento compulsivo e a repulsa.

Judith Butler alerta para o fato de que "não há somente um nome para o corpo, e então, seja o que for o corpo, ele nunca é capturado por algum nome em específico".[224] Talvez, aqui, seja possível analisar os gestos das personagens (o afastamento e a ânsia de vômito) como uma repulsa ao corpo abjeto de Gisberta, porque percebem que sua materialidade escapa ao pequeno vocabulário que possuem para tentar designar a presença da transexual brasileira e a incompatibilidade desta com os termos que eles têm disponíveis para a descrever e decifrar. Nesse sentido, a pergunta lançada pela filósofa estadunidense ecoa sobre as linhas da personagem Gisberta; afinal, "como podem os corpos ser reconhecidos quando eles não se encaixam na norma social do que os corpos deveriam ser"?[225]

Tal como a cena do desfecho deixa transparecer, o realismo utilizado por Afonso Reis Cabral para dar visibilidade à *via-crúcis* de Gisberta pode ser entendido como "postura e método", como um "realismo contemporâneo",[226] nos moldes explicados por Tânia Pellegrini, na sua análise sobre a violência "como a ação física voluntária entre indivíduos, causando dor ou danos físicos ou mentais de qualquer tipo",[227] tão presente na ficção brasileira pós-ditadura militar.

Na verdade, o ato de transfeminicídio perpetrado pelos jovens da Oficina sobre Gisberta emerge na autodiegese de Rafael-narrador com cores muito distintivas e contundentes para não cair na armadilha de justificar uma violência injustificável. Aqui, acredito, encontra-se uma chave importante de leitura do romance *Pão de Açúcar* porque, ao dar a Rafael-narrador o crédito da diegese da matéria narrada, o autor implícito procura se subtrair da trama, conferindo, assim, aos rapazes uma espécie de humanização do mal. Nesse sentido, vale a pena resgatar o pensamento do ensaísta português Miguel Real, para quem, nos tempos atuais marcados pela decadência cristã, "o homem não tem maior tendência para o bem do que para o mal e que nenhum deus existe que lhe justifique as ações ou derradeiramente as redima".[228]

Dessa maneira, tanto a ideia de uma totalidade do sujeito entre um polo ou outro (ou se é completamente bom ou mau) quanto sua sustentação numa crença divina capaz de lhe conceder perdão depois dos atos praticados caem completamente por terra, posto que, no homem, o mal incide como "o que de mais profundo e essencial existe nas suas células – a capacidade de autodecomposição e autodesagregação por efeitos internos ou causas externas".[229] Daí que a felicidade surge com força como uma grande rasura na consciência humana, já que ela apontaria as ameaças residentes nas faces primitivas do mal.

Não deixa de ser assustadora, portanto, a constatação encontrada na "Nota depois", já na voz do autor implícito, em que há uma tentativa de compreensão daquilo que buscou recriar pela perspectiva de Rafael-narrador:

> Ao verem-na tão maltratada, perguntaram entre si qual teria sido a causa de morte. Uma semana depois, o médico-legista concluía a autópsia. Escreveu o relatório com uma caligrafia nada notável, muito certa e bem alinhada, como se a sequência de letras fosse um código de barras. Fechou com uma frase semelhante a esta: os

pulmões, para além de apresentarem os nódulos característicos da bactéria *M. tuberculosis*, denotam aspiração volumosa de água.
Ou seja, ainda que os rapazes se tenham convencido do contrário, Gisberta Salce Júnior estava viva quando a atiraram ao poço.
Rafael Tiago, um tipo pouco mais novo do que eu, continua a mudar pneus, arranjar motores e malhar chassis. Desde que acabei de escrever, nunca mais nos encontramos, mas ainda guardo a pasta. Nela, entre a papelada que ele reuniu, pus a carta que me entregou na Biblioteca de São Lázaro. O remetente permanece sujo da dedada, se olhar de perto consigo distinguir a impressão digital.[230]

Mesmo conhecendo o desfecho do caso tantas vezes narrado pela mídia e não poucas vezes recriado por textos poéticos, narrativos e dramáticos, além de documentários e curtas-metragens, a descrição direta e cirúrgica do autor implícito na "Nota depois" incomoda o(a) leitor(a), seja pela constatação daquela ideia de que o mal é humano e este pode habitar o nosso lado mais próximo, seja pela confirmação de que a vida humana de uma transexual é simplesmente desrespeitada, violada, imolada, torturada e eliminada sem qualquer indício de remorso ou arrependimento.

O transfeminicídio, tal como descrito por Berenice Bento,[231] ganha na morte da personagem Gisberta uma cristalização com um realismo assustador, porque desvela a inexistência de uma fronteira capaz de separar o bem do mal e, como ambos andam de mãos dadas, contaminam-se e retroalimentam-se. Ainda assim, insisto na análise de *Pão de Açúcar* como um romance que coloca o(a) leitor(a) diante de uma zona de confronto e de inquietação, porque não busca minimizar a violência cometida, antes procura mostrar e contar com uma visibilidade desmedida.

Por isso, fico a me interrogar se a reação das personagens masculinas não seria o elemento impactante a colocar sobre Gisberta a condição de um corpo monstro. Não seria a transexual, na dimensão masculinista daqueles rapazes, a concretização de um corpo abjeto que precisa ser expurgado e eliminado da convivência privada entre eles? Levando em consideração a interrogação perpetrada por Paul Preciado,[232] no seu mais recente ensaio – "Can the monster speak?" / "Pode o monstro falar?" –, a resposta dada pelo romance de Afonso Reis Cabral é uma retumbante, assustadora e revoltante negativa.

***

À guisa de conclusão, cabe-me explicar de que forma as reflexões anteriores surgem em diálogo com a proposta de visibilidade de Ítalo Calvino, tal como expus no início deste capítulo, no romance de Afonso Reis Cabral. Para tanto, relembro os quatro procedimentos por ele descritos como alguns dos elementos importantes para considerar a formação e a criação da "parte visual da imaginação literária".[233] São eles: "a observação direta do mundo real, a transfiguração fantasmática e onírica, o mundo figurativo transmitido pela cultura em seus vários níveis, e um processo de abstração, condensação e interiorização da experiência sensível".[234]

Ora, se verificarmos com atenção, todos esses itens foram contemplados ao longo da análise exposta, confirmando, portanto, a presença da proposta da visibilidade como um dos protocolos possíveis de leitura para *Pão de Açúcar*. Vejamos. A "observação direta do mundo real"[235] transparece não apenas no mote motivador da produção escrita da trama, mas também ao longo das cenas em que as lentes se voltam para os diferentes mundos de Rafael, Samuel, Nelson, Fábio, Grilo, Leandro e Gisberta. Aliás, é nessa observação direta, pontual e cirúrgica de diferentes ambientes do mundo real, centrada no contexto portuense das primeiras décadas do século XXI, que tanto o realismo – enquanto postura do escritor diante de sua realidade e da metodologia de apreensão e representação dela – quanto a humanização do mal – habitado e retroalimentado com o bem, sem qualquer tipo de fronteira capaz de os neutralizar ou diminuir – emergem como forças centrípetas na trama romanesca.

Por sua vez, o "mundo figurativo transmitido pela cultura em seus vários níveis"[236] pode ser constatado nas absorções, no corpo do texto, de imagens plásticas e fotográficas, além dos recortes de notícias dos jornais da época e depois, agrupados e colados na "Nota depois", expondo a forma incoerente e confusa das mentalidades em geral, ao tentar compreender o corpo dissidente da personagem Gisberta. Todas aquelas expressões desencontradas, articuladas ao longo dos textos jornalísticos, levam-me a concluir que, numa tentativa (vã, diga-se de passagem) de dar a entender um outro que não faz parte do seu universo, eles acabam por matar e eliminar Gisberta, sempre que a nomeação incide num ferimento de sua dignidade como ser humano, numa minimização da violência cometida sobre ela e sobre a sua condição de vítima e numa sumária rejeição e incompreensão de sua existência e de sua identidade como mulher transexual.

Já a "transfiguração fantasmática e onírica",[237] no meu entender, ocorre em cada uma das aparições de Gisberta, seja as tecidas a partir das densas digressões desenvolvidas pela ótica de Rafael-narrador, seja as narradas do seu primeiro contato até o desfecho trágico no Pão de Açúcar. Aliás, essa mesma violência narrada no fim do romance coaduna-se com aquelas práticas agressivas de impor sobre os corpos trans "uma maneira desrealizada de viver no mundo, uma forma de viver nas sombras, não enquanto um sujeito humano, mas como fantasma".[238] No seu conjunto, portanto, todas elas materializam-se numa espécie mesmo de "transfiguração fantasmática e onírica", porque transformam a Gisberta das notícias numa outra criatura, numa personagem ficcional, recuperada pela "imaginação visiva"[239] do narrador-protagonista, que a coloca numa vida desrealizada e desumanizada.

Tal como analisamos, Rafael constitui uma *persona* criada pelo autor implícito, e este, por sua vez, também se configura como um "eu", presente na "Nota antes" e na "Nota depois", tão fictício quanto o narrador da autodiegese principal. Munido de uma maturidade inusitada, aliada a uma contrariedade explícita, ao compor sua autodiegese, Rafael-narrador extravasa aquele mesmo "processo de abstração, condensação e interiorização da experiência sensível".[240]

Assim sendo, minha compreensão da proposta da visibilidade calviniana no romance de Afonso Reis Cabral passa, necessariamente, por dois sentidos. O primeiro deles é de natureza estética, porque, em *Pão de Açúcar*, as imagens circulam dentro do texto, fazem parte da trama, contribuem para a construção visual dos perfis e dos caracteres das personagens e cristalizam essas principais criaturas como "imagens visivas" na obra. Já o segundo dos sentidos é de ênfase ética, porque entendo que o processo de "imaginação visiva"[241] não exclui a cristalização do mal e a humanização deste em cada uma das personagens que contribuíram para o massacre de Gisberta e o seu lançamento no fundo do poço do prédio abandonado. Do mesmo modo, a Gisberta recriada nas páginas do romance propicia a cristalização da transfobia e do transfeminicídio.

Logo, se, no sentido estético, a visibilidade confere às "imagens visivas" de Rafael (e, por conseguinte, de seus colegas) e de Gisberta a condição de personagens "ex-cêntricas", porque excluídas de qualquer possibilidade de contato, relação e/ou assistência com uma centralidade socioeconômica, no ético, essa mesma visibilidade põe a nu a violência, o mal, a tortura, a transfobia, o transfeminicídio, a intransigência, a incapacidade de se sensibilizar e se solidarizar com a situação adversa do outro. Gisberta é de tal forma objetificada como algo incompreensível dentro da estreita visão de seus algozes (que, tal como entendemos, não deixa de ser um microrreflexo da macrovisão social sobre as dissidências sexuais em Portugal), que mesmo uma bicicleta quebrada e remontada chega a ganhar mais atenção e afeto que ela própria.

Nesse sentido, a conclusão desenvolvida por Ítalo Calvino encontra no romance de Afonso Reis Cabral uma consonância que estimula a leitura de *Pão de Açúcar* pelo viés da proposta de visibilidade. Segundo o ensaísta italiano:

> Seja como for, todas as "realidades" e as "fantasias" só podem tomar forma através da escrita, na qual exterioridade e interioridade, mundo e ego, experiência e fantasia aparecem compostos pela mesma matéria verbal; as visões polimorfas obtidas através dos olhos e da alma encontram-se contidas nas linhas uniformes de caracteres minúsculos ou maiúsculos, de pontos, vírgulas, de parênteses; páginas inteiras de sinais alinhados, encostados uns aos outros como grãos de areia, representando o espetáculo variegado do mundo numa superfície sempre igual e sempre diversa, como as dunas impelidas pelo vento do deserto.[242]

As concepções calvinianas para a defesa da visibilidade destacam a potência e a força de construção de imagens pela escrita por meio da junção de polos que se atraem e se reintegram para dar forma à matéria literária. Por isso, gosto de pensar o romance *Pão de Açúcar*, de Afonso Reis Cabral, a partir da visibilidade, porque o texto surge moldado por uma aderência realista do episódio narrado, sem ocultar ou diminuir a dureza da violência, o desassossego e a revolta diante do veredito final, emitido pelo exame pericial. A "Nota depois" tem uma importância tão fundamental quanto a "Nota antes", porque reitera a incapacidade de entender o corpo trans de Gisberta, e tal dificuldade não deixa de transparecer na narrativa, tendo em vista que o foco nela adotado é o de um de seus algozes. Ele mesmo, tal como pudemos constatar, também é portador de uma dificuldade em dimensionar o corpo do outro, acompanhado da perspectiva do autor implícito, que, ao contrário de sua criatura, tenta ele também reconhecer a alteridade como uma existência digna e autônoma.

Assim, se a "Nota antes" funciona como um paratexto introdutório ao mote originador da narrativa, a "Nota depois" revigora a visibilidade de um corpo incompreendido e aponta para as expressões incoerentes utilizadas pelos jornais e pelos discursos midiáticos e como estas aumentam a condição de Gisberta como o outro, o monstro, o abjeto, ou seja, nem mesmo na rejeição ela é reconhecida plenamente como uma mulher transexual, posto que grande parte dos adjetivos é articulada no masculino, com algumas poucas ocorrências no feminino.

Como sair ileso, portanto, de uma narrativa dessa categoria? Como classificar *Pão de Açúcar* como um romance mal construído que abdica de qualquer reflexão de índole ética e mesmo política? Tem razão Ana Paula Tavares, uma das integrantes do júri que concedeu o prêmio "José Saramago" à obra, quando defende que se trata de um texto que "retira do esquecimento acontecimentos que os jornais e os relatórios da Polícia tinham tratado de forma redutora e parcial, com silêncios e omissões que o autor se propõe aqui revelar".[243]

"Acredito que o leitor tem de ser responsabilizado pela leitura que faz. O seu papel é fundamental. Não quero doutrinar nem publicar um panfleto. Mas se, com o que mostro, o leitor dá outro passo, fico contente"[244] – assim defende Afonso Reis Cabral o seu papel como criador de ficção e a atuação do leitor diante da matéria encontrada em suas obras. Ainda que procure se eximir de qualquer preocupação ativista ou militante de um ou outro qualquer grupo específico – o que efetivamente acontece no romance em pauta, já que a própria adoção do foco narrativo aponta para esse caminho –, não deixa de ser instigante o fato de que *Pão de Açúcar* mobiliza uma visibilidade estética e ética capaz de incomodar o público leitor e retirá-lo de sua zona de conforto para o deslocar a uma zona de confronto.

Por isso, na grande colcha de possibilidades formada pela "prateleira hipotética" da novíssima ficção portuguesa, as "imagens visivas" de *Pão de Açúcar*, de Afonso Reis Cabral, encontram um espaço de consolidação e permanência por sua força e potência ao propiciar a visibilidade, tal como desenhada por Ítalo Calvino,[245] como uma das propostas possíveis de criação.

Notas

[1] Calvino, 2000.
[2] *Idem*, p. 98.
[3] *Idem*, p. 99.
[4] *Idem, ibidem.*

[5] *Idem*, p. 100.
[6] *Idem*, p. 99.
[7] Calvino, 2015, p. 29.
[8] Calvino, 2000, p. 99.
[9] Não quero aqui minimizar ou simplificar as alianças e as distinções entre os movimentos maneirista e barroco. Aliás, as diferenças e discrepâncias entre estes surgem como um dos escopos na abordagem de Arnold Hauser, para quem "o conflito entre os dois estilos é, na realidade, mais sociológico do que puramente histórico. O maneirismo é o estilo artístico de uma classe aristocrática, cuja cultura é essencialmente internacional; o primitivo barroco é a expressão de uma tendência mais popular, mais emocional e mais nacionalista. O perfeito barroco triunfa sobre o estilo do maneirismo mais refinado e exclusivo, à medida que a propaganda eclesiástica da Contrarreforma se espalha, e o Catolicismo se torna de novo uma religião do povo. A arte palaciana do século XVII adapta o barroco às suas necessidades específicas; por um lado, o emocionalismo eleva o barroco a uma teatralidade magnífica e, por outro, desenvolve o seu classicismo latente na expressão de um autoritarismo austero e esclarecido" (Hauser, 1972, p. 478). Também Victor Tapié discute as diferenças e as ligações entre o Renascimento e o Barroco, mesmo não levando em conta a incidência do Maneirismo: "A arte barroca, que nasceu do Renascimento, tornou--se intérprete da mensagem da Igreja e tendo os espíritos permanecido, até nossos dias, divididos pela questão religiosa, era natural que essa aliança repercutisse na apreciação dos críticos" (Tapié, 1974, p. 185). Se levanto a questão das motivações aristocráticas num e a das influências religiosas noutro, é porque o próprio Ítalo Calvino sublinha a figura de Dante Alighieri como um dos ícones e um dos alicerces seminais para compreender o que ele defende como proposta de visibilidade. Na verdade, tudo indica que as explorações altamente visuais advindas das duas estéticas podem estar na raiz do que a literatura do final do século XX começa a ensaiar em um cenário de profundas mudanças diante das novas linguagens visuais (e virtuais) emergentes, e a do século XXI viria explorar de maneira mais assertiva e exacerbada.
[10] Calvino, 2000, p. 102.
[11] *Idem*, p. 103.
[12] *Idem, ibidem*.
[13] *Idem*, p. 104.
[14] *Idem*, p. 108.
[15] Como é de conhecimento público, e não me cabe repetir o que outros de maior domínio já fizeram e de forma muito mais competente, Roland Barthes produziu uma série de textos circunstanciais, prefácios, entrevistas, artigos para revistas e periódicos críticos, estudos e escritos para intervenções pontuais. Todo esse material foi publicado em vida e, depois, postumamente, na França, graças ao trabalho de edição, estabelecimento de texto, reunião e revisão de Claude Coste, Éric Marty, François Wahl, Jacqueline Guittard, Jean-Loup Rivière, Nathalie Léger e Thomas Clerc, entre outros profissionais e investigadores.
[16] Calvino, 2000, p. 104.
[17] Barthes, 1990, p. 118. Grifos meus.
[18] Barthes, 1992, p. 85.
[19] Calvino, 2000, p. 109.
[20] *Idem*, p. 105.
[21] *Idem*, p. 109.
[22] *Idem*, p. 106.
[23] *Idem*, p. 108.

24 *Idem, ibidem*.
25 *Idem*, p. 107.
26 *Idem*, p. 108.
27 *Idem, ibidem*. Grifos meus.
28 *Idem*, p. 110.
29 *Idem, ibidem*. Grifos meus.
30 *Idem, ibidem*.
31 Arnaut, 2005, p. 38.
32 Cláudio, 1986, p. 78.
33 *Idem*, p. 116.
34 Valentim, 2018.
35 Nas primeiras edições de cada um dos romances constituintes da *Trilogia da mão*, fotos de quadros e peças de Amadeo de Souza-Cardoso e Rosa Ramalho são utilizados para a contracapa dos volumes editados pela Imprensa Nacional – Casa da Moeda. A singularidade na imagem de abertura do romance baseado na trajetória de Guilhermina reside no fato de que ela é a única dos três artistas materializada em tintas e cores, a partir da utilização do famoso quadro de Augustus John, pintado entre 1920-1923. Ele pode ser visualizado em <https://interlude.hk/forgotten-cellists-iv-guilhermina-suggia/>.
36 M. T. A. Alves, 1993, p. 129.
37 *Idem, ibidem*.
38 *Idem, ibidem*.
39 Calvão, 2008, p. 27.
40 Calvino, 2000, p. 99.
41 Expressão utilizada pela primeira vez por Carla Sofia Gomes Xavier Luís, em sua comunicação "Mário Cláudio: a vida, a obra e o estilo biográfico", apresentada no Colóquio Internacional Vida e Obra de Mário Cláudio, em 12 e 13 de novembro de 2015, para designar o conjunto formado por *Boa noite, Senhor Soares* (2008), *Retrato de rapaz* (2013) e *O fotógrafo e a rapariga* (2015). Nesse mesmo evento, numa outra comunicação, Brunello de Cusatis propôs também a terminologia de *Trilogia das gerações* para o conjunto das mesmas obras supracitadas. Por entender que é sobre diferentes formas de afetos e de caminhos de manifestação e expressão, retomo a denominação proposta e explicada por Carla Sofia G. X. Luís (2018).
42 Calvão, 2008, p. 28.
43 Tordo, 2011. Como o autor será estudado no capítulo 6, quando abordaremos a "consistência", suas informações biográficas estarão contidas na referida seção.
44 Tordo, 2013, p. 22.
45 Calvino, 2000, p. 106.
46 *Idem*, p. 107.
47 *Idem*, p. 108.
48 *Idem*, p. 107.
49 Tordo, 2013, pp. 114-115 e 120. Grifos meus.
50 Calvino, 2000, p. 103.
51 A referida fotografia pode ser visualizada em várias entradas de pesquisa no Google, inclusive no *site* Esquerda (https://www.esquerda.net/artigo/memorias-catarina-eufemia/37032). No entanto, é curioso o fato de não conseguir encontrar a fonte exata de sua origem e o nome do fotógrafo responsável. Outros cartazes que reutilizam essa foto, além de outros poemas em referência a Catarina Eufémia, podem ser encontrados em <https://gamepassion.blogs.sapo.pt/catarina-eufemia-a-heroina-alentejana-25178>.

Recomendo a leitura do trabalho de Ágata Cristina da Silva Oliveira (2017) que, ao propor uma interessante análise do mencionado romance de João Tordo, incorpora a referida foto de Catarina Eufémia, juntamente com outras imagens de capas de livros que se debruçaram sobre a vida da camponesa.

52 Rodrigues, 2014, p. 118.
53 *Idem, ibidem.*
54 Calvino, 2000, p. 104.
55 *Idem, ibidem.*
56 *Idem,* p. 105.
57 Jornalista reconhecida e distinguida com diversos prêmios de reportagem – entre os quais se destacam o prêmio nacional "Abel Salazar" (1995), o prêmio nacional "Alexandre Herculano" (1995), o prêmio "Maria Lamas" (2000), promovido pela Comissão da Igualdade e Direitos da Mulher, e o "Prêmio Reportagem Norberto Lopes" (2001) –, Ana Margarida de Carvalho estreia na ficção em 2013, com o romance *Que importa a fúria do mar,* com o qual se destacou como finalista no prêmio "LeYa", no prêmio "Fernando Namora" e no prêmio "PEN Club", além de ter vencido o "Grande Prêmio de Romance e Novela APE/DGLAB" (2013). Com essa obra, inicia uma trajetória respeitada por seus pares e consagrada pela crítica especializada. Seu segundo romance, *Não se pode morar nos olhos de um gato* (2016), vence o "Grande Prêmio de Romance e Novela APE/DGLAB" (2016) e o prêmio "Manuel de Boaventura" (2017), concedido pela Câmara Municipal de Esposende. O terceiro, *O gesto que fazemos para proteger a cabeça* (2019), destaca-se como finalista do "Grande Prêmio de Romance e Novela APE/DGLAB" (2019) e semifinalista do prêmio "Oceanos de Literaturas de Língua Portuguesa". Também seu primeiro livro de contos, *Pequenos delírios domésticos* (2017), arrecada o "Grande Prêmio de Conto Camilo Castelo Branco APE/CM Vila Nova de Famalicão". Também publicou a obra infantil *A Arca do É (ou a versão vegetariana da Arca do Noé),* em coautoria com o ilustrador Sérgio Marques (2015), e, mais recentemente, sua segunda coletânea de contos, *Cartografias de lugares mal situados* (10 contos da guerra) (2021).
58 Calvino, 2000, p. 108.
59 A. M. Carvalho, 2013, p. 11.
60 Calvino, 2000, p. 109.
61 A. M. Carvalho, 2013, p. 43.
62 Calvino, 2000, p. 105.
63 *Idem, ibidem.*
64 Cf. o texto de Isabel Cristina Rodrigues (2014), já aqui citado, sobre alguns nomes da atual ficção portuguesa.
65 C. O. Martins, 2015, p. 22. Grifos meus.
66 Calvino, 2000, p. 106.
67 Cabral, 2018.
68 Com um percurso ainda em seu início, Afonso Reis Cabral tem se destacado como um dos escritores mais talentosos de sua geração. Nascido em 1990, graduou-se em Estudos Portugueses e Lusófonos pela Universidade Nova de Lisboa, onde também obteve o título de mestre em Estudos Portugueses. Sua estreia literária deu-se em 2005, com a publicação de *Condensação,* obra que reúne poemas escritos entre os 9 e os 15 anos. Em 2014, venceu o prêmio "LeYa", com o romance ainda inédito *O meu irmão.* Em 2017, foi-lhe atribuído o prêmio "Europa David Mourão-Ferreira" na categoria Promessa; em 2018, o prêmio "Novos" na categoria Literatura; e, em 2019, o prêmio "GQ MOTY", na categoria Literatura. Em 2018, veio a lume seu segundo romance, *Pão de Açúcar,* baseado no caso da transexual brasileira

Gisberta Salce Júnior, com o qual se sagrou vencedor do prêmio "José Saramago", em 2019. Nesse mesmo ano, saiu o livro *Leva-me contigo*, narrativa de uma viagem realizada a pé pela Estrada Nacional 2, cujas diversas paradas e etapas foram gradativamente descritas em suas redes sociais. É colunista do *Jornal de Notícias* com a rubrica "Ansiedade Crônica", e da *Mensagem de Lisboa* com "O Rossio na Betesga". Trabalha também como editor *freelancer*.

[69] Athayde, 2020.

[70] Estreado em 8 de junho de 2006, simultaneamente na Academia Contemporânea do Espetáculo, no Porto, e na cave da Galeria Bar Santa Clara, em Coimbra, o documentário recupera momentos de Gisberta, a partir de testemunhos e entrevistas com ativistas de várias organizações de apoio à comunidade LGBTQIA+, além de pessoas conhecidas e amigas suas, de *flashes* de algumas reportagens de jornais da época e de fotografias de outras vítimas, levadas pelo crime de ódio e de transfobia. O filme em questão pode ser visto na sua totalidade em <https://www.youtube.com/watch?v=FIWgXSB92Xc>.

[71] Abrunhosa, 2007. A canção de Pedro Abrunhosa teve repercussão mundial. Além de sua versão, destacam-se outras, como a de Maria Bethânia, para o *show* e álbum *Amor Festa Devoção* (disponível em <https://www.youtube.com/watch?v=BEs_fP37lNo>) e a de Valéria Huston, para uma apresentação na Casa Mário Quintana, em Porto Alegre (disponível em <https://www.youtube.com/watch?v=tJPuQXOTwas>).

[72] Cabe-me esclarecer que a expressão é utilizada a partir da definição de Wayne C. Booth: "O sentido que temos do autor implícito inclui não só os significados que podem ser extraídos, como também o conteúdo emocional ou moral de cada parcela de ação e sofrimento de todos os personagens. Inclui, em poucas palavras, a percepção intuitiva de um todo artístico completo; o principal valor para com o qual *este* autor implícito se comprometeu, independentemente do partido a que pertence na vida real – isto é, o que a forma total exprime" (Booth, 1980, p. 91). É possível inferir, portanto, que se trata de uma entidade ficcional, criada dentro e a partir do discurso romanesco, distinguindo-se do autor empírico. Ainda que Carlos Reis não concorde com a expressão e prefira "autor implicado" (C. Reis, 2018, p. 41), decidi manter a nomenclatura de Wayne Booth por entendê-la suficiente e eficaz para explicar a presença do "eu" nos dois paratextos de *Pão de Açúcar*. Também não lanço mão do conceito de "autor onisciente intruso", explicado por Norman Friedman (2002), por entender que o "eu" dos dois paratextos do romance de Afonso Reis Cabral não executa aquela amplitude de onisciência, em que vários ângulos aparecem na narrativa, a ponto de a história ser captada por diversas perspectivas. Ainda que se perceba um efeito de onisciência na trama contada pelo olhar de Rafael Tiago, a narrativa é acionada exclusivamente a partir de uma autodiegese.

[73] Cabral, 2018, pp. 257-258. Chamo atenção para o importante e minudente trabalho de Manaíra Alves Athayde (2020), que, para além dos títulos mencionados pelo narrador, ainda insere um conjunto de outros que podem contribuir para uma compreensão do caso Gisberta. Ainda que não mencione diretamente, os dois espetáculos teatrais a que se refere o narrador muito provavelmente são o monólogo de 2013 de Eduardo Gaspar com a atriz portuguesa Rita Ribeiro (disponível em <https://www.dn.pt/cartaz/teatro/gisberta-com-rita-ribeiro-no-teatro-rapido-3210905.html>), vencedor do prêmio "Arco-íris" (2014) (Associação Ilga – Portugal), e a peça (também em forma de monólogo) de 2017, com o ator brasileiro Luis Lobianco (disponível em <https://oglobo.globo.com/cultura/teatro/luis-lobianco-leva-ao-palco-historia-de-gisberta-vitima-da-transfobia-20991812>). Além desses títulos, vale ainda destacar o belíssimo poema de Ramon Nunes Mello, "Ato de fé" (Mello, 2018, p. 201), incluído na antologia por ele organizada *Tente entender o que tento dizer*.

74 Athayde, 2020.
75 S. J. Almeida, 2006.
76 Inácio, 2012.
77 Thürler; Trói & Garcia, 2017.
78 Abrunhosa, 2007.
79 Athayde, 2020, pp. 17-18.
80 *Idem*, p. 18.
81 Calvino, 2000, p. 100.
82 Athayde, 2020, p. 18.
83 *Idem, ibidem*.
84 *Idem, ibidem*.
85 Calvino, 2000.
86 Apesar da dificuldade da mídia portuguesa em tentar definir a condição de Gisberta por meio de gêneros incoerentes com sua identidade de mulher transexual (mais adiante, irei retomar essa questão), fato é que seu assassinato gerou uma série de movimentos reivindicadores dos direitos não só das comunidades trans, mas dos grupos LGBTQIA+. Até hoje, por exemplo, há diversas iniciativas para a nomeação de uma rua com seu nome completo (rua Gisberta Salce Júnior), que esbarram sempre no silêncio e na negativa das comissões de toponímia da Câmara Municipal do Porto. Mais detalhes podem ser consultados nos artigos de Carolina Franco (2021) e Maria Martinho (2021).
87 Calvino, 2000, p. 100.
88 Athayde, 2020, p. 18.
89 *Idem*, p. 19.
90 Calvino, 2000, p. 99.
91 *Idem, ibidem*.
92 Cabral *apud* Silva & Matias, 2018.
93 Calvino, 2000, p. 102.
94 *Idem, ibidem*.
95 Cabral *apud* Silva & Matias, 2018. Grifos meus.
96 Já aqui esclareço que o emprego do termo baseia-se no conjunto de sentidos mais *stricto sensu*, como o delineado por Antônio Houaiss, que define o *abjeto* como algo que é "desprezível, baixo, ignóbil, [...] atirado por terra, derribado, [...] rasteiro, baixo, abatido, desanimado", ou, ainda, como derivativo do verbo latino *abjicere*, ou seja, "lançar, atirar, derribar, deitar abaixo, desprezar, rejeitar" (Houaiss, 2001, p. 18). Ainda que o conceito encontre estudos pontuais, como os de Julia Kristeva, em *Pouvoirs de l'horreur. Essai sur l'abjection* (1980), em que se incide o *abjeto*, a partir de uma perspectiva psicanalítica ("O abjeto nos confronta, por um lado, com esses estados frágeis onde o homem vagueia nos territórios do *animal*. Assim, através da abjeção, as sociedades primitivas marcaram uma zona precisa de sua cultura para se desligarem do mundo ameaçador do mundo animal ou animalidade, imaginados como representantes do assassinato e do sexo" [No original: "L'abject nous confronte, d'une part, à ces états fragiles où l'homme erre dans les territoires de l'*animal*. Ainsi, par l'abjection, les sociétés primitives ont balisé une zone précise de leur culture pour la détacher du monde menaçant de l'animal ou de l'animalité, imaginés comme des représentants du meurtre et du sexe" (Kristeva, 1980, p. 20; tradução minha)]), ou outros mais atuais, em que, na esteira do incontornável ensaio da investigadora búlgaro--francesa, se sublinha o *abjeto* como "aquilo que é recusado, ejetado, vomitado" (Seligmann--Silva, 2008, p. 28), não é meu objetivo traçar uma problematização do conceito em questão. Como procurei deixar claro desde a introdução, minha proposta de leitura da personagem

Gisberta, efabulada na trama do romance de Afonso Reis Cabral, passa exclusivamente pela proposta de "visibilidade" de Ítalo Calvino (2000), ainda que meu encaminhamento não desconheça outras possibilidades de análises de alguns dos elementos conceituais articulados.

[97] Cabral *apud* Mendonça, 2020. Grifos meus.

[98] Processos densamente criticados por Wayne C. Booth (1980), o contar e o mostrar têm sido tratados como dois modos de compor uma narrativa, a partir de diferentes posições do foco narrativo. Numa distinção mais imediata, Tobias Klaus e Tilmann Köppe (2013/2014) definem os dois modos da seguinte forma: "A distinção entre contar e mostrar captura dois modos diferentes de apresentar eventos em uma narrativa. Numa primeira aproximação, a distinção pode ser tomada literalmente: no modo de mostrar, a narrativa evoca nos leitores a impressão de que lhes são mostrados os acontecimentos da história ou de que, de alguma forma, eles os testemunham, enquanto, no modo de contar, a narrativa evoca nos leitores a impressão de que são informados dos acontecimentos. Usando uma metáfora espacial, o modo de exibição também é chamado de narrativa com 'pequena distância', presumivelmente porque os leitores têm a impressão de que estão, de alguma forma, próximos dos eventos da história, enquanto o modo de contar evoca correspondentemente a impressão de uma 'grande distância' entre os leitores e os acontecimentos". No original: "The telling vs. showing distinction captures two different modes of presenting events in a narrative. In a first approximation, the distinction can be taken quite literally: in the showing mode, the narrative evokes in readers the impression that they are shown the events of the story or that they somehow witness them, while in the telling mode, the narrative evokes in readers the impression that they are told about the events. Using a spatial metaphor, the showing mode is also called a narrative with 'small distance', presumably because readers get the impression that they are somehow near the events of the story, while the telling mode correspondingly evokes the impression of a 'large distance' between readers and the events" (Klaus & Köppe, 2013/2014; tradução minha).

[99] Booth, 1980; Friedman, 2002; Gallagher, 2009; Klaus & Köppe, 2013/2014; Wood, 2011.

[100] Cabral *apud* Silva & Matias, 2018.

[101] Cabral, 2018, p. 13. Grifos meus.

[102] *Idem*, p. 12.

[103] Booth, 1980, p. 33.

[104] Cabral, 2018, p. 13.

[105] Booth, 1980, p. 91.

[106] *Idem*, p. 92. Grifos meus.

[107] Tal como chamei atenção, por mais que algumas coincidências ocorram na "Nota antes", na minha perspectiva, trata-se de uma bem articulada artimanha de Afonso Reis Cabral para aumentar a própria dúvida que a ficção instaura na narrativa. Vale lembrar, nesse sentido, duas declarações do autor que corroboram essa minha visão. A primeira delas encontra-se na entrevista concedida a Ana Murcho, em 4/3/2020, em que afirma: "Tanto a realidade da Gisberta, como transexual, naturalmente, e nas circunstâncias de vida em que se encontrava, como a dos próprios rapazes, em instituições, eram para mim muito estrangeiras, eram realidades que eu tinha de conhecer mais. Não estou com isso a dizer que o livro é uma reportagem literária. Eu posso dizer que aquilo é tudo inventado... exceto o que não é inventado. [...] O Rafa, que é o narrador, não existe. Aquela Gisberta também não é propriamente a Gisberta" (Cabral *apud* Murcho, 2020). A segunda pode ser verificada na entrevista dada a Beatriz Pereira, em que, ao ser interrogado sobre a presença de um *alter ego* na sua escrita e, coincidentemente, numa pasta de ficheiros de seu computador, Afonso

Reis Cabral declara de maneira incisiva: "Escrevo sempre na primeira pessoa, mas nunca sou eu. São personagens muito diferentes de mim. E essa procura e construção do outro para mim é fundamental. Na verdade, tento que os narradores sejam bastante diferentes da pessoa que sou. Naturalmente, são. Talvez vão buscar o que há de pior em mim e o que, no dia a dia, tento controlar, mas na escrita deixo à solta. Por isso, gosto de pensar que é um 'alter ego', que é um outro eu, reservado para a escrita e que não tem influência no meu quotidiano" (Cabral *apud* B. Pereira, 2021, p. 243).

[108] Calvino, 2000, p. 99.
[109] Cabral, 2018, pp. 12-11.
[110] *Idem*, p. 13.
[111] A partir daqui, usarei essa terminologia para me referir ao "eu" narrante da "Nota antes" e da "Nota depois". Logo adiante, explico as razões dessa utilização.
[112] Cabral, 2018, p. 13.
[113] C. Reis, 2018, p. 295.
[114] Cabral, 2018, pp. 18-19.
[115] Calvino, 2000, p. 100.
[116] *Idem*, p. 99.
[117] *Idem*, p. 105.
[118] *Idem*, p. 107.
[119] O desenho concebido pelo artista plástico português Zé Maria para a personagem Samuel pode ser consultado na página 16 da edição portuguesa e na página 14 da edição brasileira.
[120] Cabral, 2018, p. 5.
[121] Calvino, 2000, p. 110.
[122] *Idem*, p. 106.
[123] *Idem*, p. 108.
[124] *Idem, ibidem*.
[125] Garramuño, 2014, p. 16.
[126] *Idem, ibidem*.
[127] Real, 2012.
[128] Garramuño, 2014, p. 34.
[129] *Idem, ibidem*.
[130] *Idem*, pp. 37-38.
[131] Cabral, 2018, p. 13. Grifos meus.
[132] Guarramuño, 2014, p. 34.
[133] Calvino, 2000, p. 106.
[134] Cabral, 2018, p. 17. Grifos meus.
[135] *Idem*, p. 54. Grifos meus.
[136] *Idem*, pp. 104-105. Grifos meus.
[137] *Idem*, p. 180. Grifos meus.
[138] *Idem*, p. 223. Grifos meus.
[139] *Idem*, p. 235. Grifos meus.
[140] *Idem*, p. 105.
[141] *Idem*, p. 109.
[142] *Idem*, p. 235.
[143] Calvino, 2000, p. 108.
[144] *Idem, ibidem*.
[145] *Idem*, p. 109.
[146] *Idem*, p. 106.

[147] Cabral, 2018, p. 121.
[148] *Idem*, p. 223.
[149] *Idem*, pp. 23-24. Grifos meus.
[150] *Idem*, p. 28. Grifos meus.
[151] *Idem*, p. 30. Grifos meus.
[152] *Idem*, p. 32. Grifos meus.
[153] *Idem*, p. 64. Grifos meus.
[154] *Idem*, p. 173. Grifos meus.
[155] *Idem*, p. 187. Grifos meus.
[156] *Idem*, pp. 229-230. Grifos meus.
[157] Barthes, 2013, p. 12.
[158] Calvino, 2000, p. 106.
[159] *Idem, ibidem*.
[160] Cabral, 2018, p. 87.
[161] *Idem*, p. 95.
[162] *Idem*, p. 171.
[163] *Idem*, p. 178.
[164] *Idem*, p. 186.
[165] *Idem*, p. 193.
[166] *Idem, ibidem*.
[167] *Idem*, p. 195.
[168] *Idem*, p. 203.
[169] Butler, 2021.
[170] *Idem*, p. 39.
[171] *Idem, ibidem*.
[172] Para fins de esclarecimento, utilizo aqui a expressão tal como definida por R. W. Connell (2005), já discutida no capítulo 2, sobre a "rapidez", em *Deus Pátria Família*, de Hugo Gonçalves (2021).
[173] Vale a pena sublinhar essa mesma incapacidade – e diria mais: desrespeito – para designar um outro com uma subjetividade trans conhecida e divulgada amplamente; um erro grosseiro cometido pela Harper Collins, que, na edição brasileira, ao classificar o romance de Afonso Reis Cabral, um escritor português reconhecido (observe-se a chamada na capa "Livro vencedor do Prêmio José Saramago", não se tratando, portanto, de um ilustre desconhecido), se utiliza de três palavras-chave: "1. Literatura brasileira [*sic!*] 2. Violência urbana [*sic!*] 3. Homofobia [*sic!*]" (Cabral, 2018, p. 4). No meu entender, estas deveriam ser: 1. Literatura Portuguesa 2. Violências 3. Transfobia.
[174] Calvino, 2000, p. 106.
[175] Cabral, 2018, p. 230.
[176] Calvino, 2000, p. 106.
[177] *Idem*, p. 107.
[178] Cabral, 2018, pp. 171-173.
[179] Não são poucos os estudos a respeito desse tema. Para além dos ensaios de Maria do Mar Pereira (2012), que aborda a questão e a negociação de gênero no espaço escolar dos ciclos iniciais do ensino, e de Sofia Aboim (2013), que investiga as práticas da sexualidade dos portugueses, sobretudo nas décadas posteriores ao 25 de Abril de 1974, o atento trabalho de Pedro Moura Ferreira (2010), apesar da distância temporal de mais de dez anos de sua consecução, já aponta para visíveis diferenças geracionais: "Na atual geração jovem masculina, a iniciação sexual é maioritariamente realizada antes dos 17 anos (53%). A

proporção correspondente na geração mais velha é um pouco mais baixa (43%), mas, em contrapartida, a percentagem de homens que se iniciaram precocemente, ou seja, com 14 anos ou menos, é mais alta" (P. M. Ferreira, 2010, p. 242). Comparando com a situação apresentada no romance, percebe-se uma coerência com a cena da iniciação sexual da personagem Rafael antes dos 17 anos, do mesmo modo como se aponta para as práticas dos outros jovens do internato.

[180] Cabral, 2018, p. 177.
[181] *Idem*, p. 172.
[182] *Idem*, pp. 172-173.
[183] Calvino, 2000, p. 108.
[184] *Idem*, p. 107.
[185] Cabral, 2018, p. 173.
[186] Essa comparação é extremamente possível, na medida em que, logo depois de conhecer Gisberta, Rafael-narrador estabelece essa aproximação e suas possíveis diferenças, ainda mal estabelecidas: "O corpo perfeito da Alisa lembrou-me o corpo da Gi. Uma e outra estavam em lados diferentes da vida, e as duas interessavam-me de maneira muito intensa, em tudo oposta" (*Idem*, p. 67).
[187] *Idem*, p. 163.
[188] *Idem*, p. 22.
[189] *Idem*, p. 107.
[190] *Idem*, p. 226.
[191] Calvino, 2000, p. 99.
[192] Hutcheon, 1991, p. 88.
[193] *Idem, ibidem*.
[194] *Idem, ibidem*.
[195] *Idem, ibidem*.
[196] Cabral, 2018, p. 60.
[197] *Idem*, p. 140.
[198] *Idem*, p. 215.
[199] *Idem*, p. 234.
[200] *Idem*, p. 132.
[201] *Idem*, p. 91 ["Sim, meu coração pertence ao papai"].
[202] *Idem*, p. 103.
[203] *Idem*, p. 139.
[204] *Idem*, p. 113.
[205] *Idem*, p. 139.
[206] *Idem*, p. 126.
[207] *Idem*, p. 176.
[208] Tomo a liberdade de criar essa expressão no sentido de tentar abarcar a demanda da personagem por uma existência coerente com sua identidade trans. É certo que o termo remete ao conhecido conceito de *homo viator*, do homem viajante e itinerante em busca de uma esperança e de um sentido para sua insatisfação (Marcel, 2010); no entanto, algumas de suas definições são aqui articuladas para demonstrar a diferença e a dissidência da personagem no romance.
[209] G. M. Rocha, 2012, p. 26.
[210] *Idem, ibidem*.
[211] Hutcheon, 1991, p. 88.
[212] *Idem*, p. 97.

[213] Cabral, 2018, p. 15.
[214] Cabral *apud* Duarte, 2019.
[215] *Idem, ibidem*.
[216] Cabral, 2018, pp. 213-214.
[217] Bento, 2016, pp. 45-46.
[218] Benedetti, 2005; Bento, 2006; Berutti, 2010.
[219] Cf. Jiménez, 2019; Moira *et al.*, 2017.
[220] Bento, 2016, p. 51.
[221] Cabral, 2018, pp. 259-260. Grifos meus.
[222] Já nos momentos finais de revisão do presente trabalho, surgiu na mídia portuguesa uma discussão sobre sexo e gênero, envolvendo jornalistas de certa projeção em Portugal, num desfile deplorável de desconhecimento, desrespeito e achincalhamento das dissidências sexuais, tendo como uma das figuras cimeiras desse horror o jornalista Ricardo Araújo Pereira (2022). Sob a justificativa de escrever com humor sobre um tema que não conhece, não domina e sobre o qual não lê e não estuda, ele acabou por gerar uma série de respostas (cf. a belíssima crônica de António Guerreiro, 2022), e as questões relativas às pessoas trans acabaram ganhando visibilidade na mídia, ainda que não com os efeitos de conscientização e educação que o tema merece.
[223] Cabral, 2018, p. 214.
[224] Butler, 2016, p. 27.
[225] *Idem*, p. 28.
[226] Pellegrini, 2018, p. 226.
[227] *Idem*, p. 223.
[228] Real, 2012a, p. 86.
[229] *Idem*, p. 101.
[230] Cabral, 2018, p. 256.
[231] Bento, 2016.
[232] Preciado, 2021.
[233] Calvino, 2000, p. 110.
[234] *Idem, ibidem*.
[235] *Idem, ibidem*.
[236] *Idem, ibidem*.
[237] *Idem, ibidem*.
[238] Butler, 2016, p. 28.
[239] Calvino, 2000, p. 106.
[240] *Idem*, p. 110.
[241] *Idem*, p. 109.
[242] *Idem*, p. 114.
[243] Tavares *apud* Céu e Silva, 2019a.
[244] Cabral *apud* Duarte, 2019.
[245] Calvino, 2000.

CAPÍTULO 5
MULTIPLICIDADE
Do romance como enciclopédia e museu imaginário: *Rua de Paris em dia de chuva*, de Isabel Rio Novo

> [...] quem somos nós, quem é cada um de nós senão uma combinatória de experiências, de informações, de leituras, de imaginações? Cada vida é uma enciclopédia, uma biblioteca, um inventário de objetos, uma amostragem de estilos, onde tudo pode ser continuamente remexido e reordenado de todas as maneiras possíveis.
> Ítalo Calvino, *Seis propostas para o próximo milênio*, 2000, p. 138.

> Para os oficiais, todos os quadros impressionistas parecem esboços. Para Claude Monet e para os seus, esses esboços referem-se a espetáculos, que exprimem com mais intensidade do que os quadros dos seus antecessores. O espetáculo está incontestavelmente em causa, por uma sensibilidade poética à bruma, à neve, à Primavera e, em primeiro lugar, obviamente, à luz. Mas o Impressionismo não é um "ar livre" aperfeiçoado por óticos. Esses quadros, nos quais o público não distingue o que representam, e que, no entanto, se tornarão tão semelhantes [...], consideram-se impressões, isto é, interpretações. Mas, por muito individuais que sejam, estas não são orientadas por uma imitação, ou mesmo por uma "sobre-imitação", que estaria para a paisagem como a idealização ou a caricatura estão para a figura humana. São orientadas pela "pintura": por uma procura de intensidade das cores, uma correlação destas cores, em nome da proclamada primazia do pintor sobre o que ele representa.
> André Malraux, *O museu imaginário*, 2020, p. 66.

O Impressionismo é uma corrente artística destituída de manifestos. O grupo de pintores que hoje apelidamos de impressionistas é, aliás, constituído por individualidades muito independentes, muito diferentes entre si, unidas pelo desejo de romper com o academismo, com o gosto convencional.

> Achei que poderia ser interessante colocar Caillebotte, grande impulsionador do Impressionismo, a redigir uma espécie de manifesto, ainda que muito pessoal, muito subjetivo, em estilo de carta, como dizes, dirigido à personagem da Autora.
> Isabel Rio Novo, "Que temos nós de nosso senão o que inventamos?". Entrevista a Jorge Vicente Valentim, 2021, p. 178.

Na sua quinta lição americana, Ítalo Calvino chama atenção para o aspecto da multiplicidade na produção literária do século XXI, iniciando suas indagações com uma longa e detida citação do romance *Quer pasticciaccio brutto de via Merulana* (1957) / *Aquela confusão louca da Via Merulana* (1957), do escritor italiano Carlo Emilio Gadda (1893-1973). Como em outras propostas, a abertura dessa aula-conferência dá-se a partir de uma extensa referência, com o objetivo de defender o romance contemporâneo, enquanto categoria literária, com uma ânsia explícita de compreender o mundo como uma malha de sistemas que se retroalimentam e como um espaço onde a construção de redes de saberes se dá de forma contínua. Segundo ele, a partir da criação ficcional, o romance pode ser entendido "como enciclopédia, como método de conhecimento e, principalmente, como rede de conexões entre os fatos, entre as pessoas, entre as coisas do mundo".[1]

Diante da percepção das mudanças gradativas, por vezes marcadas pelo signo da velocidade, da dilatação e do avanço tecnológico no mundo, a ficção tem a capacidade de apreender a própria inapreensibilidade de uma realidade posta à prova, seja pela alta variedade de conhecimentos e saberes que engendra, seja pela própria potencialidade com que tenta ambiciosamente abarcar e dar conta de tais representações. Talvez por isso, a maneira mais coerente de tentar realizar essa tarefa seja a de expor objetos mínimos com um poder de pulverização e de interligação de informações, a ponto de cada um deles se consolidar como "o centro de uma rede de relações de que o escritor não consegue se esquivar, multiplicando os detalhes a ponto de suas descrições e divagações se tornarem infinitas".[2] Com esse gesto, a obra literária alarga-se "de modo a compreender horizontes mais vastos",[3] expandindo-se numa teia contínua.

Se, a partir das invenções semânticas e das inovações sintáticas de Gadda, Calvino defende essa faceta do romance como enciclopédia, é na leitura das obras de dois grandes nomes da literatura do entresséculos XIX-XX que ele estabelece dois caminhos germinais importantes para compreender a multiplicidade como uma das propostas para o milênio por vir. De um lado, Robert Musil (1880-1942) com seu *O homem sem qualidades* (1930), obra paradigmática para Calvino definir a categoria do romance enciclopédico como um texto que se vai alterando, cuja estrutura sofre uma mudança interna dinâmica, e, assim, o autor não consegue concluir ou esboçar seus contornos conclusivos. De outro, Marcel Proust (1871-1922), cuja obra *A prisioneira* (1923), do seu conjunto maior *Em busca do tempo perdido*, serve-lhe para postular o romance enciclopédico como uma categoria narrativa que absorve elementos do mundo exterior – e, no caso de Proust, não será difícil detectar a apreensão das alterações visíveis da modernidade nos amplos recursos de exploração do tempo e do espaço, por exemplo – e os empresta para a construção da lógica arquitetural interna, numa "ânsia de dar consistência à multiplicidade do escrevível na brevidade de uma vida que se consome".[4]

Herdeira dessas singulares inovações, a literatura do século XXI exacerba essa profusão ensaiada e expande-a, numa impregnação daquela "antiga ambição de representar a multiplicidade das relações, em ato e potencialidade".[5] Nesse sentido, já aqui, parece-me importante ressaltar que a proposta defendida por Calvino encontra nos títulos da novíssima ficção portuguesa exatamente esse ato de consecução da multiplicidade, sem abrir mão de uma potencialidade que a coloca em evidência.

Não deixa de ser interessante observar que se a ultrapassagem de limites possíveis e o excesso de objetivos podem até não ser aspectos aprovados em alguns campos da atividade humana, tal como postula Calvino, o mesmo já não se pode afirmar do âmbito literário, já que este "só pode viver se se propõe a objetivos desmesurados, até mesmo para além de suas possibilidades de realização".[6]

Tal desmesura aponta, assim, para a categoria contemporânea ficcional de um romance enciclopédico, que, na feliz concepção de Ítalo Calvino, intenta apreender um conhecimento total, mas só possível de ser bem-sucedido se operado com a consciência de que este não pode ser encerrado num círculo, mas se faz, como quer o crítico italiano, sob o signo do "potencial, conjectural, multíplice".[7] Destarte, a ficção não só abriria espaço para um diálogo com múltiplos saberes, mas também desataria o nó de uma mundividência monofocal e deslindaria um leque de perspectivas narrativas, ora com uma "multiplicidade de sujeitos, vozes, olhares sobre o mundo",[8] ora com uma gama de interpretação e leitura em vários níveis.

Gosto de pensar, portanto, que essa aposta calviniana do "conhecimento como multiplicidade" na ficção, em tempos "que se vêm chamando de pós--modernismo",[9] não deixa de estabelecer laços de consonância com um certo saber histórico, requerido, por exemplo, pela categoria designada por Linda Hutcheon como "metaficção historiográfica",[10] qual seja, aquela que, autoconscientemente, desmascara as continuidades estruturais e

> [...] nos lembra que, embora os acontecimentos tenham mesmo ocorrido no passado real empírico, nós denominamos e constituímos esses acontecimentos como fatos históricos por meio da seleção e do posicionamento narrativo. E, em termos ainda mais básicos, só conhecemos esses acontecimentos passados por intermédio de seu estabelecimento discursivo, por intermédio de seus vestígios no presente.[11]

É claro que não estou querendo afirmar que toda metaficção historiográfica será obrigatoriamente um romance enciclopédico, mas não deixa de ser interessante conjecturar que este pode se manifestar em diálogo com a categoria amplamente explicada e defendida por Linda Hutcheon, em *Poética do pós-modernismo*. No meu entender, tal correlação empreende-se por meio da comparação entre a retomada e a recuperação da matéria histórica, com um olhar escrutinador sobre os vestígios do passado, o seu "estabelecimento discursivo"[12] nas malhas da efabulação narrativa, sem uma preocupação hierarquizante, e o espírito pulverizador contido no "texto multíplice, que substitui a unicidade de um eu pensante pela multiplicidade de sujeitos, vozes, olhares sobre o mundo",[13] promovendo uma distensão contínua das formas de captar, pensar e preservar o mundo, as pessoas, os saberes, os espaços (como acontece no romance enciclopédico).

Atentando, portanto, para a ficção portuguesa dos últimos (quase) 50 anos, ou seja, aquela produzida no pós-1974, não será difícil perceber, ainda que numa visada genérica, as constantes investidas dos(as) autores(as) sobre a história portuguesa, acerca do repensar a trajetória identitária lusitana, rastreando desde os tempos passados aos mais recentes, bem como as reflexões em torno da construção dos meandros narrativos, sobre os quais o próprio texto se debruça.[14] Nesse sentido, *História do cerco de Lisboa* (1989), de José Saramago, e *A costa dos murmúrios* (1988), de Lídia Jorge, constituem exemplos sintomáticos de metaficções historiográficas,[15] posto que seus textos, ao repensarem momentos específicos e procurarem certos vestígios da história portuguesa – seja a mais remota, seja a mais recente –, refletem também sobre seu próprio exercício e sobre sua execução romanesca.

Ainda que não se possa afirmar categoricamente que ambos os textos constituem exemplos específicos do romance enciclopédico, tal como projetado por Ítalo Calvino,[16] a proposta executada por José Saramago, no texto de 1989, dispõe de uma rede de saberes históricos a respeito do evento recuperado e aludido no título da obra (o cerco de Lisboa ocorrido em 1147 e a vitória de D. Afonso Henriques sobre os mouros), com um certo espírito enciclopédico que tenta abarcar as possibilidades daquilo que poderia ter sido, cuja efabulação surge cristalizada ao longo da trama de *História do cerco de Lisboa*.

No tocante à ficção portuguesa das últimas décadas do século XX, Agustina Bessa-Luís constitui um dos nomes paradigmáticos nesse caminho de criação e efabulação. Dona de uma obra hercúlea, com mais de 60 romances publicados, a autora de *A sibila* (1954) conseguiu construir um legado em que a modalidade circular, contínua, inacabada e aberta se vincula a um projeto de criação em que o pensar a própria cultura portuguesa não se desvincula de um trabalho estético delicado e, ao mesmo tempo, apurado.

Na linha dos estudos sobre o romance enciclopédico e sobre a "competência enciclopédica",[17] Rodrigo Valverde Denubila defende a tese de que todo o plano de criação literária de Agustina Bessa-Luís se alicerça na consecução dessas duas categorias, tendo em vista a proximidade entre os eixos temáticos por ela elencados e desenvolvidos, sobretudo nos romances a partir da década de 1980 (mas não só), e a base estrutural da enciclopédia iluminista. Segundo ele:

> Estruturalmente, a escritora mune seu texto de uma multiplicidade de vozes, de gêneros textuais e de perspectivas, sendo esse entendido como escrita entre parênteses de tal forma que, quando olhamos o extenso conjunto literário da romancista, composto por mais de 60 romances, temos a percepção da formação de uma grande enciclopédia aberta, pois não há uma interpretação final, um saber último, logo, o motivo predicativo determinante. A romancista constrói seus fios efabulares sob o signo do inconclusivo e do inacabado: "Nem que um livro tivesse mil páginas e uma só personagem, nada ficava apurado, conhecido, posto a nu" (Bessa-Luís, 2004, p. 337). Essa sentença traça a impossibilidade do

totalitário, bem como simboliza mais uma das que funcionam como pedra angular da personalidade literária singular da autora de *A sibila*. Nesse sentido, interessa-nos trazer a problematização da semântica enciclopédica como inacabamento, tal como discutida por Umberto Eco (1991), pois a incompletude não reside apenas na feitura das narrativas, mas também na extensão da obra e na sua variedade de gêneros textuais, por isso acreditamos ser pertinente olhar a produção da romancista como uma enciclopédia aberta também em função disso.[18]

Ao destacar a presença de uma poética do inacabado, como um dos traços de consecução da "enciclopédia aberta" de Agustina Bessa-Luís, Rodrigo Valverde Denubila ainda frisa a estruturação rizomática,[19] no sentido empreendido por Umberto Eco, em que esta é pressentida por aberturas parciais e contínuas sem uma centralização hierarquizadora, capaz de dominar e estabelecer parâmetros diferenciadores na arquitetura textual.

Vale lembrar, nesse sentido, que o rizoma, enquanto matéria distributiva, pulveriza a homogeneidade e impulsiona uma multiplicidade no âmago da obra literária, pois, de acordo com Umberto Eco,

> [...] cada ponto do rizoma pode ser unido e deve sê-lo com qualquer outro ponto e, com efeito, no rizoma não há pontos ou posições, mas apenas linhas de conexão; um rizoma pode ser quebrado num ponto qualquer e recomeçar seguindo a própria linha; é desmontável, invertível; uma rede de árvores que se abre em toda direção pode produzir rizoma, o que equivale a dizer que em cada rizoma pode ser retalhada uma série indefinida de árvores parciais; o rizoma não tem centro.[20]

A tese defendida por Denubila, portanto, ganha corpo e sustentação quando aplicada à obra de Agustina Bessa-Luís, na medida em que, sob os signos da rosácea, do narrador multifacetado, da força associativa, da desordem e da abundância, do inacabado e da caoticidade,[21] os títulos agustinianos promovem uma estética enciclopédica em cada um dos seus textos, abrindo horizontes e estabelecendo vínculos espiralados e conscientes de que a totalidade é um alvo inalcançável.

Já num breve olhar sobre a novíssima ficção portuguesa, guardando os distanciamentos necessários da obra agustiniana e do seu modo particular de escrever e representar as culturas portuguesa e europeia, não deixa de ser significativa a incursão pelo método de criação da multiplicidade, sem perder de vista aquela mesma "competência enciclopédica",[22] em dois autores do século XXI português: Gonçalo M. Tavares e Afonso Cruz.

Apesar de estrear com uma obra investigativa (*Livro da dança*, 2001), é com *O senhor Valéry* (2002) que se dá o efetivo início da carreira no campo da ficção narrativa de Gonçalo M. Tavares.[23] Basta verificar que, no conjunto de sua obra, o espírito construtivo de redes de interligações e vinculações de saberes, de mundos e de outras personagens faz-se como uma das tônicas do projeto gonçaliano. Tanto assim é que, em pelo menos três grandes blocos, Gonçalo M. Tavares reúne tendências e abre um leque de proposições e abordagens de importantes nomes da cultura. Num deles, inclusive, o autor emprega explicitamente a expressão "Enciclopédia" para agregar uma série de reflexões sobre os campos da estética, da filosofia e da ciência. São elas: "O reino" (*Um homem: Klaus Klump*, 2003; *A máquina de Joseph Walser*, 2004; *Jerusalém*, 2004; *Aprender a rezar na era da técnica*, 2007; *O osso do meio*, 2020), "Enciclopédia" (*Breves notas sobre ciência*, 2006; *Breves notas sobre o medo*, 2007; *Breves notas sobre as ligações*, 2009; *Breves notas sobre a música*, 2015; *Breves notas sobre Literatura-Bloom*, 2018) e "O bairro" (*O senhor Valéry*, 2002; *O senhor Henri*, 2003; *O senhor Brecht*, 2004; *O senhor Juarroz*, 2004; *O senhor Kraus*, 2005; *O senhor Calvino*, 2005; *O senhor Walser*, 2006; *O senhor Breton*, 2008; *O senhor Swedenborg*, 2009; *O senhor Eliot*, 2010).

Num gesto muito diverso de Gonçalo M. Tavares, o escritor, realizador, músico e ilustrador Afonso Cruz[24] aposta numa diversificação de temas, estabelecendo, porém, linhas de referência direta a outros eixos e personagens já tratados em obras anteriores. Se algumas de suas criaturas emergem em diferentes textos e em situações muito distintas e circulam por outros – tal como ocorre, por exemplo, com as personagens Isaac Dresner (de *A boneca de Kokoshka*, 2010) e Erick Gould (de *Nem todas as baleias voam*, 2016) –, não deixa de ser sintomática a propensão do autor a consolidar um conjunto expressivo de obras com uma forte inspiração "literária e cultural",[25] em que a história portuguesa não se insere como ponto central em suas efabulações, antes propõe uma abertura múltipla para a "história universal", capaz de abarcar toda uma "problematização de sentimentos e percepções de sujeitos alheios à história portuguesa".[26]

Em outros termos, Afonso Cruz destaca-se como um escritor cuja pena revigora aquele mesmo "projeto de uma competência enciclopédica", posto que seus romances surgem regidos "por uma metafísica (muito influente) que se pode exprimir através da metáfora do labirinto (que por sua vez remete ao modelo topológico da rede polidimensional)".[27] E se, para Umberto Eco, o labirinto constitui uma metáfora capaz de ressoar o espírito pulverizador e amplificador do romance enciclopédico, para Afonso Cruz, essa ideia de entrecruzamento de caminhos, de abertura de outros para a inconclusão de muitos pode ser compreendida por meio da imagem por ele defendida em *O vício dos livros*. Diz ele:

> Se os objetos falam, como qualquer arqueólogo sabe, os livros estão entre os objetos mais eloquentes de todos. Ao gravar histórias, gravamos almas. Esse futuro anunciado de podermos descarregar-nos para um computador existe no modo como nos escrevemos, ou seja, como escrevemos as nossas histórias. É certo que estas podem ser transmitidas oralmente, mas a eficácia do livro é imensa e capaz de atravessar séculos. Um livro é a primeira forma física de vida depois da morte, como um corpo glorioso capaz de preservar a alma de quem o escreveu. Mas não se limita a salvar seres humanos do olvido, fá-lo com muitas outras coisas: antigos navios, muralhas e templos, árvores, flores, caminhos, vulcões, pedras, chuva, tudo isso se plasma nas palavras e subtrai-se à sua própria efemeridade.[28]

Tal como explicado por Carlos Roberto dos Santos Menezes,[29] *O vício dos livros* surge como uma espécie de continuação de *Jalan Jalan: uma leitura do mundo* (2017), estabelecendo com essa obra um laço de sequência e desdobramento, sem, no entanto, instituir uma hierarquia de causa e consequência. Na verdade, como o excerto anterior deixa transparecer, a necessidade de demonstrar o poder de abertura de horizontes de cada texto surge a partir do contato, por meio da leitura e das imagens, que cada subjetividade pode absorver e criar, daí a enumeração feita por Afonso Cruz na citação anterior, quando defende a potência da obra literária para atravessar o tempo sem perder seu frescor e sua força de multiplicação imagética, para se plasmar nas expressões articuladas e ultrapassar a própria efemeridade das coisas.

Ora, não será essa propensão para a pulverização de informações, de imagens, de significados e de aberturas a novos horizontes uma forma de expressar o espírito criador inerente à enciclopédia, contido em boa parte na produção cruziana, posto que esta, "como sistema objetivo das suas interpretações, é 'possuída' de maneira diferente por seus diferentes usuários"?[30] Não será cada uma dessas posses uma maneira de Afonso Cruz sublinhar aquela "antiga ambição de representar a multiplicidade das relações, em ato e potencialidade"?[31]

Acredito que sim; e não gratuitamente, no plano de criação do autor, por mais de uma vez, ele próprio lança mão do título *Enciclopédia da estória universal* para publicar sete volumes distintos, em que retoma, revisita, redimensiona e amplifica a gama de significados de uma personagem, de um aspecto ou de um detalhe de suas próprias obras, em forma de verbetes. Ao optar por não conceder um subtítulo ao primeiro volume (de 2009), entendo que essa estratégia sugere o princípio como uma janela aberta, a que várias sequências podem ser acrescentadas, sem cair numa pretensa certeza de conclusão. Daí que cada volume em curso até insufla a tentativa de apreender a totalidade, mas esta só se realiza diante da consciência de sua própria inapreensibilidade.

Nesse sentido, os subtítulos escolhidos pelo autor acabam por acrescentar a cada volume essa mesma sensação de continuidade que não se encerra, sobretudo se atentarmos para algumas expressões por ele utilizadas para sugerir a preocupação de reunião, junção e investigação de sua matéria ficcional: "*Recolha* de Alexandria" (2012), "*Arquivos* de Dresner" (2013), "Mar" (2014), "As *reencarnações* de Pitágoras" (2015), "Mil anos de *esquecimento*" (2016) e "*Biblioteca* de Brasov" (2018) (grifos meus).

Se o romance enciclopédico pode ser visto com base na maneira como cada autor dá, a cada uma de suas obras, o caráter rizomático de distribuição e ligação, entrelaçando-as a partir da expansão dos temas abordados individualmente, não menos, em alguns casos, essa mesma categoria pode ser pensada não só no seu sentido mais expansivo – ou seja, de um texto que se enreda umbilicalmente a outro, provocando um efeito labiríntico na exploração de um determinado assunto –, mas também num viés mais restrito, em que um único volume pode suscitar essa mesma desagregação, numa espécie mesmo de romance enciclopédico que lança mão de outros recursos, como o arquivo e o museu, tal como procuraremos demonstrar na análise do *corpus* central do presente capítulo.

Conforme explicação de Ítalo Calvino:

O que toma forma nos grandes romances do século XX é a ideia de uma enciclopédia *aberta*, adjetivo que certamente contradiz o substantivo *enciclopédia*, etmologicamente nascido da pretensão de exaurir o conhecimento do mundo encerrando-o num círculo. Hoje em dia, não é mais pensável uma totalidade que não seja potencial, conjectural, multíplice.[32]

Ainda que exista uma necessidade de tudo abordar, num gesto de demanda pelo esgotamento do assunto, há igualmente, na composição do romance enciclopédico, uma consciência de que isso só se torna possível diante da emergente compreensão da multiplicidade e da inatingibilidade que tal grau de totalidade exige. Daí, por exemplo, o agrupamento de obras em ciclos e conjuntos, como acontece com os títulos de Gonçalo M. Tavares, ou em eixos subdivididos em volumes, como ocorre com Afonso Cruz. Mas é preciso também sublinhar a ocorrência do romance como enciclopédia aberta a partir de um único volume, que, na senda daquela construção de obras que "nascem da confluência e do entrechoque de uma multiplicidade de métodos interpretativos, maneiras de pensar, estilos de expressão",[33] alimenta a efabulação com esse mesmo espírito de inquietação diante de um determinado campo do saber, conferindo-lhe aquela mesma "competência enciclopédica".[34]

Gosto de pensar que, por esse viés de leitura, *A coleção privada de Acácio Nobre* (2016/2017), de Patrícia Portela,[35] assume um caráter bem específico na proposta de multiplicidade, isso porque, ao construir uma obra de caráter inventariante, Patrícia Portela recria e redimensiona a trajetória do cientista português Acácio Nobre, figura esquecida e silenciada durante o Estado Novo salazarista, demonstrando como os estelionatos da história suprimem nomes e memórias importantes para interrogar a condição humana da e na atualidade.

Reunindo, selecionando, agrupando e fazendo dialogar "textos e projetos de Acácio Nobre (1869?-1968)",[36] Patrícia Portela constrói um romance inventariante, no qual se incluem cartas a Fernando Pessoa, Herman Melville e Albert Einstein, envelopes, apontamentos, rascunhos de projetos, bloco de notas, álbum com recortes colados, chave, xícara, compassos, desenhos, protótipos de jogos, esboços, fotografias, máquina de datilografar, além de outros materiais, como uma carteirinha de identificação de um pretenso

"Clube dos Amigos de Acácio Nobre".[37] Enfim, a autora lança mão da criação de um arquivo (ou uma *coleção privada*, como bem indica o título da obra) com uma sorte de objetos e documentos capazes de ajudar na reconstrução do percurso de um dos nomes mais enigmáticos do estresséculos XIX-XX português.

Ao que tudo indica, a figura do "pensador do século XIX, construtor de *puzzles* geométricos e conhecedor dos movimentos mais obscuros e alternativos das ciências (naturais, ocultas e outras) e das artes de sua época"[38] realmente existiu e foi obliterada da história por causa do seu caráter subversivo, da forma inovadora com que projetava jogos e da maneira intensa com que viveu cada uma das fases artísticas da primeira metade do século XX.

Esse pacto verossímil surge nas primeiras páginas, quando a autora revela como encontrou a arca com os pertences de Acácio Nobre e quais as suas conclusões baseadas no que leu:

> Um visionário para quem foi um fardo viver o século XX e que uma ditadura silenciou e (quase) eliminou de todos os registros de uma História que, ainda assim, influenciou de forma sutil e anônima, introduzindo uma marca indelével e inevitável nos séculos vindouros, como o nosso.
> Apelidado de "sensato e sem tempestades", Acácio Nobre era "um homem quase invisível, mas que sempre se fazia sentir numa sala quando presente"!
> Foi o mais velho do círculo de futuristas portugueses, o mais novo do círculo de surrealistas franceses e um ativista republicano numa época em que era *très cool* apoiar a monarquia ou subscrever alguma forma de anarquismo fascista.[39]

Procurando, portanto, desvendar as nuances cinzentas que sobre Acácio Nobre se abateram, Patrícia Portela dá a entender que se trata de mais um caso de esquecimento conveniente pelo poder instituído, a fim de manter as suas linhas ideológicas intactas e intocáveis. No entanto, um dos primeiros itens do espólio deixa o leitor mais desconfiado com uma série de dúvidas, não só porque o nome desse grande influenciador dos caminhos das artes portuguesa e europeia simplesmente inexiste em qualquer fonte de consulta e referência,[40] mas porque a primeira imagem já suscita uma dúvida real sobre sua existência: a carteira da avó, assinada com o nome Pedro, do C.A.A.N. (Clube dos Amigos de Acácio Nobre):

Figura 7: Frente do "Cartão de membro número 75/1968 do C.A.A.N. da minha avó, Marília de Pascoaes Junqueiro, assinado com o 'nome próprio' de 'Pedro'"[41] – foto de Patrícia Portela.

Figura 8: Verso do cartão de Acácio Nobre – foto de Patrícia Portela.

Ora, não há como não ligar essa imagem às inúmeras carteiras de identificação de clubes, agremiações e associações comerciais, muito mais características das décadas finais do século XX, como as do antigo grupo Blockbuster, por exemplo. Vale ressaltar que, apesar de serem objetos com nome e número do usuário, esses "documentos" só tinham alguma validade no próprio estabelecimento, já que, fora dele, não possuíam qualquer valor legal de identificação, como as carteiras de habilitação e os passaportes. E a dúvida aumenta ainda mais se levarmos em conta que Acácio Nobre possui uma "personalidade (aparentemente) cinzenta",[42] sempre preferiu o anonimato e foi um profundo conhecedor das principais tendências artísticas de sua época. Logo, como aceitar plenamente e sem qualquer sombra de dúvidas a carteirinha de um clube, fundado possivelmente por ninguém menos que Judith Teixeira (1880-1959) e Raul Leal (1886-1964), nomes associados aos movimentos modernistas das primeiras décadas do século XX em Portugal, entre eles aquele que preconizava a fragmentação e a ruptura do eu diante da velocidade e das mudanças do mundo moderno?

Fato é, no entanto, que, sendo uma pessoa empírica ou uma personagem fingida, Acácio Nobre se torna a peça motriz para uma narrativa de explícito espírito inventariante e enciclopédico. Basta observar, por exemplo, que toda a reunião de fotos, cartas, testemunhos, citações, além do numerário do arquivo, impregna o texto com aquela mesma "pluralidade das linguagens como garantia de uma verdade que não seja parcial",[43] tão característica da multiplicidade.

Mesmo encarando *A coleção privada de Acácio Nobre* como uma narrativa de pendor biográfico e memorialista, o caráter lúdico de jogo, de montagem de *puzzle*, tal como inteligentemente propõe Gabriela Silva,[44] lá está e lá permanece. Aliás, é bom frisar que esse tipo de construção constitui uma das marcas da multiplicidade e do romance enciclopédico, como propostos por Calvino. No entanto, o caráter enciclopédico instala-se, sobretudo, quando se revela, ao longo da narrativa, o mesmo ímpeto de preservação de um nome, de um percurso, de uma possível presença histórica, exposto num dos itens do espólio: "a) Reconhecer e recuperar o espólio de Acácio Nobre; b) Assegurar que as suas obras se mantêm dispersas e passíveis de serem reencontradas e perdidas vezes sem conta".[45]

Interessante notar que três expressões chamam atenção nessa iniciativa dos "objetivos prioritários do Clube dos Amigos de Acácio Nobre":[46] a dispersão, o reencontro e o desaparecimento. Ora, fico a me interrogar como não entender nessa tríade ecos e ressonâncias dos pressupostos colocados em prática pelos artistas de Orpheu.[47] Não será a figura do enigmático criador de jogos um outro jogo manipulado e engendrado por Patrícia Portela para esgarçar as possibilidades da ficção e deixar a narrativa impregnada muito mais pela dúvida do que pela certeza da descoberta?

Ainda que a busca pelos rastros de Acácio Nobre indique uma "verdade que não seja parcial",[48] a ânsia de reunião e explicação dos objetos encontrados insinua um gesto de vislumbre pela totalidade do inventor português. Na minha perspectiva, as fotos, as cartas, os fac-símiles, os exemplares de livros, enfim, todos os objetos coletados que levam sua assinatura sugerem, tal como defende Ítalo Calvino, que a totalidade de Acácio Nobre só pode ser pensada sob o signo do "potencial, conjectural, multíplice".[49]

Nesse sentido, o receptáculo dos índices de existência do seu dono (a arca) deixa emanar aquela mesma "força centrífuga que dele se liberta",[50] permitindo-nos ler *A coleção privada de Acácio Nobre* como um "texto unitário que se desenvolve como o discurso de uma única voz, mas que se revela interpretável em vários níveis",[51] graças, sobretudo, à multiplicidade que dele emana e para ele próprio converge.

Passados os exemplos desses escritores do século XXI, cabe, portanto, destacar que, do elenco que a "prateleira hipotética" da novíssima ficção portuguesa tem a oferecer para uma leitura pelo viés da multiplicidade calviniana, tomo como *corpus* para as reflexões seguintes o romance da escritora portuense Isabel Rio Novo:[52] *Rua de Paris em dia de chuva*.

***

No tocante ao objeto aqui escolhido, o romance *Rua de Paris em dia de chuva*, de Isabel Rio Novo, publicado em 2020, é possível perceber uma inequívoca capacidade de concentrar um saber enciclopédico, patenteada pela exposição de um conhecimento histórico, perpetrando assim uma consonância com a proposta calviniana de multiplicidade. Sua execução dialógica com o discurso histórico merece, porém, algumas considerações, porque, na minha perspectiva, ao contrário de alguns títulos portugueses inseridos na tradição de romance histórico,[53] o de Isabel Rio Novo investe de maneira muito sutil no desdobramento da história e em seu reaproveitamento pelo discurso ficcional.

Gosto mesmo de pensar que sua preocupação reside mais na iniciativa de investir sobre a trajetória do pintor impressionista francês Gustave Caillebotte (1848-1894), sem perder de vista toda uma história cultural que se passava a sua volta e da qual o seu olhar criador não pode escapar. Assim, a autora recupera alguns momentos cruciais da segunda metade do século XIX, numa perspectiva de duplo viés. O primeiro direciona-se à atenta observação de algumas histórias específicas de vidas individuais, buscando, a partir destas, recriar o que não está registrado nos discursos oficiais e dar a conhecer um outro universo possível no domínio das artes plásticas; e o segundo tem a ver com o olhar sobre uma história coletiva (e para além dela), perscrutando o que está estampado nos discursos oficiais e, ao mesmo tempo, procurando ultrapassá-los na efabulação de detalhes e diálogos. Parece-me, nesse sentido, que a aposta de Isabel Rio Novo incide na impossibilidade de pensar a trajetória biográfica de Gustave Caillebotte desligada da própria história da arte oitocentista e, sobretudo, dos caminhos estéticos dos impressionistas.

Se existe, tal como destacaremos, na estratégia utilizada para a composição do romance, aquela "distinção de sua autorrepresentação formal",[54] ou, ainda, aquela preocupação em refletir sobre o próprio texto, entendo que tais efeitos repercutem nas páginas da obra em questão graças à aproximação da Autora – personagem assim nomeada na trama, com a função de escrever um romance sobre o artista francês – com Helena, "a professora de história da arte com quem conversa há algum tempo"[55] e especialista na produção plástica de Gustave Caillebotte. Entre conversas, trocas de informações e concessões de um rico material sobre a vida e a obra do pintor, a Autora vai gradativamente não só revelando a paixão pelo seu objeto de escrita, mas também trazendo à tona os mecanismos que dispõe e domina para concluir sua tarefa em bom termo:

> Estamos, pois, em Paris, no inverno. Novembro ou início de dezembro. Gustave é um homem de estatura mediana, magro, de cabelo castanho-claro. Os olhos são cinzentos ou esverdeados, as mãos, mais ásperas do que a suavidade das feições ou as roupas de boa qualidade deixariam supor.
> A Autora recorda estas coisas assim, como se as visse, porque na realidade as viu, ou sente que as viu. Conseguiria ela explicar o modo como, um dia, avistou a carruagem envidraçada de Gustave Caillebotte ao cimo da rua de Turin? [...] Caillebotte morreu novo, muito antes de a Autora deste livro nascer, e por isso foi necessário que ela recuasse bastante, através de corredores misteriosos, para esse avistamento. Se dissermos que nada disso é possível, que tudo isso contraria as leis da existência, responder-nos-ão que não percebemos nada do tempo, nem da vida, nem dos mistérios fundamentais. Como já se escreveu algures, este romance não será para nós. Ou talvez precisemos dele mais do que ninguém.[56]

A partir da premissa de ter encontrado por acaso um capítulo sobre Caillebotte num "manual de história da arte", um livro "sucinto e despretensioso, [que] falava de pintura e não de literatura, e não servia para as aulas da Autora",[57] a Autora dispõe-se a vasculhar e recriar alguns momentos íntimos e privados da família do pintor, a exemplo do convívio com os amigos, dos seus principais gostos e hábitos, das suas preferências estéticas e do seu percurso biográfico, a ponto mesmo de não esconder os efeitos de paixão e fascínio que tudo isso lhe despertava. Diante do repertório genealógico da família Caillebotte, a protagonista escritora inclina-se sobre o artista e coloca-o no centro de sua trama porque, tal como o narrador faz questão de frisar, "[...] era Gustave que a fascinava".[58]

Por mais que a categoria da "metaficção historiográfica" possa ser aqui agenciada para conduzir uma análise do romance de Isabel Rio Novo – sobretudo porque, por detrás das digressões da Autora, pode-se inferir uma profunda reflexão sobre a feitura da obra literária e a manipulação da matéria histórica –, sou tentado a não seguir por esse caminho por compreender que a proposta de multiplicidade de Ítalo Calvino[59] fornece os protocolos necessários para dimensionar a obra em foco. É certo que a escritora portuguesa deixa sinais de uma aposta num diálogo envolvente entre a ficção e a história, numa aproximação íntima, em que as fronteiras entre as duas perspectivas estariam de tal modo entrelaçadas que seria praticamente inviável separar o viés ficcional das informações históricas e das fontes primárias consultadas.

No entanto, vale destacar que, em *Rua de Paris em dia de chuva*, de Isabel Rio Novo, Gustave Caillebotte é uma criatura ficcional assim como a própria Autora, espécie de *alter ego*[60] da mão autoral empírica. Logo, mesmo reivindicando um espaço para as inferências históricas e os títulos dos quadros catalogados bibliograficamente, fico a me interrogar se isso não seria uma forma, ainda que indireta, de a ficção não só refletir sobre seu próprio tecido, um pouco no caminho daquela categoria proposta por Linda Hutcheon,[61] mas também, e principalmente, a partir de seu bordado efabulatório, concretizar uma "competência enciclopédica",[62] na medida em que nem a ficção nem os relatos biobibliográficos sobre Caillebotte existem sozinhos, antes dependem de uma troca salutar entre si, sem abrir mão de uma multiplicidade enciclopédica que, para Isabel Rio Novo, somente o exercício criador da efabulação sobre a vida do pintor pode lhe oferecer.

O vigor do romance como enciclopédia reside em sua capacidade de concentrar informações e, a partir delas, ir abrindo outros horizontes na arquitetura textual; assim sendo, os primeiros elementos de apresentação do romance (o título e a capa) fortalecem, em sua materialidade, esse pendor enciclopédico de *Rua de Paris em dia de chuva*. Na verdade, toda essa distensão surge já nessas premissas iniciais, sobretudo se lembrarmos que a criação de um enredo em que a cidade de Paris constitui o cenário de uma trama na qual a ultrapassagem de tempos possibilita a entrada em outros nichos culturais, como a literatura, a pintura, a escultura e a *performance* dramática, não consiste especificamente uma prerrogativa original da escritora portuguesa.

Nesse sentido, gosto mesmo de pensar que a primeira abertura para ponderar sobre o romance de Isabel Rio Novo numa vertente enciclopédica se encontra na disposição física do livro, em que o quadro de Caillebotte surge antes mesmo da entrada na leitura do romance e remete o(a) leitor(a) a esse ato de deslocamento temporal e espacial, com uma especial evocação ao universo cinematográfico, trazendo a película de Woody Allen como uma espécie de verbete saído da própria materialidade do texto.

Vejamos. Lançado em 2011, o 49º filme de Woody Allen, *Meia-noite em Paris*, como o título já bem anuncia, passa-se na capital francesa e constitui o primeiro totalmente rodado lá, apesar de em outros dois filmes a cidade aparecer parcialmente.[63] Assim, numa sequência inicial de quase quatro minutos, o espectador é inserido numa imersão cultural nos principais cenários da ação, incluindo locais conhecidos como as Pontes dos Inválidos (com uma vista certeira para a Torre Eiffel) e Alexandre III (onde, aliás, a trama se encerra), o rio Sena, a casa de espetáculos Moulin Rouge, a avenida de Champs-Élysées com o Arco do Triunfo ao fundo, a grandiosidade das arquiteturas do Grand Palais, do L'Opera Garnier, da Catedral de Notre-Dame e da Basílica Sacré--Coeur de Montmartre, além dos passeios de barco pelo Sena, dos inúmeros cafés e de pequenas e charmosas ruas com suas lojas, livrarias e praças.

No roteiro, a trama gira em torno de Gil Pender, um escritor estadunidense apaixonado pela capital francesa, noivo de Inez, uma jovem de família rica, mas sem a mesma paixão do seu companheiro pela cidade. Roteirista bem remunerado em Hollywood, mas frustrado profissionalmente, e em busca de um reconhecimento de seus pares por um romance em fase de conclusão, Gil alimenta uma profunda admiração pelos escritores e artistas estadunidenses e vê neles um exemplo para aquilo que almeja para si.

O casal de férias, aproveitando a companhia dos pais da jovem – que, aliás, não escondem a reprovação da escolha da filha pelo genro –, realiza passeios pelos principais espaços culturais e de consumo e encontra-se com Paul Bates, um intelectual pedante e por quem, mais adiante se descobrirá, Inez teve uma atração no passado.

Completamente entediado pelas falas empoladas e esnobes de Paul, sobretudo quando eles se encontram nos principais museus e edifícios franceses, Gil vai gradativamente se afastando de todos, até o momento em que resolve andar pelas ruas de Paris à noite. Numa dessas andanças, depois de ouvir as badaladas do relógio à meia-noite, descobre que, inexplicavelmente, é possível se transportar para os anos 1920, considerados por ele como a grande época de ouro da cidade.

Assim, pelas mãos e pelo sedutor convite de desconhecidos num carro antigo e com trajes característicos daquela época, Gil vai sendo introduzido num universo mágico, numa Paris fantasiada por seus desejos e sonhos. A partir do primeiro contato com ninguém menos que Zelda Fitzgerald, Gil passa a conviver com escritores, pintores, dramaturgos e outros artistas da década de 1920, numa Paris glamourosa e cheia de oportunidades para o seu futuro como escritor. Na festa organizada para Jean Cocteau, Gil encontra-se com Scott Fitzgerald, Cole Porter, Ernest Hemingway, Pablo Picasso, Salvador Dalí, T. S. Eliot, Josephine Baker, Luis Buñuel, Henri Matisse e Gertrude Stein, entre outras personalidades. Esta última será a responsável pela leitura dos seus primeiros manuscritos e dará ao jovem escritor sugestões importantes e preciosas, além de lhe apontar a paixão da personagem feminina (representação de sua própria noiva Inez) pelo cavalheiro pedante (a personagem ficcional correspondente a Paul Bates).

Mas é com Adriana, uma jovem encantadora, ex-amante de Pablo Picasso e com quem Ernest Hemingway terá um breve *affair*, que Gil definitivamente percebe que aquele mergulho, vivenciado num primeiro momento pela sua descrença e, depois, pelo êxtase diante das figuras artísticas encontradas, não deixa de ser compreendido como uma válvula de escape para um presente que o sufoca e o desgasta. Ao perceber que a própria Adriana realiza também as suas fugas para 1890, época considerada por ela como a grande fase de ouro de Paris, Gil compreende que escapar de seu presente e recusá-lo pode não ser a melhor saída. Por isso, mesmo encantado pela jovem, despede-se dela e, ao retornar para o hotel, termina com Inez e decide ficar na cidade. À noite, depois de andar pelas ruas e pelos cafés, reencontra Gabrielle, uma jovem vendedora de um antiquário no qual conseguira alguns LPs de Cole Porter. Com ela, passa a caminhar pelas ruas da cidade, debaixo de uma chuva que começa a cair, e descobre que ambos possuem uma série de pequenas afinidades.

Com essa última cena, o diretor parece sugerir que ambos iniciam uma caminhada na qual o espectador tem a inteira liberdade de imaginar o momento deflagrador de um início para as duas personagens, com uma possível e promissora continuidade, marcada por descobertas inesperadas. Afinal, parece que a grande época de ouro de Gil Pender não se localiza no passado e na década de 1920, mas no seu presente de 2010, ao lado da jovem parisiense Gabrielle.

Ora, nada mais certeiro que trazer o motivo central do filme de Woody Allen para iniciar as minhas reflexões sobre o romance de Isabel Rio Novo, posto que a trama de *Rua de Paris em dia de chuva* se passa exatamente na capital francesa, na segunda metade do século XIX, e tem como um dos protagonistas o pintor impressionista Gustave Caillebotte (1848-1894). Percebe-se, nesse sentido, que o título da obra remete ao quadro homônimo do artista plástico, diálogo confirmado, aliás, pela própria capa do livro físico, que reproduz o título da tela de 1877:

Figura 9: *Rue de Paris, temp de plui* – Instituto de Arte de Chicago.

MULTIPLICIDADE

Figura 10: *Rua de Paris em dia de chuva* – Capa da edição portuguesa.

Claro que, entre o filme de Woody Allen e a obra romanesca em foco, há uma distância temporal de quase dez anos que não pode ser esquecida. Em entrevista, a própria autora chega a declarar que não viu o filme antes de concluir a escrita do romance.[64] No entanto, sinto-me seduzido a operar algumas breves considerações comparativas, a fim de destacar a riqueza de motivos e de recursos que o texto de Isabel Rio Novo revela. Num aspecto inicial, ambos coincidem: a importância do pintor Gustave Caillebotte não só para a pintura impressionista, mas para o mundo das artes de uma forma geral, na segunda metade do século XIX.

Aliás, quero aqui recuperar uma das cenas do filme, quando a personagem Paul Bates explica as nuances e a modernidade dos grandes quadros de Monet. Ao passar por uma das alas do Museu Marmottan Monet (com as *Ninfeias*), o professor dispara a sentença:

> Esse homem [Monet] foi o verdadeiro pai do expressionismo abstrato. Retiro o que disse. Talvez tenha sido Turner. Se não me engano, levou dois anos para terminá-lo. E trabalhava em Giverny, onde frequentemente era visitado por *Caillebotte, um pintor que em minha opinião foi subestimado*. (Grifos meus)

Mesmo que essa seja a única aparição do nome do artista ao longo de todo o filme, a película de Woody Allen vai ao encontro de toda uma recuperação do legado do pintor e do mecenas das artes, cujo ponto culminante foi a famosa retrospectiva organizada por Kirk Varnedoe, em 1976 e 1977, e, quase duas décadas depois, a segunda retrospectiva, em Paris e Chicago, em 1994 e 1995. Uma prova desse fôlego renovado sobre as obras de Caillebotte pode ser constatada na aquisição do Instituto de Artes de Chicago daquela que o próprio curador da primeira exposição considera a obra-prima do pintor oitocentista: *Rue de Paris, temps de pluie*.[65] E é exatamente na ala dos impressionistas desse museu que a trama do romance homônimo de Isabel Rio Novo se inicia, ora com a apresentação prévia de uma das suas personagens centrais, ora com a ambientação da Paris da segunda metade do século XIX e as movimentações do protagonista para a feitura do seu quadro:

> Se percorrermos a ala impressionista do Instituto de Artes de Chicago ao final da tarde, é provável que nos cruzemos com uma mulher velha, de longos cabelos grisalhos. Ela costuma chegar quando falta pouco para as portas fecharem e quase todos os visitantes abandonam já a exposição, atravessa a sala com pequenos passos cautelosos e coloca-se diante de uma tela de grande formato, encostando-se ao cordame. [...] Há na comoção da mulher velha uma razão menos simples e menos evidente. Quando chegarmos ao final do romance, talvez todos saibamos por quê. [...]
> No inverno de 1877, o jovem Gustave Caillebotte atravessou a praça da Europa, contornou a estação de Saint-Lazare e instalou a sua carruagem envidraçada a meio da rua de Turin, para capturar na tela uma cena da vida parisiense. Era sábado, a meio da tarde. A chuva, batida pelo vento frio, arrepiava os transeuntes, que caminhavam de guarda-chuva inclinado, embrulhados nos seus agasalhos. Os edifícios novos e imponentes, envoltos numa bruma discreta, manifestavam os esplendores da época. Gustave transportava consigo o cavalete e uma caixa de madeira com as tintas em tubo, mas quase só nisso se parecia com os jovens pintores do seu tempo, que desafiavam a tradição e a academia com representações ousadas de paisagens expostas às variações da luz ou instantâneos do quotidiano.[66]

Abertura emblemática para compreender as principais linhas de força do mote central da obra – e também para se diferenciar do motivo do filme de Woody Allen, já que a personagem Autora não é movida por uma frustração em relação a seu presente nem pela necessidade de afirmação de seus pares, como ocorre com Gil Pender em *Meia-noite em Paris* –, todo esse capítulo de abertura compõe um verdadeiro tratado sobre a arte da ficção em que o romance se alicerça e procura concretizar.

Tal como a citação acima deixa transparecer, há um movimento contínuo de transposição temporal num entrecruzamento do século XIX com o cenário do XXI. A integração de paisagens, ambientes, pontos geográficos, tendências estéticas e formas de criação consolida-se na trama de *Rua de Paris em dia de chuva*, a partir daquele efeito denominado por Ítalo Calvino como "os níveis de realidade"[67] da ficção. Segundo o ensaísta italiano, esta seria uma premissa fundamental para compreender a obra literária, partindo do pressuposto de que

> [...] os vários níveis de realidade existem também na literatura, mais que isso: a literatura é regida por essa distinção de diversos níveis de realidade e ela seria impensável sem a consciência dessa distinção. A obra literária poderia ser definida como a operação da linguagem escrita hoje que mais implica níveis de realidade. Desse ponto de vista, uma reflexão acerca da obra literária pode não ser inútil para os cientistas e para os filósofos da ciência.
> Numa obra literária, vários níveis de realidade podem apresentar-se ainda que permaneçam distintos e separados, ou podem fundir-se, soldar-se, misturar-se, encontrando uma harmonia entre suas contradições ou formando uma mistura explosiva.[68]

Para Calvino, a conjunção de distintos níveis de realidade só poderia ser explicada diante do entendimento de que, numa obra literária, a intersecção desses referidos níveis promove uma diferença entre eles, sem, no entanto, diligenciar uma parede divisória intransponível ou mesmo um desmembramento hierárquico, com a predominância de um sobre o outro de forma impositiva.

Na verdade, é da mistura e da fundição deles que resulta uma obra marcada pela harmonia interna, com uma potência particular a ponto de o ensaísta italiano ver nesta uma espécie de "mistura explosiva".[69] Diante desse poder agregador das obras literárias, "a consciência dos materiais com que são construídas"[70] emerge, fazendo circular ora uma precipitação metatextual explícita, ora um pacto de coerência e verossimilhança, que ele irá associar com a "suspensão voluntária da descrença", "condição de êxito de toda invenção literária, mesmo que esta se encontre declaradamente no reino do maravilhoso e do inexplicável".[71]

Mas essas reuniões não constituem uma novidade específica da proposta do romance em estudo, aspecto, inclusive, revelado pelo próprio narrador, quando devassa a interioridade da personagem Autora e revela que os laços entre criador e criatura são amplos, largos e propensos a uma distensão temporal flexível e maleável à imaginação criadora:

> É que, em certa ocasião, ainda muito nova, mesmo muito nova, a Autora deste romance, folheando um livro de poemas de António Gedeão, encontrou um belo soneto lírico ao jeito de Camões, com a dedicatória: *Ao Luís Vaz, recordando o convívio da nossa mocidade*. Nessa altura sorriu. Pela primeira vez, encontrava formulado por alguém que não ela, e com mais eficaz simplicidade do que ela alguma vez conseguiria, o conceito da sensação de ligação a alguém com quem nunca nos cruzamos. Uns anos mais tarde, mas ainda muito nova, a Autora encontrou nos apontamentos sobre as *Memórias de Adriano*, escritos em jeito de posfácio pela própria Marguerite Yourcenar, a seguinte passagem: *Duas dúzias de pares de mãos descarnadas, alguns vinte e cinco velhos bastariam para estabelecer um contato ininterrupto entre Adriano e nós*. Estava sentada no chão de um sótão, o livro sobre os joelhos, e uma pequena poalha cintilante dançava num triângulo de luz, desenhado entre a fresta de uma portada entreaberta e o soalho empoeirado. A frase impressionou-a a ponto de a memorizar e repetir para si própria em diversas ocasiões. Era assim entre Gedeão e Camões. Era assim entre Yourcenar e Adriano. Era assim entre ela e Gustave Caillebotte. Chegando ao final desta história, talvez consigamos percebê-la melhor.
> Regressemos, para já, a essa tarde de novembro ou dezembro de 1877. A chuva continua a cair. Agora, é uma chuva fria e miudinha, quase resignada, cujas gotas mal se veem, mas que embaciaram as vidraças da carruagem e cobriram o chão da rua com uma película fria e gomosa. A luz do dia declina detrás do recorte dos edifícios, escurecendo o luxo tranquilo do calcário, das volutas de ferro das balaustradas. Os bicos de gás da iluminação pública acendem-se. O esboço a óleo está concluído. Gustave limpa as mãos ao pano de camurcina e bate três vezes no teto da carruagem, dando sinal ao condutor. A carruagem rola sobre o pavimento molhado em direção à rua de Miromesnil.[72]

O excerto acima demonstra o grau de proximidade entre a Autora e Gustave, colocando-os na mesma dimensão intertextual de outros escritores. Na verdade, Camões, relido por António Gedeão, e Adriano, revisitado por Marguerite Yourcenar, servem de exemplos para as duas personagens do romance de Isabel Rio Novo. Na verdade, trata-se de uma antecipação, como veremos mais adiante, de uma outra premissa presente na leitura da obra, isto é, para além da condição de "romance enciclopédico", nos moldes calvinianos, esse também permite uma convergência com o conceito de "museu imaginário",[73] na medida em que um quadro convoca outro quadro, que dialoga e reverbera em fases diferentes da trajetória do protagonista.

No fundo, da mesma forma como é possível vislumbrar ecos camonianos na poesia de Gedeão e reconhecer a reconstrução efabulatória de Yourcenar sobre a figura do imperador romano, a partir de uma autobiografia imaginária, o leitor também poderá constatar alianças muito parecidas ao longo do romance. No entanto, muito mais do que um olhar a distância, creio eu, as vibrações entre os diferentes "níveis de realidade"[74] sugerem uma conversa íntima, simétrica e afetiva da Autora com o seu objeto de eleição para a construção da trama romanesca.

Daí que a passagem do tempo de reflexão sobre os enlaces intertextuais motivadores da criação da Autora ao do trânsito de Caillebotte pelas ruas de Paris para a preparação e a produção do quadro *Rue de Paris, temps de pluie* seja feita de forma verossímil e harmônica, desenvolvendo, de certo modo, uma técnica de "revelar ao leitor o caráter, os hábitos e os estados de espírito dos protagonistas"[75] do romance. Todos esses aspectos emergem na obra em foco, graças à multiplicidade empregada tanto para olhar os quadros produzidos pelo pintor quanto para agregar outros detalhes artísticos, culturais e espaciais na construção do tecido romanesco.

Aplicado especificamente à análise aqui proposta, esse efeito agregador pode ser contemplado no processo concentracionário de *Rua de Paris em dia de chuva*, enquanto um romance enciclopédico, que vai unindo as ideias e a forma de criar da personagem Autora com os quadros, os rascunhos e os pensamentos de Gustave Caillebotte. Explico-me. Há *dois* eixos visíveis, ou, como diria Calvino, dois níveis de realidade latentes. Um situa-se na atualidade, no século XXI, faixa temporal facilmente identificável em virtude das expressões de demarcação apresentadas pelo narrador heterodiegético – "À distância de mais de um século, uma menina de oito anos, que é a Autora deste livro, acerca-se da varanda em ferro da casa onde morava para observar, sobre o rio e as casas despejadas pelas suas margens, as pinceladas alaranjadas do crepúsculo"[76] –, e onde a velha senhora do museu – que, na verdade, se trata de Helena, a interlocutora da Autora, uma professora de história da arte com uma tese sobre o pintor impressionista – reitera seu interesse pelo quadro que dá nome ao romance. Igualmente nesse eixo, situa-se a Autora, criatura ficcional responsável por escrever um romance homônimo sobre o pintor. O outro eixo refere-se à segunda metade do século XIX, à Paris de Gustave Caillebotte, com suas transformações urbanas e o fervilhar da vida cultural, para onde a Autora, absolutamente atraída pela vida e pelo legado de Caillebotte, se teletransporta a fim de acompanhar o percurso do artista finissecular e testemunhar *in loco* os momentos vividos por ele.

Isso significa que, se há, no primeiro nível, um apelo ao recurso da construção romanesca *in finis res*, ou seja, a partir do seu final, já que a "mulher velha, de longos cabelos grisalhos",[77] é Helena, que, no desfecho da trama, desaparece sem deixar rastros para a Autora; no segundo bloco, tudo é recuperado pelo viés do *in media res*, pelo instante crucial em que o pintor, tomado por uma atração pelo cenário da cidade, investe sua energia para pintar não de fora ou do alto, mas de dentro, encrustado na própria paisagem parisiense.

Já, aqui, por esse início, percebe-se que *Rua de Paris em dia de chuva* (o romance de Isabel Rio Novo) diferencia-se das ações fílmicas de *Meia-noite em Paris* não só pelos aspectos apontados acima, mas, sobretudo, pela forma como vai tecendo ao longo do bordado ficcional algumas explicações, bem ao gosto de uma intencionalidade metatextual. Além disso, por mais aproximações possíveis entre o romance e algumas ideias já apresentadas na película de 2011, de Woody Allen, o texto da autora em foco distingue-se pela forma com que uma de suas personagens centrais e responsáveis pela composição de um romance, que leva o mesmo nome do volume físico empírico (a Autora), encara os seus objetos de paixão e de interesse na composição da trama narrativa e como os vai revelando ao longo da narrativa.

Se a Autora (criatura da escritora Isabel Rio Novo) consegue se movimentar pelas ruas de uma Paris oitocentista, explicitando seu magnetismo por Caillebotte (ele, também, protagonista de um texto ficcional homônimo ao da autora portuguesa), recordando todas as nuances de um passado cultural "como se as visse, porque na realidade as viu, ou sente que as viu",[78] e tudo comparando com a sua própria experiência de trânsito e *flanerie*[79] pelas ruas da cidade, igualmente a nossa autora consegue arquitetar uma trama na qual alguns reflexos especulares são desenvolvidos e articulados exatamente para manifestar sua autoconsciência do constructo efabular, enquanto matéria puramente fictícia e sem qualquer pretensão de ligações (auto)biográficas.

Quero com isso dizer que a personagem Autora não deve ser confundida com a pessoa civil Isabel Rio Novo; antes, deve ser compreendida como uma espécie de *persona* ficcional, uma máscara engenhosamente muito bem construída, por meio da qual, algumas vezes, a autora empírica estabelece contatos autobiográficos com seu percurso para criar um truque de vinculação verossímil e extravasar suas principais crenças no ofício da escrita e na arte da ficção. A Autora é, portanto, uma criatura imaginada e efabulada pela autora como qualquer outra da trama: como Helena, a professora de história da arte, como Gustave e como os artistas oitocentistas e os membros e amigos da família Caillebotte.

Ora, fico a me interrogar se esse processo de construção não seria uma maneira de revigorar as formas de criação daqueles diferentes níveis de realidade, em que o primeiro foco de desdobramento se encontra na definição e na fixação da voz responsável pelo tecer da narrativa. De acordo com Ítalo Calvino:

> A condição preliminar de qualquer obra literária é esta: a pessoa que escreve tem de inventar aquele primeiro personagem que é o autor da obra. Que uma pessoa coloque a si mesma por inteiro numa obra que escreve é uma frase que se diz frequentemente mas que nunca corresponde à verdade. É apenas uma projeção de si mesmo que o autor põe em jogo na escritura, e pode ser tanto a projeção de uma parte verdadeira de si mesmo como a projeção de um eu fictício, de uma máscara. Escrever pressupõe a cada vez a escolha de uma postura psicológica, de uma relação com o mundo, de uma colocação de voz, de um conjunto homogêneo de meios linguísticos e de dados da experiência e de fantasmas da imaginação, em suma, de um estilo. O autor é autor na medida em que entra num papel, como um ator, e se identifica com aquela projeção de si próprio no momento em que escreve.[80]

Na concepção do ensaísta italiano, a fratura entre o eu empírico autoral e o eu autor que se propõe a contar uma história reitera a distinção entre os diferentes eixos e níveis de realidade na ficção. Aplicando essa premissa à leitura do romance de Isabel Rio Novo, então, não se pode confiar plenamente no espectro autobiográfico pretensamente sugerido pela presença da personagem Autora. Há, é certo, um pacto de ficcionalidade existente no jogo espiralar montado pela obra em estudo, porque há uma Autora que se debruça sobre um Caillebotte, que não é o indivíduo francês biografado na sua exatidão – e, como veremos, nem o artista estudado exaustivamente por Helena –, mas uma personagem ficcional criada por sua imaginação e sua capacidade de teletransporte para o século XIX. A personagem serve-se do auxílio e dos conhecimentos técnicos de Helena, profunda conhecedora da vida e da obra do pintor, com quem divide uma paixão imediata pela figura do artista, mas, com esse material em mãos, a Autora decide por caminhos muito diversos de sua interlocutora e começa a projetar toda a malha efabulatória do romance, que, por sua vez, tem o mesmo nome do romance físico da autora Isabel Rio Novo.

Na verdade, todas essas componentes montam uma rede bem intrincada em que os movimentos de aproximação apaixonada à figura de Caillebotte, ora tomada pelo viés científico (como ocorre com Helena), ora absorvida pela aventura da criação artística pela ficção (como ocorre com a Autora), parecem construir campos de oposição, quando, na verdade, eles se mostram muito mais como visões diferentes e complementares, já que, graças aos recortes de jornais, aos ensaios da professora, às fotografias dos quadros e às reproduções de cartas, a capacidade criadora da Autora vai paulatinamente montando o seu protagonista, muitas vezes, aliás, fora dos padrões estabelecidos pela crítica e pelo próprio olhar de Helena.

Dessa forma, as criaturas efabuladas no referido romance da Autora constituem as próprias personagens da obra *Rua de Paris em dia de chuva*, manipuladas todas pelas mãos hábeis de Isabel Rio Novo. Esta, por sua vez, evoca no título do seu romance uma outra ficção, encontrada no quadro homônimo do pintor Gustave Caillebotte, *Rue de Paris, temps de pluie* (1877), cuja preparação para sua feitura é já efabulada na cena do primeiro capítulo, citado anteriormente. Ou seja, existem, no corpo da narrativa, pelo menos três eixos de referências diretas que se entrecruzam e se sobrepõem: (1) uma primeira referência ao quadro pintado em 1877, pelo pintor francês; 2) uma segunda referência, referendada pela Autora, criatura ficcional, que projeta a construção de um romance homônimo à tela; e 3) uma terceira referência, que é a própria materialidade física do livro, constructo resultante das mãos de Isabel Rio Novo, cuja capa não só retoma o título do quadro como o reproduz ao longo de toda a sua extensão.

Não há como não perceber uma montagem em forma especular, de modo a quase confundir o leitor ingênuo, de que a obra em questão é autobiográfica (ou, até, autoficcional), por causa da possibilidade de associação entre a criatura (a Autora) e sua criadora (a autora). Na verdade, conforme já explicado, isso se trata de um truque muito bem engendrado, que deixa mais em evidência o pacto de ficcionalidade, já que não há dúvidas de que Caillebotte terá uma dupla função efabuladora (da Autora e também da autora) e o caráter de multiplicidade como instrumento presente na arquitetura romanesca, propiciando-lhe, inclusive, o caráter enciclopédico, posto que, a partir do título (espécie também de verbete), abre-se uma tríplice interpretação.

Nesse sentido, volto a me interrogar se não será, então, a personagem Autora uma espécie também de atriz, de máscara, que perfaz a projeção da autora portuguesa quando produz e concebe *Rua de Paris em dia de chuva*. Não serão esses diferentes níveis de realidade com eus muito distintos, mas, ao mesmo tempo, muito próximos entre si, uma forma de sublinhar o caráter enciclopédico do romance, num magnetismo concentracionário de nomes, títulos e referências de obras literárias, plásticas e musicais, de estilos estéticos e de vidas que se contrapõem e se entrecruzam? Ou, mais ainda, não será essa fratura de perspectivas um dos ganhos do romance que exacerbam sua riqueza genológica e o dimensionam como um "texto unitário que se desenvolve como o discurso de uma única voz, mas que se revela interpretável em vários níveis"?[81]

Na minha perspectiva, é aí que reside a força da multiplicidade em *Rua de Paris em dia de chuva*. Ao ambientar a ação central na segunda metade do século XIX e na Paris dessa época, paira sobre o romance de Isabel Rio Novo, para além da já indicada aproximação com a metaficção historiográfica, típica da poética pós-moderna, um cotejo com outra categoria com a qual a obra em questão estabelece uma fronteira muito fluida. Poder-se-ia pensá-la como uma "biografia de personagens referenciais",[82] em virtude dos muitos nomes de criaturas "de cuja referencialidade não podemos duvidar e que tiveram papel de relevo no tempo histórico de que fizeram parte".[83] No entanto, ainda que a trajetória de Gustave Caillebotte, mecenas e pintor impressionista, surja nas páginas do romance como uma figura "filtrada pela ideologia" de sua criadora, que, por sua vez, pretende "demonstrar uma teoria através do relato de vida de uma personagem",[84] não me parece que a personagem central sirva "*mais como pretexto* do que como fim em si mesma",[85] isso porque, ao mesmo tempo que o narrador confessa sua necessidade de um convívio quase cotidiano com o protagonista, compartilhando alguns pressupostos da Autora, a própria matéria ficcional em si não existiria se não fosse a necessidade de retomada e retirada do esquecimento de uma das figuras mais relevantes para a pintura impressionista nas últimas décadas do século XIX. Não se trata, portanto, de pretexto, mas de objeto central, de própria finalidade do exercício de criação.

Aliás, sobre esse aspecto biográfico, a que se poderia aliar a própria identificação de Isabel Rio Novo com sua protagonista (a Autora), é a própria escritora quem esclarece todas essas questões. Segundo ela:

> Tem elementos de uma biografia, mas, se quiser ser justa, essa propensão para o retrato individual, uma espécie de tentação biográfica, está presente em quase tudo o que escrevo. Tem muito a ver com uma tendência pessoal, a de entrar numa sala de museu onde as paredes podem estar repletas de quadros de grande formato, paisagens, mas há sempre um retrato pequeno e escondido num canto sombrio, e é nele que reparo. Tenho muita apetência pela individualidade, e daí até a biografia é um passo. Mas esse romance não pretende ser um trabalho desse gênero. [...]
> Eu sou uma pessoa com existência real e que um dia se extinguirá, mas a personagem do livro, a "Autora" ou "A.", vai perdurar envolvida na história para sempre, espero. Ela podia chamar-se Ana ou Raquel, mas ficou assim. Os leitores podem perceber que, sendo ficcionada, aquela personagem pode conter elementos da própria autora real, situação que existe em todas as personagens de um romancista. Não deixo de ver traços meus também em Helena e no próprio Gustave, isso acontece quase sempre.[86]

Na afirmação acima, portanto, não apenas a sua Autora, mas as outras criaturas efabuladas também guardam aspectos autobiográficos seus, sem cair necessariamente numa categorização genológica rígida. Não sendo isso suficiente, portanto, para um enquadramento pelo viés da autobiografia (e seus correlatos), também não se poderá colocar sobre o romance a classificação exata de um romance biográfico. No entanto, não deixa de ser instigante o fato de que toda essa mistura de tempos, provocada por uma Autora com o poder de se teletransportar para o espaço e o tempo de suas criaturas, poderia até sugerir uma inverossimilhança. Na verdade, a trama não abre tal possibilidade, porque o narrador do romance de Isabel Rio Novo lança mão desse recurso transtemporal para garantir a ficcionalidade de sua matéria criada.

Relembrando o trabalho de mapeamento e reconhecimento da produção ficcional portuguesa da segunda metade do século XX às primeiras décadas do XXI executado por Miguel Real,[87] *Rua de Paris em dia de chuva* ecoa como uma espécie de reverberação daquilo que o ensaísta português irá pontuar como a internacionalização e a cosmopolitização da nova narrativa ficcional portuguesa. Descentralizado, portanto, de fronteiras exclusivas de fechamento no território português, o romance de Isabel Rio Novo estende-se para o horizonte espacial da capital francesa e expande-se para o eixo temporal do século XIX, num momento crucial de consolidação da modernidade.[88]

Espécie de texto múltiplo na sua condição genológica, porque passeia pelo romance histórico pós-moderno (e, por conseguinte, pela própria metaficção historiográfica, dependendo do caminho utilizado para sua análise), pelo romance de pendor biográfico e pela trama de costumes, *Rua de Paris em dia de chuva* potencializa a multiplicidade e pode ser lido também pelo viés do romance enciclopédico, na medida em que sua força concentracionária de detalhes expostos se abre para outros horizontes e universos.

É certo que, tal como a autora já declarara, nessa obra existem "a tentação biográfica e a tentação do retrato",[89] mas, para além destas, os quadros e a trajetória de Caillebotte invocam obras plásticas suas e de outros(as) pintores(as), tanto os(as) de sua época como os(as) de escolas pretéritas, numa sequência em que se misturam, se incorporam e se abrem para mais referências e citações diretas de diferentes campos de saberes e cultura; entre estas, destaco:

a) a política e a economia da época, que favoreceram inclusive a família Caillebotte para o estabelecimento de sua fortuna:

[Em 1851, o casamento de Napoleão III, sobrinho e herdeiro de Napoleão Bonaparte, com a bela Maria Eugénia, condessa de Montijo, assinalava uma época de exuberância patriótica. Multiplicavam-se os bailes, as recepções, as festas, os jantares oficiais, os concertos no Palácio das Tulherias, aos quais compareciam diplomatas, militares engalanados, figuras eminentes, intelectuais. Por essa altura, o preço do pão excedia os quarenta cêntimos por quilo, valor considerado o limite aceitável para a classe trabalhadora;[90]
Por essa altura, Napoleão III multiplicava as ações militares um pouco por toda a Europa, mas também na Crimeia, na Síria, no México, visando impor o domínio da França e exaurindo o erário público. O certo é que, em 1865, o Estado francês entendeu que La Société des Lits Militaires, enquanto empresa privada, dificilmente reuniria capitais suficientes para expandir as suas operações e não renovou o contrato de fornecimento. Martial Caillebotte e os parceiros iniciaram a

liquidação dos seus ativos, que se estenderia ao longo dos meses seguintes. Quando o processo foi concluído, tiveram a grata surpresa de verificar que a empresa valia cerca de vinte milhões de francos. Na verdade, todos se sabiam ricos, muito ricos, mas não se imaginavam milionários;[91]
A fortuna de Martial era tão grande que havia poucas razões financeiras para que qualquer dos filhos se visse forçado a seguir carreira nos negócios, embora a Autora se tenha perguntado, algumas vezes, o que teria acontecido caso, em 1865, La Société des Lits Militaires tivesse obtido a renovação do contrato com o governo];[92]

b) a pintura propriamente dita, não apenas a de Caillebotte, mas a de seus contemporâneos e mesmo a de artistas anteriores a ele:

[No próprio recinto da Exposição Universal, o pintor Courbet, a quem o Salão Oficial recusara a tela *O Ateliê do Pintor* por a achar indecorosa, dava sinais de querer demarcar-se das amarras que constrangiam a arte, apresentando, num mero barracão de tábuas construído a expensas suas, uma mostra dos seus quadros a que dera o título de *O Realismo*. Todos os que entravam no barracão comentavam *Um Enterro em Ornans*. Não tratava de um assunto histórico ou bíblico, mitológico ou alegórico, como costumava suceder com as telas de grande formato. Era uma cena contemporânea, popular, familiar. Um cemitério. Uma cova. Uma pequena multidão de rostos grosseiros. O tom da paisagem era verde sujo. O céu e as roupas dos presentes, cinzentos e carregados. A impressão triste e desoladora que se desprendia da tela era tal que Gustave tinha os olhos presos;[93]
Quando chegou a vez de nomear uma tela que pintara durante a sua mais recente viagem ao Havre, Claude Monet hesitou. Deitou um olhar à pintura, dominada por um círculo laranja num céu azul, com reflexos alaranjados, riscados em todas as direções. Depois de uma pausa, sugeriu com displicência: "Impressão". Na tipografia, Edmond Renoir achou o título curto e resolveu aumentá-lo: *Impressão: Sol Nascente*;[94]
Gustave teve de juntar ao desgosto pela morte súbita do pai a frustração de ver a sua tela *Os polidores de parquê* recusada pelo júri do Salão Oficial. A correspondência trocada com os amigos é reveladora da sua desilusão, mas, mesmo que essas cartas não existissem, a Autora desse romance compreenderia decerto a frustração do jovem criador;[95]
À Autora desse romance, a figura de René na tela de Caillebotte lembra a do *Viajante sobre Um Mar de Névoa*, de Caspar David Friedrich, aquele quadro que mostra em primeiro plano a silhueta escura de um promontório rochoso, sobre a

qual um viajante, de costas para nós, contempla a neblina densa que paira sobre os pináculos do vale e as montanhas mais distantes;[96]

Na mais bem-sucedida e representativa exposição de sempre do grupo, *Rua de Paris em dia de chuva* viria a ser a tela mais comentada, pela perspectiva inusitada, pela representação realista do ambiente chuvoso, pela sua escala ambiciosa e desmesurada, que críticos, académicos e público em geral ainda associavam a temas históricos ou mitológicos. A arte de Manet e de Degas fazia referências indiretas aos efeitos psicológicos da renovação urbana. Monet, Renoir e Pissarro integravam vistas da nova cidade nas suas construções de luz e cor. Mas os quadros de Caillebotte interpelavam diretamente os habitantes da nova e esplendorosa Paris de Haussmann. A Paris da especulação imobiliária que fizera a fortuna do seu pai e lhe assegurava os rendimentos. A Paris dos novos-ricos como ele. A Paris contemporânea que ele podia observar e pintar quanto quisesse, sem prestar contas a ninguém;[97]

Caillebotte não quis participar. Entre os expositores, ganhava força uma nova forma de expressão pictórica. Jovens artistas como Georges Seurat e Paul Signac transformavam as paisagens em pontilhados de cores puras que se uniam durante o processo de observação do espectador. A pintura espontânea dos impressionistas adquiria uma feição científica, obedecendo a estudos óticos e cromáticos. Fora do grupo e da França, alguns pintores começavam a encarar o Impressionismo como uma forma inconsciente de naturalismo e afastavam-se dos seus princípios. A vanguarda de que Gustave Caillebotte fizera parte deixava, suavemente, de o ser];[98]

c) a arquitetura, as plantas e os desenhos estruturais:

[Ainda que a propriedade de Yerres tivesse sido edificada um pouco antes do início do século, o aspecto com o qual Martial Caillebotte a encontrava datava da década de vinte, quando Pierre Frédéric Borrel, proprietário do famoso restaurante Le Rocher de Cancale, a adquirira. Borrel consagrara uma grande parte da sua fortuna a aumentar e embelezar os seus domínios, estendendo o parque por uma área de mais de onze hectares. Os visitantes que atravessavam o portão descobriam primeiro o Cassino, um edifício sóbrio, ao estilo paladiano. Viam depois o Quiosque, uma construção de aparência oriental, assente sobre a Geleira, cujas paredes de alvenaria permitiam guardar gelo em pleno verão. Do lado oposto ficava a Quinta Ornamentada, que, além de uma êxedra ornada com bustos de deuses gregos, compreendia cavalariças, uma leitaria, granjas e aviários;[99]

O arquiteto Garnier, que, antes da guerra, se preparava para derrubar os tapumes e revelar o novo edifício da Ópera, lembrou-se de que as fundações do edifício tinham sido erguidas sobre um lençol de água que descia desde a colina de Montmartre, mandou furar a camada de betão sobre a qual repousavam as fundações e fez brotar um jorro de água cristalina;[100]
Durante décadas, os herdeiros de Gustave Caillebotte assistiriam aos episódios que abalaram a vida do edifício. Centro de acolhimento de prisioneiros e de deportados em 1945, local escolhido pelo general Charles de Gaulle para anunciar o seu regresso à política em 1958, cenário de cinema para Orson Welles e Bernardo Bertolucci na década de 1960.
A ideia de transformar as estruturas de Orsay num museu germinou no início dos anos de 1970, quando ainda se aventava que o edifício poderia abrigar escritórios, serviços administrativos ou hotéis. Pela primeira vez, uma construção industrial era habilitada para acolher um museu importante];[101]

d) os estudos náuticos e as inovações nos desenhos das embarcações:

[Por esse tempo, Gustave Caillebotte não era apenas o velejador mais premiado de França e o dono de uma frota de veleiros batizados com nomes engraçados e muito pouco conformes à boa moral (como *Roastbeef*, *Lézard* ou *Cul-Blanc*), como também se tornara um engenheiro naval reputado. Apaixonado pela velocidade, procurava continuamente melhorar o desempenho das suas embarcações. Lia, observava, comparava. Depois, introduzia nos seus desenhos inovações como a substituição das velas tradicionais pelas velas de seda ou o uso do lastro exterior. A dada altura, decidiu que as horas passadas no ateliê a projetar veleiros já não bastavam. Comprou, então, um pequeno estaleiro, muito perto da sua propriedade, onde podia supervisionar a construção dos seus barcos];[102]

e) as diferentes geografias urbanas das cidades europeias e a modernidade de Paris:

[O barão Haussman não se limitou a reformular o traçado das vias da capital. Oitocentos mil metros de esgotos construídos com materiais sólidos e resistentes enredaram-se nas entranhas da cidade, toda uma Paris subterrânea tão complexa como a que brilhava à superfície, com os seus rios, os seus cais, a sua linha de carris, as suas estações. Sob o pavimento dos bulevares, estendiam-se também as condutas de distribuição do gás, essa substância misteriosa e impalpável. De início, a purificação do gás era imperfeita, a emissão dos bicos, irregular. Mas, aos poucos,

as maravilhas da nova iluminação convenceram os parisienses. À luz ilusória do gás, a tez muito clara das mulheres elegantes resplendia; na lapela dos dândis, as flores cortadas adquiriam um brilho quase mágico.
Criaram-se passeios, praças, parques decorados com balaustradas, pórticos, colunatas, fontes e estátuas. O Bosque de Bolonha recebeu cascatas, grutas e lagos. Em volta do Arco do Triunfo, implantou-se uma estrela formada pela interseção de doze avenidas amplas, ocupadas por grandes mansões;[103]
Pai, filho e dois criados viajaram de comboio até Marselha, onde tomaram o paquete. Chegaram ao porto de Nápoles ao amanhecer. Os quartos da estalagem onde se instalaram, perto do palácio real e do fontanário, tinham uma vista larga sobre as casas inclinadas do bairro de S. José. Mas eram sobretudo os ruídos que impressionavam Gustave. As notas agudas dos pregões dos vendedores ambulantes, o barulho das rodas das carruagens sobre as lajes, o repicar dos sinos, os risos, os impropérios, as discussões e, em permanência, as percussões metálicas de um serralheiro que, numa loja em frente, rebatia o ferro. Era uma cidade tão diferente de Paris... Alegre, soalheira, jovial;[104]
Paris modernizava-se, e quase todos saudavam a mudança, mas a imagem medieval da cidade antiga prolongava-se na memória romântica de alguns, que perseguiam os vestígios da velha Lutécia nas vielas esconsas da Ile de la Cité, nas passagens apertadas do Marais, suspirando por essa cidade alumiada a candeias, que, por ironia, só conheciam de livros e gravuras. Aqueles que ainda tinham percorrido as velhas ruas lamacentas, sem passeios nem esgotos, fendidas por córregos e pejadas de ratazanas, onde se vivia no meio de detritos, aplaudiam a cidade nova, sem reticências nem hesitações. [...] Agora, as ruas eram pavimentadas em pórfiro ou granito, pedras polidas e uniformes, muito bem unidas, sobre as quais as carruagens rolavam suavemente e quase sem ruído. [...] Mas a renovação da cidade encetada por Haussmann prosseguia inexoravelmente];[105]

f) a moda e a indumentária da época:

[Quando o irmão do meio entrou na sala, impecável no sobretudo de peliça, no chapéu alto, na echarpe de seda branca, na bengala encastoada, e se inclinou para beijar a mão da mãe, como um galante pedido de desculpa, Gustave não pôde deixar de pensar que o irmão era belo;[106]
O vestido modesto e algo decotado da rapariga dos olhos violeta denotava uma daquelas personagens típicas da Paris da época, mulheres que, não sendo exatamente prostitutas, se deixavam sustentar por homens com quem não eram casadas, saltando facilmente de ligação em ligação. Martial apareceu, efusivo, para

cumprimentar o amigo e o irmão. Quando Gustave voltou a olhar na direção da rapariga, já não a viu];[107]

g) a alta-costura:
[Alguns negócios floresciam, como o do costureiro Charles Worth, que revolucionava a moda, abolindo as crinolinas e as suas estruturas rígidas e introduzindo novas linhas esbeltas, cingidas à cintura e às ancas, que valorizavam a silhueta feminina e arrancavam aos rapazes como René assobiadas exclamações de apreço];[108]

h) o mobiliário a indicar um requinte e um luxo nos espaços privados:

[O inventário dos seus bens após a morte descrevia a mobília do quarto com pormenores inesperados: Num grande quarto de dormir iluminado por cinco janelas voltadas para o jardim: um divã, uma secretária, uma cômoda, uma mesa de cabeceira, um *psiché*, uma cômoda mais pequena, tudo em madeira de *acajou* com ornamentos em cobre dourado, estimado em mil francos. Como uma das filhas da viúva Biennais era aparentada com Adèle, a primeira esposa de Martial, as negociações hão de ter decorrido tranquilamente, até que, em maio de 1860, Martial Caillebotte formalizou a aquisição da propriedade, juntamente com os móveis de quarto em madeira de mogno flamejante e ornamentos em cobre dourado];[109]

i) as exposições e a museologia:

[De regresso a Paris, assinalaram com um pequeno grupo de amigos o aniversário de Gustave. Maurice Brault propôs que visitassem a Exposição da Eletricidade que abrira no Palácio da Indústria. [...] O palácio, amplamente iluminado, deixava escoar através das suas frestas raios de luz que exerciam nos transeuntes o mesmo efeito magnético de uma lâmpada nos insetos. Lá dentro, era todo um mundo novo e deslumbrante, dominado por luzes cruas e azuladas, sombras bizarras e barulhos estridentes;[110]
Em 4 de junho de 1894, a galeria Durand-Ruel proporcionava aos visitantes uma exposição retrospectiva de Gustave Caillebotte, exibindo quase cento e trinta obras do pintor;[111]
No dia 1 de dezembro de 1986, era inaugurado o novo museu [Orsay], destinado a reunir diversas expressões artísticas de um período muito curto, mas extremamente fértil, da história da arte. Numa vasta galeria que se estendia do quinto piso a todo

o comprimento do edifício, a seção da pintura impressionista revelada ao mundo incluía uma coleção constituída por um tal Gustave Caillebotte, que o público mais esclarecido conhecia como colecionador, patrono e pintor amador];[112]

j) a filatelia:

[Martial manipulava a pinça e organizava os álbuns. Gustave examinava à lupa os detalhes do selo, em busca de eventuais falhas, habituando-se a distinguir os defeitos que diminuíam o seu valor filatélico das variedades que, pelo contrário, o aumentavam. O mesmo selo, dez, cinquenta, cem vezes impresso, as ínfimas variedades de cor, de recorte, de filigrana, de obliteração, de espessura, as cercaduras, os recortes serreados, e depois os defeitos de impressão, de tiragem, as mínimas deteriorações. O olhar do pintor iluminava-se e espraiava-se sobre a sua coleção como na composição de um quadro;[113]
Na manhã seguinte, Gustave e Martial recebiam Thomas Tapling no apartamento do bulevar Haussmann e mostravam-lhe a coleção. A princípio, os dois irmãos hesitaram em vender os selos. Martial, por prudência e por esperar sempre a resolução do irmão mais velho; Gustave, porque a alienação da coleção lhe parecia mais uma perda e mais uma desistência. Mas, quando o inglês lhes ofereceu a pequena fortuna de 400 mil francos, ambos se renderam. Nesse mesmo dia, começaram os três a tomar providências para o acondicionamento da coleção e o seu transporte para a Inglaterra];[114]

k) a música:

[Martial *Fils* agora era aluno do Conservatório Nacional, onde estudava piano com Marmontel e harmonia com Théodore Dubois;[115]
Martial *Fils*, ao piano, tocava uma melodia de Gounod. As primas e a tia rodeavam-no; Marie ajudava-o a virar as páginas das partituras;[116]
Martial, o mais silencioso, fazia-se ouvir sobretudo através do seu piano Érard. Prelúdios de Chopin, melodias de Schubert, uma ou outra das peças que compunha;[117]
A nave da igreja estava coberta de negro, e todos os membros do coro traziam o crepe. Durante as cerimônias, o organista executou fragmentos da missa de Gounod];[118]

l)   a crítica artística:

[Jules-Antoine Castagnary, amigo de Courbet, assinava uma crítica quase favorável no *Le Siècle*, apontando a ousadia, a vivacidade, as ligações dos pintores independentes à arte japonesa, mas questionando-se se tal orientação artística poderia perdurar. No entanto, era o mesmo Castagnary que, pensando no título da tela de Monet, apontaria o rótulo que, daí em diante, iria marcar o movimento: *São impressionistas no sentido em que transmitem não a paisagem, mas a sensação produzida pela paisagem*.[119]
O jornal *L'Événement* referia-se com maldade a Caillebotte como *um milionário que pinta nos tempos livres*. Émile Zola acusava a precisão fotográfica dos *Polidores*, sentenciando severamente: *A cópia da realidade, quando não é sublimada pela marca original do talento artístico, é uma coisa triste*. Gustave recebeu as críticas com aparente bonomia, assegurando à mãe que estas não o feriam e protestando aos amigos que não deixaria de pintar. E não deixou];[120]

m)   a poesia, a ficção e a literatura de modo geral:

[Paris já não era uma cidade, era um governo, explicava o poeta Vítor Hugo. Vinham visitantes, estrangeiros, curiosos;[121]
Ultimamente, interessava-se muito pela poesia de Charles Baudelaire, um poeta que vivia no meio da multidão, mas se sentia sempre isolado, e que, à semelhança dos novos pintores, deambulava pelas ruas, procurando a essência fugitiva da modernidade;[122]
Contudo, se nos aproximarmos da tela, percebemos que o olhar dele se dirige à silhueta esbelta de uma rapariga que atravessa o bulevar de Malesherbes, altiva e cortante como a Milady dos versos que um tal Cesário Verde compunha pela mesma altura;[123]
Gustave, sorrindo da própria ousadia, pintaria ainda uma peça de bovino exposta no balcão de um talho, enfeitada com uma rosa, exatamente como, alguns anos mais tarde, a escritora Rachilde haveria de contar no seu romance *Madame Adonis*];[124]

n)   e a fotografia:

[O retrato de Gustave mascarado de mulher mostra-o já sério. A expressão é rígida, o olhar, um pouco alheado. As mãos, os ombros, os maxilares denunciam a sua masculinidade. Dir-se-ia que a vontade de brincar já terminara;[125]

O interesse de Martial pela fotografia aumentou após o casamento, por influência do cunhado, Maurice Minoret, que era um fotógrafo exímio, e acentuou-se com o nascimento dos filhos. [...] Graças às recentes inovações na técnica fotográfica, que requeriam um menor tempo de pausa, conseguiria representar quase instantaneamente os filhos a partilharem um doce nos jardins da sua nova vila sumptuosa, situada junto ao porto de Pornic, ou Gustave e os sobrinhos a passearem, durante a maré vaza, na praia de Noëveillard].[126]

O que se pode observar nesse conjunto de informações coletadas, selecionadas e incorporadas na trama romanesca é uma necessidade imperiosa de preservar a memória cultural de um artista esquecido pela crítica de sua época, cujo nome pode ser incluído nos estelionatos da história da arte. Basta, nesse sentido, vasculhar alguns exemplos bem pontuais para verificar que tal inclinação procede na construção romanesca.

Vejamos. Em seu conhecido estudo *Olympia. Paris no tempo dos impressionistas*,[127] Otto Friedrich menciona Caillebotte algumas poucas vezes, quase sempre com ênfase na sua capacidade de ser "a força motriz"[128] para gerir e organizar as exposições impressionistas, mais do que propriamente em seu talento como pintor. Aliás, a esse propósito, chega mesmo a lançar mão de uma expressão ambígua e próxima de um tom pejorativo: "Próspero engenheiro especializado em construção naval e pintor por *hobby*".[129]

Também Meyer Schapiro, em *A arte moderna: séculos XIX e XX*,[130] investe seu criterioso olhar investigativo sobre alguns dos nomes da pintura oitocentista (Cézanne, Courbet, Van Gogh e Seurat), mas sequer menciona as inovações de Gustave Caillebotte. Num outro ensaio seu, *Impressionismo: reflexões e percepções*,[131] o renomado crítico de arte cita Caillebotte uma única vez, procurando rastrear em apenas três quadros seus (*Os polidores de parquê*, 1875; *Os pintores de fachada*, 1877; e *Boulevard visto do alto*, 1880 – apenas este último é reproduzido em preto e branco) algumas aproximações possíveis entre o exercício de criação do artista finissecular, as técnicas empregadas pelos principais contemporâneos seus e o esforço de trabalhadores braçais:

> Pode-se perguntar se Caillebotte, um homem culto e rico, não se sentiu atraído também pelas qualidades sóbrias do artesão nessa atividade e pela semelhança com a sua própria arte que, ao descrever a cena cotidiana de Paris, visava tanto à precisão quanto à franqueza da pincelada. [...] Em outra tela, Caillebotte mostrou

os trabalhadores de joelhos em um apartamento vazio, iluminado pelo sol, raspando ou polindo o assoalho.[132]

Num lapso mais declarado, o extenso capítulo "A era do Impressionismo", inserido em *História da pintura*, de Wendy Beckett,[133] Caillebotte é mencionado uma única vez por causa do quadro *Almoço no barco* (1881), de Auguste Renoir, em que aparece retratado num assento à direita, ou seja, ele é referendado unicamente como uma figura incorporada num dos quadros integrantes do movimento impressionista. Fora isso, nem mesmo nas menções à primeira exposição impressionista, em 1874, há qualquer destaque para o seu papel como mecenas e como responsável pela organização do grupo e do evento.

Omissão não cometida, felizmente, por Marina Ferretti Bocquillon, que, em seu curto, mas emblemático ensaio, intitulado *O Impressionismo*,[134] dá uma atenção mais assertiva ao importante papel de Caillebotte, seja como mecenas e colecionador, seja como pintor com uma verve singular e única. Apesar de não o mencionar no momento de explicação dos principais gêneros pictóricos desenvolvidos pelos pintores impressionistas ("A natureza-morta", "O nu", "A figura isolada e o retrato", "A vida moderna" e "A paisagem" – tipos de quadro facilmente detectados no conjunto das pinturas de Caillebotte), a partir do capítulo "A época das exposições, de 1874 a 1886", a historiadora do Museu d'Orsay destaca a relevância de Caillebotte e de seu estilo diferenciador e marcante entre os seus contemporâneos:

> Caillebotte, ao aproximar-se tardiamente do Impressionismo, seguiu um percurso inverso ao da maioria dos seus amigos. A sua tela grande *Afagadores de soalho* tinha dado nas vistas na exposição de 1876, pois ela demarcava-se por *uma modernidade muito particular. A sua pintura era então caracterizada por uma mistura de realismo e de precisão do desenho que dava às suas telas, pintadas numa gama neutra, um aspecto quase fotográfico.* Nos anos que se seguiram, Caillebotte persistiu nessa via e pintou vistas urbanas onde *conservava, apesar de uma paleta mais clara, as suas qualidades iniciais* (*Rua de Paris; tempo de chuva*, The Art Institute of Chicago, ou *A Ponte da Europa*, 1876, Genebra, museu do Petit Palais). As telas pintadas na propriedade de família de Yerres (*Canoeiros*, 1878, Rennes, museu das Belas-Artes) e as que evocavam a vida moderna como *Num café* (1880, Ruão, museu das Belas-Artes) testemunham também elas *uma arte muito composta onde a figura tem o papel principal, com um desenho vincado, uma perspectiva persistente e uma preferência marcada pelo contraste*. Em 1881,

> Caillebotte instalou-se em Petit-Gennevilliers, em frente de Argenteuil que Monet, Renoir e Sisley tinham todavia deixado de frequentar havia vários anos. Foi então que as paisagens de Caillebotte se aproximaram da arte de Monet. *Veleiros em Argenteuil*, pintado por volta de 1882 (Paris, museu de Orsay), e *Roupa a secar* (1892, Colônia, Wallraf-Richartz Museum) contam-se entre *os mais belos exemplos desse Impressionismo curiosamente tardio*, adotado no preciso momento em que Monet e Renoir, os dois tenores do movimento, se afastavam.[135]

Ao contrário dos demais críticos, Marina Bocquillon faz questão de frisar a pintura de Caillebotte como um dos registros mais visíveis de uma modernidade avassaladora sobre a capital francesa, ou seja, as figuras, as paisagens urbanas e campestres, os motivos, as personagens, enfim, nada nas telas é gratuito. A partir de uma percepção sensível de proximidade instantânea e quase fotográfica dos seus quadros, a historiadora francesa demarca a singularidade plástica de Gustave em sua geração.

Ora, ao que tudo indica, Isabel Rio Novo refuta os silenciamentos dos discursos oficiais, ou mesmo os equívocos não propositais da crítica em relação à obra do pintor,[136] e caminha muito próximo da perspectiva da historiadora francesa, na medida em que, ao longo do seu romance, vai procurando destacar a relevância do seu protagonista para além da única função, como mecenas, que a crítica procurou estampar. Seu exercício de recriação ficcional abrange uma faixa significativa da vida e da produção artística de Caillebotte, em que despontam quadros cuja consecução passa por seu interesse pelas novas formas de captação e registro das paisagens, como a fotografia:

> Helena falara à Autora da tendência de Caillebotte para a distorção do espaço, comparável ao efeito de uma objetiva fotográfica que estivesse muito perto de uma personagem, e do gosto do pintor em recriar um ambiente psicológico tenso e ambíguo, um pouco como acontecera em *Almoço*, a tela em que representara a mãe e o irmão René.[137]

Com uma meticulosidade invejável, o olhar de Isabel Rio Novo não deixa escapar os menores detalhes, ainda mais quando estes têm uma importância vital para a compreensão dos caminhos artísticos adotados pelo protagonista. E se o seu olhar permanece como um gesto de revivificação do pintor esquecido, isso não a impede de também destrinchar o gradual esquecimento com que os principais agentes de fomento às artes impuseram sobre os quadros e a trajetória do criador. Aliás, esse vaticínio aparece ao longo das páginas do romance, sobretudo nos momentos sucedâneos à morte do pintor, quando o narrador confirma o ostracismo que sobre sua obra se abateu:

> Gaston Leasult, no *Journal des Artistes*, avisava que o enorme serviço que Caillebotte prestara à nação, como patrono do Impressionismo, não deveria fazer esquecer a importância do artista. A advertência do jovem crítico não foi escutada, e Caillebotte pintor começou, desde esse dia, a cair no esquecimento.[138]

Diante do exposto até aqui, cabe-me recuperar aquele caráter "museologizante"[139] da ficção contemporânea, sublinhado por Orhan Pamuk, cuja força central reside num movimento de "preservar, conservar e resistir ao esquecimento".[140] Esses poderes de preservação, conservação e resistência, na minha perspectiva, não deixam de estabelecer vínculos dialógicos com o "romance contemporâneo como enciclopédia",[141] na medida em que a ênfase deste incide num outro tipo de manutenção e proteção, qual seja, "saber tecer em conjunto os diversos saberes e os diversos códigos numa visão pluralística e multifacetada do mundo".[142]

Logo, fico a me interrogar se, ao recuperar do esquecimento a figura de Gustave Caillebotte e um repertório muito particular de quadros por ele criados, Isabel Rio Novo não estabelece um diálogo efetivo com o romance enciclopédico de Ítalo Calvino, na medida em que, para cada fase da vida do seu protagonista, vai destacando e sublinhando nesses quadros uma "presença simultânea dos elementos mais heterogêneos que concorrem para a determinação de cada evento".[143] No meu modo de ver, é como se cada um dos elementos anteriormente apontados funcionasse como uma espécie de verbete, abrindo-se para um horizonte outro, com uma quantidade de informações plurais, multifacetadas e externas aos próprios enunciados.

O gesto de fazer reverberar os quadros de Caillebotte chama indiretamente os silêncios impostos sobre eles e, ao mesmo tempo, as vozes que tentaram suplantar um esquecimento inexplicável. Outro detalhe importante nesse movimento de preservação enciclopédica da produção artística do pintor impressionista, em *Rua de Paris em dia de chuva*, encontra-se na inexistência de qualquer imagem ou reprodução visual dos quadros mencionados ou alguma nota de rodapé ou final que explicite todo o elenco de artistas e obras plásticas, arquitetônicas, esculturais e musicais por ela citadas. Isso não deve ser visto como uma falha ou uma imprecisão no escopo do romance; ao contrário, tal artimanha acaba por produzir paradas quase obrigatórias por parte do leitor, que, com a inquietação diante da quantidade de nomes, é direcionado a levantar a cabeça diversas vezes[144] e efetuar uma pesquisa externa em outras bases de busca, a fim de conhecer, entender, consolidar e dimensionar os dados suscitados nas páginas do romance.

Gosto de pensar que esse efeito resulta justamente da "competência enciclopédica"[145] da autora e concretiza uma maneira de preservar e conservar a obra e o legado de Gustave Caillebotte, além de alicerçar um nítido gesto de evitar o esquecimento do nome do artista e de sua herança para a pintura moderna. E se é possível verificar tal gesto concentracionário e preservador da memória cultural em volta de Gustave Caillebotte e sua relevância como um dos pintores pioneiros e defensores do Impressionismo, isso não menos ocorre, por exemplo, com outras figuras do meio artístico oitocentista, como seu irmão mais jovem, Martial Caillebotte, fotógrafo, músico talentoso e considerado um dos "pais da filatelia".[146]

Nesse sentido, a multiplicidade calviniana, presente nas páginas de *Rua de Paris em dia de chuva*, demonstra, numa ressonância com o pensamento de Orhan Pamuk, que a história não é nem pode ser "oca e desprovida de significado", porque "alguma coisa da vida que vivemos será preservada".[147] Logo, o romance enciclopédico conseguido por Isabel Rio Novo traz à tona toda uma heterogeneidade de informações, com uma "visão pluralística e multifacetada do mundo"[148] e destaque para o contexto das artes do século XIX, ora pelas várias digressões costuradas pela personagem Autora, ora pelas trajetórias artísticas e culturais efabuladas pela mão empírica da escritora portuguesa. Na junção muito bem arquitetada por Isabel Rio Novo, o leitor logo se dá conta de que está diante de um romance que "preserva nossos encontros com esses objetos [plásticos, artísticos e culturais] – ou seja, nossa percepção deles".[149]

Por isso, a proposta de Isabel Rio Novo, como bem sublinha Álvaro Manuel Machado, pode, sim, ser lida pelo viés da "conversa a distância"[150] com o "pintor, mas também construtor naval, velejador, filatelista, floricultor e mecenas de muitos pintores impressionistas seus amigos que se tornaram célebres",[151] bem como com a personagem Helena, professora de história da arte que alimenta por Caillebotte uma visão demasiadamente acadêmica, enquadrada e sem o brilho da imaginação criadora, com a qual a Autora discorda, gerando, assim, entre elas momentos de tensão e afastamento.

No entanto, por mais que aprecie a leitura operada pelo reconhecido investigador e ensaísta português, e por mais que encontre nas páginas do romance muitas referências a essa "conversa a distância", creio que a relação estabelecida entre as personagens Autora e Gustave Caillebotte insinua um diálogo operado muito mais na proximidade, na sintonia e na empatia (para não dizer, no olhar apaixonado e seduzido pelo outro), do que propriamente na distância. Na minha ótica, esta se dá apenas no âmbito das dimensões espacial (França) e temporal (século XIX), e em nada afeta a afinidade e a paixão sentidas pelo artista escolhido. Aliás, toda a incorporação de materiais, citações e referências oitocentistas não deixa de ser um resultado direto do interesse da autora (Isabel Rio Novo) pelo século XIX, suas artes e seus movimentos estéticos. Conforme já mencionamos no capítulo 2 (sobre a proposta da rapidez), *Rio do esquecimento* constitui uma investida da autora nesse contexto epocal, ressaltando e redesenhando trajetórias fictícias numa cidade do Porto igualmente efabulada, isso sem falar no seu trabalho ensaístico, cuja ênfase recai sobre as correntes teóricas e suas ressonâncias no cenário português oitocentista.[152]

Logo, *Rua de Paris em dia de chuva*, como o próprio título já indica – afinal, trata-se da tela mais famosa de Gustave Caillebotte e vem estampada ao longo da capa, da contracapa e das badanas da edição das Publicações Dom Quixote –, opera uma revisitação enciclopédica do século XIX e de toda a multiplicidade de suas tendências estéticas, de seus hábitos cotidianos e de sua riqueza de informações e referências nas mais diversas áreas do saber, com uma especial atenção ao protagonista. Cabe-me, ainda, defender que essa preservação cultural não se dá por uma perspectiva marcada pela pura objetividade e neutralidade. Muito pelo contrário. Por isso, a partir da citação do excerto anterior, o narrador da trama apresenta-se como uma voz onisciente intrusa, que invade as sensações, os pensamentos, as digressões das criaturas ficcionais, e as costura para devolvê-las numa narrativa marcada pela afinidade, pelo afeto, pela sedução e pela emotividade: "A *Autora recorda estas coisas assim, como se as visse, porque na realidade as viu, ou sente que as viu*".[153]

Como já tive oportunidade de explicar na análise da postura do narrador em *Deus Pátria Família*, de Hugo Gonçalves, também no romance de Isabel Rio Novo, a voz narrante expressa um laço afetuoso com suas matérias-primas, porque as retira do coração, onde elas estão devidamente guardadas. Talvez por isso não concorde com a apresentação (para mim, muito restritiva, diga-se de passagem) da obra como um texto em que se vislumbra uma combinação do "impulso histórico com a tentação do fantástico",[154] porque, na verdade, na lógica interna do romance, tal como o próprio narrador procura esclarecer nas páginas iniciais de *Rua de Paris em dia de chuva*, existe uma coerência que liga a personagem do século XXI (a Autora) com a do pintor impressionista do século XIX (Gustave Caillebotte).

E vale lembrar que a afinidade estabelecida entre eles é um dos pontos diferenciadores daquela viagem operada pela película de Woody Allen *Meia-noite em Paris*. Nesse filme, enquanto Gil Pender literalmente entra no contexto epocal do século XIX, desenvolve laços e relações com suas principais figuras e tem uma aproximação afetiva com Adriana, no romance *Rua de Paris em dia de chuva*, a sintonia entre as duas personagens dá-se também por uma consciência do pacto ficcional que entre elas se estabelece. A Autora não tem um namoro com Caillebotte no século XIX, visto que seu olhar apaixonado sobre seu objeto de atenção excede ao puro interesse investigativo para a criação de uma obra. Não à toa, diversas vezes o narrador do romance vai devassando a intimidade da personagem e expondo o crescente entusiasmo da Autora com o pintor esquecido:

> Mas que tinha ela para dizer que pudesse ombrear com a dimensão do sofrimento da outra? *Contar-lhe que a sua relação com Gustave Caillebotte excedia ao interesse de uma romancista por uma personagem?* De modo que preferiu agarrar-se às fotos e aos documentos e, pouco a pouco, Helena foi-se calando.
> Despediram-se à porta do café num intervalo de aguaceiros. *A Autora segurou contra o corpo a mala onde guardara os documentos que Helena lhe trouxera*, e esta atravessou a rua, um guarda-chuva fechado numa mão, a pasta de cabedal vazia pendendo-lhe da outra, os cabelos levantados pelo vento. Enquanto o vulto franzino da professora desaparecia no meio do ruído do trânsito, do fumo, da multidão de gente apressada, *a Autora sentia-se mergulhar num daqueles momentos em que o tempo e as suas medidas, os lugares e as suas ocorrências se diluem numa dimensão misteriosa, aquela onde os vivos e os mortos existem lado a lado, sem*

assombro nem agitação. Já não estava ali, em frente do café dos velhos. Era um dia de chuva, mas noutra rua, de outra cidade, de outro tempo, percorrida por outros indivíduos, afundada em outras gamas de cinzento.[155]

Sempre que surge citada, e a tese de Helena não era exceção, esta passagem suscita comentários relativos à generosidade e à perspicácia de Gustave Caillebotte, consciente das dificuldades de receção da pintura impressionista, ciente dos riscos, dos rasgos, das armadilhas do tempo. E é verdade. Porém, à Autora deste livro, o que temos de levar à conta da sua afeição por Gustave, estas palavras do amigo, sempre que as relê, fazem-na pensar em como deve ser uma posição solitária a dos homens e mulheres que, vivendo no seu tempo, estendem pontes entre o passado e o futuro.[156]

Mas logo se interpôs nesse desígnio a lembrança de que viu *Rua de Paris em dia de chuva* pela primeira vez aos vinte e nove anos, a mesma idade de Gustave quando pintou o quadro. E *distraiu-se a pensar que é por isso que vale a pena escrever livros, para poder conversar a distância com aqueles que amamos e que não são do nosso tempo*. Que triste e pobre seria a vida se as nossas afeições estivessem limitadas àqueles com quem nos cruzamos realmente. Que longos nos pesariam os dias se aqueles que morreram antes de nós estivessem mesmo ausentes.[157]

Procuram, a Autora bem o sabe, as sepulturas de Balzac, Jim Morrison, Freddie Mercury, Chopin. Mesmo aqueles que colecionam túmulos de pintores vêm em busca de Delacroix, Max Ernst, Modigliani; *ninguém procura Gustave Caillebotte*. Também a Autora percorre os caminhos intrincados do cemitério até que encontra a pequena capela neogótica pertencente à família do pintor. Ao espreitar pelos vidros, avista em frente um pequeno altar; dos lados, as gavetas onde repousam os restos mortais dos Caillebotte, cada qual identificada por um nome e duas datas gravadas. *São só vestígios, mas a emoção que a habita é inteira e real*.[158]

Não são poucas as referências diretas do narrador à afinidade entre a Autora e Gustave. A sequência de excertos acima deixa bem claro que o interesse daquela extrapola a mera pesquisa científica e biográfica para a composição de uma personagem. Tal como veremos mais adiante, lances específicos da vida deste entrelaçam-se com as angústias vivenciadas por aquela, bem como apreciações de formas, cores e quadros do pintor encontram ressonâncias no gosto aguçado da Autora. O mais interessante é que, mesmo reafirmando o ato de "conversar a distância", por várias vezes, a Autora deixa indícios de que essa relação se dá exclusivamente no tempo e no espaço, porque, na sintonia e na paixão, as trocas estabelecem-se em gesto de uma proximidade singular: uma romancista que ama a sua criatura; que segura o material sobre esta como se estivesse guardando um tesouro, junto ao peito e rente ao corpo; que sente a possibilidade de viver com a personagem por ela efabulada numa espécie de diluição das barreiras impeditivas desse encontro; que se afina sensitivamente com o pintor, numa percepção de que é possível construir pontes entre polos tão distantes, ainda que para isso a solidão seja uma certeza inevitável; que reconhece em Gustave a fonte de sua razão de escrever, porque assim é capaz de confessar o seu amor pela matéria narrada; que, diante do esquecimento público, sua sensibilidade a leva para caminhos distantes dos lugares-comuns esperados e a faz procurar o artista ignorado e com ele experimentar a intensidade das emoções.

Diante do exposto e reiterando o que já afirmei, essa Autora e esse Caillebotte existem exclusivamente no discurso ficcional, constituindo-se como criaturas efabuladas e existentes nas dimensões actanciais da trama arquitetada por Isabel Rio Novo. O contato entre elas dá-se muito mais pelo efeito de imaginação, numa releitura muito refinada e atualizada daquilo que Coleridge designara como "suspensão voluntária da descrença", do que propriamente por um evento sobrenatural ou algum tipo de teletransporte espiritual e mediúnico inexplicável. Se há um impulso histórico aliado à tentação biográfica, ambos se materializam a partir de uma competência enciclopédica e de uma memória cultural que fazem dialogar, coesa e coerentemente, dois eixos epocais muito distintos e, ao mesmo tempo, muito próximos, graças à "virtude do muito imaginar"[159] da personagem responsável pela criação de um romance homônimo e do seu protagonista:

> Regressou à Normandia pouco depois de ter começado este romance e antes de ter conhecido Helena. Já então sabia que era a terra dos antepassados de Gustave. Já então tinha visto todas as paisagens que Gustave pintara da região. Não chegou a conhecer as vilas de Ger ou Domfront, mas percorreu Trouville, a sessenta quilômetros dessas localidades e seus arredores. Surpreendeu-se com o modo como, por vezes, o terreno se tornava subitamente escarpado, algo que não recordava dos seus passeios de juventude. Mas as florestas, as pradarias cobertas de trevos, as macieiras floridas, as veredas relvadas, as vilas pitorescas erguidas nos declives e quase inclinadas sobre o mar eram tão parecidas com as que Gustave Caillebotte representara, que a Autora chegou a perguntar-se se o que via não seria pintado pelo olhar do seu amigo. Por exemplo, ao levar o rosto na direção dos veleiros espalhados pelo mar, tinha a sensação de que os seus próprios olhos colocavam a linha do horizonte muito alta, exatamente como o pintor fizera nos seus quadros.

> Poderíamos principiar antes, mas há sempre um tempo que definimos como o início. A Autora gosta de pensar que foi ela quem definiu o princípio desta história e que nem Helena, que lhe cedeu documentos, nem as circunstâncias da vida, que lhe permitiram escrever durante um ano inteiro, pesaram nessa decisão. O bisavô de Gustave Caillebotte chamava-se Pierre e mudou-se para Domfront depois do casamento. Domfront, na comuna de Orne, era uma aldeia construída sobre um rochedo íngreme, cortado a meio numa fenda larga por onde corria o rio Varenne.[160]

Ora, como os trechos acima deixam transparecer, essa energia inventiva não sinaliza que a personagem Autora alimente qualquer neutralidade ou passividade na leitura que faz do pintor impressionista e dos passos mais representativos de sua trajetória como artista e como ser humano. Ainda que a concepção de Coleridge aponte para o gesto romântico de uma "fé poética", a proposta da Autora para caminhar pela Paris de Caillebotte retoma, redimensiona e supera aquela "suspensão voluntária da descrença",[161] porque parece haver um acordo tácito e aceito entre ela, o seu protagonista e, por conseguinte, nós, leitores, de que a experiência narrada faz parte de uma verossimilhança coerente e pactualmente compreensível.

Há, pelo menos, dois aspectos que corroboram essa coerência interna. O primeiro deles diz respeito às ressonâncias imaginativas da Autora em relação aos episódios da vida de Caillebotte. Ao longo de todo o romance, há vários momentos do percurso da Autora que se entrecruzam e se entrelaçam com os da trajetória de Caillebotte, seja nas visitas que ambos fizeram a certas regiões francesas, como a Normandia e a própria Paris, seja nas viagens a outras paragens europeias, como a que ocorrera em Nápoles, na Itália.

Aliás, nessas andanças, a Autora vai procurando os vestígios por onde o seu protagonista passara num mapeamento preciso e meticuloso da capital francesa e de seus arredores, numa recuperação espacial também marcada por aquele mesmo espírito enciclopédico que tudo reúne, enumera, agrega e explica, como se cada um dos pontos geográficos citados (Domfront, Trouville, Paris, Vanves, Yerres, Petit Gennevilliers e Père Lachaise, por exemplo) funcionasse também como uma espécie de verbete, abrindo-se para outras dimensões espaciais, num fluxo contínuo, a fim de promover uma compreensão dos diferentes locais de trânsito e permanência das personagens:

O que resta, hoje, da passagem dos Caillebotte pela rua de Miromesnil é uma pequena placa de pedra colocada junto à porta do número 77: *Gustave Caillebotte (1848-1894), mecenas dos impressionistas e artista-pintor, viveu aqui*. A Autora passou por lá em algumas ocasiões. De todas, a confusão do trânsito dos transeuntes tornava impossível parar no passeio. Mas, numa tarde abafada de agosto em que achou a rua especialmente sossegada, pôde demorar-se diante dessa entrada. Recuou um pouco, atravessou para o outro lado da rua, espreitou. No primeiro andar, através da janela entreaberta, vislumbrava-se o movimento fino de uma cortina agitada pela brisa. E essa ocorrência trivial foi, para a Autora, como um discreto aceno vindo da dimensão onde os mortos existem sem idade, à espera de que os vivos os encontrem, sem surpresa nem assombração.[162]

Ao que tudo indica, a imaginação da Autora é aguçada a partir desse minudente trabalho de reconhecimento dos espaços e de mapeamento por onde o protagonista viveu e experimentou os principais momentos de sua verve criadora. O simples gesto de contemplar uma cortina agitada pelo vento, numa janela do antigo prédio onde Caillebotte morava, aciona e motiva o seu gesto criador num encontro com seu amigo pintor, sem qualquer intervenção de fenômenos paranormais ou assombrosos.

Daí a minha perspectiva de que o encontro entre as duas personagens separadas por mais de cem anos se dá muito mais pela conjunção de diferentes níveis de realidade, pela "tensão que sempre estabelece entre si e as coisas representadas",[163] típicas, aliás, do romance enciclopédico, do que propriamente pela intervenção de uma ocorrência fantástica e inexplicável. Na verdade, a própria Autora não exclui a tensão temporal existente entre ela e sua criação; no entanto, vencer a barreira da separação cronológica (entre ela e o protagonista Caillebotte) acaba por se estabelecer como um dos "objetivos desmesurados",[164] em que a multiplicidade ganha sustentação. No fundo, minha proposta de leitura de *Rua de Paris em dia de chuva* passa necessariamente pela compreensão de que Isabel Rio Novo investe na ligação entre a Autora e Caillebotte para "representar a multiplicidade das relações, em ato e potencialidade".[165] Logo, a transposição de sua personagem Autora para o tempo e o espaço de Caillebotte constitui um fenômeno absolutamente compreensível e verossímil inserido na trama. E tanto assim é que, diante da probabilidade de encarar a morte, as duas criaturas reaparecem interligadas por laços muito diferentes, mas, ao mesmo tempo, muito próximos em virtude da consciência da finitude. O momento desencadeador dessa aliança ocorre na convocação para a Guarda Nacional Móvel, em 1870, no início da guerra franco-prussiana, quando, "experimentando um misto de receio e alívio, Gustave pensou pela primeira vez na possibilidade de morrer ou ficar gravemente ferido".[166]

Ao perscrutar a intimidade da personagem, o narrador devassa as associações imediatas estabelecidas pela Autora, com a diferença de que, sem receber uma chamada para o trabalho em campo de guerra, esta se vê diante de outra batalha, quando recebe o diagnóstico de câncer e precisa lutar pela vida e pela continuidade de seus projetos:

> Cerca de um século e meio depois, também a Autora deste livro recebeu nas mãos o peso de um documento que convocava a sua mortalidade. Em rigor, não era um documento, mas um pequeno conjunto de películas e papéis. Falavam todos dela; não dela toda, de partes, e não dela apenas, de algo mais que se instalara no seu corpo. [...]. Gustave surgira depois na sua vida, bem como a vontade de escrever sobre ele, e ele crescera nela, outra forma de cancro, este procurado, alastrando e ocupando toda a quota parte de vida disponível, a que escapava à rotina dos dias, dos cuidados, das obrigações. [...]. A doença da Autora tentara concentrá-la, aprisioná-la, resumi-la num buraco tenebroso dentro de si mesma. Agora estava curada. Talvez um dia voltasse a ficar doente. Pouco importava. A partir do momento em que adoecera, soubera-se mortal, e talvez fosse isso que a prendia à vida. No universo dos amigos a distância, o tempo não se mede nem se alinha num calendário. Por isso, no mesmo dia em que a Autora deste livro descobriu que tinha uma doença que talvez a matasse, Gustave soube que iria à guerra e deixou de desenhar mentalmente o perfil do seu duplo.[167]

Talvez um dos momentos mais tocantes da narrativa, as subjetividades de Gustave e da Autora interligam-se no confronto da possibilidade de interrupção de suas vidas. As distâncias espacial e temporal existentes entre eles acabam por ceder às aproximações e afinidades, num pacto de percepção daquilo que é importante diante da consciência da finitude e da proximidade da morte. Novamente, na junção entre o artista do *fin de siècle* XIX e a escritora do século XXI, a convivência entre eles não pode ser explicada pela pura racionalidade dos controles métricos dos calendários; antes precisa ser compreendida num alinhamento de pensamentos e gestos, muito mais adequado à imaginação criadora.

É nesse cenário, que o narrador muito sabiamente irá designar como "universo dos amigos a distância",[168] que Caillebotte e a Autora se unem numa sintonia de identificação muito próxima daquela "natureza comum a todas as coisas".[169] Se a personagem oitocentista não chega a alimentar a probabilidade de uma ponte com o futuro, cabe, então, à Autora o exercício das ressonâncias possíveis entre eles. Assim, por meio dessa aliança improvável, mas produtiva, Isabel Rio Novo aposta na multiplicidade e na "competência enciclopédica"[170] para arquitetar um romance não só sobre a pintura impressionista e a cultura oitocentista, mas também sobre as angústias que afligem as principais personagens desse contexto e que ressoam, até hoje, nas criaturas mais próximas de nós e da atualidade que nos foi dada viver. Não gratuitamente, já quase na conclusão do romance, o próprio narrador irá decretar: "Na verdade, não é de descartar que, na história de Gustave Caillebotte, a Autora deste livro procure a sua própria história".[171]

***

Retomando os excertos do romance até aqui citados, não é difícil constatar que os laços de união entre as principais personagens sejam íntimos, e a sintonia tão singular a ponto de a Autora, ao percorrer trechos de locais registrados nas telas do artista impressionista, ficar a se perguntar se não estaria não diante, mas dentro das próprias paisagens pintadas por Caillebotte, como se ela também pudesse fazer parte do quadro. Daí que, num gesto ousado e categórico, ao decretar o início da genealogia familiar do seu protagonista, a Autora decide que a gênese da trama é exclusivamente sua, do mesmo modo como sua leitura jamais seria um gesto passivo, neutro e puramente objetivo, desprovido de qualquer aproximação afetiva com seu objeto.

Assim, todo o material recebido de Helena, a interlocutora e especialista em assuntos e aspectos estéticos do pintor francês, passa por um filtro muito pessoal, em que pesa em primeiro lugar não a palavra acadêmica da investigadora, como se esta fosse um decreto indiscutível, mas a consciência criadora da Autora, que subverte os discursos oficiais e estatui a sua imaginação a única forma possível de humanizar e dar vida ao pintor, tantas vezes esquecido pela história da cultura.

Não me parece gratuito, portanto, o fato de que o início da trama sobre o pintor impressionista remonta aos tempos de seu bisavô, porque esse gesto demonstra um conhecimento interativo do objeto escolhido como mote central, de modo que recuperar (ou, melhor dizendo, recordar, retirar do coração) as raízes mais remotas da família significa desfiar uma intimidade com a genealogia familiar de Gustave. Não se trata, portanto, de estar próxima apenas deste, mas também de confirmar sua contiguidade e sua afinidade com os bisavós (Pierre e Renée Caillebotte), os avós e tios-avós (Antoine-Marrie-Pierre e Adelaide Ferron, Nicolas e Marrie-Françoise Ferron), o pai, a primeira esposa e o irmão mais velho, que se tornaria padre (Martial, Adèle e Alfred Caillebotte, respectivamente), a segunda esposa e o filho morto horas depois do nascimento (Eugénie e Max, nessa ordem), a mãe (Céleste Caillebotte), os irmãos (René e Martial Caillebote – este último designado até a morte do pai como Martial *Fils*), os(as) amigos(as) artistas (Manet, Monet, Renoir, Degas, Cassat, entre outros) e as(os) amantes (o pintor Giuseppe De Nittis, a criada Léah e, por fim, a jovem Charlotte). Todo esse destrinchar de percursos e histórias individuais revela, como o próprio narrador irá sugerir, uma necessidade e uma urgência da Autora de acompanhar muito de perto para onde e para quem se direciona o "olhar do *seu amigo*".[172]

Para além dessa demonstração confessa de intimidade e amizade com Gustave, cujos efeitos acabam encontrando eco na forma com que a Autora vai captando e absorvendo o mundo ao seu redor ("Gostava de acordar e de ficar sozinha, a fitar os objetos na penumbra, vendo-os definirem-se pouco a pouco nos seus relevos"),[173] vale ainda lembrar algumas cenas emblemáticas das muitas discordâncias entre a Autora e Helena, sobretudo no tocante às paixões de Caillebotte e à maneira como este lidava com o turbilhão de desejos, independentemente de os alvos desses sentimentos serem pessoas do mesmo sexo ou não. Para tanto, seleciono as divergências relacionadas aos desejos homossexuais de Gustave e seu encontro com De Nittis, o flerte momentâneo com Léah e a paixão por Charlotte nos últimos anos de vida:

> De Nittis era um homem caloroso e parecia contente por acolher os Caillebotte. De manhã cedo, depois do desjejum, os dois jovens procuravam uma sombra nos jardins ou no pátio e instalavam-se para pintar. Quando o sol subia e o calor se tornava opressivo, cada um se recolhia à tepidez do respectivo quarto.

Em colete, de mangas arregaçadas, Gustave dispunha sobre a colcha de linho as telas principiadas. As cores e os contornos, esmaecidos na meia-luz criada pelas portadas cerradas, traziam para dentro do quarto as paisagens, os cheiros, os sons da região. Mas traziam também a voz de Nittis, serena, encorpada, colocada por cima do ombro de Gustave, muito perto do ouvido, sugerindo um traço ou um enquadramento, elogiando um detalhe.[174]

Quando, anoitecia já, os dois jovens regressavam por um trilho deserto, o quadro ainda os perturbava. "Os estudiosos dizem que é o pai dela, o velho a quem ela dá o peito", explicou De Nittis, "mas como podem eles saber?", Gustave assentiu. "Não podem e não sabem. A possibilidade é o que torna a pintura inquietante." Pararam e fitaram-se na claridade frouxa que anunciava a noite, os olhos presos ao rosto um do outro, ambos surpreendidos pela força inesperada que os subjugava. Obedecendo ao mesmo impulso, os corpos chocaram-se, abraçaram-se, e as bocas fundiram-se num beijo completo e brutal. Tão repentinamente como se juntaram, afastaram-se, sem explicações, sem desculpas, e seguiram em silêncio até [a] casa, mais comovidos do que embaraçados, como se o que lhes ocorrera fosse a consequência de uma força inescapável.

À noite, esmagado pelo desejo, Gustave agitava-se na cama, incapaz de adormecer. Dos lençóis desprendia-se o mesmo aroma à alfazema que emanava de Giuseppe, das suas roupas, e que era uma espécie de prolongamento da sua presença. [...]. É certo que, como assinalara Helena, o jovem pintor já decidira abandonar os estudos de direito. Mesmo assim, é de supor que o contato com os grandes mestres, o percurso através das regiões ensolaradas, os olhos abertos sobre as colorações vibrantes das terras napolitanas, e o rosto de Giuseppe, o riso de Giuseppe, a força do beijo tenham despertado nele o desejo intenso de pintar. Mais profundamente, a beleza, a vivacidade, o devaneio das impressões colhidas hão de ter resultado numa impressão de volúpia, de renovação das forças físicas, de bem-estar, de capacidade de encarar a realidade como se nunca a tivéssemos visto e de justificação da existência, que é costume reunir sob a expressão sintética, ainda que muito imperfeita, de amor pela arte.[175]

A lembrança de Giuseppe interpunha-se muitas vezes nos desígnios de Gustave, submetendo-lhe o corpo em impulsos violentos e inesperados, que o distraíam do que estivesse a fazer e lhe suspendiam as frases num silêncio embaraçoso. Por todos os motivos, sabia que era forçoso reprimi-los.[176]

O mesmo desejo que crescia nas entranhas do rapaz, com uma violência inesperada, devia nascer dentro dela, pelo menos assim sugeriam os lábios entreabertos, os olhos subitamente umedecidos. Eram castanhos e meigos. Gustave abraçou-a. Ela cheirava à alfazema e à goma do uniforme, como os lençóis de linho em casa de Giuseppe. O rapaz e a rapariga igualaram-se na sua juventude, na sua vontade de amor, e os seus corpos amassaram a colcha de cetim branco, que ficara esquecida no quarto do sótão, num desajeito terno.

Helena explicou à Autora que as grandes dimensões do retrato *Mulher ao toucador* e a preocupação do artista em apor a sua assinatura na tela (por essa altura, fazia-o poucas vezes) revelavam que Gustave acalentava realmente o desejo de apresentar a obra no Salão. Helena não sabia de Léah, naturalmente, e a Autora resolveu calar essa imagem que nascera dentro de si, a de uma rapariga pobre, morena e calada, abraçada a um jovem rico, tímido e inseguro. [...]. Também o romance com Léah seria passageiro, pensava a Autora, decidindo-lhe o rumo.[177]

Gustave tomou-se de simpatia pela americana [Mary Cassatt]. Não era, porém, um interesse romântico. Nada tinha contra mulheres pintoras, a não ser que eram mulheres e que o convívio com elas continuava a intimidá-lo.[178]

No futuro estúdio de Gustave, os polidores do parquê prosseguiam o trabalho. Gustave ficou durante algum tempo encostado à ombreira a observá-los. Os gestos deles eram precisos, treinados, mas cheios de simplicidade. Gustave imaginou que o rapaz possuiria a jovem esposa assim, num envolvimento exato e natural, longe dos gestos dúbios com que ele, Gustave, levara para a cama a rapariga, que tanto podia ter-se deitado com ele movida por um desejo passageiro, como por compaixão ou mera obediência, ou até tudo ao mesmo tempo. Gustave não era sentimental, mas durante muito tempo associaria o cheiro a verniz e a madeira lascada a uma espécie de melancolia, tão funda quanto indeterminada nos seus motivos. Percebia-se que o trabalho dos polidores era complexo. Antes de ser raspado, o parquê era molhado, para evitar que a madeira viesse a abrir fendas. Gustave reparou que algumas linhas longitudinais escuras e brilhantes, correspondentes às partes molhadas, contrastavam com as linhas claras e baças nas zonas que a plaina já tinha raspado. Foi nesse momento que o jovem pintor recebeu a inspiração para o quadro com que se distinguiria na segunda exposição dos impressionistas, e foi nesse mesmo ateliê em construção que começou os esboços de *Os polidores de parquê*, numa ânsia de tomar posse do seu espaço, do seu futuro, da sua arte.[179]

"Charlotte? Desculpe, mas Charlotte teve muito pouca importância na vida de Gustave." Era a quarta vez que Helena e a Autora se encontravam. Helena fumava nessa tarde. Ainda não tocara no chá e parecia agitada. "Aliás, pouco ou nada se sabe dela, senão que seria, para todos os efeitos, prostituta ou, pelo menos, uma mulher por conta." Helena fumava e trazia no olhar uma espécie de irritação que a Autora não compreendia. Pela primeira vez, fora esta a marcar o encontro, telefonando à professora de história da arte, propondo que fossem ao café do costume e depois passeassem pelas ruas, aproveitando o verão, que chegara em força, com dias quentes e compridos. "Charlotte era uma prostituta com alguns talentos domésticos, que Caillebotte contratou para se servir dela em todos os sentidos. Ou até para ocultar do seu círculo mais próximo as suas tendências homossexuais."

Sem alcançar o motivo por que Helena imprimia às palavras tal agastamento, a Autora tomou rapidamente uma decisão. Nada do que Helena afirmava seria verdade. Ela, a Autora, decidiria. Por isso, Charlotte nasceu em 1858, perto da porta de Saint-Martin. A mãe era viúva de um pequeno funcionário de origem polaca, que morrera de tuberculose.[180]

Toda essa sequência de citações desperta uma série de reflexões a respeito da construção do romance, bem como das atitudes das duas personagens, interessadas pela vida e pela obra do pintor francês. No primeiro bloco, exatamente na passagem de Caillebotte pela cidade de Nápoles, acredito que Isabel Rio Novo aposta numa outra faceta do seu protagonista, na medida em que efabula uma possível e passageira relação homoafetiva deste com Giuseppe De Nittis. Ainda que não haja uma confirmação exata e precisa de qualquer relacionamento homossexual do artista francês na sua época, o fato de ele não ter se casado e não ter alimentado qualquer compromisso oficial com uma mulher acaba deixando uma lacuna para a escritora portuguesa preencher com outras possibilidades de desenvolvimento e desfecho.

Ao contrário de outros contemporâneos seus que acabaram se enveredando pela recriação ficcional de Caillebotte a partir da premissa de sua condição homossexual, como acontece com *Gustave*, do escritor francês Xavier Bezard,[181] Isabel Rio Novo constrói um protagonista marcado ora pela sutileza na expressão dos seus desejos e sentimentos, ora pela complexidade das relações humanas e afetivas, que, muitas vezes, não se estabelecem num enquadramento contíguo e homogêneo.

Um dos pontos mais interessantes nesse aspecto reside exatamente na constatação de que, nas pinturas de Caillebotte, há uma predominância de figuras femininas – sua mãe, suas primas, suas amigas e mesmo suas possíveis amantes –, mas as masculinas também surgem com uma força muito latente. Num instigante e provocativo texto de análise de alguns quadros (*Les rabouters de parquet*, 1875; *Peintres en bâtiments*, 1877; *Les canotiers ramant sur l'Yerres*, 1877; *Les Périssoires*, 1877; *Les baigneurs*, 1878; *Canotier au chapeau haut de forme*, 1877/1878; *Pont de l'Europe*, 1876/1877 ou 1880; *Portrait d'homme*, 1877; *Auto portrait au chevalet*, 1879/1880; *L'homme au bain se frictionnant*, 1884 – a que ainda acrescentaríamos *L'homme s'essuyant la jambé*, 1884), Jim Van Busbirk chama atenção para o fato de que a crítica de arte não conseguiu abordar essa sequência de quadros a partir de uma percepção estética de um belo masculino que atraía o olhar do artista. A tese do investigador estadunidense centra-se na argumentação de que, ainda que não existam documentos comprobatórios da homossexualidade de Caillebotte (cartas, fotografias, confissões, diários etc.), o fato de retratar corpos masculinos com um realismo impressionante, capaz de escandalizar o júri do Salão de Artes, não deixa de sinalizar que o artista sentia algum interesse e/ou alguma atração por seus objetos eleitos.[182]

Já em *Os polidores de parquê* (1875), a fisicalidade, a musculatura e a exposição de troncos nus masculinos num trabalho que acentua os contornos viris saltam aos olhos, sugerindo ao espectador um resultado ambíguo do seu criador, afinal, o que desperta a atenção deste? O trabalho ou os trabalhadores? Por conseguinte, tanto em *Homem no banho se friccionando* (1884) quanto em *Homem limpando a perna* (1884), por exemplo, exibem-se não apenas uma masculinidade atraente aos olhos do pintor, mas também uma afinidade e uma partilha de intimidade entre o retratista e o retratado, sobretudo no encontro no espaço privado das casas de banho.

Figura 11: *Les rebouteurs de parquet* (1875) / *Os polidores de parquê* (1875) – Musée d'Orsay.

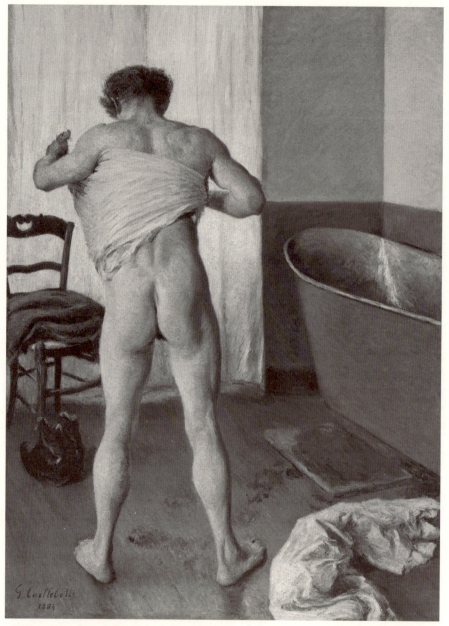

Figura 12: *L'homme au bain se frictionnant* (1884) / *Homem ao banho se friccionando* (1884) – Museum of Fine Arts, Boston.

Figura 13: *L'homme s'essuyant la jambé* (1884) / *Homem limpando a perna* (1884) – Coleção particular.

Olhados em conjunto, nesse sentido, não deixa de ter razão o questionamento de Jim Van Buskirk, posto que

> [...] se o corpo feminino era o território da modernidade como signo da sexualidade masculina, o que fazer com os homens nus de Caillebotte que rompem iconográfica e ideologicamente com as normas da arte e da literatura do século XIX? Quem eram esses homens? Eram amigos do artista ou faziam parte do pessoal da casa? Quem, de fato, eles eram?[183]

Ora, todas essas questões não passam despercebidas pelo olhar arguto de Isabel Rio Novo, na medida em que ela não exclui a possibilidade de envolvimento e de sentimentos de seu protagonista com pessoas do mesmo sexo. A cena anterior do beijo entre Caillebotte e De Nittis demonstra que o desejo é vivenciado sem culpa, sem arrependimento e sem remorso, e advém de ambas as partes, ou seja, trata-se de um gesto afetivo e consensual, sem qualquer tipo de violência de uma parte sobre a outra, ou qualquer insinuação de promiscuidade, doença, pecado ou criminalidade.

É certo que o narrador utiliza o argumento de que a Autora conhece a região da Itália no verão, estação que parece aguçar todos os sentidos, tornando-os "mais agudos à medida que o sol e a temperatura os exaltavam, como se despertassem para uma sensualidade que não era apenas a do apelo do sexo, mas a da entrega completa ao prazer",[184] como se a estação do ano, o local e o calor fossem suficientes para explicar o magnetismo e a atração entre Gustave e Giuseppe. No entanto, em vários momentos da trajetória de Caillebotte, esses fenômenos naturais externos não conseguem sustentar a condição do protagonista, tendo em vista que sua motivação para pintar não se encontra desatrelada de sua vontade de viver e experimentar todas as possibilidades de realização amorosa: "Pintava porque queria, [...] porque pintar era o modo de prolongar o beijo de Giuseppe num gesto largo e estendido a todos, sem compromissos, sem a timidez habitual, como alguém reclama a compreensão e o amor do mundo".[185] E, vale ressaltar, tal como os excertos anteriores demonstram, nessas investidas desejantes, estariam incluídos tanto os encontros homoafetivos quanto os heterossexuais.

Também a personagem Autora parece carecer desse mesmo contato com a arte e, em especial, com a pintura do *fin de siècle* XIX, já que tanto os quadros de Caillebotte desencadeiam a ligação íntima de sua vida com a do artista impressionista quanto os de seus contemporâneos exercem uma espécie de magnetismo capaz de a levar à fonte centrípeta de suas atenções: "Uma pintura de Auguste Renoir, conhecida como *O almoço dos barqueiros*, transporta a Autora para esse período alegre da vida de Gustave".[186]

Interessante observar que, por mais de uma vez, a voz narrante sublinha a particularidade do desconforto do pintor diante das mulheres – "Mas, com as mulheres, a timidez suplantava a ousadia"[187] –, sobretudo as artistas, exceção apenas sentida com Mary Cassat e a forma como esta produzia seus quadros, descartando, assim, qualquer proximidade de cunho sexual entre eles. Ao enfatizar essa inquietação da personagem, o narrador parece encaminhar a trama para um homem amargurado que logo percebe a urgência em suprimir sentimentos e desejos considerados sob o signo do tabu: "E assim se fazia um homem silencioso, sempre metido numa expressão que muitos consideravam fria, mas era apenas enigmática".[188]

Mas, ao contrário, tal como o narrador faz questão de frisar – afinal, a expressão da personagem não é muito mais *enigmática* do que fria? –, gosto de pensar que *Rua de Paris em dia de chuva* não promove um artista plástico homossexual recalcado e ainda preso a um armário do qual não consegue se desvencilhar, mesmo que suas atitudes, muitas vezes, sugiram esse caminho. Do mesmo modo, também não executa um homossexual exacerbadamente autocentrado, com uma expressão artística voltada unicamente para um assunto e um interesse. Nesse ponto, não me parece gratuito o fato de que, dos três quadros acima destacados, apenas o primeiro apareça no elenco dos selecionados para recompor o percurso de seu criador.

No meu entender, Isabel Rio Novo cria um outro Caillebotte, que, apesar da consciência das dificuldades de vivenciar uma subjetividade sexual fora dos padrões da época, não deixa de estar e de se sentir aberto a novas sensações que, à vista dos estudos de gênero atuais, poderiam ser lidas pelo viés da bissexualidade, posto que sua preocupação, se, por um lado, se dirigia à adequação a um meio social repressor, por outro, não se eximia de uma demanda por um amor, independentemente da forma com que este ousava dizer o seu nome:

> Que era a perturbação que tantas vezes sentia dentro de si? Telêmaco, Giuseppe, Léon... Seria um daqueles desviados que procuravam carícias entre os do mesmo sexo, um daqueles pervertidos que iam aliciar rapazinhos nos becos ou nas traseiras dos teatros? Ele, que no colégio se furtara aos contatos viciosos, que durante a vida no exército escapara a todas as depravações, que não era efeminado, que não tinha nos órgãos nenhuma deformidade nem na família, que se soubesse, nenhuma patologia, que já conhecera o corpo de uma mulher e o apreciara? Seria possível que fosse a sua solidão a ditar aquele desejo que por vezes o subjugava de tocar, de abraçar alguém, homem ou mulher, alguém que lhe fizesse estremecer o peito, que o fizesse chegar às lágrimas, sentir-se vivo, desejo que ele dominava como podia, mordendo os lábios ou cravando as unhas na palma das mãos? Por que não podia ele encontrar o amor, um amor singelo, desinteressado e puro, perto de si? Talvez todo o amor termine em ausência, dir-lhe-ia Helena, pensando nos seus lutos, se lhe fosse permitido falar com ele. Talvez, confirmaria a Autora, pensando noutras coisas.[189]

Apostando numa invasão dos pensamentos de Caillebote, o narrador do romance de Isabel Rio Novo perfila uma personagem longe de se enquadrar na visão restrita de Helena, que o considerava um sujeito consciente do seu tempo e que, por isso, chegou a se relacionar com mulheres da vida, como Charlotte, para tentar "ocultar do seu círculo mais próximo as suas tendências homossexuais".[190]

Por isso, a decisão da Autora sobre pensar uma personagem fora dos padrões estabelecidos pela miopia academicista de Helena instaura uma liberdade que atinge vários níveis, seja o estético, seja o ético e o pessoal. Logo, a investida na práxis das sexualidades numa Paris do século XIX pode ser entendida como um dos motivos condutores de leitura de *Rua de Paris em dia de chuva*, enquanto um romance enciclopédico, posto que a percepção de um cenário finissecular relutante e repelente às dissidências sexuais abre um outro nicho para compreender, numa dimensão macro, o espaço da capital francesa como um local onde as práticas homossexuais estavam circunscritas a determinadas zonas, e a manutenção de uma performatividade heterossexista ainda se mantinha como norma a ser seguida.

Aliás, outro detalhe que não foge ao olhar arguto de Isabel Rio Novo pode ser constatado no detalhismo com que recompõe o espaço da cidade de Paris, posto que essa categoria narrativa tem uma relevância nas suas tramas, a ponto de ser construída e, em alguns casos, ganhar o estatuto quase de personagens.[191] Tal como já chamamos atenção, a modernidade promovida pela reestruturação urbana de Haussmann acaba por influenciar na movimentação, na habitação, nos comportamentos das mais diversas ordens. Daí que inserir a emersão de figuras cujas sexualidades destoavam dos comportamentos padronizados incide num entendimento da própria história do trânsito dessas personagens pelas ruas parisienses.

Michael D. Sibalis[192] explica as dinâmicas dessas criaturas numa Paris do século XIX, circunscritas a zonas específicas, mesmo assim sujeitas à violência policial e à discriminação popular, colocando-as sempre num redutor patamar de promiscuidade, prostituição e pornografia. Partindo desse espectro, apesar de toda a sua aura cosmopolita e de centro cultural da Europa, a capital francesa não deixava de exercer a exclusão daqueles que ousavam desafiar a ordem social estabelecida.

Interessante observar, nesse sentido, o perfil construído para a personagem central, posto que, mesmo não sendo um frequentador do *bas fond* parisiense, Caillebote aflora, de certo modo, uma outra natureza "ex-cêntrica". Sua condição de isolamento, a abastança financeira e a independência econômica arrematam seu estado de estranhamento, ao qual se inclui o estatuto de homem solteiro – o que, por conseguinte, significaria não estar ligado a uma mulher, não estabelecer uma família e não garantir a continuidade da linhagem – e de indivíduo à margem dos padrões estandardizados pela sociedade burguesa da época:

> Gustave percebia que, na cena onde muitos dos visitantes e dos críticos de arte do futuro leriam a expressão da distância e do desentendimento entre dois seres fisicamente próximos, o jovem casal seu amigo via apenas refletidas as consequências da existência burguesa, tranquila e aprazível, que ambos tinham escolhido viver juntos, que ambos prezavam e se dispunham a perpetuar. Isso não era mau nem bom. *Só ele, Gustave, permanecia sempre um pouco à margem daquilo que eram os costumes da ordem social em que fora criado, sem se casar, sem formar família, sem uma ocupação prestigiante, sem uma verdadeira posição, como que negando tudo aquilo que o pai esperara que ele fosse*. Porém, naquele instante, *ao invés de se afligir, Gustave*, talvez por simpatia para com Richard Gallo e sua esposa, talvez por prever as interpretações equívocas que os vindouros fariam do seu quadro, *sorriu*. E, à distância de um século e meio, lembrando-se das palavras de Helena, a Autora deste livro sorriu com ele.[193]

Ao investir na reflexão sobre o quadro *Almoço* (1876), o narrador expõe a forma como Gustave consegue desprender-se dos moldes, que o poderiam aprisionar, com uma naturalidade capaz de superar as complicações e as complexidades impostas pelo próprio meio social. Talvez por isso, sua atitude *blasé*, com um sorriso espontâneo, soe como um ato questionador dessa realidade, fazendo-o transpor para os quadros imagens mais simples e mais corriqueiras, enquanto formas de pensar o mundo, os seus desejos mais íntimos e a sua compreensão de um cotidiano mais imediato. Não me parece gratuito, portanto, o fato de o narrador chamar atenção para a singularidade do protagonista como um pintor que percebe e compreende que "a arte podia tocar a vida, a vida real, concreta, tangível",[194] e que esta é capaz de "dissolve[r] todas as mágoas no desejo de pintar".[195]

Tal como referimos anteriormente, é na captação dessa sensibilidade do artista afastado no tempo e no espaço para apreender não só o seu meio social, mas os mecanismos mais profundos que o movimentam, que a Autora consegue vencer a barreira das distâncias e dele se aproxima com gestos de intimidade e sintonia, colocando-os numa consonância permanente.

***

Um outro aspecto que pode ser aqui incorporado para tratar da multiplicidade como uma das características do romance *Rua de Paris em dia de chuva*, de Isabel Rio Novo, enquanto uma obra com um franco espírito enciclopédico ao lado de uma "qualidade museologizante",[196] encontra-se nas ressonâncias que o romance como enciclopédia aberta, de Ítalo Calvino, tem com o "museu imaginário",[197] criado por André Malraux (1901-1976), a partir da publicação de sua obra homônima, em 1965.

Em virtude das datas de publicação das obras, poder-se-ia pensar, inclusive, na proposta de Calvino como uma espécie de continuidade do conceito articulado pelo escritor francês. No entanto, consciente dessa possibilidade, quero aqui sublinhar muito mais uma espécie de dinâmica de desdobramento da multiplicidade calviniana em relação ao museu malrouxiano.

Claro que o contexto e a abordagem do escritor francês diferem da leitura operada por Ítalo Calvino, na medida em que a própria matéria analisada pelo autor de *O museu imaginário* engloba obras de arte (pictóricas e esculturais, sobretudo), tanto as dispostas no espaço físico destinado à sua exposição quanto aquelas intermediadas pela imaginação do(a) leitor(a) a partir do seu contato com os títulos desejados, daí a necessidade de criação de um "museu imaginário", capaz de "aprofundar ao máximo o incompleto confronto imposto pelos verdadeiros museus: respondendo ao apelo por estes lançado, as artes plásticas inventaram a sua imprensa".[198]

Isso quer dizer que, no âmago desse movimento dialógico e, ao mesmo tempo, concentracionário, os laços de abertura estabelecidos entre as obras de arte não impõem uma hierarquia ou um degrau de importância de uma sobre a outra, mas acabam por indicar que qualquer coleção física nunca chegará a uma totalidade satisfatória, daí que a condição imaginária do museu propicia uma demanda, ela própria, almejada, buscada e dinâmica. Por isso, Malraux enfatiza:

> Há mais de um século que a nossa convivência com a arte não cessa de se intelectualizar. O museu impõe a discussão de cada uma das representações do mundo nele reunidas, uma interrogação sobre o que, precisamente, as reúne. Ao "prazer do olhar", a sucessão e a aparente contradição das escolas vieram acrescentar a consciência de uma busca apaixonada, de uma recriação do universo frente à Criação. Afinal, o museu é um dos locais que nos proporcionam a mais elevada ideia do homem. Mas os nossos conhecimentos são mais extensos do que os nossos museus; o visitante do Louvre sabe que não encontra ali significativamente nem Goya, nem os grandes ingleses, nem a pintura de Miguel Ângelo, nem Piero della Francesca, nem Grünewald; dificilmente Vermeer. Onde a obra de arte não tem outra função senão a de ser obra de arte, numa época em que a exploração artística do mundo prossegue, a reunião de tantas obras-primas, e a ausência de tantas outras obras-primas, convoca, em imaginação, todas as obras-primas. Como poderia este possível mutilado não apelar para todo o possível?[199]

Em outras palavras, a força da imaginação teria a capacidade de preencher lacunas e ausências operadas e sentidas no espaço físico do museu, demonstrando que sua reunião não corresponde, *stricto sensu*, à totalidade daqueles que o visitam. Daí a necessidade e a urgência de preencher esses vazios com outras presenças, numa dinâmica dialógica que depende também do olhar do leitor/espectador e daquilo que este busca encontrar.

Sobre esses pontos, Edson Rosa da Silva,[200] numa atenta análise da obra de Malraux, chama atenção para a complexidade do conceito e como este foi, muitas vezes, lido apenas a partir do seu sentido físico e material, quando, na verdade, o "museu imaginário",[201] tal como o excerto acima revela, demanda uma compreensão para além de um complexo arquitetônico, enquanto abrigo de obras de arte. A tese do investigador brasileiro sublinha, portanto, a dualidade do conceito, posto que "traduz, inicialmente, a ideia de um museu de imagens, para depois vir a significar, sobretudo, um museu do imaginário. Dois conceitos que dialogam e se completam a todo instante".[202]

A partir dessa premissa, Edson Rosa da Silva reitera as interconexões entre as obras contidas no museu, tendo como alicerce a intertextualidade e seu movimento sugestivo de que "a arte, num imenso [e intenso?] jogo de correspondências, se copia de alguma forma o mundo real, não deixando sobretudo de aludir ao mundo das formas inventadas, configurando o museu e a biblioteca".[203] Vale ressaltar que tanto o museu como a biblioteca, nessa linha de pensamento, se estabelecem como uma "coleção de obras que formam e alimentam o mundo da imaginação".[204]

Nesse sentido, a totalidade pretendida pelo museu não ressoa na totalidade de cada subjetividade individual, permitindo, assim, que o leitor/espectador busque e construa para si próprio um amplo espectro de obras, não isoladas entre si, mas interligadas a partir de uma corrente intertextual que as encadeia com outras, ou seja, o seu "museu imaginário".[205] Trata-se, como se pode observar, de uma corrente dinâmica que não cessa de se construir e estabelecer, daí a sua abertura para outras dimensões, como a da biblioteca, que, para Malraux, possui a mesma potência que o museu. Em outro texto seu, *L'homme precaire et la litterature*, o escritor francês defende:

> Toda narração está mais próxima de narrativas anteriores do que do mundo ao nosso redor; e as obras mais divergentes, quando reunidas no museu ou na biblioteca, não o são por sua relação com a realidade, mas por suas relações entre elas. A realidade não tem mais estilo do que talento.[206]

Longe, portanto, de considerar o museu (e, por conseguinte, a biblioteca) um *locus* estático, inerte e congelado, André Malraux entende-o como um espaço dinâmico, rico, imaginativo e criativo, ou, como acertadamente conclui Edson Rosa da Silva, "a biblioteca imaginária é o lugar de encontro de todos os escritores, da mesma forma que o museu imaginário é o espaço privilegiado onde todas as obras de arte dialogam".[207] Vale relembrar, nessa perspectiva, que, antes mesmo do ensaio de 1977, em *A cabeça de obsidiana*, ao retomar o conceito por ele criado em 1965, Malraux sublinha:

> Esse Museu Imaginário é apenas o de uma vida: citei essas obras, ou obras próximas, porque as encontrei ao longo da vida; um outro viajante teria citado outras. E é só o Museu Imaginário de um homem. Mas é, quase em sua totalidade, o de todos os artistas de hoje: como a Biblioteca da Pléiade, embora cada escritor, e até mesmo cada leitor, possa completá-la a seu modo.[208]

Diante dessa proposição, não deixa de ser instigante observar as interlocuções do pensamento de Malraux com a proposta de multiplicidade, de Ítalo Calvino, na medida em que este, ao defender o romance enciclopédico, insiste na impossibilidade de entender qualquer totalidade que não seja sob o tríplice signo do "potencial, conjectural, multíplice".[209] Em outras palavras, a totalidade só se concretiza se for concebida pela potência, pelas conjecturas e pela multiplicidade. Logo, sua compreensão do romance como "uma enciclopédia *aberta*"[210] tem em vista quatro possibilidades de consecução: 1) o "texto unitário", que, com uma voz única, desenvolve sua trama e permite uma interpretação com múltiplos caminhos e níveis; 2) o "texto multíplice", que, ao contrário do anterior, se abre a uma multiplicidade de vozes, de sujeitos, de subjetividades, bem ao gosto do romance polifônico, de Mikhail Bakhtin; 3) o texto inconcluso, que, a partir da leitura de Musil e Gadda, "no anseio de conter todo o possível, não consegue dar a si mesmo uma forma nem desenhar seus contornos"; 4) o texto aforístico, que, nos moldes de Paul Valéry, pulveriza a arquitetura romanesca com um "pensamento não sistemático", preenchendo sua estrutura com "relâmpagos punctiformes e descontínuos".[211]

Tal como se pode constatar, as quatro variantes do romance enciclopédico, segundo Calvino, questionam a totalidade estática e seu caráter pretensamente definitivo e acabado, do mesmo modo como Malraux antecipara com seu conceito de "museu imaginário", qual seja, a conjunção "dos quadros e das esculturas que nos habitam",[212] e, por conseguinte, da biblioteca, essa espécie de reunião de obras divergentes, mas que não cessam de dialogar entre si, numa espécie de corporificação da "história da aventura humana" / "un récit de l'aventure humaine".[213]

E se a multiplicidade é a proposta capaz de alicerçar a consecução de um romance enciclopédico, com sua consciência de uma totalidade compreendida a partir de seu caráter multifacetado e multíplice, no "museu imaginário",[214] a metamorfose torna-se a força nascente da obra de arte em resposta ao "poder de imortalidade".[215] Ao contrário de propor e reiterar a condição messiânica e redentora da arte, Malraux pleiteia a potência da "história das múltiplas possibilidades que tem para impor-se a uma concepção única e fatalista da condição humana".[216] Assim sendo, diante das transformações que as obras integrantes do "museu imaginário" suscitam, tal como acentuado por Edson Rosa da Silva, o conceito instituído por Malraux parece alimentar e motivar a multiplicidade de Calvino, posto que

> [...] é através de suas múltiplas possibilidades de metamorfose que a arte pode sobreviver às destruições do tempo e da morte. Adaptando-se às mudanças

temporais, interroga-se sempre sobre o mistério da vida, sobre o mistério do homem. Sem buscar respostas definitivas: formulando, pelo contrário, novas perguntas, fazendo dialogar os séculos e as obras, confrontando-se a cada instante com um enigma novo.[217]

Ora, na minha perspectiva, já aqui, é possível estabelecer uma linha de desdobramento e de interlocução entre os dois conceitos, posto que, no cerne de suas propostas, Malraux e Calvino questionam a pretensão de todo e qualquer acabamento definitivo de uma dada reunião, cujo objetivo seja o de atingir uma totalidade plena e irretocável. Se o primeiro escritor parte do campo artístico, expandindo-o depois ao literário, para estabelecer o seu *locus* de interrogação, o segundo finca na literatura do próximo milênio o seu alvo para construir suas propostas.

Nos dois casos (o romance como enciclopédia e o museu imaginário), acredito que a junção de obras num espaço imaginário capaz de pulverizar a totalidade absoluta e promover a multiplicidade oscilante e dinâmica revigora uma reflexão sobre a "arbitrariedade da existência",[218] bem como sobre as "grandes aventuras humanas no espírito dos homens".[219]

Tomando por base as discussões e as reciprocidades das duas expressões conceituais, *Rua de Paris em dia de chuva* oferece um caminho de leitura que passa por elas, sobretudo se levarmos em conta o trabalho de seleção de Isabel Rio Novo sobre o repertório plástico de Gustave Caillebotte. Numa investida que parece também questionar a totalidade dos depósitos artísticos sobre o século XIX, sobre o Impressionismo e sobre o pintor, muitas vezes relegado a um único papel, que nem sempre é o de um pintor representativo da estética finissecular, a escritora portuguesa revela o seu museu imaginário de Caillebotte e da pintura do século XIX, sem deixar de apelar para aquela mesma "competência enciclopédica".[220]

Ao longo da trama, Isabel Rio Novo separa e incorpora 40 telas de Gustave Caillebotte e, em cada uma delas, costura um momento significativo da vida do pintor, demonstrando que entre o vivido e o pintado existe uma forte e inseparável correspondência. Se, para a Autora, há uma interligação intensa entre ela e a sua criatura, entre as obras citadas e recuperadas ao longo da trama, também há um diálogo latente entre os quadros e o percurso do seu criador. Para cada uma das telas, existem uma motivação e um acontecimento biográfico, de modo que aquela ideia de Caillebotte como um pintor por *hobby*,[221] sem qualquer preocupação com o seu cotidiano ou com as diferentes ocorrências da história ao seu redor, cai por terra.

Desse modo, de forma compacta, é possível vislumbrar o "museu imaginário" de Isabel Rio Novo sobre a pintura de Caillebotte, e a sua força enciclopédica na construção da arquitetura romanesca:

- *Paisagem entre duas árvores* (1872), *Paisagem com caminho de ferro* (1872) e *Ateliê do artista com salamandra* (1872) – Primeiras incursões de Caillebotte na pintura, depois das aulas iniciais com Bonnat. O narrador destaca a relevância desses quadros iniciais porque, enquanto obras germinais, eles já "parecem demonstrar certas ousadias, laivos de originalidade, que sobressaltam a Autora, tal como certamente sobressaltaram o pintor, naquela sensação íntima que é o pressentimento do talento por parte de alguém que deseja fazer obra";[222]
- *Mulher no toucador* (1873) – Depois do beijo com De Nittis, Caillebotte vislumbra a beleza de Léah, a criada que iria se tornar um breve *affair*. Essa tela, surgida desse encontro, "ainda que obedecendo à formação clássica, atesta já a procura de uma perspectiva insólita";[223]
- *Os polidores de parquê* (1875) – Considerada um dos momentos mais célebres da pintura de Caillebotte, a tela causa um *frisson* na Exposição Impressionista de 1876 pelo realismo de sua representação ("Os músculos dos homens, quase táteis, de tão tensos. A sugestão fulgurante do suor dos seus corpos, do aroma adocicado da madeira lascada. Mais de uma senhora enrubescia diante dos troncos despidos dos trabalhadores"),[224] mas também sugere de forma sutil a ambiguidade do interesse e das motivações do pintor sobre a cena retratada: "Talvez a maior perturbação resultasse da cumplicidade latente entre o pintor e os polidores de chão do seu ateliê, já que o trabalho destes existia apenas por causa da arte do primeiro".[225] Não à toa, o narrador alerta com acerto que, "longe de se confinar a exercícios acadêmicos, Caillebotte explorava o universo contemporâneo";[226]
- *Estrada de Nápoles* (1872) – Tela emblemática na trama, ela constitui um dos pontos de desentendimento entre a Autora e Helena. Para esta, o quadro não define com precisão a localização da paisagem, de modo

que presume ser uma cena italiana e que o homem no quadro é De Nittis, ao que a Autora refuta e acaba por definir que "essa figura tênue é a do próprio Gustave, que, de paleta na mão, olhos inflados pela poeira, dissolve todas as mágoas no desejo de pintar";[227]

- *Rio Yerres, efeito de chuva* (1875) – Tela que demarca o retorno de Caillebotte da Itália. Nesse quadro, "o motivo do rio daria origem a um enquadramento invulgar do cenário, em que as linhas diagonais do caudal contrastavam com a verticalidade das árvores na margem oposta";[228]

- *Almoço* (1876), *Rapaz ao piano* (1876) e *Rapaz à janela* (1876) – Obras em que "Gustave sublimou o luto pelo pai numa série de quadros que registram a vida familiar",[229] cuja mãe e cujos irmãos René e Martial são retratados com "gestos convencionais de cortesia" no lugar das "expressões naturais de afeto";[230]

- *Rua de Paris em dia de chuva* (1877) – Quadro central para o mote da trama, a pintura é considerada legendária, uma espécie de entrada no universo baudelairiano da vida moderna parisiense, ao ocupar um importante papel na composição do protagonista, na medida em que a Autora vai ressaltando a originalidade do quadro e sua importância para a arte moderna: "Assim, as personagens em primeiro plano, de dimensões reais, conduzem o espectador para dentro do quadro. Como se o pintor fizesse parte da cena, num espaço que não permite qualquer recuo [...]. Como se [...] o espectador participasse do quadro, um transeunte como os outros, seguindo uns passos atrás do homem prestes a colidir com a senhora".[231] Além desses detalhes, o narrador ainda destaca sua singularidade, por se tratar de uma obra marcada "pela perspectiva inusitada, pela representação realista do ambiente chuvoso, pela sua escala ambiciosa e desmesurada";[232]

- *Retrato da Senhora Caillebotte* (1877) – Mais um quadro sobre uma cena doméstica. Nesse, Gustave procura captar "o desgosto da mãe, calado e persistente", ainda em luto pela morte do marido, resultando numa "tela perturbadora";[233]

- *Ponte da Europa* (1876) e *Os pintores de fachada* (1877) – Duas telas importantes que marcaram a participação de Gustave Caillebote (juntamente com *Rue de Paris, temps de plui*) na Terceira Exposição

Impressionista. Nelas, é possível perceber o clima de *flanerie* pela capital francesa, além das atividades contínuas dentro do fluxo cosmopolita;

- *Nu num divã* (1880) – Na trama, talvez essa seja a única menção à frequência de Caillebotte nas "idas espaçadas aos bordéis elegantes"[234] de Paris, onde conhece uma rapariga e decide retratá-la nessa tela, numa outra representação de intimidade;

- *Jogo de cartas* (1880) – Outra cena privada, no apartamento dos irmãos Caillebotte, onde recebiam seus amigos. Como explica o narrador, essa tela "representa um grupo de homens elegantes e ainda jovens, descontraidamente reunidos em torno de uma mesinha. Dois deles efetivamente jogam. Outros três observam. Um último mais atrás deixou-se adormecer num sofá";[235]

- *Telhados sob a neve* (1878) – Tela que demarca a participação de Caillebotte na Quarta Exposição Impressionista, em 1879. Nela, é possível vislumbrar a "representação das marcas do inverno rigoroso e da atmosfera característica de um dia de neve, [...] onde o cinzento do céu, animado por alguns laivos rosados, inundava os telhados cobertos de branco".[236] Buscando experimentar outros tons e outras combinações, o quadro revela o interesse do pintor "pelos efeitos da atmosfera e da meteorologia sobre a luz e a paisagem";[237]

- *Retrato de Richard Gallo* [além dos sete retratos de Richard Gallo entre 1878 e 1884] e *Autorretrato no cavalete* (1878-1880) – Obras criadas no ambiente privado do apartamento em Paris, que demarcam o apreço de Caillebotte pelos amigos e por seus modelos. Numa dessas telas, chega mesmo a inserir um quadro de Renoir ao fundo, numa espécie de afirmação de "sua posição como colecionador";[238]

- *Interior: mulher a ler* (1880) – Esse foi um dos quadros mais comentados na Quinta Exposição Impressionista, em 1880, em que a crítica, não conseguindo compreender as novidades apresentadas pela obra, depreciou Caillebotte, em virtude de sua tendência "para a distorção do espaço, comparável ao efeito de uma objetiva fotográfica que estivesse muito perto de uma personagem, e do gosto do pintor em recriar um ambiente psicológico tenso e ambíguo";[239]

- *Caminho a subir* (1881) – Tela criada logo depois do seu encontro com Charlotte e o afeto nutrido por ambos. Para o narrador, "as cores

luminosas, a pintura ao ar livre, as pinceladas soltas marcavam uma viragem na obra de Caillebotte";[240]
- *Homem à varanda* (1880), *Varanda* (1880) e *Bulevar visto de cima* (1880) – Os três quadros, considerados "herdeiros das perspectivas ousadas de *Rue de Paris, temps de pluie*, constituíam vestígios do passado".[241] Com eles, Caillebotte participa da Sétima Exposição Impressionista, em 1881;
- *Estrada de Honfleur a Trouville* (1882) e *Paisagem, arredores de Trouville* (1882) – Também participantes da mesma exposição, esses dois quadros surgem na trama, demarcando uma novidade no percurso do pintor: "[...] eram sinais da sua existência nova, junto de Charlotte, em Petit Gennevilliers";[242]
- *Três perdizes numa mesa* (1883) e *Faisões e galinholas numa mesa de mármore* (1883) – Motivos de discordância entre Helena e a Autora, esses dois quadros acentuam as diferenças com que cada uma encara o pintor. Enquanto a primeira declara que eles "são pouco mais do que o testemunho do quotidiano de um homem rico e nada trazem de novo à obra de Caillebotte, apesar da perspectiva tensa e excêntrica",[243] a segunda desvia-se dos lugares-comuns e defende a hipótese de que "Gustave, mais do que interessado em exibir troféus de caça ou explorar contrastes de formas e cores, pintava realmente *naturezas-mortas*. Carnes prestes a decompor-se, frutos destinados a apodrecer, contemplações da mortalidade";[244]
- *Rosas no jardim de Petit Gennevilliers* (1883) – Outra tela que capta a intimidade do pintor com a amante. Nela, observam-se as diferenças etárias entre eles: "*Rosas no jardim de Petit Gennevilliers* mostra-a de perfil, acompanhada pelo seu cãozinho, inclinada sobre os roseirais. Charlotte tem vinte e cinco anos, Gustave, trinta e cinco";[245]
- *Veleiros em Argenteuil* (1886) – Tela que demarca um novo período na produção artística de Caillebotte, a cena representa a vida náutica e os novos interesses de pesquisa para suas pinturas: "À medida que a sua dedicação às regatas foi aumentando, Gustave foi pintando cada vez mais barqueiros, veleiros, paisagens à beira-rio ou à beira-mar, nas quais estudava os efeitos da atmosfera sobre o caudal ou a ondulação";[246]
- *Uma varanda, Boulevard Haussmann* (1880) – Quadro que desperta a atenção de pintores estrangeiros para as técnicas empregadas por

Gustave Caillebotte: "Munch, que arrendara um apartamento no número 49 da rua de La Fayette, ficou fascinado com a pintura de Caillebotte *Uma varanda, Boulevard Haussmann*. Pintaria logo a seguir *Rua La Fayette*";[247]

- *Dálias: o jardim em Petit-Gennevilliers* (1893), *Regata em Argenteuil* (1893) e *Autorretrato* (sem data) – Telas pertencentes à última fase da pintura de Caillebotte. A primeira tela constitui o "último quadro que revela Charlotte",[248] e as duas seguintes despertam uma dúvida sobre qual delas teria sido "a última vez que o pintor se representou";[249]

- *Jardim no Petit Gennevilliers no inverno* (1894) – Última obra de Caillebotte, interrompida por causa da morte do artista, o nome é sugerido por Charlotte, pensando se tratar de "um bom título para a tela inacabada";[250]

- *O banhista* (1878), *Retrato de Henri Cordier* (1883), *Bois atrelados* (sem data, atribuído a Caillebotte), *No café* (1880) – Quadros mencionados em conjunto e que se encontram no acervo no Museu d'Orsay, em Paris. Reunidos num dos principais espaços museológicos da Europa, eles revelam a circulação que os quadros tiveram, depois da morte do pintor e do caso envolvendo o governo da França para cumprir as normas testamentárias deixadas pelo artista: "A obra de Gustave Caillebotte principiou a dispersar-se, espalhando-se por uns quantos museus e coleções privadas";[251]

- *Autorretrato com chapéu de verão* (1873) – Última tela de Caillebotte mencionada pelo narrador, ela serve de motivo para a Autora recordar os primeiros trabalhos do pintor e os comparar com as obras sucedâneas, expostas numa das salas do Museu d'Orsay, na sua primeira visita: "Compara-o mentalmente com os autorretratos que o precederam, uma sucessão de imagens evocadas na sua memória de escritora fascinada pela obra de um pintor ou de mulher consumida pelas saudades de um amigo";[252]

- *Praça de Saint-Augustin* (1878), *Parque Manceau* (1877) e *Rua Halevy no Sexto Andar* (1877) – Quadros mencionados na trama romanesca pelo próprio pintor, numa suposta carta redigida e direcionada à Autora: "Na minha Praça de Saint-Augustin, os escassos indivíduos são linhas retas, de contornos fantasmáticos. O meu Parque Monceau, habitualmente povoado de crianças, está quase deserto, não fossem, ao fundo, três pequenos vultos indecisos. Na Rua Halevy Vista do Sexto Andar, os homens em baixo nem sequer são sombras, apenas manchas anônimas e negras".[253]

Um dos aspectos mais interessantes nessa recolha operada pelo romance, para além da sua "qualidade museologizante",[254] pode ser observado no caráter das obras selecionadas que, de certo modo, obedecem a um gosto muito pessoal da Autora, que, por conseguinte, se desvirtua completamente das percepções desenvolvidas por Helena. Enquanto para esta parece haver necessidade de recuperar a obra do pintor numa sequência cronológica e rígida, para aquela, "o tempo não dura o mesmo em todas as idades",[255] por isso sua sequência das telas de Caillebotte sugere que a categoria temporal não precisa ser cronologicamente inflexível, mas pode ser moldada de acordo com a imaginação efabuladora, a serviço de um espírito enciclopédico, que intenta "aliar a concentração de invenção e expressão ao sentimento das potencialidades infinitas".[256]

Ao reunir telas de gêneros tão distintos – naturezas-mortas, nus, espaços cosmopolitas com a exposição de uma vida moderna e dinâmica, ambientes privados, paisagens naturais com algumas geograficamente localizáveis, retratos e autorretratos –, Isabel Rio Novo não só investe numa multiplicidade agregadora, numa "concentração de invenção",[257] mas também dimensiona os sentimentos de sua personagem Autora diante daquelas e incita também o seu leitor a entrar no jogo ficcional de infinitas potencialidades, articuladas ao longo dos quadros mencionados.

Se, como disse anteriormente, cada uma das pinturas funciona como uma espécie de verbete que leva o(a) leitor(a) a uma pesquisa externa, procurando acompanhar a vida da personagem Gustave, todo esse movimento indica que, na trama romanesca, só é possível compreender uma produção tão rica e tão múltipla se a lermos ligada à própria vida e à trajetória do seu criador. Por isso, tal como já destacara, não consigo perceber nessa aposta de Isabel Rio Novo a consecução de um romance puramente biográfico; antes, gosto de pensar que *Rua de Paris em dia de chuva* se enquadra na categoria de obras cujo conteúdo e cuja arquitetura formam "um arquivo rico e poderoso – de sentimentos humanos comuns, nossas percepções de coisas banais, nossos gestos, ditos e atitudes".[258]

Tal como adverte Orhan Pamuk, o caráter agregador da ficção contemporânea, que em muito faz consonância com o "romance enciclopédico" de Calvino, apela para uma multiplicidade interna e, ao mesmo tempo, convida a uma interpretação em vários níveis. E isso não escapa à criação do protagonista. Observando com atenção toda a sequência de quadros, percebe-se que o caminho adotado pela personagem Autora mantém uma autonomia que a descola da percepção acadêmica de Helena. Basta verificar que se, para esta, as tendências homossexuais de Gustave demarcam um desinteresse por figuras femininas nas suas relações, para a Autora, a via de construção de sua personagem extrapola um enquadramento unilinear, sobretudo no tocante às relações afetivas.

Não será por acaso, portanto, que telas que acentuam uma intimidade com o corpo nu masculino, tal como destacamos anteriormente (figuras 11 e 12), não aparecem na sequência narrativa dos quadros a contar os momentos íntimos e de inspiração do artista. Em contrapartida, os gêneros cultivados pelo pintor lá estão, revelando um artista antenado com o seu tempo, com as transformações e modernizações urbanas, com as alterações climáticas, com as movimentações por distintos espaços franceses, com diferentes interesses e técnicas de conhecimento estrutural e com as possibilidades afetivas que o *fin de siècle* XIX poderia lhe proporcionar. Logo, acredito que *Rua de Paris em dia de chuva* coloca em prática a multiplicidade, tal como defendida por Ítalo Calvino, e Isabel Rio Novo, por sua vez, constrói um romance enciclopédico, em consonância com a força agregadora de preservação de uma memória cultural, tal como sublinhado por Orhan Pamuk: "Vários sons, palavras, coloquialismos, cheiros, imagens, sabores, objetos e cores são lembrados só porque os romancistas os observam e cuidadosamente os registram em seus escritos".[259]

Exatamente pelo cuidado com que as obras de Gustave Caillebotte são registradas no romance e com a mesma atenção de narrar a sua história a partir daquilo que produziu, o romance em estudo não se contenta em apenas revisitar as telas do pintor impressionista, mas constrói para si uma espécie também de "museu imaginário", na medida em que vai ao encontro da seguinte premissa: "O Museu Imaginário é necessariamente um lugar mental. Nós não o habitamos, ele nos habita".[260] Na minha perspectiva, nesse *locus* mental em que se alicerça o "museu imaginário" de Isabel Rio Novo, há uma circulação expansiva de saberes e de manifestações artísticas, que tanto abarcam as obras de Caillebotte quanto abrigam as de outras épocas e dos mais diversos criadores, entre eles:

- *Napoleão III visitando o Louvre em construção* (1854), de Nicolas Gosse;
- *O atelier do pintor* (1855) e *Um enterro em Onans* (1849-1850), de Gustave Courbet;
- *A coroação de Napoleão* (1805-1807), de Jacques-Louis David;
- *A ressurreição de Lázaro* (1857), de Leon Bonnat;
- *O astrônomo* (1668), *O geógrafo* (1869) e *Mulher com colar de pérolas* (1664), de Johannes Vermeer;
- *Sete obras de misericórdia* (1607), de Caravaggio;
- *O almoço dos barqueiros* (1881), de Auguste Renoir;
- *Impressão: sol nascente* (1872), de Claude Monet;
- *Praça da Concórdia* (1882?), de Giuseppe De Nittis;
- *Viajante sobre um mar de névoa* (1818), de Caspar David Friedrich;
- *Japonesa* (1875), de Claude Monet;
- *No café* (1873), de Edgar Degas;
- *Um canto de apartamento* (1874) e *Regatas em Argenteuil* (1872), de Claude Monet;
- *O almoço na relva* (1863), *Olímpia* (1863) e *A varanda* (1868-1869), de Édouard Manet;
- *O almoço* (1868), de Claude Monet;
- *Baile no Moulin de la Gallette* (1876), de Auguste Renoir;
- *Rue La Fayette* (1891), de Edvard Munch;
- *Os banhistas em repouso* (sem data), de Paul Cézanne.

Em quantidade menor que a das telas de Gustave Caillebotte, todo esse elenco cabe exclusivamente nesse "museu imaginário", demonstrando que, entre os quadros citados, existe uma forte sintonia intertextual, de modo que um acaba por convocar outros, e estes, por sua vez, redirecionam a prática dialógica, sem deixar de estabelecer uma ponte com as vidas de seus criadores, com o cenário de mudanças políticas, sociais, estéticas e culturais, com as redes de conhecimento para as exposições e de trânsito para as negociações. Na verdade, ao construir uma ligação das telas de Caillebotte com os principais momentos de sua vida – as relações familiares e de amigos, o círculo artístico, as diferentes afetividades, as percepções da vida moderna parisiense e o retiro necessário para o afastamento urbano, por exemplo –, parece que Isabel Rio Novo vai corroborando em cada citação a própria condição de *constructo* artístico que cada um dos quadros possui.

Por isso, essa mesma multiplicidade que confere a *Rua de Paris em dia de chuva* a condição de ser lido como um "romance enciclopédico", nos moldes de Ítalo Calvino, também abre espaço para pensar a obra ao lado de um "museu imaginário", como designado por André Malraux, afinal, "um quadro que não se podia transformar num quadro vivo não era uma obra de arte".[261] E, pelo que pudemos observar, cada um dos quadros de Caillebotte mencionados na trama tende a revelar um quadro vivo e materializado no percurso do seu criador, impondo-se, assim, como uma autêntica obra de arte.

Não à toa, a minha detida leitura dos trechos do romance destaca essa afinidade sensitiva da Autora com Gustave. Na verdade, esse é o *poder* de romancista de Isabel Rio Novo, na medida em que, ao longo de toda a efabulação, a escritora produz, cria e destece aquele "dom de exprimir sensações exatamente como se ela as tivesse vivenciado pessoalmente e pode nos convencer de que viveu coisas que apenas imaginou".[262] As reverberações entre as duas personagens reiteram essa ilusão efabulatória, a ponto mesmo de as barreiras temporais serem quebradas não só no nível de realidade da Autora (que vivencia o século XXI), mas também no nível de realidade de Gustave (personagem contextualizado na segunda metade do século XIX):

> Ao examinarem os volumes, a fim de decidirem o destino a dar-lhes, Martial e Gustave descobriram, com uma surpresa que, de certo modo, os distraía do desgosto, o quanto as preferências do irmão haviam sido variadas. Entre os poetas e romancistas do seu tempo, como Musset, Baudelaire, Mallarmé e Balzac, René reunira um conjunto de romances traduzidos de línguas europeias. No meio dos títulos extravagantes, descobriram, por exemplo, *La fièvre des âmes sensibles* ou *Rivière de l'oubli*. "Nunca ouvi falar de nenhum", comentou Gustave. "Nem eu", confirmou Martial.[263]

A cena acima, que descreve os primeiros passos do inventário de René, executados pelos irmãos Gustave e Martial, constitui uma deliciosa artimanha de Isabel Rio Novo, sugerindo que os movimentos de mistura e de oscilação entre os diferentes "níveis de realidade"[264] são recíprocos e não efetuados apenas numa única direção. Não deixa de ser curioso o fato de que os "títulos extravagantes" em francês são traduções literais de dois romances seus: *A febre das almas sensíveis*[265] e *Rio do esquecimento*.[266] A par do toque *giocoso* diante da reação de desconhecimento e espanto dos irmãos Caillebotte e de pura fantasia, já que, por razões óbvias, os títulos publicados no século XXI não poderiam literalmente estar numa estante de um jovem do século XIX, essa intrusão pode ser lida, ora como uma das facetas de René, enquanto um homem das letras *avant garde*, versado e altamente atualizado com todas as novidades em circulação no meio literário francês, ora como uma licença poética da criação ficcional, que irrompe as barreiras do tempo e faz circular obras traduzidas e marginais aos círculos literários parisienses.

Por outro lado, a autora portuguesa já parece indicar que, na esteira do conceito calviniano, a transposição e a oscilação temporal e de intromissão de um nível de realidade sobre outro podem ocorrer em vias de mão dupla, ou seja, tanto a Autora do século XXI pode se transportar, andar e sentir como se estivesse dentro dos quadros e ao lado de Caillebotte, quanto as personagens do século XIX podem promover uma invasão salutar no nível de realidade mais atual, de onde parte, aliás, o impulso de recuperação ficcional dessas figuras e desses espaços.

Daí que, no meu entender, iniciar o último capítulo com uma imaginária carta escrita por Caillebotte, num tom íntimo e cheio de afinidade, endereçada à Autora, constitui um gesto sensível, num movimento reverso (da criatura do século XIX que se transporta para sua interlocutora do século XXI) de confirmar a proximidade e a sintonia existentes entre eles, de defender a memória cultural do artista, ultrapassando aquele papel do pintor como um mecenas, tal como relegado pelos discursos oficiais, de reiterar seu legado estético como uma contribuição efetiva para os caminhos da arte moderna e de consolidar sua importante diferença criadora em relação aos seus contemporâneos:

> *Senta-te aqui e escuta-me um pouco.*
> *Encontrei as ruas nas ruas, as paisagens nas paisagens. Pintei ao ar livre, debaixo do sol, por detrás da chuva. Arranha a superfície das minhas telas. Encontrarás vestígios da água do caudal de Yerres, da areia da praia de Trouville, do pólen fresco das flores de Petit Gennevilliers. Trouxe para as telas os locais que conheci, mudando consoante a estação, a temperatura, as variações da luz. [...]. Tentei captá-*

-los na minha pintura. A atmosfera em que vivemos, e em que normalmente só reparamos para nos queixarmos das suas variações bruscas, afeta a realidade que conhecemos. Procurei as gamas impalpáveis e fluidas que vão de um céu azul a um céu encoberto, da bruma ligeira ao nevoeiro espesso, dos pingos de chuva às bátegas volumosas. Vi essa atmosfera como algo que afeta a nossa experiência; a necessidade súbita que temos de um agasalho nos dias frios, de um impermeável quando chove, de um chapéu de abas largas para nos proteger do sol.
Cada interior também possui o seu próprio ambiente, que não pode ser recriado no ateliê, mas tem de ser procurado no local. [...]
Observei os indivíduos do meu tempo, tentei compreendê-los, retratei-os. Aprendi que retratá-los é sobretudo observá-los e tentar compreendê-los. Não encarei o corpo humano como um invólucro. Não pintei os indivíduos diante de fundos neutros nem de cenários indistintos, mas colocando-os nas suas salas, nos seus quartos, no lugar em que se movimentavam. [...]
Procurei fixar o movimento. Não partilhei a fugacidade inquieta do pincel de Monet, não captei o movimento indefinível de um momento fixado para a eternidade, como Mary Cassatt, não representei as multidões ondulantes de Pissarro, nem as nuvens desencontradas de Sisley, nem a animação sensual e dançada dos encontros alegres pintados por Renoir. Mas pintei o movimento da vida humana, os efeitos rápidos produzidos sobre os nossos sentidos por um espetáculo que é sempre complexo, inquieto e mutável. E, por isso, compreendi que o repouso não é apenas uma pausa, muito menos uma pose sem objetivo. E assim as naturezas-mortas que pintei, repouso belo e inútil, espécie de movimento surdo e contido, porque as coisas vivas encerram em si o anelo prometido da morte.
Ah, e as perspectivas. É preciso falar-te das perspectivas. De como na vida as coisas e os indivíduos se revelam através de formas esquisitas e contornos inesperados. Tentei recriar isso mesmo. [...]. Procurei traduzir o tremor da relva quando lhe bate o vento, o arrepio da água sulcada pelos remos, a ondulação rápida das correntes, a luz vibrante dos dias soalheiros, as sombras compactas das tardes cinzentas, a folhagem trêmula das árvores, a agitação das vagas, a realidade, enfim, nas suas mudanças incessantes. Tentei, no fundo, mostrar-te o que vi. O que me tocava, o que me emocionava. Que pode ser a nossa passagem pelo mundo senão isso?[267]

A adoção do discurso epistolográfico é o único momento da narrativa em que a voz é concedida ao protagonista para narrar os eventos a partir do seu ponto de vista. Isso, no entanto, não me parece uma configuração literal do romance de Isabel Rio Novo como um "texto multíplice"[268] e polifônico, porque a própria adoção do ponto de vista da Autora persegue uma aproximação apaixonada ao seu protagonista. Daí que, no meu entender, essa presença vocal de Caillebotte soa muito mais como um desdobramento de um "texto unitário",[269] posto que, a partir do olhar e da perspectiva da personagem Autora, a trama vai se revelando "interpretável a vários níveis",[270] ou seja, no "romance enciclopédico" e no "museu imaginário" de Isabel Rio Novo, tanto cabe o elenco das obras plásticas quanto comporta a voz do seu criador, numa espécie também de autorretrato, agora exposto não na sua forma plástica, mas na dimensão escrita.

E tal artimanha não deixa de corroborar a intensidade do diálogo entre eles, posto que, se, ao longo da trama, a Autora por diversas vezes confessa sua intromissão no universo oitocentista de Caillebotte, como se fosse parte integrante do seu discurso plástico, agora o caminho reverso se confirma, porque é o próprio pintor que invade definitivamente o mundo da escrita, encarna sua voz a partir do discurso epistolográfico e a dirige à sua amiga do/no século XXI.

Nesse sentido, a carta de Caillebotte redigida para a Autora reitera aquela simbiose almejada por ela em vários momentos da trama, sobretudo quando fica frente a frente com uma tela do pintor que praticamente a convoca para dentro da cena retratada: "[...] quando mergulha os olhos num quadro como este, quase sente o suor fino que se desprende dos corpos, quase ouve o rumor das águas contra as estacas de madeira, quase sente nos lábios o sabor da polpa da fruta talhada sobre a mesa".[271] Toda a intimidade desenvolvida ao longo da efabulação surge corroborada na autodefesa e nas justificativas dissertadas na carta, e, para cada uma delas, a Autora vai desenvolvendo e costurando a trama. Talvez por isso, a expressão utilizada pela personagem Helena sirva também para o projeto da Autora: "*Paixão*. Uma maneira de dizer".[272]

Ora, não será essa também a postura de Isabel Rio Novo, ao aproximar--se do pintor impressionista e transformar a matéria plástica em *constructo* ficcional, a partir de criaturas que estabelecem com Caillebotte algum tipo de relação? Não será o seu método acumulativo, concentracionário e reverberativo uma maneira de consolidar a multiplicidade e dar a *Rua de Paris em dia de chuva* um caráter enciclopédico? Ou, ainda, não será a conjunção de telas selecionadas a partir de um gosto particular por tecer uma narrativa sobre a vida do pintor, e as transformações pressentidas entre o tempo deste e o da Autora, uma forma de revigorar a metamorfose dentro de um romance, que também se pretende um "museu imaginário"? Acredito que sim, posto que o "romance enciclopédico" e o "museu imaginário", conseguidos por Isabel Rio Novo, no tecido ficcional de *Rua de Paris em dia de chuva*, "fundamentam-se na ausência de um saber único (a tradição, a certeza, a verdade) e abrem-se ao desejo de saber (a confrontação das obras, o diálogo, a intertextualidade)".[273]

"Agora, é a história de Caillebotte que termina",[274] alerta-nos o narrador, mas, antes de efetivamente encerrar, concede espaço na trama para, através da carta, postular uma espécie de manifesto "muito pessoal, muito subjetivo, em forma de carta", com "várias passagens de 'teorização' do movimento [...] dispersas em jornais e publicações da época".[275] E se o romance inicia com a cena de Helena diante do quadro *Rue de Paris, temps de pluie*, num dos salões do Instituto de Arte de Chicago, não poderia haver final mais adequado do que a Autora ir ao encontro do seu amigo distante, visitando sua casa em Yerres, onde se encontra a atual *La Maison Caillebotte*:

> A Autora desce a escadaria e regressa ao salão. [...] E, embora a Autora quase pressinta o tinir dos cristais e o tilintar dos talheres, percebe que toda a mesa está em silêncio, à espera de alguma coisa. Subitamente, alguém, cuja face surge esbatida, sorri à Autora, faz-lhe o gesto para que se sente à mesa, estende-lhe a mão. E, embora uma parte de si queira, queira muito agarrar essa mão e tomar esse lugar, ela sabe que não é o momento e, por isso, abandona a sala e sai para o jardim. [...]
>
> A Autora tem, ao escrever este livro, a idade de Gustave Caillebotte quando morreu. Inventou quase tudo isso, diremos. Inventou Helena. Mas que temos nós de nosso senão o que inventamos? Se alguém pintasse agora a Autora desse livro, Gustave ou qualquer um dos seus amigos, Monet, que apreciava os retratos na relva, Renoir, o colorista das situações joviais, Berthe Morisot, pintora de mulheres ao ar livre, esse alguém também a inventaria. E agora ela seria uma mulher de meia-idade sentada sobre a relva, magra, de aspecto jovial, vestida em roupas práticas mas de bom corte, os olhos franzidos contra a luz sem mesmo assim a evitarem, quase verdes quando lhes bate o sol. Mas vocês, ela, Gustave, todos nós, chegados a esse ponto da narrativa, sabemos que a paisagem que a habita é a de uma rua de Paris em dia de chuva, o que é muito bonito, mas talvez muito banal.[276]

Tal como apontado anteriormente, o primeiro capítulo abre o romance postulando uma estirpe de tratado sobre a arte da ficção romanesca e suas consequências em termos de estruturação. Por sua vez, esse último capítulo pode ser considerado uma espécie de manifesto não apenas para as artes plásticas, tal como pensado pela personagem Gustave, mas também para a própria efabulação narrativa, em que toda a matéria emerge e se concretiza pela proposta da multiplicidade.

Quase como uma espécie de *puzzle*, a arquitetura do romance de Isabel Rio Novo vai reunindo cada uma das telas de Caillebotte e dos demais artistas e, na junção e na reunião de todas elas, uma a uma, vai se montando o desenho pretendido de suas personagens. Ora, na minha perspectiva, *Rua de Paris em dia de chuva* possibilita esse caminho de leitura, exatamente porque se consolida, enquanto um "romance como grande rede",[277] não apenas porque preserva, conserva e resiste ao esquecimento, mas também, e sobretudo, porque costura nessa rede uma prática criadora em que se pode perceber a mão não apenas da personagem Autora, mas da própria escritora que a cria.

Nesse sentido, Isabel Rio Novo estatui uma consonância singular com o pensamento de Ítalo Calvino:

> Alguém poderia objetar que quanto mais a obra tende para a multiplicidade dos possíveis, mais se distancia daquele *unicum* que é o *self* de quem escreve, a sinceridade interior, a descoberta de sua própria verdade. Ao contrário, respondo, quem somos nós, quem é cada um de nós senão uma combinatória de experiências, de informações, de leituras, de imaginações? Cada vida é uma enciclopédia, uma biblioteca, um inventário de objetos, uma amostragem de estilos, onde tudo pode ser continuamente remexido e reordenado de todas as maneiras possíveis.[278]

Ao dar corpo a um artista do final do século XIX, o romance de Isabel Rio Novo partilha essa mesma tentação enciclopédica, em que a "combinatória de experiências, de informações, de leituras e de imaginações"[279] vai ganhando sustentação na composição de *Rua de Paris em dia de chuva*. Mesmo não sendo *o* Caillebotte das biografias e da oficialidade histórica, o seu Caillebotte retira do silêncio, do ostracismo e do esquecimento uma das figuras mais instigantes e enigmáticas (valendo-me, aqui, de uma expressão do próprio narrador) da história das artes.

Com esse romance, confirma-se o vate de Helena Vasconcelos, para quem "Caillebotte não é um nome imediatamente reconhecido. No entanto, a sua importância, tanto como pintor como colecionador, é incontornável".[280] E qual a melhor forma de imaginar e criar um artista plástico do que enveredar pelos seus quadros e, movida pela multiplicidade, propor um romance nos moldes enciclopédicos? Não será *Rua de Paris em dia de chuva* uma forma de continuamente remexer e reordenar, em face de todas as probabilidades disponíveis, o seu próprio "museu imaginário" com os quadros considerados vitais para recompor o percurso de seu protagonista? Por fim, não serão tais gestos um exercício inequívoco de afirmar o amor, nas suas mais diversas expressões e para os mais distintos destinatários?

    Acredito que sim, já que é o próprio narrador que parece confirmar esse pacto de aproximação, afinidade, sintonia e paixão: "Cabemos todos dentro do amor a distância. Cabemos todos dentro da emoção. Precisamos de gente que escreva e acredite em coisas como esta: estar morto não é relevante; o que é relevante é que as pessoas se amem".[281] Em tempos de intolerância, de destilação de ódios e discursos polarizados, *Rua de Paris em dia de chuva*, de Isabel Rio Novo, oferece uma belíssima e sensível lição e indica uma possibilidade outra, em que o amor dissolve barreiras intransponíveis e desponta um outro horizonte, onde "todas as pessoas se amem".

    Se, como defendeu Ítalo Calvino, o tomar emprestado associa-se ao fazer uma homenagem – e, "nesse caso, fazer homenagem a um autor [pintor] significa se apropriar de algo que é dele"[282] –, então, o romance de Isabel Rio Novo destaca-se como uma justa, belíssima e sensível homenagem não apenas ao artista que foi Gustave Caillebotte, mas ao homem e ao visionário que não se recusou a ousar e instituir novas técnicas e formas de ver o mundo, a paisagem, as pessoas, a transformação das cidades e a modernização cosmopolita. Seja pelas telas incorporadas, seja pela voz efabulada no discurso epistolográfico na trama romanesca.

    Tomando e apropriando-se de um "museu imaginário" muito particular de obras do final do século XIX, mas não só, *Rua de Paris em dia de chuva* deixa-se transparecer como um "romance enciclopédico" extremamente original, merecendo, portanto, comparecer na "prateleira hipotética" da novíssima ficção portuguesa.

Notas

[1] Calvino, 2000, p. 121.
[2] *Idem*, p. 122.
[3] *Idem, ibidem*.

[4] *Idem*, p. 127.
[5] *Idem, ibidem.*
[6] *Idem, ibidem.*
[7] *Idem*, p. 131.
[8] *Idem*, p. 132.
[9] *Idem*, p. 130.
[10] Hutcheon, 1991, p. 131.
[11] *Idem, ibidem.*
[12] *Idem, ibidem.*
[13] Calvino, 2000, p. 132.
[14] Sobre as principais tendências e linhas de força do romance português contemporâneo, os ensaios de Maria Alzira Seixo (2001) e Isabel Pires de Lima (2000) constituem duas referências de leitura fundamental para a compreensão das ocorrências mais sintomáticas dessa ficção produzida após 1974.
[15] Sobre a "metaficção historiográfica", de acordo com os pressupostos sugeridos por Linda Hutcheon, na literatura portuguesa contemporânea, sobretudo em relação à ficção de José Saramago, é válido consultar o artigo de Helena Kaufman (1991), no qual a autora faz uma análise detalhada do gênero e sua ocorrência nas obras do referido romancista. Sobre a obra de Lídia Jorge e as operacionalizações que a autora faz em torno de temas ligados à vida portuguesa, bem como à história mais recente do país, recomendo a leitura do já referido ensaio de Isabel Pires de Lima (2000) e a tese de doutorado de Mauro Dunder (2013).
[16] Calvino, 2000.
[17] Eco, 1989, p. 338.
[18] Denubila, 2018, p. 11.
[19] Eco, 1991.
[20] *Idem*, p. 115.
[21] Cf., respectivamente, Machado, 1983; S. P. M. de Oliveira, 1978; Barrento, 2016; Heleno, 2002; Bulger, 1989; Lopes, 1992.
[22] Eco, 1989, p. 338.
[23] Considerado uma das vozes mais prolíferas da novíssima ficção portuguesa (Coutinho, 2010; Real, 2012), Gonçalo M. Tavares vem se destacando com uma obra consistente e potente, já com uma quantidade que chega a assustar o leitor menos acostumado. Nascido em Angola, em 1970, cedo migra para Portugal, onde conclui o curso de Filosofia e inicia carreira no magistério de "Epistemologia", na Universidade Técnica de Lisboa. Seu percurso como escritor principia em 2001, com a publicação de *Livro da dança*, seguida de várias obras subsequentes nos mais distintos gêneros, sempre com o reconhecimento da crítica especializada. Lido por Madalena Vaz Pinto como "o filho mais desenvolto de Álvaro de Campos" (M. V. Pinto, 2010, p. 31), Gonçalo M. Tavares acumula, na sua trajetória bem-sucedida, uma série de reconhecimentos e galardões, entre eles o prêmio "Revelação de Poesia da Associação Portuguesa de Escritores", por *Investigações. Novallis* (2002); o prêmio "Branquinho da Fonseca" da Fundação Calouste Gulbenkian e do jornal *Expresso*, por *O senhor Valéry* (2002); o prêmio "José Saramago" de 2005, o prêmio "Ler/Millenium-BCP" e o prêmio "Portugal Telecom de Literatura" de 2007 (Brasil), todos os três por *Jerusalém* (2004); o "Grande Prêmio de Conto Camilo Castelo Branco da Associação Portuguesa de Escritores", por *água cão cavalo cabeça* (2006); o "X Prêmio Internacional Trieste", de 2008, pela obra poética *1* (2004); o prêmio de "Melhor Livro Estrangeiro" de 2010, na França, por *Aprender a rezar na era da técnica* (2007); a "Medalha Grande-Oficial da Ordem do Infante D. Henrique", em 2012, além de se destacar como finalista em várias edições de importantes prêmios em Portugal e no exterior.

24 Nascido na Figueira da Foz, em 1971, Afonso Cruz vem se consolidando como uma das vozes mais criativas e multíplices da novíssima ficção portuguesa. Ilustrador, músico e realizador, o escritor exercita suas facetas em obras que evocam o caráter labiríntico de Jorge Luis Borges e incorporam o método socrático (Nogueira, 2014), além de elaborar a estruturação em verbetes num projeto de biblioteca infinita (Escourido, 2018). Estreia na ficção com *A carne de Deus* (2008) e, a partir daí, já publicou mais de 30 títulos, com direitos de tradução para mais de 20 países. Entre suas obras, várias são reconhecidas com importantes prêmios, como, por exemplo, *Enciclopédia da Estória Universal* (prêmio de conto "Camilo Castelo Branco", de 2009, pela APE); *Os livros que devoraram o meu pai* (prêmio literário "Maria Rosa Colaço", de 2011); *A contradição humana* (prêmio "Autores", de 2011, pela SPA/RTP; Menção especial do "Prêmio Nacional de Ilustração"; Lista de Honra do "International Board on Books for Young People"; prêmio "Ler/Booktailors", de 2012, na categoria Melhor Ilustração Original); *Galileu – À luz de uma estrela* (prêmio "Ler/Booktailors", de 2011, na categoria Melhor Ilustração Original); *A boneca de Kokoschka* (prêmio da "União Europeia para a Literatura", de 2012); *Capital, pato lógico* ("Prêmio Nacional de Ilustração", de 2016); *O homem debaixo do lava-loiças* (prêmio da "Fundação Nacional do Livro Infantil e Juvenil do Brasil", de 2014); *Flores* (prêmio literário "Fernando Namora", de 2016); além de já ter sido indicado como finalista em premiações em Portugal e no exterior.

25 Real, 2012, p. 272.
26 Silva, 2017, p. 24.
27 Eco, 1989, p. 338.
28 A. Cruz, 2021, p. 75.
29 Menezes, 2021b.
30 Eco, 1991, p. 112.
31 Calvino, 2000, p. 127.
32 *Idem*, p. 131.
33 *Idem, ibidem*.
34 Eco, 1989, p. 338.
35 Considerada por Miguel Real como "uma das melhores escritoras portuguesas que o século XXI nos tem oferecido" e com um conjunto de obras comparado a um "autêntico fogo de artifício e criatividade" (Real, 2021), Patrícia Portela vem se destacando pelas suas multifaces e pelo tratamento dado a cada narrativa publicada. Nascida em 1974, Patrícia Portela é licenciada em Realização Plástica do Espetáculo pela Escola Superior de Teatro e Cinema (1995), além de possuir o título de mestre em Master of Arts in European scenography, pela Central Saint Martins College of Arts, de Londres, em parceria com a Utrecht Faculty of Theatre (1997); e em Filosofia, pelo Instituto de Filosofia de Leuven (2016). Transitando no campo dos diálogos interartes, realiza e promove espetáculos e instalações em Portugal e em outros países da Europa. Sua estreia na ficção dá-se com *Odília ou a História das musas confusas do cérebro* (2007), e, a partir daí, vem produzindo e publicando obras com reconhecimento da crítica. Algumas delas com destaque em importantes premiações: prêmio "Madalena Azeredo Perdigão" da Fundação Calouste Gulbenkian, em 2003 (Menção Honrosa para *Wasteband*); prêmio "Madalena Azeredo Perdigão" da Fundação Calouste Gulbenkian, em 2004 (*Flatland I*); prêmio da "Associação de Críticos de Teatro Portugueses", em 2006 (Menção Honrosa pela trilogia *Flatland*).

36 P. Portela, 2017, p. 13.
37 *Idem*, p. 19.
38 *Idem*, p. 13.

[39] *Idem, ibidem.*
[40] Numa detida e cuidadosa pesquisa em plataformas de consulta, não há qualquer informação biobibliográfica de Acácio Nobre, a não ser a de um engenheiro português, Dr. Mário Acácio Nobre Furtado (1900?-1945?), filho do advogado Dr. Acácio Ludgero de Almeida Furtado (1880-?), com quem assina alguns artigos publicados na *Revista Comercial*, nas primeiras décadas do século XX. Alguns deles podem ser consultados no banco de dados da Biblioteca Nacional de Portugal.
[41] P. Portela, 2017, p. 19.
[42] *Idem*, pp. 13-14.
[43] Calvino, 2000, p. 131.
[44] G. Silva, 2018.
[45] P. Portela, 2017, p. 21.
[46] *Idem, ibidem.*
[47] Cf. os ensaios de Dine & Fernandes, 2000; F. C. Martins, 2014; Vila Maior, 1994.
[48] Calvino, 2000, p. 131.
[49] *Idem, ibidem.*
[50] *Idem, ibidem.*
[51] *Idem*, p. 132.
[52] Nascida e criada no Porto, onde fez mestrado em História da Cultura Portuguesa e se doutorou em Literatura Comparada, na Faculdade de Letras da Universidade do Porto, Isabel Rio Novo vem se destacando no cenário da atual ficção portuguesa com obras reveladoras de uma singular "qualidade e originalidade de sua escrita" (Vieira, 2020, p. 16). Enquanto ficcionista, assina a narrativa fantástica *O diabo tranquilo* (2004), em coautoria com Daniel Maia-Pinto Rodrigues, além da novela *A caridade* (2005) – galardoada com o prêmio literário "Manuel Teixeira Gomes" –, do livro de contos *Histórias com Santos* (2014), da biografia de Agustina Bessa-Luís *O poço e a estrada* (2019) e dos romances *Rio do esquecimento* (2016), finalista do prêmio "LeYa" e semifinalista do prêmio "Oceanos"; *A febre das almas sensíveis* (2018), finalista do prêmio "LeYa"; *Rua de Paris em dia de chuva* (2020), finalista do prêmio da "União Europeia para a Literatura"; e, mais recentemente, *Madalena* (2022), com o qual recebeu o prêmio literário "João Gaspar Simões".
[53] Marinho, 1999.
[54] Hutcheon, 1991, p. 142.
[55] Rio Novo, 2020, p. 13.
[56] *Idem*, pp. 12-13.
[57] *Idem*, p. 214.
[58] *Idem*, p. 24.
[59] Calvino, 2000.
[60] Emprego, aqui, a expressão no sentido estrito da terminologia latina (*alter* = outro; *ego* = eu). Sem qualquer conotação psicanalítica, ela pode ser entendida no viés dado por Harry Shaw: "[...] emprega-se para designar o substituto ou o delegado de alguém. [...] Um amigo muito íntimo ou um companheiro inseparável de alguém é muitas vezes designado literariamente como o seu *alter ego*" (Shaw, 1982, p. 26).
[61] Hutcheon, 1991.
[62] Eco, 1989, p. 338.
[63] São eles: *Love and death*, de 1975 (no Brasil, *A última noite de Boris Grushenko*; em Portugal, *Nem guerra, nem paz*), e *Every one says I love you*, de 1996 (no Brasil, *Todos dizem eu te amo*; em Portugal, aparecem duas traduções: *Toda a gente diz que te amo* ou *Todos dizem que te amo*). Mais detalhes sobre os dois filmes e as sequências parciais filmadas em Paris, consultar as biografias de Eric Lax (1991) e Neusa Barbosa (2002).

64 Rio Novo, 2021.
65 Fried, 1999. Como temos, aqui, um jogo de espelhos e uma tripla possibilidade de interpretação a partir das obras anunciadas no corpo da narrativa, sempre que nos referirmos ao quadro de Gustave Caillebotte fora das citações do romance, para não confundir com as outras duas menções, utilizaremos o título no original em francês.
66 Rio Novo, 2021.
67 Calvino, 2009, p. 368.
68 *Idem*, pp. 368-369.
69 *Idem*, p. 369.
70 *Idem*, p. 370.
71 *Idem*, p. 372.
72 *Idem*, pp. 16-17.
73 Malraux, 2020.
74 Calvino, 2009, p. 368.
75 Pamuk, 2011, p. 64.
76 Rio Novo, 2020, p. 38. Grifos meus.
77 *Idem*, p. 11.
78 *Idem*, p. 13.
79 Expressão ligada a certos personagens circundantes da Paris moderna e modernizada pelas obras de Haussmann, a partir de 1859, a *flanerie* constitui o exercício de trânsito sem um compromisso específico de trabalho ou de tarefa a não ser o de coletar as impressões diante do cenário oferecido pela burguesia da capital francesa. Os estudos de Walter Benjamin (2000) constituem uma referência incontornável tanto sobre o trânsito da *flanerie* quanto sobre a figura do *flaneur*. Ao diferenciar o homem comum da multidão com o *flaneur*, Benjamin enfatiza a singularidade e a particularidade deste nos cenários parisienses: "Inclusive no ano da morte de Baudelaire, poderia ocorrer a um homem de empresa fazer circular quinhentas liteiras para uso dos cidadãos acomodados. Já estavam na moda as passagens, onde o *flâneur* se refugiava da visão dos veículos, que não toleravam a concorrência do pedestre. Havia o transeunte que se infiltrava entre a multidão, mas havia também o *flâneur* que necessitava de espaço e não queria renunciar à sua vida privada. A massa deve ocupar-se de suas tarefas: o homem privado, na verdade, pode flanar somente, quando, como tal, já sai do quadro. Onde o tom é dado pela vida privada, há tão pouco espaço para o *flâneur* como no trânsito febril da *city*. Londres tem o homem da multidão. Nante, o homem de plantão na esquina, personagem popular da Berlim anterior a 1848, é de certo modo sua antítese: o *flâneur* parisiense está entre os dois" (Benjamin, 2000, p. 52). Num estudo mais recente, Isabel Vila-Cabanes destaca a importância do *flaneur* no cenário dos estudos literários no século XX e a releitura que essa personagem ganhou no escopo de sua conceituação crítica sobre o processo de urbanização nos principais centros metropolitanos: "Com o surgimento dos estudos culturais e urbanos durante a segunda metade do século XX, a figura do *flaneur* ou do observador peripatético da vida urbana moderna tornou-se o centro das atenções das críticas literária e sociológica recentes. Originalmente associado à cultura metropolitana francesa do século XIX e, particularmente, às obras de Charles Baudelaire, o interesse crescente por esse tipo no meio acadêmico alargou o âmbito da investigação da Paris moderna para outras metrópoles prósperas, não apenas em nível europeu, mas também mundial. Hoje, a figura do *flancur* transcendeu seu significado original para se tornar um conceito crítico-literário relevante para a representação urbana, a individualidade e a modernidade em literaturas de todo o mundo". No original: "With the rise of urban and cultural

studies during the second half of the twentieth century, the figure of the flaneur or the peripatetic observer of modern urban life has become the centre of attention of recent literary and sociological criticism. Originally associated with nineteenth-century French metropolitan culture, and, particularly, with the works of Charles Baudelaire, the growing interest in the type in academia has widened the scope of research from modem Paris to other thriving metropolises not just at a European level, but world-wide. Today, the flancur figure has transcended its original meaning to become a relevant literary-critical concept for urban representation, individuality and modernity in literatures all over the globe" (Vila-Cabanes, 2018, p. 1; tradução minha).

[80] Calvino, 2009, p. 376.
[81] Calvino, 2000, p. 132.
[82] Marinho, 1999, p. 173.
[83] *Idem, ibidem.*
[84] *Idem, ibidem.*
[85] *Idem, ibidem.* Grifos meus.
[86] Rio Novo *apud* Céu e Silva, 2020.
[87] Real, 2012.
[88] Conceito desenvolvido nos estudos de Walter Benjamin, a modernidade finca suas raízes no século XIX, dando luz a uma série de personagens, antes expurgados por uma oficialidade excludente (entre eles o *flaneur*, o *dandy*, a lésbica, o herói como um trapeiro, por exemplo), fazendo-os circular por diferentes espaços urbanos parisienses e promovendo uma série de alterações nos diversos campos de saber e de atuação humanos: a cultura, a arte, a política, a economia, a filosofia, a sociologia etc. Nesse sentido, o ponto de partida para as análises de Benjamin reside na produção poética de Charles Baudelaire e na maneira como suas *Fleurs du mal* contribuíram para uma alteração latente nos meios literários e na forma de compreender a realidade circundante e os modos de ser e estar no mundo: "Baudelaire conspira com a própria língua. Calcula seus efeitos a cada passo. Foram precisamente aqueles que melhor o conheciam que se ressentiram do fato de ele sempre ter evitado se descobrir em face do leitor. [...] Baudelaire ultrapassou o jacobinismo linguístico de Victor Hugo e as liberdades bucólicas de Sainte-Beuve. Suas imagens são originais pelo prosaísmo dos objetos de comparação. Procura o processo banal para aproximá-lo do poético. [...]. Encontra alegorias em quantidade; modifica totalmente o seu caráter pelo ambiente linguístico em que as insere. As *Fleurs du mal* são o primeiro livro que empregou na lírica palavras não só de proveniência prosaica mas também urbana. No entanto, de modo algum evitaram características que, embora livres da pátina poética, mesmo assim chamam atenção pelo seu estereótipo" (Benjamin, 2000, pp. 29-30).
[89] Rio Novo, 2021, p. 171.
[90] Rio Novo, 2020, p. 31.
[91] *Idem*, pp. 50-51.
[92] *Idem*, pp. 61-62.
[93] *Idem*, pp. 32-33.
[94] *Idem*, p. 96.
[95] *Idem*, p. 107.
[96] *Idem*, p. 112.
[97] *Idem*, p. 137.
[98] *Idem*, p. 171.
[99] *Idem*, p. 42.
[100] *Idem*, p. 67.

[101] *Idem*, p. 207.
[102] *Idem*, p. 182.
[103] *Idem*, p. 36.
[104] *Idem*, p. 77.
[105] *Idem*, pp. 117-118.
[106] *Idem*, p. 125.
[107] *Idem*, p. 158.
[108] *Idem*, p. 69.
[109] *Idem*, p. 41.
[110] *Idem*, pp. 165-166.
[111] *Idem*, p. 199.
[112] *Idem*, p. 207.
[113] *Idem*, p. 145.
[114] *Idem*, p. 175.
[115] *Idem*, p. 76.
[116] *Idem*, p. 103.
[117] *Idem*, p. 143.
[118] *Idem*, p. 210.
[119] *Idem*, p. 97.
[120] *Idem*, p. 120.
[121] *Idem*, p. 51.
[122] *Idem*, p. 76.
[123] *Idem*, p. 111.
[124] *Idem*, p. 144.
[125] *Idem*, p. 60.
[126] *Idem*, p. 187.
[127] Friedrich, 1993.
[128] *Idem*, p. 266.
[129] *Idem, ibidem*.
[130] Schapiro, 2010.
[131] Schapiro, 2002.
[132] *Idem*, p. 149.
[133] Beckett, 2006.
[134] Bocquillon, 2005.
[135] *Idem*, pp. 64-65. Grifos meus.
[136] Ainda que *The Bourgeois: between history and literature*, de Franco Moretti (2013), não seja um manual de história da arte ou um ensaio dedicado a um pintor ou a uma escola artística, não deixa de ser curioso verificar que o reconhecido ensaísta italiano comete uma gafe ao referir-se a um dos quadros mais famosos de Caillebotte, utilizando uma imagem que não corresponde com exatidão: "E, no entanto, a forma intermediária de Diderot não é exatamente *equidistante* dos dois extremos: o *gênero sério* 'inclina-se mais para a tragédia do que para a comédia', acrescenta ele, e, de fato, quando olhamos para uma obra-prima da seriedade burguesa como a *Place de l'Europe*, de Cailllebotte (Figura 7), é impossível não sentir, com Baudelaire, que todos os seus personagens 'estão participando de algum funeral ou outro'". No original: "And yet, Diderot's intermediate' form is not quite *equidistant* from the two extremes: the *genre sérieux* 'inclines rather towards tragedy than comedy', he adds, and indeed, as one looks at a masterpiece of bourgeois seriousness like Caillebotte's *Place de l'Europe* (Figure 7), it's impossible not to feel,

with Baudelaire, that all of its characters 'are attending some funeral or other" (Moretti, 2013, pp. 73-74; tradução minha). A mencionada Figura 7 (*Idem*, p. 73), na verdade, não é a *Place de l'Europe*, mas o esboço de *Rue de Paris, temps de plui* (1877), cuja paisagem se situa exatamente no referido endereço parisiense. Não se sabe, portanto, se houve uma confusão no título do quadro (ao tentar mencionar a pintura de 1876-1877, *Sur le pont de l'Europe*, ele equivocou-se no título), ou se, ao tentar descrever *Rue de Paris, temps de pluie* (1877), ele deu-lhe um outro subtítulo a partir da localização espacial representada na tela. Independentemente do caso, se foi proposital ou não (e eu tendo a crer que não foi, em virtude da seriedade dos trabalhos do crítico), não deixa de ser emblemático o equívoco efetuado exatamente sobre um quadro do pintor esquecido pela crítica de arte.

[137] Rio Novo, 2020, p. 154.
[138] *Idem*, pp. 199-200.
[139] Pamuk, 2011, p. 98.
[140] *Idem, ibidem*.
[141] Calvino, 2000, p. 121.
[142] *Idem*, p. 127.
[143] *Idem*, p. 121.
[144] Barthes, 1988.
[145] Eco, 1989, p. 338.
[146] Martial Caillebotte (1853-1910) foi um artista multifacetado. Além de ser incluído na lista dos pioneiras da filatelia, pelo *Roll of Distinguished Filatelists* (*RDF*) (https://www.abps.org.uk/roll-of-distinguished-philatelists/), seus dois campos de atuação foram a fotografia, onde revelou uma conexão muito íntima com as principais inovações técnicas da época e com imagens tão criativas quanto as do irmão pintor e um músico talentoso com composições; e a música, onde se revelou um compositor talentoso e com uma verve sensível. Muitas de suas composições ainda não se encontram publicadas, com algumas poucas gravações disponíveis em áudio e vídeo. A respeito das atuações dos dois irmãos na pintura e na fotografia, recomendo a leitura da recensão crítica de Katie Hornstein (2012). Sobre as obras musicais de Martial Caillebotte, algumas informações podem ser obtidas no *site* <https://www.musicologieorg.translate.goog/Biographies/c/caillebotte_martial.html?_x_tr_sl=fr&_x_tr_tl=en&_x_tr_hl=en>. Vale destacar que, em 2012, o maestro Michel Piquemal redescobriu algumas das composições de Martial Caillebotte, efetuando uma gravação de sua *Messe solennelle de Pâques* (1896) (https://www.resmusica.com/2017/02/20/martial-caillebotte-redecouvert-par-michel-piquemal/). Outros registros de obras suas podem ser consultados em <https://www.youtube.com/results?search_query=martial+caillebotte>.
[147] Pamuk, 2011, pp. 98-99.
[148] Calvino, 2000, p. 127.
[149] Pamuk, 2011, p. 99.
[150] Machado, 2020, p. 270.
[151] *Idem, ibidem*.
[152] Em recente entrevista, a própria escritora declara que o contexto oitocentista constitui um *leitmotiv* em seu projeto de criação, porque, ao contrário do século XX com suas tragédias coletivas, "o século XIX é o último momento da humanidade em que as tragédias ainda são muito individuais, ou muito nacionais" (Rio Novo, 2021, p. 168). Para além desse interesse que muito se deve à sua tese de doutoramento em Literatura Comparada (*A missão social da poesia: teorizações poéticas em Portugal e suas orientações francesas (1850-1890)*; Rio Novo, 2004a), o olhar investigativo e ensaístico ainda pode ser constatado no ensaio "L'exil dans la formation du Romantisme portugais: une question de réception" (Rio Novo, 2004b).

[153] Rio Novo, 2020, p. 12. Grifos meus.
[154] Em vários *sites* de livrarias e de divulgação de livros, essa apresentação se repete, reforçando a presença do fantástico como um dos elementos presentes na narrativa e capazes de explicar o suposto teletransporte da personagem Autora aos mesmos sítios percorridos pelo pintor impressionista. Como se pode observar, não é esse o caminho analítico aqui adotado, tendo em vista que, no meu entender, essa aproximação não se efetua por ação do sobrenatural e/ou do inexplicável; antes, possui uma lógica interna, cujas coesão e coerência residem na capacidade de sintonia, afetividade e criação da criatura habitante no século XXI com sua matéria de criação, o artista do século XIX. Sobre a apresentação genérica da obra, esta pode ser consultada em <https://books.google.com.br/books/about/Rua_de_Paris_em_Dia_de_Chuva.html?id=9vvoDwAAQBAJ&redir_esc=y>.
[155] Rio Novo, 2020, pp. 49-50. Grifos meus.
[156] *Idem*, p. 127. Grifos meus.
[157] *Idem*, p. 133. Grifos meus.
[158] *Idem*, p. 213. Grifos meus.
[159] Camões, 1988, p. 90.
[160] Rio Novo, 2020, p. 20.
[161] Coleridge, 2004.
[162] Rio Novo, 2020, p. 52.
[163] Calvino, 2000, p. 123.
[164] *Idem*, p. 127.
[165] *Idem, ibidem*.
[166] Rio Novo, 2020, p. 64.
[167] *Idem*, pp. 64-65.
[168] *Idem*, p. 65.
[169] Calvino, 2000, p. 138.
[170] Eco, 1989, p. 338.
[171] Rio Novo, 2020, p. 170.
[172] *Idem*, p. 20. Grifos meus.
[173] *Idem*, p. 75.
[174] *Idem*, p. 78.
[175] *Idem*, pp. 80-81.
[176] *Idem*, p. 82.
[177] *Idem*, pp. 87-88.
[178] *Idem*, p. 91.
[179] *Idem*, p. 99.
[180] *Idem*, p. 159.
[181] Bezard, 2015.
[182] Ainda que Buskirk não cite diretamente qualquer nome, não deixa de ser muito interessante o fato de que sua argumentação tem algum respaldo. *Vide*, por exemplo, o exemplar estudo biobibliográfico feito por um investigador como Éric Darragon, que exaure as análises dos quadros, fornece uma riqueza de informações, mas efetivamente sobre os interesses externos de Gustave Caillebotte muito pouco consegue expor. Se, por um lado, o ensaísta francês impressiona pela forma arguta com que lê o porte viril e destacado da figura masculina, com "a pose determinada, a energia robusta de um personagem bigodudo fumando seu tabaco" ["la pose décidée, l'énergie robuste d'un personnage moustachu qui fume son tabac" (Darragon, 1994, p. 106; tradução minha)], representada no quadro *Un soldat* (1879), por outro, ao tentar iluminar algum esclarecimento sobre o percurso

amoroso do pintor, sua descrição de Charlotte Berthier é, no mínimo, curiosa, em virtude da discrição com que a apresenta na vida do pintor: "Ele permaneceu solteiro, mas vive, pelo menos desde 1883, com uma jovem, Charlotte Berthier, que naquela época tinha vinte anos – ele tinha trinta e cinco. Ele lhe proporcionará uma anuidade vitalícia de 12.000 francos e confirmou esses acordos em 1889, doando-lhe uma casa. Essa jovem aparece no mundo dos jardins, nomeadamente em 1893, perto de um canteiro de rosas. Insistimos muitas vezes no gosto de Caillebotte por uma vida sem pompa, baseada na atividade livre e independente, na sua necessidade de atividade e realização. O grande burguês não era então apenas um artista, ele foi transformado em um comissário, em um faz-tudo". No original: "Il est resté célibataire mais il vit, au moins depuis 1883, avec une jeune femme, Charlotte Berthier, qui à cette date avait vingt ans – il en avait trente-cinq. Il lui assurera une rente viagère de 12.000 francs et confirme ces dispositions en 1889 en lui faisant don d'une maison. Cette jeune femme apparaît dans l'univers du jardin, notamment en 1893 près d'un massif de roses. On a souvent insisté sur le goût de Caillebotte pour une vie sans faste, fondée sur une activité libre et indépendante, sur son besoin d'activité et de réalisation. Le grand bourgeois n'était alors pas seulement un artiste, il se transformait en commissionnaire, en homme à tout faire" (*Idem*, p. 127; tradução minha). Além desse conhecido estudo de Darragon (1994), outros, como os de Andrew Patner (1995), James E. Cutting (2003), Roxanne Gingras (2016) e Saskia Gonzales Volgers (2020), sequer entram no detalhismo dos corpos masculinos presentes no repertório de retratos e quadros de Gustave Caillebotte ou desenvolvem um argumento consistente sobre o assunto.

[183] No original: "If the female body was the territory of modernity as a sign of male sexuality, what is one to make of Caillebotte's naked males which break iconographically and ideologically from the norms of nineteenth century art and literature. Who were these men? Were they friends of the artists or part of his household staff? Who, indeed?" (Buskirk, 1998; tradução minha).

[184] Rio Novo, 2020, p. 81.
[185] *Idem*, p. 82.
[186] *Idem*, p. 93.
[187] *Idem*, p. 56.
[188] *Idem, ibidem*.
[189] *Idem*, p. 99.
[190] *Idem*, p. 159.
[191] Sobre esse aspecto, cf. a entrevista concedida pela autora em que frisa a importância da construção dos espaços nas suas tramas romanescas (Rio Novo, 2021).
[192] Sibalis, 1999.
[193] Rio Novo, 2020, pp. 154-155. Grifos meus.
[194] *Idem*, p. 41.
[195] *Idem*, p. 109.
[196] Pamuk, 2011, p. 98.
[197] Malraux, 2020, p. 13.
[198] *Idem, ibidem*.
[199] *Idem*, p. 11.
[200] E. R. Silva, 2002.
[201] Malraux, 2020, p. 13.
[202] E. R. Silva, 2002, p. 188.
[203] *Idem*, p. 195.
[204] *Idem, ibidem*.

[205] Malraux, 2020, p. 13.
[206] Versão para a língua portuguesa de minha autoria: "Toute narration est plus proche des narrations antérieures que du monde qui nous entoure; et les œuvres les plus divergentes, lorsqu'elles se rassemblent dans le musée ou la bibliothèque, ne s'y trouvent pas rassemblées par leur rapport avec la réalité, mais par leurs rapports entre elles. La réalité n'a pas plus de style que de talento" (Malraux, 1977, p. 159).
[207] E. R. Silva, 1995, p. 152.
[208] Malraux, 2021, p. 106.
[209] Calvino, 2000, p. 131.
[210] *Idem, ibidem*.
[211] *Idem*, p. 132.
[212] Malraux, 2021, p. 85.
[213] *Idem*, p. 163.
[214] *Idem*, p. 13.
[215] Malraux, 1977, p. 182.
[216] E. R. Silva, 1995, p. 150.
[217] *Idem*, pp. 150-151.
[218] Calvino, 2000, p. 136.
[219] Malraux, 2021, p. 127.
[220] Eco, 1989, p. 338.
[221] Friedrich, 1993.
[222] Rio Novo, 2020, p. 72.
[223] *Idem*, p. 85.
[224] *Idem*, p. 119.
[225] *Idem, ibidem*.
[226] *Idem*, pp. 99-100.
[227] *Idem*, p. 199.
[228] *Idem*, p. 109.
[229] *Idem, ibidem*.
[230] *Idem*, p. 110.
[231] *Idem*, pp. 130-131.
[232] *Idem*, p. 137.
[233] *Idem*, p. 135.
[234] *Idem*, p. 142.
[235] *Idem*, p. 145.
[236] *Idem*, pp. 148-149.
[237] *Idem*, p. 149.
[238] *Idem*, p. 151.
[239] *Idem*, p. 154.
[240] *Idem*, p. 165.
[241] *Idem*, p. 167.
[242] *Idem, ibidem*.
[243] *Idem*, p. 173.
[244] *Idem*, p. 174.
[245] *Idem, ibidem*.
[246] *Idem*, p. 182.
[247] *Idem*, p. 185.
[248] *Idem*, p. 192.

[249] *Idem, ibidem.*
[250] *Idem*, p. 198.
[251] *Idem*, p. 222.
[252] *Idem*, p. 223.
[253] *Idem*, p. 220.
[254] Pamuk, 2011, p. 98.
[255] Rio Novo, 2020, p. 39.
[256] Calvino, 2000, p. 135.
[257] *Idem, ibidem.*
[258] Pamuk, 2011, p. 94.
[259] *Idem, ibidem.*
[260] Malraux, 2021, p. 95.
[261] *Idem, ibidem.*
[262] Pamul, 2011, p. 39.
[263] Rio Novo, 2020, p. 128.
[264] Calvino, 2009, p. 368.
[265] Rio Novo, 2018.
[266] Rio Novo, 2016.
[267] Rio Novo, 2020, pp. 217-220. Grifos da autora.
[268] Calvino, 2000, p. 132.
[269] *Idem, ibidem.*
[270] *Idem, ibidem.*
[271] *Idem*, p. 94.
[272] *Idem*, p. 28.
[273] E. R. Silva, 2002, p. 196.
[274] Rio Novo, 2020, p. 215.
[275] *Idem*, p. 178.
[276] *Idem*, pp. 227-228.
[277] Calvino, 2000, p. 138.
[278] *Idem, ibidem.*
[279] *Idem, ibidem.*
[280] H. Vasconcelos, 2020, p. 29.
[281] Rio Novo, 2020, p. 213.
[282] Calvino, 2015, p. 69.

capítulo 6
CONSISTÊNCIA
De como iniciar e concluir uma "história de fantasmas": *Felicidade*, de João Tordo

> Como é possível isolar uma história individual se ela implicar outras histórias que a atravessam e condicionam e estas outras mais, até se estender a todo o universo?
> Ítalo Calvino, *Seis propostas para o próximo milênio*, 2000, p. 165.

> Porque apreender o mundo real faz parte da própria definição do romance; mas como apreendê-lo e entrar ao mesmo tempo num jogo de fantasia enfeitiçante? Como ser-se rigoroso na análise do mundo e ao mesmo tempo irresponsavelmente livre nos devaneios lúdicos? Como unir esses dois fins incompatíveis? Kafka soube resolver esse enigma imenso. Abriu a brecha no muro do verossímil; a brecha pela qual muitos outros passaram a seguir, cada um a seu modo: Fellini, Márquez, Fuentes, Rushdie. E outros, outros ainda.
> Milan Kundera, *Os testamentos traídos*, 1994, p. 51.

> O que é um Homem senão um conjunto improvável de qualidades e defeitos, unidos pela profunda contradição que existe estre os seus desejos e a vida tal como ela é?
> João Tordo, *Manual de sobrevivência de um escritor*, 2020, pp. 62-63.

> E, como toda a gente sabe, pensar é duvidar, e duvidar é corroer a realidade, morder-lhe os contornos, dar-lhes arestas pontiagudas.
> João Tordo, *Felicidade*, 2021, p. 246.

Das seis lições americanas, esta é, talvez, a que necessite de uma explicação introdutória antes de qualquer consideração sobre as proposições do seu autor. Ausente das traduções publicadas nos Estados Unidos (Harvard University Press, Penguin Books e Vintage Books), na Inglaterra (Cape, Mariner

Books, Penguin Books e Vintage), no Canadá (Vintage Toronto) e no Brasil (Companhia das Letras), a sexta proposta ("Consistência") aparece apenas em algumas edições, como as italianas (Garzanti Editore e Mondadori), as francesas (Folio, Gallimard e Seuil) e a portuguesa (Teorema).

Concebida inicialmente como a conferência de abertura das suas lições americanas nas Charles Eliot Norton Poetry Lectures e depois descartada, na verdade, esta última proposta ganha um novo corpo, ao ser descoberta como um texto inédito, "extraído dos manuscritos preparatórios das Norton Lectures",[1] tal como explicitado na nota de abertura do capítulo. Apesar de o ciclo anunciado no título (*Seis propostas para o próximo milênio*) nunca ter sido completado por causa da morte do ensaísta, a tradução portuguesa acompanha as informações contidas na edição italiana, revelando que "grande parte do material estava destinada a confluir na sexta lição, que ficou incompleta, 'Consistency'. Alguns acrescentos necessários surgem entre parênteses retos; as leituras incertas e conjecturais, entre chavetas".[2]

Ou seja, mesmo que a proposta de consistência não apresente um corpo completo e definido, como as cinco anteriores, entendo ser possível confiar na probidade dos responsáveis pela recuperação e pela publicação desta última conferência, na medida em que, mesmo com um subtítulo diferente e com o acréscimo de um desenvolvimento da ideia central ("Começar e acabar"), a tese do ensaísta italiano permanece exposta de forma clara, precisa e transparente. Há, é certo, a nomeação da sexta lição no sumário da obra, deixada pelo próprio Calvino, a que foi acrescido um subtítulo que, muito provavelmente, corresponde ao pensado pelo escritor italiano no seu projeto inicial.

É, portanto, com a premissa de uma consistência na literatura do século XXI, que a obra ensaística de Ítalo Calvino se encerra, e, com ela, fechamos o ciclo analítico aqui apresentado, pontuando alguns aspectos importantes para refletir sobre a novíssima produção ficcional portuguesa.

Ao associar a consistência aos modos de começar e acabar uma obra, Calvino sublinha um aspecto fundamental para a compreensão do *modus operandi* da criação literária que ele pretendia ver consolidada no século seguinte, qual seja, "a possibilidade de dizer tudo, de todos os modos possíveis", sem abrir mão de "chegar a dizer uma coisa, de um modo particular".[3] Em outras palavras, é preciso uma busca por uma totalidade que – como vimos, aliás, na proposta anterior, nunca é atingida –, diante da precariedade e da parcialidade de chegar a um bom termo, necessita conviver com as diferentes maneiras de exprimir uma particularidade (ou mais de uma, dependendo do caso).

Entende-se, portanto, a ênfase dada ao início de uma obra, à forma como um(a) escritor(a) expõe a porta de entrada de um "mundo verbal",[4] que precisa ser distinto do mundo empírico, tendo em vista sua "soma de informações, de experiências, de valores".[5] Na verdade, tal distinção não incide na construção de mundos alienados e alienantes, ou paisagens destituídas de sensibilidade, mas pode servir como um medidor da capacidade de criação do(a) autor(a) em pinçar, separar e "extrair um discurso, uma narrativa, um sentimento",[6] da quantidade infinita de dados obtidos na esfera empírica. Tanto assim é que o próprio ensaísta conclui essa dinâmica, reiterando que, com tal movimento, "mais exatamente pretendemos realizar uma operação que nos permita situar-nos neste mundo".[7]

Na minha perspectiva, isso equivale a dizer que não há uma fórmula única e acabada para um início ficcional e/ou poético, como se se tratasse de uma receita ou de um passe de mágica; por isso, cada escritor(a) possui uma gama infinita de começos, que ele(a) bem pode escolher, tendo as individualidades criadoras e suas subjetividades como principais alicerces. A particularidade reside, então, na escolha que cada um(a) faz para abrir as portas do seu universo ficcional particular. De acordo com Calvino, isso reforça e potencializa a própria condição da literatura, tendo em vista que

> [...] o princípio é também a entrada num mundo completamente diferente: um mundo verbal. Lá fora, antes do início, existe ou supõe-se que exista um mundo completamente diferente, o mundo não escrito, um mundo vivido ou vivível. Passado esse limiar, entra-se noutro mundo, que pode manter com o primeiro relações decididas de cada vez, ou nenhuma relação. O início é um lugar literário por excelência porque o mundo lá de fora por definição é contínuo, não tem limites visíveis. Estudar as zonas de confins da obra literária é observar os modos como a operação literária implica reflexões que vão para além da literatura mas que só a literatura pode "exprimir".[8]

Nas suas proposições, Calvino sustenta a ideia de que o mundo escrito possui uma organicidade própria e particular que pode (ou não) ter alguma relação com o mundo empírico, ou com aquilo que, em outro ensaio ("Mundo escrito e mundo não escrito", 1983), chamou de "mundo não escrito".[9] Neste, a velocidade das mudanças, o alcance das informações, a multiplicidade de conhecimentos, a diversidade de condições e caracteres e a vivacidade da própria linguagem cotidiana constituem instrumentos que pulverizam os saberes e condicionam as individualidades criadoras a perceber que "hoje, qualquer ideia de sabedoria é inalcançável".[10] Talvez por isso, o mundo escrito propicie uma saída: enquanto, "para o narrador", esta se apresenta no "afastar de si a multiplicidade das histórias possíveis, de modo a isolar e a tornar contável a história individual que decidiu contar esta noite",[11] para o poeta, ela concretiza-se no "afastar de si um sentimento do mundo indiferenciado para isolar e combinar um acordo de palavras em coincidência com uma sensação ou um pensamento".[12]

Entre um e outro mundo (o escrito e o não escrito) pode haver um hiato, do mesmo modo como pode haver um elo muito forte. Isso, de certo modo, já aparece delineado no início, na abertura de uma obra. Por isso, para defender esse argumento, Calvino passeia por inúmeros *incipits*, tais como a invocação à Musa, na abertura dos poemas épicos antigos; os coros iniciais e as cenas estáticas nos teatros grego e romano; a precisão de localização espacial, nominal e identitária nos romances dos séculos XVII, XVIII e XIX; a mistura desta com a incerteza, numa aura quase mítica, já nos primeiros parágrafos de *Dom Quixote de la Mancha*, de Cervantes; e mesmo a indeterminação desses dados como forma de reiterar a condição de *constructo* ficcional do autor, como ocorre em *Jacques, le fataliste*, de Diderot.

Em todos esses exemplos, Calvino procura destacar diferentes mecanismos de princípios com a "preocupação de subtrair a história que vai narrar à confusão com outros destinos, com outras vicissitudes",[13] para demonstrar que "essas propostas apenas vêm confirmar o *ato de identificação como um rito canônico para iniciar um romance*".[14] Eis aqui, portanto, um dos primeiros aspectos apontados por Calvino para delinear a consistência, enquanto uma das propostas para o próximo, ou melhor, para o nosso milênio.

No entanto, consciente de que as variantes vão surgindo com as mudanças temporais, estéticas e culturais, Calvino tem o cuidado de frisar as ênfases dadas pela literatura moderna nas últimas décadas aos diferentes *incipits* narrativos, quais sejam, desde a necessidade de demarcar a passagem do universal ao particular, ao modo das mais tradicionais dominantes de inspiração religiosa, com uma invocação a uma determinada divindade, até um desapego dessa prática e a práxis de um isolamento direto do foco escolhido como cerne da narrativa; ou, ainda, a partir desse último procedimento, a opção por um início mais flexível em relação à matéria narrada: "Como a vida é um tecido contínuo, como qualquer início é arbitrário, então é perfeitamente legítimo começar a narração *in media res*, num momento qualquer, a meio de um diálogo".[15]

Para além dessas estratégias, o ensaísta italiano vai descrevendo e analisando com minudência alguns procedimentos de principiar a efabulação, demonstrando a funcionalidade de cada um deles. É o caso, por exemplo, dos inícios retardantes em que "o narrador não tem pressa de entrar no assunto, perde-se em rodeios, e então a multiplicidade do contável assoma por um momento a essa espiral".[16] Em contrapartida, há outros mecanismos em que, valendo-se muitas vezes de recursos irônicos, alguns autores optam pela "necessidade de se despedir da vastidão do cosmos, para dedicar toda a sua atenção, uma vez estabelecida a escala de proporções, à representação minuciosa de uma história isolada".[17]

Independentemente da escolha do(a) criador(a) da história, a proposta de "consistência" de Calvino nessas diferentes metodologias de iniciar e finalizar uma narrativa não deixa de sublinhar o importante papel do narrador no seu ofício de articular e unir a memória e o esquecimento, enquanto entidades complementares no exercício da recuperação efabulatória. Não à toa, a referência ao clássico e conhecido ensaio de Walter Benjamin intitulado "O narrador – considerações sobre a obra de Nikolai Leskov" frisa as duas constantes na técnica de contar, ou seja, de um lado, há aqueles que narram com base em suas próprias experiências e, de outro, há os que permanecem num determinado lugar e captam as emoções, os trânsitos e os sentimentos de outros.

Aqui, parece-me, existe uma nuance destacada por Calvino e que, conforme veremos mais adiante, surge como um detalhe importante na leitura da obra escolhida para as reflexões em torno dessa proposta. Seja porque o narrador transmite a partir de sua própria experiência, seja porque ele tece o bordado ficcional a partir de experiências alheias, fato é que, segundo o escritor italiano,

> [...] o narrador recupera um anônimo patrimônio de memória transmitido oralmente, em que o acontecimento isolado na sua singularidade nos diz algo do "sentido da vida". O que é o "sentido da vida"? É uma coisa que só podemos captar nas vidas dos outros que, por serem objeto de narração, se nos apresentam como consumadas, seladas pela morte. O conto popular fala da vida e alimenta o nosso

desejo de vida, mas precisamente porque essa vida contém implícita a presença da morte, ou seja, tem por pano de fundo a eternidade.[18]

É, portanto, na costura e na articulação de um desejo de vida (ou mesmo de sobrevivência desta) que se manifesta diante da presença inequívoca da morte, que a prática de contar, de saber iniciar uma narrativa, de conseguir desenvolvê-la com uma insistente sedução ao leitor e de conduzir a sua conclusão – enfim, é essa prática que revigora a proposta de "consistência" na literatura do século XXI. É claro, também, que todos os detalhes levantados e analisados por Calvino recebem uma argumentação sustentada não apenas em escritores contemporâneos seus ou quase (Robert Musil e Jorge Luis Borges, sobretudo), mas também em textos escritos e publicados antes (Giovanni Boccaccio, Miguel de Cervantes, Dennis Diderot, Charles Dickens, Nathaniel Hawthorne, Marcel Proust e Nikolai Leskov). Isso implica uma afirmação indireta de que boa parte dos exemplos de *incipit* mencionados não constitui uma ocorrência exclusiva da literatura do seu tempo ou do milênio por vir.

Nesse sentido, é preciso relembrar as críticas e as reticências de Calvino em algumas de suas propostas sobre a invasão das imagens e do apelo exacerbado dos diferentes tipos de mídia, causando uma espécie de sufocamento e, ao mesmo tempo, de esvaziamento do substrato literário. Parece-me que revigorar esses *modi operandi* não implica uma repetição ou uma continuação literal das lições deixadas pelos grandes narradores, mas o apontamento de um caminho de recriação narrativa, em que a inventividade pode dialogar intertextualmente com qualquer um dos casos anteriores e, ao mesmo tempo, suplantar as expectativas numa espécie de inovação do *modus narrandi*.

Para tanto, o papel do(a) escritor(a) na manipulação da linguagem e na sensibilidade para criar mundos fictícios não se afasta da sua faculdade de revigorar métodos, renovar e (re)inventar outras arquiteturas textuais, a partir de uma constante dinâmica nas formas de iniciar e concluir uma história. Assim, a proposta de "consistência" de Calvino encontra-se muito próxima daquele estímulo criador, descrito num texto anterior seu e já aqui citado ("Mundo escrito e mundo não escrito", de 1983): "O verdadeiro desafio para um escritor é falar do intrincado enrosco de nossa situação usando uma linguagem que pareça tão transparente a ponto de criar um sentido de alucinação, como Kafka conseguiu fazer".[19]

Talvez por isso, se o *incipit* é uma parte importante na construção efabulatória, não menos o *explicit* também o seja. Logo, no entendimento do ensaísta italiano, a conclusão da trama narrativa tem o mesmo peso e a mesma relevância do seu início na proposição da consistência. Seja na tessitura de um final que sublinhe o universo da escrita como o elemento consubstanciador de toda a fábula, seja na elaboração de um final cósmico e mais genérico, "sobre a vida humana como doença, sobre a natureza poluída do homem",[20] ou, ainda, na construção de um "final indeterminado",[21] em que a lentidão e a convulsão constituem instrumentos de arcabouço da narrativa, Ítalo Calvino faz questão de sublinhar que o acabar de uma história não resulta na concretização de um fechamento nítido, fácil e imediato, daí a sua argumentação em favor de uma multiplicidade de *explicit*, cuja articulação depende da própria força da imaginação aliada a uma coerência com a forma de pensar o mundo criado:

> Seja como for que ela acabe, seja qual for o momento em que decidimos que a história pode considerar-se acabada, verificamos que não é para esse ponto que conduzia a ação do contar, que o que conta está noutro sítio, é o que aconteceu antes: é o sentido que adquire esse segmento isolado de acontecimentos, extraído da continuidade do contável. É certo que as formas narrativas tradicionais dão uma impressão de obra concluída: o conto termina quando o herói triunfou das adversidades, o romance biográfico encontra o seu final indiscutível na morte do herói, o romance de educação quando o herói atinge a maturidade, o romance policial quando o culpado é descoberto. Outros romances e contos, a maioria, não podem motivar a sua saída final assim tão nitidamente: uns acabam quando o seu prosseguimento só poderia repetir o que já foi representado, ou quando a comunicação que queriam transmitir assumiu uma forma consumada: e essa comunicação pode ser uma imagem do mundo, um sentimento, uma aposta da imaginação, um exercício de coerência do pensamento.[22]

Diante da gama de possibilidades que o "mundo escrito"[23] oferece ao seu criador, tanto o *incipit* quanto o *explicit* têm atributos importantes na composição narrativa, e a ligação estreita entre um e outro causa um impacto na arquitetura efabular, seja na sua articulação teórica – a forma com que ambos são compostos e dispostos no texto –, seja na sua feição estética – os instrumentos originais e os métodos memorialísticos empregados no processo de criação.

Combinados, ambos constituem a "organização compositiva" ficcional, na feliz expressão de Cristina Robalo Cordeiro, para quem "a importância dos lugares estratégicos, com particular relevo para o título, o *incipit* e o *explicit*, bem como a questão da organização das sequências narrativas e da sua convergência para um ponto de tensão paroxística"[24] são elementos essenciais para a construção dos planos arquitetural e organizacional.

Outra, portanto, não poderia ser a conclusão de Ítalo Calvino, a não ser a de reiterar a relevância da porta de entrada da composição ficcional, posto que "o início de um romance é a entrada num mundo diferente, com características físicas, perceptivas e lógicas muito suas",[25] bem como a de sublinhar a mesma medida necessária na articulação do final de uma narrativa, em que se constata a inviabilidade de "haver um todo dado, atual, presente", que tudo suporta e contém, e, ao mesmo tempo, a riqueza na materialização de uma "poeira de possibilidades que se agregam e desagregam".[26]

***

Observadas as reflexões acima, se partirmos da mesma década em que Ítalo Calvino projeta as suas propostas como estímulos estéticos para a criação ficcional do milênio por vir e olharmos a produção romanesca portuguesa, não será difícil perceber que alguns desses aspectos já surgem, pelo menos ensaiados, em textos significativos e paradigmáticos para empreender um painel da literatura portuguesa, anos após a Revolução dos Cravos.

Decerto, a década de 1980 constitui um período crucial e altamente criativo para o cenário da ficção portuguesa, em que a consistência proposta por Ítalo Calvino pode ser vislumbrada numa perspectiva estético-literária, em que a "premência de uma indagação sobre os destinos coletivos, quer através da rememoração do passado, quer pela via da projeção futurante",[27] torna-se um método de criação não desligado do próprio contexto político-social português, com "o seu vertiginoso ritmo de sucessos históricos e políticos em nível nacional e internacional, com o advento de novos padrões socioeconômicos e com a falência das grandes utopias que assinalaram o século".[28]

Essa aposta na revivescência do diálogo com a história, seja a mais pretérita, seja a mais próxima, e nas diferentes formas de formular *incipits* e *explicits* sobre a matéria narrada, consolida-se ao longo das trajetórias de escritores(as) tutelares como Agustina Bessa-Luís, Almeida Faria, António Lobo Antunes, José Saramago, Lídia Jorge, Fernanda Botelho, João Aguiar, João de Melo, Teolinda Gersão e Maria Isabel Barreno, entre outros(as).

Desse seleto grupo, seleciono o romance *A costa dos murmúrios*, de Lídia Jorge,[29] pelas particularidades de sua composição que podem ser lidas sob o viés da consistência calviniana, sobretudo se examinados os mecanismos articulados pela autora e os diferentes *incipits* e *explicits* em dois blocos narrativos e de extensão desigual. Na primeira parte, intitulada "Os gafanhotos", há um relato em terceira pessoa, um pretenso narrador heterodiegético que depois será metamorfoseado num "'autor' intradiegético, um efeito do texto",[30] como bem assinala Isabel Pires de Lima.

Narrativa memorialística sobre a guerra colonial em Moçambique, *A costa dos murmúrios* configura, nesse primeiro bloco, uma versão pretensamente meticulosa e totalizante, escrita pela personagem jornalista – cuja materialização conclusiva pode ser constatada no uso da expressão "FIM" –, do matrimônio malsucedido de Evita e o Alferes Luís Alex no hotel Stella Maris, da subsequente invasão de uma nuvem de gafanhotos a atingir todos os convidados naquele espaço e da exposição de um mar de corpos negros, mortos por ingestão de metanol, acumulados na beira da praia.

Em contraposição a essa versão, digamos, objetiva e neutra, a segunda parte devassa os encontros e os diálogos entre o jornalista (criador de "Os gafanhotos") e Eva Lopo, agora transformada em personagem-narradora numa nítida recomposição rasurante da protagonista sobre o relato antecedente, processo, aliás, por diversas vezes referendado por ela: "Evita era eu".[31] Com essa outra perspectiva, uma nova narrativa ganha corpo e extravasa o "ponto de vista feminino de Evita, que não legitima a perspectiva oficial e colonial dos fatos".[32]

Ou seja, aquela "versão oficial da história da epopeia imperial"[33] emerge borrada e refeita, propondo uma revisão das edições anteriores dos discursos considerados oficiais, além de expor, articular e costurar "metaficcionalmente as possibilidades do romance [de] representar a realidade e reconstituir o passado".[34] No meu entender, tais nuances podem ser lidas pelo viés da consistência calviniana e pela forma com que o romance vai tecendo diferentes maneiras de começar e de acabar a sua trama narrativa. Vejamos:

O noivo aproximou-se-lhe da boca, a princípio encontrou os dentes, mas logo ela parou de rir e as línguas se tocaram diante do fotógrafo. Foi aí que o cortejo sofreu um estremecimento de gáudio e furor, como se qualquer desconfiança de que a Terra pudesse ter deixado de ser fecundada se desvanecesse. Já não estavam junto de nenhum altar, mas no terraço do Stella Maris cujas janelas abriam ao Índico.[35] Todos, incluindo Evita, compreendiam que o excesso de harmonia, felicidade e beleza provoca o suicídio mais do que qualquer estado. Infelizmente, muito infelizmente, as guerras eram necessárias para equilibrar o excesso de energia que transbordava da alma. Grave seria proporcionar demasiada felicidade. Então o terraço foi fechado para que não se voltasse a sentir idêntica chamada de esplendor. Evita sentiu-se vítima duma lição tão sutil que intransmissível, sobretudo quando do cortejo, posto em semicírculo, e onde as ondas chegavam sem espuma, o major surgiu, deu um passo em frente e se curvou até os joelhos – "Madame, os meus respeitos!".

Ela voou no primeiro avião civil. O corpo dele seguiu depois, num barco militar. FIM.[36]

Esse é um relato encantador. Li-o com cuidado e concluí que nele tudo é exato e verdadeiro, sobretudo em matéria de cheiro e de som – disse Eva Lopo. Para o escrever desse modo, deve ter feito uma viagem trabalhosa a um tempo onde qualquer outro teria dificuldade em regressar. Pelo que me diz respeito, o seu relato foi uma espécie de lamparina de álcool que iluminou, durante esta tarde, um local que escurece de semana a semana, dia a dia, à velocidade dos anos. Além disso, o que pretendeu clarificar clarifica, e o que pretendeu esconder ficou imerso.[37]

Por mais que soubesse que tudo era transitório e as terras sem dono absolutamente nenhum, não conseguia deixar de ver, naquele barco, um pedaço de pátria que descia. Pena que algumas crianças chilreiem. Elas também não me falam. Também elas já julgam saber, já julgam julgar. Viravam os seus focinhozinhos inocentes contra Eva Lopo, a noiva. Alongam-se as cores, os cheiros e as vozes. A frouxa polícia marítima manda dizer que se encontrou o corpo do alferes, muito para lá da Ponta Gea. – Deixe ficar aí, suspenso, sem qualquer sentido útil, não prolongue, não ouça as palavras. A pouco e pouco as palavras isolam-se dos objetos que designam, depois das palavras só se desprendem sons, e dos sons restam só os murmúrios, o derradeiro estádio antes do apagamento – disse Eva Lopo, rindo. Devolvendo, anulando *Os gafanhotos*.[38]

Com dois caminhos muito diferentes para iniciar e concluir as versões de cada um dos blocos narrativos que compõem o romance, Lídia Jorge estabelece uma consonância muito interessante com a consistência calviniana na medida em que, justapostas, as duas seções apresentam formas de ver e contar o mundo que vão desde uma perspectiva mais ampla, menos particular e, por isso mesmo, com uma tentativa totalizante na percepção e na captação da realidade moçambicana colonial, até, em seguida, uma consecução efabular que reconfigura uma outra proposta traduzida, agora, nos "termos de uma experiência individual".[39]

Ainda que não se enquadre naquela multiplicidade específica de vários inícios e acabamentos costurados, tal como o escritor italiano executa, por exemplo, em *Cosmicômicas* (1965), *Se um viajante numa noite de inverno* (1979) e *Novas cosmicômicas* (1984), o romance de Lídia Jorge ensaia um diálogo muito peculiar com a proposta de consistência, posto que a reconstrução rasurante e anuladora (como dirá a narradora da segunda parte) de *Os gafanhotos*, cristalizada no bloco subsequente, estabelece um laço indissociável com o relato heterodiegético. Aliás, é a própria consciência de que a homogeneidade de uma única perspectiva num determinado exercício narrativo não consegue dar conta das probabilidades de incluir novas versões e diferentes histórias entrecruzadas, o elemento motivador da narradora-protagonista para destilar uma incisiva ironia de desconstrução da heterodiegese.

Diferentemente da primeira parte, mas não de todo separado daquela, o bloco sucedâneo reconstitui os passos de Eva Lopo por meio da exposição de sua vida, de seu percurso e do que testemunhou *in loco*. Ou seja, numa espécie de reconfiguração daquele narrador "marinheiro comerciante",[40] cuja movência o enquadra como "alguém que vem de longe",[41] repleto de um "saber das terras distantes",[42] essa nova narradora-protagonista recompõe uma outra maneira de iniciar, desenvolver e acabar o relato não com "causas e efeitos, mas [com] soberbas simultaneidades [...] nunca visíveis n'*Os gafanhotos*".[43]

Ou seja, a arquitetura de *A costa dos murmúrios* pode ser lida pelo viés da consistência de Ítalo Calvino, porque sua combinação de um duplo iniciar e acabar e a "importância [muito maior] dada às correspondências do que às circunstâncias permitem a Eva Lopo, como a qualquer ficcionista, *propor dois finais alternativos para a sua narrativa*".[44] Os primeiros *incipit* e *explicit*, narrados em terceira pessoa (em "Os gafanhotos"), vislumbram uma espécie de composição (se não) neutra (pelo menos afastada) de um narrador que tudo observa, como se de longe estivesse e precisasse captar de forma total uma única vertente individual da matéria narrada (o malfadado matrimônio no hotel e os efeitos colaterais pressentidos ao redor deste). Já na segunda parte, com os contrapontos estabelecidos pela perspectiva da narradora-protagonista, outras histórias individuais, outros vieses compósitos e outros caminhos efabulatórios vão se somando, borrando o relato anterior e fazendo ressurgir outros fios que se entrecruzam e se costuram para uma nova composição.

Ora, fico a me interrogar se tal procedimento, de certo modo, não está já em consonância com aquela mesma preocupação pontuada por Calvino com começar e terminar uma obra. Não será a conclusão do romance de Lídia Jorge uma maneira de demonstrar que aquele pretenso distanciamento oferecido pela heterodiegese de "Os gafanhotos" se dissolve diante da constatação de que "o universo a que pertence é o da escrita, que a substância das suas vicissitudes são as palavras rabiscadas no papel"?[45]

Vale lembrar que a postura menos rígida com a matéria factual e mais apegada a uma apropriação desta pelo bordado ficcional se erige como uma das marcas fundamentais do "bom romance português",[46] na feliz expressão de Jorge Fernandes da Silveira. Para o professor e investigador brasileiro, a ficção portuguesa da década de 1980 alicerça-se sobre uma consciência crítica profunda de um Portugal "que perdeu a chave do oceano. A chave de ouro era de vidro e se quebrou".[47] Daí o olhar corrosivo sobre a situação colonial em Moçambique e os efeitos colaterais nos seus agentes ativos. Daí a impossibilidade de conformismo de Eva Lopo em aceitar um discurso tão enquadrado numa perspectiva que não era a sua. Daí, por fim, a necessidade de quebrar o vidro da chave de ouro do tecido imperialista, completamente fadado ao fracasso, e, por fim, anular as prerrogativas congeladas nas linhas de "Os gafanhotos".

Retomando as reflexões de Jorge Fernandes da Silveira, é possível detectar, a partir da leitura da obra em estudo, que os elos estabelecidos entre o fato e o fito ganham – tal como nas páginas literárias de outros escritores contemporâneos da mesma década, como José Saramago, António Lobo Antunes e José Cardoso Pires, por exemplo – meios muito distintos de recontar o passado nas esferas mítica e histórica, posto que "os mitos, que linguagens e discursos de dominação foram naturalizando ao longo do tempo, são também um modo de estar na História. Por isso, eles devem ser usados, transformados, multiplicados em novas formas sempre ambíguas de dizer o literário".[48]

Nesse sentido, acredito que o texto de Lídia Jorge se destaca no cenário da ficção portuguesa da década de 1980, em virtude, sobretudo, de sua forma de expressar a vulnerabilidade da pretensa holística histórica, demonstrando assim que, com "seus próprios enigmas verbais, as suas necessidades de construção",[49] o texto literário pode manipular a matéria mais imediata e pulverizar os meios de iniciar e acabar uma efabulação.

Assim, partindo dessa premissa, *A costa dos murmúrios* oferece não só um questionamento metaficcional sobre as possibilidades de o romance "representar a realidade e reconstituir o passado",[50] como bem sublinhou Isabel Pires de Lima, mas também um projeto anunciador e *avant la lettre* da proposta de consistência, enquanto uma das recorrências literárias que viriam a eclodir no século XXI, com a novíssima ficção portuguesa, suas realizações discursivas e seus modos de desenvolver e exacerbar os caminhos narrativos da proposição calviniana até as últimas consequências.

***

Dessa forma, acredito ser importante destacar algumas recorrências no contexto literário português do século XXI a fim de exemplificar a apropriação da proposta calviniana, como um dos protocolos de leitura possíveis para pensar a atual produção ficcional.

Um dos casos mais flagrantes nesse viés pode ser encontrado em *A boneca de Kokoschka*, de Afonso Cruz. Considerado por Gabriela Silva como uma obra sobre a memória e o esquecimento inapagáveis, e também sobre as relações afetivas de amor e amizade estabelecidas em tempos de guerra, com suas reverberações sucedâneas, o romance é construído a partir de uma arquitetura muito bem engendrada, num jogo de "narrativa dentro da narrativa, num processo de *mise-en-abyme*".[51]

Isso ocorre em virtude de a narrativa encaixada – de título homônimo e assinada pelo malogrado escritor Mathias Popa, músico e *jazzista*, cujo romance prenuncia a vida da apaixonada Adele Varga – emergir na trama, depois de as trajetórias das três personagens serem entrelaçadas: Bonifaz Vogel, Isaac Dresner e Tsilia Kacev. Dos bombardeios à cidade de Dresden, durante a Segunda Guerra Mundial, aos cenários de reconstrução após o conflito bélico, a trama vai costurando, num efeito muito consonante com o da boneca de Kokoschka, cada um dos fios narrativos e das trajetórias das criaturas, interligando-os numa ordem aparentemente aleatória.

Partindo de um caso particular – a apresentação de Bonifaz Vogel e sua repentina escuta de vozes no espaço da loja de pássaros – e expandindo pela reunião de outros fios – a entrada do jovem Isaac Dresner, que se esconde na referida loja, e da pintora Tsilia –, o narrador vai juntando outros vieses, como que encaixando uma boneca dentro da outra, com as personagens alimentando os diferentes dramas pessoais e a recuperação da memória de um passado não tão longínquo:

> Aos quarenta e dois anos, mais concretamente, dois dias depois do seu aniversário, Bonifaz Vogel começou a ouvir uma voz. A princípio, pensou que fossem os ratos. Depois, pensou chamar alguém para acabar com os bichos da madeira. Alguma coisa o impediu. Talvez o modo como a voz lho ordenara, com a autoridade das vozes que nos habitam mais profundamente. Sabia que aquilo acontecia dentro da sua cabeça, mas tinha a estranha sensação de que as palavras vinham do soalho, passando-lhe pelos pés. Vinham das profundezas e enchiam a loja de pássaros. Bonifaz Vogel usava sempre sandálias, mesmo no Inverno, e sentia as palavras deslizarem pelas unhas amareladas e pelos dedos encolhidos pelo esforço de sentir frases inteiras a baterem contra as plantas dos seus pés, a treparem-lhe pelas pernas brancas e ossudas e a ficarem retidas na cabeça graças ao chapéu. Experimentou várias vezes tirá-lo por uns segundos, mas sentia-se despido.[52]

Com um *incipit* mais propenso à "representação minuciosa de uma história isolada",[53] o romance de Afonso Cruz parte desse início para criar um caminho mais amplo, a fim de enredar outras criaturas e abrir uma dimensão muito próxima daquele estatuto cosmológico, enunciado por Ítalo Calvino, em que a narrativa sai de uma dimensão individual para uma mais plural e pulverizada de fios entrecortados e entrecruzados, "como caos indiferenciado, como multiplicidade potencial".[54]

A própria estrutura do romance, com três partes distintas, em que a central é composta pela inserção da obra escrita por Mathias Popa ("A boneca de Kokoschka"), indica uma potencial caoticidade, que se organiza na matéria narrada, a partir do acompanhamento gradual das trajetórias das personagens. Inventar criaturas que sobrevivem aos escombros da guerra, numa Europa dizimada por bombardeios, pode até parecer uma configuração daquele "cosmopolitismo" defendido por Miguel Real,[55] como uma das marcas do romance português mais atual. No entanto, gosto de pensar que, muito além desse deslocamento geográfico de criação do espaço da trama, fora das fronteiras portuguesas, o romance de Afonso Cruz constitui um exercício necessário de memória cultural dos despojos da guerra, dos sentimentos que sobrevivem à violência e ao desmando, da própria arte que subsiste como forma de resistir ao esquecimento.

Talvez por isso, a cena do *explicit* – que, a princípio, não indica ter uma ligação com a matéria narrada no início – incite uma reflexão metatextual, em que a ressonância musical emerge para sugerir uma espécie de eco, de reverberação do conteúdo narrado na primeira e na segunda partes. Mais do que um mero encontro entre o músico e *jazzista* português Miro Korda e a jovem Varga, a cena do bar, em que esta pede – numa sugestiva referência intra e intertextual à peça musical e aos episódios passados na trama – ao músico um título específico, desvenda a forma como os fios são costurados:

> Adele sentou-se ao balcão e pediu um *manhattan*. Meteu a cereja na boca e Korda não pôde deixar de reparar: estava ali um acorde de nona, seguido de uma sétima maior. Levantou-se, deixando o pianista com os seus cigarros, passou os polegares pelas sobrancelhas e sentou-se no balcão, ao lado de Adele.
> Não disse nada porque lhe faltavam as palavras. Ela nem reparou que havia um homem ao seu lado e continuou a beber o *cocktail* enquanto pensava na avó.
> Korda perguntou-lhe as horas e disse:
> – Acho que a conheço de algum lado. Tenho essa sensação.
> – Claro – disse ela, farta de ouvir aquilo. Mas, quando olhou para ele, sentiu a mesma coisa.
> – Vou tocar agora – informou Korda, apontando para o palco com o polegar.
> – É músico?
> – Sou. Quer que toque alguma coisa especial?
> – Pode tocar uma música chamada *Tears*?
> – Do Django? Claro. Gosta dessa música?
> – Para ser sincera, não a conheço. Mas sinto que devo forçar o destino.[56]

Para os que conhecem a trama de *A boneca de Kokoshka*, a menção à canção "Tears"[57] não surge de forma aleatória, posto que, no momento de conclusão da narrativa, um outro "arco concêntrico"[58] se abre e estabelece uma consonância com eventos narrados anteriormente em que a referida peça musical tem um papel importante. Nesse sentido, acredito que o romance de Afonso Cruz nada tem de caótico; antes, a fragmentação narrativa contribui para pensar a sua construção pelos caminhos da consistência calviniana, na medida em que a "multiplicidade das histórias possíveis se derrama na multiplicidade do vivido possível".[59]

No fundo, a imagem da boneca evocada no título do romance – e, por conseguinte, do pintor russo com as suas invenções plásticas – não deixa de estabelecer uma pista para a compreensão da estrutura da obra, na medida em que, como bem destacaram Silvia Amorim[60] e Carlos Roberto dos Santos Menezes,[61] *A boneca de Kokoshka* pode ser lido como um "livro matriosca",[62] como um texto em que a narrativa incorpora e, ao mesmo tempo, oculta outras narrativas.

Interessante observar que, na leitura operada por Gabriela Silva, esse procedimento pode ser constatado e confirmado, posto que, de acordo com a investigadora brasileira, a singularidade da ficção de Afonso Cruz é alicerçada nesse *modus narrandi*:

> A história do livro de Mathias Popa tinha seus ares de oráculo, também Adele Varga e sua conturbada vida teriam linhas no romance, predestinando seu futuro: ao som do *jazz* ela conheceria um grande amor. Mathias traz consigo a densidade das palavras, Bonifaz traz o medo do amor, Isaac, a memória e Tsilia, o silêncio das cores. Na arquitetura de suas existências é que a literatura de Afonso Cruz se constrói: ao ligar as personagens à morte e à vida, à sobrevivência e à necessidade, é que elas surgem como habitantes de um mundo real e não apenas literário.[63]

Da trajetória particular inicial aos universos cosmogônicos plurais, desenvolvidos e pontuados no decorrer e na conclusão da trama, Afonso Cruz cria, assim, uma obra singular em que, a partir de um cenário de guerra numa Dresden bombardeada, transforma um *locus* de caos na "imagem do espaço ideal em que ganham corpo as histórias"[64] das mais diversas criaturas, interligadas pela necessidade de rememorar e resistir ao esquecimento.

Ou seja, tanto o *incipit*, com a apresentação e o encontro de Bonifaz Vogel com Isaac Dresner, quanto o *explicit*, com a concretização do evento previsto por Mathias Popa, no tecido do seu romance, ambos os trechos imprimem ao romance uma particularidade de consistência, tal como proposta por Ítalo Calvino, porque suas criaturas se configuram, de certo modo, como aqueles "casos singulares, de destinos possíveis com todas as suas especificações".[65]

Uma segunda obra, em que a consistência se vislumbra como um dos protocolos de leitura possíveis, é o romance *Descrição abreviada da eternidade*, de Diogo Leite Castro.[66]

Com um enredo desenvolvido sobre um motivo de tonalidades surrealistas, em que cenas aparentemente fincadas numa realidade mais imediata surgem ao lado de outras, com um fundo de teor onírico, a obra acompanha a trajetória do protagonista, Cravel, e seu espanto inicial ao encontrar numa livraria abandonada e localizada num espaço improvável, nunca antes notada por ele naquele endereço, um livro escrito por ele próprio, com sua foto e suas informações biográficas na contracapa. O inusitado da situação reside, a meu ver, no fato de que o protagonista desconhece a obra, não se lembra sequer de a ter escrito, a não ser a memória de um antigo projeto que lhe fora encomendado, mas que nunca executara. Apenas depois, numa outra recuperação da sequência dessa cena, Cravel consegue esmiuçar alguns detalhes de como conseguira adquirir e levar consigo o livro.

Ora, acontece que o procedimento de construção e desenvolvimento da trama narrativa parte de uma informação inicial e pessoal, mas que, na verdade, resguarda uma categorização ampla, e, ao mesmo tempo, sugere uma apresentação generalizante para, em seguida, mobilizar uma história particular. Em outras palavras, o romance possui um *incipit* ambíguo, de duplo caminho de interpretação e extremamente rico no que diz respeito à consecução da consistência na sua estrutura. Isso porque, nas linhas de entrada de *Descrição abreviada da eternidade*, o narrador-protagonista revela a necessidade de começar com uma explicação pontual – a origem do seu nome – para perceber que, no lugar de especificar, o seu procedimento amplifica a gama de caminhos diante da impossibilidade de estabelecer qualquer certeza ou ponto de segurança sobre sua própria nomeação:

> Seria interessante começar pelo nome, explicando as suas origens familiares e fonéticas, para depois fazer um enquadramento dos fatos que compuseram a laboriosa intrujice de que fui vítima. Acontece que Cravel não é propriamente um nome bonito, pelo contrário, tem uma sonoridade que faz lembrar o funcionamento de uma unidade fabril, por causa do modo como as consoantes se articulam com as vogais.

Apesar da sonoridade do nome, que é estranha, a sua natureza hermética abre um conjunto de possibilidades. Que possibilidades são essas?
Não sei.[67]

Com um princípio que mais desperta e espicaça a curiosidade do leitor, o romance de Diogo Leite Castro agencia um *incipit* que, pelo menos numa primeira leitura, se aproxima do desenho esquemático da moldura, ou seja, de uma abertura genérica (a apresentação pessoal do narrador-protagonista, sem qualquer tipo de informação mais direta ou pontual sobre sua origem ou seus gostos e ofícios), estabelecendo, assim, uma "imagem do espaço ideal em que ganham corpo as histórias":[68] suas aventuras, seus encontros e desencontros com Mary (a esposa) e Sylvie (a amiga) e, por fim, o desencadear de uma sequência psicodélica e de feições surrealistas, em que passa a assumir diferentes identidades de escritores em locais e eventos onde estes não queriam estar.

No entanto, como o *incipit* acima já insinua, essa moldura logo se desfaz para dar lugar a uma feição de abertura da narrativa *in media res*. Trata-se, no meu entender, de uma engenharia muito bem calculada; por detrás da generalidade e da despretensão do protagonista, pode-se vislumbrar um início de teor enciclopédico, nos moldes estabelecidos por Ítalo Calvino:

> Este tipo de *incipit* narrativo que eu definiria como "enciclopédico" deve sem dúvida ser catalogado entre os modelos de início de que estou à procura. Consiste em partir de uma informação geral, como uma entrada de enciclopédia ou o capítulo de um tratado, ou a descrição de um costume ou de um tipo de ambiente ou de uma instituição: e para exemplificar esta informação geral, começa-se a contar a história particular.[69]

Ainda que o elemento central da descrição geral no início do romance de Diogo Castro Leite não seja *in exacto* a descrição de um local ou de um espaço institucional, não deixa de ser curioso constatar a proximidade com o *incipit* descrito por Calvino, na medida em que, ao tentar decifrar a origem do seu nome incomum, o narrador acaba por constatar que, no lugar de certezas incontestáveis para chegar a uma definição precisa, a única possibilidade disponível é um conjunto de hipóteses, das quais ele próprio não tem qualquer conhecimento aprofundado.

É a partir dessa oscilação que, no fundo, se estabelece o cerne da própria dificuldade em entender as dimensões identitárias do seu nome e de si próprio. Não à toa, ao deparar com um outro Cravel, homônimo seu e autor de um livro que ele supostamente teria escrito, o protagonista entra numa espiral alucinante em que os lances recuperados pela memória traem qualquer tentativa de confiabilidade na matéria narrada. Isso porque, ao resgatar sua trajetória, desde os tempos da faculdade, quando conhece Mary, o casamento, a separação repentina, seu deslocamento para Barcelona, a busca desesperada e sem sucesso pela mulher, o retorno para o Porto e o contato telefônico de David Ortega, as sequências vão sendo encadeadas numa lógica interligada com aquela sugestão deixada no *incipit*, tal como descrito por Calvino: a estranheza sonora e a hermeticidade do seu nome irrompem um "conjunto de possibilidades"[70] que o próprio narrador, mesmo sem saber quais são, vai tentando descobrir e decifrar.

Sem dúvida, nesse elenco de probabilidades, está a percepção do protagonista sobre sua capacidade de fingir e assumir outras identidades: "Fingir é facílimo, meu caro. É o nosso dia a dia. Quem é que não finge? [...] Todos fingimos".[71] E tudo principia com um favor concedido ao Sr. Ortega, quando assume o papel do amigo conferencista nas jornadas internacionais sobre o futuro da literatura, realizadas na Biblioteca Almeida Garrett, no Porto, e, depois de uma série de situações inusitadas – a modificação física absorvendo as características e as vestimentas do palestrante, a incorporação dos hábitos de sua *persona* encarnada, o diálogo desconfiado com o motorista de táxi e a chegada aos Jardins do Palácio de Cristal –, depara com um auditório vazio, sem ter nem mesmo os organizadores do evento na plateia.

Deixando o tempo passar, numa tortura excruciante, decide, por fim, iniciar e concluir o seu discurso com uma única sentença: "– A literatura não tem futuro porque não serve para nada. – Respirei, ofegante. – Não serve para nada, e por isso é absolutamente livre e desnecessária. Fechei os apontamentos e abandonei a sala".[72] A partir dessa encenação, considerada um retumbante sucesso pelo Sr. Ortega, Cravel passa a ser procurado por uma miríade de escritores para lhes socorrer, todos eles enfadados com os afazeres e em busca do encenador de alteridades, do autêntico e "extraordinário embuste",[73] como dirá a personagem Michel Houellebecq.

Criando uma espécie de *coterie*[74] de *personas* vivas e mortas, Cravel vai alterando a face com o auxílio do uso de silicone e de cosméticos, os hábitos alimentares, os costumes, e incorporando aos poucos no seu *modus vivendi* as idiossincrasias dos escritores que substitui ao redor do mundo. Nesse elenco de novas configurações identitárias, encontram-se nomes das mais diferentes nacionalidades e localidades, de temperamentos e estilos díspares e distintos, entre eles Michel Houellebecq, Charles Bukowski, Paul Auster, Enrique Vila Matas, Haruki Murakami, Thomas Pynchon, Richard Zimler, Mário Cláudio, Gonçalo M. Tavares e Valter Hugo Mãe, além de outros.

Na verdade, toda essa sequência vai emergindo na narrativa de forma muito flexível e sem qualquer obrigatoriedade de uma ordenação cronológica rígida. Daí que o alerta lançado pelo narrador ("Quem não estiver atento pode ficar com a ideia de que a descrição dos fatos que antecedem o dia em que entrei naquela livraria é irrelevante. Mas não é verdade")[75] acaba por se concretizar, porque o achado do livro com o seu nome constitui "a questão mais intrigante e profunda; por ser o elemento que faz o tempo avançar e recuar".[76]

No meu entender, o *incipit* proposto por Diogo Leite Castro possui uma importância fundamental na trama narrativa. Se o título da obra homônima desperta uma reflexão metatextual sobre o próprio tecer da efabulação, e o romance escrito pelo protagonista tem o mesmo título do seu receptáculo textual (*Descrição abreviada da eternidade*), por outro lado, há uma informação, a princípio despretensiosa, que sugere toda a construção das sequências em desenvolvimento, além dos efeitos colaterais na costura das instâncias actanciais e da configuração da personagem principal. Refiro-me à editora pela qual Cravel Lemieux Dumas publica o seu texto: Ática.[77]

Não me parece um dado irrelevante o fato de o livro, que desencadeia toda a trama de Cravel, ser publicado pela editora que, pela primeira vez, tornou pública a obra completa de Fernando Pessoa e Mário de Sá-Carneiro, poetas da geração de *Orpheu*, escritores que vivenciaram até as últimas consequências as experiências de fragmentação do eu, de construção de alteridades identitárias e de "personalidades fictícias",[78] como dirá o poeta heteronímico. Isso porque, se Cravel não consegue desvendar o mistério de uma alteridade homônima, diante da materialidade do livro com o seu nome e os seus dados biográficos, é na recriação performática de novas identidades que ele também vai descobrindo o drama de sua identidade "ser posta à prova para aferir as consequências da desfragmentação das pessoas".[79]

Em outras palavras, o protagonista enfrenta um problema filosófico, cuja raiz se encontra no gesto de "procurar coisas diferentes, como a definição do ser, a análise das diferentes perspectivas, das realidades subjacentes").[80] No entanto, mesmo diante da consciência de que "alguém anda [...] a utilizar para validar até que ponto a realidade pode ser descontinuada",[81] Cravel mobiliza um enfrentamento direto, tentando preencher um vazio do qual ele próprio não consegue escapar e o qual não pode explicar.

Nesse sentido, todo o desenvolvimento da trama liga-se de forma direta ao *incipit* anunciado, na medida em que este introduz e estabelece um duplo movimento na arquitetura romancesca. O primeiro vai ao encontro de uma espécie de moldura discursiva genérica (a trajetória de um narrador autodiegético), para, a partir dela, se estabelecer uma "associação de ideias",[82] traduzida na rede de linhas e caminhos com outras histórias (a de Cravel, a de Sylvie, a de Mary e a de suas máscaras performatizadas). Já o segundo movimento incide na consecução de um início muito próximo daquele teor enciclopédico, sublinhado por Ítalo Calvino, em que, da informação generalizante da genealogia de um nome, se institui uma multiplicidade de vias possíveis para sua compreensão e, ao mesmo tempo, se constrói uma história particular: a do narrador-protagonista, o autor de um livro que ele próprio não se recorda de ter escrito e publicado, postulando, assim, uma confluência de imagens e situações que borram a definição da realidade vivida pela personagem.

Ora, já aqui, fico a me interrogar se esse estreito nó construído entre o *incipit* e o desenvolvimento da trama não conflui para a concretização da consistência calviniana, posto que a "enciclopédia das noções objetivas" de Cravel se fixa na sua "memória narrativa através da experiência subjetiva da vida emocional e moral".[83] Afinal, toda a objetividade cai por terra, quando a personagem se confronta com uma alteridade que desconhecia: a sua própria, na figura do autor do livro, espécie também de desfragmentação, para, a partir dela, incorporar e performatizar alteridades que, por sua vez, dispunham de outras desfragmentações, num labirinto espiralar de uma realidade descontinuada.

Somente com os capítulos destinados ao *explicit* da trama, o leitor depara com um acabamento em direta conexão com o *incipit*, tendo em vista que a descoberta e a entrada de Cravel na "Livraria Póstuma", no Porto – um estabelecimento que, a princípio, remete à livraria que só "comercializa obras de autores que já morreram",[84] tal como mencionada por David Ortega –, transportam-no para um *locus* labiríntico, numa espécie de mais uma possibilidade para entender a natureza e o caráter do seu nome:

> Sem perceber muito bem a sequência dos acontecimentos e a sua ordem, percorri devagar os corredores quase infinitos de estantes. É a biblioteca de Borges, pensei. Que raio está ela aqui a fazer? Ao longo das estantes fui conferindo com o indicador os títulos. Não conhecia nenhum autor, o que não fazia qualquer sentido. De repente, deparei com um exemplar que despertou minha atenção. E, quando isso aconteceu, desequilibrei-me e caí desamparado por cima de um bengaleiro. Só quando me restabeleci é que consegui retirar o volume: *Descrição abreviada da eternidade*, de Cravel Lemie Dummas, 1ª Edição, 1991, publicações Ática. Procurei com os dedos nervosos os elementos do autor na contracapa e sustive a respiração quando li o resumo abreviado da minha biografia. Tudo batia certo. No canto superior direito, uma fotografia do meu rosto com cerca de vinte anos. Mordi o lábio inferior. O sorriso mantinha-se intacto, quase perfeito.
> Fechei os olhos. Não conseguia perceber o que estava a acontecer porque não me recordava do livro, daquela fotografia. De nada. Agarrei com força o volume e levantei a cabeça.[85]

Ao que tudo indica, a ideia lançada no *incipit* narrativo de um confronto do protagonista com uma alteridade sua desconhecida confirma-se no *explicit*, tendo em vista que o nome do autor ressurge, mas, agora, com uma significativa transformação gráfica, numa espécie de metamorfose em que mais uma máscara se soma às peles em camadas construídas por Cravel nas suas diferentes *performances*. Assim, do inicial "Cravel Lemieux Dumas",[86] descobrimos que o protagonista é referido na capa do livro como "Cravel Lemie Dummas".[87]

Somente depois de agarrar-se ao objeto material e levantar a cabeça, o narrador-protagonista retoma o desfecho para descrever os diálogos passados no local com um livreiro de feições parecidas com as do jovem poeta Arthur Rimbaud, acompanhado de um cão, espécie de guardião do espaço livresco. E, mais uma vez, em face da rede de possibilidades anunciada no princípio da trama, a consistência ressurge na conclusão desta, ao instituir para o *explicit* também um caráter enciclopédico.

Isso ocorre porque, ao contrário da livraria com interesse apenas em escritores já falecidos, a "Livraria Póstuma" onde Cravel encerra o seu percurso tem uma outra peculiaridade, pois ela reúne toda uma sorte de obras que foram rejeitadas pelas mais diversas razões. Desde elencar livros "escritos por escritores anônimos que se dedicam a escrever súmulas, resenhas e notas sobre outros livros", contabilizando, assim, "milhares e milhares de imitações", até "obras menores, insignificantes e desprovidas de qualquer sentido", é possível encontrar, ainda, "livros que ficaram a meio, outros que foram rejeitados liminarmente pelas editoras, uns extraviados e perdidos, [...] livros com erros gramaticais ou ortográficos, livros que não falam acerca de nada" e, por fim, "livros que um dia ainda vão ser escritos por alguém importante, [...] e outros que nunca chegarão a ser escritos ou imaginados".[88]

Ou seja, trata-se de uma extensa reunião de obras fora dos círculos canônicos, dos catálogos editoriais e das propagandas midiáticas, num ambiente vertiginoso e labiríntico que dialoga intertextualmente com "A biblioteca de Babel", de Jorge Luis Borges. No meu entender, essa livraria misteriosa rememorada por Cravel resguarda "superfícies polidas [que] representam e prometem o infinito...".[89] Isso, de certo modo, só acentua o drama do protagonista, posto que, se, como a biblioteca de Borges (tal como ponderado pelo próprio narrador), a livraria onde Cravel se encontra não possui "dois livros idênticos",[90] então, qual dos dois exemplares (o do *incipit* e o do *explicit*) pode ser considerado o mais confiável?

Tentando desvendar o próprio labirinto onde se encontra e para onde foi catapultado, Cravel move-se para casa, e, nesta, dão-se os seus dois últimos encontros, em que o leitor fica a se interrogar sobre a natureza de cada um deles. Teriam mesmo ocorrido? Não serão alucinações do narrador?

> De fato, a minha sanidade era uma questão pertinente. Mas eu não podia ignorar as minhas preocupações, que eram muitas e variadas, e avancei. Ao avançar, expus uma série de acontecimentos desprovidos de lógica, e depois de o fazer, sem grande sucesso, disse-me para eu me deitar. Discuti um pouco, mas de nada me serviu. Desliguei o telemóvel. Quando o fiz, senti-me mais calmo e fui até a janela. Fumei o último cigarro da noite a observar as estrelas penduradas no negrume do céu. Pensei mais um bocado, sobre quase nada, e adormeci pouco depois. No entanto, havia qualquer coisa de desconcertante, porque, quando desliguei a luz, tive a

impressão de que alguém se estava a rir por cima de mim, com uns olhos enormes. Nesse momento, senti-me desaparecer.
– Achas que consigo dormir? – perguntei.
– Isso não me interessa, Cravel.
– És capaz de ter razão. Existem coisas bem mais interessantes.
– Sem dúvida. Bem mais interessantes.
– Seja como for, vou tentar.
– Mas não te esqueças, ok?
– Não me esqueço de quê?
– Oh, Cravel! És sempre a mesma coisa!
– Que coisa?
– Se queres manter a integridade do teu nome, assim como a segurança aparente do teu anonimato, não podes permitir que uns energúmenos quaisquer andem para aí a gozar contigo. Percebeste agora?
– Não sei, pai. Acho que não.
A voz continuou a sussurrar-me ao ouvido, mas, para ser sincero, deixei de me interessar, pois tudo aquilo me pareceu demasiado longe e sem sentido para ser exatamente assim, como eu a estava a ouvir. Tentei fechar os olhos. Mas não sei se adormeci, confesso. Não sei mesmo. Porque dessa noite só me recordo de ter fechado os olhos e de ter sonhado com uma ida inesperada à pesca.[91]

Se a confiabilidade da matéria narrada é posta em xeque, em virtude de a sanidade do narrador-protagonista não ser um porto seguro e confiável, por outro lado, o *explicit* decisivo da trama deixa em aberto uma série de possibilidades de caminhos para Cravel; afinal, quem é essa criatura? Qual o seu nome exato? Dos dois livros mencionados, qual deles é o original? De Sylvie ao pai, recordado na passagem de sua juventude por uma estação de pesca, com quem a personagem conversa de fato? Terá Cravel a capacidade de construir alteridades múltiplas, e para si próprio, a ponto de conseguir, como as maquiagens que desfaz depois de cada *performance*, também ele se desfragmentar e desaparecer?

Diante de todas essas perguntas, gosto de pensar que *Descrição abreviada da eternidade* coloca o leitor num estado de confronto consigo próprio e com suas angústias, na medida em que seu autor faz da leitura um gesto de reflexão também sobre uma das centrais inquietações humanas: como é possível existir sem sociabilizar e sem se relacionar com outras pessoas? Aliás, essa preocupação surge declarada nos desabafos do protagonista com Sylvie:

> As pessoas estão cansadas. Sabe que a existência se concretiza no ato, e se define na sua soma, mas não querem agir [...]. Eu era a extensão da vontade daquelas almas perdidas, que se queriam imiscuir na realidade, relacionarem-se com ela sem terem de sair de casa.[92]

Fico, portanto, a me interrogar se não será o *explicit* construído por Diogo Leite Castro uma forma de concluir a narrativa seguindo uma sugestão enciclopédica, tendo em vista que, a partir da oscilação e da dúvida instaurada nas cenas finais da trama, seja na livraria, seja em casa, o desfecho específico de Cravel sugere uma amplitude muito maior, em que se insere o(a) próprio(a) leitor(a). Não está esse *modus conclusio* muito próximo daquele procedimento de contar, no final, aquilo que já estava em outro sítio, mobilizando um outro sentido em que "esse segmento isolado [final] de acontecimentos" já fora construído e ressurge, portanto, "extraído da continuidade do contável"?[93]

Acredito que sim, por isso, na ligação estabelecida entre o *incipit* e o *explicit* de *Descrição abreviada da eternidade*, o romance de Diogo Leite Castro oferece um interessante caminho de leitura pelo viés da proposta de consistência de Ítalo Calvino, posto que tanto o início se configura com uma consecução altamente sedutora, quanto o final se consolida como um *explicit* original, com uma lógica e um significado particulares.

Por fim, para argumentar em favor da consistência proposta por Ítalo Calvino, como um dos protocolos de leitura possíveis para ler a novíssima ficção portuguesa, escolho como *corpus* dessa tarefa o mais recente romance de João Tordo,[94] *Felicidade*.

***

Com uma recepção muito positiva da crítica, *Felicidade* destacou-se, em 2021, como o grande vencedor do prêmio "Fernando Namora", instituído pela Estoril Sol, concorrendo ao lado de nomes e de obras de relevo, tais como *Apneia*, de Tânia Ganho; *Livro de vozes e sombras*, de João de Melo; *A melhor máquina viva*, de José Gardeazabal; *Cidade infecta*, de Teresa Veiga; e *Um tempo a fingir*, de João Pinto Coelho. Décimo quarto romance do autor, a obra celebra uma trajetória de amadurecimento e de consolidação de uma das vozes mais talentosas e criativas de sua geração.

Classificado como uma "história de amor e assombração, dividida em três atos e com laivos de tragédia grega, [...] romance de ironia e humor, de remorso e melancolia";[95] ou, ainda, como um "suspense em torno da vida arruinada da personagem principal, [...] um drama contínuo e [com] um leque de personagens muito bem caracterizadas";[96] como um "romance surpreendente acerca de um rapaz que se apaixona por uma adolescente"[97] e como "um romance de formação emocional e afetiva de um homem, constituído em narrador, embora sem nome que o identifique ao longo do livro";[98] *Felicidade* pode ser lido a partir das categorias acima anunciadas, bem como de outras, seja enquanto uma espécie de *thriller*,[99] seja, ainda, como um romance sobre as relações afetivas que extrapolam o plano físico e desembocam numa esfera sobrenatural.

A riqueza e a singularidade desse texto de João Tordo residem na pluralidade de tipologias com as quais coteja algumas vias de enquadramento, ao mesmo tempo que viabiliza a entrada na sua trama e a sua análise. As acima se mostram tão adequadas para lidar com as especificidades do romance quanto as outras variantes que a elas poderiam se somar, como, por exemplo, as das narrativas fantasmagóricas.

Por essa premissa, no meu entender, dois aspectos afloram como dados importantes para a leitura aqui proposta de *Felicidade*, de João Tordo: de um lado, o trágico anunciado no *incipit* do romance e, de outro, a fantasmagoria pressentida e representada no desenvolvimento da diegese e concretizada no *explicit* da trama.

Tendo como protagonista o próprio narrador, o curso da ação decorre nas décadas de 1970 e 1980, pinçando um momento delicado da história de Portugal, desde as vésperas da Revolução dos Cravos até o grande incêndio nos armazéns do Chiado, passando pelos "dias loucos do Prec", em que Portugal "encontrou-se, por mais de uma vez, à beira da guerra civil".[100] Apesar desse curto espaço de tempo, a centralidade da efabulação vai se esgarçando diante das digressões do narrador-protagonista a momentos de sua infância, seja nas cenas familiares mais imediatas ("A minha mãe insistiu em fotografar-me antes de eu sair de casa nessa noite de março de 1973, poucos dias depois do meu décimo sétimo aniversário, ao encontro do meu bizarro destino"),[101] seja na sintonia estabelecida com seu tio e interrompida com a ida deste para a tropa, na Guiné, nos idos tempos da guerra colonial, e sua morte prematura ("O meu tio Joaquim tinha vinte e um anos em 1966, quando o mandaram para a guerra.

[...]. Talvez o meu tio soubesse que aquele jantar em nossa casa era o seu último jantar em família; porventura as pessoas sabem, no seu íntimo, que vão morrer jovens").[102] E, assim, a história passa ao largo da "grande tragédia pessoal"[103] do jovem narrador, movendo-se mais como um pano de fundo, cuja interferência se efetua em maior grau no plano afetivo das perdas do que no envolvimento das personagens com as redes dos poderes políticos da época.

Talvez por isso, as inferências ao tempo histórico surjam delimitadas às referências culturais das décadas de 1970 e 1980, como as trilhas sonoras mais típicas, que vão desde os "Beatles, os Stones, The Who, Queen, Pink Floyd",[104] até as heranças deixadas pela banda Buffalo Springsfield[105] – com versos seus citados em epígrafe, que antecipam o clima de suspense do romance: *"There's something happening here / But what it is ain't exactly clear"*[106] –, cujos LPs e fitas cassetes demarcam o tipo de tecnologia fonográfica da época; como a menção direta a figuras relevantes da vida artística portuguesa e mundial, como Tonicha,[107] "uma cantora que vencera o Festival da Canção dois anos antes e que usava o cabelo como o das trigêmeas",[108] e Janis Joplin, cuja canção "Piece of my heart" embala o protagonista e a jovem Esperança na partilha em comum de lembranças de Felicidade, momentos depois do seu sepultamento; como os filmes em circulação na época, alguns proibidos em Portugal no período do Estado Novo e vistos de forma clandestina, outros exibidos já em tempos democráticos, como *Fim de semana alucinante* (1972), *Último tango em Paris* (1972), *A primeira noite/The graduate* (1967) e *Laranja mecânica* (1971); como o aparato eletroeletrônico e o comércio automobilístico; e como as referências a episódios da vida coletiva portuguesa (a Revolução dos Cravos, em 1974; os anos do Prec, em 1975; a assinatura da Constituição Portuguesa, em 1976; o grande incêndio dos Armazéns do Chiado, em 1988, por exemplo) que passam ao largo do eixo principal da trama (o primeiro encontro do protagonista com Felicidade e a morte desta depois da primeira relação sexual com o jovem); o casamento deste com Esperança, a irmã que mais perto se solidariza com ele; o retorno de Felicidade em aparições fantasmagóricas e a necessidade de buscar auxílio com a avó espírita de Núncio, seu amigo, "que falava com as almas do Além e que, se lhe perguntasses, sabia dizer-te exatamente o dia e a hora da tua morte";[109] o suicídio de Angélica, a terceira trigêmea, e o remorso sentido pelo narrador ao saber que sua ajuda para encontrá-la acabara contribuindo para seu desfecho trágico; e, por fim, o repúdio de Esperança, a descoberta pelo narrador de que sua mulher o traía com um dos seus amigos de infância e, por fim, a morte dos três causada pelo protagonista.

Fato é que o *incipit* anuncia as principais linhas de desenvolvimento da trama, colocando o(a) leitor(a) a par da complexidade do relato, e, ao mesmo tempo, revela alguns mecanismos de construção narrativa, engendrados pela mão habilidosa de João Tordo:

> Talvez eu devesse contar-vos o que me aconteceu aos dezessete anos para que a minha presença neste cemitério faça sentido. As pessoas não frequentam cemitérios por gosto, e eu não sou exceção. Quero dizer, existirão alguns que se divertem em lugares destes, mas decerto sofrem de estranhas patologias. Ouvi falar de gente que gosta de fazer amor com cadáveres – se é que se pode chamar *amor* a uma coisa tão horrível: chama-se necrofilia, o desejo de reunião com um parceiro romântico morto. Veja-se, por exemplo, Periandro, o segundo tirano dos Coríntios, que assassinou a mulher num acesso de raiva e depois teve relações sexuais com o seu cadáver; ou os marinheiros que, em tempos remotos, transportavam defuntos de regresso a casa e, na viagem, se aproveitavam das carcaças inertes e cinzentas, o brilho da alma há muito sonegado aos olhos apagados. Li algures que, nas guerras entre os russos e o Império Otomano, os soldados violavam os cadáveres do inimigo; fiquei sem saber se eram os turcos ou os russos que mais contemplavam essa prática, mas aposto que eram os russos.
> Seja como for. Não sou necrófilo, nem nada que se pareça. Há outras razões para a minha presença aqui, junto das campas de Felicidade, Esperança e Angélica. Mas não serão também essas razões a expressão de uma doença? A primeira das trigêmeas foi o meu grande amor; a segunda, a minha mulher; a terceira, participante involuntária da minha ruína. Juntas, elas destruíram a minha vida de maneira lenta e insidiosa, como uma matilha de cadelas que rodeia, dia após dia, um passarinho esfomeado, até este jazer morto no chão da sua gaiola.
> Finalmente, encontram-se saciadas.[110]

Sem qualquer indicativo de nomeação, o narrador-protagonista não é identificado durante todo o curso da trama – aliás, nem ele nem seus pais. Logo, o *incipit* demonstra que a figura central assume totalmente a perspectiva narrante, e sua posição configura-se, de certo modo, privilegiada, tendo em vista que se sugere sua saída do plano dos vivos. Ainda assim, sua natureza não fica clara o suficiente, porque se pode conjecturar sobre o aspecto de sua aparição: será ele uma espécie de *zombie*, de morto-vivo, que habita o espaço do cemitério, numa contemplação torturante dos túmulos das trigêmeas, ou será um espírito, uma espécie de fantasma a visitar o local físico onde os corpos jazem e por ele circular?

Trata-se de uma estratégia muito bem articulada com reverberações ao longo da narrativa, posto que a voz narrante vai confirmando aos poucos que ele é, na verdade, um espírito, um fantasma, cujas ligação e explicação diretas permanecem num elo equilibrado com o desfecho, tal como verificaremos mais adiante. Ao negar qualquer possibilidade de enquadramento na condição da necrofilia, o protagonista anula a sua pertença física, legitimando que não possui uma corporeidade concreta nem pode (e não quer) abusar de um outro corpo morto, e que a condição é puramente espectral.

Longe de ser um expediente de construção narrativa desconhecida do autor, essa introdução da personagem principal num cemitério sem uma localização cartográfica específica e sem uma identificação nominástica do protagonista, o *incipit* de *Felicidade* reterá aquela "propensão de Tordo para desterritorializar as suas figuras ficcionais, colocando-as em espaços 'estrangeiros' como estratégia propulsora de tensão narrativa",[111] como bem assinalou Eunice Ribeiro. Como a enigmática Sabaudia, de *O bom inverno*, o cemitério constitui também um *locus* "não cartografável", propício à exposição "do confronto com a própria finitude, com o medo, com a perda, com a solidão".[112] Nesse sentido, o autor consolida, na sua forma de operacionalizar o começo da narrativa, a presença da consistência calviniana, enquanto um dos protocolos de leitura possíveis para o seu romance.

Interessante observar a maneira como apresenta a causa principal do seu estado. As trigêmeas (Felicidade, Esperança e Angélica), ou as irmãs Kopejka, encarnam os papéis das Fúrias, entidades da mitologia romana correspondentes às Erínias gregas, conhecidas como "forças primitivas que não reconhecem a autoridade dos deuses da geração mais jovem",[113] a ponto de o próprio Zeus ter de se submeter às suas leis. Nesse aspecto, os nomes das três personagens imprimem um caráter simbólico com um elo estreito em cada uma das etapas do protagonista. Não à toa, as três partes distintas, intituladas como "atos", estabelecem uma referência direta à estrutura do teatro grego. E, é bom frisar, a citação em epígrafe de uma frase atribuída a Eurípides confirma no pórtico essa apropriação.

Assim, todo o "Primeiro ato" centra-se na apresentação das trigêmeas, seus aspectos físicos e seus gestos em público ("as mesmas roupas, o mesmo corte de cabelo, a mesma distância que mantinham dos outros"),[114] seu caráter indivisível, formando uma espécie de ligadura quase umbilical ("As trigêmeas eram inseparáveis"),[115] a curiosidade dos alunos do colégio sobre as irmãs com a construção de um conjunto imaginário sedutor ("Diziam que se masturbavam furiosamente, que dentro das suas cuecas de adolescente habitava um monstro insaciável. [...]. Cedo as trigêmeas entraram no universo popular das coisas proibidas, dos objetos de desejo")[116] e a forma organizada com que reagiam a ofensas e violências, sem deixar passar qualquer tipo de destrato a uma delas ("Quem se metia com uma, metia-se com todas, parecia ser essa a mensagem que passavam, sempre que, unidas nos corredores ou nas salas de aula, observavam atentamente todos os gestos alheios e tentativas de corrupção da sua sólida irmandade").[117]

Essa descrição inicial das três irmãs, enquanto cadelas famintas cuja fome só pode ser saciada com o sofrimento alheio, no capítulo de abertura, sinaliza um pacto estabelecido entre elas, confirmado na constatação da "sólida irmandade" que as unia, como bem dirá o narrador. Já aqui a comparação com as entidades mitológicas das Fúrias (ou as Erínias, no panteão grego) sanciona não só os laços indivisíveis entre elas, mas também o caráter vingativo de suas ações, posto que, como bem esclarece Pierre Grimal, essas divindades mitológicas caminham, quase sempre, em grupos de três (como Alecto, Tisífone e Megera) e, muitas vezes, são "comparadas a 'cadelas' que perseguem os homens".[118]

No caso específico das irmãs Kopejka, ainda que não sejam pintadas com as mesmas cores persecutórias, as convergências apontam para uma reunião de forças sem receios de punir publicamente e de forma vexatória qualquer um que ofereça perigo ou abuso para sua liberdade de movimento. Nesse sentido, uma das passagens mais emblemáticas é descrita pelo narrador com um detalhismo que expõe o caráter reativo das trigêmeas:

> Uma vez, na cantina da escola, assisti à humilhação pública de um aluno às mãos delas. Enquanto aguardávamos na fila pela nossa dose diária de pratos transbordando de comida, um dos rapazes do décimo ou do décimo primeiro atreveu-se a beliscar o rabo de Angélica. Em que ano estaríamos? Não tenho a

certeza; talvez tivéssemos quinze anos, por aí. Sei quem foi o corajoso, recordo muito bem o seu nome: Júlio Faisão. O Faisão, como era conhecido no liceu, era um repetente crônico, e não me admirava que, na tarde em que se atreveu a tocar numa das irmãs, já tivesse vinte anos ou mais. Houve um burburinho de comoção, uns gritos, uns quantos insultos educados e, depois, assisti a Felicidade dar um passo à esquerda, separando-se da fila de alunos que aguardava o repasto, e pregar uma sonora estalada no rosto de Faisão, que era dos rapazes mais altos do liceu. Caiu um silêncio brutal na cantina, até as próprias contínuas que serviam as refeições fizeram uma pausa no serviço. A única coisa que importava, naquele instante, era o rosto vermelho do rapaz e o olhar desafiador de Felicidade.
Envergonhado, tomado de raiva, Júlio atreveu-se a chamar-lhe um palavrão que, por uma questão de decoro, não reproduzirei aqui. E foi então que o repetente sofreu o ataque concertado das trigêmeas, foi nesse instante que compreendeu o poder do triunvirato: embora magrinhas e aparentemente inofensivas, quando agiam juntas eram um ciclone que devorava tudo à sua passagem. Angélica, a ofendida, pontapeou, sem piedade, a canela de Faisão, que ficou a saltar ao pé--coxinho; Esperança empurrou-o com força; e Felicidade deitou a mão ao cabelo do repetente caído no chão e puxou-o com tal ímpeto, que Faisão nada mais pôde fazer senão agarrá-lo para que a rapariga não o arrancasse com o poder da sua fúria.[119]

Toda a cena acima, encadeada com uma minudência e, ao mesmo tempo, com uma dinâmica quase cinematográfica, já sugere que o narrador não entregará o desenvolvimento e o desfecho sem antes esmiuçar todas as nuances das irmãs e do cruzamento dos seus caminhos com os dele. Daí que, ao *incipit* anunciador e profético da morte do narrador-protagonista numa fatalidade que ainda não conhecemos, mais informações e mais detalhes vão sendo somados, dando consistência à matéria narrada e confirmando o caráter intertextual na construção das imagens das trigêmeas.

É importante ressaltar que, desde a abertura até os momentos cruciais da trama, o narrador vai revelando pistas de como começou a sua trama, em conformidade com aquela espécie de adiamento, ou de "início retardante",[120] como dirá Ítalo Calvino. Sempre que emerge um dado relevante para a interação e a compreensão do(a) leitor(a) na/da matéria narrada, o protagonista vale--se de expressões indicativas, ora de seu manejo e domínio sobre a matéria rememorada, ora do convite permanente ao(à) leitor(a), convocando-o(a) como um(a) interlocutor(a) e intercedendo para sua não desistência da leitura e, ainda, da suspensão momentânea do ciclo narrativo em favor de uma espera controlada e necessária. Eis alguns exemplos:

> E isto traz-nos ao princípio da minha vida, que, paradoxalmente, foi também o seu fim. Porventura, ser-me-á difícil contar-vos o que se segue. Tenho tentado preparar-vos (e preparar-me) para o horror das próximas páginas; tentei, até o limite do possível, adiar este momento.[121]
> No final de 1976, casei-me com Esperança Kopejka. Surpreendidos? Talvez não. [...]. Sei-o agora, a partir deste lugar úmido e mudo onde me encontro.[122]
> António também reapareceria na minha vida, com consequências funestas; mas ainda é cedo para vos contar tudo isto.[123]
> Em que ano estaríamos? 1981 ou 1982, creio. Lembram-se da estante cheia de livros, em português e francês, que eu vira na recepção após o funeral de Felicidade?[124]
> [...] a minha doce, ruminante Esperança; sobre Angélica, já vos contarei... [...]. Mas recuemos um pouco. Nunca pensei que me casaria com vinte anos, mas a verdade é que aconteceu. [...]. Devem estar a perguntar-se por que razão falo de Esperança como a única filha que restava a Minervina. Eu explico.[125]
> Se vos pareço invejoso ou reacionário, é porque, na verdade, o fui, admito. [...] Desviei-me novamente. Falava-vos daquele dia.[126]
> [...] a tal carreira medíocre que em breve vos falarei. [...]. Depois, na Primavera seguinte, a Revolução chegou, a universidade onde eu estava encerrou durante quase um ano (já vos contarei essa história) e, de repente, comecei a ser novamente assombrado por Felicidade.[127]
> Mas estou a adiantar-me ao tempo em que já só restava uma das trigêmeas Kopejka. Voltemos atrás. Falava-vos de quê? Ah, das Belas-Artes e do seu encerramento no rescaldo da revolução.[128]
> [...] até que, a certa altura, aconteceu aquilo.
> Mas não devo adiantar-me, não posso.
> É uma tendência minha, esta urgência, talvez justificada pela difícil situação em que me encontro. Todavia, seria um erro enorme precipitar-me na narrativa, e sobrariam inúmeros mal-entendidos.
> O que não posso deixar de dizer por agora é que, no Outono de 1980, ao perder Nico para a aula de Competição Base, ministrada por Pluto – eu não podia ensinar os escalões mais avançados porque não possuía formação em desporto –, fiquei devastado, corroído por dentro, tão maltratado como se me tivessem extraído um rim durante a noite, deixando uma lamentável cicatriz ensanguentada. [...]. Inconscientemente, talvez eu visse em Nicolau uma espécie de filho. E, mais uma vez, imitando o que fazia com a comida, tratava de preencher um vazio impossível de mitigar.[129]

> No princípio do Verão desse ano, as coisas complicaram-se ainda mais e teve início o processo que levaria a mais um dos meus horrores de que terei de vos falar adiante.[130]
> Como já vos disse, eu orbitava algures no meio.[131]
> [...] se imaginação e loucura eram a mesma coisa, então era possível que eu estivesse a delirar.[132]
> Quem sabe o que há para lá das estrelas, porventura, não há nada que interesse, apenas pó e escuridão. Sagan chamou-nos "escravos da mortalidade".[133]
> Nessa quinta-feira, deu-se um desastre de proporções épicas em Lisboa. Certamente que se lembram do incêndio no Chiado, que deflagrou a 25 de Agosto de 1988, de madrugada, nos Armazéns Grandella e que acabou por consumir duas dezenas de edifícios, propagando-se pela Rua Garrett, Nova do Almada, Crucifixo, Calçada do Sacramento e Rua do Ouro, ameaçando destruir toda a Baixa.[134]
> A 28 de Agosto de 1988, três dias depois do incêndio do Chiado, encontrei finalmente o meu destino. Nunca imaginei que chegasse daquela maneira: na Madragoa, em casa de Núncio, perante uma velha cega que, no princípio do seu ritual, descolava a dentadura das gengivas e a mergulhava num copo de água.[135]
> Caí no Limbo, mas, infelizmente, Felicidade já não anda por aqui, nem nenhuma das suas irmãs. Graças ao meu gesto, aparentemente homicida, mas, no fundo, pleno de um estranho altruísmo, libertei-as. E, ironia do destino, fiquei novamente só.[136]

Não deixa de ser instigante verificar, na lista acima, a atenção e a ênfase particulares do narrador, operadas sempre que sua perspectiva está direcionada a uma ou às três irmãs, ou, ainda, quando o assunto introduzido será dirigido a uma ou a todas elas. De certo modo, o *incipit* do romance de João Tordo ("Talvez eu devesse contar-vos o que me aconteceu aos dezessete anos para que a minha presença neste cemitério faça sentido")[137] constitui a sua maneira de começar a narrativa de forma *sui generis*, seja pela antecipação do desfecho em virtude do início *in finis res*, assumindo a sua condição de espírito desencarnado; seja pelos constantes adiamentos com que vai concatenando toda a sequência actancial e pela reverberação desse *modus narrandi* ao longo da narrativa, "com a parcimônia possível",[138] tal como se referirá, e com ecos perceptíveis de sua dupla necessidade de avançar e de postergar as ações e as conclusões, até porque ele já sabe a sequência dos eventos. Aliás, é no diálogo com o fantasma de Felicidade que, mais uma vez, sua condição de homem morto e de espírito deambulante confirma-se, pois, como bem frisa a personagem, "na Morte, uma pessoa lembra-se de tudo, de cada momento que viveu".[139]

Quero, ainda, destacar que alguns excertos acima deixam antever essa forma de começar a narrativa, com emissões reverberativas ao longo da trama, configurando-se como uma daquelas necessidades de "marcar a entrada na obra com um rito ou um limiar que recorde o que fica de fora da obra",[140] na medida em que tanto o prólogo pessoal do narrador fantasma quanto a cena subsequente de embate entre as trigêmeas e Faisão, decorrida na cantina do colégio, sugerem uma espécie de rito de reconhecimento da força e da energia das três irmãs. É exatamente essa potência que me induz a ler nelas aquilo que está fora da esfera da trama romanesca: são três irmãs, mas são também integrantes irmanadas de uma casta revisitadora do vigor e da pujança das Fúrias.

Longe, portanto, de serem inofensivas ou frágeis, as três jovens unidas demonstram uma capacidade organizativa e reativa, em consonância com a mesma caracterização das entidades mitológicas, pois, de acordo com Pierre Grimal, "quando se apoderam de uma vítima, enlouquecem-na, torturando-a de todas as maneiras".[141] Nesse sentido, fico a me interrogar se a humilhação pública, a bofetada no rosto e a reação física dos golpes não poderão ser lidas como mecanismos para desmontar o modelo de virilidade inabalável sustentado por Júlio Faisão, descrito pelo narrador como "o último dos machos retrógrados".[142] Personagem com sobrenome de ave, ao ser derrotado pelas três irmãs e ser diminuído por elas no espaço público da cantina, o rapaz jaz na arena por elas montada, como um gladiador vencido num coliseu onde as três reinam soberanas. Confirma-se, assim, a profecia do *incipit* do romance, na voz do narrador-protagonista, que, como uma espécie de coro, prenuncia, na descrição inicial do seu desfecho, também o episódio acima: "Juntas, elas destruíram a minha vida de maneira lenta e insidiosa, como uma matilha de cadelas que rodeia, dia após dia, um passarinho esfomeado, até este jazer morto no chão da sua gaiola".[143]

Já aqui, cabe-me assinalar que não são poucas as referências diretas ao universo das mitologias grega e romana: de Periandro a Minerva, de Medeia às Fúrias, de Aquiles a Creso, de Cassandra ao Oráculo de Delfos, de Tisífone a Megera, além de outras que vão servindo ao narrador para explicar muitas situações vividas por ele. Tanto que, nas epígrafes, há um interessante jogo de citações. Leitor atento do teatro de Eurípedes e das comédias gregas, João

Tordo resvala quase num equívoco, quando se utiliza da seguinte citação: "Os deuses enlouquecem primeiro aqueles a quem querem destruir. Eurípides".[144] Ora, acontece que essa frase não é de autoria do autor de *Orestes*, mas do poeta estadunidense Henry Wadsworth Longfellow (1807-1882), no seu poema "The mask of Pandora", de 1867: "Whom the Gods would destroy they first make mad" ("Quem os deuses destruiriam eles primeiro enlouqueceram").[145] Na verdade, a origem da sentença remonta a um canto coral da *Antígona*, de Sófocles: "Era sábio quem descobriu / o famoso provérbio: / parecer bem o que é mal, é só a quem / o deus leva à ruína".[146]

Todo esse caminho percorrido pela citação utilizada (Sófocles, Longfellow e Eurípedes) propicia uma reflexão sobre os procedimentos de criação e de citação do autor de *Felicidade*, porque sugere que, mesmo a revisitação feita ao teatro grego, à mitologia greco-romana e à estrutura dramática, a sua metodologia não cede a um capricho de mera referência ou simples exposição de uma erudição exibicionista. Não consigo vislumbrar, na prática de dar crédito a Eurípedes por uma frase que não é dele, um ato de desatenção, muito pelo contrário.

Enquanto escritor, João Tordo várias vezes se manifesta como um autor diligente à leitura tanto de clássicos quanto de contemporâneos seus, num exercício obsessivo e constante.[147] Por isso, essa apropriação me soa muito mais como uma artimanha consciente e proposital, muito próxima, aliás, daquele dispositivo nomeado por Marjorie Perloff de "gênio não original",[148] em que o poeta/ficcionista constrói uma outra comunidade de citação, autônoma e com uma "curiosa amálgama que começa a assumir uma vida própria".[149] No caso específico de *Felicidade*, acredito que essa citação enviesada e duplicante de um Eurípedes oscilante provoca e aguça a curiosidade do leitor para aquilo que virá mais adiante. Assim procedendo, João Tordo incita uma abertura de caminhos e interconexões de textos e de referências fundamentais para compreender a matéria narrada. Ou seja, mesmo não sendo de Eurípedes, mas de Longfellow com uma remissão direta a Sófocles, o(a) leitor(a) é seduzido(a) a estabelecer um vínculo citacional com as tragédias gregas e com as complexidades dos heróis trágicos, dando-se conta, ao longo da trama, de que as diferenças entre estes e o protagonista são gritantes.

Se a estrutura em forma de "atos", ou mesmo a sugestão imediata das três gêmeas e a energia consumidora que delas emana, tal como as Fúrias, além da referência direta a Periandro, o segundo tirano de Corinto, conhecido pela cena de necrofilia executada na sua própria esposa – várias vezes, aliás, recuperado pelo narrador-protagonista para tentar explicar e entender as suas angústias –, imprimem esse diálogo, não menos o *incipit* contribui para que o protagonista fantasma vá reconstruindo sua trajetória, trazendo ao longo dela algumas outras explicações.

Todas as elucubrações do narrador manifestam-se contaminadas pela visão cultivada, desde a infância, graças ao contato com o "volume grossíssimo de Robert Graves chamado *O Grande Livro dos Mitos Gregos – A Vida Eterna dos Deuses*. O livro detalhava, uma por uma, as lendas fundadoras da Humanidade".[150] Não à toa, esse título será, por diversas vezes, pontuado pelo protagonista, ora para confirmar as ligações entre familiares e amigos com as referências mitológicas – como ocorre na fala da mãe das trigêmeas: "Minerva era uma deusa da guerra, corrigiu a mulher, enquanto Minervina foi a primeira esposa do imperador Constantino, e por isso a corrigi, porque não sou deusa de coisa nenhuma, mas fui uma esposa dedicada e uma mãe atenciosa";[151] ou como na associação estabelecida entre ele e o jovem Lagarto às entidades: "Assim era Lagarto, assim era eu. As nossas Medeias, as nossas Circes eram as irmãs Felicidade, Angélica e Esperança";[152] ora para questionar os caminhos do destino, como se tudo fosse uma teia intrincada de crueldade, violência e impiedade, imposta desde o princípio pela força dos deuses: "Parecia não existir moral naquela mitologia; tudo era de uma cruel e ridícula violência, atroz e insultuosa. O panteão dos deuses era omnipotente mas também zombeteiro e castigador. À luz do livro de Graves, o absurdo fazia sentido".[153]

No entanto, sem sombra de dúvida, um dos registros mais visíveis dessa apropriação para tentar compreender a fatalidade da morte de Felicidade, logo depois do orgasmo partilhado entre ela e o protagonista, surge nas referências ao binômio vida/morte, ou Eros/Tânatos, trazido à cena pela explicação da mãe ao filho:

> Recordo-me que no rádio passava uma canção dos Buffalo Springfield chamada *For What It's Worth*, embalando Felicidade enquanto ela se movia em cima de mim, uma onda a chegar e a partir da margem, o cheiro dela por todo o lado, sabonete, água-de-colônia cítrica, o calor da boca, o cabedal dos assentos, o seu sexo, era tão bom quando me beijava, e eu, surpreendentemente, aguentei mais de um minuto,

de repente, começava a achar que era um homem experimentado, e ela começou a gemer e a dizer: Estou quase, estou quase, e demorei uns segundos a perceber o que Felicidade queria dizer com aquilo, movia-se cada vez mais depressa em cima de mim, era cada vez mais quente, parecia que tudo ardia dentro do Volvo 164 do meu pai, e eu respondi também eu, e ela sorriu e agarrou-me no cabelo com violência, os dedos cravados no meu escalpe, e inclinou a cabeça para trás enquanto o orgasmo começava, o corcel a chegar ao centro da tempestade, furando a última barreira, e então começou a vir-se e a gritar, ai, ai, ai, e eu não aguentei nem mais um segundo e deixei que o orgasmo corresse por mim afora, já não conseguia pensar nem dizer coisa nenhuma, algures no meu cérebro, no centro do prazer, nascia a convicção de que, se o sexo era aquilo, eu queria sexo todos os dias e a todas as horas, que ia casar com Felicidade e trazê-la para o Restaurante Panorâmico de Monsanto todas as noites, ela vinha-se e eu vinha-me, e de repente ocorreram-me as palavras do meu pai, tira-o para fora, antes de acabares, mas era tarde demais, o sêmen já subira dos meus testículos e disparara para dentro de Felicidade, que continuava a gemer, tudo nos nossos ventres era fogo e umidade, e depois ela agarrou-me na cabeça com uma força imensa, julguei que me rebentava o crânio como a um melão maduro, mas o que aconteceu foi que colapsou com um sorriso de verdadeiro contentamento no rosto, a cabeça dela tombou no meu peito, todo o seu corpo desabou em cima de mim, toda a energia se esvaiu, e a única coisa que eu sentia era o meu coração a galope, tudo aquilo durara menos de três minutos e, contudo, tinha sido a grande experiência da minha vida.
Disse o seu nome uma vez. Ela não se moveu.
O suor escorria-me do cabelo, o cabelo dela também estava molhado, embaraçado.
Felicidade, disse eu, uma segunda vez.
O Rádio Clube Português anunciava o fecho da emissão. Eram onze da noite.
Felicidade, repeti.
Mas ela já não me ouvia.[154]
Eu passei a noite no quarto, deitado na cama, a chorar com a cabeça enterrada na almofada. Era uma dor insuportável. Ainda tinha o pênis intumescido do sexo, sentia-o latejar de vez em quando, a carne e a umidade da rapariga morta permaneciam em mim. Enjoado, fui à casa de banho e lavei-me. Pus-me em bicos de pés e, abrindo a braguilha, lavei o sexo no lavatório, esfreguei-o freneticamente com sabonete, como se esse gesto pudesse também apagar o que acontecera. Quando saí da casa de banho, a minha mãe fumava no corredor, com uma chávena de café na mão esquerda, o braço dobrado sobre a barriga, os óculos pendurados ao pescoço. Estás igual ao teu tio, disse ela. Por favor, mãe, implorei. Ela aproximou-se de mim; estava despenteada, aturdida. *Todestrieb*, disse no seu perfeito sotaque alemão, que

aprendera no liceu. O que é isso?, perguntei. Freud chamava-lhe a pulsão de morte, de autodestruição, explicou ela, levando a mão esquerda ao meu rosto e, com a ponta dos dedos (o cigarro enfiado entre o indicador e o médio), secando-me as lágrimas. Devia ser contrária à pulsão de vida, Eros, que busca o prazer, a sobrevivência, prosseguiu. O que é que isso quer dizer, mãe?, perguntei, confuso. As duas coisas não deviam acontecer ao mesmo tempo, filho. Tive azar, repeti, lembrando-me do inspetor. Azar é perder a carteira, o que te aconteceu foi um cataclismo, disse ela, e por isso é que digo que és igual ao Joaquim, parece que, com a tua bondade e o teu querer fazer tudo bem, atrais Tânatos, o Mal, e ele toma conta do teu destino, não há nada que possas fazer.[155]

Interligadas, as duas cenas ratificam os procedimentos adotados pelo narrador no *incipit*. Sabemos que ele está morto, encontra-se no cemitério a contemplar as campas, e que Felicidade constitui o ponto nevrálgico da trama. Ela dá nome ao romance, mas também se torna o ponto fraco do narrador, "a sua *kriptonite*",[156] com quem perde a virgindade. Numa espécie de ritual concretizado com a morte da parceira, o orgasmo partilhado entre eles consome a vida da jovem, conforme a cena acima descreve, e antecipa que, no destino do protagonista, prazer e felicidade não andarão juntos; talvez por isso, a única saída encontrada por ele é casar-se com Esperança, depois de ter contribuído para a morte da primeira trigêmea.

A sequência da cena da relação sexual entre ele e Felicidade ganha todos os contornos de um "rito de iniciação", porque demarca a saída do jovem protagonista do mundo desconhecido para a revelação do conhecimento do seu corpo e do corpo do outro que partilha com ele o prazer, bem como de um "rito de passagem", porque, depois da fatalidade da morte de Felicidade e da constatação do laudo médico ("Fizemos a autópsia, disse o homem, e a morte foi resultado de uma paragem cardíaca fulminante, morreu sem dor, garantiu"),[157] o rapaz passa por uma transformação radical, tanto no seio familiar quanto no coletivo do colégio, incidindo naquilo que Nicole Belmont irá explicar como "ritos que acompanham as mudanças de lugar, estado, ocupação, posição social, idade".[158]

Pode-se conjecturar se tal metamorfose não estaria ligada à relação do homem com o estatuto de sua virgindade. No caso específico do romance, o protagonista tem a sua primeira experiência física de contato com o corpo feminino com Felicidade aos 17 anos, num evento que marca sua condição como homem. De acordo com Freud, em "O tabu da virgindade", de 1917, o dogma estabelecido pelas leis masculinas prescreve uma subserviência da mulher e a necessidade imperiosa de esta manter sua pureza intacta, a fim de não levar para "o casamento com um homem, a lembrança do comércio sexual com outro homem".[159] O psicanalista ainda assinala que essa prática "não passa, afinal, da continuação lógica do exclusivo direito de posse sobre uma mulher, que constitui a essência da monogamia – a ampliação desse monopólio ao passado".[160] Em suma, o tabu da virgindade na relação entre o homem e a mulher prevê a sujeição desta aos ditames daquele, e não o contrário.

Ainda que os estudos psicanalíticos freudianos estejam direcionados às práticas de povos primitivos e ao modo como estas repercutem em alguma literatura médica de sua época, não deixa de ser interessante observar que, nas estâncias actanciais de *Felicidade*, João Tordo oferece-nos uma situação que põe às avessas as condições prescritas pelo médico. Isso porque, no caso das duas personagens, a virgindade não está atrelada à mulher, mas ao homem, que, por diversas vezes, não entende certos gestos e expressões, manipulados pela parte mais experiente – no caso da trama, a jovem Felicidade. Ou seja, não há exatamente um tabu sobre a virgindade do rapaz, porque este abre mão da condição de dominante em nome de um prazer sentido até as últimas consequências. Toda a descrição da cena ganha um vigor e uma dinâmica, com um grau de minudência, a fim de seduzir o(a) leitor(a) a se colocar quase numa posição de *voyeur* e atestar a coerência da matéria narrada.

A grande questão é que o tabu *per se* não comparece nos atos da personagem feminina, já que, na própria trama, as trigêmeas habitam um imaginário coletivo erótico, cuja terminologia para explicar o gozo próximo – que o rapaz sequer sabia do que se tratava – parte dela, e não dele. Por isso, o tabu – se é que se pode dizer que existe um tabu na relação dos dois – incidiria mais sobre o jovem, que, na análise psicanalítica, deveria conduzir todo o ato.

Na minha visão, porque o papel condutor e iniciador é dado à mulher, e não ao homem, os efeitos colaterais diante da morte da parceira acabam gerando uma série de conflitos não resolvidos na trajetória do protagonista. Talvez por isso, o primeiro encontro entre eles possa ser entendido, do ponto de vista das reações da personagem masculina, como um rito de iniciação em concomitância com um de passagem, posto que, na explicação de Nicole Belmont, ambos "dizem implicitamente que a vida e a morte se alternam numa cadeia ininterrupta".[161]

Sabemos, pela própria recuperação do narrador, que a *causa mortis* não foi perpetrada por ele, tendo em vista que a probabilidade de "um problema nas artérias coronárias que nunca foi detectado"[162] indica a preexistência de uma "daquelas doenças hereditárias que produziam arritmias que conduziam a mortes fulminantes".[163] Ainda assim, a morte de Felicidade não deixa de ser impactante, sobretudo pelo fato de se constituir numa morte súbita e inesperada, tal como explicado por Glennys Howarth:

> Quando a morte é súbita, há uma necessidade especial de entender por que razão se extinguiu, sem qualquer aviso, uma vida preciosa. Com efeito, nas modernas sociedades ocidentais, é a falta de sentido aparente da perda que está em profunda contradição com os pressupostos em que assenta a vida social quotidiana. A existência diária desenvolve-se na expectativa de que o mundo em que vivemos é regrado e controlável; de que temos responsabilidades e escolhas; de que a vida é ordenada: nascimento, casamento e morte, sendo o último desses passos dado no final de uma longa vida e por meios "naturais". Em contradição com essas crenças indutivas, a morte inesperada "ataca" de diversas formas e, como a sinistra ceifeira das gravuras medievais, ceifa as suas vítimas ao acaso: novos e velhos, homens e mulheres, ricos e pobres.
> Embora haja divergências nas respostas dos indivíduos à morte inesperada, a pesquisa no âmbito da perda de entes queridos mostra que a falta de preparação e a natureza frequentemente violenta da morte inesperada exacerbam o trauma dos que sofrem a perda. A perda de um familiar muito próximo, ou de um amigo, pode ameaçar a segurança ontológica e deixar os que sobrevivem com uma profunda sensação de frustração face a um mundo sem sentido. [...]. A morte inesperada coloca problemas muito delicados, nomeadamente no que diz respeito ao trabalho de luto. Em consonância com a natureza do pesar, por vezes desenvolve-se um sentimento de descrença.[164]

O questionamento da mãe do rapaz expõe a consonância da situação criada na trama romanesca com essa sensação de "falta de sentido" diante da perda de uma jovem aparentemente saudável: "Mas como é que uma rapariga tão nova tem uma paragem cardíaca?".[165] A dúvida exprime uma certa descrença na certeza da vida premeditada e planejada, na medida em que desfaz a ordem natural das coisas, e a sequência esperada – "nascimento, casamento e morte"[166] – é interrompida de maneira violenta.

Também o narrador-protagonista passa a experimentar uma impossibilidade do luto, mesmo que a morte de Felicidade não possa ser negada, diante da experiência de sentir "o fantasma de Felicidade ainda entranhado no corpo".[167] Expressão metafórica que não concretiza ainda a corporeidade etérea do espírito da trigêmea morta, esta começa a assolar os sonhos do rapaz a ponto de, meses depois, com a aproximação afetiva de Esperança, ele próprio admitir um pesar constante e um sentimento de perda irreparável: "Eu sabia que o namoro com Esperança era absurdo, uma decisão intolerável; e, contudo – porque era incapaz de fazer o luto, porque me encontrava assombrado pelo fantasma da irmã –, também sabia que não podia ir por outro caminho".[168]

A situação efabulada por João Tordo não deixa de ser interessante, posto que, tal como o fenômeno explicado por José Gil,[169] fico a me interrogar se o protagonista não estará encarnando as oscilações e as complexidades de uma geração que viveu durante a ditadura salazarista e, diante das liberdades oferecidas pela democratização, não soube experimentar as consequências da livre circulação de ideias. Estará a geração do protagonista, de Núncio, de Lagargo e das trigêmeas passando por aquele processo de "não inscrição", a partir de um acontecimento específico e voltado para as esferas particulares? Ou seja, de não percepção e não concretização dos resultados obtidos a partir do tempo histórico da Revolução dos Cravos?

Segundo José Gil,

> [...] é sem dúvida na esfera da relação com a morte e os mortos que melhor se mostra a recusa portuguesa de inscrever. De certo modo, é neste plano que se joga toda a não inscrição dos acontecimentos, porque é ele que condiciona e determina a relação dos vivos com a vida.[170]

Comparada tal proposição, pelo menos, com a personagem principal de *Felicidade*, os caminhos assumidos pelo narrador-protagonista não deixam de despertar uma série de indagações nesse viés de leitura, porquanto sugerem um movimento de não inscrição da morte de Felicidade, do luto e da necessidade de continuar a vida de forma autônoma e desligada dos destinos das irmãs Kopejka. Parece que, como não consegue vislumbrar o macrocenário de liberdade pós-revolução, ele também não alcança um estado de independência própria no microcenário de sua vida privada.

Tal como defendido por José Gil, ou o luto "de uma morte, de um amor, de um acontecimento irremediável" é realizado plenamente ou não, ocasionando deixar, "por exemplo, o quarto do morto intocado e intocável, procurando esquecer o amor perdido por meio de toda a espécie de diversões, etc. Neste último caso a não inscrição acabará quase certamente por explodir em manifestações de violência".[171] No caso do romance de João Tordo, talvez o casamento do protagonista com Esperança possa ser entendido, se não como uma diversão, pelo menos como uma compensação e um desvio, afinal, não podendo se unir a Felicidade, a única saída encontrada pelo jovem é casar-se com uma de suas irmãs. Também a violência vai, aos poucos, entrando no cotidiano do casal, seja a partir das discussões – muitas delas tão calorosas que quase chegam às últimas consequências – ocorridas depois do suicídio de Angélica e da consequente descoberta da participação indireta do protagonista; seja com a recusa do corpo do marido por parte da esposa, a procura desta por outros modos de satisfação física e sexual com António, e a morte dos três, perpetrada pelo acidente e pelo lançamento dos carros no precipício.

De certo modo, essa "não inscrição" da morte de Felicidade pode ser lida tanto pelo viés de uma representação metonímica das personagens, em relação a uma contingência geracional, como também pela linha de construção das criaturas ficcionais a partir de uma intensa dificuldade de aceitar a morte e realizar o luto após a perda. É certo que isso demonstra a condição trágica presente na trajetória da personagem principal, mas não deixa de ser curiosa a sua incapacidade de realizar o trabalho de luto.

Este, aliás, é definido por Freud como "a prova de realidade", em que "o objeto amado já não existe mais e agora exige que toda a libido seja retirada de suas ligações com esse objeto".[172] No romance de João Tordo, o protagonista não abre a possibilidade de entender seu estado de desistência e frustração, ou mesmo a posterior tentativa de superação, com gestos de transferência para uma provável melancolia, tal como proposto por Freud, em *Luto e melancolia*. Como não há uma experiência e uma conclusão do trabalho de luto por parte do narrador, também não existe qualquer sensação de liberdade e desinibição. Muito pelo contrário; a forma como este ainda se sente ligado a Felicidade o faz se aproximar de Esperança e ver, na irmã da falecida, o único meio de reencontrar o prazer e, talvez, o amor perdido.

Ou seja, aquele "desligamento da libido",[173] preconizado por Freud, enquanto uma das maneiras de realizar o luto, com uma vitória do respeito à realidade, concretizado de forma lenta e gradual, não comparece no cotidiano do protagonista. Ao contrário, ao recusar fazer o luto, a personagem principal transfere para a irmã uma esperança de viver com ela e nela aquilo que se perdeu no carro em Monsanto.

Em contrapartida, no meu entender, o jovem parece encarnar o *Todestrieb* freudiano, tal como prenunciado por sua mãe, posto que Eros e Tânatos caminham de mãos dadas no percurso do narrador-protagonista. Ela também, aqui, uma espécie de personagem-coro, que não só comenta o episódio, mas o interliga a uma repetição em família, compara o percurso do filho ao de seu irmão, o tio Joaquim, personagem que traz as melhores memórias da infância ao jovem protagonista e que, ao mesmo tempo, reitera a dor da perda de uma outra imagem afetiva profunda. Logo, a personagem central revigora as duas pulsões e a constante aparição de ambas ao longo dos três atos da trama.

Vale ainda lembrar que, em "Além do princípio de prazer", Freud[174] destacava que esse fenômeno pode ser revigorado através das tensões trazidas pelos instintos de vida e, ao mesmo tempo, pode estar a serviço dos instintos de morte, quando, vigiando estímulos externos, acaba por dificultar a tarefa de viver. Ou seja, em *Felicidade*, na sucinta, mas precisa, descrição da mãe, a marca de excesso do filho reside na convivência paralela e contínua dessas duas forças. É a conjunção de Eros e Tânatos que marca o percurso do narrador-protagonista.

Numa espécie de releitura das forças existentes na *Teogonia*, de Hesíodo, em que Eros "preside a união amorosa", enquanto Kháos "leva à separação, ao fender-se dividindo-se em dois",[175] João Tordo evoca a simbiose entre as energias que se atraem (vida e morte), na composição do percurso do seu protagonista. De certo modo, a criação tordiana consolida uma consonância com a simbiose erótica entre prazer e dor, tal como descrita por George Bataille, para quem "a paixão venturosa acarreta uma desordem tão violenta que a felicidade em questão, antes de ser uma felicidade cujo gozo é possível, é tão grande que é comparável ao seu oposto, o sofrimento".[176]

No meu entender, ver Felicidade morrer nos seus braços, depois do ato sexual e do gozo partilhado entre eles, leva o protagonista a pensar não numa felicidade possível, mas na desgraça que acabara de se abater sobre si e de marcar seu percurso. Daí que, em vários momentos da trama, o narrador expõe suas dúvidas sobre seu futuro, seus projetos e seu devir. Como encarar a vida sendo ele um sujeito marcado pela morte? Como viver plenamente sob o signo de Eros, se a sombra de Tânatos (e mesmo do Kháos e da separação) insiste em não sair do seu lado?

Aí se encontra sua própria condição trágica, porque, como uma espécie de *hybris*, uma audácia, um atrevimento, um desafio à sua própria medida – um rapaz inexperiente diante de uma das gêmeas idolatradas no universo do colégio –, seguido de um constrangimento inexplicável – a morte da companheira nos momentos seguintes aos espasmos causados pelo orgasmo –, o ato sexual constitui também a sua *peripeteia*, porque ele opera um "reconhecimento das consequências trágicas das suas escolhas",[177] e a sua *moira*, espécie de destino do qual ele não consegue fugir. Daí, no meu entender, o seu casamento com Esperança, o consequente desprezo desta por ele ao descobrir o envolvimento indireto no suicídio da irmã Angélica, o assassinato da esposa com o amante e o seu suicídio, ao provocar o acidente com os dois carros jogados num precipício.

No fundo, a trajetória do protagonista evidencia uma ausência do trabalho de luto traduzida na inexistência de um pranto vivido, capaz de decodificar os seus sentimentos de perda, de profunda tristeza e de consternação. De certo modo, esse mesmo processo surge descrito por Ítalo Calvino, em "Sete frascos de lágrimas":

> E aí passamos do aspecto material ao social da produção de lágrimas: o pranto como instituição ritual, a codificação do luto no qual se tenta conter a crise da perda que desarticula a ordem do mundo (veja-se o famoso livro de Ernesto De Martino). É como se o alívio trazido pelo pranto se estendesse ao universo a fim de restabelecer uma imagem de harmonia. Já nos mitos clássicos a copiosidade das lágrimas tinha essa função: Ovídio conta histórias de ninfas que choram tanto a ponto de se transformar em fontes.[178]

O percurso da personagem central de *Felicidade* encena uma incapacidade de fazer o luto, acompanhada de uma negação do pranto e de uma recusa do alívio. Não me parece, portanto, gratuito o fato de que a sua aproximação a Esperança e o início de um pacto selado entre eles sejam concretizados ao som de "Piece of my heart", na voz de Janis Joplin: "pegue mais um pedacinho do meu coração, quebre mais um pedacinho do meu coração, tenha mais um pedacinho do meu coração" ("take another little piece of my heart, break another little piece of my heart, have another little piece of my heart").[179]

Interessante observar que as expressões verbais da canção sugerem metaforicamente a tentativa do rapaz de concretizar uma ligação improvável com Felicidade, na medida em que o *pegar* e o *quebrar* outro pedacinho do coração da jovem podem apontar para o processo que vai do enamoramento na troca de olhares ao encontro em Monsanto com o desfecho fatal. No entanto, o *ter* outro pedacinho do coração poderá ser entendido, por um lado, como a posse completa e o clímax mortal, levando o narrador a sentir *a posteriori* a presença fantasmagórica da trigêmea – primeiro, em sonhos e, depois, na corporeidade etérea –, e, por outro, como a substituição frustrada de uma irmã pela outra.

Em virtude disso, gosto de pensar que, enredado, seja pela força das três Fúrias, seja pelas linhas das três Parcas, o narrador-protagonista reveste-se, a princípio, de uma condição trágica, mesmo que transitória, como mais adiante veremos, não conseguindo resistir ao destino traçado no momento em que olha para Felicidade e recebe dela de volta um piscar de olhos.

***

Ora, diante do exposto até aqui, é preciso alertar que todo aquele conjunto de referências e menções diretas e indiretas a textos fundamentais dos campos da literatura, da música, da arte e da cultura em geral surge, não gratuitamente, articulado nas três partes constituintes da arquitetura romanesca. São três atos, tal como ocorre em algumas peças da dramaturgia grega, e, em cada um deles, uma das irmãs ganha relevância na matéria narrada. Não deve o(a) leitor(a), no entanto, pensar que o diálogo intertextual estabelecido com essas citações se dá de forma superficial, aglutinadora e numa pura permuta sem consequências. Trata-se, no meu entender, de um empréstimo nos moldes dos "contrabandos da cultura",[180] na feliz expressão de Teresa Cristina Cerdeira, em que "o texto assim roubado serve-nos também para dizer das muitas vidas que passamos a viver – todas ao mesmo tempo – quando a leitura se transforma no mundo de fantasmas que habitam o escritor e o leitor".[181]

E tanto assim é que, no já mencionado *incipit*, parado diante das lápides das trigêmeas e da sua, o protagonista vai tentando criar uma apresentação em que deixa pista dos procedimentos estruturais de sua narração, bem como insinua um início que muito relembra os procedimentos de criação dos dramaturgos gregos. Isso porque a voz narrante inaugura a trama com uma estratégia muito próxima daquele início em forma de "moldura", nos parâmetros explicados por Ítalo Calvino: "A moldura, tal como a cena do teatro clássico, tem de permanecer genérica, imagem do espaço ideal em que ganham corpo as histórias".[182]

Nesse caso, nada mais apropriado do que começar pelo fim, com o espírito da personagem principal a pairar sobre as campas no cemitério e decidido a contar e reviver todos os passos dados até chegar ali. É a partir do cemitério – portanto, do *locus* de término das trajetórias humanas, de um ambiente genérico e não nomeado ou localizado no mapa – que o fantasma decide recriar a sua vida e as histórias particulares das gêmeas, dos pais, do tio e dos amigos.

Vale ainda recordar que, na estrutura da tragédia grega, o coro ganha o estatuto de uma personagem atuante na trama, desempenha funções de comentador de determinadas cenas, observador de questões sociais flagrantes e intérprete dos significados de acontecimentos ao público, e, nos dramas shakespearianos, ele poderia ser desempenhado por uma única personagem, recitando o prólogo e o epílogo.[183] Comparando essas informações com o *incipit* de *Felicidade*, então, ao que tudo indica, os presságios anunciados pela personagem fantasma nas cenas iniciais sugerem uma espécie de reconfiguração do coro, aglutinado no início narrativo, com uma função de moldura para fazer emergir um fluxo de histórias a partir da perspectiva do protagonista.

Do mesmo modo, como vimos mais atrás, as explicações da mãe ecoam ao longo das ações das personagens, assim como, verificaremos mais adiante, a avó de Núncio reencarna a figura das videntes e das sibilas, a fim de pactuar com o protagonista para o exorcismo do fantasma de Felicidade.

Claro que o romance de João Tordo não é uma obra dramática, do mesmo modo como também não constitui uma cópia dos modelos teatrais antigos. Sua força reside na absorção desses principais elementos na composição da trama e no elenco de caminhos de leitura que proporciona. Nessa perspectiva, *Felicidade* configura e confirma aquela fusão explicada por Isabel Cristina Rodrigues, em que a poética do romance de João Tordo aglutina "o sentido de inovação que lhe é próprio e o peso de uma tradição implícita ou explicitamente convocada".[184] Tal como o *incipit* da obra evidencia, há um forte impacto para o desenvolvimento da trama e, ao mesmo tempo, resguarda pistas importantes para compreender seu desenrolar nos três atos (nas três partes) do romance. Quero com isso dizer que a abertura de *Felicidade* atesta, por um lado, a possibilidade de apropriação da consistência calviniana e, por outro, a crença do autor, tal como ele explicita numa de suas entrevistas: "O que me interessa na narrativa é ter um ponto de partida suficientemente forte que me dê amplitude para uma história, e isso, às vezes, demora cem, trezentas ou quinhentas páginas, depende".[185]

Com um início, portanto, de forte impacto, *Felicidade* convida o leitor a entrar numa aventura que longe está de ser puramente sobrenatural, levando em conta apenas a natureza do seu protagonista. Nesse aspecto, não deixa de ser interessante observar a revelação do autor sobre a proximidade do narrado com cenas do seu cotidiano:

> Durante os últimos anos (não sei dizer exatamente quantos), observei o crescimento das trigêmeas que vivem no meu bairro. [...]. Tendo-as observado durante muito tempo, a certa altura percebi que precisava de escrever sobre elas; ou, sendo mais verdadeiro – porque, como tentarei explicar adiante, os teus livros são sobre *ti* –, precisava de escrever sobre que relação o meu "eu" ficcional teria com aquelas raparigas que brotaram do mesmo lugar fecundo e primordial de onde brotam todas as histórias – a *vida*.
> Com base neste pressuposto, escrevi um romance que, até ver, se chama *Felicidade* (na minha cabeça, as trigêmeas chamam-se Felicidade, Esperança e Angélica). Como é que o meu narrador poderá sofrer às mãos destas três raparigas? Que poderá ele aprender sobre si próprio (e, portanto, eu aprender sobre mim próprio) ao relacionar-se com as trigêmeas cujos verdadeiros nomes desconheço? Decidi, como premissa, que Felicidade morreria nos braços do narrador enquanto faziam amor; que ele se casaria com uma das irmãs, Esperança. Só a meio do livro descobri o destino de Angélica. Do meu ponto de vista, é o meu romance mais evoluído, no que diz respeito a forma e estrutura. Tem uma métrica bem conseguida, um ambiente encantatório entre a Lisboa de 1973 e o princípio dos anos 80 –, e as personagens estão tão vivas como se estivessem agora mesmo em minha casa, à espera que eu chegue para lhes contar da grande baleia que me engoliu.[186]

Na explicação dada, João Tordo procura elucidar não apenas o motivo central do seu romance, mas também as qualidades inerentes a ele, esclarecendo o ponto de equilíbrio na estrutura narrativa e os rumos das personagens na efabulação. A aproximação com uma realidade mais imediata passa pela filtragem da elaboração ficcional, que integra as três irmãs gêmeas e o protagonista num cenário pontual da história portuguesa. Ou seja, a partir de suas jovens criaturas e do seu processo de crescimento e amadurecimento, da fase adolescente até a adulta, gosto de pensar que João Tordo investe também na representação de toda uma geração portuguesa, criada e forjada nos anos anteriores à Revolução dos Cravos, amadurecida no período de redemocratização e naquele cenário de mudança dos anos 1970 e 1980.

Talvez por isso, não nomear o narrador-protagonista constitua uma bem-sucedida estratégia para colar o(a) leitor(a) ao lado da criatura central da trama romanesca e criar uma espécie de identificação gradual com seus desencontros, suas angústias, seus medos e suas expectativas. Por outro lado, dar a cada uma das irmãs um nome significativo no percurso da personagem principal e estabelecer uma ligação coerente e equilibrada com cada um dos atos demonstra um domínio no equilíbrio e na interconexão com o *incipit* narrativo.

Assim, no primeiro ato, a irmã Felicidade ocupa papel central, sendo ela o ponto de interesse e atração do protagonista, cuja morte irá desencadear uma série de problemas e de complexidades para o jovem. Essa primeira parte inicia com a antecipação do desfecho da trama e a exposição de uma certeza por parte do narrador-protagonista: "[...] os invulgares acontecimentos que começaram nessa noite em que, pouco tempo depois de eu ter feito dezessete anos, o meu futuro acabou".[187] Ou seja, há uma sequência de fatalidades e de lutos mal resolvidos, num processo desencadeado pela morte súbita de Felicidade e consolidado com a rememoração da morte prematura de tio Joaquim. Aliás, é na impossibilidade de entender, de digerir e de viver esse outro luto, que a ideia de uma vida tão jovem ceifada por um conflito incompreensível ganha corpo no escopo narrativo:

> Que zelasse, naquele momento de desabafo, para que o seu único sobrinho, o favorito sem concorrência, pudesse guardar dele aquela memória, a de um tipo sorridente e otimista, em vez da recordação de um soldado derrotado, o último a transportar a bandeira esfarrapada de uma guerra sem sentido, atestado de *diazepam*, prestes a ser reenviado para o campo de batalha onde morreria menos de três anos depois.[188]

O *incipit* da parte primeira, portanto, prenuncia não só o desfecho da macronarrativa (o romance), mas também o *continuum* da morte de uma das trigêmeas (Felicidade) e de tio Joaquim, com o qual concretiza o *explicit* da micronarrativa do "Primeiro ato" e também do próprio romance, tal como destacaremos mais adiante. Aliás, esse constitui mais um recurso no bordado da efabulação, posto que o desfecho da primeira parte não deixará de ecoar ao longo do "Segundo ato". Ao mencionar, momentos atrás, que João Tordo possui domínio sobre a técnica de composição narrativa, não o fiz de forma impensada. Isso porque, em outros romances seus, como *O ano sabático*, de 2013, esse mesmo controle já aparecera na costura dos *incipits* e *explicits* da primeira e da segunda partes dessa obra. Aliás, numa belíssima recensão crítica do romance, Agripina Carriço Vieira sublinha que o mais surpreendente nesse texto é verificar a originalidade do "desfecho da primeira parte do romance, quando, pelas convenções romanescas, este poderia ser o final de toda a história, que termina com a última imagem que Hugo vê antes de falecer: 'um homem que se afastava, perdido, numa tempestade de neve'".[189]

Em *Felicidade*, esse mesmo controle na costura concatenada das partes na arquitetura romanesca irá comparecer. Vale lembrar que o "Segundo ato" é aberto com a descrição de um mundo em colapso, sobretudo em Portugal, às portas da Revolução dos Cravos, numa espécie de ambiente em estado de ebulição e de efervescência política:

No final de 1973, o mundo parecia encontrar-se à beira do colapso, ou de uma mudança tão grande, que pouco ou nada sobraria daquilo que éramos, do que julgávamos ser. Em Portugal, esse cataclismo pressentia-se por toda a parte, andava estampado nas notícias, nas ruas, nos rostos das pessoas, nos boatos que circulavam. Falava-se da queda do regime de Marcelo Caetano, de uma viragem radical para o Comunismo, de tempos assustadores em que a identidade nacional, o patriotismo e o Estado Novo seriam dissolvidos e regurgitados em praça pública. O Regime tinha pés de barro, dizia-se – e a minha mãe delirava com essa perspectiva, agarrada aos seus jornais clandestinos e aos seus discursos inflamados para um público de dois. Nessa altura, o meu pai, cansado da semi-histeria em que ela se encontrava, fechava-se regularmente no escritório onde trabalhava nos seus esquissos e só saía para jantar. Julgo que se adaptava melhor à autocracia; não era tipo para fazer grandes alaridos nem gostar de mudanças.[190]

É a partir desse estado de mudança numa conjunção macro – afinal, o mundo, a Europa e, sobretudo, Portugal vivenciavam uma virada histórico-política nos seus contextos econômico, social e cultural – que o narrador-protagonista experiencia sua metamorfose particular. Os seus microespaços (a casa familiar e a escola) passam por um igual processo de ebulição e tensão. Da posição de jovem enlutado pela namorada, falecida nos seus braços depois do primeiro orgasmo a dois, a personagem central casa-se com Esperança, não sem a desconfiança de seus amigos e convivas:

> Se, até então, os rumores já eram difíceis de aguentar, passaram a ser insuportáveis. Não contente com uma, eu ia matar a segunda. De homicida, passei a psicopata. De acidente passou a ato premeditado, eu não descansaria enquanto não visse as três irmãs mortas e enterradas.[191]

Interessante observar que esse outro *incipit* (o do "Segundo ato") parece prenunciar o clima característico das trajetórias das personagens, posto que não é só o mundo e o país, nas suas convergências político-sociais, que passam por um tenso momento de ruptura e mudança. Também as relações humanas acabam sofrendo o mesmo destino: as irmãs Kopejka, antes inseparáveis, agora, com a morte de Felicidade, sofrem o efeito do "descolar as gêmeas umas das outras";[192] Núncio, Lagarto e o protagonista, sempre tão amigos e parceiros nas muitas aventuras dentro e fora do colégio, discutem de forma calorosa acima do normal e se separam de maneira brusca por causa de uma divergência cinéfila em torno da famosa cena de Marlon Brando e Maria Schneider em *Último tango em Paris*. Na verdade, a contenda esconde uma disparidade político-ideológica entre eles:

> Não importa, disse Núncio, [...] o que interessa é o que esses filmes e esses atores representam, nos filmes de hoje só se fala de violência e de sexo, é um grande nojo, se o Dr. Salazar ainda estivesse vivo, essas porcarias não entravam nesse país: nem hoje, nem nunca.[193]

Também a relação do protagonista e Esperança passa por momentos in-termitentes de prazer, ora diante da dificuldade em conseguir uma ereção, ora diante da facilidade em se excitar e necessitar de sexo com a esposa. Essa oscilação vai ganhando um estado de ruptura com os constantes assombros de

Felicidade ao jovem marido da irmã, num processo iniciado exatamente numa das datas mais importantes do século XX para Portugal:

> Passei pelo 25 de Abril dentro de um espartilho chamado medo. Os gritos, as cores, os punhos erguidos, os tanques, os cravos, as ruas cheias de gente, o mundo a mudar, a mudar, a mudar, e eu parado no mesmo sítio, receoso de dar um passo, aterrorizado com a ideia de um abismo sem fundo no qual cairia se não me agarrasse àquilo que tinha. E o que eu tinha, nessa altura, era Esperança, e precisei de saber – como outros precisaram de conhecer a liberdade – o que significara Felicidade na minha vida, casando-me com a sua irmã; sem desconfiar de que esse gesto fazia com que, em vez de eu renascer das cinzas (a Fênix que prometera ao saudoso diretor do Passos Manuel), ela renascesse.
> Ela, a defunta, eternamente viva.[194]

O que o excerto acima anuncia é que, no lugar de o "Segundo ato" ser conduzido a um aparente repouso, em virtude do assentamento do protagonista num casamento planejado com Esperança, na verdade, ele é desenvolvido a partir de uma agudização das novas experiências do protagonista com as heranças deixadas pelo falecimento de Felicidade. Afinal, no lugar de uma recomposição ou de um reerguimento, há uma dinâmica de rupturas da personagem central, acentuadas pelas alterações físicas que denunciam uma decadência do antigo corpo de ginasta para o de um homem prematuramente envelhecido, com os olhos assinalados por um "esmorecimento característico dos quarenta ou dos cinquenta: mortiços, cansados, o brilho a desaparecer",[195] e com o físico num início de derrocada, apresentando "sinais de uma barriga – ainda incipiente, mas que cedo se mostraria debaixo de roupa mais justa".[196]

Na verdade, o efeito Fênix prenunciado pelo narrador, no excerto acima, não diz respeito ao seu porte físico ou ao seu conforto psicológico, mas, de um lado, ao estado festivo de Portugal, ao renascer dos escombros de uma ditadura de mais de 40 anos, e, de outro, ao ressurgimento de Felicidade nos pesadelos e nos momentos em que se encontrava sozinho: "[...] cada hora que passava em casa era um suplício, cada hora que passava na companhia do meu espírito, infernizado pelo fantasma de Felicidade, um terror a que se acrescentava a vergonha por andar a sair com a sua irmã".[197]

Ainda que o casamento com Esperança pudesse sugerir um horizonte mais positivo, o jovem tem consciência plena do seu estado de ruptura psicológica e física, ao se autorretratar como "[...] um homem assolado por um fantasma que não desiste, e com crises periódicas de impotência".[198]

Uma outra ruptura detectada no "Segundo ato" diz respeito à ordem familiar e profissional do protagonista que, desistindo do curso superior, abre mão de seguir a mesma carreira do pai, instituindo um rompimento político, na medida em que a figura paterna representa, na trama romanesca, a permanência das bases salazaristas. Sem conseguir desenvolver laços de afinidade com a figura paterna, que mais alimentava o afastamento e a formalidade, o narrador assiste sem qualquer reação à deterioração do patriarca, consumido pelo Alzheimer, conversando com figuras inexistentes, inclusive com a própria Felicidade, que julgava ver a seu lado nos cômodos da casa.

Não deixa de ser significativa, aqui, a percepção de que os ecos emanados do *incipit* ressoam ao longo de toda a trama, posto que, se no "Primeiro ato", a morte de Felicidade e a perda irreparável de tio Joaquim apontam para uma tentativa de renascimento – que, na verdade, não acontece –, já no "Segundo ato", as ressonâncias da *moira*, do destino inevitável, vão consumindo o protagonista, fazendo-o deslocar-se de sua visão egocentrada e perceber a presença de uma força externa: "E eu, que ultimamente só pensava na minha gordura excessiva, percebi então que a morte de Felicidade precipitara o desespero, a loucura, o ridículo – tudo num mesmo lar, em que todos adoeciam ao mesmo tempo".[199]

A ruptura final entre eles dá-se com a morte do pai. Apenas nos instantes do velório e do sepultamento, ao contemplar uma multidão na despedida do grande arquiteto, o protagonista consegue chegar a uma conclusão inequívoca: "[...] a morte do meu pai foi um golpe demasiado duro. Só no seu funeral soube o quanto o amava".[200]

Malgrado o medo ser uma expressão muito correspondente à sua trajetória com Felicidade e aos efeitos colaterais da morte da jovem no seu percurso, o fracasso constitui uma marca incontornável na construção da personagem central de *Felicidade*. Nesse ponto, João Tordo consegue não só pôr em prática, com a licença poética da ficção, uma "minuciosa observação da experiência humana",[201] mas também a forma como esta acaba por rodear com seus tentáculos a vida de suas personagens.

Não deixa de ser irônico, no entanto, o fato de o narrador recusar a carreira de arquiteto, consolidando, assim, uma ruptura no âmbito das escolhas profissionais e familiares, e retornar ao convívio com os exercícios de ginástica, mas não com a destreza pretérita do corpo adolescente na antiga exibição de uma "beleza atlética".[202] Agora, conforma-se com a posição de um orientador em nível técnico (tendo em vista a sua não formação em nível superior), com um corpo em descompasso com as atividades físicas exigidas, passando a instruir alguns movimentos para jovens atletas iniciantes e sofrendo deles o deboche que o confronta com sua realidade de um "badocha de merda".[203]

Essa transformação corporal do protagonista oscila de uma pujança atlética a uma decrepitude, fruto de sua ociosidade burguesa. E mesmo que, com as tentativas de driblar essa dificuldade física, com todo o esforço de retomada de atividades, como as caminhadas longas e as horas gastas na academia, a personagem ganhe uma chance de redenção, ao ser indicada, pelo jovem ginasta Nico, como seu treinador particular no Campeonato de Ginástica Artística da Juventude, em 1982, na Hungria, a sua queda parece ser um fato consumado inevitável.

Na referida competição, depois de executar toda a série do cavalo de alças com repetidos erros e com uma queda estrondosa, mais uma vez, outra ruptura se instala, quando o ginasta derrotado reage de forma violenta contra seu treinador, e este, por conseguinte, tomado pelo destempero e pelo descontrole, protagoniza uma reação que custaria seu emprego no Ginásio Clube Português:

> Quando destapei o rosto, vi o miúdo caminhar na minha direção, o rosto vermelho de fúria e humilhação. O que se seguiu talvez seja inaudito na história das competições de ginástica. Nico começou por dar um murro na cabeça e, quando me levantei, aturdido e perplexo, tentou agredir-me outra vez, chamando-me cabrão e filho da puta, como se eu tivesse culpa de tudo o que de mau já lhe tinha acontecido e de tudo o que estava por vir. Eu nem sabia que o miúdo conhecia aquele vocabulário, e tive de lhe agarrar os dois braços para que ele se detivesse enquanto, atrás de mim, ouvia os risos do público húngaro, porventura pouco habituado àquelas demonstrações de emotividade. Nunca o tinha visto naquele estado; Nico sempre fora um ginasta exemplar, superando as frustrações inerentes à procura da perfeição, mas era possível que aquele desaire tivesse sido a gota de água, o transbordar da sua capacidade de suportar tanta exigência. Enquanto eu me debatia com os seus braços – pelo canto do olho, vi Pluto, que estava do outro

lado do pavilhão, a correr na nossa direção – e lhe dizia que estava tudo bem, que acontecia aos melhores, Nico (o rosto da cor dos tomates e os olhos esbugalhados pela raiva) chamou-me badocha de merda. E eu, num momento de cegueira, puxei o braço direito atrás e, sem pensar nem um segundo no que fazia, dei-lhe um estalo na cara com tanta força, que o estampido ficou a ressoar pelo pavilhão durante vários segundos, acompanhado pelos ahhhh perplexos que surgiram das bancadas.[204]

Inapto para a ginástica, com um físico e um espírito a denunciar o "ter falhado em quase tudo, encalhado numa vida que era um enorme fracasso",[205] o episódio demarca outra passagem fugaz do protagonista por uma atividade que o fizesse se sentir produtivo e, ao mesmo tempo, acaba por confirmar sua condição de portador de uma "carreira medíocre".[206]

Já, aqui, sou tentado a inferir que, ao contrário do herói trágico que postula o desafio à sua medida como uma condição, e só realiza tal feito "exatamente porque pensa e tem vontade",[207] pela cena acima, entendo que o protagonista subverte tal expectativa, quando, num gesto impensado e sem medir as consequências ou perceber o local onde agira, reage de forma violenta e humilhante para o jovem castigado, numa demonstração de sua incapacidade de pensar ou de alimentar uma vontade de mudança.

Se, como propõe Flávio R. Koethe, o herói trágico é aquele que "tem a visão do futuro e nele vislumbra a esperança, a esperança de um novo decreto de destino",[208] ao que tudo indica, o narrador-protagonista não consegue desenvolver tal sentimento de esperança porque, a cada nova tentativa de superação do seu estado de derrota e de declínio, não há qualquer indicativo de uma redenção que aponte uma redescoberta de sua grandeza, ou que a derrota e a humilhação nas suas iniciativas prenunciem um movimento de se despir "do agora, para, lá debaixo, resplandecer elevada sabedoria, transcendendo todos os seus juízes e algozes".[209]

Nem mesmo sua transformação num fantasma isolado no Limbo concede--lhe uma superioridade espiritual, a não ser, é claro, a de saber todos os passos passados e a de poder narrar a partir das suas condições. Daí que a trama do romance de João Tordo me dá a sensação de uma confluência de categorias de composição da personagem, pois, ao mesmo tempo que é possível detectar uma tragédia pessoal, marcada pelo excesso muito momentâneo, no instante em que aceita sair com Felicidade e com ela tem sua primeira relação sexual, toda a descrição do protagonista me sugere muito mais uma espécie de anti-herói, sobre o qual se conflui alguma condição trágica.

De acordo com Victor Brombert, ao contrário do heroísmo de algumas personagens, quase sempre fadadas "a ser[em] exemplares mesmo quando ligadas a forças tenebrosas e incontroláveis",[210] a categorização do anti-herói passa pelo inverso desse caminho, porque sua natureza é de contestação, agitação e perturbação. Por esse viés, mesmo assim, o protagonista de *Felicidade* ainda não se mostra apto a um enquadramento dessa natureza. Olhado, porém, a partir da identificação de desajuste em relação "aos modelos tradicionais de figuras heroicas",[211] de contraposição a esses modelos, além de reações por meio de comportamentos que "implícita ou explicitamente lançam dúvidas sobre valores que vêm sendo aceitos ou foram julgados inabaláveis",[212] então, tendo a ler a composição da personagem central do romance de João Tordo, se não como um anti-herói *tout court*, como uma criatura oscilante, em que muitas das características do anti-heroísmo convivem, sem grandes atritos, com a condição trágica.

Na cena anterior, por exemplo, em certa medida, o estalo no rosto de Nico desmascara publicamente o fracasso do protagonista e sua inaptidão para superar obstáculos ou mesmo se levantar depois de um malogro. Numa outra espécie de arena, no ginásio com um público de audiência, sua derrota é testemunhada por todos, seja no campo esportivo e artístico seja no campo interpessoal e afetivo. Logo, para ele, aquele efeito Fênix de ressurgir das cinzas parece fadado à nulidade. No entanto, essa ruptura profissional, que também evidencia uma ruptura no autocuidado com seu corpo e sua saúde, acaba por prenunciar o grande clímax desse "Segundo ato", quando ocorre a "segunda tragédia"[213] do protagonista.

É certo que, no "Segundo ato", Esperança ganha uma parcela expressiva de importância, porque ela é a garantia de permanência dos laços entre as trigêmeas e o narrador, quando ambos se casam. Porém, o desgaste, o desânimo e o desalento do protagonista desnudam um homem tomado pelo desinteresse e consumido por um sentimento de fiasco, fracasso e desrealização perante a vida. E, mesmo quando procura assumir um gesto de generosidade, ao tentar aproximar o amigo Lagarto da terceira irmã, Angélica, percebe que a linha do destino o emaranhou num outro complicado novelo de relações afetivas.

Instado por Lagarto a interceder junto a António, seu amigo e atual amante de Angélica, sobre o paradeiro da jovem, o narrador-protagonista procura por ela e descobre seu destino num hospital em Oslo, capital da Noruega, onde residia. Acreditando que António teria sido o motivo dos ataques psicóticos da jovem, acaba por ajudar Lagarto, com a informação do paradeiro da garota, e motiva o amigo a desistir de procurá-la, incentivando-o a seguir um outro rumo, longe da irmã Kopejka. No entanto, no *explicit* do "Segundo ato", prenuncia-se mais uma vez uma reviravolta nos caminhos das personagens, e o protagonista começa a intuir a armadilha que sobre si se abateu, ao receber a notícia da segunda fatalidade que iria precipitar o seu fim na última parte da trama: "Menos de seis meses depois desse telefonema, Angélica morreu".[214]

Como vimos, todas essas conjunturas parecem indicar um caminho de construção da personagem central como um herói trágico; no entanto, se este é compreendido dentro de uma esfera de parte integrante de um cosmos e "irremediavelmente preso à força cósmica e, toda vez que sobre esta pretende prevalecer a sua vontade, comete transgressão e se manifesta o trágico",[215] não me parece que o narrador-protagonista esteja nesse caminho de figuração. Isso porque mal consegue reagir diante da morte de Felicidade, e seu luto não é vivido ou experimentado, porque não consegue se desvencilhar da presença da jovem, que permanece nos seus sonhos. Do mesmo modo, não consegue digerir a ausência do tio, levado de forma prematura aos campos da guerra colonial, na Guiné. Por outro lado, o luto pelo pai praticamente inexiste, em virtude da distância que entre eles sempre houve, e mesmo as marcas do destino trágico (a *hybris*, a *peripeteia* e a *moira*) parecem ser efeitos colaterais diante da inaptidão e da prostração do protagonista. Aliás, é ele próprio quem oferece essa chave de leitura, ao afirmar: "Não havia, porém, qualquer epifania, nenhuma espécie de catarse; eu permanecia ignorante à mercê dos deuses, movido por forças antagônicas e irreconciliáveis".[216]

Em suma, até mesmo a condição trágica, que parece ensaiar um percurso marcado pelas linhas desenhadas pelas Fúrias, parece estar também fadada a um tipo de fracasso. Tal modelagem de criação da personagem não deixa de ser instigante, na medida em que seu autor reúne tendências muito distintas e propicia um acabamento multifacetado e prenhe de confluências. Em contrapartida, talvez o único momento em que se possa pensar numa dimensão trágica mais flagrante e até incisiva para o protagonista se encontre no "Terceiro ato".

Interessante observar que a consistência, tal como proposta por Ítalo Calvino, nas formas de começar e acabar uma narrativa se mantém constante não apenas na ligação estabelecida entre o *incipit* e o *explicit* do romance *per se*, mas também nas partes que o constituem, promovendo uma ligação entre elas. Assim foi do primeiro ao segundo atos, quando da morte do tio, nos campos da guerra colonial, anunciada no desfecho da primeira parte. Ali, há um prenúncio de mudança geral, do macroespaço do mundo, da Europa e de Portugal, ao microcosmos familiar do protagonista e das irmãs Kopejka, tal como vaticinado na abertura do "Segundo ato".

Esse nó coerente, que interliga seções interdependentes da trama, ou seja, da macronarrativa que é o próprio romance, remete àquele efeito de conjugação de *incipits* e *explicits* na arquitetura romanesca em que cada um dos atos configura um mundo particular, construído a partir de uma perspectiva individual (a do narrador-protagonista na sua condição de fantasma, de espírito desencarnado), obedecendo a um exercício criador com "características físicas, perceptivas e lógicas muito suas".[217]

Do mesmo modo, assim ocorre no início do "Terceiro ato". Tal como fizera no *incipit* do "Primeiro ato", também a última parte possui uma pequena introdução em que o narrador apela para os conceitos de mortalidade e cosmos por meio da apropriação do discurso de Carl Sagan, para depois investir numa recuperação detida e meticulosa da história de Periandro (com direito a uma citação direta da fonte: "Heródoto, *Histórias* 5.92G"), o segundo tirano de Corinto que, depois de assassinar a esposa Melissa, profanou seu corpo com o ato de necrofilia.

Ora, o que teria esse novo *incipit* em termos de ligação com o *explicit* do "Terceiro ato" e, por conseguinte, do próprio romance? No meu entender, o ponto central reside na presença do fantasma de Melissa, que, tendo sido assassinada e profanada, volta constantemente para cobrar justiça sobre os atos do marido. A obsessão deste por descobrir um possível tesouro enterrado por ela faz o imperador ordenar uma busca aos seus mensageiros, e estes, por sua vez, encontram o fantasma da mulher com uma charada que Periandro confirma se tratar de uma mensagem do Além, já que apenas a sua esposa saberia do ato cometido com o cadáver.

Da obsessão segue a loucura, da loucura, a revelação do local exato do tesouro, e da revelação vem, por fim, o decreto que encerraria o próprio destino de Periandro:

> No final da sua vida, o segundo tirano dos Coríntios engendrou o seguinte estratagema: mandaria dois homens, à noite, a um lugar da sua escolha, numa estrada remota, longe do olhar dos curiosos, onde deveriam matar e enterrar o homem solitário que aí encontrassem. Depois mandaria quatro homens em perseguição desses dois primeiros, que os matariam, enterrando-os; a seguir, enviaria um número de homens ainda maior em perseguição do segundo grupo, cumprindo o mesmo ritual, até tudo se diluir no esquecimento.
> Nessa estrada remota, ele, Periandro, seria o homem solitário.[218]

Considero muito interessante essa apropriação da matéria histórico--mitológica por parte do narrador, porque, a partir de um relato intertextual, ele vai fornecendo novas pistas para seu(sua) leitor(a), não gratuitamente, convocado(a) por ele, diversas vezes, como seu(sua) interlocutor(a) silencioso(a). Valendo-se, mais uma vez, de sua condição de conhecedor dos eventos sucedâneos, a voz do narrador-protagonista ganha o estatuto de coro, nessa tragédia pessoal por ele narrada. A grande questão no "Terceiro ato" advém do fato de que, se, na primeira parte do romance, Felicidade encarna o corpo desejado e a morte prematura, numa junção Eros/Tânatos, tornando--se um "vasto e interminável negrume",[219] imagem frequente nos pesadelos do protagonista; e, na segunda, sua permanência efetua-se numa espécie de presença espectral ("Outra vez os pesadelos, os suores noturnos. A sensação terrível da sua presença; os gritos, o desespero, o meu pai a irromper pela porta do meu quarto"),[220] que vai ameaçando a virilidade do personagem principal, e, ao mesmo tempo, atenua-se diante do casamento de sua irmã Esperança com o jovem; na derradeira parte, Felicidade assume uma fisicalidade fantasmagórica, aparecendo não apenas ao pai, com a mente já comprometida pelo Alzheimer, mas também ao próprio protagonista, sobretudo depois de sua interferência que acaba por contribuir para o suicídio da terceira irmã, Angélica. Fecha-se, assim, o ciclo numa espécie de perseguição, somada à desconfiança de Esperança. Na verdade, acredito que, para além da condição de causador da morte de Felicidade, parece também pairar sobre o protagonista o destino do marasmo de Esperança, do desencadeamento trágico de Angélica e do assassinato de sua esposa e do amante, além do seu próprio suicídio.

Percebe-se, portanto, que a trama criada por João Tordo não deixa de cotejar uma aproximação com a condição trágica, ainda que tal aspecto do romance não esteja exatamente colado ao sentido dado, por exemplo, por Aristóteles, na sua *Poética*. Isso porque o protagonista rasura aquele modelo de nobreza, virilidade e caráter esperado pelos heróis trágicos. Suas ações, aliás, parecem bem distintas daquela proposta de imitar os homens "melhores do que eles ordinariamente são".[221] Ao contrário da grandeza esperada dos heróis trágicos, o protagonista é um homem comum, ordinário, sem controle sobre o próprio corpo – este, por sua vez, oscila entre a excitação e a impotência, entre a beleza atlética e a adiposidade, entre a dinâmica e a ociosidade –, moldado pelo distanciamento, pelo isolamento e pela fragilidade. Filho de uma grande contradição existente em sua própria casa, o narrador depara, ora com o conservadorismo do pai, um arquiteto responsável pela construção das principais estruturas de visibilidade do poder do Estado Novo salazarista, ora com o caráter progressista da mãe, amiga de comunistas e crítica ferrenha da política de manutenção da guerra colonial de Salazar e da primavera descolorida de Marcello Caetano:

> Apesar de, sob todas as aparências, ter um lar perfeito, um pai reconhecido pelo seu trabalho e uma mãe que se denotava pela sua inteligência e sentido de humor, um casal que convidava amiúde os amigos para jantar e que mantinha uma vida social equilibrada e uma atenção particular ao filho único, a verdade era que eu me sentia muito sozinho. O alheamento emocional da minha mãe, que vivia numa perpétua nuvem de indignação e ideias progressistas (lia os jornais todos, do *Diário de Lisboa* ao *Século*, do *Portugal Democrático* – pasquim fundado pelo núcleo oposicionista português de São Paulo – ao *Avante!* clandestino, que anunciava, em 1970, que o Leninismo triunfaria no mundo), e as expectativas do meu pai em relação a mim – o que eu era, o que viria a ser – deixavam-me numa posição de enorme fragilidade.[222]

Considero importante ressaltar o choque ideológico existente no ambiente doméstico: o pai arquiteto "a serviço do Estado Novo",[223] ou seja, o homem e o profissional responsável pela "construção de alguns edifícios emblemáticos de Lisboa",[224] verdadeiras balizas do regime salazarista; e a mãe progressista, que, "em estado permanente de êxtase",[225] acompanhava as mudanças sociopolíticas de Portugal depois do 25 de Abril de 1974. Um dos pontos mais interessantes nessa contradição, que acaba por ocasionar o isolamento do protagonista e sua sensação de solidão permanente, encontra-se na forma sutil com que o narrador vai sendo construído, posto que, em momento algum da trama, apesar das suas observações muito pontuais sobre datas e eventos da vida coletiva portuguesa, ele se manifesta interessado pelos caminhos políticos do país, nem se sente afetado pela euforia revolucionária ou pela desconfiança nos anos do Prec. Seu olhar chega a ser mesmo de desesperança e desinteresse, restringindo seu entusiasmo às atividades mais imediatas do cotidiano, num marasmo e numa estagnação burguesas que contaminam suas reações, bem como provocam mudanças drásticas em seu porte físico.

Ora, se o trágico, como pensa Albin Lesky, insere-se num cenário de "destinos fatídicos de caráter bem definido e, acima de tudo, com uma bem determinada dimensão de profundidade",[226] ao aplicar tal conceituação na leitura de *Felicidade*, entendo que a condição do protagonista, enquanto um espírito desencarnado que decide narrar suas desventuras, até ensaia uma profundidade na sua composição e revigora, de certo modo, "a queda de um mundo ilusório de segurança e felicidade para o abismo da desgraça ineludível", numa narrativa marcada, desde o seu *incipit*, por "um decurso de acontecimentos de intenso dinamismo".[227]

A proposição, inclusive, de que o herói trágico deve "passar da felicidade à desgraça", e tal reviravolta "não deve nascer de uma deficiência moral, mas de um erro, de uma falta cometida",[228] chega a ter uma sustentação na trama romanesca, posto que – e não me parece gratuito o fato de João Tordo nomear a jovem responsável pela mudança drástica no destino do protagonista exatamente como Felicidade, num gesto de consonância com essa compreensão do herói – o protagonista parece ser catapultado do estado de felicidade para o da desgraça, ou, como sua mãe bem apontara, do colo de Eros aos braços de Tânatos. E, apesar de toda a sua fraqueza e debilidade, o jovem não aponta qualquer sinalização de ter alguma deficiência moral, muito pelo contrário. No entanto, será cabível considerar seu encontro com Felicidade, a relação sexual mantida com ela e o orgasmo partilhado de modo consensual um erro, uma falha?

Tendo mais a acreditar na coerência interna da narrativa que, por mais de uma vez, faz questão de diligenciar a vontade dos deuses sobre os percursos humanos, ainda que estes não demonstrem qualquer iniciativa de reação. Nesse sentido, não posso deixar de sublinhar que, do primeiro ao terceiro ato, o(a) leitor(a) depara com um narrador-protagonista transformado de atleta com corpo musculoso e um futuro cheio de expectativas em espectador passivo da sua própria história, acomodado na ociosidade burguesa, desrespeitado e desacreditado por seus amigos mais próximos. De certo modo, parece que João Tordo reconduz aquela *"considerável altura da queda"*,[229] característica da passagem dos heróis trágicos, remodelando as esperadas ações próximas ou melhoradas do protagonista em relação à realidade mais imediata, para a exposição deteriorada de uma criatura vencida pelo destino, antes mesmo de este se concretizar.

Aliás, não são poucas as expressões por ele utilizadas que reiteram essa perspectiva, desde os primeiros momentos da narração, ou seja, desde sua infância:

[...] e o meu próprio corpo, decadente, seco, sem pinga da exuberante volúpia desses tempos;[230]
Não sou escritor, nunca fui; os meus recursos são limitados e tudo o que consigo fazer é ir relatando, da maneira mais simples que posso [...];[231]
Não sou, afinal, tão diferente assim de Periandro, o tirano de Corinto, também ele incapaz de deixar partir o cadáver de Melissa, profanando-o repetidamente.
[...] e eu sentia-me sozinho, tão sozinho como um náufrago no meio do oceano, à deriva no medo e nos sentimentos;[232]
[...] porque era incapaz de fazer o luto, porque me encontrava assombrado pelo fantasma da irmã –, também sabia que não podia ir por outro caminho.
Mas como explicar isso aos meus pais, ou aos meus amigos, ou a quem quer que fosse?
Compreendi, nessa altura, o fado ou destino dos que vivem atormentados por forças superiores a si próprios. Não têm escolha. Querem, mas não podem. São vítimas desses demônios, são escravos de uma poderosa tirania, a grande devoradora da vontade humana, que se aproveita da nossa fragilidade; tudo o que fazem, no presente e doravante, é consequência dessa assombração;[233]
O que tínhamos era um presente encalhado, repetido, enjoativo. A nós, cidadãos comuns, restava-nos esperar. Mas eu não queria esperar, não podia: cada hora que passava em casa era um suplício, cada hora que passava na companhia do meu

espírito, infernizado pelo fantasma de Felicidade, um terror a que se acrescentava a vergonha por andar a sair com a sua irmã. O medo cercava-me com as suas sombras caprichosas;[234]

Mais tarde, concluí que era outra coisa, porventura ainda mais difícil de aceitar: Esperança não me desejava. Pelo contrário, repudiava-me. O meu sexo causava-lhe aversão;[235]

Tinha saudades de mim próprio, porque sabia que vivia uma vida falsa, uma existência apócrifa na periferia do que poderia ter sido – do que *deveria* ter sido. [...]. Estava, sem sombra de dúvida, a morrer a grande velocidade;[236]

O "badocha" era eu;[237]

A minha impotência de tantos anos – ou a minha falta de vontade de fazer amor nos trâmites normais do amor, o desconforto que a ideia do sexo me trazia (nunca analisado ou devidamente reparado por uma qualquer função terapêutica) fizera de mim um homem quase castrado. [...]

Uma mulher cega casada com um homem surdo. Uma boa união, segundo Lagarto. Ou, melhor dizendo: uma mulher resignada casada com um homem que desistira;[238]

A minha própria fragilidade, entregue a uma vida que não queria; a do meu pai, esquecido da vida que tivera – e que grande contradição humana aí contida!, que ele tivesse de chegar àquele estado miserável para, finalmente, nos podermos abraçar sem constrangimento; que grande contradição Deus existir e não existir, e sermos ao mesmo tempo felizes e infelizes, bons e maus, tranquilos e inquietos, vivos e mortos;[239]

[...] soube que a história se repetia ou que a História se repetia. As duas eram a mesma, uma só, e isso era um fardo insuportável. Éramos as personagens de um destino anunciado pelo Oráculo e, na escuridão do espaço levemente banhado por um prenúncio de luz, reconheci, finalmente, as repercussões do meu ato. Quando Felicidade morrera, eu não sentia que tivesse agido, mas que alguma coisa agira em meu lugar. Desta feita, era diferente;[240]

A Flufenazina atingia diretamente o sistema nervoso central e atrapalhava-me os movimentos voluntários. As mãos e as pernas tremiam-me; a máscara, acometida de espasmos e bizarras contorções, parecia a imitação grotesca de um ser humano;[241]

Pela primeira vez desde então, eu estava certo. Esperança enganava-me com outro homem, e eu regozijava na minha orgulhosa solidão. Adormeci determinado a não descansar enquanto esse meu novo poder não acabasse em vingança;[242]

Era a verdade, mas sobrava também a tristeza por estarmos reduzidos àquilo; a desilusão com uma vida tão diminuída, em tempos cheia de outras vozes e de outros rostos, animada por tantas promessas – netos, crianças que abraçassem

com alegria o avô nos almoços de domingo e no Natal, uma família feliz em volta de uma mesa que a minha mãe prepararia com esmero –, e que agora era, afinal, somente aquilo: uma viúva que existia afundada em jornais de dias que já não eram; um filho que ficara aquém em tudo, que nunca lhe daria netos e cuja única vitória era ter conseguido sobreviver à desgraça de 1973;[243]
O cenário a que tive direito confirmava que a minha história não era mitologia; era tão banal quanto qualquer outra vida humana, em toda a sua fraqueza e comicidade. Os mitos escapavam com classe;[244]
De como a minha vida tinha sido uma batalha inútil contra o destino, de como todas as peripécias da minha fútil existência tinham feito de mim o mais trágico de todos os protagonistas trágicos, e de quão perto da purga estava agora;[245]
[...] a solidão era uma coisa terrível e era o que eu sentia acima de todas as outras coisas – uma solidão profundíssima, permanente e crônica, sem remédio nem consolo, a distância entre a folha e a raiz;[246]
O meu carro foi atrás deles. Éramos inseparáveis, como sangue do mesmo sangue, carne da mesma carne, e merecíamos exatamente o mesmo destino, no mesmo lugar, à mesma hora, semelhantes até na catástrofe, e a última coisa de que me lembro é dos faróis apontados à escuridão, os dois feixes a desbravarem a noite, lembro-me da vertigem, do aroma de Agosto a entrar como um dilúvio pela janela aberta, e do riso de Felicidade ao meu lado, livre, finalmente livre.[247]

Depreende-se do longo conjunto de excertos que o protagonista faz questão de reiterar a falta de medida e de controle sobre as ações que desencadeiam o seu destino trágico, a ponto de ele próprio se autodescrever como o "mais trágico de todos os protagonistas trágicos".[248] No entanto, tal como já destaquei, a incapacidade, a insegurança, a decadência, a fragilidade, a impotência, a culpa, a futilidade, a banalidade, a desconfiança, a solidão, a desilusão, o medo, a vergonha e o espírito tomado pelo desejo de vingança diante da traição da mulher, explicitados na trama, ressaltam as nuances do temperamento do protagonista, colocando-o muito mais próximo daquela privação dos "protagonistas de toda e qualquer força de caráter",[249] e do "clima anti-heroico".[250]

Tal paradoxo não deixa de ser um mecanismo de construção do anti--herói, pois, como bem explica Victor Brombert, "o anti-herói só pode existir se o modelo heroico continua presente *in absentia*, por preterição".[251] Logo, a oscilação observada entre a condição trágica e a propensão à condição anti--heroica ganha sustentação na leitura da composição da personagem central de

Felicidade. Não à toa, ao se dar conta da "irônica maquinaria em andamento",[252] posta em movimento pelos deuses e pelo destino, o narrador-protagonista cede a qualquer iniciativa de reação. E tal constatação aponta para uma inutilidade de reação diante de uma força que ele não tem competência para compreender ou mesmo revidar.

Outro aspecto muito instigante na composição das personagens romanescas encontra-se na aproximação das irmãs Kopejka a dois conjuntos mitológicos distintos. De certo modo, parece que as três Fúrias, representadas pelas três irmãs, são também redimensionadas numa outra tríade mitológica: as três Moiras (ou as três Parcas, no panteão romano). São elas, afinal, que, em relação ao destino do narrador-protagonista, atuam como "fiandeiras, medindo a seu bel-prazer a vida dos homens".[253] Se, como explica Pierre Grimal, cada uma delas está direcionada a uma etapa específica do homem, "uma preside ao nascimento, a outra ao casamento e a terceira à morte",[254] então, no romance de João Tordo, as trigêmeas cumprem um duplo papel, seja o das três Fúrias, seja o das três Moiras, posto que Felicidade realiza o batismo do narrador na sua vida como homem sexualmente ativo, numa junção de forças antagônicas que catalisam sua formação (Eros e Tânatos, amor e morte). Por sua vez, o casamento só se realiza porque, depois de Felicidade sucumbir na partilha do êxtase do gozo no momento da concretização do ato sexual, a sintonia só pode ser restabelecida entre a personagem central e a segunda irmã, Esperança. Esta, por sua vez, ao descobrir o envolvimento do marido no desfecho trágico da terceira irmã, Angélica, começa a nutrir um sentimento de aversão e de distanciamento em relação a ele, tomando um dos seus amigos dos tempos de colégio como amante. Por fim, é na revelação dessa traição, executada pelo espírito de Felicidade, antes de ela partir para a morada eterna, depois de uma sessão de exorcismo, que a morte é concretizada pelas mãos do protagonista, tendo Angélica como pivô da corrente de eventos e Esperança como a principal figura na sequência de atos que levaram a esse desfecho.

Nas suas digressões, o narrador manifesta essa consciência ao tecer inferências que denunciam sua incapacidade de reagir diante da força do destino e dos deuses. Ao recuperar a trajetória de Periandro, o imperador que matou a mulher, profanou seu corpo com atos de necrofilia e tiranizou toda a cidade de Corinto, a conclusão é determinante para impedir qualquer gesto de revolta ou inaceitação: "[...] nenhum homem escapa à sua sorte; àquela trazida por si próprio, o repto aos deuses que, caprichosamente, o castigam pelo seu atrevimento. E eu não seria exceção".[255]

Já aqui, é possível entender a expressão do narrador ao descrever esse tear da linha do destino, do seu nascimento à sua morte, como uma máquina irônica. Seu nascimento como homem, pelas mãos de Felicidade, dá-se pela fruição momentânea e curta de uma pequena sensação de prazer, gozo e alegria, logo interrompida pela morte da jovem, que desencadeia uma série de sentimentos conflituosos, desde a impotência à culpa, da falta de diligência à passividade completa. O casamento com Esperança, que poderia trazer uma sensação de recomposição da harmonia física e psicológica da personagem, acaba por desencadear a desesperança no próprio destino, realocando o protagonista ao estatuto de homem falhado, incompleto e derrotado. Por fim, é no conhecer a destemperança de Angélica, trigêmea diagnosticada com uma "doença maníaco-depressiva"[256] e marcada pela relação tóxica com Lagarto, e na ajuda para encontrar a jovem amante do amigo, que o narrador-protagonista passa a desenvolver um sentimento de desassossego e de culpa.

São, portanto, as três irmãs que acabam por fiar a trajetória do narrador: a primeira faz nascer a linha do homem que poderia ter sido, mas não foi; a segunda tenta, em vão, desenvolver a linha num bordado consistente, mas perde os pontos dessa costura, ao perceber a inaptidão do marido e seu envolvimento no suicídio da irmã; por fim, a terceira torna-se responsável pelo desfecho trágico que irá selar o final da vida do protagonista.

Nesse sentido, apesar do signo do fracasso anti-heroico presente, não deixa de ser significativo o sentido do trágico assumido na composição da personagem central, sobretudo se levarmos em consideração, tal como postulado por Gerd Bornheim, que "o trágico é possível na obra de arte porque ele é inerente à própria realidade humana, pertence, de um modo precípuo, ao real".[257] Ou seja, o trágico só se torna possível, em *Felicidade*, porque se manifesta a partir das ações do narrador-protagonista, concretizando a finitude, a contingência, a imperfeição e a limitação, como principais elementos possibilitadores dessa ordem trágica.

Interessante observar que mesmo uma momentânea sensação de redenção – a possibilidade de descobrir a traição da mulher e a revelação de que seu amante era um de seus amigos de tempos de colégio – sucumbe diante da carga de irrealização e derrota da personagem. Daí que, se João Tordo se vale de uma citação atribuída a Eurípedes, já na abertura do romance, e constrói um *incipit* com um narrador fazendo papel de coro da sua própria tragédia, não me parece que o escritor português deixaria passar de forma gratuita o segundo elemento fundamental para a criação desse romance em cotejo com o fenômeno trágico: "o sentido da ordem dentro da qual se inscreve o herói trágico".[258]

Ou seja, não se trata apenas de uma personagem que, sem forças ou medidas de reação ao destino que lhe foi imposto, sucumbe diante da potência trágica, perpetrada pelas trigêmeas, espécies de reincorporações das Erínias – as "forças da vingança"[259] – e das Moiras – as "potestades do destino".[260] Na verdade, é preciso conjugar esse narrador-protagonista, apresentado já no seu estado final de fantasma, de espírito desencarnado, ao "horizonte existencial do homem"[261] que foi.

Aliás, é o próprio João Tordo que esclarece e confirma essa possibilidade de leitura de alguns dos sentidos do trágico no seu romance:

> De certa maneira, são histórias de família, eu acho que Portugal, em termos sociais e no que respeita à família, não mudou assim muito de 1973 para 83 ou 93. Não houve uma mudança muito grande no seio familiar, se calhar mudaram as coisas físicas, os eletrodomésticos que temos em casa, os objetos e a maneira como nos relacionamos com os espaços. Mas as nossas relações pessoais, culturais e familiares mantiveram-se muito idênticas. Portanto, eu, tendo nascido em 75, consigo perfeitamente compreender como funciona uma família portuguesa desse tempo. Depois, há a questão de atravessar o período da revolução e para mim era muito interessante ver *como é que um personagem reagia à sua tragédia pessoal que, tendo acontecido, ele sente a sua dor e aquele estado de dormência e perante a revolução e a mudança no país fica só a assistir.* Mesmo no livro diz: "Tenho muita pena de não ser um desses jovens que andam para aí nas ruas a gritar pela revolução, mas a única coisa que consigo fazer é assistir". É esse lado de espectador do que está a acontecer fora, e o fato de aquilo que lhe aconteceu dentro ter contaminado tudo, que é um bocadinho o cerne emocional da história.[262]

Ao que tudo indica, não se pode desvencilhar o protagonista do seu tempo, e, mesmo se ele é inominado, numa estratégia muito bem-sucedida de aproximação do(a) leitor(a) à criatura ficcional, o tempo surge cronologicamente demarcado, com diversos índices e eventos identificadores das turbulentas décadas de 1970 e 1980. Dessa forma, na minha perspectiva, só é possível dimensionar o aspecto trágico em *Felicidade* se considerarmos as ações da personagem central e as contingências de seu horizonte existencial no cenário português das últimas décadas do século XX.

Ainda assim, é preciso alertar que isso não significa uma carga negativa na representação das diversas esferas espaciais (econômica, social, política, cultural, artística, interpessoal e afetiva); ao contrário, posto que, nesse Portugal de transição, de um país tomado pela censura e pelo medo de se expressar, tal como nos tempos da ditadura salazarista e da pretensa primavera marcelista, ao cenário de uma nação tomada pelos ares da liberdade e da esperança democrática, João Tordo entabula o "fundamento último e radical do trágico", qual seja, "a ordem positiva do real: desde que o real tenha valor positivo, o trágico se pode verificar".[263]

Num instigante paradoxo, a condição trágica parece se instaurar em *Felicidade* graças à conjugação das ações anti-heroicas do narrador-protagonista e da sua sensação de falha e de inaptidão à positividade do horizonte de expectativas do real português, efabulado na trama e alimentado pelo eclodir da Revolução dos Cravos. Não à toa, o olhar corrosivo lançado sobre uma geração que parece esperar tudo acontecer, sem se envolver com os caminhos da coletividade, compõe uma visão crítica extremamente ácida dessa geração para o Portugal do século XXI: "[...] nesses meses em que *Portugal entrava em ebulição*, eu *temperava com água fria* qualquer devaneio e planeava casar-me e *ter uma vida certinha, porque não era capaz de fazer outra coisa*".[264]

Se o trágico depende do "modo como a verdade (ou a mentira) do homem é desvelada",[265] então, a *aletheia* do narrador-protagonista desnuda o próprio fracasso do homem que foi. Sem a felicidade do amor, sem a esperança no restabelecimento da harmonia, a única solução possível surge na aceitação do seu destino ligado às trigêmeas e na consumação fatal do seu desfecho, atirando o carro de Esperança e António ao precipício e lançando-se em seguida. Mesmo aí, mais uma vez, a roda do destino não parece parar de girar, porque o limbo desabitado dos espíritos das irmãs que aguardavam sua retirada total, depois das sessões de exorcismo, passa agora a ser ocupado pelo espírito solitário do narrador, que, mais uma vez, graças à "ironia do destino", se encontra "novamente só".[266]

Ironias à parte, gosto de pensar que toda essa conjugação do trágico e seus sentidos perceptíveis na trama de *Felicidade* não ocorre isolada e isenta de uma profunda contraposição na construção romanesca. Quero com isso dizer que, ao lado do trágico, muitas situações efabuladas brincam com o humor, a partir da destilação de cenas irônicas e desconstrutoras de qualquer indício de seriedade que poderia contribuir para a formação do narrador. Poder-se-ia pensar, nesse sentido, na montagem das ações do enredo como uma espécie de *drama giocoso* em que elementos trágicos e cômicos convivem em perfeito equilíbrio e realçam a condição precária do protagonista.

***

Aqui, parece-me pertinente sublinhar que, longe de desenvolver um distanciamento com o(a) leitor(a), o desânimo do narrador contamina aquela apreensão da atenção, desenvolvida ao longo da abertura, e a subverte em vários momentos, procurando prender através de expressões de controle da narração e de chamamento daquele(a) com termos interlocutivos. Colado a um Portugal muito próximo do vivido nas décadas de 1970 e 1980, o romance de João Tordo apresenta uma realidade identificável e perceptível. Logo, torna-se fundamental verificar que essa mesma inserção numa realidade humana e num real identificável possibilita operar uma leitura de *Felicidade* tanto pelo viés da condição trágica quanto pelo do anti-heroico, e também pelo do cômico.

Nesse sentido, o *incipit* revela o caráter trágico do protagonista, sua condição de incompletude e a busca vã por uma superação, sobretudo porque o espaço ocupado por ele, sozinho, enquanto espírito fantasmagórico, é o mesmo que fora tomado por Felicidade. Se, como crê Umberto Eco, "um mundo ficcional é um estado de coisas incompleto",[267] então, o romance de João Tordo cumpre, desde o início, o papel de efabular "existências fantasmagóricas"[268] plenamente incompletas.

Ao processar a exposição da condição parcial e pendente do protagonista, antes mesmo de este desenvolver os elementos fatais do seu desfecho, o narrador investe em seu envolvimento com Felicidade, a irmã que "ia ao meio, como sempre",[269] entre Esperança e Angélica, e na forma fulminante com que ela consome suas atenções a ponto de revelar a atração e o magnetismo entre os dois, diante da sedução produzida pelo breve cruzamento de olhares entre eles, após o desprezo das trigêmeas por Faisão, ignorando a ameaça do jovem e, mais uma vez, reduzindo-o a uma condição ignóbil:

> Quando recordo esses dias, a memória mais intensa é a do rosto de Felicidade quando as trigêmeas passaram por Faisão. Ainda não vos disse, mas foi nesse momento que me apaixonei por ela. Encaixada no meio das suas réplicas enquanto se afastavam da multidão desiludida à porta do liceu, ela olhou uma vez para trás. Só uma vez, e por brevíssimos segundos. E foi para mim que olhou, para o rapaz inocente que eu era então, encostado ao portão, enquanto o Sr. Américo tentava forçar a debandada dos alunos antes da cena de violência.
> Talvez a memória me engane, mas quase posso assegurar que Felicidade me piscou o olho.[270]

Como já sublinhado, ao longo de toda a narrativa, o narrador-protagonista exibe sinais de um controle absoluto sobre a matéria recuperada pela memória, concatenando as instâncias actanciais e mobilizando polos no tecido da efabulação. Paralelas às cenas de violência e de revelação da tragicidade da trama, não se pode negar que o romance desenvolve outras de puro encantamento e simplicidade, como as de troca de olhares, de um possível piscar de olhos, de uma sedução lançada e recebida. E, para além dessas, há de destacar aquelas demarcadas por comicidade, em que se destilam ironia e humor, sobretudo nas descrições das relações sexuais, das ereções espontâneas do protagonista, seja na sua juventude, seja na fase adulta, por causa de uso de medicamentos, ou, ainda, nas de masturbação para satisfazer a um desejo momentâneo:

> Uma vez – ainda hoje me envergonho de confessar isto –, até o fiz na aula de Ciências, no antigo laboratório. Estava sentado na última fila, enfiei a mão no bolso das únicas calças de ganga que tinha e, contemplando as saias das trigêmeas, sentadas na frente da sala, perto de onde o professor se encontrava, explicando-lhes como chegar a uma determinada reação química (como ele não ficava excitado de estar tão perto delas era um mistério para mim), demorei menos de três ou quatro minutos a explodir nas cuecas, bastando, para tal, massagear, por cima da ganga, com os dedos, o meu pênis intumescido. Que delírio! E que arrependimento... Fiquei com uma enorme mancha na parte dianteira das calças de ganga, que tentei esconder carregando os livros à frente, não conseguindo evitar os olhares surpreendidos de algumas raparigas e os risos de António, Núncio e Lagarto, os meus amigos da altura.[271]

Em muitas situações, como a acima citada, o pênis do protagonista chega quase a ganhar o estatuto de um personagem autônomo, como se se tratasse de um outro, de uma alteridade incontrolável. Se as ereções espontâneas chegam a ser compreensíveis numa personagem adolescente, com a sexualidade a aflorar pelos poros, não deixa de ser curioso constatar que estas continuam a acontecer com o narrador em fase adulta, numa espécie de concretização do total descontrole diante do seu corpo e das vontades desse outro que assume ações involuntárias nos momentos mais imprevisíveis:

> Recordo-me muito bem desse momento, porque nunca antes me tinha sentido tão sozinho: o meu pai manifestava sinais preocupantes de insanidade, a minha mãe obcecava com a água suja do capitalismo e eu casara com uma mulher que não amava porque me convencera de que era o melhor que podia almejar nesta vida. Curiosamente, sentado naquele cubículo, tive vontade de rir. Em vez da melancolia habitual, fui assaltado por Momo, a divindade zombeteira, que equipara a culpa à comédia, e a desgraça ao sarcasmo. O riso é a última instância do desespero e da solidão; por isso, ri-me com gosto, umas quantas gargalhadas sonoras que ecoaram pela quietude da casa de banho. A seguir, possivelmente devido à carência provocada pela interrupção das masturbações dominicais no promontório de Monsanto, o meu sexo respondeu ao apelo da comicidade da minha situação e pôs-se em sentido.
> És tão ridículo, pensei, e masturbei-me furiosamente dentro do cubículo, de pé, a chamar nomes irreproduzíveis à defunta e à minha mulher (e até a minha própria mãe), e ejaculei na retrete, sentindo o enorme prazer de o meu sêmen atingir a água com raiva, que era o corolário de todos os anos que tinham passado desde aquela noite fatídica.[272]

"Tudo iria à medida dos desejos se não houvesse o pênis",[273] assim expõem radicalmente Jean-Paul Aron e Roger Kempf sobre a atuação da genitália masculina na desmoralização do Ocidente. Ao que parece, mesmo não tendo uma repercussão tão drástica nos percursos das personagens e na trama ficcional *per se*, as desmedidas do narrador-protagonista ocorrem também por causa do seu órgão sexual, que, em muitos momentos, parece ditar os rumos do seu dono, como se fosse uma entidade capaz de caracterizar o protagonista.

Tanto assim é que, no retorno ao convívio no colégio, depois da morte de Felicidade, o tratamento dado ao protagonista pelos amigos e colegas incita um imaginário em que o pênis ganha uma sobreposição ao homem que o possui: "[...] todos os gajos da escola te admiram, fornicaste uma rapariga até a morte, deves ser um garanhão, até já se fala do tamanho do teu caralho, alguns dizem que é maior do que o do Faisão".[274]

A construção desse imaginário peniano, a ponto de se empregar a expressão "homicida sexual"[275] para designar a atuação do protagonista na fatalidade do episódio com Felicidade, muito se aproxima, é certo, da narrativa mitológica de Dionísio, enfurecido pelo assassinato de Icário, um camponês de Atena que havia distribuído uma safra do seu vinho mais puro aos amigos, sendo que estes, mal provaram a bebida, caíram em sono profundo. Acreditando que se encontravam mortos, os vizinhos castigaram Icário e mataram-no, o que acabou por despertar a ira de Dionísio, que surgiu como um jovem efebo e seduziu todos os homens, deixando-os em estado de pura excitação. Feito isso, tornou-se invisível e fez pousar sobre os habitantes um desejo sexual incontido; somente com a fabricação de pequenas figuras de pênis em terracota, oferecidas ao deus do vinho, esse castigo foi amenizado.

No entanto, Dionísio não se satisfez com a oferenda e voltou a despejar sobre o país de Icário toda a sua cólera, espalhando um "impulso erótico que nada pode acalmar",[276] de duas formas distintas: a satiríase, quando "o ato sexual é entregue a ele mesmo, seguido de um dispêndio infinito, com gozo, porém, exagerado, excessivo, até o esgotamento mortal",[277] e o priapismo, caracterizado pelo "aumento permanente do pênis, sem gozo. O membro é paralisado, sem perspectiva de volúpia. É o pênis de pau, de pau seco. Sofrimento mais impotência".[278]

Ora, interessante observar que esse mesmo processo se abate sobre o protagonista, acentuando, de certo modo, o caráter cômico da própria situação. Se o encontro fatal com Felicidade ganha contornos de um castigo lançado em que o esgotamento mortal tem efeitos colaterais sobre a jovem, deixando o rapaz com a popularidade de ser portador de um órgão sexual assassino, também com Esperança, a mesma situação ensaia uma repetição, posto que, de um "incompetente para o desempenho sexual",[279] o narrador passa a viver experiências com a jovem, na pensão no Castelo, em que frases retiradas de "livros eróticos que a censura proibia"[280] causavam um efeito imediato de excitação: "[...] e eu sentia que os meus testículos de rapaz jovem se enchiam de alguma coisa morna e densa e todo o meu corpo latejava quando atingia o orgasmo. Oh, dizia Esperança, e fechava os olhos".[281]

Na verdade, ao longo de toda a trama, há momentos em que o pênis parece ganhar vida autônoma e desenvolver caprichos próprios, ora se erigindo em instantâneos inesperados e causando constrangimento não apenas ao protagonista, mas também àqueles que acabam contemplando o espetáculo à sua volta, ora se negando a levantar e a atingir o ápice do orgasmo, com uma dor localizada, deixando o protagonista com a temeridade de não mais expelir o esperma e ficar "para sempre com aquela sensação terrível de estar próximo do prazer sem nunca conseguir lá chegar".[282] Não à toa, a própria atitude do narrador concede, muitas vezes, um caráter de comicidade à situação, com descrições e diálogos inusitados, esperando encontrar na sua genitália um interlocutor capaz de explicar a fatalidade do seu destino:

> Baixei o olhar para o lavatório e abanei a cabeça em silêncio. A torneira pingava. A voz da minha mãe, mais aguda do que as outras, chegou-me aos ouvidos com uma pontada de angústia. Abri a braguilha e peguei no meu pênis inerte, ainda satisfeito do momento em Monsanto. És um assassino, disse eu, não tens vergonha?, proferi, baixinho, ao meu membro ainda morno. Ele respondeu com o silêncio das coisas sem consciência. Se o meu pênis tivesse ombros, tê-los-ia encolhido naquele instante.[283]

Numa estranha ironia do destino, mesmo nos momentos em que a ereção do protagonista ocorria em períodos intermitentes, a única garantia de sucesso restringia-se a quando ele e Esperança se deslocavam a Monsanto, ao mesmo local onde o protagonista perdera a virgindade com Felicidade e tivera seu primeiro orgasmo. Ao contrário da fatalidade do desfecho daquele primeiro encontro com uma das trigêmeas, as cenas acima, ocorridas no banheiro de um restaurante e da casa da mãe, demonstram uma capacidade de criar situações em que a comicidade e o riso, na evocada entidade mitológica de Momo, desdobram uma outra tonalidade na trajetória do protagonista, posto que é na fixação do descontrole físico do protagonista e na sua tentativa de dialogar com o órgão sexual que parece residir a fórmula de instaurar a rasura da irreverência com os embates do homem com seu pênis.

Na verdade, gosto de pensar que esse caráter cômico desenvolvido por João Tordo em *Felicidade*, a par dos muitos caminhos teóricos oferecidos pelas vias críticas do século XX, encontra uma ancoragem muito propícia à concepção de

Umberto Eco, que considera o cômico como uma espécie de jogo que depende de uma série de exercícios físicos, como quaisquer outros na dimensão humana, incluindo o sexo. Daí que, na explicação do ensaísta italiano, o cômico pode manifestar-se, ora na sublimação do amor platônico ou num simples abraço e numa carícia, ora no prazer dual e/ou coletivo da práxis sadomasoquista, ou mesmo no prazer de uma pessoa sozinha.

Segundo ele,

[...] o cômico (com o seu corolário não necessário nem suficiente, o riso) é da própria natureza. Somos *homo ludens*, assim como somos *homo ridens*. E se rimos, sorrimos, brincamos, arquitetamos sublimes estratégias do risível – e somos a única espécie a fazê-lo, pois estão excluídos dessa sorte os animais e os anjos – é porque somos a única espécie que, não sendo imortal, sabe que não o é. [...]. O cômico e o humorístico são o modo com o qual o homem tenta tornar aceitável a ideia insuportável da própria morte – ou arquitetar a única vingança que lhe é possível contra o destino ou os deuses que o querem mortal.[284]

Com tal premissa, compreendemos a natureza espectral do narrador-protagonista, posto que sua condição de espírito desencarnado lhe confere a capacidade de tentar desafiar o próprio destino que lhe foi imputado pelos deuses e que ele, de antemão, conhece, ora pelo desvendar de uma incompletude, de uma finitude, de uma imperfeição, de uma limitação e de uma contingência trágicas, ora pelo desfiar de um jogo entre o cômico e o riso corolário.

"Não há comicidade fora daquilo que é propriamente *humano*",[285] ensina-nos Henri Bergson. Logo, ao narrar a partir da esfera do limbo, de um *locus* supra-humano, o protagonista urge recuperar um último fôlego de humanidade para conferir à sua história o estatuto não de um relato exclusivamente funéreo ou trágico, mas de uma narrativa ambígua e irônica, posto que, com a articulação de uma memória cômica, afasta, pelo menos por alguns instantes, a presença da indesejada e, ao mesmo tempo, acaba por validar a sua inexorabilidade, visto que já se encontra na condição espectral.

Desse modo, na conjugação de cenas de forte caráter trágico, com outras de acentuada comicidade, acredito que João Tordo consegue construir, em *Felicidade*, tal como ele próprio chega a confessar, um romance com um enredo trágico, mas que não suporta tal classificação unilateral, porque a presença do cômico em muitas cenas inusitadas, como as acima mencionadas, garante à obra uma aproximação ao tragicômico. Aliás, o despudor com que aborda as questões relacionadas ao despontar da sexualidade na adolescência, o encontro com Felicidade, que iria marcar a trajetória do protagonista, os gestos desajeitados para conseguir engatar Esperança e atingir o orgasmo, já na fase adulta, constituem uma série de exemplos que nos permitem pensar o romance de João Tordo na esteira daquela "exacerbação da vida sexual",[286] característica da produção ficcional pós-1974, ou, ainda, do desocultamento absoluto do "tema da descrição dos atos heterossexuais".[287]

Nesse viés, é possível pensar o tragicômico, *grosso modo*, como um gênero híbrido unificador do trágico e do cômico, neutralizando momentaneamente a dureza de um e a crueza de outro, e, por conseguinte, como uma das vertentes presentes no romance de João Tordo, até porque, ao longo da narração do protagonista fantasma, algumas das cenas procuram de certa forma adiar e até evitar o *pathos* do desfecho. No meu entender, o efeito alcançado pelo autor português em cenas dessa natureza muito se aproxima daquele "exorcismo mimético"[288] de que nos fala Ítalo Calvino. Ao reunir dois elementos muito próximos entre si, o ensaísta italiano chama atenção para o fato de que "o riso também é defesa da palpitação humana diante da revelação do sexo".[289] Com esse procedimento, descentra-se a atenção total sobre o ato sexual em si, como uma espécie de necessidade de dominar "a agitação absoluta que a relação sexual pode desencadear".[290]

Não se trata de coisificar ou simplificar os gestos e os desejos sexuais, posto que, no meu entender, com tal "exorcismo mimético",[291] no tocante à *Felicidade*, João Tordo constrói um narrador-protagonista, na esfera de uma condição supra-humana e com uma posição privilegiada de espectro, de fantasma, capaz de rememorar todas essas ocorrências e descrever a seus(suas) leitores(as)/interlocutores(as), de forma bem generosa, as "relações sexuais como fatos da vida em meio a outros fatos da vida".[292]

Assim, a ironia e as cenas de descrição de sexo sem qualquer pudor, aliadas à carência afetiva do protagonista, à sua ligação com tio Joaquim (espécie de pai substituto, diante da frieza do arquiteto) e às contrariedades vividas dentro de casa, concedem ao protagonista do romance uma categorização oscilante, entre a condição trágica, o comportamento anti-heroico e a articulação de gestos cômicos. Aqui, aliás, encontra-se um dos pontos fortes desse romance, porque instaura um narrador-protagonista poroso na sua construção, capaz de mobilizar mecanismos não apenas no *incipit* e no *explicit* de sua autodiegese, mas também no desenvolvimento, no desenrolar dos fios da trama.

***

Escritor acostumado a novas aventuras na criação ficcional, tal como ocorrera com *A noite em que o verão acabou*, de 2019, em que investe na construção de um *thriller*, ainda que ele próprio não o considere assim, mas "uma história de amor e de perda, cujo cenário é um homicídio numa pequena vila americana",[293] em *Felicidade*, João Tordo não deixa de surpreender novamente, na medida em que incorpora, reverbera e remodela os sentidos do trágico, na composição do seu narrador-protagonista, ao mesmo tempo que indica a abertura de vias de leitura próximas do romance de tonalidade fantasmagórica.

Claro que não estou afirmando que a presença de um protagonista fantasma indique uma insinuação nos caminhos de um romance policial, até porque a trama não envolve a ocorrência de qualquer crime, nem a presença de um assassino ou mesmo um *serial killer* e, em contraposição, de um detetive ávido por descobrir a autoria da(s) morte(s) e colocar um fim ao mistério estabelecido pelas evidências. O caminho parece-me ser bem diverso desse. Ainda que exista um certo suspense inicial, causado muito mais pela forma com que o narrador-protagonista tenta se aproximar de seus(suas) leitores(as), estabelecendo com eles(as) uma iniciativa de sintonia, e pela suspensão momentânea na revelação de sua condição efetiva como um espírito desencarnado a vagar pelas sepulturas num cemitério, *Felicidade* deixa algumas pistas para promover uma leitura pelos caminhos de um tipo de história de assombração na clave das *narrativas fantasmagóricas*.

De acordo com Maria Leonor Machado de Sousa,[294] não há como afirmar que, em Portugal, existe uma tradição consolidada da literatura de horror, tal como estabelecido em outros cânones europeus, como o inglês e o francês, por exemplo. É certo, no entanto, que a cultura e as artes portuguesas conseguiram desenvolver algumas vertentes do gênero nas categorias do fantástico e do gótico, com alguma produção de notoriedade. No entanto, a par dos muitos exemplos por ela citados e analisados, saídos de obras de escritores como Almeida Garrett, Alexandre Herculano, Álvaro do Carvalhal, Camilo Castelo

Branco, Eça de Queirós e Fialho d'Almeida, no século XIX; e Branquinho da Fonseca, Domingos Monteiro, Fernando Pessoa, José Régio e Mário de Sá-Carneiro, no século XX; fato é que há uma miríade de escritores(as) que cultivaram essa tipologia ficcional e não figuram nos manuais de literatura ou nos estudos sobre essa categoria genológica, como são os casos de Aires Pinto de Sousa, António Pinto Cunha Soto-Maior, Augusto César Correia de Lacerda, Eduardo de Faria, Guilherme Centazzi e Matilde de Santa Ana e Vasconcelos, entre outros(as).

Independentemente de haver ou não uma sistematização consolidada dessa forma de narrar o sobrenatural, as narrativas fantasmagóricas e as personagens espectrais não são uma novidade ou uma ausência absoluta no sistema literário português. Basta mencionar, a título de exemplo, a emblemática entrada em "A dama pé de cabra", de Alexandre Herculano, em que o narrador exorta os(as) leitores(as) a respeito da matéria central da efabulação, numa tentativa de alcançar sua confiança para um pacto de credibilidade das aparições inexplicáveis na trama: "Vós os que não credes em bruxas, nem em almas penadas, nem nas tropelias de Satanás, assentai-vos aqui ao lar, bem juntos ao pé de mim, e contar-vos-ei a história de D. Diogo Lopes, senhor de Biscaia".[295]

Chama atenção essa passagem da conhecida novela do autor de *Lendas e narrativas*, porque, de certo modo, tal como constatamos na análise do *incipit* do romance em estudo, João Tordo parece também imprimir esse chamamento de sintonia e intimidade com o(a) leitor(a), não para contar a história de outro, mas do próprio narrador-protagonista que, na condição de fantasma, tem a possibilidade de recuperar pela memória os principais eventos que o levaram a habitar o limbo.

Aliás, o próprio autor adverte para tal forma de construir a narrativa, de ir piscando o olho numa textualidade mais próxima, quando, em obras anteriores, como *As três vidas*, de 2008, e *A noite em que o verão acabou*, de 2019, investe e consolida (n)esse "diálogo entre a linguagem, a voz, a narrativa e o diálogo com o leitor".[296]

Por essa premissa inicial, fica clara a absorção desse tipo de efabulação no bordado de *Felicidade*, porém sem a preocupação de provocar no(a) leitor(a) reações como o horror, o terror ou o medo. Acredito, inclusive, que ele lança mão de tal recurso muito mais para chamar atenção e seduzir a entrar no emaranhado da história, estabelecido desde o início pelo tom do seu protagonista fantasma. Na verdade, a estratégia da fantasmagoria das personagens (o narrador, Felicidade e, depois, Angélica) pode ser entendida como um modo de ver o mundo e de demonstrar que o percurso do narrador está atrelado ao das trigêmeas, todos eles mortos com uma participação direta ou indireta do protagonista, sem que sobre ele caia a culpa ou a circunstância de assassinato premeditado.

Quero com isso sinalizar que, se o *incipit* de *Felicidade* indica uma apropriação particular de João Tordo do modo de construir um "mundo diferente, com características físicas, perspectivas e lógicas muito suas",[297] isso se deve, sem dúvida, à representação credível e coerente de uma realidade portuguesa das décadas de 1970 e 1980, pela ótica de um espírito desencarnado, vagueando sobre a sua sepultura e a das trigêmeas. Por essa lógica muito particular, já presente na maneira de começar a trama, o narrador vai desenvolvendo sua trajetória, conectando os fatos e os eventos à sua condição espectral.

Ao colocar duas das trigêmeas (Felicidade e Angélica) nessa mesma situação, entendo que se torna impraticável desligar os diferentes caminhos traçados pelas personagens como se fossem fios incomunicantes. Daí que, no meu entender, o *incipit* de *Felicidade* corresponde à consistência proposta por Ítalo Calvino, na medida em que não é "possível isolar uma história individual" – ainda que a trama parta necessariamente dela –, quando ela se dispõe a "implicar outras histórias que a atravessam e 'condicionam' e estas outras mais, até se estender a todo o universo".[298]

Tal como vimos nos exemplos citados e analisados na seção anterior, por mais de uma vez o narrador-protagonista afirma a impossibilidade de se desligar da linha tecida pelas Moiras e de resistir ao destino traçado pelos deuses. Sua condição fantasmagórica do *incipit* tem uma ligação com o contato imediato estabelecido com o fantasma de Felicidade ao longo da trama. No "Primeiro ato", ela comparece no interior dos pesadelos, circunscrita assim apenas ao universo onírico fechado da personagem principal. Já no "Segundo ato", o casamento com a irmã Esperança parece reacender no protagonista um movimento de redenção, mas que, na verdade, não ocorre, porque a união é baseada numa tentativa de substituição impossível. Esperança não é Felicidade – "[...] na vastidão do espaço e na imensidade do tempo, era um suplício partilhar um planeta e uma época com uma mulher que era o simulacro da verdadeira"[299] –, e essa contingência leva o narrador, mais adiante, a uma conclusão fatal: "Felicidade, eternamente jovem, era a nossa glória e o nosso peso, a nossa alegria e o nosso fardo".[300] Por fim, no "Terceiro ato", dá-se o encontro entre o jovem e sua antiga paixão dos tempos de adolescente, agora presente em forma de um espectro visível, como se esta fosse um corpo concreto e palpável:

> E foi então que, do fundo da minha prolongada neurastenia, os mortos regressaram. Não o digo metaforicamente. Estou a dizer-vos que, deitado em posição fetal, abri os olhos e vi, no canto do quarto, sentado numa cadeira que ali se encontrava sem qualquer utilidade, o fantasma de Felicidade. Era real, extraordinariamente real. Usava a mesma camisola azul-turquesa do nosso encontro, mas estava descalça, de cabelo solto e muito mais pálida do que eu a recordava. Tinha uma maçã verde na mão direita e, levando-a à boca, mordeu-a com prazer. O som foi agradável, o primeiro som agradável que escutei em muito tempo.[301]

Se, nos dois primeiros atos, a fantasmagoria surge anunciada, mas nunca concretizada numa aparição no cotidiano do narrador-protagonista, é no último ato, ou seja, na preparação do *explicit* da narrativa, que aquela condição fantasmagórica apresentada na abertura começa a desenhar um caminho de desfecho. Vale destacar que o próprio caráter fantástico que poderia emergir da cena desse reencontro é neutralizado, na medida em que a experiência anterior de ver e conversar com o espírito do falecido tio Joaquim instaura uma espécie de normalidade que não deixa o(a) leitor(a) em dúvida a respeito da natureza da jovem reaparecida num corpo espectral.

Antes mesmo de morrer e se tornar também um fantasma, o narrador-protagonista já manifestara a dupla habilidade de se comunicar com os espíritos e de os ver numa forma corpórea etérea. Por isso, a procura pela ajuda médica com um psiquiatra e a utilização de antipsicóticos, como Haldol e Flufenazina, nada adiantam mediante a força de imposição da linha tecida e estabelecida pelas trigêmeas. Potência, aliás, confirmada pelo fantasma de Felicidade, ao chamar atenção do antigo namorado: "Isso é ingenuidade tua, meu amor, como é que um medicamento podia fazer-me desaparecer de vez, quando um ataque cardíaco fulminante não deu conta do recado?".[302]

Ainda aqui, João Tordo vale-se da mesma carga de tragicomicidade, ao aliar ao drama vivido pelo narrador-protagonista já adulto, de ter de recorrer a medicamentos em altas doses para tentar dissipar as aparições de Felicidade – que ele julgava se tratar de um distúrbio psicológico –, as ocorrências inusitadas de ereção de seu pênis, novamente, como se se tratasse de uma entidade com vida própria e fora do controle de seu portador:

> Entretanto, as doses mais altas do medicamento produziram outro efeito paradoxal. Por um lado, a minha sexualidade abateu-se, como previa a bula: deixara de sentir desejo; por outro, os medicamentos persistiam em provocar-me ereções, e nas alturas menos próprias. Num dia chuvoso do princípio de 1987, enquanto me reunia com o diretor do Lisboa Ginásio Clube para planearmos as atividades desse semestre, lembrei-me do diretor do Passos Manuel – aquele homem carinhoso, abnegado. [...]. Ao regressar à realidade, reparei que o diretor do ginásio, um homem abespinhado e pouco simpático, sobrinho-neto de Vassalo de Araújo (um dos fundadores) e amigalhaço do avô de António (o tal Lucena da Marinha), olhava para o meu baixo-ventre com um certo rubor nas faces. Por baixo das calças de ginástica, eu tinha o pênis em riste, fruto de uma ereção que chegara sem aviso, como se a conversa sobre as festas de aniversário dos alunos me entusiasmasse daquela maneira.
> Envergonhadíssimo, pedi desculpa e apressei-me a empurrar o meu sexo ereto para baixo. O homem não disse nada, limitando-se a prosseguir com os nossos assuntos. Quando saí do gabinete, ouvi-o soltar um suspiro de alívio. Meti-me no carro e fui direto a Monsanto, mas Felicidade não apareceu, e, quinze minutos após ter estacionado, incapaz de ter um orgasmo, agarrado ao pênis assassino que se recusava a ceder, comecei a chorar e encostei a cabeça ao volante, finalmente derrotado.[303]

Por mais que a conclusão da cena acima sugira uma simpatia do(a) leitor(a) para com o protagonista, toda a sequência narrada não deixa de transmitir uma comicidade diante da ereção inusitada, num ambiente descontextualizado de qualquer insinuação erótica e antecipado por uma memória afetiva de um dos seus professores do passado. Na verdade, a personagem manifesta um completo e total estado de derrota, que nem mesmo a excitação é capaz de reverter. A inconclusão da ereção no orgasmo demonstra sua dependência não mais do corpo físico de Felicidade, mas de sua presença fantasmática, o que não deixa de ser irônico, afinal, aquela que morreu nos seus braços, no mesmo espaço de Monsanto, é a responsável por revisitá-lo para, sem a eroticidade do corpo concreto, promover alguns momentos de gozo do pênis assassino.

Não resta dúvida, portanto, de que estamos diante de uma história marcada pela presença de espíritos que coabitam o mundo dos vivos, exercem influência e interferem no cotidiano das personagens. Se assim ocorre com a personagem principal, o mesmo se dá com Fernando Lagarto, responsável direto pelo suicídio de Angélica, com quem mantinha uma relação tóxica e violenta.

Na preparação do *explicit* do romance, a proposta de consistência calviniana confirma-se, na medida em que todas as situações que garantem a *Felicidade* o estatuto de narrativa fantasmagórica e de assombrações robustecem a trama e conferem à sua conclusão aquela "multiplicidade do existente ou do possível", em que os vivos, os mortos e os espíritos emergem como uma "poeira de possibilidades que se agregam e desagregam".[304]

Para argumentar em favor desse caminho de leitura, recorro à definição de Jacqueline Simpson sobre a matéria principal desse gênero textual:

O conceito de assombração desenvolve-se fundamentalmente em duas esferas. Uma é física – o *cadáver* reanimado, emergindo da sepultura como um *zombie*, um *vampiro* ou o *draugr* da Islândia medieval, cuja evocação provoca invariavelmente terror. A segunda e mais divulgada prende-se com a manifestação (geralmente breve) da *alma* do morto aos vivos, que pretensamente a podem ver ou ouvir. As reações emocionais a esta possibilidade são muito diversas, indo desde a piedade ao *medo* e ao desespero, e são muito influenciadas por padrões culturais e religiosos. Historicamente, predominam as reações negativas às assombrações. Muitas religiões professam que os mortos têm o seu próprio lugar ou estado – a vida após a morte, ou o mundo do Além onde permanecem, se tudo corre bem. As assombrações podem exercer uma influência benévola sobre os vivos, enquanto *antepassados* protetores ou santos. Em algumas culturas existe a ideia de que os mortos regressam anualmente em grupo, mas a aparição individual de uma assombração entre os vivos indica que algo correu mal. Nas literaturas antigas é comum que as assombrações procurem a vingança ou exijam *ritos funerários* adequados, sendo mais raro que ofereçam ajuda aos vivos. [...]
As assombrações podem aparecer por vários motivos para repreenderem ou avisarem os vivos, por terem morrido tragicamente e antes de tempo, por terem sido vítimas de crimes, ou por terem elas próprias cometido crimes, ou por não lhes ter sido feito um funeral condigno. [...]. As assombrações são espíritos "presos à Terra", incapazes de passar para um plano mais elevado, onde deveriam estar, e que requerem rituais benévolos para os ajudar nessa passagem. Outra, que ganhou grande aceitação popular, defende que as assombrações não implicam a presença

real dos mortos, sendo antes "recordações de acontecimentos passados" que estão de alguma maneira gravadas nos locais onde ocorreram. A telepatia entre os vivos e os moribundos ou os recentemente mortos também é frequentemente considerada plausível. [...]. Os espectros, além de assumirem a forma humana, também podem aparecer como luzes, como formas indefinidas, como animais, como esqueletos, e há os que podem apenas ser ouvidos, mas não vistos. Algumas lendas terminam com um exorcismo, em que o sacerdote bane o espírito para dentro de um lago, ou o prende debaixo de um pedregulho; noutras, o espírito prossegue a sua caminhada. [...]. As histórias de fantasmas na literatura têm constituído um gênero florescente desde o período romântico.[305]

Pela explicação acima, fica claro que o romance de João Tordo mobiliza personagens na segunda esfera das assombrações, posto que tanto o narrador-protagonista, já a partir do *incipit*, quanto Felicidade e, depois, Angélica fazem parte da classe de espíritos desencarnados que ora se manifestam visivelmente a algumas criaturas, ora são invocados nos ritos de exorcismo, dirigidos pela avó de Núncio.

Aliás, essa personagem contribui de forma decisiva para a instauração do clima de composição de uma "história de amor e assombração".[306] Descrita como uma senhora "espírita, que falava com as almas do Além",[307] com poderes adivinhatórios, capazes de revelar a data e a hora da morte de alguém, ela surge na trama, logo depois do reencontro entre o protagonista e o antigo amigo da escola, a que o narrador define como uma das engrenagens executadas pelos deuses. Toda a sua descrição obedece a um rigor de construção daquelas personagens criadas sob o signo do medo do desconhecido e do terror dos espíritos causado sobre os vivos. Sua própria entrada no cômodo do apartamento onde os três amigos se encontravam performatiza uma dinâmica dramática, impondo-lhe um grau de importância para o momento da *anagnórisis*, da descoberta dos planos elaborados pelas irmãs no Além:

> Estava prestes a levantar-me e ir-me embora quando, do corredor que conduzia às traseiras da casa, surgiu uma mulher de uns oitenta anos, apoiada numa bengala. Chico segurava-lhe a mão livre. Era uma figura assustadora, parecida com as mulheres vestidas de preto que andavam pelo Jardim da Estrela a tentar ler a sina aos miúdos por dez escudos. Aparentemente, impunha grande respeito naquela casa. Avozinha, disse Núncio, levantando-se para lhe arranjar um lugar à mesa e servindo-a de um copo de água cheio até a borda. A mulher era cega, os olhos

cobertos por uma película esponjosa. Ficou assim por causa da diabetes, explicou Núncio, ajudando a senhora a sentar-se à minha frente. [...]. Era aquela a "bruxa" de que se falava na escola, a famosa espírita da Madragoa que cobrava dinheiro para adivinhar o futuro das pessoas e [se] comunicar com o Além.

O rosto de Maria da Palma era raro: infinitamente gretado, quase cinzento, como terra bolorenta e ressequida; os lábios sumidos, um bigode de pelos hirsutos, os olhos esbranquiçados da cegueira.

Ouvíamos Chico a brincar no corredor, quando, sem aviso, a mulher estendeu o braço e agarrou a minha mão direita. Tinha os dedos gelados. Quis retirar a mão da sua, mas uma força superior não me permitiu. Não tenhas medo, disse a velha numa voz surpreendentemente límpida, o luto demora muito tempo e é feito dos dois lados, aqui e no Além, a solidão faz parte do teu caminho. Voltou-me a mão ao contrário e começou a esfregar o polegar frio na minha palma. À minha direita, Lagarto tornara a fechar os olhos; à minha esquerda, Núncio fumava, observando-nos. Quanto mais dependes da falecida, mais dificuldade terás em sossegá-la, afirmou Maria da Palma, como se me conhecesse há muito tempo. Solte-me, roguei, gelado por dentro, mas a espírita ignorou-me. Sinto em ti uma grande energia negativa, persistiu ela, um corpo e um espírito doentes, que se abrem facilmente às visitas dos que já partiram.

Transido de medo, olhei para Núncio sem fazer ideia de como é que aquela velha sinistra sabia da minha vida. Não te inquietes, pediu ela, o polegar pressionando-me a palma da mão, quase metade das pessoas que perdem alguém, os viúvos, sobretudo, são visitados a certa altura por aqueles que perderam, a presença sentida da pessoa morta é comum. [...]. Fez uma pausa e perguntou-me: Tu meditas sobre a Morte, meu rapaz? Não, não medito, respondi, sentindo que ela me hipnotizava. Pois deixa-me dizer-te que sim, que tu meditas sobre a Morte, as aparições que vês não são mais do que a tua cabeça a mostrar-te o invisível de que é feito este mundo. Fui surpreendido pelo discurso tão elaborado, tão eloquente; apesar da aparência, Maria da Palma não era uma vidente do Jardim da Estrela. Quando os mortos decidem aparecer, é porque se encontram no Limbo, continuou ela, seja o que for que lhes aconteceu, ainda não está resolvido, e cabe à pessoa que os vê perceber o que está em falta, de que maneira pode ajudar essas alminhas a descansar.

A velha respirou fundo; a sala caíra numa estranha penumbra. Os mortos não nos querem mal, confia em mim, prosseguiu, querem sossego, sofrem tanto como nós, ou ainda mais do que nós, e quando lhes temos medo fazemo-los sentir-se ainda mais sós e revoltados, quando fugimos deles, estamos, no fundo, a fugir de nós próprios. Soltou-me a mão; a sensação do seu polegar ficou longamente impressa na minha palma, produzindo, agora, um estranho calor. Meu neto, disse ela, em tom de ordem.[308]

Espécie de releitura da personagem da tradição mitológica grega, Maria da Palma reúne a cosmovisão profética e o poder de vislumbrar o desconhecido e o que não aconteceu, além da capacidade de orientar as personagens assombradas por aparições sobrenaturais, em consonância com as características das Sibilas.[309] Sua figura assustadora, a cegueira causada pela diabetes, o apoio da bengala, o rosto tomado por marcas profundas, o poder de adivinhar os caminhos trilhados por seus pacientes e revelar não só o futuro, mas as necessidades mais emergentes daqueles a quem segura as mãos, a faculdade de captar a presença dos mortos e traduzir seus objetivos para os vivos são alguns dos recursos agenciados por João Tordo na construção da enigmática personagem e do ambiente à sua volta, com as inexplicáveis transformações de luz e temperatura.

A reação do protagonista, que se autodescreve como "transido de medo", aumenta a carga de sentimentos mais relacionados à sua condição, como "o temor, o espanto, o pavor, o terror".[310] No fundo, esse medo sentido pela personagem acaba por desencadear um duplo sentimento, que mistura o temor daquilo que se pode revelar e a emergência do expurgo do espírito que insiste em assolar o protagonista.

Esse mesmo medo, de igual modo vivido por Francisco Lagarto, na cena de exorcismo do fantasma de Angélica, propicia ao protagonista uma consequente sensação de isolamento, sobretudo quando se percebe um ser sozinho, fora do radar dos afetos do pai, restringido ao contato com o tio e distante dos olhares da mãe. Na verdade, o processo de construção da personagem de João Tordo não se distancia daquele descrito por Jean Delumeau, em que "medos repetidos podem criar uma inadaptação profunda em um sujeito e conduzi-lo a um estado de inquietação profunda".[311] Com uma ênfase especial sobre as reações do narrador-protagonista, João Tordo põe em causa a "percepção da realidade", a partir da perspectiva das criaturas fantasmagóricas, "a fronteira entre realidade e alucinação".[312]

As próprias percepções táteis, do frio ao calor, sentidas a partir do toque das mãos de Maria da Palma, produzem uma forte inquietação no protagonista e aumentam mais a carga dessa oscilação, cujo suspense aparece realçado pela presença da velha espírita e, de certo modo, concretizado nos seus poderes, revelados numa simples conversa à mesa. Todos esses recursos de criação apontam para a construção de uma "história de fantasmas"[313] e de assombrações, tal como vimos na explicação de Jacqueline Simpson.

No entanto, vale ressaltar que as duas experiências acima, enquadradas como uma história de assombração,[314] ainda que perpetradas pelos fantasmas de Angélica e Felicidade, com motivações muito distintas entre si, desenham reações e resultados muito parecidos. No caso de Francisco Lagarto, o jovem cineasta que nutre um sentimento consumidor por Angélica e contribui para o desequilíbrio mental da jovem, a trigêmea produz sobre ele uma sensação de terror e susto, como uma forma de impingir a vingança sobre seu algoz, responsável por seu suicídio, levando-o a um estado de "decadência física"[315] e reduzindo-o a uma condição decrépita de "sombra desvanecida de quem fora em tempos".[316]

Sua situação como "um pobre coitado com aspecto de mendigo subnutrido, vivendo num mundo paralelo de trevas, assombrado pelo fantasma da mulher que ajudara a matar"[317] recupera uma tradição de narrativas de fantasmas, na medida em que o espírito de Angélica se torna o principal responsável pelo estado de descontrole emocional e decadência física do jovem. Todos esses vestígios constituem a forma como o espectro da irmã morta agarra o antigo namorado vivo e mantém sobre ele um poder destrutivo lento e confrangedor.

Muito diferente de Angélica, o espírito de Felicidade parece ser encorajado por motivações distintas, afinal, no caso do narrador-protagonista, a jovem Kopejka começa como uma presença assoladora nos sonhos do rapaz e, depois, concretiza-se como um fantasma, surgindo no seu cotidiano, seja em casa, seja no automóvel, sobretudo quando eles se deslocam até Monsanto, local onde ocorrera o desfecho fatal. Lá, chega mesmo a promover uma repetição da cena do orgasmo mortal, dando ao narrador o prazer momentâneo de recuperar uma sensação de vitalidade.

Sua experiência do medo, tal como descrito por ele, diante da velha espírita parece dizer respeito muito mais ao que desconhece naquele ambiente de telepatia entre vivos e mortos e ao que não compreende numa esfera mais imediata de um futuro possível, entre ele e o fantasma de Felicidade. Ao afirmar que, tal como Lagarto, consegue ouvir e ver o espírito da irmã falecida, o narrador-protagonista indica e reitera, mais uma vez, a natureza do seu relato em uma "história de fantasmas".[318]

No entanto, há por parte do narrador uma consciência dos efeitos colaterais dessa "existência fantasmagórica".[319] Se, num primeiro momento, ele próprio chega a admitir que "envenenamo-nos com os mortos, é o que sucede",[320] e a confessar ao seu médico as experiências sobrenaturais com a presença espectral de Felicidade, logo depois do falecimento do pai, com a consequente reação de desconfiança daquele ("Pouco tempo depois, antes de sua morte, confessei ao psiquiatra que via fantasmas. Ele franziu o olho"),[321] na sequência do tratamento à base de medicamentos antipsicóticos, um estado de decrepitude toma conta do corpo do protagonista, deixando-o numa condição muito próxima à de Lagarto: "A Flufenazina atingia diretamente o sistema nervoso central e atrapalhava-me os movimentos voluntários. As mãos e as pernas tremiam-me; a máscara, acometida de espasmos e *bizarras contorções*, pareciam a *imitação grotesca de um ser humano*".[322]

Não à toa, ao saber que o amigo passava pelas mesmas situações sobrenaturais que as descritas por Lagarto, Núncio dispara de modo assertivo: "Mas olha para ele, está um caco, e olha para ti, fez notar Núncio".[323] Duas irmãs diferentes, duas experiências fantasmagóricas parecidas e dois efeitos colaterais muito próximos. No entanto, enquanto o desfecho de Francisco reitera a vontade de vingança de Angélica, posto que o destino anunciado do jovem cineasta é também o suicídio com um tiro na cabeça, o do protagonista reintegra-o a uma dimensão trágica, a partir do último desejo manifestado pelo fantasma de Felicidade:

> Foi então que vi Felicidade, no espaço vazio entre a mesa e a porta fechada. A camisola azul-turquesa, a saia pelo joelho, pendurada de uma corda que lhe torneava o pescoço; a cabeça pendente, olhos fechados, enforcada. A minha pulsação acelerou, quis soltar um grito de terror, mas a mão de Maria da Palma agarrou a minha. Não tenhas medo, disse ela, a tua assombração é brincalhona, está a fingir-se de morta, ou de mais morta do que realmente está. O meu coração abrandou. Felicidade abriu os olhos e sorriu. *Oh, pensei que te pregava um susto dos diabos*, ouvi através da velha cega, cuja voz era agora a da defunta; os lábios de Felicidade não se moviam. O fantasma desceu e ficou a pairar levemente acima do soalho. O lenço surgiu nas suas mãos, esvoaçante, tão etéreo como uma nuvem. *Há tanto tempo que não via este lenço*, disse a boca de Maria da Palma, *desde que fomos com a mãe comprá-los aos armazéns*. Os armazéns arderam, Felicidade, disse eu. *Oh, não me digas, que coisa tão triste*. E o lenço encarquilhou, como se abandonado

há um século numa gaveta poeirenta, e desfez-se em cinzas que caíram das mãos dela, brancas como a superfície da Lua, e depois tornou a aparecer nas suas mãos. [...]. Compreendi então o poder da avó de Núncio, cujo mérito era dar coragem aos vivos para enfrentarem os seus mortos, e atrevi-me: Diz-me, Felicidade, o que é que eu posso fazer para te ajudar, de que é que tu precisas? *Não me perguntes isso*, respondeu a voz de Felicidade, *não me perguntes isso*, e eu insisti: Quero dar-te o repouso eterno, quero que descanses, diz-me, de que é que precisas, o que é que eu posso fazer por ti?

A sala caiu, durante um longo minuto, numa quietude de sepulcro. O medo era tanto, que ameaçava romper-me o peito como uma lança envenenada; o meu coração disparado como um coelho fugindo, assustado, numa planície em chamas. A velha cega regressara à sua litania. Depois, Felicidade levantou a cabeça e o seu rosto mudou de forma. De súbito, era Esperança quem ali estava, olhando-me com todo o ódio que me vinha guardando nos últimos anos, as feições da minha mulher, com as olheiras e as rugas e os pés de galinha que os anos trouxeram. *Não podes desfazer aquilo que tu próprio causaste*, disse a velha na voz de Esperança, *tu és responsável e serás sempre responsável pelo que nos aconteceu, a Felicidade morreu nos teus braços, a Angélica morreu por causa da tua indiscrição, e eu morro todos os dias junto de ti, morro de sufoco e de tédio, és como um vírus para nós, tu falas de doença, mas és tu a nossa doença, e farias melhor em calar-te e desandar daqui, não dês mais ouvidos a essa velha que só quer o teu dinheiro, o nosso dinheiro, que tu gastas em porcarias, não tens vergonha?*, e repetiu: *Não tens vergonha?* [...]. E então aconteceu. O rosto de Angélica transformou-se no de Esperança, depois no de Felicidade, e o espectro foi sugado por um vórtice. O lenço surgiu, pairou no ar durante um momento, e foi levado pelo mesmo caminho. Um vento de origem desconhecida varreu a sala – as portas estavam fechadas, as janelas também, o cabelo de Maria da Palma agitou-se, os pelos nos meus braços eriçaram-se, o fumo do tabaco dissipou-se e revelou Núncio impavidamente sentado, observando-nos, e depois Felicidade reapareceu, mas era agora somente um rosto difuso com um trilho de fumo, e soltava um grito enorme, a expressão de um Adamastor em sofrimento, e cirandava pela sala, sem rumo e sem nexo, do chão ao teto, em diagonal, em movimentos concêntricos que perfaziam espirais em torno da mesa onde estávamos sentados. Maria da Palma continuava a segurar-me o pulso. Não desistas, não desistas agora, aguenta, meu rapaz. As feições do fantasma mudavam sucessivamente, num instante envelhecia e transformava-se numa caveira, depois regressava à infância e voltava a ser a bonita rapariga morta aos dezoito anos, era o Tempo circular castigando a sua aparição, e então o grito tornou-se tão agudo, que tapei os ouvidos, já não era Felicidade, era a própria Megera que soltava todo

o seu rancor por ter morrido tão jovem, a sua inveja dos vivos, a cobiça de uma vida usurpada. [...]
Junto a nós, aos nossos pés, Felicidade estava sentada de joelhos no chão, a cabeça baixa, rendida.
Ergueu o rosto coberto de lágrimas. Tinha sido derrotada e sabia-o. O aperto da mão da velha na minha afrouxou; o lenço tornou a aparecer em cima da mesa, amarelecido e engelhado. E então Felicidade disse: Preciso que me leves a um lugar, é o meu último pedido, prometo. Que lugar?, perguntei. Se queres tirar-me do Limbo, meu amor, se desejas o meu eterno repouso, se queres ter paz, então levar-me-ás aonde eu te pedir, mas só posso dizê-lo a ti, é o nosso segredo, começamos isto sozinhos e acabaremos isto sozinhos. E, sem dizer mais nada, desapareceu.[324]

A longa citação acima constitui um dos momentos climáticos em que se chega ao auge do medo até o paroxismo. Interessante observar, porém, que toda ela não chega a suscitar no(a) leitor(a) qualquer desconfiança em relação à credibilidade da matéria narrada. Descrito nos mínimos detalhes pela ótica do narrador-protagonista, o ápice dessa trama fantasmagórica acaba por se enlaçar com a sua abertura, na medida em que aquela condição de espírito desencarnado, pairando sobre os túmulos no cemitério, reverbera no exorcismo executado sobre o fantasma de Felicidade.

O procedimento bem-sucedido de Maria da Palma demonstra que, na verdade, o mistério das coisas não existe numa esfera fora do humano e do vivido. "Há mais coisas, Horácio, em céus e terras, / Do que sonhou nossa filosofia",[325] já alertara Hamlet a Horácio, numa das mais conhecidas passagens da peça de William Shakespeare. No tocante a *Felicidade*, João Tordo revisita a célebre fala do protagonista e redimensiona-a ao cenário efabulado do Portugal dos anos 1980, em que fantasmas e assombrações convivem perfeitamente na realidade cotidiana de suas personagens, ultrapassando qualquer compreensão imediatista daquela.

Assim, o mistério instaurado no *incipit* encontra-se ligado à sequência do exorcismo no *explicit*, revelando a força da consistência calviniana como uma das propostas para ler o romance de João Tordo, posto que é na "multiplicidade das histórias possíveis", recuperadas e costuradas pela personagem fantasma, que o conjunto de trajetórias de criaturas vivas, mortas e espectrais se une num derramamento na "multiplicidade do vivido possível".[326] Na abertura, o espaço do cemitério contribui com a composição da condição singular do narrador-protagonista, tendo em vista que se trata de um fantasma. De igual modo, no encerramento, é o cenário privado da casa de Maria da Palma que se transforma numa espécie de *locus* oracular para a manifestação dos espíritos das irmãs mortas, Felicidade e Angélica, e para o prenúncio do destino de Esperança.

O medo e o pavor experimentados pelo protagonista são narrados de uma maneira tão vívida e dinâmica que o(a) leitor(a), mesmo o(a) mais tomado(a) pelo ceticismo, não deixa de acreditar no encadeamento dos eventos. O levitar do espírito da irmã Kopejka, as transformações do lenço da jovem, as alterações faciais da velha senhora nos rostos das trigêmeas, as vozes identificadas com cada uma delas saídas da boca da "bruxa da Madragoa",[327] o êxtase do exorcismo e a vitória sobre o espírito relutante em se manter no mundo dos vivos estabelecem um desenrolar em que o fantástico vai, de maneira gradual, cedendo espaço para a crença não só do ocorrido, mas também da possibilidade de um resultado capaz de propiciar a redenção do protagonista: "Embora alguma coisa continuasse a dizer-me que estava a ser enganado, que a decepção era visível e tudo aquilo podia ser um enorme engodo, eu já estava irremediavelmente embriagado pela possibilidade de salvação".[328] São, enfim, recursos que, na criação da trama romanesca, evidenciam, em convergência com a defesa de Ítalo Calvino na proposta de consistência, multiplicidades possíveis que se coadunam num "universo de casos singulares, de destinos possíveis com todas as suas especificações".[329]

Percebe-se, na construção do *explicit* de *Felicidade*, uma articulação do que o autor já defendera em *Manual de sobrevivência de um escritor*; afinal, não será a experiência proporcionada por Maria da Palma uma confirmação de que "o verdadeiro mistério do mundo é o visível"?[330] Não serão as turbulências vividas pelo protagonista e suas expectativas de um desfecho salvador configurações na efabulação de "provações humanas, as dúvidas e as dores, as angústias e os conflitos, as lutas"[331] travadas na introspecção da própria personagem central?

Gosto de pensar que sim, sobretudo porque, para além de uma cena demarcadora do *explicit* em pleno elo com o *incipit*, ela também demonstra o procedimento que confirma a narrativa do protagonista como uma história de assombração e "existências fantasmagóricas".[332] Contada por um espectro protagonista, toda ela caminha para um desfecho em que os fantasmas coabitam com os vivos e deixam um rastro de fatalidade. Prevendo a conclusão para entender a condição da personagem principal, a incorporação de Maria da Palma aos espíritos das trigêmeas consolida uma comunicação dos vivos com os mortos, a partir de uma práxis mística, característica da crença espírita. De acordo com Valerie Clark,

> [...] embora a tradição judaico-cristã tenha há muito proibido qualquer forma de comunicação com os mortos, o espiritismo de inspiração cristã combina a fé cristã com a prática da cura apoiada pelos espíritos. [...].
> O espiritismo é uma crença antiga segundo a qual espíritos dos mortos podem [se] comunicar com os vivos por meio dos sonhos, da doença e de acontecimentos invulgares, podendo os conhecedores dessas matérias (os xamãs, por exemplo) contatar diretamente com esses espíritos em caso de necessidade. [...]. O espiritismo na sua forma ocidental moderna acredita na vida após a morte e no caráter benéfico essencial da comunicação com os espíritos dos mortos. Quando estão em transe, os médiuns e os videntes podem falar ou escrever pelo defunto, ou responder a perguntas, por exemplo, através de pancadas na mesa em que se realiza a sessão (ver clarividência). Na ausência de mediação mediúnica, as pessoas podem ainda utilizar quadros Ouija para fazer perguntas aos mortos.
> Na literatura dedicada ao tema da perda de ente querido reconhece-se que sonhar com os defuntos, ou ver, ouvir, cheirar ou sentir a sua presença é bastante habitual, particularmente em locais familiares, pouco tempo depois de a morte ter ocorrido. Esses fenômenos também podem ocorrer quando a pessoa enlutada está sozinha. Aqueles que perderam um ente querido podem ainda continuar a [se] comunicar com o falecido, embora de forma unilateral, ao tomarem para si os interesses da pessoa morta e o desempenho das suas tarefas.[333]

É esse falar com os mortos, essa comunicação entre seres vivos e falecidos, enfim, é essa telepatia entre corpos de esferas e composições diferentes que imprime à sequência final do romance de João Tordo um estatuto de narrativa de assombração e de "história de fantasmas", sem, no entanto, integrar-se obrigatoriamente ao gênero da literatura fantástica. Isso ocorre, no meu entender, graças não só ao *incipit* que inaugura a condição do narrador-protagonista, responsável pela condução da trama, mas também pelo *explicit*, com a presença da personagem sibilina de Maria da Palma. Ainda que os eventos sobrenaturais indiquem uma permanência do fantástico, em virtude das aparições espirituais dentro das leis físicas, é preciso lembrar que o espaço onde ocorre a cena constitui um ambiente de manifestação mística, segundo os parâmetros espíritas.

Quero com isso dizer que, inexplicadas por uma lógica racional, as levitações de lenços e outros objetos, a alteração de face e de vozes, a presença espectral de fantasmas e a comunicação com espíritos desencarnados não constituem fenômenos da ordem do ininteligível para o espiritismo, tal como deixa claro a explanação de Valerie Clark. Também não pretendo chegar tão longe e categorizar o romance de João Tordo como uma obra esotérica ou espírita, posto que, na arquitetura romanesca, esse *explicit* só ganha uma dimensão coerente quando associado à condição introduzida pelo narrador no *implicit*. Aliás, é graças a essa interligação que o próprio procedimento do exorcismo consubstancia a verossimilhança da efabulação. Afinal, somente um corpo em estado espectral e em contato direto com um fantasma poderia compreender que aquela natureza lhe diz respeito, sabendo de antemão, desde o início da narração, que aquele seria o seu desfecho.

No entanto, o leitor não deve achar que tal iniciativa constitui uma solução inocente na arquitetura da trama. Acredito mesmo que, no encontro do protagonista com Maria da Palma, João Tordo debruça-se, de forma muito sugestiva, sobre uma das páginas da história do referido movimento religioso em Portugal.[334]

Vale lembrar que, malgrado as muitas publicações em circulação, entre as décadas de 1930 e 1950, que procuravam ratificar o "reconhecimento da sua seriedade 'científica'",[335] o espiritismo em Portugal sofre uma amarga derrota. Ao se entender contemplada na nova legislação sobre as "entidades de caráter pedagógico ou científico",[336] a Fundação Espírita Portuguesa (FEP) viu seu estatuto ser recusado pelo Ministério da Educação Nacional e, em 1953, recebeu uma ordem de fechamento de sua sede, por parte do Ministério do Interior, na ditadura salazarista, e outra de confisco do espólio, em 1962. Nesse momento, o espiritismo fora entendido como uma corrente subversiva que ia contra os preceitos da Igreja católica, além de ser um abrigo para possíveis opositores do Estado Novo.

Ainda de acordo com Luis Aguiar Santos, em 1971, os espíritas portugueses amargaram mais um revés. Com base na lei de liberdade religiosa desse ano, todas as atividades relacionadas a fenômenos metapsíquicos e parapsíquicos foram impedidas de ser consideradas especificidades religiosas. Num duplo prejuízo, assim, "ao espiritismo era, pois, recusada existência jurídica quer no campo científico quer no religioso, vindo a FEP a reconstituir-se só depois de setembro de 1974 (sem conseguir reaver o seu espólio)".[337]

Somente depois da Revolução dos Cravos, houve uma retomada gradual dos trabalhos da FEP, com a recomposição dos quadros administrativos da Fundação e do calendário programático de suas atividades, vindo a culminar nos anos 1990 com o II Congresso Nacional do Espiritismo em Portugal. Apesar de todos os esforços desempenhados pelos líderes, até hoje, o riquíssimo acervo apreendido pela Pide e levado à Torre do Tombo não foi restituído a seu dono original.[338]

Interessante observar que, diante desse breve quadro, mais uma vez, João Tordo passa ao largo da história portuguesa, dessa vez fazendo indicações de uma história subterrânea, cujos atores estavam confinados, em uma privacidade forçada, em espaços privativos e conspurcados da liberdade de manifestação religiosa. Assim sendo, para além de sua funcionalidade como uma personagem de releitura das figuras mitológicas das Sibilas, fico a me interrogar se Maria da Palma não poderia ser entendida como uma representação metonímica de um Portugal das sombras, de uma cultura religiosa relegada apenas aos interiores dos ambientes, fadados a carregar uma popularidade pejorativa, mesmo depois da festa protagonizada pelos Capitães de Abril, em 1974.

Na trama, somente com a concretização do ritual de passagem de Felicidade, a partir do protagonismo de uma velha espírita, o *explicit* ganha coesão e coerência internas, porque é a partir dessa seção final do romance que o narrador conhece seu destino e se transforma definitivamente no espírito anunciado nas primeiras linhas do *incipit*. Seduzido pelo último pedido do fantasma de Felicidade, ele cede a um reencontro, e, neste, a *anagnórisis* acontece de forma fatal, sem, no entanto, propiciar o esperado desenlace redentor:

> Tão só, que precisava de inventar a presença dos mortos, deixar-me envenenar por eles. E, ao mesmo tempo, deslizando por aquela bela estrada banhada pelo luar – que se refletia na água, formando cones e triângulos de brilho prateado –, perseguindo o carro de António, perseguindo a minha mulher, sabia que ia ao encontro do meu fim, percebia, sereno, rendido, que perseguia a Justiça, e essa só chegaria quando as três, Felicidade, Esperança e Angélica, se encontrassem, por fim, saciadas.

Ao descrevermos uma curva que começava a descer a falésia, experimentei, finalmente, o turbo do meu carro novo. Carreguei a fundo no pedal e, de repente, após meia hora ou mais no encalço sem ser descoberto, o meu Volvo 480 ultrapassou o Porsche branco. Quando nos encontrávamos paralelos, lado a lado, como irmãos, imaginei-os dentro do conforto luxuoso do carro de António, rindo, amando-se, apreciando o luar daquela noite amena de Verão, e foi o que precisei para dar uma guinada no volante para a direita – uma guinada forte, segura, que não podia falhar – e embater no Porsche com estrondo.
O carro de António resvalou, derrubou o separador cinzento que dividia o asfalto do abismo e precipitou-se na direção do mar, rebolando escarpa abaixo, desfazendo-se nas rochas antes de aterrar no oceano. O meu carro foi atrás deles. Éramos inseparáveis, como sangue do mesmo sangue, carne da mesma carne, e merecíamos exatamente o mesmo destino, no mesmo lugar, à mesma hora, semelhantes até na catástrofe, e a última coisa de que me lembro é dos faróis apontados à escuridão, os dois feixes a desbravarem a noite, lembro-me da vertigem, do aroma de Agosto a entrar como um dilúvio pela janela aberta, e do riso de Felicidade ao meu lado, livre, finalmente livre.[339]

Das "outras razões para a minha presença aqui, junto das campas de Felicidade, Esperança e Angélica",[340] até a necessidade de "inventar a presença dos mortos, deixar-me envenenar por eles",[341] o ciclo principiado no *incipit* encerra-se no *explicit*. Em ambos, as trigêmeas são destacadas como figuras famintas que só conseguem saciar sua fúria com o sacrifício final do protagonista.

Na verdade, a consistência calviniana realiza-se plenamente no romance de João Tordo, tendo em vista que o autor consegue manter um equilíbrio entre o estado inicial apresentado pelo protagonista e as consequências que o levaram não apenas à condição espectral, mas também ao espaço do Limbo, onde, de novo, se encontra sozinho: "Caí no Limbo, mas, infelizmente, Felicidade já não anda por aqui, nem nenhuma das suas irmãs. Graças ao meu gesto, aparentemente homicida, mas, no fundo, pleno de um estranho altruísmo, libertei-as. E, ironia do destino, fiquei novamente só".[342]

Ora, ao dispor o seu protagonista sozinho no *incipit* vagando sobre as campas e sozinho no *explicit* deambulando pelo Limbo, João Tordo coloca em prática a harmonia de como começar e como acabar uma narrativa, reiterando a proposta de consistência como um eficaz mecanismo de efabulação; afinal, é ele próprio que defende esse *modus operandi*, quando, no *Manual de sobrevivência de um escritor*, admite de forma sistemática e categórica: "[...] o arco narrativo

que começa a traçar-se desde o momento da exposição" (em que o narrador-
-protagonista se apresenta como um espírito desencarnado) "encontra o seu
desfecho ou resolução"[343] no acidente que lança os carros ao precipício, assu-
mindo-se, assim, como uma vítima daquela máquina incontrolável dos deuses.

Fecha-se o ciclo. Porém, não sem conceder antes uma última oportunidade
ao narrador. Somente aí, a assombração cede lugar a um outro sentimento,
experimentado na esfera da volatilidade dos seres etéreos: o amor. No *explicit*,
o leitor é surpreendido por uma tocante confissão:

> Uma das vantagens do Limbo, como já sabem, é podermos invocar os objetos do
> passado. Às vezes, quando não estou demasiado tomado pela tristeza, levanto-me
> do cadeirão e pairo até junto da minha mãe. Sento-me no chão e trago à presença
> os soldadinhos de chumbo da Guerra Civil Americana, como novos, acabados de
> sair da caixa que o tio Joaquim me ofereceu quando eu era miúdo. Tal como o
> lenço ou a borboleta, eles andam pelo círculo do Tempo, acabados de fabricar ou
> oxidados de décadas de uso e esquecimento. Brinco com eles enquanto a minha
> mãe olha para as fotografias. A que ela mais vezes escolhe – que mais vezes segura
> nas mãos enrugadas e cuja existência eu desconhecia – foi tirada durante o último
> jantar do tio Joaquim em nossa casa, em 1969, quando eu recebi de prenda o disco
> de Bob Dylan. Não me lembro de a minha mãe a ter tirado, mas ela existe, e, nessa
> imagem, estou sentado ao lado do meu tio, e ele sorri, fazendo-me uma festinha
> no cabelo, apesar da profunda mágoa de saber que não sobreviverá à guerra, que
> não tornará a ver-me, e eu também sorrio muito porque ele está ali, com Lee e
> Grant encostados ao copo de Fruto Real, ambos parados no tempo, distantes da
> crueldade, apartados do medo.
> De todas as pessoas que cruzaram a minha vida terrena, aquela que mais amei
> foi a que menos tempo passou comigo. Talvez o amor seja isso, uma coisa breve e
> passageira que está condenada de antemão, mas que, à semelhança de uma criatura
> de curta existência, deixa na sua esteira um perfume que nunca mais evapora.
> Perdoa-me, Felicidade: devo ao meu coração todas as palavras que te disse, e não
> podes imaginar quanto eu morri quando desapareceste, mas, sempre que, neste
> Limbo, fecho os olhos, não me imagino ao teu lado; não. Vejo-me na Guiné, no
> planalto de Cancolim em que o meu tio se perdeu para sempre, dentro de uma
> vala, ao abrigo da chuva de ferro e fogo que o inimigo jorra selvagem sobre nós, e
> ocorre-me que talvez tivesse sido esse o meu destino que tu nunca me confessaste,
> que, porventura, se eu não te tivesse conhecido, teria ido parar à guerra em África
> e morreria feliz abraçado ao meu tio Joaquim nessa noite de castigo e de fúria, a
> cheirar o seu corpo chamuscado e doce, abraçado a ele como quem se abraça à Vida

e não deseja largar, os dois abraçados para sempre dentro de uma vala, mortos, mortos, mortos, contudo abraçados, para sempre abraçados, porque a guerra é cruel e, quanto mais cruel for, mais cedo termina, quanto mais cruel a guerra for, mais cedo ela termina.
Mais cedo termina.[344]

Interessante verificar que, se no *incipit*, a narrativa indica a presença de uma condição trágica, sem perder de vista o caráter fantasmagórico, sobrenatural e assombroso, no *explicit*, apesar de esses aspectos não se perderem na última cena, é sobre a certeza de amores não concluídos e de afetos mal resolvidos e incomunicados em vida que o romance de João Tordo, afinal, também se debruça. Fico a me interrogar, do mesmo modo como Renato Cordeiro Gomes propôs, ao ler o romance *O burlador de Sevilha*, do ano 2000, de autoria de João Gabriel de Lima, se *Felicidade*, às portas da segunda década do século XXI, também não intenta "resgatar a arte de contar e ouvir histórias, trazendo de volta à literatura, através da escrita, a força do enredo, num momento histórico em que a narrativa é veiculada muito mais pelos meios massivos de comunicação".[345] Não será a estratégia utilizada pelo escritor português, de criar um narrador-protagonista na condição de um fantasma isolado no Limbo, ávido por registrar sua história para um(a) leitor(a) interlocutor(a), uma deliciosa sugestão de que, do mesmo modo como Felicidade invadiu a sua realidade para incitá-lo a completar um ciclo, ele também não poderia invadir o nosso cotidiano para nos incomodar diante dos erros e da passividade?

Por esse viés de leitura, tal procedimento se aproxima de e reverbera a consistência calviniana, na medida em que, segundo o ensaísta italiano, na disposição do princípio e do desfecho de uma narrativa, "tempo, lugares e pessoas têm de permanecer indistintos para que quem ouve o conto possa imediatamente identificar-se com ele, e completá-lo com imagens da sua própria experiência".[346] Talvez essa seja uma das experiências de leitura do romance de João Tordo, posto que, ainda que o tempo e o espaço actanciais possam ser identificados (as décadas de 1970 e 1980 em Portugal), algumas personagens permanecem inominadas como um instigante convite a uma partilha e a uma identificação de vivências e práticas com o(a) próprio(a) leitor(a).

Acredito que a consistência modelada por Ítalo Calvino se confirma, assim, na construção romanesca de *Felicidade*, porquanto João Tordo demonstra, nos três atos da trama, que "há coisas a acontecer; mas são consequência das escolhas e decisões e estados de alma do protagonista. E aí reside o interesse do romance".[347] De igual modo, aí também se concretiza a proposta calviniana, porque, no desfecho, todo o "segmento isolado de acontecimentos" ganha sentido porque sedimenta aquela "continuidade do contável",[348] exposta pelo protagonista no momento de sua apresentação e da exposição da matéria a ser narrada, nas primeiras linhas da efabulação.

No fundo, o *explicit* de *Felicidade* autentica o pacto estabelecido com o(a) leitor(a), na medida em que, como nos ensina Umberto Eco, tudo o que lá está não precisa ser considerado uma mentira, porque, desde o *incipit*, João Tordo convida seu(sua) leitor(a) a entrar no jogo e entabular um acordo tácito em que "finge ser verdadeiro aquilo que escreveu e nos pede que finjamos que levamos a sério".[349] Assim operando, aquele mundo possível projetado por ele não deixa de se relacionar também com o nosso, com tudo o que há de plausível, de fingimento e de verossímil.

Logo, confirma-se o estatuto defendido por Umberto Eco, para quem "textos de ficção nunca escolhem para sua ambientação um mundo totalmente diverso daquele em que vivemos, nem mesmo quando se trata de contos de fadas ou histórias de ficção científica",[350] ou histórias de assombração, de fantasmas e mesmo de amor, acrescento eu. E é exatamente aí que residem não só o interesse de *Felicidade*, mas sua força e sua potência.

Retomo a sensível análise de Agripina Carriço Vieira de *O ano sabático*, de 2013, porque acredito que, também em *Felicidade*, João Tordo mantém e refina uma técnica singular de exposição, desenvolvimento e conclusão efabulatórios, deixando sempre o(a) leitor(a) num estado de surpresa e fascínio. Segundo a investigadora portuguesa, "o que surpreende na escrita de João Tordo é a capacidade de desconstrução constante e persistente do quotidiano, das convenções e das próprias expectativas dos leitores. Partindo de uma situação que nada tem de invulgar" no cenário da ficção portuguesa (a história de um fantasma solitário em busca de uma cumplicidade na partilha de sua trajetória), "o entrecho desenvolve-se por um processo de desdobramento, de um jogo de espelhos, em que uma vida se projeta noutra, um conjunto de capítulos se reflete noutro".[351]

Toda essa costura bem montada e equilibrada ao longo dos três atos só se torna possível graças ao domínio das formas de "começar e acabar"[352] uma narrativa. Entreligadas, as três seções mantêm um elo com o *incipit*, num desdobramento das situações e dos eventos passados pelo narrador-protagonista. Sua vida não deixa de se projetar nas das irmãs Kopejka, e estas, por sua vez, não deixam de tecer uma rede em que a personagem principal se movimenta, sem conseguir, no entanto, delas se desvencilhar. São três atos que acabam estabelecendo um entrelaçado de vidas, percursos, (des)encontros, afetos, mortes, lutos e (por que não dizer) amores.

Aos mais céticos, um fantasma na condição de personagem central da efabulação poderia até sugerir um "esgotar de todas as histórias",[353] porque ela estaria sendo contada a partir de um Limbo ou de um cemitério, espaços identificados de imediato com aquela "perfeita figuração do nada".[354] No entanto, tal como pudemos constatar e confirmar, o narrador-protagonista do romance em estudo demonstra que, "por mais esgotadas que estejam" as formas de iniciar e concluir uma história, "por pouco que tenha restado para contar, ainda se continua a contar",[355] mesmo não estando vivo, mesmo sendo um fantasma.

Diante do exposto, na minha concepção, aí está o interesse de *Felicidade*, de João Tordo, bem como sua força, sua energia e sua potência. Por isso, na "prateleira hipotética"[356] da novíssima ficção portuguesa, nem o autor nem esse romance poderiam deixar de figurar, constituindo-se, nesse conjunto, em presenças incontornáveis.

Notas

[1] Calvino, 2006, p. 147.
[2] *Idem, ibidem*.
[3] *Idem*, p. 149.
[4] *Idem*, p. 150.
[5] *Idem*, p. 149.
[6] *Idem, ibidem*.
[7] *Idem, ibidem*.
[8] *Idem*, p. 150.
[9] Calvino, 2009, p. 105.
[10] *Idem*, p. 107.
[11] Calvino, 2006, p. 150.
[12] *Idem, ibidem*.
[13] *Idem*, p. 152.
[14] *Idem, ibidem*. Grifos meus.

[15] *Idem*, p. 153.
[16] *Idem, ibidem*.
[17] *Idem*, p. 154.
[18] *Idem*, pp. 156-157.
[19] Calvino, 2015, p. 112.
[20] Calvino, 2006, p. 162.
[21] *Idem*, p. 163.
[22] *Idem*, pp. 163-164.
[23] Calvino, 2015, p. 105.
[24] Cordeiro, 2001, p. 110.
[25] Calvino, 2006, p. 164.
[26] *Idem*, p. 166.
[27] C. Rocha, 2002, p. 463.
[28] *Idem, ibidem*.
[29] Jorge, 1988.
[30] Lima, 2000, p. 15.
[31] *Idem*, p. 48.
[32] *Idem*, p. 18.
[33] *Idem, ibidem*.
[34] *Idem, ibidem*.
[35] Jorge, 1988, p. 9.
[36] *Idem*, pp. 38-39.
[37] *Idem*, p. 41.
[38] *Idem*, p. 259.
[39] Calvino, 2006, p. 165.
[40] Benjamin, 1985, p. 199.
[41] *Idem*, p. 198.
[42] *Idem*, p. 199.
[43] *Idem*, p. 168.
[44] Lima, 2000, p. 18. Grifos meus.
[45] Calvino, 2006, p. 162.
[46] Silveira, 1985, p. 8.
[47] *Idem*, p. 9.
[48] *Idem, ibidem*.
[49] *Idem, ibidem*.
[50] Lima, 2000, p. 18.
[51] G. Silva, 2017, p. 32. Expressão criada por Lucien Dallenbach, em *Le récit especulaire* (1978), a "narrativa em abismo" consiste na construção de textos interligados em processo de espelhamento na arquitetura ficcional. O mesmo conceito será retomado por ele, um ano depois, em "Intertexto e autotexto" (1979), numa defesa do poder de duplicação inter e metatextual desse recurso. Mais recentemente, Carlos Roberto dos Santos Menezes (2021a), em consonância com o pensamento de Gabriela Silva (2017), propõe a leitura do romance de Afonso Cruz pelo mesmo viés do *mise en abyme*: "Trata-se de um jogo metatextual muito bem tecido, com livro dentro de um livro, no qual o romance cruziano parece ensaiar a imagem das matrioshkas. A boneca russa feita de madeira se encaixa dentro de uma outra semelhante, mas menor, até chegar àquela que não se abre, porque está fechada em si mesma. Um corpo dentro de um outro corpo, uma vida a ser inscrita a partir de outros relatos entrecruzados no tecido textual do romance. Assim sendo, a obra escrita

por Mathias Popa acaba por ocupar fisicamente quase que o centro da narrativa de Afonso Cruz, ganhando, inclusive, uma materialidade para fora do ficcional com direito a capa, contracapa, orelha e a todo um aparato físico de livro. O leitor tem diante de si não um, mas dois romances encaixados numa estrutura de *mise en abyme*" (Menezes, 2021a, p. 310).

52 A. Cruz, 2018, p. 13.
53 Calvino, 2006, p. 154.
54 *Idem*, p. 155.
55 Real, 2012b.
56 A. Cruz, 2018, pp. 276-277.
57 Canção composta, em 1937, por Stéphane Grappelli e Django Reinhardt e gravada pela primeira vez no mesmo ano pelo Quintette of The Hot Club of France (https://secondhandsongs.com/work/33878/all).
58 Real, 2012, p. 174.
59 Calvino, 2006, pp. 155-156.
60 Amorim, 2018.
61 Menezes, 2001a, 2001b.
62 Amorim, 2018.
63 G. Silva, 2017, p. 31.
64 Calvino, 2006, p. 159.
65 *Idem*, p. 156.
66 Castro, 2020. Nascido no Porto, em 1978, Diogo Leite Castro licenciou-se em Direito pela Universidade Católica Portuguesa (Porto). Nesse período, começou a publicar pequenas crônicas e artigos de opinião n'*O Canudo*, jornal universitário organizado pela Associação Acadêmica da Universidade do Algarve (disponível em <https://issuu.com/associacaoacademicadauniversidadedo/docs/canudo/1?fbclid=IwAR2MQviEGO-2PskQ1VTghqk_rjE5-fkg9ph7_zsnuJRDaSfBtV5pziBhQ80>), além de já frequentar cursos ligados à criação artística, dos quais se destacam os ateliês de escrita orientados por Mário Cláudio e Richard Zimler, na Fundação de Serralves (Porto). Com uma trajetória em início, publicou dois livros de contos: *Histórias da vida moderna* (2015) e *Histórias complementares da vida moderna* (2016). Um de seus originais, intitulado "Infância, estado sólido do tempo", foi selecionado e integra a antologia *A criança eterna* (2017), coordenada pelo Centro de Estudos Mário Cláudio. *Descrição abreviada da eternidade* (2020) é o seu primeiro romance. Em 2017, lecionou um curso de escrita criativa organizado pelo Fórum Nascente e, em 2019, participou, com textos e fotografias de sua autoria, da 3ª Bienal Internacional de Arte Gaia, numa exposição intitulada *Livre Mente*.
67 Leite, 2020, p. 9.
68 Calvino, 2006, p. 159.
69 *Idem*, p. 160.
70 Leite, 2020, p. 9.
71 *Idem*, p. 74.
72 *Idem*, p. 56.
73 *Idem*, p. 92.
74 Utilizo aqui, de forma proposital, uma expressão empregada por Fernando Pessoa para explicar a Adolfo Casais Monteiro a gênese da heteronímia, ou, melhor dizendo, a criação dos "dramas em almas" (Pessoa, 1982, p. 92) dos seus poetas. Mais adiante, tentarei demonstrar a ligação desse conhecido fenômeno literário com a trama do romance de Diogo Leite Castro.
75 Leite, 2020, p. 143.

76 *Idem, ibidem.*
77 Conhecida casa editorial fundada por Luís de Montalvor, em 1930, a Editorial Ática Ltda. seria a casa responsável pela edição das *Obras completas de Fernando Pessoa*, a partir de 1942, sob a supervisão de João Gaspar Simões e Luís de Montalvor. Em 1946, além de consolidar o projeto de publicação das *Obras completas de Mário de Sá-Carneiro*, inaugura-se a Livraria Ática, num luxuoso edifício no Chiado, e o nome da empresa é alterado para "Ática S.A.R.L. Casa Editora". Depois da morte de Luís de Montalvor (2 de março de 1947), houve um breve período em que a editora estagnou, no início da década de 1950, retornando às atividades normais graças aos esforços do Prof. Armando Gonçalves Pereira, que se manteve à frente da Ática até sua morte, em 1983. Entre as mudanças no corpo editorial nos últimos anos, destaca-se a presença do Dr. Vasco Silva, editor responsável pela chancela Ática, de 1990 a 2014. Em 2008, a editora é vendida para Paulo Teixeira Pinto (ex-banqueiro), que acabara de comprar a Guimarães Editora. Dois anos depois, com a compra da Verbo pelo mesmo proprietário, forma-se o grupo Babel, com a integração das chancelas Ática, Guimarães e Verbo (entre outras de menor relevância). Mais algumas informações sobre a construção da editora e da livraria podem ser obtidas em <https://restosdecoleccao.blogspot.com/2014/01/livraria-atica.html>. Depois do incêndio nos armazéns do Chiado, a empresa passa por uma série de mudanças, culminando na sua aglutinação ao grupo editorial Babel, em 2011 (disponível em <http://www.apel.pt/pageview.aspx?pageid=546&langid=3>).
78 Pessoa, 1982, p. 92.
79 Leite, 2020, p. 206.
80 *Idem, ibidem.*
81 *Idem*, p. 206.
82 *Idem*, p. 159.
83 Calvino, 2006, p. 161.
84 Leite, 2020, p. 76.
85 *Idem*, p. 231.
86 *Idem*, p. 16.
87 *Idem*, p. 230.
88 *Idem*, p. 236.
89 Borges, 1972, p. 85.
90 *Idem*, p. 88.
91 Leite, 2020, p. 241.
92 *Idem*, p. 207.
93 Calvino, 2006, p. 163.
94 Natural de Lisboa e nascido em 1975, João Tordo é, certamente, um dos escritores mais destacados da geração nascida depois do 25 de Abril de 1974. Formado em Filosofia pela Universidade Nova de Lisboa, estreia na ficção em 2004, com o romance *O livro dos homens sem luz*. A partir daí, somam-se mais de dez romances publicados: *Hotel Memória* (2007), *As três vidas* (2008 – prêmio "José Saramago" de 2009 e finalista do prêmio "Portugal Telecom" de 2011), *O bom inverno* (2010 – finalista do prêmio literário "Melhor Ficção Narrativa da SPA" de 2011, do prêmio "Fernando Namora" de 2011 e do "Prêmio Literário Europeu" de 2012), *Anatomia dos mártires* (2011 – finalista do prêmio "Fernando Namora" de 2012), *O ano sabático* (2013), *Biografia involunt*á*ria dos amantes* (2014 – finalista do prêmio "Fernando Namora" de 2015 e do prêmio "Melhor Livro de Ficção Narrativa da SPA" de 2015), *O luto de Elias Gro* (2015 – finalista do prêmio literário "Fernando Namora" de 2016), *O paraíso segundo Lars D.* (2015), *O deslumbre de Cecília Fluss* (2017), *Ensina-me a voar sobre os telhados* (2018 – finalista do prêmio de literatura "Oceanos" de 2019 e do

prêmio "PEN Club" de 2019), *A mulher que correu atrás do vento* (2019), *A noite em que o verão acabou* (2019) e *Felicidade* (2020 – prêmio "Fernando Namora" de 2021 e finalista do "Grande Prêmio de Novela e Romance" de 2020, da APE). Também possui contos seus inseridos em antologias, incluindo, ainda, um intenso trabalho como guionista em séries transmitidas pela RTP: *O Segredo de Miguel Zuzarte, Filhos do Rock* e *País Irmão*. Durante alguns anos, foi contrabaixista da banda *folk* Loafing Heroes (com Bartholomew Ryan e Giulia Gallina) e, como guitarrista, tem algumas gravações registradas no projeto musical Maria Gibson (disponível em <https://soundcloud.com/joao-tordo-493974974>). Além de publicações no Brasil, seus livros estão traduzidos para diversos países, entre eles França, Itália, Alemanha, Hungria, Espanha, Croácia, México, Argentina, Uruguai e Colômbia.

[95] Marques, 2020.

[96] Rita, 2020.

[97] F. Costa, 2020.

[98] Martins *apud* Lusa, 2021.

[99] Gênero conhecido e popularizado pela forma como dispõe do suspense na sua efabulação, de acordo com Filipe Furtado (2009), trata-se de uma "expressão inglesa quase universalmente empregada para referir um misto de incerteza, de intensa expectativa e, não raro, de ansiedade em regra experimentado perante a iminência de acontecimentos, notícias, decisões, revelações ou desenlaces considerados de extrema importância. No quadro particular da gíria literária, o termo aplica-se a uma disposição psíquica semelhante que, com graus variáveis de frequência e intensidade, se procura suscitar no receptor real de um texto quanto ao desfecho de dada ocorrência ou da generalidade da intriga. O suspense é fomentado por fatores de vária ordem, como a caracterização de dada personagem, a forma como esta leva o leitor a simpatizar ou a identificar-se com ela, o teor da ação e o ritmo com que se desenrola ou o modelo de leitura sugerido pelo próprio gênero do texto" (Furtado, 2009). Apesar de algumas consonâncias com o romance de João Tordo, tenho sérias desconfianças se *Felicidade* poderia ser lido como um *thriller tout court*, tendo em vista que o mistério, o suspense e a intensidade esperados são diluídos pelo narrador-protagonista que, na sua condição de fantasma, antecipa de certo modo a tensão do desfecho. Não quero dizer com isso que tal leitura seja impossível, afinal, o autor já passara pela experiência dessa categoria textual com *A noite em que o verão acabou* (2019). Cabe-me, portanto, sublinhar que não será esse o caminho adotado para a leitura da obra em foco.

[100] Gomes & Castanheira, 2006, p. 8. Conhecido como o Processo Revolucionário em Curso, há um consenso quanto a incluir esse período entre a Revolução dos Cravos, de 25 de abril de 1974, e a aprovação da Constituição Portuguesa, em abril de 1976. No entanto, a expressão específica, sobretudo, o período conturbado de um dos verões mais quentes de Portugal, em 1975, os meses antecedentes e sucedâneos, com o momento climático da crise instaurada com o 25 de novembro de 1975. Na descrição feita das forças políticas em disputa pelo poder, Miguel Carvalho debruça-se numa intensa recuperação jornalística dessa época, pintando com cores dramáticas algumas das ocorrências mais emblemáticas: "Declara-se aberta a época da 'caça aos comunistas'. Os autos de fé, com mortos e feridos de parte a parte, geram uma escalada dantesca: em pouco tempo, mais de cem sedes de partidos de esquerda, a esmagadora maioria do PCP, são assaltadas, incendiadas e destruídas. Automóveis, escritórios de advogados, consultórios e casas de militantes também entram na fornalha. Livrarias e cafés de figuras de esquerda são apedrejados. Os militares chegam tarde, quase sempre. Quando chegam. Tiros, matracas, bastões cruzam-se. PSP e GNR fazem vista grossa e orelhas moucas, deixando arder, deixando bater" (M. Carvalho, 2017, p. 46).

[101] Tordo, 2021, p. 27.
[102] *Idem*, pp. 94-95.
[103] Tordo *apud* Ramires, 2021.
[104] Tordo, 2021, p. 34.
[105] Uma das bandas norte-americanas (EUA, Canadá) mais emblemáticas da década de 1960, Buffalo Springfield dedicou-se ao *folk rock* e, apesar da vida curta, teve grande importância a ponto de influenciar no lançamento de carreiras de artistas como Neil Young, Stephen Stills, Richie Furay e Jim Messina. Por causa de desentendimentos internos, em 1966, a banda passou por uma série de modificações na sua formação até sua dissolução final, mantendo-se em atividade por apenas 25 meses. Entre as suas gravações, contam-se os álbuns: *Buffalo Springfield* (1966), *Buffalo Springfield Again* (1967), *Last Time Around* (1968) e *The Best of Buffalo Springfield – Retrospective* (1969). Uma versão da canção citada pode ser ouvida e vista em <https://www.youtube.com/watch?v=gp5JCrSXkJY>.
[106] Tordo, 2021, p. 7.
[107] Nome artístico da cantora portuguesa Antónia de Jesus Montes Tonicha Viegas. Tonicha estreia nos anos 1960 e tem uma longa carreira, sobretudo nas décadas de 1970 e 1980, período que concentra seus principais álbuns. Além de *singles*, compilações e EPs, inseridos na faixa temporal contemplada no romance de João Tordo, os principais títulos da cantora são: *Tonicha* (1973), *Folclore* (1973), *As duas faces de Tonicha* (1974), *Canções de abril* (1975), *Cantigas do meu país* (1975), *Tonicha, conjunto e coros* (1975), *As duas faces de Tonicha* (1975), *Cantigas populares* (1976), *Cantigas duma terra à beira-mar* (1977), *Ela por ela* (1980), *Foliada portuguesa* (1983). Mais detalhes sobre a vida e a carreira da artista podem ser encontrados na fotobiografia de Maria de Lourdes de Carvalho (2017). Uma interpretação da canção citada no romance pode ser ouvida em <https://www.youtube.com/watch?v=N-mZ1yGiDfY>.
[108] Tordo, 2021, p. 89.
[109] *Idem*, pp. 32-33.
[110] *Idem*, pp. 11-12.
[111] E. Ribeiro, 2011, p. 248.
[112] *Idem, ibidem*.
[113] Grimal, 1992, p. 147.
[114] Tordo, 2021, p. 13.
[115] *Idem, ibidem*.
[116] *Idem*, p. 14.
[117] *Idem, ibidem*.
[118] Grimal, 1992, p. 147.
[119] Tordo, 2021, pp. 14-15.
[120] Calvino, 2006, p. 153.
[121] *Idem*, p. 45.
[122] *Idem*, pp. 105-106.
[123] *Idem*, p. 117.
[124] *Idem*, p. 119.
[125] *Idem*, pp. 124-126.
[126] *Idem*, p. 128.
[127] *Idem*, pp. 131-132.
[128] *Idem*, p. 150.
[129] *Idem*, p. 174.
[130] *Idem*, p. 182.

[131] *Idem*, p. 204.
[132] *Idem*, p. 221.
[133] *Idem*, p. 257.
[134] *Idem*, p. 353.
[135] *Idem*, p. 366.
[136] *Idem*, p. 385.
[137] *Idem*, p. 11.
[138] *Idem*, p. 45.
[139] *Idem*, p. 280.
[140] *Idem*, p. 153.
[141] Grimal, 1992, p. 147.
[142] Tordo, 2021, p. 52.
[143] *Idem*, p. 12.
[144] *Idem*, p. 7.
[145] Longfellow, 2004.
[146] Sófocles, 2008, p. 78.
[147] Cabe-me lembrar que, em entrevista recente, o próprio autor destaca a peculiaridade do ato de leitura, quando interrogado sobre a validade do gesto diante do confronto com a dúvida ou a busca de uma confirmação: "Ler é diferente de escrever" (Tordo *apud* Ramires, 2021). Também no seu *Manual de sobrevivência de um escritor*, entre as muitas passagens em que reitera a importância da leitura, há duas que chamam atenção. A primeira rememora um hábito cultivado desde a tenra infância: "A minha dedicação aos livros era obsessiva, quase problemática. Lia-os e relia-os como se nunca os tivesse lido, perdia-me completamente neles. Sonhava dentro das páginas, esquecia-me da realidade. Já muito novo, desejava perder-me; sair daqui, deste lugar que era um pequeno inferno" (Tordo, 2020, p. 26). E a segunda revela os seus primeiros contatos com gêneros literários mais diversos: "Depois dessas leituras [Stendhal e Tolstói], raramente voltei às bandas desenhadas ou a Júlio Verne. Passei por uma fase de enamoramento pelos romances policiais (Conan Doyle, Agatha Christie), mas, aos quinze anos, trocava livros com o meu professor de português, que me convenceu a ler *Siddhartha* e Doris Lessing. Mais tarde, apaixonei-me por Auster e Melville, por Mishima e Rilke, por Pessoa e Franz Kafka" (*Idem*, p. 30). Em outro momento do seu *Manual*, mais uma vez João Tordo repete a citação em epígrafe (cf. o capítulo "A técnica"). O que mais chama atenção é que todas as outras citações aparecem com as respectivas informações bibliográficas, menos esta, sugerindo-me, portanto, que o jogo é consciente e que ele próprio cria as armadilhas e as pistas para o(a) seu(sua) leitor(a).
[148] Perloff, 2013, p. 23.
[149] *Idem*, p. 28.
[150] Tordo, 2021, p. 36.
[151] *Idem*, p. 83.
[152] *Idem*, p. 199.
[153] *Idem*, p. 67.
[154] *Idem*, pp. 57-58.
[155] *Idem*, pp. 64-65.
[156] *Idem*, p. 17.
[157] *Idem*, p. 67.
[158] Belmont, 1997, p. 16.
[159] Freud, 2013, p. 365.

[160] *Idem, ibidem.*
[161] Belmont, 1997, pp. 24-25.
[162] Tordo, 2021, p. 67.
[163] *Idem*, p. 68.
[164] Howarth, 2004, pp. 365-366.
[165] Tordo, 2021, p. 67.
[166] Howarth, 2004, p. 365.
[167] Tordo, 2021, p. 69.
[168] *Idem*, p. 112.
[169] Gil, 2007.
[170] *Idem*, p. 19.
[171] *Idem*, p. 44.
[172] Freud, 2013, p. 29.
[173] *Idem, ibidem.*
[174] *Idem.*
[175] Torrano, 1995, p. 34.
[176] Bataille, 1992, p. 19.
[177] Tordo, 2020, p. 91.
[178] Calvino, 2015, p. 194.
[179] Tordo, 2021, p. 91.
[180] Cerdeira, 2014, p. 17.
[181] *Idem*, p. 18.
[182] Calvino, 2006, p. 159.
[183] Ceia, 2009; Shaw, 1982.
[184] Rodrigues, 2014, p. 106.
[185] Tordo *apud* Ramires, 2021.
[186] Tordo, 2020, pp. 36-37.
[187] *Idem*, p. 45.
[188] *Idem*, p. 98.
[189] Vieira, 2013, p. 219.
[190] Tordo, 2021, p. 101.
[191] *Idem*, p. 111.
[192] *Idem, ibidem.*
[193] *Idem*, pp. 114-115.
[194] *Idem*, p. 118.
[195] *Idem*, p. 139.
[196] *Idem, ibidem.*
[197] *Idem*, p. 151.
[198] *Idem*, pp. 155-156.
[199] *Idem*, p. 181.
[200] *Idem*, p. 166.
[201] Tordo, 2020, p. 45.
[202] Gumbrecht, 2007, p. 20.
[203] Tordo, 2021, p. 220.
[204] *Idem*, pp. 219-220.
[205] *Idem*, p. 123.
[206] *Idem*, p. 131.
[207] Mafra, 2010, p. 69.

[208] Kothe, 1987, p. 27.
[209] *Idem*, p. 26.
[210] Brombert, 2001, p. 19.
[211] *Idem*, p. 14.
[212] *Idem, ibidem*.
[213] Tordo, 2021, p. 212.
[214] *Idem*, p. 254.
[215] Mafra, 2010, p. 69.
[216] Tordo, 2021, p. 230.
[217] Calvino, 2006, p. 164.
[218] Tordo, 2021, pp. 258-259.
[219] *Idem*, p. 75.
[220] *Idem*, pp. 132-133.
[221] Aristóteles, 1992, p. 23.
[222] Tordo, 2021, p. 35.
[223] *Idem*, p. 206.
[224] *Idem*, p. 25.
[225] *Idem*, p. 148.
[226] Lesky, 1996, p. 26.
[227] *Idem*, p. 33.
[228] J. Brandão, 1992, p. 48.
[229] Lesky, 1996, p, 33.
[230] Tordo, 2021, p. 24. Grifos meus.
[231] *Idem*, p. 45.
[232] *Idem*, pp. 106-107.
[233] *Idem*, p. 112.
[234] *Idem*, p. 151.
[235] *Idem*, pp. 159-160.
[236] *Idem*, pp. 169-170.
[237] *Idem*, p. 172.
[238] *Idem*, pp. 186-187.
[239] *Idem*, pp. 226-227.
[240] *Idem*, p. 268.
[241] *Idem*, p. 308.
[242] *Idem*, p. 342.
[243] *Idem*, p. 364.
[244] *Idem*, p. 366.
[245] *Idem*, p. 379
[246] *Idem*, p. 382.
[247] *Idem*, p. 383.
[248] *Idem*, p. 379.
[249] Brombert, 2001, p. 91.
[250] *Idem*, p. 97.
[251] *Idem*, p. 91.
[252] Tordo, 2021, p. 315.
[253] Grimal, 1992, p. 355.
[254] *Idem, ibidem*.
[255] Tordo, 2021, p. 140.

[256] *Idem*, p. 196.
[257] Bornheim, 1992, p. 72.
[258] *Idem*, p. 73.
[259] Sissa & Detienne, 1990, p. 267.
[260] *Idem, ibidem.*
[261] Bornheim, 1990, p. 73.
[262] Tordo *apud* Ramires, 2021. Grifos meus.
[263] Bornheim, 1992, p. 75.
[264] Tordo, 2021, p. 128. Grifos meus.
[265] Bornheim, 1992, p. 80.
[266] Tordo, 2021, p. 385.
[267] Eco, 2013, p. 73.
[268] Tordo, 2021, p. 187.
[269] *Idem*, p. 16.
[270] *Idem*, pp. 18-19.
[271] *Idem*, p. 23.
[272] *Idem*, pp. 162-163.
[273] Aron & Kempf, 1992, p. 119.
[274] Tordo, 2021, p. 74.
[275] *Idem*, p. 108.
[276] Sissa & Detienne, 1990, p. 272.
[277] *Idem, ibidem.*
[278] *Idem, ibidem.*
[279] Tordo, 2021, p. 131.
[280] *Idem*, p. 132.
[281] *Idem, ibidem.*
[282] *Idem*, pp. 286-287.
[283] *Idem*, p. 140.
[284] Eco, 2006, p. 108.
[285] Bergson, 2001, p. 2.
[286] Ceia, 1998, p. 72.
[287] Real, 2012, p. 28.
[288] Calvino, 2009, p. 252.
[289] *Idem, ibidem.*
[290] *Idem, ibidem.*
[291] *Idem, ibidem.*
[292] *Idem*, pp. 252-253.
[293] Tordo *apud* Céu e Silva, 2019b.
[294] Os dois estudos da investigadora portuguesa constituem trabalhos incontornáveis sobre o gênero literário em questão. No entanto, ao contrário do título de 1978 [*A literatura "negra" ou de terror em Portugal (séculos XVIII e XIX)*], opto por não utilizar a expressão "literatura negra", em virtude da sua inadequação atual, diante da categorização no campo do horror e do terrível a partir da articulação do adjetivo feminino. Alerto que a decisão de não empregar o termo é particularmente minha, diante da convicção de que a língua portuguesa oferece uma gama de expressões capazes de lidar com a conceituação, sem se valer de expressões de cunho pejorativo que indicam um prejuízo às reivindicações e lutas de grupos e organizações sociais antirracistas. Logo, entendo que vocábulos como terror, horror, assombração e medo conseguem desenvolver bem, de maneira ampla e abrangente,

os sentidos pretendidos para a análise. Cf. as obras da ensaísta citadas nas Referências bibliográficas de 1978 e 1979.

[295] Herculano, 1998, p. 215.
[296] Tordo *apud* Céu e Silva, 2019b.
[297] Calvino, 2006, p. 164.
[298] *Idem*, p. 165.
[299] Tordo, 2021, p. 209.
[300] *Idem*, p. 276.
[301] *Idem*, p. 277.
[302] *Idem*, p. 288.
[303] *Idem*, p. 299.
[304] Calvino, 2006, p. 166.
[305] Simpson, 2004, pp. 44-45.
[306] Marques, 2020.
[307] Tordo, 2021, p. 32.
[308] *Idem*, pp. 330-332.
[309] Apesar das muitas lendas a respeito dessa figura mitológica, existe um certo consenso sobre sua atuação e seus poderes. De acordo com Pierre Grimal (1992), "Sibila é, essencialmente, o nome de uma sacerdotisa encarregada de dar a conhecer os oráculos de Apolo. Existe um grande número de lendas respeitantes à ou às Sibilas. Em certas tradições, a primeira Sibila era uma jovem com esse nome, filha do troiano Dárdano e de Neso, filha de Teucro. Possuidora do dom da profecia, conquistara grande fama de adivinha e o nome de Sibila fora dado a todas as profetisas em geral" (Grimal, 1992, pp. 416-417). Ao que tudo indica, a composição da personagem Maria da Palma revisita as principais nuances das criaturas com dons proféticos.
[310] Delumeau, 1999, p. 25.
[311] *Idem, ibidem*.
[312] Tordo, 2021, p.183
[313] *Idem, ibidem*.
[314] Marques, 2020.
[315] Tordo, 2021, p. 325.
[316] *Idem*, p. 327.
[317] *Idem, ibidem*.
[318] *Idem*, p. 183.
[319] *Idem*, p. 187.
[320] *Idem*, p. 300.
[321] *Idem, ibidem*.
[322] *Idem*, p. 308. Grifos meus.
[323] *Idem*, p. 328.
[324] *Idem*, pp. 369-376.
[325] Shakespeare, 2017, p. 209.
[326] Calvino, 2006, pp. 155-156.
[327] Tordo, 2021, p. 331.
[328] *Idem*, p. 350.
[329] Calvino, 2006, p. 156.
[330] Tordo, 2020, p. 41.
[331] *Idem, ibidem*.
[332] Tordo, 2021, p. 187.

[333] Clark, 2004, pp. 120-121.
[334] L. A. Santos, 2002; M. Vasconcelos, 2003.
[335] L. A. Santos, 2002, p. 478.
[336] *Idem*, p. 459.
[337] *Idem*, pp. 479-480.
[338] A pesquisa realizada por Manuela Vasconcelos (2003) recupera uma série de documentos e arquivos que contam a sequência de fatos sobre a introdução, o desenvolvimento, a censura e a recuperação dos espaços interditos à prática das atividades religiosas ligadas ao espiritismo em Portugal. Luís Aguiar Santos (2002) ainda frisa que o fato de o kardecismo reinterpretar o Evangelho e, por conseguinte, apontar Jesus como um espírito evoluído muito diferente das crenças cristológicas mais ortodoxas fez com que os adeptos dessa linha do espiritismo fossem considerados "cristãos heterodoxos" (L. A. Santos, 2002, p. 479), o que efetivamente desagradava à linha mais conservadora da Igreja católica.
[339] Tordo, 2021, pp. 382-383.
[340] *Idem*, p. 11.
[341] *Idem*, p. 382.
[342] *Idem*, p. 385.
[343] Tordo, 2020, p. 92.
[344] *Idem*, pp. 389-390.
[345] R. C. Gomes, 2002, p. 287.
[346] Calvino, 2006, p. 156.
[347] Tordo, 2020, p. 63.
[348] Calvino, 2006, p. 163.
[349] Eco, 2013, p. 72.
[350] *Idem, ibidem*.
[351] Vieira, 2013, p. 219.
[352] Calvino, 2006, p. 147.
[353] *Idem*, p. 167.
[354] *Idem, ibidem*.
[355] *Idem, ibidem*.
[356] Calvino, 2009, p. 190.

Conclusão
(ou De quando é preciso finalizar, mesmo sabendo que o fim é improvável)

> Pode-se dizer de todos os romances: sua história comum os coloca em numerosos contatos mútuos que esclarecem seus sentidos, prolongam seu brilho e os protegem contra o esquecimento.
> Milan Kundera, *A cortina*, 2006, p. 154.

> Para ver o mundo imaginado pelo autor, para encontrar felicidade nesse outro mundo, deve-se usar a própria imaginação. Ao dar-nos a impressão de sermos não apenas espectadores de um mundo imaginário, mas em parte um dos seus criadores, o livro nos proporciona o êxtase do criador no isolamento. É esse êxtase no isolamento que torna a leitura de livros, a leitura de grandes obras de literatura, tão sedutora para todos, e tão essencial para o escritor.
> Orhan Pamuk, *Outras cores*, 2010, p. 139.

> [...] hoje há uma necessidade de leituras que não se esgotem numa só direção, uma necessidade que não é saciada por tantas obras até perfeitas, mas cuja perfeição consiste justamente em sua rigorosa unidimensionalidade. É possível contrapor a elas uma razoável quantidade de livros contemporâneos cuja leitura e releitura nos deu um especial alimento justamente porque, neles, podemos imergir verticalmente (isto é, perpendicularmente em relação ao sentido da história), fazendo contínuas descobertas a cada estrato ou nível: o da comédia humana, o do quadro histórico, o lírico ou visionário (das alegorias e dos símbolos os mais diversos), o da invenção de um sistema linguístico próprio e autônomo, o da rede de referências culturais etc. [...]. Mas, pensando bem, não posso deixar de admitir que as possibilidades de leitura em múltiplos planos é, afinal, uma característica de todos os grandes romances de todas as épocas: até daqueles que nosso hábito de leitura nos acostumou a ler como se fossem algo estavelmente unitário, unidimensional.
> Ítalo Calvino, *Mundo escrito e mundo não escrito*, 2015, p. 31.

Conclusão

Num de seus mais conhecidos ensaios, em que discute as concepções e os sentidos do contemporâneo, Giorgio Agamben ressalta os elos estabelecidos entre o ser humano e o tempo que lhe foi dado viver, numa corrente de apreensões que não exclui, por um lado, a sintonia e a aproximação, e, por outro, a anacronia e o distanciamento. Segundo ele, o contemporâneo exige essa dupla locomoção para obter uma compreensão mais ampla de seu funcionamento:

> A contemporaneidade, portanto, é uma singular relação com o próprio tempo, que adere a este e, ao mesmo tempo, dele toma distâncias, mais precisamente, essa é a relação com o tempo que a este adere através de uma dissociação e um anacronismo. Aqueles que coincidem muito plenamente com a época, que em todos os aspectos a esta aderem perfeitamente, não são contemporâneos porque, exatamente por isso, não conseguem vê-la, não podem manter fixo o olhar sobre ela.[1]

O texto do filósofo italiano vem bem a propósito deste momento de conclusão por alguns motivos. Primeiro, porque o que se pretendeu, aqui, não foi tecer uma recolha categórica de obras da ficção portuguesa contemporânea, como se sobre esse contexto só houvesse louros a lançar. Se os(as) autores(as) contemplados(as) na análise proposta revelam uma escolha pessoal e particular minha, isso não significa que esta seja suficiente para decretar qual obra deve ou não deve comparecer nas atividades acadêmicas de pesquisa, ensino e extensão e, por conseguinte, nas listas de leitura. Conquanto os textos presentes forneçam um panorama interessante da atual produção narrativa portuguesa, as ausências acabam por indicar outros com os quais o meu convívio, enquanto leitor e investigador, não se dá de forma pacífica, fácil e direta.

Aspecto absolutamente normal no contato fornecido pela leitura, cabe-me ressaltar, porém, que o elenco – tanto das obras centrais escolhidas como *corpus* para cada capítulo quanto das circunstanciais, pinçadas para exemplificar o caminho adotado como protocolo de leitura – coloca-me naquela exata posição descrita por Roland Barthes, qual seja, a de "ler levantando a cabeça", em que o "afluxo de ideias, excitações, associações" despertadas ao longo da absorção do texto gera um duplo movimento de leitura, "ao mesmo tempo irrespeitosa, pois que corta o texto, e apaixonada, pois que a ele volta e dele se nutre".[2]

Quero com isso dizer que, ao contrário de outros caminhos críticos – cujas escolhas pessoais são perpetradas como método e vaticínio inquestionável para decidir quem vale e quem não vale a pena ser lido ou quem é ou não considerado digno de entrar no reino da (sua) literatura, ou quem representa ou não o mais recente cenário da literatura portuguesa –, o viés aqui definido para ler a novíssima ficção portuguesa procurou demonstrar, sobretudo, as diversas e múltiplas formas que seus(suas) autores(as) possuem para a criação ficcional, e como essa pluralidade não só consolida a riqueza e a força de seus produtores, como também ratifica a pulverização de distintos vieses da efabulação narrativa.

Ou seja, algumas ausências podem ser lidas, aqui, como meu gesto de anacronismo e deslocamento em relação à produção contemporânea portuguesa, em virtude do olhar crítico lançado sobre elas e de minhas reticências sobre seus parâmetros e fórmulas. Serão essas, portanto, indignas de ser lidas e analisadas? É claro que não. A questão centra-se na perspectiva adotada, em que a inquietação gerada em mim por cada texto acabou por ser um dos aspectos determinantes da minha escolha, do mesmo modo que o imediatismo corriqueiro e o resultado apático de certas obras acabaram por balizar as recusas.

Nem minhas escolhas nem os protocolos de leitura aqui articulados constituem mecanismos definitivos para delimitar o cenário exato da novíssima ficção portuguesa. Tal como procurei destacar, eles devem ser entendidos como um dos trajetos possíveis para o(a) leitor(a), do(a) mais experiente ao mais curioso(a), vislumbrar um cenário da contemporaneidade literária portuguesa.

Sopesando, na esteira do ensinamento de Giorgio Agamben, que a compreensão do contemporâneo passa necessariamente pelo entendimento de sua fluidez temporal, cuja escrita se dá "no presente assinalando-o antes de tudo como arcaico, e somente quem percebe no mais moderno e recente os índices e as assinaturas do arcaico pode dele ser contemporâneo",[3] então, para examinar a novíssima ficção portuguesa, não pode haver a demanda de qualquer reflexão definitiva, exatamente porque a contemporaneidade literária ainda está em curso e em construção, e a dinâmica de entradas e saídas de nomes dos seus diferentes domínios genológicos (poesia, teatro, ficção, ensaio) ocorre de forma constante, móvel e ágil.

"Cada texto constrói alegoricamente a sua própria teoria, mas essa construção é apenas um dos efeitos da leitura",[4] alerta-nos com propriedade Silvina Rodrigues Lopes. A partir desse pressuposto, então, cada uma das obras aqui escolhidas acabou por construir e oferecer-me a possibilidade de um caminho teórico-crítico: o de valer-me das propostas de Ítalo Calvino,[5] enquanto protocolos de leitura eficazes para a análise delas. No entanto, cabe-me alertar que essa via adotada constitui um dos efeitos da minha leitura particular. Outra decorrência desta, com certeza, vai no sentido da própria consideração temporal do *corpus* do presente ensaio.

Logo, o que hoje considero um painel instigante e convidativo para tecer apreciações e conjecturas sobre a mais recente produção narrativa portuguesa e, a partir dela, estabelecer vínculos interrogadores sobre o nosso tempo, os nossos anseios, os nossos espaços de origem e pertença, amanhã poderá não ser e estar relegado, assim, a um compartimento diferente inserido nos sistemas literário e cultural.

No entanto, diante dos seis títulos aqui selecionados, de autoria de três mulheres e três homens, procurei demonstrar, sem qualquer tipo de hierarquia numérica de um gênero sobre outro, que cada um deles se destaca por formas diferentes de dialogar com as *Seis propostas para o próximo milênio*, de Ítalo Calvino,[6] e por engendrar distintos modos estéticos de criar ficção.

Um dos pontos mais interessantes na análise aqui proposta foi verificar que, em vários momentos, os textos se mostraram muito móveis e propícios a ser deslocados de uma proposta para outra, sem qualquer prejuízo para a leitura. Ainda que essa permuta fosse mantida, certamente, seriam outros os pressupostos teóricos tomados como via de sustentação para os argumentos sistematizados. De certo modo, esse reconhecimento demonstra a riqueza e a potência dessa novíssima ficção portuguesa, confirmando os postulados de Ítalo Calvino de que "um escritor relevante não pode ser compartimentado numa só categoria, mas pelo menos no cruzamento de duas".[7]

Assim, em cada uma das propostas, é possível verificar esse trânsito analítico. E se as obras que aqui compareceram, a partir das minhas escolhas, podem ser remanejadas para análises em vias diferentes de leitura, outras também mereceriam figurar, confirmando minha proposição sobre a riqueza e a diversidade da ficção portuguesa do e no século XXI. Vejamos alguns exemplos.

Na leveza, também poderiam ser considerados os romances: *Felicidade* (2021), de João Tordo; *O filho de mil homens* (2011), de Valter Hugo Mãe; *À espera de Moby Dick* (2012), de Nuno Amado; *Ensaio sobre a angústia* (2012), de Joaquim Almeida Lima; *Os sítios sem resposta* (2012), de Joel Neto; *333* (2013), de

Pedro Sena-Lino; *A vida inútil de José Homem* (2013), de Marlene Ferraz; *Índice médio de felicidade* (2013), de David Machado; *Horizonte e mar* (2014), de Paula Cristina Rodrigues; *Para onde vão os guarda-chuvas* (2013) e *Flores* (2015), de Afonso Cruz; *O meu irmão* (2015), de Afonso Reis Cabral; *O último poeta* (2015) e *Seja feita a tua vontade* (2017), de Paulo M. Morais; *Gente séria* (2017), de Hugo Mezena; *A visão das plantas* (2019), de Djaimilia Pereira de Almeida; *Caronte à espera* (2020), de Cláudia Andrade; *Em todas as ruas te encontro* (2021), de Paulo Faria; e *Quarentena* (2021), de José Gardeazabal.

Na rapidez, além de *Pão de açúcar* (2018), de Afonso Reis Cabral, e *Da meia-noite às seis* (2021), de Patrícia Reis, poderíamos incluir igualmente *Olhos de cão* (2003), de Daniel J. Skramesto; *O caderno do algoz* (2009), de Sandro William Fonseca; *Tempo adiado* (2009), Paula de Sousa Lima; *Última paragem, Massamá* (2011), de Pedro Vieira; *Sandokan e Bakunine* (2012), de Bruno Margo; *É no peito a chuva* (2017), de Gonçalo Naves; *A febre das almas sensíveis* (2018), de Isabel Rio Novo; *O coro dos defuntos* (2019), de António Tavares; *As longas noites de Caxias* (2019), de Ana Cristina Silva; *O gesto que fazemos para proteger a cabeça* (2019), de Ana Margarida de Carvalho; *Se com pétalas ou ossos* (2021), de João Reis.

Na proposta de exatidão, para além de *Rua de Paris em dia de chuva* (2020), de Isabel Rio Novo, e *Felicidade* (2021), de João Tordo, também seriam inseridos *Este é o meu corpo* (2001), de Filipa Melo; *O livro dos homens sem luz* (2004) e *Hotel Memória* (2007), de João Tordo; *O coração dos homens* (2006), de Hugo Gonçalves; *O dom* (2007), de Jorge Reis-Sá; *A resistência dos materiais* (2008), de Rui Costa; *Rio Homem* (2010), de André Gago; *Iberiana* (2011), de João Lopes Marques; *No meu peito não cabem pássaros* (2011), de Nuno Camarneiro; *A cura* (2013), de Pedro Eiras; *Fredo* (2013), de Ricardo Fonseca Mota; *Livro sem ninguém* (2014), de Pedro Guilherme-Moreira; *Mil novecentos e setenta e cinco* (2014), de Tiago Patrício; *Mea culpa* (2017), de Carla Pais; *O homem domesticado* (2017) e *Zalatune* (2021), de Nuno Gomes Garcia; *Autópsia* (2019), de João Nuno Azambuja; *Ecologia* (2019), de Joana Bértholo; *Hotel dos inocentes* (2019), de Carlos Alberto Machado; *Saturnália* (2019), de André Fontes; *Um passo para Sul* (2019), de Judite Canha Fernandes; *Uso errado da vida* (2019), de Paulo Rodrigues Ferreira; *Hífen* (2021), de Patrícia Portela.

Já na visibilidade, *A nossa alegria chegou* (2021), de Alexandra Lucas Coelho, caberia sem prejuízos, da mesma forma como as obras *A cega da casa do Boiro* (2001), de Joaquim Mestre; *A Manopla de Karasthan / Crónicas de Allaryia – Livro I* (2002), de Filipe Faria; *Bela* (2005), de Ana Cristina Silva; *Caderno de memórias coloniais* (2009), de Isabela Figueiredo; *A cabeça de Sêneca* (2011), de Paulo Bugalho; *O ano sabático* (2013), de João Tordo; *Trans Iberic Love* (2013), de Raquel Freire; *Os corpos* (2017), de Rodrigo Magalhães; *Os loucos da rua Mazur* (2017), de João Pinto Coelho; *Essa dama bate bué* (2018), de Yara Monteiro; *O invisível* (2018), de Rui Lage; *Autobiografia* (2019), de José Luis Peixoto; *O Magriço* (2020), de Tiago Salazar; *Condition Report* (2021), de Madalena de Castro Campos; *Esquecer* (2021), de Margarida Paredes; *A rainha e a bastarda* (2022), de Patrícia Müller; *Madalena* (2022), de Isabel Rio Novo; *Um cão deitado à fossa* (2022), de Carla Pais.

Em multiplicidade, o romance *Deus Pátria Família* (2021), de Hugo Gonçalves, permitiria um outro viés de leitura, assim como *Pode um desejo imenso* (2002), de Frederico Lourenço; *Cinco de outubro* (2010), de Lourenço Pereira Coutinho; *Uma viagem à Índia* (2010), de Gonçalo M. Tavares; *A mulher-casa* (2012), de Tânia Ganho; *A última canção da noite* (2013), de Francisco Camacho; *Perguntem a Sarah Gross* (2015), de João Pinto Coelho; *A casa-comboio* (2017), de Raquel Ochôa; *Dicionário sentimental do adultério* (2017), de Filipa Melo; *Hoje estarás comigo no paraíso* (2017), de Bruno Vieira Amaral; *Um dia, um grande homem eloquente* (2019), de Luís Miguel Rosa.

Por fim, em consistência, caberiam tanto *Rua de Paris em dia de chuva* (2020), de Isabel Rio Novo, e *Deus Pátria Família* (2021), de Hugo Gonçalves, quanto *Campo de sangue* (2001), de Dulce Maria Cardoso; *Elogio do passeio público* (2008), de Filipa Martins; *Autismo* (2012), de Valério Romão; *Contracorpo* (2013) e *As crianças invisíveis* (2019), de Patrícia Reis; *Uma outra voz* (2013), de Gabriela Trindade Ruivo; *O meu amante de domingo* (2014), de Alexandra Lucas Coelho; *O pecado de Porto Negro* (2014), de Norberto Morais; *O paraíso segundo Lars D.* (2015), de João Tordo; *A gorda* (2016), de Isabela Figueiredo; *Não se pode morar nos olhos de um gato* (2016), de Ana Margarida de Carvalho; *O fogo será tua casa* (2018), de Nuno Camarneiro; *A lição do sonâmbulo* (2020), de Frederico Pedreira; *Apneia* (2020), de Tânia Ganho; *As aves não têm céu* (2020), de Ricardo Fonseca Mota; *A noite das barricadas* (2020), de H. G. Cancela; *As telefones* (2020), de Djaimilia Pereira de Almeida; *Palavra do Senhor* (2021), de Ana Bárbara Pedrosa; *Cadernos de água* (2022), de João Reis; *Grande turismo* (2022), de João Pedro Vala.

Com projetos particulares e diferentes entre si, cada um dos títulos mencionados garante uma heterogeneidade de métodos e meios de criação, capazes de abranger as tendências que tornam a ficção portuguesa mais rica e mais diversificada. Tomando as seis obras escolhidas como *corpus* central dos capítulos do presente livro, algumas inferências podem ser tecidas, a título de conclusão, mesmo sabendo do seu caráter improvável e impalpável.

Uma das nuances mais interessantes reside no fato de que três das seis obras se debruçam sobre cenários marcados pela distopia e pela destruição. Tal como tive a oportunidade de demonstrar, *Da meia-noite às seis*, de Patrícia Reis, incide sobre um futuro incerto, em que sentimentos e discursos de ódio se chocam com expressões revificadoras de solidariedade, empatia e afetos. Ainda que não tenha sido exatamente essa a mesma tônica de análise dos dois romances seguintes, é curioso observar como *Deus Pátria Família*, de Hugo Gonçalves, e *A nossa alegria chegou*, de Alexandra Lucas Coelho, mobilizam, em cenários muito diferentes, uma propagação de sentimentos fronteiriços. O primeiro investe em um passado alternativo, num Portugal no ano de 1940, em que a democracia vai sendo minada e literalmente corroída por forças xenófobas, antissemitas, racistas, misóginas, homofóbicas, fanáticas e violentas, e o horizonte parece não apontar um caminho pacífico possível. O segundo, por sua vez, a partir de uma ambientação numa imaginária Alendabar, leva o(a) leitor(a) a interrogar como o consumo desenfreado e o desrespeito às mais básicas leis de convívio com o meio ambiente não só danificam o *locus* físico onde os indivíduos vivem, mas também contaminam as relações humanas construídas entre os seres.

Como se pode perceber, os três primeiros romances dispõem, cada um a seu modo, um Portugal em 2022 a um outro em 1940 e numa Alendabar efabulada, um reconhecimento tácito de ambientes distópicos com "sociedades imaginárias nas quais as condições de existência são muito piores do que aquelas das sociedades reais".[8] Talvez com isso se poderia conjecturar que a novíssima ficção portuguesa privilegia os descompassos, a desesperança e o niilismo como únicas saídas possíveis para a criação literária.

No entanto, as três obras não permanecem nesse mergulho negativo, mas entram num confronto direto com as principais causas e efeitos colaterais, sem qualquer tipo de sensacionalismo ou superficialidade. Seja sob a forma de uma pandemia, de vírus ideológicos e de discursos de ódio,[9] como ocorre na obra de Patrícia Reis; seja sob o espectro de um Portugal de décadas atrás, que parece ressoar com todos os seus rompantes ditatoriais num *locus* prenhe de distorções e fanatismos, como se apresenta no romance de Hugo Gonçalves; ou, ainda, sob o desenho de um poder predatório que vai vitimando e violentando o meio ambiente e as pessoas que dele dependem diretamente, na Alendabar criada por Alexandra Lucas Coelho; a distopia emerge em cada uma das tramas romanescas e, para cada uma, os(as) autores(as) desenvolvem seus "anticampos" utópicos,[10] espaços de resistência a forças repressivas e autoritárias. Em *Da meia-noite às seis*, o espaço da rádio funciona como um anticampo difusor e multiplicador da solidariedade de Rui Vieira e Susana Ribeiro de Andrade; em *Deus Pátria Família*, a casa de infância dos irmãos Luís e Joaquim Paixão Leal resiste ao voo rasante das aeronaves nazistas e impõe a sintonia fraterna como um desafio à ameaça fascista; por fim, em *A nossa alegria chegou*, sob o signo da ação revolucionária consumada por Aurora, Ira e Ossi, Alendabar encena o desejo de mudança como ponto de viragem para uma multiplicação da luta efetiva.

Olhados pelo viés da distopia, todos esses espaços (a rádio, a casa e a cidade) constroem uma salutar contraposição, em que "a utopia tem como uma de suas principais missões a multiplicação de anticampos, tornando a reação do sistema cada vez mais custosa e difícil de ser justificada pelos seus mecanismos ideológicos, levando-o à implosão".[11] Nesse sentido, os três ambientes acima apontados alicerçam-se como "anticampos", como *locus* de resistência aos discursos de ódio, aos preconceitos, à censura, ao medo, aos desmandos e ao autoritarismo.

Outro aspecto muito relevante no quadro das seis obras analisadas diz respeito ao uso sistemático da matéria histórica, seja ela mais recente – como são os casos dos romances de Patrícia Reis, Afonso Reis Cabral e João Tordo –, seja ela mais pretérita – como ocorre nos romances de Hugo Gonçalves e Isabel Rio Novo. No entanto, acredito que as três últimas obras podem ser agrupadas numa outra tendência, posto que caucionam os gestos de apropriação e de recriação da história pelo poder da efabulação.

Sem entrar na senda da categoria estabelecida por Linda Hutcheon,[12] a metaficção historiográfica, procurei apontar, em cada um dos textos analisados, como esse conceito poderia até ser agenciado, ainda que não fosse esse o viés eleito para as análises. Na verdade, ao pensar a absorção direta ou indireta da matéria histórica, minha ideia não é negar a possibilidade de um caminho crítico, mas reconhecer que, para além dele, os textos ficcionais disponibilizam outras formas de leitura, incluindo as propostas de Ítalo Calvino.[13] E vale lembrar que, se, para as obras de Hugo Gonçalves e Isabel Rio Novo, essa categoria poderia ser adequada sem grandes problemas, o mesmo não aconteceria para as de Afonso Reis Cabral, João Tordo e Patrícia Reis, e não porque estas se valeram de um substrato histórico mais próximo de nós; simplesmente, os detalhes mais característicos da metaficção historiográfica não cabem de maneira harmônica no que os textos demandam em termos de reflexão. Menos ainda no romance de Alexandra Lucas Coelho, uma fábula baseada num *locus* não especificado no mapa, mas cheio de referências à nossa realidade ambiental mais imediata.

Essa metodologia, de certo modo, entra em convergência com a do movimento de questionamento diante da obra literária, tal como descrito por Umberto Eco, na medida em que "[...] o leitor não pode dar nenhuma interpretação simplesmente com base em sua imaginação, mas deve ter certeza de que o texto de certo modo não apenas legitima, mas também encoraja determinada leitura".[14]

Ainda que o meu desejo encerre o emprego das propostas calvinianas como protocolos de leitura para a novíssima ficção portuguesa, demonstrando, assim, a convergência do sistema literário em foco com as principais linhas de criação presentes no século XXI, não poderia jamais destrinchar cada um dos argumentos, baseado apenas num achismo individual. Nesse sentido, acredito que cada um dos romances acende um encorajamento para determinado viés de leitura, porque cada um deles se corporifica, enquanto uma "questão cosmológica", ou seja, os(as) escritores(as) escolhidos(as), cada um(a) a seu modo, inventam suas fábulas como "uma espécie de demiurgo criador de um mundo – um mundo que precisa ser o mais fiel possível", de modo que seja possível "locomover-se nele com total segurança".[15]

Assim, da Lisboa de 2022, com Patrícia Reis, caminhamos pela Lisboa de 1940, com Hugo Gonçalves, e pela Lisboa das décadas de 1970 e 1980, com João Tordo. Do espaço imaginário de uma Alendabar, com uma natureza exuberante e em risco, com Alexandra Lucas Coelho, viajamos até o Porto do início dos anos 2000, com Afonso Reis Cabral, e depois a Paris do século XIX, em alternância com personagens do século XXI, com Isabel Rio Novo.

Conclusão

Seis romances, seis formas de criar ficção, seis caminhos muito diferentes entre si, enfim, seis obras que moldam diferentes cosmologias espaçotemporais e, assim, demonstram e confirmam a potência da novíssima ficção portuguesa para lidar, ora com cenários distópicos, ora com a matéria histórica, e para fixar reflexões sobre o seu tempo e o seu estar no mundo. São, como exemplifica Milan Kundera, seis romances que pensam e que ajudam o(a) leitor(a) a pensar com eles:

> Pois a história, com seus movimentos, guerras, revoluções e contrarrevoluções, humilhações nacionais, não interessa por si mesma ao romancista, como se fosse um objeto a ser pintado, denunciado, interpretado; o romancista não é um valete dos historiadores; se a história o fascina, é porque ela é como um projetor que gira em torno da existência humana e lança uma luz sobre ela, sobre suas possibilidades inesperadas, que em tempos tranquilos, quando a história fica imóvel, não se realizam, permanecendo invisíveis e desconhecidas.[16]

Se o "bom romance português"[17] da década de 1980, no rescaldo dos ventos da Revolução dos Cravos, manipula, dialoga e revisita alguns eventos importantes da história portuguesa, revelando-se uma "engenhosíssima 'construção' de pontos de vista",[18] tal como diagnosticado por Jorge Fernandes da Silveira, não me parece que os(as) escritores(as) do século XXI tenham esquecido ou recusado tal lição. Ao contrário, como pudemos observar, eles(as) levam às últimas consequências o legado deixado por seus antecessores do final do século XX, tendo em vista que, num aguçado jogo de pôr em "relevo a sua visão crítica e cognitiva da realidade",[19] cada um(a) deles(as) demonstra sua perspectiva ética, seja sobre Portugal, seja sobre o mundo de uma forma geral, sem abrir mão de um sensível trabalho estético-textual.

Nesse sentido, as propostas de Ítalo Calvino, utilizadas como protocolos de leitura para os textos, individualmente comprovam minha tese de que é possível pensar a produção da novíssima ficção portuguesa como conjunto consolidado de uma geração que sabe aliar "o construcionismo da forma com a narratividade do conteúdo",[20] a partir de uma engenhosa "prateleira hipotética", onde cada um dos títulos eleitos representa um mundo diverso e singular e, ao mesmo tempo, convoca a uma forma particular de leitura.

Daí que, na minha visão, os romances portugueses aqui mencionados e estudados mantêm um grau de encantamento e sedução, ou, como expõe Milan

Kundera, uma parcela significativa de fascínio; afinal, "[...] a beleza do romance é inseparável de sua arquitetura; digo a *beleza* porque a composição não é um simples *savoir-faire* técnico, ela traz em si a originalidade do estilo do autor [...]; e é também a marca de identidade de cada romance em particular".[21]

São obras de ficção com arquiteturas muito distintas entre si e, ao mesmo tempo, muito bem engendradas, com as belezas individuais e particulares estando diretamente ligadas a cada um dos seus estilos. Tal como propõe Gabriela Silva, Patrícia Reis, Hugo Gonçalves, Alexandra Lucas Coelho, Afonso Reis Cabral, Isabel Rio Novo e João Tordo consolidam aquelas "novas identidades de escrita" que caracterizam a "novíssima literatura portuguesa".[22] Por isso, ao contrário do que pensa António Guerreiro, para quem a expressão "novíssimos" nada significa para os(as) atuais escritores(as) portugueses(as), porque "não emerge neles uma réstia de juventude, apenas de infantilidade",[23] na minha concepção, os seis romances analisados nada têm de infantilidade ou imaturidade. Antes, constituem uma prova contundente de que, entre "o sentido de inovação que lhe é próprio e o peso de uma tradição implícita ou explicitamente convocada",[24] existe, sim, uma inequívoca preocupação estética no tratamento da efabulação, sem perder de vista uma necessidade de interrogação ética, mesmo com diferentes graus de aproximação e distanciamento da matéria absorvida nas tramas romanescas.

Independentemente de a obra fazer parte de percursos já consolidados e reconhecidos com destacadas premiações – como são os casos de Alexandra Lucas Coelho e João Tordo; ou de os(as) autores(as) se encontrarem num momento de construção de suas carreiras – situação na qual se podem incluir Afonso Reis Cabral e Isabel Rio Novo; ou, ainda, independentemente de tratar--se de escritores(as) com uma destacada produção, mas, infelizmente, não reconhecidos(as) pelos meios críticos – tal como ocorre com Hugo Gonçalves e Patrícia Reis; o fato é que os títulos aqui relacionados, incluindo os que circunstancialmente foram citados como exemplos, demonstram a energia, a potencialidade e a vitalidade da produção ficcional portuguesa do século XXI. Se, como sublinha a conhecida e tradicional afirmação "Portugal é um país de poetas",[25] depois de lidas as obras aqui recolhidas, quero acreditar que a famosa frase também pode ser articulada num outro tom: Portugal é, sem dúvida, um país de grandes prosadores e romancistas.

Conclusão

Tal como procurei assinalar nas análises dos romances a partir de cada uma das propostas de Ítalo Calvino,[26] essa ficção portuguesa do século XXI não apenas acomoda e convida a leveza, rapidez, exatidão, visibilidade, multiplicidade e consistência, enquanto protocolos de leitura plausíveis e coerentes, mas também propicia outras possibilidades de análise, com uma miríade de correntes críticas em diálogo dinâmico. Na minha visão, trata-se de um conjunto singular pela maturidade com que propõe abordar as principais questões da atualidade, pela densidade com que concretiza a feitura das diferentes arquiteturas romanescas e pela sedução com que atrai os(as) leitores(as) e a eles(as) oferece momentos de puro fascínio e epifania.

Isso quer dizer que uma das marcas dessa produção narrativa se encontra no poder de reflexão que os romances são capazes de despertar, incidindo num intenso trabalho de interrogação ao nosso presente. Da distopia de tempos pandêmicos até o vislumbre de um horizonte possível com a esperança e a amizade, entrevendo a leveza como uma das formas de enfrentar o peso de viver, em *Da meia-noite às seis*, de Patrícia Reis; do descompasso de enganos passados ecoantes, em reverberação nos tempos atuais, movido pela rapidez nas malhas de *Deus Pátria Família*, de Hugo Gonçalves; da destruição dos biossistemas ambientais aos movimentos de resistência revolucionária, com a emergência de um ecofeminismo esclarecedor, a partir de um espaço imaginário, de onde emana uma exatidão para os nossos dias, em *A nossa alegria chegou*, de Alexandra Lucas Coelho; das personagens marginais e excêntricas como imagens concretizadoras de uma dupla visibilidade – a estética na composição romanesca e a ética na chamada de atenção para a maldade que nasce, cresce e dizima inocentes no cotidiano mais imediato –, como em *Pão de Açúcar*, de Afonso Reis Cabral; da capacidade de reler o passado e o mundo das artes, sem perder de vista aquilo que eles podem nos ensinar hoje, através de uma multiplicidade com tonalidades enciclopédicas e museologizantes, como em *Rua de Paris em dia de chuva*, de Isabel Rio Novo; e, por fim, das muitas formas de começar e acabar uma história, mesmo as de fantasmas, com suas alucinações, instituindo uma consistência na construção narrativa, tal como verificado em *Felicidade*, de João Tordo; a novíssima ficção portuguesa incorpora e consolida recursos e poderes que as obras literárias são capazes de exercer sobre os(as) leitores(as), entre os quais os de "aprender com a experiência alheia" e de "compartilhar o conhecimento do mundo e de nós mesmos".[27]

Não estou com isso pretendendo defender um propósito terapêutico ou uma sobreposição do ético ao estético, com saídas fáceis e tranquilizadoras, em cada uma das obras. Acredito que elas fornecem uma amplitude de interrogação sobre o tempo presente, na medida em que, com estilos diferentes e projetos específicos de criação, promovem uma sensibilidade reflexiva no(a) leitor(a). Nesse sentido, gosto mesmo de pensar que se torna muito difícil passar pela experiência de leitura dos romances de forma ilesa, indiferente e passiva.

Daí a minha tese de que, nesse conjunto de uma "prateleira hipotética", cada um dos textos, a seu modo, convida-nos a "ler levantando a cabeça",[28] tal como defendido por Roland Barthes. Por isso, não posso deixar de registrar de forma assertiva que minha experiência direta de leitura, pesquisa e ensino com esses textos vai ao encontro da experiência epifânica descrita por Alberto Manguel:

> Os livros podem não alterar nosso sofrimento, os livros podem não nos proteger do mal, os livros podem não nos dizer o que é bom e o que é belo, e certamente não terão como nos livrar do destino comum – a tumba. Mas *os livros nos abrem miríades de possibilidades: de mudança, de iluminação*. Pode bem ser que nenhum livro, por mais bem escrito que seja, consiga remover um grama de dor da tragédia do Iraque ou de Ruanda, mas pode bem ser que não haja livro, por mais mal escrito que seja, que não *contenha alguma epifania para algum leitor*.[29]

Quero, ainda, sublinhar que, com essa prerrogativa de defender a pluralidade, a diversidade, o vigor e a força da novíssima ficção portuguesa, não estou me colocando numa espécie de pedestal do leitor ideal, ou que minha maneira de se debruçar sobre os textos esteja a reivindicar o estatuto de incontestável, ou venha a ser utilizada como mecanismo único e irrestrito. Por outro lado, compreendo que, ao escolher e nomear os(as) escritores(as) analisados(as) para uma "prateleira hipotética" da narrativa do século XXI em Portugal, eu anuncio, na esteira de Alberto Manguel,[30] que a minha prateleira explica bem quem eu sou como leitor, como pesquisador, como professor e como ser humano. E, como o mestre argentino, muitas vezes, o meu pensamento não segue uma linha reta, traçando quase sempre uma expansão analítica que abrange outros textos. Enfim, parafraseando Alberto Manguel,[31] acredito que, do mesmo modo como as bibliotecas, as prateleiras hipotéticas que as compõem são igualmente autobiográficas. E a minha não seria diferente.

Talvez por isso, além de Ítalo Calvino,[32] outros nomes se impuseram no tratamento dos romances, a fim de corroborar as ideias aqui expostas. De Roland Barthes a Sigmund Freud, de Linda Hutcheon a Wayne C. Booth, de Carlos Reis a André Corrêa de Sá, de Slavoj Zizek a Boaventura de Sousa Santos, de André Malraux a Milan Kundera, de Ricardo Piglia a Orhan Pamuk, de Umberto Eco a Alberto Manguel, de Teresa Cristina Cerdeira a Ana Paula Arnaut, de Jorge Fernandes da Silveira a Gabriela Silva,[33] entre tantos outros, as referências resumem de certo modo minhas afinidades eletivas no campo da crítica literária e minha forma de não fugir do texto. Ora, se, como nos faz crer Ricardo Piglia, no encalço das premissas borgianas, "[...] a ficção não depende apenas de quem a constrói, mas também de quem a lê. A ficção também é uma posição do intérprete", que é capaz de "acreditar no poder da ficção",[34] então, posso concluir que minha proposta de leitura incide sobre textos portugueses contemporâneos que alimentam meu pensamento crítico e me instigam na condição de um intérprete inquieto.

Assim, fico mesmo a me interrogar se minha ideia de uma "prateleira hipotética", enquanto espaço de confirmação da diversidade e da complexidade da atual ficção portuguesa, não está em consonância, também, com aquela premissa de leituras emergentes "que não se esgotam numa só direção", mas que apontam "contínuas descobertas a cada estrato ou nível".[35]

Quero com isso dizer que, na minha visão, os títulos aqui eleitos oferecem uma série de "possibilidades de leitura em múltiplos planos",[36] tal como preconizara Ítalo Calvino. Logo, não me restam dúvidas de que *Da meia-noite às seis*, de Patrícia Reis, *Deus Pátria Família*, de Hugo Gonçalves, *A nossa alegria chegou*, de Alexandra Lucas Coelho, *Pão de Açúcar*, de Afonso Reis Cabral, *Rua de Paris em dia de chuva* e *Felicidade*, de João Tordo, enquadram-se perfeitamente naquela condição de "grandes romances de todas as épocas".[37] A nossa, certamente, mas também as futuras.

Concluo, portanto, sublinhando que a "prateleira hipotética" aqui sugerida, para além de uma convergência de diferentes tendências da atual narrativa portuguesa, constitui também um espaço de uma confessada paixão, posto que esse meu escolher deve ser entendido como um autêntico "ato de amor". Por fim, e em concordância com a lição de Teresa Cristina Cerdeira, é "como ato amoroso que a leitura constrói"[38] a minha "prateleira hipotética" da ficção portuguesa do século XXI.

Notas

[1] Agamben, 2010, p. 59.
[2] Barthes, 1988, p. 40.
[3] Agamben, 2010, p. 69.
[4] Lopes, 1994, p. 485.
[5] Calvino, 2000, 2006.
[6] *Idem.*
[7] Calvino, 2015, p. 19.
[8] Matos, 2013, p. 353.
[9] Cf. Zizek, 2020, e Butler, 2021, respectivamente.
[10] Matos, 2017, p. 58.
[11] *Idem, ibidem.*
[12] Hutcheon, 1991.
[13] Calvino, 2000, 2006.
[14] Eco, 2013, p. 35.
[15] *Idem*, p. 18.
[16] Kundera, 2006, p. 67.
[17] J. F. da Silveira, 1985, p. 8.
[18] *Idem, ibidem.*
[19] *Idem, ibidem.*
[20] Real, 2012, p. 197.
[21] Kundera, 2006, p. 143.
[22] G. Silva, 2016, p. 6.
[23] Guerreiro, 2012.
[24] Rodrigues, 2014, p. 106.
[25] Frase atribuída a António Ferro, numa entrevista concedida a Frédéric Lefèvre, em 1934, para a publicação *Nouvelles Littéraires*, e depois incorporada numa sucessiva releitura pelos mais diferentes canais de comunicação e meios de expressão artística. Em 1998, por exemplo, numa obra marcada por profunda ironia (*Nova asmática portuguesa*, 1998), o poeta Nuno Moura relê a famosa frase e declara num tom debochado e ácido: "Portugal é um país de poetas ricos. / a poesia dá dinheiro a Portugal" (Moura, 1998). Mais detalhes sobre a sentença, que muitas vezes assume um tom estereotipado, podem ser encontrados no ensaio de Vera Marques Alves (2013).
[26] Calvino, 2000, 2006.
[27] Manguel, 2006, p. 220.
[28] Barthes, 1988, p. 40.
[29] Manguel, 2006, pp. 192-193. Grifos meus.
[30] Manguel, 2021.
[31] Manguel, 2006, p. 162.
[32] Calvino, 2006.
[33] Barthes, 1988; Freud, 2013; Hutcheon, 1991; Booth, 1980; C. Reis, 2018; Sá, 2021; Zizek, 2020; B. de S. Santos, 2010; Malraux, 2020; Kundera, 2006; Piglia, 2006; Pamuk, 2011; Eco, 2006; Manguel, 2006; Cerdeira, 2014; Arnaut, 2018; J. F. Silveira, 1985; G. Silva, 2016.
[34] Piglia, 2006, p. 28.
[35] Calvino, 2009, p. 31.
[36] *Idem, ibidem.*
[37] *Idem, ibidem.*
[38] Cerdeira, 2014a, p. 51.

Referências bibliográficas

ABBOTT, Edwin A. *Planolândia: um romance de muitas dimensões*. Trad. Leila de Sousa Mendes. São Paulo, Conrad, 2002 [1884].
ABOIM, Sofia. *A sexualidade dos portugueses*. Lisboa, Fundação Francisco Manuel dos Santos, 2013.
ABRUNHOSA, Pedro. "Balada de Gisberta". *Luz*, 2007. Disponível em <https://www.abrunhosa.com/pt/discografia/luz-2007>. Acesso em 30 de novembro de 2021.
ADORNO, Theodor. "Crítica cultural e sociedade". *Prismas*. Trad. Augustin Wernet e Jorge Mattos Brito de Almeida. São Paulo, Ática, 1998, pp. 7-26.
AGAMBEN, Giorgio. *O que é o contemporâneo? e outros ensaios*. Trad. Vinicius Nicastro Honesco. Chapecó, Argos, 2010.
____. "Esclarecimentos", 17/3/2020a. *In*: JARDIM, Eduardo. *Giorgio Agamben e a pandemia: subsídios para um debate*. Disponível em <https://bazardotempo.com.br/giorgio-agamben-e-a-pandemia-subsidios-para-um-debate/>. Acesso em 29 de agosto de 2021.
____. *Reflexões sobre a peste: ensaios em tempos de pandemia*. Trad. Isabella Marcatti. São Paulo, Boitempo, 2020b.
ALMEIDA, Ana Nunes de (org.). *História da vida privada em Portugal. Os nossos dias*. Lisboa, Círculo de Leitores, 2011.
ALMEIDA, Djaimilia Pereira de. *Luanda, Lisboa, Paraíso*. Lisboa, Companhia das Letras, 2018.
ALMEIDA, João N. S. "Recensão de *O Cânone*". *In*: FEIJÓ, António M.; FIGUEIREDO, João R. & TAMEN, Miguel (org.). *Os fazedores de letras*, 2020. Revista dos estudantes da Faculdade de Letras da Universidade de Lisboa, 22/6/2021. Disponível em <https://osfazedoresdeletras.com/2021/06/22/recensao-de-o-canone-antonio-m-feijo-joao-r-figueiredo-e-miguel-tamen-eds-2020-parte-1-de-4-joao-n-s-almeida/>. Acesso em 19 de julho de 2021.
ALMEIDA, Miguel Vale de. *Senhores de si. Uma interpretação antropológica da masculinidade*. 2. ed. Lisboa, Fim de Século, 2000.

Referências bibliográficas

ALMEIDA, São José. *Homossexuais no Estado Novo*. Lisboa, Sextante, 2010.

———. "Exclusões". *Continuar a tentar pensar*. Lisboa, Sextante, 2011, pp. 64-67.

ALONSO, Aristides Ledesma. "Verossimilhança". *In*: CEIA, Carlos (org.). *E-Dicionário de termos literários*. Lisboa, FCSH/UNL, 2009. Disponível em <https://edtl.fcsh.unl.pt/encyclopedia/verossimilhanca/>. Acesso em 11 de novembro de 2021.

ALONSO, Raquel. *Homossexualidade e resistência no Estado Novo*. Ourém, Lua Eléctrica, 2019.

ALVES, Maria Theresa Abelha. "Quem escreve se descreve: uma apresentação de Mário Cláudio". *Boletim do Sepesp*, vol. 5. Rio de Janeiro, 1993, pp. 127-141.

ALVES, Vera Marques. *Arte popular e nação no Estado. A política folclorista do Secretariado de Propaganda Nacional*. Lisboa, Instituto de Ciências Sociais, 2013.

AMARAL, Ana Luísa. *Arder a palavra e outros incêndios*. Lisboa, Relógio d'Água, 2017.

AMORIM, Sílvia. "Expansion du réel et connexions à l'infini: A boneca de Kokoshka, le livre matriochka d'Afonso Cruz". *Revista de Estudos Literários*, n. 8. Coimbra, 2018, pp. 169-190.

ANDRADE, Oswald. "Manifesto Antropofágico, 1928". *In*: TELLES, Gilberto Mendonça (org.). *Vanguarda europeia e Modernismo brasileiro. Apresentação dos principais poemas, manifestos, prefácios e conferências vanguardistas, de 1857 a 1972*. 8. ed. Petrópolis, Vozes, 1985, pp. 353-360.

AREAL, Leonor. *Cinema português. Um país imaginado*, vol. I: *Antes de 1974*. Lisboa, Edições 70, 2011.

ARISTÓTELES. *Poética*. Trad. Eudoro de Souza. São Paulo, Ars Poetica, 1992.

ARNAUT, Ana Paula. "Amadeo". *In*: PETROV, Petar (org.). *O romance português pós--25 de Abril. O Grande Prémio de Romance e Novela da Associação Portuguesa de Escritores (1982-2002)*. Lisboa, Roma Editora, 2005, pp. 37-54.

———. "Estereótipos (post)coloniais: *O retorno* (Dulce Maria Cardoso) e *Caderno de memórias coloniais* (Isabela Figueiredo)". *Revista de Estudos Literários*, vol. 4, 2014, pp. 99-122. Disponível em <https://impactum-journals.uc.pt/rel/article/view/2183-847X_4_4>. Acesso em 17 de julho de 2021.

———. "Do Post-Modernismo ao hipercontemporâneo: morfologia(s) do romance e (re)figurações da personagem". *Revista de Estudos Literários*, vol. 8. Coimbra, 2018, pp. 19-44. Disponível em <https://impactum-journals.uc.pt/rel/article/view/2183-847X_8_1/5052>. Acesso em 17 de julho de 2021.

ARON, Jean-Paul & KEMPF, Roger. *O pénis e a desmoralização do Ocidente*. Trad. Helena Reis e Edmundo Cordeiro. Lisboa, Vega, 1992.

ATHAYDE, Manaíra Alves. "Quantas vidas tem Gisberta?: imagem, mídia e arquivo na narrativa contemporânea". *Journal of Lusophone Studies*, vol. 5, n. 2. Stanford,

2020, pp. 1-26. Disponível em <https://jls.apsa.us/index.php/jls/article/view/324> Acesso em 28 de novembro de 2021.

ATTALI, Jacques. *A economia da vida. Uma proposta para pouparmos nossas crianças de uma pandemia aos 10 anos, uma ditadura aos 20 e uma catástrofe climática aos 30*. Trad. Mauro Pinheiro. São Paulo, Vestígio, 2021.

AUGUSTO, Caetano. "Secretaria apura aparecimento de peixe carnívoro que ameaça outras espécies em rio da Bahia". *Sertão em dia*, 25/4/2019. Disponível em <https://sertaoemdia.com.br/secretaria-apura-aparecimento-de-peixe-carnivoro-que-ameaca-outras-especies-em-rio-da-bahia/>. Acesso em 23 de outubro de 2021.

BARBOSA, Neusa. *Woody Allen (Gente de cinema)*. São Paulo, Papagaio, 2002.

BARRENTO, João. *A chama e as cinzas. Um quarto de século de literatura portuguesa (1974-2000)*. Lisboa, Bertrand, 2016.

BARTHES, Roland. *O rumor da língua*. Trad. Mário Laranjeira. São Paulo, Brasiliense, 1988.

____. *O óbvio e o obtuso. Ensaios críticos III*. Trad. Léa Novaes. Rio de Janeiro, Nova Fronteira, 1990.

____. *S/Z*. Trad. Léa Novaes. Rio de Janeiro, Nova Fronteira, 1992.

____. *Ensaios críticos*. Trad. António Massano e Isabel Pascoal. Lisboa, Edições 70, 2009.

____. *A câmara clara. Notas sobre a fotografia*. Trad. Manuela Torres. Lisboa, Edições 70, 2013.

BASTOS, Susana Pereira. *O Estado Novo e os seus vadios. Contribuição para o estudo das identidades marginais e sua repressão*. Lisboa, Dom Quixote, 1997.

BATAILLE, Georges. *O erotismo*. 2. ed. Trad. Antonio Carlos Viana. Porto Alegre, L&PM, 1987.

BECKETT, Wendy. *História da pintura*. Trad. Mário Vilela. São Paulo, Ática, 2006.

BELMONT, Nicole. "Vida/Morte". In: ROMANO, Ruggiero (org.). *Enciclopédia Einaudi 36: vida/morte – tradições – gerações*. Trad. Maria Bragança. Lisboa, Imprensa Nacional – Casa da Moeda, 1997, pp. 11-60.

BENEDETTI, Marcos. *Toda feita. O corpo e o gênero das travestis*. Rio de Janeiro, Garamond, 2005.

BENJAMIN, Walter. "O narrador. Considerações sobre a obra de Nikolai Leskov". *Magia e técnica, arte e política. Obras escolhidas*. 4. ed. Trad. Sérgio Paulo Rouanet. São Paulo, Brasiliense, 1985, pp. 197-221.

____. *A modernidade e os modernos*. 2. ed. Trad. Heindrun Krieger Mendes da Silva, Arlete de Brito e Tania Jatobá. Rio de Janeiro, Tempo Brasileiro, 2000.

BENTO, Berenice. *A reinvenção do corpo. Sexualidade e gênero na experiência transexual*. Rio de Janeiro, Garamond, 2006.

Referências bibliográficas

BENTO, Berenice. "Transfeminicídio: violência de gênero e o gênero da violência". *In*: COLLING, Leandro (org.). *Dissidências sexuais e de gênero*. Salvador, EDUFBA, 2016, pp. 43-67.

BERGSON, Henri. *O riso. Ensaio sobre a significação da comicidade*. Trad. Ivone Castilho Benedetti. São Paulo, Martins Fontes, 2001.

BERLANT, Laurent & WARNER, Michael. "Sexo en publico". *In*: JIMÉNEZ, Rafael M. M. (ed.). *Sexualidades transgressoras. Una antología de estudios queer*. Barcelona, Içaria, 2002, pp. 229-257.

BERUTTI, Eliane Borges. *Gays, lésbicas, transgenders: o caminho do arco-íris na cultura norte-americana*. Rio de Janeiro, Eduerj, 2010.

BEZARD, Xavier. *Gustave*. Paris, Eros Onyx Editions, 2015.

BLOOM, Harold. *O cânone ocidental. Os livros e a escola do tempo*. Trad. Marcos Santarrita. São Paulo, Companhia das Letras, 1995.

BOCQUILLON, Marina Ferretti. *O Impressionismo*. Trad. Duarte da Costa Cabral. Lisboa, Publicações Europa-América, 2005.

BOOTH, Wayne C. *A retórica da ficção*. Trad. Maria Teresa H. Guerreiro. Lisboa, Arcádia, 1980.

BORGES, Jorge Luis. *Ficções*. Trad. Carlos Nejar. São Paulo, Abril Cultural, 1972.

BORNHEIM, Gerd. *O sentido e a máscara*. 3. ed. São Paulo, Perspectiva, 1992.

BORRILLO, Daniel. *Homofobia. História e crítica de um preconceito*. Trad. Guilherme João de Freitas Teixeira. Belo Horizonte, Autêntica, 2010.

BRANDÃO, Fiama Hasse Pais. *Morfismos*. Faro, Tip. Cácima, 1961.

——. *Sob o olhar de Medeia*. Lisboa, Relógio d'Água, 1998.

——. *Em cada pedra um voo imóvel: O aquário; O retratado; Falar sobre o falado; Sob o olhar de Medeia*. Edição e nota explicativa de Gastão Cruz. Lisboa, Assírio & Alvim, 2008.

BRANDÃO, Junito. *Teatro grego. Origem e evolução*. São Paulo, Ars Poetica, 1992.

BROMBERT, Victor. *Em louvor de anti-heróis. Figuras e temas da moderna literatura europeia: 1830-1980*. Trad. José Laurenio de Melo. Cotia, Ateliê Editorial, 2001.

BULGER, Laura Fernanda. *A Sibila: uma superação inconclusa*. Lisboa, Guimarães Editores, 1989.

BUSKIRK, Jim Van. "Queer impressions of Gustave Caillebotte". *Queer Arts Resources*, 1998. Disponível em <http://www.queer-arts.org/archive/jun_98/forum/caillebotte/t_fr_win.htm>. Acesso em 27 de dezembro de 2021.

BUTLER, Judith. *Problemas de gênero. Feminismo e subversão da identidade*. 3. ed. Trad. Renato Aguiar. Rio de Janeiro, Civilização Brasileira, 2010.

——. "Corpos que ainda importam". Trad. Viviane V. *In*: COLLING, Leandro (org.). *Dissidências sexuais & de gênero*. Salvador, EDUFBA, 2016, pp. 19-42.

BUTLER, Judith. *Discurso de ódio: uma política do performativo*. Trad. Roberta Fabbri Viscardi. São Paulo, Editora Unesp, 2021.

CABRAL, Afonso Reis. *Pão de Açúcar*. Lisboa, Publicações Dom Quixote, 2018.

____. "Entrevista a Bernardo Mendonça". *Expresso*, 4/7/2020. Disponível em <https://leitor.expresso.pt/semanario/semanario2488/html/primeiro-caderno/verao.-dois-gelados-de-conversa/os-meus-romances-partem-da-pulsao-de-contar-o-abismo.a-falha-do-outro>. Acesso em 14 de setembro de 2021.

CACHAPA, Possidónio. *O mar por cima*. Lisboa, Oficina do Livro, 2002.

____. *O mundo branco do rapaz coelho*. Lisboa, Quetzal, 2009.

CALVÃO, Dalva. *Narrativa biográfica e outras artes. Reflexões sobre escrita literária e criação estética na 'Trilogia da mão', de Mário Cláudio*. Niterói, Editora da UFF, 2008.

CALVINO, Ítalo. *Seis propostas para o próximo milênio*. 2. ed. Trad. Ivo Barroso. São Paulo, Companhia das Letras, 2000.

____. *Por que ler os clássicos*. Trad. Nilson Moulin. São Paulo, Companhia das Letras, 2004.

____. *Seis propostas para o próximo milénio*. 5. ed. Trad. José Colaço Barreiros. Lisboa, Teorema, 2006.

____. *Assunto encerrado – Discursos sobre literatura e sociedade*. Trad. Roberta Barni. São Paulo, Companhia das Letras, 2009.

____. *Coleção de areia*. Trad. Maurício Santana Dias. São Paulo, Companhia das Letras, 2010.

____. *Mundo escrito e mundo não escrito – artigos, conferências e entrevistas*. Trad. Maurício Santana Dias. São Paulo, Companhia das Letras, 2015.

CAMARNEIRO, Nuno. *Se eu fosse chão. Histórias do Palace Hotel*. São Paulo, LeYa, 2016.

____. "A literatura é o espaço onde podemos dar a voz ao outro, onde podemos pôr nós mesmos em dúvida". Entrevista a Jorge Vicente Valentim. *Moderna Sprak*, vol. 113, n. 1. Uppsala, 2019, pp. 164-170. Disponível em <https://ojs.ub.gu.se/index.php/modernasprak/article/view/4625/3688>. Acesso em 11 de outubro de 2021.

CAMÕES, Luís de. *Poesia lírica*. Seleção e introdução de Isabel Pascoal. Lisboa, Ulisseia, 1988.

CANFORA, Luciano. *A biblioteca desaparecida. Histórias da Biblioteca de Alexandria*. Trad. Federico Carotti. São Paulo, Companhia das Letras, 1989.

CAPUTI, Jane & RUSSELL, Diane E. H. "Femicide: terrorism against women". *In*: REDFORD, Jill & RUSSELL, Diane E. H. (ed.). *Femicide. The politics of woman killing*. New York, Twayne Publishers, 1992, pp. 13-23.

CARMO, Carlos do. "Da memória à pós-memória: ilações políticas e a ficção literária contemporânea". *Revista Cerrados*, vol. 24, n. 40. Brasília, 2015, pp. 173-185. Disponível em <https://periodicos.unb.br/index.php/cerrados/article/view/25589>. Acesso em 29 de setembro de 2021.

CARVALHO, Ana Margarida de. *Que importa a fúria do mar*. Lisboa, Editorial Teorema, 2013.

CARVALHO, Ingrid Gil Sales *et al.* "Por um diálogo de saberes entre pescadores artesanais, marisqueiras e o direito ambiental do trabalho". *Ciência & Saúde Coletiva*, vol. 19, n. 10. Rio de Janeiro, out. 2014. Disponível em <https://www.sanarmed.com/artigos-cientificos/por-um-dialogo-de-saberes-entre-pescadores-artesanais-marisqueiras-e-o-direito-ambiental-do-trabalho>. Acesso em 17 de outubro de 2021.

CARVALHO, Maria de Lourdes de. *Tonicha. A eterna "Menina" (Fotobiografia)*. Lisboa, The Book Hut Editores, 2017.

CARVALHO, Miguel. *Quando Portugal ardeu*. Lisboa, Oficina do Livro, 2017.

CARVALHO, Teresa. "Mário Cláudio: 'Qualquer biblioteca é um imenso cemitério'" (Entrevista). *Sol*, 14/5/2018. Disponível em <https://sol.sapo.pt/2018/05/23/mario-claudio-qualquer-biblioteca-e-um-imenso-cemiterio/> Acesso em 15 de março de 2021.

CASCAIS, António Fernando. "As coleções fotográficas do Hospital Psiquiátrico Miguel Bombarda". *PontodeAcesso*, vol. 10, n. 3. Salvador, 2016, pp. 66--94. Disponível em <https://periodicos.ufba.br/index.php/revistaici/article/view/20930>. Acesso em 13 de abril de 2022.

CASTRO, Diogo Leite. *Descrição abreviada da eternidade*. Lisboa, Ego, 2020.

CEIA, Carlos. *O que é afinal o Pós-Modernismo?* Lisboa, Edições Século XXI, 1998.

____. "Coro". *E-dicionário de termos literários*. Lisboa, 30/12/2009. Disponível em <https://edtl.fcsh.unl.pt/encyclopedia/coro/>. Acesso em 22 de janeiro de 2022.

CERDEIRA, Teresa Cristina. *O avesso do bordado. Ensaios de literatura*. Lisboa, Caminho, 2000.

____. *A mão que escreve. Ensaios de literatura portuguesa*. Rio de Janeiro, Casa da Palavra, 2014a.

____. *A tela da dama. Ensaios de literatura*. Lisboa, Presença, 2014b.

CÉU E SILVA, João. "Afonso Reis Cabral é o novo Prémio José Saramago". *Diário de Notícias*, 8/10/2019a. Disponível em <https://www.dn.pt/cultura/afonso-reis-cabral-e-o-novo-premio-jose-saramago-11383578.html>. Acesso em 5 de dezembro de 2021.

____. "Novo livro: João Tordo deixa-se seduzir pelo crime". *Diário de Notícias*, 23/12/2019b. Disponível em <https://www.dn.pt/edicao-do-dia/23-dez-2019/novo-livro-joao-tordo-deixa-se-seduzir-pelo-crime-11642467.html>. Acesso em 30 de janeiro de 2022.

CÉU E SILVA, João. "O falso pintor amador de cenas entre o trivial e o obsceno". *Diário de Notícias*. Lisboa, 9/6/2020. Disponível em <https://www.dn.pt/edicao-do-dia/09-jun-2020/o-falso-pintor-amador-de-cenas-entre-o-trivial-e-o-obsceno-12289188.html>. Acesso em 16 de janeiro de 2021.

CHARTIER, Roger. *Práticas de leitura*. Trad. Cristiane Nascimento. São Paulo, Estação Liberdade, 1996.

CHESTERTON, G. K. *Como se escreve um romance policial*. Trad. Maria José Figueiredo. Lisboa, Aletheia, 2014.

CIXOUS, Hélène. "O sorriso da Medusa". *In*: BRANDÃO, Izabel *et al*. (org.). *Traduções da cultura. Perspectivas críticas feministas (1970-2010)*. Trad. Luciana Eleonora de Freitas C. Deplagne *et al*. Maceió, Edufal; Florianópolis, Editora da UFSC, 2017, pp. 129-155.

CLÁUDIO, Mário. *Guilhermina*. Lisboa, Imprensa Nacional/Casa da Moeda, 1988.

CLARK, Valerie. "Comunicação com os mortos". *In*: HOWARTH, Glennys & LEAMAN, Oliver (org.). *Enciclopédia da morte e da arte de morrer*. Lisboa, Quimera/Círculo de Leitores, 2004, pp. 120-121.

COELHO, Alexandra Lucas. "Entrevista a Tatiana Trilho". *Estante – Revista da Fnac*, 24/9/2018. Disponível em <http://www.revistaestante.fnac.pt/alexandra-lucas-coelho-nao-gosto-da-palavra-ficcao/> Acesso em 14 de setembro de 2021.

____. *A nossa alegria chegou*. São Paulo, Companhia das Letras, 2021.

COLERIDGE, Samuel Taylor. *Biographia literária (1817)*. Disponível em <https://www.gutenberg.org/files/6081/6081-h/6081-h.htm> Acesso em 21 de dezembro de 2021.

CONNELL, R. W. *Masculinities*. 2. ed. Cambridge, Polity Press, 2005.

CORDEIRO, Cristina Robalo. *Lógica do incerto. Introdução à teoria da novela*. Coimbra, Minerva, 2001.

CORREIA, Ana Clotilde Graça. *Corpo de delito: a repressão policial à homossexualidade na primeira década do Estado Novo – Arquivos da Polícia de Investigação Criminal de Lisboa*. Dissertação de mestrado em História Moderna e Contemporânea. Lisboa, Instituto Universitário de Lisboa, 2016. Disponível em <https://repositorio.iscte-iul.pt/bitstream/10071/12564/1/Tese_final.pdf>. Acesso em 25 de setembro de 2021.

CORTÁZAR, Júlio. *Aulas de literatura. Berkeley, 1980*. Trad. Fabiana Camargo. Rio de Janeiro, Civilização Brasileira, 2015.

CORTEZ, António Carlos. *Um dia lusíada*. Lisboa, Caminho, 2022.

COSTA, Fátima. *Felicidade – João Tordo*. Lisboa, 2020. Disponível em <https://abrirolivro.com/felicidade-joao-tordo/>. Acesso em 19 de janeiro de 2022.

COSTA, Jurandir Freire. *A inocência e o vício. Estudos sobre o homoerotismo*. 4. ed. Rio de Janeiro, Relume Dumará, 2002.

COSTA, William. "Candiru: conheça as verdades por trás do peixe mais temido da Amazônia". *Portal Amazônia*, 24/9/2021. Disponível em <https://portalamazonia.com/amazonia/candiru-conheca-as-verdades-por-tras-do-peixe-mais-temido-da-amazonia>. Acesso em 17 de outubro de 2021.

COUTINHO, Isabel. "Dez figuras portuguesas que marcaram o ano. O escritor Gonçalo M. Tavares". *Público/Ipsilon*, 22/12/2010. Disponível em <https://www.publico.pt/2010/12/22/culturaipsilon/noticia/o-escritor-goncalo-m-tavares-1472125>. Acesso em 18 de novembro de 2021.

CRUTZEN, Paul & STOERMER, Eugene. "O 'Antropoceno'". Trad. João Ribeiro Mendes. *Anthropocenica*, vol. 1. Braga, 2020, pp. 113-116. Disponível em <https://revistas.uminho.pt/index.php/anthropocenica/article/view/3095/2989>. Acesso em 28 de outubro de 2021.

CRUZ, Afonso. *A boneca de Kokoshka*. Lisboa, Companhia das Letras, 2018.

———. *O vício dos livros*. Lisboa, Companhia das Letras, 2021.

CRUZ, Gastão. "Nota explicativa". *In*: BRANDÃO, Fiama Hasse Pais. *Em cada pedra um voo imóvel; O aquário; O retratado; Falar sobre o falado; Sob o olhar de Medeia*. Lisboa, Assírio & Alvim, 2008.

CURTO, Diogo Ramada. "Salazarismo. Estado Novo e sexualidade". *Contacto / Opinião*, 21/7/2021. Disponível em <https://www.wort.lu/pt/sociedade/estado-novo-e-sexualidade-60f82889de135b9236b3a0bf>. Acesso em 29 de setembro de 2021.

CUTTING, James E. "Gustave Caillebotte, French Impressionism, and Mere Exposure". *Psychonomic Bulletin & Review*, n. 10. New York, July 2003, pp. 319--343. Disponível em <https://link.springer.com/article/10.3758%2FBF03196493>. Acesso em 27 de dezembro de 2021.

DALLENBACH, Lucien. "Intertexto e autotexto". Trad. Clara Crabbé Rocha. *Poétique – revista de teoria e análise literária*, n. 27. Coimbra, Almedina, 1979, pp. 51-76.

D'ANGELI, Concetta & PADUANO, Guido. *O cômico*. Trad. Caetano Waldrigues Galindo. Curitiba, Editora da UFPR, 2007.

DARRAGON, Éric. *Caillebotte*. Paris, Flammarion, 1994.

DELUMEAU, Jean. *História do medo no Ocidente (1300-1800)*. Trad. Maria Lúcia Machado. São Paulo, Companhia das Letras, 1999.

DENUBILA, Rodrigo Valverde. *A enciclopédia aberta de Agustina Bessa-Luís: uma escrita entre parênteses*. Araraquara, Unesp/FCLAr, 2018. Tese de doutorado em Estudos Literários. Disponível em <https://repositorio.unesp.br/bitstream/handle/11449/154159/denubila_rv_dr_arafcl.pdf?sequence=3&isAllowed=y>. Acesso em 19 de dezembro de 2021.

DINE, Madalena Jorge & FERNANDES, Marina Sequeira. *Para uma leitura da poesia modernista: Mário de Sá-Carneiro e Almada Negreiros*. Lisboa, Editorial Presença, 2000.

DUARTE, Luís Ricardo. "Afonso Reis Cabral: o encantamento da escrita". *Jornal de Letras, Artes e Ideias*, 29/11/2019. Disponível em <https://visao.sapo.pt/jornaldeletras/letras/2019-11-29-afonso-reis-cabral-o-encantamento-da-escrita/>. Acesso em 5 de dezembro de 2021.

DUMAS, Catherine. "*Sob o olhar de Medeia*, de Fiama Hasse Pais Brandão [recensão crítica]". *Colóquio/Letras*, n. 149-150. Lisboa, 1998, pp. 425--426. Disponível em <https://coloquio.gulbenkian.pt/cat/sirius.exe/issueContentDisplay?n=149&p=425&o=p>. Acesso em 4 de fevereiro de 2022.

DUNDER, Mauro. *Entre prodígios, murmúrios e saudades: o romance de Lídia Jorge*. Tese de doutorado em Literatura Portuguesa. São Paulo, FFLCH/USP, 2013. Disponível em <https://www.teses.usp.br/teses/disponiveis/8/8150/tde-14022014-122111/pt-br.php>. Acesso em 20 de dezembro de 2020.

ECO, Umberto. *Pós-escrito a 'O nome da rosa'*. Trad. Leticia Zini Antunes e Álvaro Lorencini. Rio de Janeiro, Nova Fronteira, 1985.

____. *Sobre os espelhos e outros ensaios*. Trad. Beatriz Borges. Rio de Janeiro, Nova Fronteira, 1989.

____. *Semiótica e filosofia da linguagem*. Trad. Mariarosaria Fabris e José Luiz Fiorin. São Paulo, Ática, 1991.

____. *A biblioteca*. Trad. Maria Luísa Rodrigues de Freitas. Lisboa, Difel, 1994. Disponível em <https://bibliotextos.files.wordpress.com/2012/03/umberto_eco_-_a_biblioteca.pdf>. Acesso em 20 de julho de 2021.

____. *Entre a mentira e a ironia*. Trad. Eliana Aguiar. Rio de Janeiro, Record, 2006.

____. *Confissões de um jovem romancista*. Trad. Marcelo Pen. São Paulo, Cosac Naify, 2013.

ESCOURIDO, Sofia Madalena G. "A página como possibilidade hiperficcional da nova literatura portuguesa: Patrícia Portela, Afonso Cruz e Joana Bértholo". *Revista de Estudos Literários*, n. 8. Coimbra, 2018, pp. 45-74. Disponível em <https://impactum-journals.uc.pt/rel/article/view/2183-847X_8_2/5053>. Acesso em 19 de dezembro de 2021.

ESTEVES, Mariana. "Mário Cláudio: 'Qualquer biblioteca é um imenso cemitério'" (Entrevista). *Nascer do Sol*. Lisboa, 23/5/2018. Disponível em <https://sol.sapo.pt/artigo/613309/mario-claudio-qualquer-biblioteca-e-um-imenso-cemiterio->. Acesso em 20 de julho de 2021.

FEIJÓ, António M.; FIGUEIREDO, João R. & TAMEN, Miguel (org.). *O Cânone*. Lisboa, Tinta-da-China/Fundação Cupertino de Miranda, 2020.

FERNANDES, Ricardo Cabral. "Quando ser gay era doença em Portugal: de lobotomias a choques elétricos". *Investigação 74*. Lisboa, 10/12/2021. Disponível em <https://setentaequatro.pt/investigacao-74/quando-ser-gay-era-doenca-em-portugal-de-lobotomias-choques-eletricos>. Acesso em 13 de abril de 2022.

FERRAZ, Marlene. *As falsas memórias de Manoel Luz*. Lisboa, Minotauro, 2017.

FERREIRA, Patrícia Martinho. *Órfãos do Império. Heranças coloniais na literatura portuguesa contemporânea*. Lisboa, Instituto de Ciências Sociais, 2021.

FERREIRA, Pedro Moura. "Contextos da iniciação sexual – idade, relacionamentos e geração". *In*: FERREIRA, Pedro Moura & CABRAL, Manuel Villaverde (org.). *Sexualidades em Portugal: comportamentos e riscos*. Lisboa, Editorial Bizâncio, 2010, pp. 231-288.

FIALHO, Maria do Céu. "Fiama Hasse Pais Brandão: escrita poética recriando os clássicos". *Nuntius Antiquus*, vol. 13, n. 1. Belo Horizonte, 2017, pp. 39-57. Disponível em <http://www.periodicos.letras.ufmg.br/index.php/nuntius_antiquus/article/view/12453>. Acesso em 5 de fevereiro de 2022.

FINE, Lawrence. *Physician of the soul, healer of the Cosmos: Isaac Luria and his Kabbalistic fellowship*. Palo Alto, Stanford University Press, 2003.

FOUCAULT, Michel. *A arqueologia do saber*. 7. ed. Trad. Luiz Felipe Baeta Neves. Rio de Janeiro, Forense Universitária, 2008.

FRANÇA, José-Augusto. *A arte em Portugal no século XX (1911-1961)*. 2. ed. revista. Venda Nova, Bertrand, 1985.

FRANCO, Carolina. "Rua Gisberta Salce Júnior: dar à história o que não se deu à vida". *Gerador*. Lisboa, 5/4/2021. Disponível em <https://gerador.eu/rua-gisberta-salce-junior-dar-a-historia-o-que-nao-se-deu-a-vida/> Acesso em 30 de novembro de 2021.

FRATESCHI, Yara. "Agamben sendo Agamben: o filósofo e a invenção da pandemia". *Blog* da Boitempo, 12/5/2020. Disponível em <https://blogdaboitempo.com.br/2020/05/12/agamben-sendo-agamben-o-filosofo-e-a-invencao-da-pandemia/>. Acesso em 29 de agosto de 2021.

FREUD, Sigmund. "Além do princípio do prazer (1920)". *Obras completas*, vol. 14: *História de uma neurose infantil ("O homem dos lobos"), Além do princípio do prazer e outros textos (1917-1920)*. Trad. Paulo César de Souza. São Paulo, Companhia das Letras, 2010, p. 120-177.

_____. *Luto e melancolia*. Trad., introdução e notas Marilene Carone. São Paulo, Cosac Naify, 2013.

_____. "O tabu da virgindade (contribuições à psicologia III) (1917)". *Obras completas*, vol. 9: *Observações sobre um caso de neurose obsessiva ("O homem dos ratos"], uma recordação de infância de Leonardo da Vinci e outros textos (1909-1910)*. Trad. Paulo César de Souza. São Paulo, Companhia das Letras, 2013, pp. 364-387.

FRIED, Michael. "Caillebotte's Impressionism". *Representations*, n. 66, Spring, 1999. Disponível em <https://www.jstor.org/stable/2902878?seq=1>. Acesso em 16 de janeiro de 2021.

FRIEDMAN, Norman. "O ponto de vista na ficção. O desenvolvimento de um conceito crítico". *Revista USP*, n. 53. São Paulo, 2002, pp. 166-182. Disponível em <https://www.revistas.usp.br/revusp/article/view/33195>. Acesso em 27 de novembro de 2021.

FRIEDRICH, Otto. *Olympia. Paris no tempo dos impressionistas*. Trad. Hildegard Feist. São Paulo, Companhia das Letras, 1993.

FROMM, Eric. "Posfácio". Trad. Fernando Veríssimo. In: ORWELL, George. *1984*. Trad. Alexandre Hubner e Heloisa Jahn. São Paulo, Companhia das Letras, 2009, pp. 317-329.

FURLAN, Vívian Leme. *A liberdade feminina como força criadora: Natália Correia, o Matrismo e o Pós-Matrismo*. Araraquara, Unesp/FCLAr, 2021. Tese de doutorado em Estudos Literários. Disponível em <https://repositorio.unesp.br/handle/11449/204349>. Acesso em 31 de outubro de 2021.

FURTADO, Filipe. "Suspense/*Thriller*". In: CEIA, Carlos. *E-dicionário de termos literários*, 27/12/2009. Disponível em <https://edtl.fcsh.unl.pt/encyclopedia/suspense>. Acesso em 9 de janeiro de 2022.

GAARD, Greta. "New directions for Ecofeminism: toward a more Feminist Ecocriticism". *Interdisciplinary Studies in Literature and Environment*, vol. 0, n. 0. Oxford, 2010, pp. 1-23. Disponível em <https://www.researchgate.net/publication/273018990_New_Directions_for_Ecofeminism_Toward_a_More_Feminist_Ecocriticism>. Acesso em 2 de novembro de 2021.

GAARD, Greta & MURPHY, Patrick D. (ed.). *Ecofeminist Literary Criticism – Theory, Interpretation, Pedagogy*. Urbana/Chicago, University of Illinois Press, 1998.

GAGNEBIN, Jeanne Marie. *Lembrar escrever esquecer*. 2. ed. São Paulo, Editora 34, 2009.

GALLAGHER, Catherine. "Ficção". In: MORETTI, Franco (org.). *O romance: a cultura do romance*. Trad. Denise Bottmann. São Paulo, Cosac Naify, 2009, pp. 629-658.

GANDRA, Alana. "Peixe-leão invasor será analisado por pesquisadores da UFF". *Agência Brasil*, 27/8/2021. Disponível em <https://agenciabrasil.ebc.com.br/geral/noticia/2021-08/peixe-leao-invasor-sera-analisado-por-pesquisadores-da-uff>. Acesso em 23 de outubro de 2021.

GARRARD, Greg. *Ecocrítica*. Trad. Vera Ribeiro. Brasília, Editora UnB, 2006.

GELATT, Roland. *The fabulous phonograph: from Tin Foil to high fidelity*. London, Cassell, 1977.

GIL, José. *Portugal, hoje. O medo de existir*. 11. ed. Lisboa, Relógio d'Água, 2007.

GINGRAS, Roxanne. *Gustave Caillebotte Vues sur le Paris moderne: 1876-1880*. Quebec, Université Laval, 2016. Mémoire de Maîtrise en histoire de l'art.

Disponível em <https://corpus.ulaval.ca/jspui/handle/20.500.11794/26880>. Acesso em 27 de dezembro de 2021.

GOMES, Adelino & CASTANHEIRA, José Pedro. *Os loucos dias do Prec [de 11 de março a 25 de novembro de 1975]*. Lisboa, Expresso, Público, 2006.

GOMES, Renato Cordeiro. "Deslocamentos – uma proposta para a narrativa deste milênio, ou Estratégias contra uma imaginação exausta". *Semear*, n. 7. Rio de Janeiro, 2002, pp. 277-291.

GONÇALVES, Hugo. *O coração dos homens*. Alfragide, Oficina do Livro, 2006.

____. *Filho da mãe*. São Paulo, Companhia das Letras, 2019.

____. *Deus Pátria Família*. Lisboa, Companhia das Letras, 2021.

GORAK, Jan. *The making of the Modern Canon. Genesis and crisis of a literary idea*. London/Atlantic Hughlands, NJ, Athlone, 1991.

GRIMAL, Pierre. *Dicionário da mitologia grega e romana*. Trad. Victor Jabouille. Lisboa, Difel; Rio de Janeiro, Bertrand Brasil, 1992.

GUARRAMUÑO, Florencia. *Frutos estranhos: sobre a inespecificidade na estética contemporânea*. Trad. Carlos Nougué. Rio de Janeiro, Rocco, 2014.

GUERREIRO, António. "Os jovens e os novíssimos". *Expresso*. Lisboa, 17/11/2012. Disponível em <http://aindanaocomecamos.blogspot.com/2012/11/ao-pe-da-letra-218-antonio-guerreiro-os.html>. Acesso em 1 de fevereiro de 2022.

____. "O amor por nomear". *Público/Ípsilon*, 22/7/2022. Disponível em <https://www.publico.pt/2022/07/22/culturaipsilon/cronica/amor-nomear-2014232>. Acesso em 12 de agosto de 2022.

GUGGENHEIM, Peggy. *Out of this Century. Confessions of an Art Addict*. London, Andre Deutsch, 1979.

GUMBRECHT, Hans Ulrich. *Elogio da beleza atlética*. Trad. Fernanda Ravagnani. São Paulo, Companhia das Letras, 2007.

HARARI, Yuval Noah. *21 lições para o século 21*. Trad. Paulo Geiger. São Paulo, Companhia das Letras, 2018.

____. *Notas sobre a pandemia e breves lições para o mundo pós-coronavírus*. Trad. Odorico Leal. São Paulo, Companhia das Letras, 2020.

HAUSER, Arnold. *História social da literatura e da arte*. Trad. Walter H. Geenen. São Paulo, Mestre Jou, 1972.

HELENO, José Manuel. *Agustina Bessa-Luís: paixão da incerteza*. Lisboa, Fim de Século, 2002.

HERCULANO, Alexandre. *Lendas e narrativas*. Lisboa, Biblioteca Ulisseia, 1998.

HESÍODO. *Teogonia. A origem dos deuses*. 3. ed. Estudo e trad. Jaa Torrano. São Paulo, Iluminuras, 1995. Disponível em <https://letras-lyrics.com.br/PDF/Hesiodo/Hesiodo-Teogonia.pdf>. Acesso em 17 de fevereiro de 2022.

HILÁRIO, Leomir Cardoso. "Teoria crítica e literatura: a distopia como ferramenta de análise radical da modernidade". *Anuário de Literatura*, vol. 18, n. 2. Florianópolis, 2013, pp. 201-215. Disponível em <https://periodicos.ufsc.br/index.php/literatura/article/view/2175-7917.2013v18n2p201/25995>. Acesso em 20 de agosto de 2021.

HIRSCH, Marianne. "The generation of postmemory". *Poetics today*, vol. 29, n. 1. Durham, Spring 2008, pp. 103-128. Disponível em <https://read.dukeupress.edu/poetics-today/article/29/1/103/20954/The-Generation-of-Postmemory>. Acesso em 27 de setembro de 2021.

HOBSBAWM, Eric. *Era dos extremos. O breve século XX: 1914-1991*. 2. ed. Trad. Marcos Santarrita. São Paulo, Companhia das Letras, 2003.

HORNSTEIN, Katie. "Exhibition review of *'Dans l'intimité des frères Caillebotte, peintre et photographe'*". *Nineteenth-Century Art Worldwide* 11, n. 1, Spring 2012. Disponível em <http://www.19thc-artworldwide.org/index.php/spring12/dans-lintimite-des-freres-caillebotte-peintre-et-photographe>. Acesso em 12 de fevereiro de 2021.

HOUAISS, Antônio. *Dicionário Houaiss da língua portuguesa*. Rio de Janeiro, Objetiva, 2001.

HOWARTH, Glennys. "Morte inesperada". *In*: HOWARTH, Glennys & LEAMAN, Oliver (org.). *Enciclopédia da morte e da arte de morrer*. Lisboa, Quimera/Círculo de Leitores, 2004, pp. 365-366.

HUTCHEON, Linda. *Poética do pós-modernismo. História. Teoria. Ficção*. Trad. Ricardo Cruz. Rio de Janeiro, Imago, 1991.

_____. "O carnavalesco e a narrativa contemporânea: cultura popular e erotismo". Trad. Vera Alves. *In*: RIBEIRO, Ana Paula Goulart & SACRAMENTO, Igor (org.). *Mikhail Bakhtin: linguagem, cultura e mídia*. São Carlos, Pedro & João Editores, 2010, pp. 257-275.

INÁCIO, Emerson. "Homossexualidade, homoerotismo e homossociabilidade: em torno de três conceitos e um exemplo". *In*: SANTOS, Rick & GARCIA, Wilton (org.). *A escrita de Adé: perspectivas teóricas dos estudos gays e lésbic@s no Brasil*. São Paulo, Xamã/NCC/Suny, 2002, pp. 59-70.

_____. "Sobre Geni e Gisberta: baladas e amores trágicos (ou um relato de uma experiência estética dupla, acompanhado de alguns poetas e poemas)". *In*: LUGARINHO, Mário César (org.). *Do inefável ao afável: ensaios sobre sexualidade, gênero e estudos queer*. Manaus, UEA Edições, 2012, pp. 31-38.

_____. "Escrituras em negro: cânone, tradição e sistema". *Cadernos de Literatura Comparada*, n. 43. Porto, 2020, pp. 43-60. Disponível em <https://ilc-cadernos.com/index.php/cadernos/article/view/696/720>. Acesso em 18 de julho de 2021.

INÁCIO, Emerson. "Sexo inaugura revolução em novo romance de Alexandra Lucas Coelho". *Folha de S. Paulo*, 21/4/2021. Disponível em <https://www1.folha.uol.com.br/ilustrada/2021/07/sexo-inaugura-revolucao-em-novo-romance-de-alexandra-lucas-coelho.shtml>. Acesso em 28 de outubro de 2021.

INÊS, Wilian Augusto & DIAS, Bruno Vinicius Kutelak. "A representação da mulher na família burguesa oitocentista: uma análise do romance *Rio do esquecimento*, de Isabel Rio Novo". *Revista do Cesp*, vol. 14, n. 65. Belo Horizonte, 2021, pp. 197-215. Disponível em <http://www.periodicos.letras.ufmg.br/index.php/cesp/article/view/18265/1125614318#>. Acesso em 6 de janeiro de 2021.

JACOB, Sheila. "De Luanda a Lisboa/Paraíso: uma trajetória de desencontros e recomeços". *Mulemba*, vol. 12, n. 22. Rio de Janeiro, 2020, pp. 93-103. Disponível em <https://revistas.ufrj.br/index.php/mulemba/article/view/39816/21650>. Acesso em 11 de outubro de 2021.

JIMÉNEZ, Rafael M. Mérida. "Vozes e escribas da memória trans (Barcelona, entre a realidade e o desejo)". *In*: GARCIA, Paulo César & INACIO, Emerson (org.). *Intersexualidades / Intersecccionalidades: saberes e sentidos do corpo*. Uberlândia, O Sexo da Palavra, 2019, pp. 151-172.

JORGE, Lídia. *A costa dos murmúrios*. Lisboa, Publicações Dom Quixote, 1988.

KAUFMAN, Helena. "A metaficção historiográfica de José Saramago". *Revista Colóquio/Letras*, n. 120. Lisboa, 1991, pp. 124-136. Disponível em <https://coloquio.gulbenkian.pt/bib/sirius.exe/do?author&author=KAUFMAN,%20HELENA&author&author=KAUFMAN,%20HELENA>. Acesso em 20 de dezembro de 2021.

KING, Ynestra. "The ecology of feminism and the feminism of ecology". *In*: PLANT, Judith (org.). *Healing the wounds: the promise of ecofeminism*. London, Green Print, 1989, pp. 18-28.

KLAUK, Tobias & KÖPPE, Tilmann. "Telling vc. Showing". *In*: HÜHN, Peter *et al.* (ed.). *The living dictionary of narratology*. Hamburg, 2013/2014. Disponível em <https://www.lhn.uni-hamburg.de/node/84.html>. Acesso em 30 de novembro de 2021.

KLOBUCKA, Anna M. "Cânone 2". *In*: FEIJÓ, António M.; FIGUEIREDO, João R. & TAMEN, Miguel (org.). *O Cânone*. Lisboa, Fundação Cupertino de Miranda/Tinta-da-China, 2020, pp. 165-172.

KOTHE, Flávio Rene. *O herói*. 2. ed. São Paulo, Ática, 1987.

____. *A narrativa trivial*. Brasília, Editora UnB, 1994.

KRISTEVA, Julia. *Pouvoirs de l'horreur. Essai sur l'abjection*. Paris, Éditions du Seuil, 1980.

KUNDERA, Milan. *Os testamentos traídos*. Trad. Miguel Serras Pereira. Porto, Edições Asa, 1994.

KUNDERA, Milan. *A cortina. Ensaio em sete partes*. Trad. Teresa Bulhões Carvalho da Fonseca. São Paulo, Companhia das Letras, 2006.

LAX, Eric. *Woody Allen*. Trad. Giovani Mafra e Silva. São Paulo, Companhia das Letras, 1991.

LESKY, Albin. *A tragédia grega*. 3. ed. Trad. Jacó Guinsburg, Geraldo Gerson de Souza e Alberto Guzik. São Paulo, Perspectiva, 1996.

LEVITSKY, Steven & ZIBLATT, Daniel. *Como as democracias morrem*. Trad. Renato Aguiar. Rio de Janeiro, Jorge Zahar, 2018.

LÉVY, Bernard-Henri. *Este vírus que nos enlouquece*. Trad. João Luís Zamith e André Tavares Marçal. Lisboa, Guerra e Paz, 2020.

LIMA, Isabel Pires de. "Traços pós-modernos na ficção portuguesa actual". *Revista Semear*, n. 4. Rio de Janeiro, 2000, pp. 9-28.

____. "'Cais do lado de lá do meu destino': trânsitos interculturais Brasil/Portugal na literatura (século XXI)". *Convergência Lusíada*, vol. 25, n. 32. Rio de Janeiro, 2014, pp. 153-167. Disponível em <https://convergencialusiada.com.br/rcl/article/view/89>. Acesso em 29 de julho de 2021.

LISBOA, Eugénio. "Choca-me a gritaria unanimista de cada vez que morre um personagem de algum porte". *Expresso*. Lisboa, 28/2/2021a. Disponível em <https://expresso.pt/cultura/2021-02-28-Eugenio-Lisboa-a-entrevista-aos-90-anos.-Choca-me-a-gritaria-unanimista-de-cada-vez-que-morre-um-personagem-de-algum-porte>. Acesso em 24 de junho de 2021.

____. *Vamos ler! Um cânone para o leitor relutante*. Lisboa, Paz e Guerra, 2021b.

____. "Uma portentosa mixórdia. *De rerum natura*. (A natureza das coisas)", 12/6/2022. Disponível em <https://dererummundi.blogspot.com/2022/06/uma-portentosa-mixordia.html?fbclid=IwAR3ZWZ6CMadYt-KTr8jJ3UH_dfO5Covug6xYut5gcs_6hKunAE_rhNPEGLI>. Acesso em 27 de junho de 2022.

LONGFELLOW, Henry Wadsworth. "The mask of Pandora". *All Poetry*. Pullman, 2004. Disponível em <https://allpoetry.com/The-Masque-Of-Pandora>. Acesso em 22 de janeiro de 2022.

LOPES, Silvina Rodrigues. *Agustina Bessa-Luís: as hipóteses do romance*. Rio Tinto, Asa, 1992.

____. *A legitimação em literatura*. Lisboa, Edições Cosmos, 1994.

LORENZI, Harri. *Árvores brasileiras. Manual de identificação e cultivo de plantas arbóreas nativas do Brasil*. Nova Odessa, Plantarum, 1992.

LUGARINHO, Mário César. "Dizer o homoerotismo: Al Berto, poeta *queer*". In: DUARTE, Lélia Parreira *et al.* (org.). *Encontros prodigiosos. Anais do XVII Encontro de Professores Universitários Brasileiros de Literatura Portuguesa*. Belo Horizonte, Editora da UFMG, 2001, pp. 852-863.

LUGARINHO, Mário César. "Masculinidade e colonialismo: em direção ao 'homem novo' (subsídios para os estudos de gênero e para os estudos pós-coloniais no contexto de língua portuguesa)". *Abril*, vol. 5, n. 10. Niterói, Nepa/UFF, abril de 2013, pp. 15-38. Disponível em <https://periodicos.uff.br/revistaabril/article/view/29682>. Acesso em 2 de setembro de 2021.

LUÍS, Carla Sofia Gomes Xavier. "Mário Cláudio e o estilo biográfico". *Revista do Cesp*, vol. 38, n. 59. Belo Horizonte, 2018, pp. 49-70. Disponível em <http://www.periodicos.letras.ufmg.br/index.php/cesp/article/viewFile/14204/1125611734>. Acesso em 27 de novembro de 2021.

LUSA. "*Felicidade*, de João Tordo, vence Prémio Literário Fernando Namora/Estoril Sol". *Público/Ipsilon*, 1/11/2021. Disponível em <https://www.publico.pt/2021/11/01/culturaipsilon/noticia/felicidade-joao-tordo-vence-premio-literario-fernando-namoraestoril-sol-1983231>. Acesso em 19 de janeiro de 2022.

MACEDO, Hélder. *Pedro e Paula*. Lisboa, Editorial Presença, 1998.

MACHADO, Álvaro Manuel. *Agustina Bessa-Luís: o imaginário total*. Lisboa, Dom Quixote, 1983.

_____. "*Rua de Paris em dia de chuva* (recensão crítica)". *Colóquio/Letras*, n. 206. Lisboa, jan.-abr. de 2021, pp. 269-271.

MAFRA, Johnny José. *Cultura clássica grega e latina. Temas fundadores da literatura ocidental*. Belo Horizonte, Editora da PUC-Minas, 2010.

MAGALHÃES, Helena. "Como é ser um escritor jovem em Portugal e o futuro dos livros". *Simplyflow*, 23/4/2020. Disponível em <https://www.simplyflow.pt/como-e-ser-um-escritor-jovem-em-portugal-e-o-futuro-dos-livros/>. Acesso em 19 de julho de 2021.

MALABARDA, Luiz Roberto et al. *Guia de identificação dos peixes da bacia do rio Tramandaí*. Porto Alegre, Via Sapens, 2013. Disponível em <https://www.onganama.org.br/pesquisas/Livros/Guia_Peixes_Bacia_Rio_Tramandai_marco_2013.pdf>. Acesso em 23 de outubro de 2021.

MALRAUX, André. *L'homme précaire et la littérature*. Paris, Gallimard, 1977.

_____. *O museu imaginário*. Trad. Isabel Saint-Aubyn. Lisboa, Edições 70, 2020.

_____. *A cabeça de obsidiana. Malraux diante de Picasso*. Trad., prefácio e notas Edson Rosa da Silva. Rio de Janeiro, Editora da UFRJ, 2021.

MANGUEL, Alberto. *A biblioteca à noite*. Trad. Samuel Titan Jr. São Paulo, Companhia das Letras, 2006.

_____. *À mesa com o chapeleiro louco. Ensaios sobre corvos e escrivaninhas*. Trad. Josely Vianna Baptista. São Paulo, Companhia das Letras, 2009.

_____. *Encaixotando minha biblioteca: uma elegia e dez digressões*. Trad. Jorio Dauster. São Paulo, Companhia das Letras, 2021.

MANZANO, Fábio. "Peixe cabeça-de-cobra é ameaça por causa de 'sucesso evolutivo' e ação humana; entenda o alerta 'mate e congele'". *G1 Natureza*, 18/10/2019. Disponível em <https://g1.globo.com/natureza/noticia/2019/10/18/peixe-cabeca-de-cobra-e-ameaca-por-causa-de-sucesso-evolutivo-e-acao-humana-entenda-o-alerta-mate-e-congele.ghtml>. Acesso em 23 de outubro de 2021.

MARCEL, Gabriel. *'Homo viator': introduction to the metaphysic of hope*. Trad. Emma Craufurd e Paul Seaton. South Bend, St. Augustine's Press, 2010.

MARINHO, Maria de Fátima. *O romance histórico em Portugal*. Porto, Campo das Letras, 1999.

MARQUES, André. "João Tordo regressa ao romance e acena ao teatro com 'Felicidade'". *Observador*. Lisboa, 21/10/2020. Disponível em <https://observador.pt/2020/10/21/joao-tordo-regressa-ao-romance-e-acena-ao-teatro-com-felicidade/>. Acesso em 19 de janeiro de 2022.

MARTINHO, Maria. "Abaixo-assinado pede que Gisberta Salce Júnior, a transexual assassinada há 15 anos, seja nome de uma rua no Porto". *Observador*. Lisboa, 17/3/2021. Disponível em <https://observador.pt/2021/03/17/abaixo-assinado-pede-que-gisberta-salce-junior-a-transexual-assassinada-ha-15-anos-seja-nome-de-uma-rua-no-porto/>. Acesso em 30 de novembro de 2021.

MARTINS, Albano. *Por ti eu daria – toda a poesia*. Lisboa, Glaciar, 2021.

MARTINS, Cândido Oliveira. "A palavra literária como discurso comprometido". *Abril*, vol. 7, n. 14. Niterói, Nepa/UFF, 2015, pp. 13-29. Disponível em <https://periodicos.uff.br/revistaabril/article/view/29846/17387>. Acesso em 22 de novembro de 2021.

MARTINS, Catarina. "'*Trans* é cada vez mais o meu prefixo'. Algumas 'voltas' ao *deus-dará* sobre A nossa alegria chegou de Alexandra Lucas Coelho". *Abril*, vol. 13, n. 26. Niterói, 2021, pp. 73-90. Disponível em <https://periodicos.uff.br/revistaabril/article/view/48207>. Acesso em 28 de outubro de 2021.

MARTINS, Fernando Cabral. *Introdução ao estudo de Fernando Pessoa*. Lisboa, Assírio & Alvim, 2014.

MARTINS, Hélder Bruno de Jesus Redes. *Jazz em Portugal (1920-1956)*. Coimbra, Almedina, 2006.

MARTINS, Maria João. *O paraíso triste. O quotidiano em Lisboa durante a II Grande Guerra*. Lisboa, Vega, 1994.

MATOS, Andityas Soares de Moura Costa. "Direito, técnica e distopia: uma leitura crítica". *Revista Direito GV*, vol. 9, n. 1. São Paulo, 2013, pp. 345-366. Disponível em <http://www.academia.edu/33193042/Direito_utopia_e_distopia>. Acesso em 7 de fevereiro de 2022.

____. "Utopias, distopias e o jogo da criação de mundos". *Revista da UFMG*, vol. 24, n. 1-2. Belo Horizonte, 2017, pp. 40-59. Disponível em <https://www.ufmg.br/

revistaufmg/downloads/24/03_Andityas_UtopiaDistopia_pags_40a59_Revista_UFMG_24.pdf>. Acesso em 2 de janeiro de 2022.

MELLO, Ramon Nunes (org.). *Tente entender o que tento dizer: poesia + hiv/aids*. Rio de Janeiro, Bazar do Tempo, 2018.

MENDONÇA, Bernardo. "Afonso Reis Cabral: 'Os meus romances partem da pulsão de contar o abismo, a falha do outro'" (Entrevista). *Expresso*. Lisboa, 4/7/2020. Disponível em <https://expresso.pt/sociedade/2020-07-04-Afonso-Reis-Cabral-Os-meus-romances-partem-da-pulsao-de-contar--o-abismo-a-falha-do-outro>. Acesso em 30 de novembro de 2021.

MENEZES, Carlos Roberto dos Santos. "*A boneca de Kokoshka* (recensão crítica)". *Metamorfoses*, vol. 17, n. 2. Rio de Janeiro, 2021a, pp. 308-311. Disponível em <https://revistas.ufrj.br/index.php/metamorfoses/article/view/47306/25485>. Acesso em 16 de janeiro de 2022.

_____. "'A vida eterna depende do amor dos outros', ou A impossibilidade de dar corpo ao passado nas narrativas de Afonso Cruz". Relatório de exame de qualificação de doutorado (cópia). Rio de Janeiro, Faculdade de Letras da UFRJ, 2021b.

MILGRAM, Avraham. *Portugal, Salazar e os judeus*. Trad. Lúcia Liba Mucznik. Lisboa, Gradiva, 2010.

MOIRA, Amara *et al*. *Vidas trans: a coragem de existir*. Bauru, Astral Cultural, 2017.

MONIZ, Egas. *A vida sexual (Pathologia)*. 2. ed. Lisboa, Ferreira & Oliveira Ltda. Editores, 1906.

MORETTI, Franco. *The Bourgeois: between history and literature*. London, Verso, 2018.

MOURA, Nuno. *Nova asmática portuguesa*. Mariposa Azual, Editora de livros, poesia, ensaio, pensamento, conhecimento, cultura e artes, em forma de livro, 1998. Disponível em <https://amariposa.net/a-nova-asmatica-portuguesa/>. Acesso em 15 de fevereiro de 2022.

MOURÃO, Luís. "Anos 90 – ficção". *In*: LÓPES, Óscar & MARINHO, Maria de Fátima (org.). *História da literatura portuguesa – as correntes contemporâneas*. Lisboa, Alfa, 2002, pp. 509-536.

MURCHO, Ana. "Afonso Reis Cabral: 'Eu queria participar nesse mistério em que as palavras podem gerar, em quem as ouve, alguma coisa'". *GQ Portugal*. Lisboa, 4/3/2020. Disponível em <https://www.gqportugal.pt/afonso-reis-cabral-entrevista>. Acesso em 5 de dezembro de 2021.

MURRAY, Janet H. *Hamlet no Holodeck: o futuro da narrativa no ciberespaço*. Trad. Elissa Khoury Daher e Marcelo Fernandez Cuzziol. São Paulo, Editora Unesp/Itaú Cultural, 2003.

NOBRE, Roberto. *Singularidades do cinema português*. Lisboa, Portugália, 1964.

NOBRE-CORREIA, J.-M. *A cidade dos media*. Porto, Campo das Letras, 1996.

NOGUEIRA, Carlos. "Literatura e conhecimento: *Enciclopédia da estória universal*, de Afonso Cruz". *Revista Lusófona de Educação*, n. 28. Lisboa, 2014, pp. 151--161. Disponível em <https://revistas.ulusofona.pt/index.php/rleducacao/article/view/4926>. Acesso em 19 de dezembro de 2021.

NUNES, Benedito. *O tempo na narrativa*. 2. ed. São Paulo, Ática, 2000.

OBATA, Regina. *O livro dos nomes*. São Paulo, Círculo do Livro, 1986.

OLIVEIRA, Ágata Cristina da Silva. *Os "apoderados da memória": os herdeiros da ditadura salazarista em "Anatomia dos mártires", de João Tordo*. Dissertação de mestrado em Letras. Viçosa, Universidade Federal de Viçosa, 2017. Disponível em <https://www.locus.ufv.br/bitstream/123456789/11679/1/texto%20completo.pdf>. Acesso em 2 de dezembro de 2021.

OLIVEIRA, Simone Pinto Monteiro de. *O estatuto do narrador na ficção de Agustina Bessa-Luís*. Tese de doutorado em Letras. Rio de Janeiro, Faculdade de Letras da UFRJ, 1978.

OLIVEIRA, Solange Ribeiro de. *Literatura e música*. São Paulo, Perspectiva, 2002.

PAMUK, Orhan. *Outras cores. Ensaios e um conto*. Trad. Berilo Vargas. São Paulo, Companhia das Letras, 2010.

_____. *O romancista ingênuo e o sentimental*. Trad. Hildegard Feist. São Paulo, Companhia das Letras, 2011.

PARKER, Elizabeth S.; CAHILL, Larry & MCGAUGH, James L. "A case of unusual autobiographical remembering". *Neurocase*, vol. 12, n. 1. East Sussex, 2006, pp. 35-49.

PATNER, Andrew. "The Unkown Impressionist". *Art & Antiques*. Wilmington, 1995. Disponível em <http://www.phs.poteau.k12.ok.us/williame/APAH/readings/The%20Unknown%20Impressionist,%20Caillebotte,%20Art%20and%20Antiques,%20A.pdf>. Acesso em 27 de dezembro de 2021.

PELLEGRINI, Tânia. *Realismo e realidade na literatura: um modo de ver o Brasil*. São Paulo, Alameda, 2018.

PEREIRA, Beatriz. "Afonso Reis Cabral: 'Acho que não se pode estragar uma boa história literária com a verdade e no jornalismo, se não se contar a verdade, é um crime'". *In*: LOURENÇO, Jaime & LOPES, Paula (org.). *Comunicação, cultura e jornalismo cultural*. Lisboa, NIP-C@M & UAL, 2021, pp. 238-251. Disponível em <https://repositorio.ual.pt/handle/11144/4759>. Acesso em 5 de dezembro de 2021.

PEREIRA, Maria do Mar. *Fazendo género no recreio. A negociação do género em espaço escolar*. Lisboa, Imprensa de Ciências Sociais, 2012.

PEREIRA, Ricardo Araújo. "A atracção sexual que não ousa dizer o seu nome". *Expresso*, 15/7/2022. Disponível em <https://expresso.pt/opiniao/2022-07-14-A-

atraccao-sexual-que-nao-ousa-dizer-o-seu-nome-8cb13ofo>. Acesso em 12 de agosto de 2022.

PERLOFF, Marjorie. *O gênio não original. Poesia por outros meios no novo século*. Trad. Adriano Scandolaro. Belo Horizonte, Editora da UFMG, 2013.

PERRONE-MOISÉS, Leyla. *Mutações da literatura no século XXI*. São Paulo, Companhia das Letras, 2016.

PESSOA, Fernando. *Obras em prosa*. Rio de Janeiro, Nova Aguilar, 1982.

PIGLIA, Ricardo. *O último leitor*. Trad. Heloisa Jahn. São Paulo, Companhia das Letras, 2006.

PINTO, António Costa. *Os camisas azuis e Salazar: Rolão Preto e o fascismo em Portugal*. Porto Alegre, ediPUCRS, 2016.

PINTO, Diogo Vaz. "O Cânone. Intrigas e travessuras conventuais". *Nascer do Sol*, 24/10/2020. Disponível em <https://sol.sapo.pt/artigo/712874/o-c-none-intrigas-e-travessuras-conventuais>. Acesso em 19 de julho de 2021.

PINTO, Madalena Vaz. "Gonçalo Tavares: o filho mais desenvolto de Álvaro de Campos? Convocação de textos". *Abril*, vol. 3, n. 4. Niterói, 2010, pp. 31-39. Disponível em <https://periodicos.uff.br/revistaabril/article/view/29783>. Acesso em 18 de dezembro de 2021.

PIOVEZANI, Carlos & GENTILI, Emílio. *A linguagem fascista*. São Paulo, Hedra, 2020.

PIRES, Jacinto Lucas. *Azul-turquesa*. Lisboa, Cotovia, 1998.

PITTA, Eduardo. *Fractura. A condição homossexual na literatura portuguesa contemporânea*. Coimbra, Angelus Novus, 2003.

POLICARPO, Verônica. "Sexualidades em construção, entre o privado e o público". *In*: ALMEIDA, Ana Nunes de (org.). *História da vida privada em Portugal. Os nossos dias*. Lisboa, Círculo de Leitores, 2011, pp. 48-79.

PORTELA, Patrícia. *A coleção privada de Acácio Nobre*. Porto Alegre, Dublinense, 2017.

PORTELA, Ricardo Gil Góis Correia. *História da gravação sonora em Portugal*. Dissertação de mestrado em Som e Imagem. Porto, Escola das Artes da Universidade Católica Portuguesa, 2016. Disponível em <https://repositorio.ucp.pt/bitstream/10400.14/21586/1/Disserta%C3%A7%C3%A30%20-%20Ricardo%20Gil%20G%C3%B3is%20Correia%20Portela.pdf>. Acesso em 30 de setembro de 2021.

PRECIADO, Paul. *Can the monster speak? Report to an Academy of Psychoanalysts*. Translated by Frank Wynne. London, Fitzcarraldo Editions, 2021.

PRENTICE, Claire. "Lobotomia, o polêmico procedimento no cérebro que era considerado 'mais fácil do que tratar uma dor de dente'". *BBC News/*

Brasil, 21/2/2021. Disponível em <https://www.bbc.com/portuguese/geral-56147209#:~:text=Foi%20neste%20contexto%20que%20o,fisiologista%20su%C3%AD%C3%A7o%20Walter%20Rudolf%20Hess>. Acesso em 13 de abril de 2022.

RABKIN, Eric S. "Atavism and Utopia". *In*: RABKIN, Eric S.; GREENBERG, Martin H. & ORLANDER, Joseph D. (ed.). *No place else. Explorations in utopian and dystopian fiction*. Carbondale and Edwardsville, Southern Illinois University Press, 1983, pp. 1-10.

RAMIRES, Laura. "João Tordo: 'Sou um advogado de acusação das minhas próprias ideias'" (Entrevista). *Nascer do Sol*. Lisboa, 21/1/2021. Disponível em <https://sol.sapo.pt/artigo/721215/joao-tordo-sou-um-advogado-de-acusacao-das-minhas-proprias-ideias>. Acesso em 19 de janeiro de 2022.

RANCIÈRE, Jacques. *Figuras da história*. Trad. Fernando Santos. São Paulo, Editora Unesp, 2018.

REAL, Miguel. *Geração de 90. Romance e sociedade no Portugal contemporâneo*. Porto, Campo das Letras, 2001.

____. *Nova teoria do mal. Ensaio de biopolítica*. Lisboa, Publicações Dom Quixote, 2012a.

____. *O romance português contemporâneo (1950-2010)*. Lisboa, Caminho, 2012b.

____. "Possidónio Cachapa. Desejo, maldição, expiação, redenção". *Jornal de Letras, Artes e Idéias*, n. 1.198. Lisboa, 31/8-13/9 de 2016, p. 18.

____. "Distopia hífen utopia". *Jornal de Letras, Artes e Idéias*, 6/5/2021. Disponível em <https://visao.sapo.pt/jornaldeletras/letras/2021-05-06-distopia-hifen-utopia/>. Acesso em 20 de dezembro de 2021.

REBELLO, Luiz Francisco. *História do teatro de revista em Portugal*, vol. 2. Lisboa, Dom Quixote, 1985.

REDFORD, Jill & RUSSELL, Diane E. H. (ed.). *Femicide. The politics of woman killing*. New York, Twayne Publishers, 1992.

RENDEIRO, Margarida. "Da desumanização à criação: a revolução no antropoceno em *A nossa alegria chegou*, de Alexandra Lucas Coelho". *Veredas*, n. 33. Coimbra, 2020, pp. 88-101. Disponível em <https://revistaveredas.org/index.php/ver/article/view/564>. Acesso em 28 de outubro de 2021.

REIS, Carlos. *Dicionário de estudos narrativos*. Coimbra, Almedina, 2018.

REIS, Patrícia. *Por este mundo acima*. São Paulo, Leya, 2012.

____. "Havemos de ir ao futuro". *Sapo / Opinião*, 15/4/2020. Disponível em <https://24.sapo.pt/opiniao/artigos/havemos-de-ir-ao-futuro>. Acesso em 2 de setembro de 2021.

____. *Da meia-noite às seis*. Lisboa, Publicações Dom Quixote, 2021a.

REIS, Patrícia. "Entrevista a Cris Rodrigues". *Deus me livro* (Mil Folhas), 18/6/2021b. Disponível em <https://deusmelivro.com/mil-folhas/entrevista-patricia-reis-18-6-2021/#.YQxMIYhKiUk>. Acesso em 5 de agosto de 2021.

RIBEIRO, António Sousa. "Cultural Studies. The globalization of cultural theory". *Paper* apresentado na Conferência "Cultura nacional, teoria internacional. A contextualização dos discursos sobre a literatura". Rio de Janeiro, 9-11/6/1999.

RIBEIRO, Carla Patrícia Silva. *O "alquimista de sínteses": António Ferro e o cinema português*. Dissertação de mestrado em História Contemporânea. Porto, Faculdade de Letras da Universidade do Porto, 2010. Disponível em <https://repositorio-aberto.up.pt/bitstream/10216/55466/2/tesemestcarlaribeiro000125091.pdf>. Acesso em 1 de outubro de 2021.

RIBEIRO, Eunice. "Recensão crítica a *O Bom Inverno*, de João Tordo". *Colóquio/Letras*, n. 177. Lisboa, maio 2011, pp. 246-249. Disponível em <https://xdata.bookmarc.pt/gulbenkian/cl/pdfs/177/PT.FCG.RCL.9174.pdf>. Acesso em 1 de fevereiro de 2022.

RIBEIRO, Thomaz. *D. Jayme*. 2. ed. Lisboa, Typ. da Sociedade Typographica Franco--Portugueza, 1863. Disponível em <https://www.google.com.br/books/edition/D_Jayme_poema_por_Thomaz_Ribeiro/moNEAAAAcAAJ?hl=pt-BR&gbpv=1&dq=%22A+Portugal%22+Tomaz+Ribeiro&pg=PA1&printsec=frontcover>. Acesso em 2 de outubro de 2021.

RIBEIRO JÚNIOR, Valdir & LÉLLIS, Gabriel. "Tudo sobre candiru, o 'peixe-vampiro' da Amazônia". *Globo Rural*, 18/10/2017. Disponível em <https://revistagloborural.globo.com/vida-na-fazenda/gr-responde/noticia/2016/07/conheca-o-candiru-o-peixe-vampiro-temido-pelos-ribeirinhos-do-norte.html>. Acesso em 17 de outubro de 2021.

RIEFF, David. *Contra la memoria*. Trad. Aurélio Major. España, Penguin Random House Grupo Editorial, 2012. Disponível em <https://www.google.com.br/books/edition/Contra_la_memoria/od1Qg_m_xXoC?hl=pt-BR&gbpv=0>. Acesso em 20 de setembro de 2021.

RIO NOVO, Isabel. *A missão social da poesia: teorizações poéticas em Portugal e suas orientações francesas (1850-1890)*, 2 vols. Tese de doutorado em Literatura Comparada. Porto, Faculdade de Letras da Universidade do Porto, 2004a.

____. "L'exil dans la formation du Romantisme portugais: une question de réception". *Estudos em homenagem ao Professor Doutor António Ferreira de Brito*. Porto, Faculdade de Letras da Universidade do Porto, 2004b, pp. 289-297. Disponível em <https://ler.letras.up.pt/uploads/ficheiros/4393.pdf>. Acesso em 10 de janeiro de 2021.

____. *Rio do esquecimento*. Lisboa, Dom Quixote, 2016.

RIO NOVO, Isabel. *A febre das almas sensíveis*. Lisboa, Dom Quixote, 2018.

____. *Rua de Paris em dia de chuva*. Lisboa, Dom Quixote, 2020.

____. "Que temos nós de nosso senão o que inventamos?" (Entrevista a Jorge Vicente Valentim). *Olho d'água*, vol. 13, n. 1. São José do Rio Preto, 2021, pp. 164-180. Disponível em <http://www.olhodagua.ibilce.unesp.br/index.php/Olhodagua/article/view/815>. Acesso em 5 de dezembro de 2021.

RITA. "Opinião. Felicidade". *Claro como a água*, 6/11/2020. Disponível em <https://clarocomoaagua.blogs.sapo.pt/opiniao-felicidade-140925>. Acesso em 19 de janeiro de 2022.

ROCHA, Clara. "Ficção dos anos 80". *In*: LÓPES, Óscar & MARINHO, Maria de Fátima (org.). *História da literatura portuguesa. As correntes contemporâneas*. Lisboa, Publicações Alfa, 2002, pp. 463-486.

ROCHA, Gibson Monteiro da. *O "homo viator" na "Divina Comédia" e no "Grande sertão: veredas"*. Tese de doutorado em Literatura. Florianópolis, UFSC, 2012. Disponível em <https://repositorio.ufsc.br/bitstream/handle/123456789/99424/305083.pdf?sequence=1&isAllowed=y>. Acesso em 5 de dezembro de 2021.

RODRIGUES, Isabel Cristina. "Entre-dois: tradição e inovação na narrativa portuguesa contemporânea". *Guavira*, n. 19. Campo Grande, 2014, pp. 106-123. Disponível em <http://websensors.net.br/seer/index.php/guavira/article/view/21>. Acesso em 3 de junho de 2021.

ROSAS, Fernando (org.). *Portugal e o Estado Novo (1930-1960). Nova História de Portugal*, vol. XII. Lisboa, Presença, 1992.

____. *Salazar e os fascismos. Ensaio breve de história comparada*. Lisboa, Tinta-da-China, 2019.

ROSAS, Fernando & BRITO, J. M. Brandão de (org.). *Dicionário de história do Estado Novo*, vol. II. Lisboa, Bertrand, 1996.

SÁ, André Corrêa de. *Livros que respiram. Pensamento ecológico e solidariedade nas literaturas em português*. Coimbra, Imprensa da Universidade de Coimbra, 2021.

SAID, Edward. *Reflexões sobre o exílio e outros ensaios*. Trad. Pedro Maia Soares. São Paulo, Companhia das Letras, 2003.

SALLES, Penélope Eiko Aragaki *et al.* (org.). *Literatura portuguesa contemporânea entre ficções e poéticas*. Curitiba, Appris, 2020.

SANCHES NETO, Miguel. "Brasil re-colonizado". *Carta Capital*, 5/10/2005. Disponível em <http://textosdagavea.blogspot.com/2005/11/brasil-recolonizado-miguel-sanches.html>. Acesso em 19 de julho de 2021.

SANTOS, Boaventura de Sousa. "Para além do pensamento abissal: das linhas globais a uma ecologia de saberes". *In*: SANTOS, Boaventura de Sousa & MENESES, Maria Paula (org.). *Epistemologias do Sul*. São Paulo, Cortez, 2010, pp. 31-83.

SANTOS, Boaventura de Sousa. *A cruel pedagogia do vírus*. Coimbra, Almedina, 2020.

____. *O futuro começa agora: da pandemia à utopia*. São Paulo, Boitempo, 2021.

SANTOS, Luís Aguiar. "Pluralidade religiosa: correntes cristãs e não cristãs no universo religioso português". *In*: AZEVEDO, Carlos Moreira (org.). *História religiosa de Portugal*, vol. III. Lisboa, Círculo de Leitores, 2002, pp. 399-350.

SANTOS, Pedro J. E. "Auschwitz não tem magia". *Correio do Ribatejo*, 11/1/2021. Disponível em <https://correiodoribatejo.pt/quadro-do-tempo-auschwitz-nao-tem-magia/>. Acesso em 30 de setembro de 2021.

SARAMAGO, José. *Ensaio sobre a cegueira*. São Paulo, Companhia das Letras, 2008.

SCHAPIRO, Meyer. *Impressionismo: reflexões e percepções*. Trad. Ana Luiza Dantas Borges. São Paulo, Cosac Naify, 2002.

____. *A arte moderna: séculos XIX e XX*. Trad. Luiz Roberto Mendes Gonçalves. São Paulo, Edusp, 2010.

SCHOLES, Robert. *Protocolos de leitura*. Trad. Lígia Gutteres. Lisboa, Edições 70, 1991.

SCHUBACK, Márcia Sá Cavalcante. "Literatura, filosofia e utopia: o espaço da antropofagia". *O que nos faz pensar*, vol. 25, n. 38. Rio de Janeiro, 2016, pp. 25-34. Disponível em <http://www.oquenosfazpensar.fil.puc-rio.br/index.php/oqnfp/article/view/486>. Acesso em 28 de outubro de 2021.

SEDGWICK, Eve Kosofsky. *Epistemologia do armário*. Trad. Ana R. Luís e Fernando Matos Oliveira. Coimbra, Angelus Novus, 2003.

SEIXO, Maria Alzira. "Para uma leitura crítica da ficção em Portugal no século XX. Anos quarenta a noventa". *Outros erros. Ensaios de literatura*. Porto, Asa, 2001, pp. 21-44.

SELIGMANN-SILVA, Márcio. "As matrizes do abjeto: o homem-macaco. Estações de um tema". *In*: DIAS, Ângela Maria & GLENADEL, Paula (org.). *Valores do abjeto*. Niterói, EdUFF, 2008, pp. 27-38.

SERRA, Paulo. "*Da meia-noite às seis*, de Patrícia Reis" (recensão crítica). *Postal do Algarve*, 7/5/2021. Disponível em <https://postal.pt/opiniao/2021-05-07-Da-Meia-Noite-as-Seis-de-Patricia-Reis-5adfc6e1>. Acesso em 5 de setembro de 2021.

SHAKESPEARE, Willian. *Grandes obras de Shakespeare*, vol. I – *Tragédias*. Trad. Bárbara Heliodora. Rio de Janeiro, Nova Fronteira, 2017.

SHAW, Harry. *Dicionário de termos literários*. 2. ed. Trad. e adaptação Cardigos dos Reis. Lisboa, Publicações Dom Quixote, 1982.

SIBALIS, Michael D. "Paris". *In*: HIGGS, David (ed.). *Queer sites: gay urban histories since 1600*. London, Routledge, 1999, pp. 10-37.

SILVA, Ana Cristina. *Cartas vermelhas*. Lisboa, Oficina do Livro, 2011.

SILVA, Edson Rosa da. "Do museu à biblioteca imaginária". *In*: SANTOS, Gilda; SILVEIRA, Jorge Fernandes da & SILVA, Teresa Cristina Cerdeira da (org.).

Cleonice – clara em sua geração. Rio de Janeiro, Editora da UFRJ, 1995, pp. 147-154.

SILVA, Edson Rosa da. "O museu imaginário e a difusão da cultura". *Semear*, n. 6. Rio de Janeiro, 2002, pp. 187-196. Disponível em <http://www.letras.puc-rio.br/unidades&nucleos/catedra/revista/6Sem_14.html>. Acesso em 30 de dezembro de 2021.

SILVA, Eliane. "Piranhas se proliferam, atacam peixes e assustam pescadores no Rio Grande do Sul". *Globo Rural*, 29/4/2021. Disponível em <https://revistagloborural.globo.com/Noticias/Criacao/Peixe/noticia/2021/04/piranhas-se-proliferam-atacam-peixes-e-assustam-pescadores-no-rio-grande-do-sul.html>. Acesso em 23 de outubro de 2021.

SILVA, Gabriela. "A novíssima literatura portuguesa: novas identidades de escrita". *Revista Desassossego*, vol. 8, n. 16. São Paulo, 2016, pp. 6-21. Disponível em <https://www.revistas.usp.br/desassossego/article/view/122430>. Acesso em 12 de dezembro de 2023.

____. "*A boneca de Kokoschka*, de Afonso Cruz – a mentira que não existe na ficção". *Literatura em debate*, vol. 11, n. 20. Frederico Westphalen (RS), 2017, pp. 21-36. Disponível em <http://revistas.fw.uri.br/index.php/literaturaemdebate/article/view/2633/2413>. Acesso em 19 de dezembro de 2021.

____. "Personagem *puzzle*". *Jornal Rascunho*, edição 221. Curitiba, setembro de 2018. Disponível em <https://rascunho.com.br/tag/edicao-221/page/3/>. Acesso em 19 de dezembro de 2021.

SILVA, João Amadeu Oliveira Carvalho da. "A quinta de Fiama *Sob o olhar de Medeia*: aproximação à natureza e aos mitos". *Carnets*. Revue électronique d'études françaises de l'APEF, Numéro Spécial. Paris, 2010, pp. 121-129. Disponível em <https://journals.openedition.org/carnets/5050>. Acesso em 30 de abril de 2020.

SILVA, Sofia Matos & MATIAS, Pedro. "Afonso Reis Cabral: 'Pão de açúcar é uma conquista como escritor'". *JPN – JornalismoPortoNet*. Porto, 11/10/2018. Disponível em <https://www.jpn.up.pt/2018/10/11/afonso-reis-cabral-pao-de-acucar-e-uma-conquista-como-escritor/>. Acesso em 30 de novembro de 2021.

SILVEIRA, Jorge Fernandes da. "O bom romance português". *Folha de S. Paulo*, 13/1/1985, pp. 8-9.

____. *Portugal Maio de Poesia 61*. Lisboa, Imprensa Nacional – Casa da Moeda, 1986.

SILVESTRE, Osvaldo Manuel Alves Pereira. *Revisão e nação. Os limites territoriais do cânone literário*. Tese de doutorado em Teoria da Literatura. Coimbra, Faculdade de Letras da Universidade de Coimbra, 2006.

SIMPSON, Jacqueline. "Assombrações". *In*: HOWARTH, Glennys & LEAMAN, Oliver (org.). *Enciclopédia da morte e da arte de morrer*. Trad. Sofia Morgado et al. Lisboa, Quimera/Círculo de Leitores, 2004, pp. 44-45.

SISSA, Giulia & DETIENNE, Marcel. *Os deuses gregos*. Trad. Rosa Maria Boaventura. São Paulo, Companhia das Letras, 1990.

SNYDER, Timothy. *Sobre a tirania. Vinte lições do século XX para o presente*. Trad. Donaldson M. Garschagen. São Paulo, Companhia das Letras, 2017.

SOARES, Angélica. *Gêneros literários*. 6. ed. São Paulo, Ática, 2000.

SÓFOCLES. *Antígona*. Introdução, versão do grego e notas Maria Helena da Rocha Pereira. Lisboa, Fundação Calouste Gulbenkian, 2008.

SOUSA, Maria Leonor Machado de. *A literatura "negra" ou de terror em Portugal (séculos XVIII e XIX)*. Lisboa, Editorial Novaera, 1978.

____. *O "horror" na literatura portuguesa*. Lisboa, Instituto de Cultura Portuguesa, 1979.

TAPIÉ, Victor. *Barroco e classicismo II*. Trad. Lemos de Azevedo. Lisboa, Presença; Rio de Janeiro, Livraria Martins Fontes, 1974.

TELES, Gilberto Mendonça. *Vanguarda europeia e modernismo brasileiro. Apresentação dos principais poemas, manifestos, prefácios e conferências vanguardistas de 1857 a 1972*. 8. ed. Petrópolis, Vozes, 1985.

THÜRLER, Djalma; TRÓI, Marcelo de & GARCIA, Paulo César. "Outras cenas de enfrentamento, ontem e hoje". *Revista Cult*, n. 226. São Paulo, 8/8/2017. Disponível em <https://revistacult.uol.com.br/home/outras-cenas-de-enfrentamento-ontem-e-hoje/>. Acesso em 29 de novembro de 2021.

TORDO, João. *Anatomia dos mártires*. São Paulo, LeYa Brasil, 2011.

____. *Manual de sobrevivência de um escritor ou o pouco que sei sobre aquilo que faço*. Lisboa, Companhia das Letras, 2020.

____. *Felicidade*. Lisboa, Companhia das Letras, 2021.

TORRANO, Jaa. "O mundo como função de musa". *Teogonia. A origem dos deuses*. 3. ed. Estudo e trad. Jaa Torrano. São Paulo, Iluminuras, 1995, pp. 8-86. Disponível em <https://letras-lyrics.com.br/PDF/Hesiodo/Hesiodo-Teogonia.pdf>. Acesso em 17 de fevereiro de 2022.

TORRES, Maximiliano Gomes. *Literatura e ecofeminismo: uma abordagem de "A força do destino", de Nélida Piñon e "As doze cores do vermelho", de Helena Parente Cunha*. Tese de doutorado em Ciência da Literatura (Teoria Literária). Rio de Janeiro, Faculdade de Letras da UFRJ, 2009. Disponível em <https://www.posciencialit.letras.ufrj.br/images/Posciencialit/td/2009/12-maximilianotorres_literaturaeecofeminismo.pdf>. Acesso em 1 de novembro de 2021.

TWAIN, Mark & WARNER, Charles Dudley. *The Gilded Age: a tale of today*. Auckland, NZ, Floating Press, 2011.

UM GLOSSÁRIO PARA O ANTROPOCENO. *Correio da Unesco*, fevereiro de 2018. Disponível em <https://pt.unesco.org/courier/2018-2/um-glossario-o-antropoceno>. Acesso em 28 de outubro de 2021.

VALENTIM, Jorge Vicente. *Concerto literário: intertextos musicais e sons metafóricos em Hélder Macedo, Albano Martins e Vergílio Ferreira*. Tese de doutorado em Letras Vernáculas (Literatura Portuguesa). Rio de Janeiro, Faculdade de Letras da UFRJ, 2004.

____. *"Corpo no outro corpo": homoerotismo na narrativa portuguesa contemporânea*. São Carlos, EdUFSCar, 2016.

____. "Um violoncelo todo seu: diálogo interartes em *Guilhermina*, de Mário Cláudio". *Revista do Cesp*, vol. 38, n. 59. Belo Horizonte, 2018, pp. 89-103. Disponível em <http://www.periodicos.letras.ufmg.br/index.php/cesp/article/view/13593>. Acesso em 21 de novembro de 2021.

____. "A leveza na desordem: uma leitura de *As falsas memórias de Manoel Luz*, de Marlene Ferraz". *Revista do Centro de Estudos Portugueses*, vol. 39, n. 61. Belo Horizonte, 2019a, pp. 47-69. Disponível em <http://www.periodicos.letras.ufmg.br/index.php/cesp/article/view/15695/1125612544>. Acesso em 28 de agosto de 2021.

____. "*Filho da mãe*, de Hugo Gonçalves" (resenha). *Metamorfoses*, vol. 16, n. 2. Rio de Janeiro, 2019b, pp. 138-143. Disponível em <https://revistas.ufrj.br/index.php/metamorfoses/article/view/38198> Acesso em 28 de agosto de 2021.

____. "A outra face da Medusa ou quando 'o corpo estoura no ar': uma leitura de *O meu amante de domingo*, de Alexandra Lucas Coelho". *Letra Magna*, ano 16, n. 26. São Paulo, 2020a, pp. 174-194. Disponível em <http://www.letramagna.com/artigos_26/texto_11_26.pdf>. Acesso em 31 de outubro de 2021.

____. "A produção ficcional de mulheres escritoras na década de 1960 em Portugal: incorporações e recusas". *Gragoatá*, vol. 25, n. 53. Niterói, 2020b, pp. 1.016-1.048. Disponível em <https://periodicos.uff.br/gragoata/article/view/42386>. Acesso em 27 de setembro de 2020.

____. "'A pandemia foi apenas o despertar que nos acordou a todos': doenças, dis/(u)topias e resistências em *Em todas as ruas te encontro*, de Paulo Faria". *Revista Desassossego*, vol. 13, n. 25. São Paulo, 2021a, pp. 4-36. Disponível em <https://www.revistas.usp.br/desassossego/article/view/184561>. Acesso em 4 de janeiro de 2021.

____. "Masculinidades à flor da pele: reflexões em torno de *O coração dos homens*, de Hugo Gonçalves". *Abril*, vol. 13, n. 26. Niterói, Nepa/UFF, jan.-jun. 2021b, pp. 105--120. Disponível em <https://periodicos.uff.br/revistaabril/article/view/46592>. Acesso em 2 de setembro de 2021.

VASCONCELOS, Helena. "Em busca do tempo perdido". *Público/Ipsilon*, n. 11.083. Lisboa, 28/8/2020, p. 29.

____. "Em tudo havia medo". *Público/Ipsilon*, n. 11.429. Lisboa, 11/8/2021, p. 25.

VASCONCELOS, Manuela. *Movimento espírita português. Tentativa histórica do movimento espírita em Portugal, desde os seus primórdios até ao momento actual*. Lisboa, FEP, 2003. Disponível em <http://www.comunhaolisboa.com/wp-content/uploads/2013/01/M.E.P.-Hist%C3%B3ria-do-Movimento-Esp%C3%ADrita-Portugu%C3%AAs-de-1900-a-2004.pdf >.Acesso em 3 de fevereiro de 2022.

VELOSO, Caetano. "Cajuína". *Letra só; Sobre as letras*. Organização de Eucanaã Ferraz. São Paulo, Companhia das Letras, 2003, p. 239.

VIDAL, Daniel. "José Rodrigues dos Santos sugerir que os judeus se adaptaram a Auschwitz é obsceno". Entrevista a João Pinto Coelho. *NiT*, 10/12/2020. Disponível em <https://www.nit.pt/cultura/livros/jose-rodrigues-dos-santos-dizer-que-os-judeus-se-adaptaram-a-auschwitz-e-obsceno>. Acesso em 1 de outubro de 2021.

VIEIRA, Agripina Carriço. "Recensão crítica a *O ano sabático*, de João Tordo". *Colóquio/Letras*, n. 184. Lisboa, set. 2013, pp. 218-220. Disponível em <https://xdata.bookmarc.pt/gulbenkian/cl/pdfs/184/PT.FCG.RCL.9615.pdf>. Acesso em 1 de fevereiro de 2022.

____. "Isabel Rio Novo: artes em diálogos cúmplices". *Jornal de Letras, Artes e Idéias*, n. 1.296. Lisboa, 3-16/6/2020, pp. 16-17. Disponível em <https://xdata.bookmarc.pt/gulbenkian/cl/pdfs/184/PT.FCG.RCL.9615.pdf>. Acesso em 1 de fevereiro de 2022.

VILA-CABANES, Isabel. *The Flaneur in Nineteenth-Century British Literary Culture*: "*The worlds of London unknown*". Cambridge, Cambridge Scholars Publishing, 2018.

VILA MAIOR, Dionísio. *Introdução ao modernismo*. Coimbra, Almedina, 1994.

VILLODRES, María López. "Sete exemplos de masculinidade tóxica que você reconhecerá no seu dia a dia". *El País*, 22/1/2019. Disponível em <https://brasil.elpais.com/brasil/2019/01/22/estilo/1548175107_753307.html> Acesso em 26 de setembro de 2021.

VOLGERS, Saskia Gonzáles. "Gustave Caillebotte y la vida urbana en el París de Haussmann". *Fronterad*. Revista digital. Madrid, 17/1/2020. Disponível em <https://www.fronterad.com/gustave-caillebotte-y-la-vida-urbana-en-el-paris-de-haussmann/>. Acesso em 27 de dezembro de 2021.

WHITROW, Gerald James. *O que é tempo? Uma visão clássica sobre a natureza do tempo*. Trad. Maria Ignez Duque Estrada. Rio de Janeiro, Jorge Zahar, 2005.

WIEVIORKA, Michel. *A democracia à prova. Nacionalismo, populismo e etnicidade*. Trad. António Monteiro Neves. Lisboa, Instituto Piaget, 1995.

WOOD, James. *Como funciona a ficção*. Trad. Denise Bottmann. São Paulo, Cosac Naify, 2011.

ZIZEK, Slavoj. *A pandemia que abalou o mundo*. Trad. João Moita. Lisboa, Relógio d'Água, 2020.

ZIZEK, Slavoj. "As pessoas dizem: 'O capitalismo sobreviverá'. Eu contesto: já mudou imensamente". Entrevista a Patricia Gonsálvez. *El País*, 23/1/2021. Disponível em <https://brasil.elpais.com/cultura/2021-01-23/slavoj-zizek-com-a-pandemia-comecei-a-acreditar-na-etica-das-pessoas-comuns.html>. Acesso em 29 de agosto de 2021.

Título	A "prateleira hipotética":
	seis propostas da novíssima ficção portuguesa
	para o atual milênio (2000-2022)
Autor	Jorge Vicente Valentim
Coordenador editorial	Ricardo Lima
Secretário gráfico	Ednilson Tristão
Preparação dos originais e revisão	Lúcia Helena Lahoz Morelli
Editoração eletrônica	Ednilson Tristão
Design de capa	Estúdio Bogari
Formato	16 x 23 cm
Papel	Avena 80 g/m² – miolo
	Cartão supremo 250 g/m² – capa
Tipologia	Minion Pro
Número de páginas	560

ESTA OBRA FOI IMPRESSA NA GRÁFICA AS
PARA A EDITORA DA UNICAMP EM DEZEMBRO DE 2024.